2023年度版

みんなが欲しかった！

社労士の年度別過去問題集

TAC出版
TAC PUBLISHING Group

はじめに

本書は、『みんなが欲しかった！　社労士シリーズ』の過去問題集です。「年度別」に、直近の社会保険労務士本試験問題５年分を収載した作りとなっています。同シリーズの『社労士の教科書』や『社労士の問題集』で、基本的な学習を一通り終えた後にご活用いただくと、絶大な効果を発揮します。学習の際は、年度ごとに通して解いてみてください。

あたりまえですが、試験は合格基準点以上の得点ができなければ、不合格となります。ですから、実践形式の演習を早い段階からスタートさせて、本書の過去問を解く際には時間を計りながら行うなど、合格基準点のボリューム感を体得することを通して学習習慣を身につけていただく、そうした学習習慣が、合格への早道となります。

本書の作成においては、解説の丁寧さはもちろんのこと、TAC社会保険労務士講座の「本試験解答分析サービス」による正解率を掲載し、問題の難易度にも、より精度の高い“リアルさ”を追求しました。これにより、今までになかった、試験対策として最高峰ともいえる過去問題集ができたと自負しています。

本書をご活用いただいた多くの方が、見事、2023年度の社労士試験合格の栄冠を勝ちとっていただければ幸いです。

2022年11月吉日
TAC社会保険労務士講座

本書は、2022年11月２日現在において、公布され、かつ、2023年本試験実施要綱が発表されるまでに施行されることが確定しているものに基づいて作成しております。

2022年11月３日以降に法改正のあるもの、また法改正はなされているが施行規則等で未だ細目について定められていないものについては、2023年２月上旬より下記ホームページの「法改正情報コーナー」にて「法改正情報」を順次公開いたします。

TAC出版書籍販売サイト「Cyber Book Store」
https：//bookstore.tac-school.co.jp

本書の特長及び効果的な学習法

本書の特長

★セパレートBOOK形式

問題編と解答・解説編を２分冊にできるので、持ち運びにも便利です！

→本の取り外し方法は、書籍中面をご覧ください。

★問題編

令和４年度（2022年度・第54回）～平成30年度（2018年度・第50回）までの本試験問題を年度ごとに収載しています。

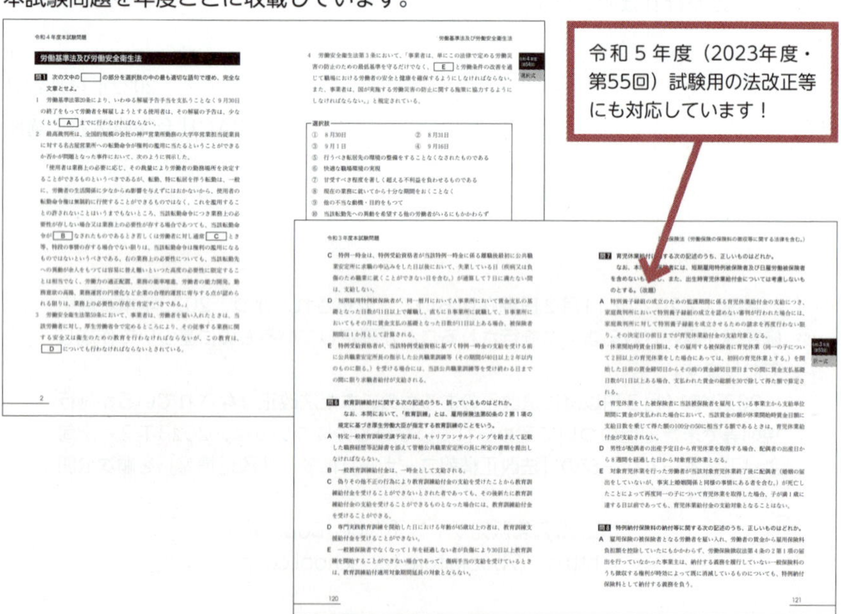

★解答・解説編

丁寧な解説で、解答力をメキメキつけていきましょう！　学習モチベーションが上がる工夫がいっぱいです！

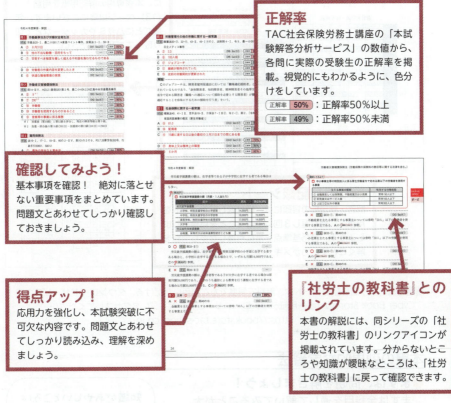

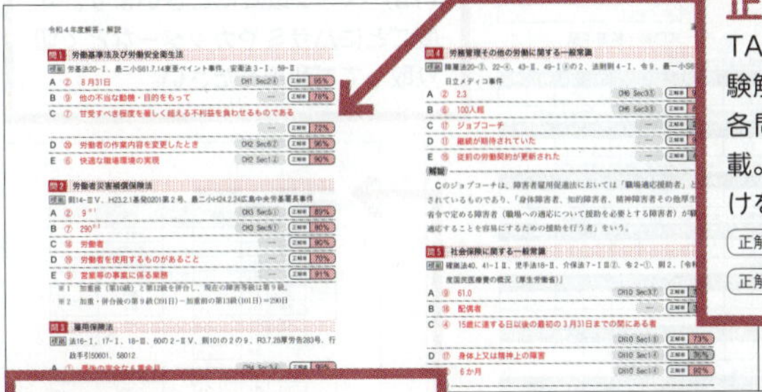

正解率

TAC社会保険労務士講座の「本試験解答分析サービス」の数値から、各問に実際の受験生の正解率を掲載。視覚的にもわかるように、色分けをしています。

正解率 50%：正解率50％以上

正解率 49%：正解率50％未満

確認してみよう！

基本事項を確認！　絶対に落とせない重要事項をまとめています。問題文とあわせてしっかり確認しておきましょう。

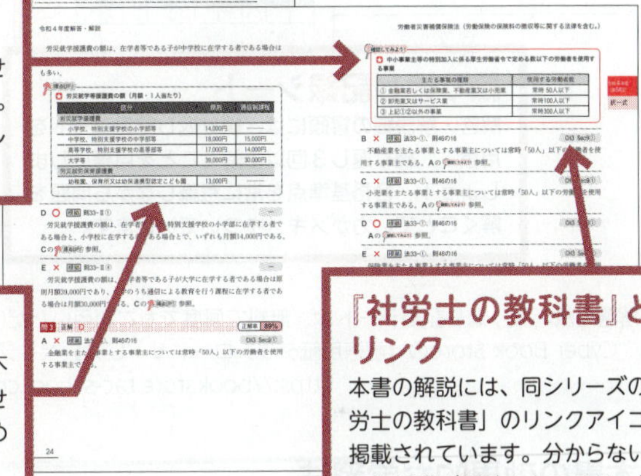

得点アップ！

応用力を強化し、本試験突破に不可欠な内容です。問題文とあわせてしっかり読み込み、理解を深めましょう。

『社労士の教科書』とのリンク

本書の解説には、同シリーズの「社労士の教科書」のリンクアイコンが掲載されています。分からないところや知識が曖昧なところは、「社労士の教科書」に戻って確認できます。

まとめて答え合わせができるように、各解説の冒頭に正解一覧を用意！

令和4年度
(2022年度・第54回)
解答・解説
選択式

正解一覧

問				問			
問1	A	②	8月31日	問5	A	⑨	61.0
	B	⑨	他の不当な動機・目的をもって		B	⑯	配偶者
	C	⑦	甘受すべき程度を著しく超える不利益を負わせるものである		C	④	15歳に達する日以後の最初の3月31日までの間にある者
	D	⑳	労働者の作業内容を変更したとき		D	⑰	身体上又は精神上の障害
	E	⑥	快適な職場環境の実現		E	②	6か月
問2	A	②	9	問6	A	⑮	88,000円以上
	B	⑦	290		B	⑪	200以上
	C	⑱	労働者		C	⑩	180日
	D	⑲	労働者を使用するものがあること		D	③	10
	E	⑨	営業等の事業に係る業務		E	⑰	厚生労働大臣
問3	A	①	最後の完全な6賃金月	問7	A	⑤	開始した日の属する月
	B	④	雇用保険被保険者離職票		B	⑯	終了する日の翌日が属する月の前月
	C	④	2,061円		C	⑱	W
	D	③	令和3年8月31日		D	⑨	月額2万円
	E	③	4,000円を超えない		E	④	65歳に達する日の前日
問4	A	②	2.3	問8	A	⑪	その障害の状態に該当しない間
	B	⑥	100人超		B	④	4分の3
	C	⑰	ジョブコーチ		C	⑮	福祉を増進する
	D	⑪	継続が期待されていた		D	⑰	理解を増進させ、及びその信頼を向上させる
	E	⑮	従前の労働契約が更新された		E	⑳	分かりやすい形で通知

3

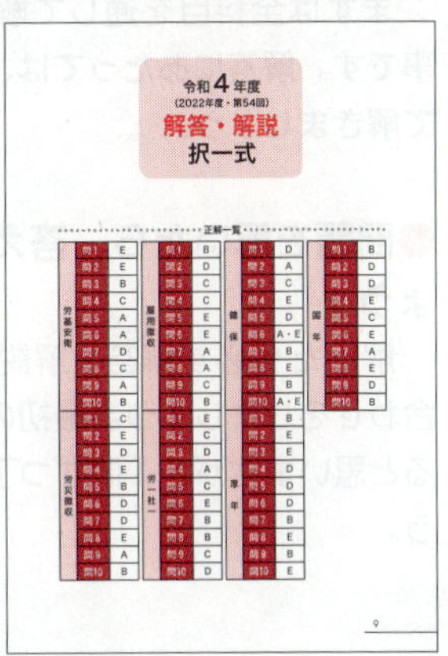

令和4年度
(2022年度・第54回)
解答・解説
択一式

正解一覧

科目	問	正解	科目	問	正解	科目	問	正解	科目	問	正解
労基安衛	問1	E	雇用徴収	問1	B	健保	問1	D	国年	問1	B
	問2	E		問2	D		問2	A		問2	D
	問3	B		問3	C		問3	C		問3	D
	問4	C		問4	C		問4	E		問4	E
	問5	A		問5	E		問5	D		問5	C
	問6	A		問6	E		問6	A・E		問6	E
	問7	D		問7	A		問7	B		問7	A
	問8	C		問8	A		問8	E		問8	E
	問9	A		問9	C		問9	B		問9	D
	問10	B		問10	B		問10	A・E		問10	B
労災徴収	問1	C	労一社一	問1	E	厚年	問1	B			
	問2	E		問2	C		問2	E			
	問3	D		問3	D		問3	E			
	問4	E		問4	A		問4	D			
	問5	B		問5	C		問5	D			
	問6	D		問6	E		問6	D			
	問7	D		問7	B		問7	B			
	問8	E		問8	B		問8	E			
	問9	A		問9	C		問9	B			
	問10	B		問10	D		問10	E			

9

★その他の便利機能

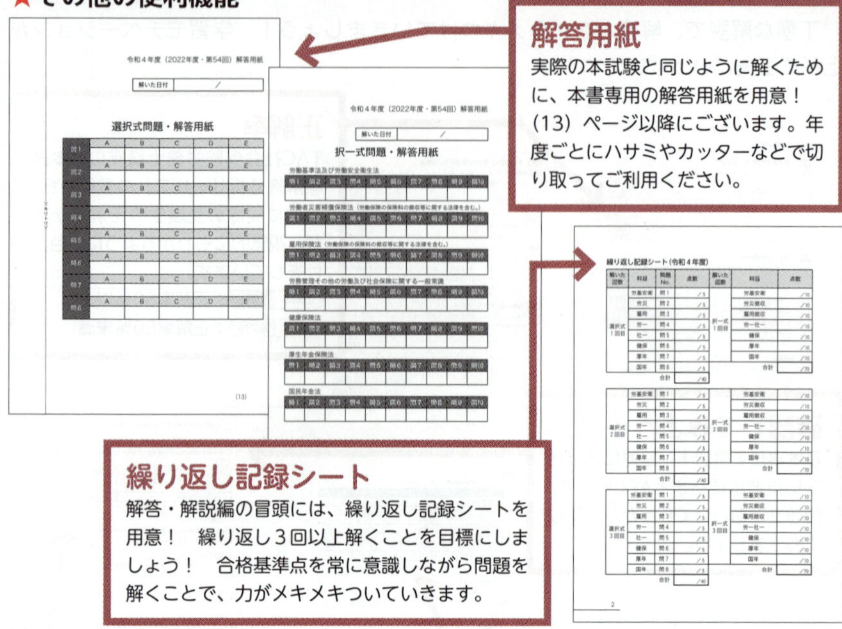

解答用紙
実際の本試験と同じように解くために、本書専用の解答用紙を用意！（13）ページ以降にございます。年度ごとにハサミやカッターなどで切り取ってご利用ください。
令和４年度（2022年度・第54回）解答用紙
選択式問題・解答用紙
択一式問題・解答用紙
繰り返し記録シート（令和４年度）
繰り返し記録シート
解答・解説編の冒頭には、繰り返し記録シートを用意！　繰り返し３回以上解くことを目標にしましょう！　合格基準点を常に意識しながら問題を解くことで、力がメキメキついていきます。

解答用紙、繰り返し記録シートは、無料で何度でもご利用いただける、ダウンロードサービスつき！
Cyber Book Storeの『解答用紙ダウンロードサービス』ページにアクセスしてください。
https://bookstore.tac-school.co.jp

本書の効果的な学習法

●まずは、問題を解きましょう！

まずは全科目を通して解いてみることが大事です。解答にあたっては、解答用紙を使用して解きましょう。

知識があやしいところは『社労士の教科書』などで確認しましょう！
社労士の教科書
2023

●問題を解いたら、答え合わせをしましょう！

解いたら必ず解答・解説編を見ながら答え合わせをしましょう。最初のうちは時間がかかると思いますが、１問ずつ丁寧に確認しましょう。

3回以上解くことを目標にしましょう！
3回やみくもに解くのではなく、1回1回、目標を定めて解きましょう。

＼まずは1回目！／

Point 1　本試験どおりに時間を計って解いてみます。

選択式　80分間　　択一式　210分間

Point 2　解けるものからどんどん解いていきましょう。最初のうちは、わからないものは飛ばしてもかまいません。まずは、全部解ききることを優先しましょう。

＼2回目！／

Point 1　2回目は、問題文をしっかり読むことを意識します。時間をかけて、1問1問じっくり解きましょう。

Point 2　間違えた問題をきちんと確認します。1回目で間違えた問題がしっかり克服できているか、同じミスを繰り返していないか…などを意識して確認しましょう。

＼3回目！／

Point 1　時間内に正確に解くことを意識します。今までで一番いい点数がとれていることがベストです！

Point 2　解く順番も大切です。労基から順番に解く…健保から解く…などなど、何度か試して、スムーズに解答できる最適なスタイルを見つけましょう。

社会保険労務士試験の概要

試験概要・実施スケジュール

受験案内配布	4月中旬～
受験申込受付期間	4月中旬～5月下旬　(令和4年は4月18日～5月31日) ※インターネット申込み、または郵送申込み
試験日程	8月下旬　(令和4年は8月28日)
合格発表	10月上旬　(令和4年は10月5日)
受験手数料	15,000円

主な受験資格

学校教育法（昭和22年法律第26号）による大学、短期大学、専門職大学、専門職短期大学若しくは高等専門学校（5年制）を卒業した者（専攻の学部学科は問わない）
行政書士試験に合格した者

※　詳細は「全国社会保険労務士会連合会　試験センター」のホームページにてご確認ください。

試験形式

社労士試験は「選択式」と「択一式」の2種類の試験形式があり、それぞれの合格基準を満たして合格となります。

選択式	8問出題（40点満点〈1問あたり空欄が5つ〉） 解答時間は80分 文章中の5つの空欄に入るものを、選択肢の中から選び、その番号をマークシートに記入します。
択一式	70問出題（70点満点） 解答時間は210分 5つの選択肢の中から、正解肢をマークシートに記入します。

合格基準

合格基準については、年度により多少前後しますが、例年、総得点の7割程度となります。それぞれの試験における総得点の基準と、各科目ごとの基準との、両方をクリアする必要があります。

参考　令和4年度本試験の合格基準

選択式：総得点27点以上かつ各科目3点以上

択一式：総得点44点以上かつ各科目4点以上

試験科目

選択式 計8科目	科目名 (吹き出しは略称)	択一式 計7科目
出題：1問 配点：5点	労働基準法及び労働安全衛生法（労基／安衛）	出題：10問 配点：10点
出題：1問 配点：5点	労働者災害補償保険法（労災） (労働保険の保険料の徴収等に関する法律を含む※)（徴収）	出題：10問 配点：10点
出題：1問 配点：5点	雇用保険法（雇用） (労働保険の保険料の徴収等に関する法律を含む※)（徴収）	出題：10問 配点：10点
出題：1問 配点：5点	労務管理その他の労働に関する一般常識（労一）	出題：10問 配点：10点
出題：1問 配点：5点	社会保険に関する一般常識（社一）	（同上）
出題：1問 配点：5点	健康保険法（健保）	出題：10問 配点：10点
出題：1問 配点：5点	厚生年金保険法（厚年）	出題：10問 配点：10点
出題：1問 配点：5点	国民年金法（国年）	出題：10問 配点：10点
合計：8問 配点：40点		合計：70問 配点：70点

※労働保険の保険料の徴収等に関する法律は、選択式での出題はありません。また、択一式の労働者災害補償保険法及び雇用保険法は、それぞれの問題10問のうち、3問が労働保険の保険料の徴収等に関する法律から出題されます。

過去5年間の受験者数・合格者数の推移

年度	平成30年	令和元年	令和2年	令和3年	令和4年
受験申込者数	49,582人	49,570人	49,250人	50,433人	52,251人
受験者数	38,427人	38,428人	34,845人	37,306人	40,633人
合格者数	2,413人	2,525人	2,237人	2,937人	2,134人
合格率	6.3%	6.6%	6.4%	7.9%	5.3%

詳細な受験資格や受験申込み及びお問合せは
「全国社会保険労務士会連合会　試験センター」へ
http://www.sharosi-siken.or.jp

TAC出版の社労士本　合格活用術

ここでは、独学で合格を目指していくためのフローをご紹介します。

「みんなが欲しかったシリーズ」と「無敵シリーズ」でていねいに学習を進めていけば、合格に必要な知識は着実についていきます。

2023年度試験での合格を目指し、TAC出版の書籍をフル活用して、がんばりましょう！

みんなが欲しかった！シリーズ

準拠CD、DVDを使えばさらに理解がスムーズに！

「合格へのはじめの一歩」

本気でやさしい入門書！
社労士試験の全体像、学習内容のイメージをつかみましょう！

「社労士の教科書」「社労士の問題集」

「教科書」を読んで内容を理解、
「問題集」で教科書の理解度をチェック！
この繰り返しが知識の定着につながります。

「合格のツボ　選択対策」「合格のツボ　択一対策」「全科目横断総まとめ」

「合格のツボ」で予想問題をたくさん解き、基本を強化。
「全科目横断総まとめ」で、知識をさまざまな角度から整理し、確実におさえましょう。

+Web
サポートも
充実！

TAC出版の社労士本は、書籍刊行後に法改正があった場合でも、法改正情報を、TAC出版書籍販売サイト「Cyber Book Store」ですばやく公開していきますので、安心して学習に集中することができます。全力で独学者を応援していきます！

「社労士の年度別過去問題集 5年分」

最新５年分の過去問を解き、
実力チェック！
何度も繰り返し解きましょう！

「社労士の直前予想模試」

今までの学習内容の最終確認として、
予想模試にチャレンジ！
本試験形式の予想問題を
２回分収載しています！

無敵
シリーズ

試験に勝つためのマストアイテム !!

無敵の社労士
1スタートダッシュ

無敵の社労士
2本試験徹底解剖

無敵の社労士
3完全無欠の直前対策

CONTENTS

令和４年度（2022年度・第54回）解答用紙

解いた日付	／

選択式問題・解答用紙

	A	B	C	D	E
問１					
問２					
問３					
問４					
問５					
問６					
問７					
問８					

✂キリトリ✂

令和４年度（2022年度・第54回）解答用紙

解いた日付	／

択一式問題・解答用紙

労働基準法及び労働安全衛生法

問1	問2	問3	問4	問5	問6	問7	問8	問9	問10

労働者災害補償保険法（労働保険の保険料の徴収等に関する法律を含む。）

問1	問2	問3	問4	問5	問6	問7	問8	問9	問10

雇用保険法（労働保険の保険料の徴収等に関する法律を含む。）

問1	問2	問3	問4	問5	問6	問7	問8	問9	問10

労務管理その他の労働及び社会保険に関する一般常識

問1	問2	問3	問4	問5	問6	問7	問8	問9	問10

健康保険法

問1	問2	問3	問4	問5	問6	問7	問8	問9	問10

厚生年金保険法

問1	問2	問3	問4	問5	問6	問7	問8	問9	問10

国民年金法

問1	問2	問3	問4	問5	問6	問7	問8	問9	問10

令和３年度（2021年度・第53回）解答用紙

解いた日付	／

選択式問題・解答用紙

	A	B	C	D	E
問１					
問２	A	B	C	D	E
問３	A	B	C	D	E
問４	A	B	C	D	E
問５	A	B	C	D	E
問６	A	B	C	D	E
問７	A	B	C	D	E
問８	A	B	C	D	E

✂キリトリ✂

解いた日付	／

択一式問題・解答用紙

労働基準法及び労働安全衛生法

問1	問2	問3	問4	問5	問6	問7	問8	問9	問10

労働者災害補償保険法（労働保険の保険料の徴収等に関する法律を含む。）

問1	問2	問3	問4	問5	問6	問7	問8	問9	問10

雇用保険法（労働保険の保険料の徴収等に関する法律を含む。）

問1	問2	問3	問4	問5	問6	問7	問8	問9	問10

労務管理その他の労働及び社会保険に関する一般常識

問1	問2	問3	問4	問5	問6	問7	問8	問9	問10

健康保険法

問1	問2	問3	問4	問5	問6	問7	問8	問9	問10

厚生年金保険法

問1	問2	問3	問4	問5	問6	問7	問8	問9	問10

国民年金法

問1	問2	問3	問4	問5	問6	問7	問8	問9	問10

令和２年度（2020年度・第52回）解答用紙

解いた日付	／

選択式問題・解答用紙

	A	B	C	D	E
問１					
問２					
問３					
問４					
問５					
問６					
問７					
問８					

✂キリトリ✂

令和２年度（2020年度・第52回）解答用紙

解いた日付	／

択一式問題・解答用紙

労働基準法及び労働安全衛生法

問1	問2	問3	問4	問5	問6	問7	問8	問9	問10

労働者災害補償保険法（労働保険の保険料の徴収等に関する法律を含む。）

問1	問2	問3	問4	問5	問6	問7	問8	問9	問10

雇用保険法（労働保険の保険料の徴収等に関する法律を含む。）

問1	問2	問3	問4	問5	問6	問7	問8	問9	問10

労務管理その他の労働及び社会保険に関する一般常識

問1	問2	問3	問4	問5	問6	問7	問8	問9	問10

健康保険法

問1	問2	問3	問4	問5	問6	問7	問8	問9	問10

厚生年金保険法

問1	問2	問3	問4	問5	問6	問7	問8	問9	問10

国民年金法

問1	問2	問3	問4	問5	問6	問7	問8	問9	問10

キリトリ

令和元年度（2019年度・第51回）解答用紙

解いた日付	／

選択式問題・解答用紙

	A	B	C	D	E
問1					
問2	A	B	C	D	E
問3	A	B	C	D	E
問4	A	B	C	D	E
問5	A	B	C	D	E
問6	A	B	C	D	E
問7	A	B	C	D	E
問8	A	B	C	D	E

令和元年度（2019年度・第51回）解答用紙

解いた日付	／

択一式問題・解答用紙

労働基準法及び労働安全衛生法

問1	問2	問3	問4	問5	問6	問7	問8	問9	問10

労働者災害補償保険法（労働保険の保険料の徴収等に関する法律を含む。）

問1	問2	問3	問4	問5	問6	問7	問8	問9	問10

雇用保険法（労働保険の保険料の徴収等に関する法律を含む。）

問1	問2	問3	問4	問5	問6	問7	問8	問9	問10

労務管理その他の労働及び社会保険に関する一般常識

問1	問2	問3	問4	問5	問6	問7	問8	問9	問10

健康保険法

問1	問2	問3	問4	問5	問6	問7	問8	問9	問10

厚生年金保険法

問1	問2	問3	問4	問5	問6	問7	問8	問9	問10

国民年金法

問1	問2	問3	問4	問5	問6	問7	問8	問9	問10

キリトリ

平成30年度（2018年度・第50回）解答用紙

解いた日付	／

選択式問題・解答用紙

	A	B	C	D	E
問1					
問2	A	B	C	D	E
問3	A	B	C	D	E
問4	A	B	C	D	E
問5	A	B	C	D	E
問6	A	B	C	D	E
問7	A	B	C	D	E
問8	A	B	C	D	E

平成30年度（2018年度・第50回）解答用紙

解いた日付	／

択一式問題・解答用紙

労働基準法及び労働安全衛生法

問1	問2	問3	問4	問5	問6	問7	問8	問9	問10

労働者災害補償保険法（労働保険の保険料の徴収等に関する法律を含む。）

問1	問2	問3	問4	問5	問6	問7	問8	問9	問10

雇用保険法（労働保険の保険料の徴収等に関する法律を含む。）

問1	問2	問3	問4	問5	問6	問7	問8	問9	問10

労務管理その他の労働及び社会保険に関する一般常識

問1	問2	問3	問4	問5	問6	問7	問8	問9	問10

健康保険法

問1	問2	問3	問4	問5	問6	問7	問8	問9	問10

厚生年金保険法

問1	問2	問3	問4	問5	問6	問7	問8	問9	問10

国民年金法

問1	問2	問3	問4	問5	問6	問7	問8	問9	問10

執筆者
関根愛可
(TAC 社会保険労務士講座 教材開発講師)
満場　賢
(TAC 社会保険労務士講座 教材開発講師)

みんなが欲しかった！　社労士シリーズ

2023年度版　みんなが欲しかった！
社労士の年度別過去問題集　５年分

(2018年度版　2017年12月15日　初　版　第１刷発行)
2022年12月５日　初　版　第１刷発行

編 著 者　ＴＡＣ株式会社
(社会保険労務士講座)
発 行 者　多　田　敏　男
発 行 所　TAC株式会社　出版事業部
(TAC出版)

〒101-8383
東京都千代田区神田三崎町3-2-18
電 話 03(5276)9492(営業)
FAX 03(5276)9674
https://shuppan.tac-school.co.jp

印　　刷　株式会社　ワコープラネット
製　　本　東京美術紙工協業組合

ISBN 978-4-300-10273-2
N.D.C. 364

まずはこちらへお越しください　無料公開セミナー・講座説明会

予約不要・参加無料　知りたい情報が満載!
参加者だけのうれしい特典あり

参加者に
入会金免除券
プレゼント!

専任講師によるテーマ別セミナーや、カリキュラムについて詳しくご案内する講座説明会を実施しています。終了後は質問やご相談にお答えする「個別受講相談」を承っております。実施日程はTACホームページまたはパンフレットにてご案内しております。ぜひお気軽にご参加ください。

Web上でもセミナーが見られる!　TAC動画チャンネル

セミナー・講座説明・体験講義の映像など
役立つ情報をすべて無料で視聴できます。

●テーマ別セミナー　●講座説明会　●体験講義　等

https://www.tac-school.co.jp/ → TAC動画チャンネル へ

PCやスマホで快適に閲覧　デジタルパンフレット

紙と同じ内容のパンフレットをPCやスマートフォンで!
郵送も待たずに今すぐにご覧いただけます。

↓登録はこちらから

https://www.tac-school.co.jp/ → デジタルパンフ登録フォームに入力

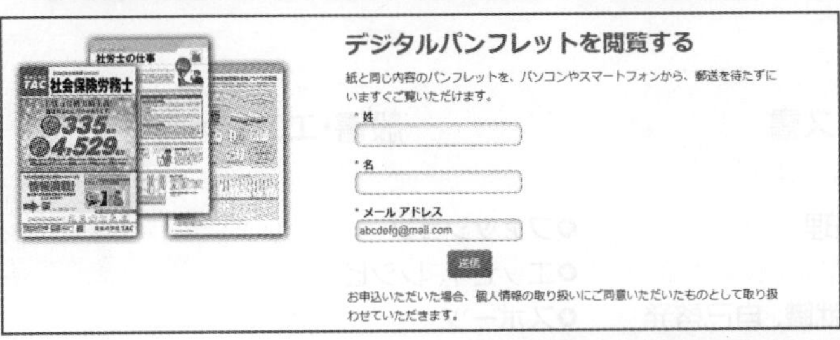
デジタルパンフレットを閲覧する

紙と同じ内容のパンフレットを、パソコンやスマートフォンから、郵送を待たずにいますぐご覧いただけます。

* 姓

* 名

* メールアドレス

abcdefg@mail.com

送信

お申込いただいた場合、個人情報の取り扱いにご同意いただいたものとして取り扱わせていただきます。

コチラからもアクセス!▶▶

資料請求・お問い合わせはこちらから!

電話でのお問い合わせ・資料請求　通話無料 0120-509-117（ゴウカク イイナ）

【受付時間】
9:30～19:00(月曜～金曜)
9:30～18:00(土曜・日曜・祝日)

※携帯・自動車電話・PHSからもご利用いただけます。

TACホームページからのご請求　https://www.tac-school.co.jp/

TAC出版 書籍のご案内

TAC出版では、資格の学校TAC各講座の定評ある執筆陣による資格試験の参考書をはじめ、資格取得者の開業法や仕事術、実務書、ビジネス書、一般書などを発行しています！

TAC出版の書籍

＊一部書籍は、早稲田経営出版のブランドにて刊行しております。

資格・検定試験の受験対策書籍

- 日商簿記検定
- 建設業経理士
- 全経簿記上級
- 税　理　士
- 公認会計士
- 社会保険労務士
- 中小企業診断士
- 証券アナリスト
- ファイナンシャルプランナー(FP)
- 証券外務員
- 貸金業務取扱主任者
- 不動産鑑定士
- 宅地建物取引士
- 賃貸不動産経営管理士
- マンション管理士
- 管理業務主任者
- 司法書士
- 行政書士
- 司法試験
- 弁理士
- 公務員試験(大卒程度・高卒者)
- 情報処理試験
- 介護福祉士
- ケアマネジャー
- 社会福祉士　ほか

実務書・ビジネス書

- 会計実務、税法、税務、経理
- 総務、労務、人事
- ビジネススキル、マナー、就職、自己啓発
- 資格取得者の開業法、仕事術、営業術
- 翻訳ビジネス書

一般書・エンタメ書

- ファッション
- エッセイ、レシピ
- スポーツ
- 旅行ガイド（おとな旅プレミアム/ハルカナ）
- 翻訳小説

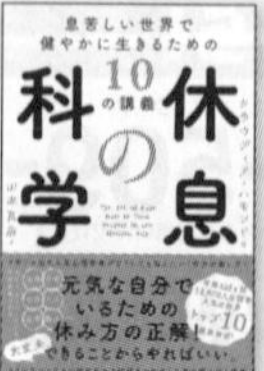

(2021年7月現在)

書籍のご購入は

1 全国の書店、大学生協、ネット書店で

2 TAC各校の書籍コーナーで

資格の学校TACの校舎は全国に展開!
校舎のご確認はホームページにて

資格の学校TAC ホームページ
https://www.tac-school.co.jp

3 TAC出版書籍販売サイトで

CYBER BOOK STORE TAC出版書籍販売サイト

24時間 ご注文 受付中

TAC 出版 で 検索

https://bookstore.tac-school.co.jp/

新刊情報をいち早くチェック!

たっぷり読める立ち読み機能

学習お役立ちの特設ページも充実!

TAC出版書籍販売サイト「サイバーブックストア」では、TAC出版および早稲田経営出版から刊行されている、すべての最新書籍をお取り扱いしています。
また、無料の会員登録をしていただくことで、会員様限定キャンペーンのほか、送料無料サービス、メールマガジン配信サービス、マイページのご利用など、うれしい特典がたくさん受けられます。

サイバーブックストア会員は、特典がいっぱい!(一部抜粋)

通常、1万円(税込)未満のご注文につきましては、送料・手数料として500円(全国一律・税込)頂戴しておりますが、1冊から無料となります。

専用の「マイページ」は、「購入履歴・配送状況の確認」のほか、「ほしいものリスト」や「マイフォルダ」など、便利な機能が満載です。

メールマガジンでは、キャンペーンやおすすめ書籍、新刊情報のほか、「電子ブック版TACNEWS(ダイジェスト版)」をお届けします。

書籍の発売を、販売開始当日にメールにてお知らせします。これなら買い忘れの心配もありません。

2023年度版 社労士試験対策書籍のご案内

TAC出版では、独学用、およびスクール学習の副教材として、各種対策書籍を取り揃えています。
学習の各段階に対応していますので、あなたのステップに応じて、合格に向けてご活用ください!

（刊行内容、発売月、表紙は変更になることがあります。）

みんなが欲しかった! シリーズ

わかりやすさ、学習しやすさに徹底的にこだわった、TAC出版イチオシのシリーズ。
大人気の『社労士の教科書』をはじめ、合格に必要な書籍を網羅的に取り揃えています。

『みんなが欲しかった!
社労士合格へのはじめの一歩』
A5判、8月　貫場 恵子 著
- 初学者のための超入門テキスト!
- 概要をしっかりつかむことができる入門講義で、学習効率ぐーんとアップ!
- フルカラーの巻頭特集 スタートアップ講座は必見!

『みんなが欲しかった!
社労士の教科書』
A5判、10月
- 資格の学校TACが独学者・初学者専用に開発! フルカラーで圧倒的にわかりやすいテキストです。
- 2冊に分解OK! セパレートBOOK形式。
- 便利な赤シートつき!

『みんなが欲しかった!
社労士の問題集』
A5判、10月
- この1冊でイッキに合格レベルに! 本試験形式の択一式&選択式の過去問、予想問を必要な分だけ収載。
- 『社労士の教科書』に完全準拠。

『みんなが欲しかった!
社労士合格のツボ 選択対策』
B6判、11月
- 基本事項のマスターにも最適! 本試験のツボをおさえた選択式問題厳選333問!!
- 赤シートつきでパパッと対策可能!

『みんなが欲しかった!
社労士合格のツボ 択一対策』
B6判、11月
- 択一の得点アップに効く1冊! 本試験のツボをおさえた一問一答問題厳選1600問!! 基本と応用の2step式で、効率よく学習できる!

『みんなが欲しかった!
社労士全科目横断総まとめ』
B6判、12月
- 各科目間の共通・類似事項をこの1冊で整理!
- 赤シート対応で、まとめて覚えられるから効率的!

『みんなが欲しかった! 社労士の
年度別過去問題集　5年分』
A5判、12月
- 年度別にまとめられた5年分の過去問で知識を総仕上げ!
- 問題、解説冊子は取り外しOKのセパレートタイプ!

『みんなが欲しかった!
社労士の直前予想模試』
B5判、4月
- みんなが欲しかったシリーズの総仕上げ模試!
- 基本事項を中心とした模試で知識を一気に仕上げます!

TAC出版

よくわかる社労士シリーズ

なぜ？　どうして？　を確実に理解しながら、本試験での得点力をつける！
本気で合格することを考えてできた、実践的シリーズです。受験経験のある方にオススメ！

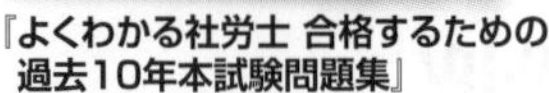

『よくわかる社労士 合格するための過去10年本試験問題集』
A5判、10月 **全4巻**

1 労基・安衛・労災　2 雇用・徴収・労一
3 健保・社一　4 国年・厚年

- 過去10年分の本試験問題を「一問一答式」「科目別」「項目別」に掲載！ 2色刷で見やすく学びやすい！
- 合格テキストに完全準拠！
- テキストと一緒に効率よく使える、過去問検索索引つき！

『よくわかる社労士 合格テキスト』
A5判、10月～4月 **全10巻＋別冊1巻**

1 労基法　2 安衛法　3 労災法　4 雇用法　5 徴収法
6 労一　7 健保法　8 国年法　9 厚年法　10 社一
別冊. 直前対策（一般常識・統計／白書／労務管理）

- 科目別重点学習で、しっかり学べる！
- 受験経験者やより各科目の知識を深めたい方にぴったり。
- TAC上級（演習）本科生コースの教材です。
- 全点赤シートつき！

『本試験をあてる TAC直前予想模試 社労士』
B5判、4月

- 本試験形式の予想問題を2回分収録！ 難易度を高めに設定した総仕上げ模試！
- マークシート解答用紙つき！

無敵シリーズ

年3回刊行の無敵シリーズ。完全合格を実現するためのマストアイテムです！

『無敵の社労士1 スタートダッシュ』
B5判、8月

『無敵の社労士2 本試験徹底解剖』
B5判、12月

『無敵の社労士3 完全無欠の直前対策』
B5判、5月

こちらもオススメ！

『みんなが欲しかった！ 社労士の教科書 速攻マスターCD』 12月

『みんなが欲しかった！ 社労士の教科書 総まとめDVD』 2月

『岡根式 社労士試験はじめて講義』
B6判、9月　岡根 一雄 著

- "はじめて"でも"もう一度"でも、まずは岡根式から！ 社労士試験の新しい入門書です。

啓蒙書

好評発売中！

『専業主婦が社労士になった！』
四六判　竹之下 節子 著

- 社労士の竹之下先生が、試験合格、独立開業の体験と、人生を変えるコツを教えます!!

TACの書籍はこちらの方法でご購入いただけます

1 全国の書店・大学生協　2 TAC各校 書籍コーナー　3 インターネット

CYBER BOOK STORE　TAC出版書籍販売サイト
アドレス https://bookstore.tac-school.co.jp/

・2022年7月現在 ・とくに記述がある商品以外は、TAC社会保険労務士講座編です

書籍の正誤に関するご確認とお問合せについて

書籍の記載内容に誤りではないかと思われる箇所がございましたら、以下の手順にてご確認とお問合せをしてくださいますよう、お願い申し上げます。
なお、正誤のお問合せ以外の**書籍内容に関する解説および受験指導などは、一切行っておりません。**
そのようなお問合せにつきましては、お答えいたしかねますので、あらかじめご了承ください。

1 「Cyber Book Store」にて正誤表を確認する

TAC出版書籍販売サイト「Cyber Book Store」の
トップページ内「正誤表」コーナーにて、正誤表をご確認ください。

CYBER BOOK STORE TAC出版書籍販売サイト

URL:https://bookstore.tac-school.co.jp/

2 1の正誤表がない、あるいは正誤表に該当箇所の記載がない ⇒ 下記①、②のどちらかの方法で文書にて問合せをする

★ご注意ください★

お電話でのお問合せは、お受けいたしません。
①、②のどちらの方法でも、お問合せの際には、「お名前」とともに、
「対象の書籍名(○級・第○回対策も含む)およびその版数(第○版・○○年度版など)」
「お問合せ該当箇所の頁数と行数」
「誤りと思われる記載」
「正しいとお考えになる記載とその根拠」
を明記してください。
なお、回答までに1週間前後を要する場合もございます。あらかじめご了承ください。

① ウェブページ「Cyber Book Store」内の「お問合せフォーム」より問合せをする

【お問合せフォームアドレス】

https://bookstore.tac-school.co.jp/inquiry/

② メールにより問合せをする

【メール宛先 TAC出版】

syuppan-h@tac-school.co.jp

※土日祝日はお問合せ対応をおこなっておりません。
※正誤のお問合せ対応は、該当書籍の改訂版刊行月末日までといたします。

乱丁・落丁による交換は、該当書籍の改訂版刊行月末日までといたします。なお、書籍の在庫状況等により、お受けできない場合もございます。
また、各種本試験の実施の延期、中止を理由とした本書の返品はお受けいたしません。返金もいたしかねますので、あらかじめご了承くださいますようお願い申し上げます。

TACにおける個人情報の取り扱いについて
■お預かりした個人情報は、TAC(株)で管理させていただき、お問合せへの対応、当社の記録保管にのみ利用いたします。お客様の同意なしに業務委託先以外の第三者に開示、提供することはございません(法令等により開示を求められた場合を除く)。その他、個人情報保護管理者、お預かりした個人情報の開示等及びTAC(株)への個人情報の提供の任意性については、当社ホームページ(https://www.tac-school.co.jp)をご覧いただくか、個人情報に関するお問い合わせ窓口(E-mail:privacy@tac-school.co.jp)までお問合せください。

(2022年7月現在)

本書は、問題編と、解答・解説編で、２冊に分解できる「セパレートBOOK形式」を採用しています。

★セパレートBOOKの作りかた★

①白い厚紙から、色紙のついた冊子を抜き取ります。
※色紙と白い厚紙は、のりで接着されています。乱暴に扱いますと、破損する危険性がありますので、ていねいに抜き取るようにしてください。

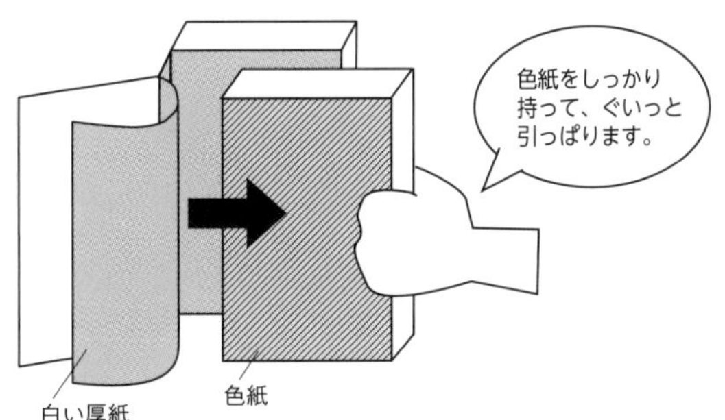

②本体のカバーを裏返しにして、抜き取った冊子にかぶせ、きれいに折り目をつけて使用してください。

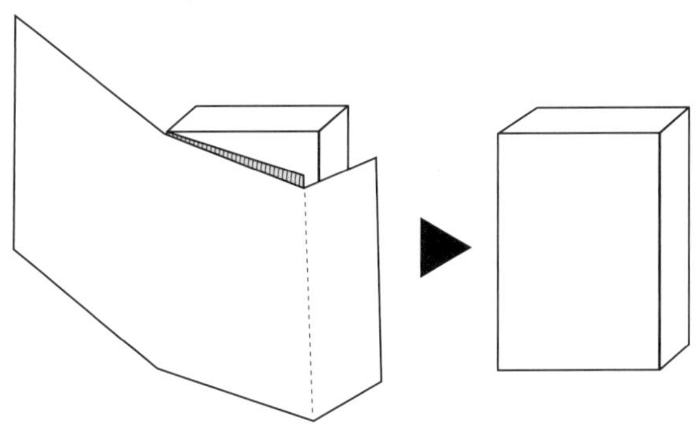

※抜き取るさいの損傷についてのお取替えはご遠慮願います。

問題編

CONTENTS

令和 4 年度
(2022年度・第54回)

本試験問題
選択式

本試験実施時間

10：30〜11：50（80分）

法令等略記凡例

法令等名称	法令等略称
労働者災害補償保険法	労災保険法
労働保険の保険料の徴収等に関する法律	労働保険徴収法
労働保険の保険料の徴収等に関する法律施行規則	労働保険徴収法施行規則

労働基準法及び労働安全衛生法

問１ 次の文中の［　　］の部分を選択肢の中の最も適切な語句で埋め、完全な文章とせよ。

1　労働基準法第20条により、いわゆる解雇予告手当を支払うことなく９月30日の終了をもって労働者を解雇しようとする使用者は、その解雇の予告は、少なくとも［　A　］までに行わなければならない。

2　最高裁判所は、全国的規模の会社の神戸営業所勤務の大学卒営業担当従業員に対する名古屋営業所への転勤命令が権利の濫用に当たるということができるか否かが問題となった事件において、次のように判示した。

「使用者は業務上の必要に応じ、その裁量により労働者の勤務場所を決定することができるものというべきであるが、転勤、特に転居を伴う転勤は、一般に、労働者の生活関係に少なからぬ影響を与えずにはおかないから、使用者の転勤命令権は無制約に行使することができるものではなく、これを濫用することの許されないことはいうまでもないところ、当該転勤命令につき業務上の必要性が存しない場合又は業務上の必要性が存する場合であつても、当該転勤命令が［　B　］なされたものであるとき若しくは労働者に対し通常［　C　］とき等、特段の事情の存する場合でない限りは、当該転勤命令は権利の濫用になるものではないというべきである。右の業務上の必要性についても、当該転勤先への異動が余人をもつては容易に替え難いといつた高度の必要性に限定することは相当でなく、労働力の適正配置、業務の能率増進、労働者の能力開発、勤務意欲の高揚、業務運営の円滑化など企業の合理的運営に寄与する点が認められる限りは、業務上の必要性の存在を肯定すべきである。」

3　労働安全衛生法第59条において、事業者は、労働者を雇い入れたときは、当該労働者に対し、厚生労働省令で定めるところにより、その従事する業務に関する安全又は衛生のための教育を行わなければならないが、この教育は、［　D　］についても行わなければならないとされている。

4　労働安全衛生法第3条において、「事業者は、単にこの法律で定める労働災害の防止のための最低基準を守るだけでなく、 **E** と労働条件の改善を通じて職場における労働者の安全と健康を確保するようにしなければならない。また、事業者は、国が実施する労働災害の防止に関する施策に協力するようにしなければならない。」と規定されている。

選択肢

①　8月30日	②　8月31日
③　9月1日	④　9月16日

⑤　行うべき転居先の環境の整備をすることなくなされたものである
⑥　快適な職場環境の実現
⑦　甘受すべき程度を著しく超える不利益を負わせるものである
⑧　現在の業務に就いてから十分な期間をおくことなく
⑨　他の不当な動機・目的をもつて
⑩　当該転勤先への異動を希望する他の労働者がいるにもかかわらず
⑪　配慮すべき労働条件に関する措置が講じられていない
⑫　予想し得ない転勤命令がなされたものである
⑬　より高度な基準の自主設定
⑭　労働災害の絶滅に向けた活動
⑮　労働災害の防止に関する新たな情報の活用
⑯　労働者が90日以上欠勤等により業務を休み、その業務に復帰したとき
⑰　労働者が再教育を希望したとき
⑱　労働者が労働災害により30日以上休業し、元の業務に復帰したとき
⑲　労働者に対する事前の説明を経ることなく
⑳　労働者の作業内容を変更したとき

労働者災害補償保険法

問２ 次の文中の［　　］の部分を選択肢の中の最も適切な語句で埋め、完全な文章とせよ。

1　業務災害により既に１下肢を１センチメートル短縮していた（13級の８）者が、業務災害により新たに同一下肢を３センチメートル短縮（10級の７）し、かつ１手の小指を失った（12級の８の２）場合の障害等級は［ A ］級であり、新たな障害につき給付される障害補償の額は給付基礎日額の［ B ］日分である。

なお、８級の障害補償の額は給付基礎日額の503日分、９級は391日分、10級は302日分、11級は223日分、12級は156日分、13級は101日分である。

2　最高裁判所は、中小事業主が労災保険に特別加入する際に成立する保険関係について、次のように判示している（作題に当たり一部改変）。

労災保険法（以下「法」という。）が定める中小事業主の特別加入の制度は、労働者に関し成立している労災保険の保険関係（以下「保険関係」という。）を前提として、当該保険関係上、中小事業主又はその代表者を［ C ］とみなすことにより、当該中小事業主又はその代表者に対する法の適用を可能とする制度である。そして、法第３条第１項、労働保険徴収法第３条によれば、保険関係は、労働者を使用する事業について成立するものであり、その成否は当該事業ごとに判断すべきものであるところ、同法第４条の２第１項において、保険関係が成立した事業の事業主による政府への届出事項の中に「事業の行われる場所」が含まれており、また、労働保険徴収法施行規則第16条第１項に基づき労災保険率の適用区分である同施行規則別表第１所定の事業の種類の細目を定める労災保険率適用事業細目表において、同じ建設事業に附帯して行われる事業の中でも当該建設事業の現場内において行われる事業とそうでない事業とで適用される労災保険率の区別がされているものがあることなどに鑑みると、保険関係の成立する事業は、主として場所的な独立性を基準とし、当該一定の場所において一定の組織の下に相関連して行われる作業の一体を単位として区分されるものと解される。そうすると、土木、建築その他の工作物の建設、改造、保存、修理、変更、破壊若しくは解体又はその準備の事業（以下「建設の事業」という。）を行う事業主については、個々の建設等の現場における建築工事等の業務活動と本店等の事務所を拠点とする営業、経営管理その他の業務活動とがそれぞれ別個の事業であって、それぞれその業務の中に［ D ］を前提に、各別に保険関係が成立するものと解される。

したがって、建設の事業を行う事業主が、その使用する労働者を個々の建設等の現場における事業にのみ従事させ、本店等の事務所を拠点とする営業等の事業に従事させていないときは、営業等の事業につき保険関係の成立する余地はないから、営業等の事業について、当該事業主が特別加入の承認を受けることはできず、［ E ］に起因する事業主又はその代表者の死亡等に関し、その遺族等が法に基づく保険給付を受けることはできないものというべきである。

選択肢

① 8	② 9
③ 10	④ 11
⑤ 122	⑥ 201
⑦ 290	⑧ 402
⑨ 営業等の事業に係る業務	
⑩ 建設及び営業等以外の事業に係る業務	
⑪ 建設及び営業等の事業に係る業務	⑫ 建設の事業に係る業務
⑬ 事業主が自ら行うものがあること	
⑭ 事業主が自ら行うものがないこと	
⑮ 使用者	⑯ 特別加入者
⑰ 一人親方	⑱ 労働者
⑲ 労働者を使用するものがあること	
⑳ 労働者を使用するものがないこと	

雇用保険法

問３ 次の文中の［　　］の部分を選択肢の中の最も適切な語句で埋め、完全な文章とせよ。

1 雇用保険法第13条の算定対象期間において、完全な賃金月が例えば12あるときは、［ A ］に支払われた賃金（臨時に支払われる賃金及び３か月を超える期間ごとに支払われる賃金を除く。）の総額を180で除して得た額を賃金日額とするのが原則である。賃金日額の算定は［ B ］に基づいて行われるが、同法第17条第４項によって賃金日額の最低限度額及び最高限度額が規定されているため、算定した賃金日額が2,500円のときの基本手当日額は［ C ］となる。

なお、同法第18条第１項、第２項の規定による賃金日額の最低限度額（自動変更対象額）は2,540円、同法同条第３項の規定による最低賃金日額は2,577円とする。

2 雇用保険法第60条の２に規定する教育訓練給付金に関して、具体例で確認すれば、平成25年中に教育訓練給付金を受給した者が、次のアからエまでの時系列において、いずれかの離職期間中に開始した教育訓練について一般教育訓練に係る給付金の支給を希望するとき、平成26年以降で最も早く支給要件期間を満たす離職の日は［ D ］である。ただし、同条第５項及び同法施行規則第101条の２の９において、教育訓練給付金の額として算定された額が［ E ］ときは、同給付金は支給しないと規定されている。

ア 平成26年６月１日に新たにＡ社に就職し一般被保険者として就労したが、平成28年７月31日にＡ社を離職した。このときの離職により基本手当を受給した。

イ 平成29年９月１日に新たにＢ社へ就職し一般被保険者として就労したが、平成30年９月30日にＢ社を離職した。このときの離職により基本手当を受給した。

ウ 令和元年６月１日にＢ社へ再度就職し一般被保険者として就労したが、令和３年８月31日にＢ社を離職した。このときの離職では基本手当を受給しなかった。

エ　令和4年6月1日にB社へ再度就職し一般被保険者として就労したが、令和5年7月31日にB社を離職した。このときの離職では基本手当を受給しなかった。

選択肢

A	① 最後の完全な6賃金月 ③ 中間の完全な6賃金月	② 最初の完全な6賃金月 ④ 任意の完全な6賃金月
B	① 雇用保険被保険者資格取得届 ③ 雇用保険被保険者証	② 雇用保険被保険者資格喪失届 ④ 雇用保険被保険者離職票
C	① 1,270円 ③ 2,032円	② 1,288円 ④ 2,061円
D	① 平成28年7月31日 ③ 令和3年8月31日	② 平成30年9月30日 ④ 令和5年7月31日
E	① 2,000円を超えない ③ 4,000円を超えない	② 2,000円を超える ④ 4,000円を超える

労務管理その他の労働に関する一般常識

問４ 次の文中の［　　］の部分を選択肢の中の最も適切な語句で埋め、完全な文章とせよ。

1　全ての事業主は、従業員の一定割合（＝法定雇用率）以上の障害者を雇用することが義務付けられており、これを「障害者雇用率制度」という。現在の民間企業に対する法定雇用率は［ A ］パーセントである。

障害者の雇用に関する事業主の社会連帯責任を果たすため、法定雇用率を満たしていない事業主（常用雇用労働者［ B ］の事業主に限る。）から納付金を徴収する一方、障害者を多く雇用している事業主に対しては調整金、報奨金や各種の助成金を支給している。

障害者を雇用した事業主は、障害者の職場適応のために、［ C ］による支援を受けることができる。［ C ］には、配置型、訪問型、企業在籍型の３つの形がある。

2　最高裁判所は、期間を定めて雇用される臨時員（上告人）の労働契約期間満了により、使用者（被上告人）が行った雇止めが問題となった事件において、次のように判示した。

「⑴上告人は、昭和45年12月１日から同月20日までの期間を定めて被上告人のＰ工場に雇用され、同月21日以降、期間２か月の本件労働契約が５回更新されて昭和46年10月20日に至つた臨時員である。⑵Ｐ工場の臨時員制度は、景気変動に伴う受注の変動に応じて雇用量の調整を図る目的で設けられたものであり、臨時員の採用に当たつては、学科試験とか技能試験とかは行わず、面接において健康状態、経歴、趣味、家族構成などを尋ねるのみで採用を決定するという簡易な方法をとつている。⑶被上告人が昭和45年８月から12月までの間に採用したＰ工場の臨時員90名のうち、翌46年10月20日まで雇用関係が継続した者は、本工採用者を除けば、上告人を含む14名である。⑷Ｐ工場においては、臨時員に対し、例外はあるものの、一般的には前作業的要素の作業、単純な作業、精度がさほど重要視されていない作業に従事させる方針をとつており、上告人も比較的簡易な作業に従事していた。⑸被上告人は、臨時員の契約更新に当たつては、更新期間の約１週間前に本人の意思を確認し、当初作成の労働契約書の「４雇用期間」欄に順次雇用期間を記入し、臨時員の印を押捺せしめていた（もつとも、上告人が属する機械組においては、本人の意思が確認されたときは、給料の受領のために預かつてある印章を庶務係が本人に代わつて押捺していた。）ものであり、上告人と被上告人との間の５回にわたる本件労働契約の更新は、いずれも期間満了の都度新たな契約を締結する旨を合意することによつてされてきたものである。」「Ｐ工場の臨時員は、季節的労務や特定物の製作のような臨時的作業のために雇用されるものではなく、その雇用関係はある程度の **D** ものであり、上告人との間においても５回にわたり契約が更新されているのであるから、このような労働者を契約期間満了によつて雇止めにするに当たつては、解雇に関する法理が類推され、解雇であれば解雇権の濫用、信義則違反又は不当労働行為などに該当して解雇無効とされるような事実関係の下に使用者が新契約を締結しなかつたとするならば、期間満了後における使用者と労働者間の法律関係は **E** のと同様の法律関係となるものと解せられる。」

選択肢

① 2.0	② 2.3	③ 2.5	④ 2.6
⑤ 50人超	⑥ 100人超	⑦ 200人超	⑧ 300人超

⑨ 安定性が合意されていた
⑩ 期間の定めのない労働契約が締結された
⑪ 継続が期待されていた　　⑫ 厳格さが見込まれていた
⑬ 合理的理由が必要とされていた　　⑭ 採用内定通知がなされた
⑮ 従前の労働契約が更新された
⑯ 使用者が労働者に従前と同一の労働条件を内容とする労働契約の申込みをした
⑰ ジョブコーチ　　⑱ ジョブサポーター
⑲ ジョブマネジャー　　⑳ ジョブメンター

社会保険に関する一般常識

問５ 次の文中の［　　］の部分を選択肢の中の最も適切な語句で埋め、完全な文章とせよ。

1　厚生労働省から令和３年11月に公表された「令和元年度国民医療費の概況」によると、令和元年度の国民医療費は44兆3,895億円である。年齢階級別国民医療費の構成割合についてみると、「65歳以上」の構成割合は［ A ］パーセントとなっている。

2　企業型確定拠出年金の加入者又は企業型確定拠出年金の加入者であった者（当該確定拠出年金に個人別管理資産がある者に限る。）が死亡したときは、その者の遺族に、死亡した者の死亡の当時主としてその収入によって生計を維持されていなかった配偶者及び実父母、死亡した者の死亡の当時主としてその収入によって生計を維持されていた子、養父母及び兄弟姉妹がいた場合、死亡一時金を受け取ることができる遺族の第１順位は、［ B ］となる。ただし、死亡した者は、死亡する前に死亡一時金を受ける者を指定してその旨を企業型記録関連運営管理機関等に対して表示していなかったものとする。

3　児童手当法第18条第２項によると、被用者（子ども・子育て支援法第69条第１項各号に掲げる者が保険料を負担し、又は納付する義務を負う被保険者であって公務員でない者をいう。）に対する児童手当の支給に要する費用（３歳以上の児童（月の初日に生まれた児童については、出生の日から３年を経過した児童とする。）であって［ C ］に係る児童手当の額に係る部分に限る。）は、その３分の２に相当する額を国庫が負担し、その６分の１に相当する額を都道府県及び市町村がそれぞれ負担すると規定されている。

4　介護保険法における「要介護状態」とは、［ D ］があるために、入浴、排せつ、食事等の日常生活における基本的な動作の全部又は一部について、［ E ］の期間にわたり継続して、常時介護を要すると見込まれる状態であって、その介護の必要の程度に応じて厚生労働省令で定める区分のいずれかに該当するもの（要支援状態に該当するものを除く。）をいう。ただし、「要介護状態」にある40歳以上65歳未満の者であって、その「要介護状態」の原因である［ D ］が加齢に伴って生ずる心身の変化に起因する疾病であって政令で定めるもの（以下「特定疾病」という。）によって生じたものであり、当該特定疾病ががん（医師が一般に認められている医学的知見に基づき回復の見込みがない状態に至ったと判断したものに限る。）である場合の継続見込期間については、その余命が［　E　］に満たないと判断される場合にあっては、死亡までの間とする。

選択肢

①	3か月	②	6か月
③	12か月		
④	15歳に達する日以後の最初の3月31日までの間にある者		
⑤	18か月		
⑥	18歳に達する日以後の最初の3月31日までの間にある者		
⑦	31.0	⑧	46.0
⑨	61.0	⑩	76.0
⑪	加齢に伴って生ずる心身の変化に起因する疾病		
⑫	義務教育就学前の児童		
⑬	子	⑭	実父母
⑮	小学校終了前の児童		
⑯	心身の機能の低下	⑰	身体上又は精神上の障害
⑱	配偶者	⑲	慢性的な認知機能の悪化
⑳	養父母		

健康保険法

問６ 次の文中の［　　］の部分を選択肢の中の最も適切な語句で埋め、完全な文章とせよ。

1　健康保険法第３条第１項の規定によると、特定適用事業所に勤務する短時間労働者で、被保険者となることのできる要件の１つとして、報酬（最低賃金法に掲げる賃金に相当するものとして厚生労働省令で定めるものを除く。）が１か月当たり［ A ］であることとされている。

2　保険外併用療養費の対象となる選定療養とは、「被保険者の選定に係る特別の病室の提供その他の厚生労働大臣が定める療養」をいい、厚生労働省告示「厚生労働大臣の定める評価療養、患者申出療養及び選定療養」第２条に規定する選定療養として、第１号から第11号が掲げられている。

そのうち第４号によると、「病床数が［ B ］の病院について受けた初診（他の病院又は診療所からの文書による紹介がある場合及び緊急その他やむを得ない事情がある場合に受けたものを除く。）」と規定されており、第７号では、「別に厚生労働大臣が定める方法により計算した入院期間が［ C ］を超えた日以後の入院及びその療養に伴う世話その他の看護（別に厚生労働大臣が定める状態等にある者の入院及びその療養に伴う世話その他の看護を除く。）」と規定されている。

3　被保険者（日雇特例被保険者を除く。）は、同時に２以上の事業所に使用される場合において、保険者が２以上あるときは、その被保険者の保険を管掌する保険者を選択しなければならない。この場合は、同時に２以上の事業所に使用されるに至った日から［ D ］日以内に、被保険者の氏名及び生年月日等を記載した届書を、全国健康保険協会を選択しようとするときは［ E ］に、健康保険組合を選択しようとするときは健康保険組合に提出することによって行うものとする。

選択肢

①	5	②	7
③	10	④	14
⑤	90　日	⑥	120日
⑦	150以上	⑧	150日
⑨	180以上	⑩	180日
⑪	200以上	⑫	250以上
⑬	63,000円以上	⑭	85,000円以上
⑮	88,000円以上	⑯	108,000円以上
⑰	厚生労働大臣	⑱	全国健康保険協会の都道府県支部
⑲	全国健康保険協会の本部	⑳	地方厚生局長

厚生年金保険法

問７ 次の文中の［　　］の部分を選択肢の中の最も適切な語句で埋め、完全な文章とせよ。

1　厚生年金保険法第81条の２の２第１項の規定によると、産前産後休業をしている被保険者が使用される事業所の事業主が、主務省令で定めるところにより実施機関に申出をしたときは、同法第81条第２項の規定にかかわらず当該被保険者に係る保険料であってその産前産後休業を［ A ］からその産前産後休業が［ B ］までの期間に係るものの徴収は行わないとされている。

2　厚生年金保険の被保険者であるＸ（50歳）は、妻であるＹ（45歳）及びＹとＹの先夫との子であるＺ（10歳）と生活を共にしていた。ＸとＺは養子縁組をしていないが、事実上の親子関係にあった。また、Ｘは、Ｘの先妻であるＶ（50歳）及びＸとＶとの子であるＷ（15歳）にも養育費を支払っていた。Ｖ及びＷは、Ｘとは別の都道府県に在住している。この状況で、Ｘが死亡した場合、遺族厚生年金が最初に支給されるのは、［ C ］である。なお、遺族厚生年金に係る保険料納付要件及び生計維持要件は満たされているものとする。

3　令和４年４月から、65歳未満の在職老齢年金制度が見直されている。令和４年度では、総報酬月額相当額が41万円、老齢厚生年金の基本月額が10万円の場合、支給停止額は［ D ］となる。

4　厚生年金保険法第47条の２によると、疾病にかかり、又は負傷し、かつ、その傷病に係る初診日において被保険者であった者であって、障害認定日において同法第47条第２項に規定する障害等級（以下「障害等級」という。）に該当する程度の障害の状態になかったものが、障害認定日から同日後［ E ］までの間において、その傷病により障害の状態が悪化し、障害等級に該当する程度の障害の状態に該当するに至ったときは、その者は、その期間内に障害厚生年金の支給を請求することができる。なお、障害厚生年金に係る保険料納付要件は満たされているものとする。

選択肢

① １年半を経過する日	② ５年を経過する日
③ 60歳に達する日の前日	④ 65歳に達する日の前日
⑤ 開始した日の属する月	⑥ 開始した日の属する月の翌月
⑦ 開始した日の翌日が属する月	
⑧ 開始した日の翌日が属する月の翌月	
⑨ 月額２万円	⑩ 月額４万円
⑪ 月額５万円	⑫ 月額10万円
⑬ 終了する日の属する月	⑭ 終了する日の属する月の前月
⑮ 終了する日の翌日が属する月	
⑯ 終了する日の翌日が属する月の前月	
⑰ V	⑱ W
⑲ Y	⑳ Z

国民年金法

問８ 次の文中の［　　］の部分を選択肢の中の最も適切な語句で埋め、完全な文章とせよ。

1　国民年金法第36条第２項によると、障害基礎年金は、受給権者が障害等級に該当する程度の障害の状態に該当しなくなったときは、［ A ］、その支給を停止するとされている。

2　寡婦年金の額は、死亡日の属する月の前月までの第１号被保険者としての被保険者期間に係る死亡日の前日における保険料納付済期間及び保険料免除期間につき、国民年金法第27条の老齢基礎年金の額の規定の例によって計算した額の［ B ］に相当する額とする。

3　国民年金法第128条第２項によると、国民年金基金は、加入員及び加入員であった者の［ C ］ため、必要な施設をすることができる。

4　国民年金法第14条の５では、「厚生労働大臣は、国民年金制度に対する国民の［ D ］ため、厚生労働省令で定めるところにより、被保険者に対し、当該被保険者の保険料納付の実績及び将来の給付に関する必要な情報を［ E ］するものとする。」と規定している。

選択肢

① 2分の1　② 3分の2
③ 4分の1　④ 4分の3
⑤ 厚生労働大臣が指定する期間
⑥ 受給権者が65歳に達するまでの間
⑦ 速やかに通知　⑧ 正確に通知
⑨ 生活の維持及び向上に寄与する　⑩ 生活を安定させる
⑪ その障害の状態に該当しない間
⑫ その障害の状態に該当しなくなった日から3年間
⑬ 知識を普及させ、及び信頼を向上させる
⑭ 遅滞なく通知
⑮ 福祉を増進する　⑯ 福利向上を図る
⑰ 理解を増進させ、及びその信頼を向上させる
⑱ 理解を増進させ、及びその知識を普及させる
⑲ 利便の向上に資する　⑳ 分かりやすい形で通知

令和４年度
（2022年度・第54回）
本試験問題
択一式

本試験実施時間

13：20〜16：50（210分）

法令等略記凡例

法令等名称	法令等略称
労働者災害補償保険法	労災保険法
労働者災害補償保険法施行規則	労災保険法施行規則
労働保険の保険料の徴収等に関する法律	労働保険徴収法
労働保険の保険料の徴収等に関する法律施行規則	労働保険徴収法施行規則
高齢者の医療の確保に関する法律	高齢者医療確保法

労働基準法及び労働安全衛生法

問１ 労働基準法の労働者に関する次の記述のうち、正しいものはどれか。

A　労働基準法の労働者であった者は、失業しても、その後継続して求職活動をしている間は、労働基準法の労働者である。

B　労働基準法の労働者は、民法第623条に定める雇用契約により労働に従事する者がこれに該当し、形式上といえども請負契約の形式を採るものは、その実体において使用従属関係が認められる場合であっても、労働基準法の労働者に該当することはない。

C　同居の親族のみを使用する事業において、一時的に親族以外の者が使用されている場合、この者は、労働基準法の労働者に該当しないこととされている。

D　株式会社の代表取締役は、法人である会社に使用される者であり、原則として労働基準法の労働者になるとされている。

E　明確な契約関係がなくても、事業に「使用」され、その対償として「賃金」が支払われる者であれば、労働基準法の労働者である。

問２ 労働基準法の労働時間に関する次の記述のうち、正しいものはどれか。

A　労働安全衛生法により事業者に義務付けられている健康診断の実施に要する時間は、労働安全衛生規則第44条の定めによる定期健康診断、同規則第45条の定めによる特定業務従事者の健康診断等その種類にかかわらず、すべて労働時間として取り扱うものとされている。

B　定期路線トラック業者の運転手が、路線運転業務の他、貨物の積込を行うため、小口の貨物が逐次持ち込まれるのを待機する意味でトラック出発時刻の数時間前に出勤を命ぜられている場合、現実に貨物の積込を行う以外の全く労働の提供がない時間は、労働時間と解されていない。

C　労働安全衛生法第59条等に基づく安全衛生教育については、所定労働時間内に行うことが原則とされているが、使用者が自由意思によって行う教育であって、労働者が使用者の実施する教育に参加することについて就業規則上の制裁等の不利益取扱による出席の強制がなく自由参加とされているものについても、労働者の技術水準向上のための教育の場合は所定労働時間内に行うことが原則であり、当該教育が所定労働時間外に行われるときは、当該時間は時間外労働時間として取り扱うこととされている。

D　事業場に火災が発生した場合、既に帰宅している所属労働者が任意に事業場に出勤し消火作業に従事した場合は、一般に労働時間としないと解されている。

E　警備員が実作業に従事しない仮眠時間について、当該警備員が労働契約に基づき仮眠室における待機と警報や電話等に対して直ちに対応することが義務付けられており、そのような対応をすることが皆無に等しいなど実質的に上記義務付けがされていないと認めることができるような事情が存しないなどの事実関係の下においては、実作業に従事していない時間も含め全体として警備員が使用者の指揮命令下に置かれているものであり、労働基準法第32条の労働時間に当たるとするのが、最高裁判所の判例である。

問3　労働基準法第36条（以下本問において「本条」という。）に定める時間外及び休日の労働等に関する次の記述のうち、誤っているものはどれか。

A　使用者が労働基準法施行規則第23条によって日直を断続的勤務として許可を受けた場合には、本条第１項の協定がなくとも、休日に日直をさせることができる。

B　小売業の事業場で経理業務のみに従事する労働者について、対象期間を令和４年１月１日から同年12月31日までの１年間とする本条第１項の協定をし、いわゆる特別条項により、１か月について95時間、１年について700時間の時間外労働を可能としている事業場においては、同年の１月に90時間、２月に70時間、３月に85時間、４月に75時間、５月に80時間の時間外労働をさせることができる。

C　労働者が遅刻をし、その時間だけ通常の終業時刻を繰り下げて労働させる場合に、一日の実労働時間を通算すれば労働基準法第32条又は第40条の労働時間を超えないときは、本条第１項に基づく協定及び労働基準法第37条に基づく割増賃金支払の必要はない。

D　就業規則に所定労働時間を１日７時間、１週35時間と定めたときは、１週35時間を超え１週間の法定労働時間まで労働時間を延長する場合、各日の労働時間が８時間を超えずかつ休日労働を行わせない限り、本条第１項の協定をする必要はない。

E　本条第１項の協定は、事業場ごとに締結するよう規定されているが、本社において社長と当該会社の労働組合本部の長とが締結した本条第１項の協定に基づき、支店又は出張所がそれぞれ当該事業場の業務の種類、労働者数、所定労働時間等所要事項のみ記入して所轄労働基準監督署長に届け出た場合、当該組合が各事業場ごとにその事業場の労働者の過半数で組織されている限り、その取扱いが認められる。

問４　労働基準法の総則（第１条～第12条）に関する次の記述のうち、誤っているものはどれか。

A　労働基準法第１条にいう「労働関係の当事者」には、使用者及び労働者のほかに、それぞれの団体である使用者団体と労働組合も含まれる。

B　労働基準法第３条にいう「信条」には、特定の宗教的信念のみならず、特定の政治的信念も含まれる。

C　就業規則に労働者が女性であることを理由として、賃金について男性と差別的取扱いをする趣旨の規定がある場合、現実には男女差別待遇の事実がないとしても、当該規定は無効であり、かつ労働基準法第４条違反となる。

D　使用者の暴行があっても、労働の強制の目的がなく、単に「怠けたから」又は「態度が悪いから」殴ったというだけである場合、刑法の暴行罪が成立する可能性はあるとしても、労働基準法第５条違反とはならない。

E 法令の規定により事業主等に申請等が義務付けられている場合において、事務代理の委任を受けた社会保険労務士がその懈怠により当該申請等を行わなかった場合には、当該社会保険労務士は、労働基準法第10条にいう「使用者」に該当するので、当該申請等の義務違反の行為者として労働基準法の罰則規定に基づいてその責任を問われうる。

問５ 労働基準法に定める労働契約等に関する次の記述のうち、正しいものはどれか。

A 社会保険労務士の国家資格を有する労働者について、労働基準法第14条に基づき契約期間の上限を５年とする労働契約を締結するためには、社会保険労務士の資格を有していることだけでは足りず、社会保険労務士の名称を用いて社会保険労務士の資格に係る業務を行うことが労働契約上認められている等が必要である。

B 労働基準法第15条第３項にいう「契約解除の日から14日以内」であるとは、解除当日から数えて14日をいい、例えば、９月１日に労働契約を解除した場合は、９月１日から９月14日までをいう。

C 労働基準法第16条のいわゆる「賠償予定の禁止」については、違約金又はあらかじめ定めた損害賠償額を現実に徴収したときにはじめて違反が成立する。

D 「前借金」とは、労働契約の締結の際又はその後に、労働することを条件として使用者から借り入れ、将来の賃金により弁済することを約する金銭をいい、労働基準法第17条は前借金そのものを全面的に禁止している。

E 労働基準法第22条第１項に基づいて交付される証明書は、労働者が同項に定める法定記載事項の一部のみが記入された証明書を請求した場合でも、法定記載事項をすべて記入しなければならない。

問６ 労働基準法に定める賃金等に関する次の記述のうち、誤っているものはいくつあるか。

ア 通貨以外のもので支払われる賃金も、原則として労働基準法第12条に定める平均賃金等の算定基礎に含まれるため、法令に別段の定めがある場合のほかは、労働協約で評価額を定めておかなければならない。

イ 賃金の支払期限について、必ずしもある月の労働に対する賃金をその月中に支払うことを要せず、不当に長い期間でない限り、賃金の締切後ある程度の期間を経てから支払う定めをすることも差し支えない。

ウ 労働基準法第25条により労働者が非常時払を請求しうる事由の１つである「疾病」とは、業務上の疾病、負傷であると業務外のいわゆる私傷病であるとを問わない。

エ「労働者が賃金の支払を受ける前に賃金債権を他に譲渡した場合においても、その支払についてはなお同条〔労働基準法第24条〕が適用され、使用者は直接労働者に対し賃金を支払わなければならず、したがつて、右賃金債権の譲受人は自ら使用者に対してその支払を求めることは許されないが、国家公務員等退職手当法〔現在の国家公務員退職手当法〕による退職手当の給付を受ける権利については、その譲渡を禁止する規定がない以上、退職手当の支給前にその受給権が他に適法に譲渡された場合においては、国または公社はもはや退職者に直接これを支払うことを要せず、したがつて、その譲受人から国または公社に対しその支払を求めることが許される」とするのが、最高裁判所の判例である。

オ 労働基準法第27条に定める出来高払制の保障給について、同種の労働を行っている労働者が多数ある場合に、個々の労働者の技量、経験、年齢等に応じて、その保障給額に差を設けることは差し支えない。

A 一つ

B 二つ

C 三つ

D 四つ

E 五つ

問７ 労働基準法に定める労働時間等に関する次の記述のうち、正しいものはどれか。

A　使用者は、労働基準法別表第１第８号（物品の販売、配給、保管若しくは賃貸又は理容の事業）、第10号のうち映画の製作の事業を除くもの（映画の映写、演劇その他興行の事業）、第13号（病者又は虚弱者の治療、看護その他保健衛生の事業）及び第14号（旅館、料理店、飲食店、接客業又は娯楽場の事業）に掲げる事業のうち常時10人未満の労働者を使用するものについては、労働基準法第32条の規定にかかわらず、１週間について48時間、１日について10時間まで労働させることができる。

B　労働基準法第32条の２に定めるいわゆる１か月単位の変形労働時間制を労使協定を締結することにより採用する場合、当該労使協定を所轄労働基準監督署長に届け出ないときは１か月単位の変形労働時間制の効力が発生しない。

C　医療法人と医師との間の雇用契約において労働基準法第37条に定める時間外労働等に対する割増賃金を年俸に含める旨の合意がされていた場合、「本件合意は、上告人の医師としての業務の特質に照らして合理性があり、上告人が労務の提供について自らの裁量で律することができたことや上告人の給与額が相当高額であったこと等からも、労働者としての保護に欠けるおそれはないから、上告人の当該年俸のうち時間外労働等に対する割増賃金に当たる部分が明らかにされておらず、通常の労働時間の賃金に当たる部分と割増賃金に当たる部分とを判別することができないからといって不都合はなく、当該年俸の支払により、時間外労働等に対する割増賃金が支払われたということができる」とするのが、最高裁判所の判例である。

D　労働基準法第37条第３項に基づくいわゆる代替休暇を与えることができる期間は、同法第33条又は同法第36条第１項の規定によって延長して労働させた時間が１か月について60時間を超えた当該１か月の末日の翌日から２か月以内の範囲内で、労使協定で定めた期間とされている。

E 年次有給休暇の権利は、「労基法39条１、２項の要件が充足されることによつて法律上当然に労働者に生ずる権利ということはできず、労働者の請求をまつて始めて生ずるものと解すべき」であり、「年次〔有給〕休暇の成立要件として、労働者による『休暇の請求』や、これに対する使用者の『承認』を要する」とするのが、最高裁判所の判例である。

問８ 下記に示す事業者が一の場所において行う建設業の事業に関する次の記述のうち、誤っているものはどれか。

なお、この場所では甲社の労働者及び下記乙①社から丙②社までの４社の労働者が作業を行っており、作業が同一の場所において行われることによって生じる労働災害を防止する必要がある。

甲社　　鉄骨造のビル建設工事の仕事を行う元方事業者
　　当該場所において作業を行う労働者数　常時５人
乙①社　甲社から鉄骨組立工事一式を請け負っている事業者
　　当該場所において作業を行う労働者数　常時10人
乙②社　甲社から壁面工事一式を請け負っている事業者
　　当該場所において作業を行う労働者数　常時10人
丙①社　乙①社から鉄骨組立作業を請け負っている事業者
　　当該場所において作業を行う労働者数　常時14人
丙②社　乙②社から壁材取付作業を請け負っている事業者
　　当該場所において作業を行う労働者数　常時14人

A 甲社は、統括安全衛生責任者を選任しなければならない。

B 甲社は、元方安全衛生管理者を選任しなければならない。

C 甲社は、当該建設工事の請負契約を締結している事業場に、当該建設工事における安全衛生の技術的事項に関する管理を行わせるため店社安全衛生管理者を選任しなければならない。

D 甲社は、労働災害を防止するために協議組織を設置し運営しなければならないが、この協議組織には自社が請負契約を交わした乙①社及び乙②社のみならず丙①社及び丙②社も参加する組織としなければならない。

E　甲社は、丙②社の労働者のみが使用するために丙②社が設置している足場であっても、その設置について労働安全衛生法又はこれに基づく命令の規定に違反しないよう必要な指導を行わなければならない。

問9　**労働安全衛生法に定める作業主任者に関する次の記述のうち、正しいものはどれか。**

A　労働安全衛生法施行令第6条第18号に該当する特定化学物質を取り扱う作業については特定化学物質作業主任者を選任しなければならないが、作業が交替制で行われる場合、作業主任者は各直ごとに選任する必要がある。

B　特定化学物質作業主任者の職務は、作業に従事する労働者が特定化学物質に汚染され、又はこれらを吸入しないように、作業の方法を決定し、労働者を指揮することにあり、当該作業のために設置されているものであっても、局所排気装置、除じん装置等の装置を点検することは、その職務に含まれない。

C　労働安全衛生法施行令第6条第18号に該当する特定化学物質を取り扱う作業については特定化学物質作業主任者を選任しなければならないが、金属製品を製造する工場において、関係請負人の労働者が当該作業に従事する場合、作業主任者は元方事業者が選任しなければならない。

D　事業者は、作業主任者を選任したときは、当該作業主任者の氏名及びその者に行わせる事項を作業場の見やすい箇所に掲示する等により関係労働者に周知するよう努めなければならないとされている。

E　労働安全衛生法第14条において、作業主任者は、選任を必要とする作業について、経験、知識、技能を勘案し、適任と判断される者のうちから、事業者が選任することと規定されている。

問10 労働安全衛生法に定める安全委員会、衛生委員会及び安全衛生委員会に関する次の記述のうち、正しいものはどれか。

A　衛生委員会は、企業全体で常時50人以上の労働者を使用する企業において、当該企業全体を統括管理する事業場に設置しなければならないとされている。

B　安全委員会は、政令で定める業種に限定してその設置が義務付けられているが、製造業、建設業、運送業、電気業、ガス業、通信業、各種商品小売業及び旅館業はこれに含まれる。

C　安全委員会及び衛生委員会を設けなければならないとされている場合において、事業者はそれぞれの委員会の設置に代えて、安全衛生委員会を設置することができるが、これは、企業規模が300人以下の場合に限られている。

D　安全委員会及び衛生委員会の委員には、労働基準法第41条第２号に定める監督若しくは管理の地位にある者又は機密の事務を取り扱う者を選任してはならないとされている。

E　事業者は、安全衛生委員会を構成する委員には、安全管理者及び衛生管理者のうちから指名する者を加える必要があるが、産業医を委員とすることについては努力義務とされている。

労働者災害補償保険法（労働保険の保険料の徴収等に関する法律を含む。）

問１　「血管病変等を著しく増悪させる業務による脳血管疾患及び虚血性心疾患等の認定基準（令和３年９月14日付け基発0914第１号）」に関する次の記述のうち、正しいものはどれか。

A　発症前１か月間におおむね100時間又は発症前２か月間ないし６か月間にわたって、１か月当たりおおむね80時間を超える時間外労働が認められない場合には、これに近い労働時間が認められたとしても、業務と発症との関連性が強いと評価することはできない。

B　心理的負荷を伴う業務については、精神障害の業務起因性の判断に際して、負荷の程度を評価する視点により検討、評価がなされるが、脳・心臓疾患の業務起因性の判断に際しては、同視点による検討、評価の対象外とされている。

C　短期間の過重業務については、発症直前から前日までの間に特に過度の長時間労働が認められる場合や、発症前おおむね１週間継続して深夜時間帯に及ぶ時間外労働を行うなど過度の長時間労働が認められる場合に、業務と発症との関連性が強いと評価できるとされている。

D　急激な血圧変動や血管収縮等を引き起こすことが医学的にみて妥当と認められる「異常な出来事」と発症との関連性については、発症直前から１週間前までの間が評価期間とされている。

E　業務の過重性の検討、評価に当たり、２以上の事業の業務による「長期間の過重業務」については、異なる事業における労働時間の通算がなされるのに対して、「短期間の過重業務」については労働時間の通算はなされない。

問２　労災保険法施行規則第33条に定める労災就学援護費に関する次の記述のうち、誤っているものはどれか。

A　労災就学援護費の支給対象には、傷病補償年金を受ける権利を有する者のうち、在学者等である子と生計を同じくしている者であり、かつ傷病の程度が重篤な者であって、当該在学者等に係る学資の支給を必要とする状態にあるものが含まれる。

B　労災就学援護費の支給対象には、障害年金を受ける権利を有する者のうち、在学者等である子と生計を同じくしている者であって、当該在学者等に係る職業訓練に要する費用の支給を必要とする状態にあるものが含まれる。

C　労災就学援護費の額は、支給される者と生計を同じくしている在学者等である子が中学校に在学する者である場合は、小学校に在学する者である場合よりも多い。

D　労災就学援護費の額は、支給される者と生計を同じくしている在学者等である子が特別支援学校の小学部に在学する者である場合と、小学校に在学する者である場合とで、同じである。

E　労災就学援護費は、支給される者と生計を同じくしている在学者等である子が大学に在学する者である場合、通信による教育を行う課程に在学する者か否かによって額に差はない。

問３　厚生労働省令で定める数以下の労働者を使用する事業の事業主で、労働保険徴収法第33条第３項の労働保険事務組合に同条第１項の労働保険事務の処理を委託するものである者（事業主が法人その他の団体であるときは、代表者）は労災保険に特別加入することができるが、労災保険法第33条第１号の厚生労働省令で定める数以下の労働者を使用する事業の事業主に関する次の記述のうち、正しいものはどれか。

A　金融業を主たる事業とする事業主については常時100人以下の労働者を使用する事業主

B　不動産業を主たる事業とする事業主については常時100人以下の労働者を使用する事業主

C　小売業を主たる事業とする事業主については常時100人以下の労働者を使用する事業主

D　サービス業を主たる事業とする事業主については常時100人以下の労働者を使用する事業主

E　保険業を主たる事業とする事業主については常時100人以下の労働者を使用する事業主

問４ 業務災害に関する次の記述のうち、正しいものはいくつあるか。

ア 工場に勤務する労働者が、作業終了後に更衣を済ませ、班長に挨拶して職場を出て、工場の階段を降りる途中に足を踏み外して転落して負傷した場合、業務災害と認められる。

イ 日雇労働者が工事現場での一日の作業を終えて、人員点呼、器具の点検の後、現場責任者から帰所を命じられ、器具の返還と賃金受領のために事業場事務所へと村道を歩き始めた時、交通事故に巻き込まれて負傷した場合、業務災害と認められる。

ウ 海岸道路の開設工事の作業に従事していた労働者が、12時に監督者から昼食休憩の指示を受け、遠く離れた休憩施設ではなく、いつもどおり、作業場のすぐ近くの崖下の日陰の平らな場所で同僚と昼食をとっていた時に、崖を落下してきた岩石により負傷した場合、業務災害と認められる。

エ 仕事で用いるトラックの整備をしていた労働者が、ガソリンの出が悪いため、トラックの下にもぐり、ガソリンタンクのコックを開いてタンクの掃除を行い、その直後に職場の喫煙所でたばこを吸うため、マッチに点火した瞬間、ガソリンのしみこんだ被服に引火し火傷を負った場合、業務災害と認められる。

オ 鉄道事業者の乗客係の労働者が、Ｔ駅発Ｎ駅行きの列車に乗車し、折り返しのＴ駅行きの列車に乗車することとなっており、Ｎ駅で帰着点呼を受けた後、指定された宿泊所に赴き、数名の同僚と飲酒・雑談ののち就寝し、起床後、宿泊所に食事の設備がないことから、食事をとるために、同所から道路に通じる石段を降りる途中、足を滑らせて転倒し、負傷した場合、業務災害と認められる。

A 一つ
B 二つ
C 三つ
D 四つ
E 五つ

問５ 労働者が、就業に関し、住居と就業の場所との間の往復を、合理的な経路及び方法により行うことによる負傷、疾病、障害又は死亡は、通勤災害に当たるが、この「住居」、「就業の場所」に関する次の記述のうち、誤っているものはどれか。

A　同一市内に住む長女が出産するため、15日間、幼児２人を含む家族の世話をするために長女宅に泊まり込んだ労働者にとって、長女宅は、就業のための拠点としての性格を有する住居と認められる。

B　アパートの２階の一部屋に居住する労働者が、いつも会社に向かって自宅を出発する時刻に、出勤するべく靴を履いて自室のドアから出て１階に降りようとした時に、足が滑り転倒して負傷した場合、通勤災害に当たらない。

C　一戸建ての家に居住している労働者が、いつも退社する時刻に仕事を終えて自宅に向かってふだんの通勤経路を歩き、自宅の門をくぐって玄関先の石段で転倒し負傷した場合、通勤災害に当たらない。

D　外回りの営業担当の労働者が、夕方、得意先に物品を届けて直接帰宅する場合、その得意先が就業の場所に当たる。

E　労働者が、長期入院中の夫の看護のために病院に１か月間継続して宿泊した場合、当該病院は就業のための拠点としての性格を有する住居と認められる。

問６ 通勤災害に関する次の記述のうち、正しいものはどれか。

A　労働者が上司から直ちに２泊３日の出張をするよう命じられ、勤務先を出てすぐに着替えを取りに自宅に立ち寄り、そこから出張先に向かう列車に乗車すべく駅に向かって自転車で進行中に、踏切で列車に衝突し死亡した場合、その路線が通常の通勤に使っていたものであれば、通勤災害と認められる。

B　労働者が上司の命により、同じ社員寮に住む病気欠勤中の同僚の容体を確認するため、出勤してすぐに社員寮に戻る途中で、電車にはねられ死亡した場合、通勤災害と認められる。

C　通常深夜まで働いている男性労働者が、半年ぶりの定時退社の日に、就業の場所からの帰宅途中に、ふだんの通勤経路を外れ、要介護状態にある義父を見舞うために義父の家に立ち寄り、一日の介護を終えた妻とともに帰宅の途につき、ふだんの通勤経路に復した後は、通勤に該当する。

D　マイカー通勤の労働者が、経路上の道路工事のためにやむを得ず通常の経路を迂回して取った経路は、ふだんの通勤経路を外れた部分についても、通勤災害における合理的な経路と認められる。

E　他に子供を監護する者がいない共稼ぎ労働者が、いつもどおり親戚に子供を預けるために、自宅から徒歩10分ほどの勤務先会社の前を通り過ぎて100メートルのところにある親戚の家まで、子供とともに歩き、子供を預けた後に勤務先会社まで歩いて戻る経路のうち、勤務先会社と親戚の家との間の往復は、通勤災害における合理的な経路とは認められない。

問７　業務起因性が認められる傷病が一旦治ゆと認定された後に「再発」した場合は、保険給付の対象となるが、「再発」であると認定する要件として次のアからエの記述のうち、正しいものの組合せは、後記ＡからＥまでのうちどれか。

ア　当初の傷病と「再発」とする症状の発現との間に医学的にみて相当因果関係が認められること

イ　当初の傷病の治ゆから「再発」とする症状の発現までの期間が３年以内であること

ウ　療養を行えば、「再発」とする症状の改善が期待できると医学的に認められること

エ　治ゆ時の症状に比べ「再発」時の症状が増悪していること

A（アとイ）　　B（アとエ）　　C（アとイとエ）

D（アとウとエ）　　E（アとイとウとエ）

問８ 労働保険の保険料の徴収等に関する次の記述のうち、誤っているものはどれか。

A　労災保険の適用事業場のすべての事業主は、労働保険の確定保険料の申告に併せて一般拠出金（石綿による健康被害の救済に関する法律第35条第１項の規定により徴収する一般拠出金をいう。以下同じ。）を申告・納付することとなっており、一般拠出金の額の算定に当たって用いる料率は、労災保険のいわゆるメリット制の対象事業場であってもメリット料率（割増・割引）の適用はない。

B　概算保険料を納付した事業主が、所定の納期限までに確定保険料申告書を提出しなかったとき、所轄都道府県労働局歳入徴収官は当該事業主が申告すべき正しい確定保険料の額を決定し、これを事業主に通知することとされているが、既に納付した概算保険料の額が所轄都道府県労働局歳入徴収官によって決定された確定保険料の額を超えるとき、当該事業主はその通知を受けた日の翌日から起算して10日以内に労働保険料還付請求書を提出することによって、その超える額の還付を請求することができる。

C　二以上の有期事業が一括されて一の事業として労働保険徴収法の規定が適用される事業の事業主は、確定保険料申告書を提出する際に、前年度中又は保険関係が消滅した日までに終了又は廃止したそれぞれの事業の明細を記した一括有期事業報告書を所轄都道府県労働局歳入徴収官に提出しなければならない。

D　事業主が所定の納期限までに確定保険料申告書を提出したが、当該事業主が法令の改正を知らなかったことによりその申告書の記載に誤りが生じていると認められるとき、所轄都道府県労働局歳入徴収官が正しい確定保険料の額を決定し、その不足額が1,000円以上である場合には、労働保険徴収法第21条に規定する追徴金が徴収される。

E　労働保険料の納付を口座振替により金融機関に委託して行っている社会保険適用事業所（厚生年金保険又は健康保険法による健康保険の適用事業所）の事業主は、労働保険徴収法第19条第３項の規定により納付すべき労働保険料がある場合、有期事業以外の事業についての一般保険料に係る確定保険料申告書を提出するとき、年金事務所を経由して所轄都道府県労働局歳入徴収官に提出することができる。

問9 労災保険のいわゆるメリット制に関する次の記述のうち、正しいものはどれか。

A　継続事業の一括（一括されている継続事業の一括を含む。）を行った場合には、労働保険徴収法第12条第3項に規定する労災保険のいわゆるメリット制に関して、労災保険に係る保険関係の成立期間は、一括の認可の時期に関係なく、当該指定事業の労災保険に係る保険関係成立の日から起算し、当該指定事業以外の事業に係る一括前の保険料及び一括前の災害に係る給付は当該指定事業のいわゆるメリット収支率の算定基礎に算入しない。

B　有期事業の一括の適用を受けている建築物の解体の事業であって、その事業の当該保険年度の確定保険料の額が40万円未満のとき、その事業の請負金額（消費税等相当額を除く。）が1億1,000万円以上であれば、労災保険のいわゆるメリット制の適用対象となる場合がある。

C　有期事業の一括の適用を受けていない立木の伐採の有期事業であって、その事業の素材の見込生産量が1,000立方メートル以上のとき、労災保険のいわゆるメリット制の適用対象となるものとされている。

D　労働保険徴収法第20条に規定する確定保険料の特例の適用により、確定保険料の額が引き下げられた場合、その引き下げられた額と当該確定保険料の額との差額について事業主から所定の期限内に還付の請求があった場合においても、当該事業主から徴収すべき未納の労働保険料その他の徴収金（石綿による健康被害の救済に関する法律第35条第1項の規定により徴収する一般拠出金を含む。）があるときには、所轄都道府県労働局歳入徴収官は当該差額をこの未納の労働保険料等に充当するものとされている。

E　労働保険徴収法第20条第1項に規定する確定保険料の特例は、第一種特別加入保険料に係る確定保険料の額及び第二種特別加入保険料に係る確定保険料の額について準用するものとされている。

問10 労働保険の保険料の徴収等に関する次の記述のうち、誤っているものはどれか。

A　法人の取締役であっても、法令、定款等の規定に基づいて業務執行権を有しないと認められる者で、事実上、業務執行権を有する役員等の指揮監督を受けて労働に従事し、その対償として賃金を受けている場合には労災保険が適用されるため、当該取締役が属する事業場に係る労災保険料は、当該取締役に支払われる賃金（法人の機関としての職務に対する報酬を除き、一般の労働者と同一の条件の下に支払われる賃金のみをいう。）を算定の基礎となる賃金総額に含めて算定する。

B　労災保険に係る保険関係が成立している造林の事業であって、労働保険徴収法第11条第１項、第２項に規定する賃金総額を正確に算定することが困難なものについては、所轄都道府県労働局長が定める素材１立方メートルを生産するために必要な労務費の額に、生産するすべての素材の材積を乗じて得た額を賃金総額とする。

C　労災保険に係る保険関係が成立している請負による建設の事業であって、労働保険徴収法第11条第１項、第２項に規定する賃金総額を正確に算定することが困難なものについては、その事業の種類に従い、請負金額に同法施行規則別表第２に掲げる労務費率を乗じて得た額を賃金総額とするが、その賃金総額の算定に当たっては、消費税等相当額を含まない請負金額を用いる。

D　健康保険法第99条の規定に基づく傷病手当金について、標準報酬の６割に相当する傷病手当金が支給された場合において、その傷病手当金に付加して事業主から支給される給付額は、恩恵的給付と認められる場合には、一般保険料の額の算定の基礎となる賃金総額に含めない。

E　労働者が業務外の疾病又は負傷により勤務に服することができないため、事業主から支払われる手当金は、それが労働協約、就業規則等で労働者の権利として保障されている場合は、一般保険料の額の算定の基礎となる賃金総額に含めるが、単に恩恵的に見舞金として支給されている場合は当該賃金総額に含めない。

雇用保険法（労働保険の保険料の徴収等に関する法律を含む。）

問１ 特例高年齢被保険者に関する次の記述のうち、誤っているものはどれか。

A　特例高年齢被保険者が１の適用事業を離職した場合に支給される高年齢求職者給付金の賃金日額は、当該離職した適用事業において支払われた賃金のみにより算定された賃金日額である。

B　特例高年齢被保険者が同じ日に１の事業所を正当な理由なく自己の都合で退職し、他方の事業所を倒産により離職した場合、雇用保険法第21条の規定による待期期間の満了後１か月以上３か月以内の期間、高年齢者求職者給付金を支給しない。

C　特例高年齢被保険者が１の適用事業を離職したことにより、１週間の所定労働時間の合計が20時間未満となったときは、特例高年齢被保険者であった者がその旨申し出なければならない。

D　特例高年齢被保険者の賃金日額の算定に当たっては、賃金日額の下限の規定は適用されない。

E　２の事業所に雇用される65歳以上の者は、各々の事業における１週間の所定労働時間が20時間未満であり、かつ、１週間の所定労働時間の合計が20時間以上である場合、事業所が別であっても同一の事業主であるときは、特例高年齢被保険者となることができない。

問２ 適用事業に関する次の記述のうち、正しいものはどれか。

A　法人格がない社団は、適用事業の事業主とならない。

B　雇用保険に係る保険関係が成立している建設の事業が労働保険徴収法第８条の規定による請負事業の一括が行われた場合、被保険者に関する届出の事務は元請負人が一括して事業主として処理しなければならない。

C　事業主が適用事業に該当する部門と暫定任意適用事業に該当する部門とを兼営する場合、それぞれの部門が独立した事業と認められるときであっても当該事業主の行う事業全体が適用事業となる。

D　日本国内において事業を行う外国会社（日本法に準拠してその要求する組織を具備して法人格を与えられた会社以外の会社）は、労働者が雇用される事業である限り適用事業となる。

E　事業とは、経営上一体をなす本店、支店、工場等を総合した企業そのものを指す。

問３　被保険者の届出に関する次の記述のうち、誤っているものはどれか。

A　事業主は、その雇用する被保険者を当該事業主の１の事業所から他の事業所に転勤させた場合、両事業所が同じ公共職業安定所の管轄内にあっても、当該事実のあった日の翌日から起算して10日以内に雇用保険被保険者転勤届を提出しなければならない。

B　事業主は、事業所の所在地を管轄する公共職業安定所の長に提出する所定の資格取得届を、年金事務所を経由して提出することができる。

C　事業主は、その雇用する労働者が当該事業主の行う適用事業に係る被保険者でなくなったことについて、当該事実のあった日の属する月の翌月10日までに、雇用保険被保険者資格喪失届に必要に応じ所定の書類を添えて、その事業所の所在地を管轄する公共職業安定所の長に提出しなければならない。

D　事業年度開始の時における資本金の額が１億円を超える法人は、その雇用する労働者が当該事業主の行う適用事業に係る被保険者となったことについて、資格取得届に記載すべき事項を、電気通信回線の故障、災害その他の理由がない限り電子情報処理組織を使用して提出するものとされている。

E　事業主は、59歳以上の労働者が当該事業主の行う適用事業に係る被保険者でなくなるとき、当該労働者が雇用保険被保険者離職票の交付を希望しないときでも資格喪失届を提出する際に雇用保険被保険者離職証明書を添えなければならない。

問４ 次の①から④の過程を経た者の④の離職時における基本手当の所定給付日数として正しいものはどれか。

① 29歳０月で適用事業所に雇用され、初めて一般被保険者となった。

② 31歳から32歳まで育児休業給付金の支給に係る休業を11か月間取得した。

③ 33歳から34歳まで再び育児休業給付金の支給に係る休業を12か月間取得した。

④ 当該事業所が破産手続を開始し、それに伴い35歳１月で離職した。

一般の受給資格者の所定給付日数

算定基礎期間 区分	10年未満	10年以上20年未満	20年以上
一般の受給資格者	90日	120日	150日

特定受給資格者の所定給付日数

<table>
<tr><th>算定基礎期間
年齢</th><th>１年未満</th><th>１年以上
５年未満</th><th>５年以上
10年未満</th><th>10年以上
20年未満</th><th>20年以上</th></tr>
<tr><td>30歳未満</td><td rowspan="5">90日</td><td>90日</td><td>120日</td><td>180日</td><td>—</td></tr>
<tr><td>30歳以上35歳未満</td><td>120日</td><td rowspan="2">180日</td><td>210日</td><td>240日</td></tr>
<tr><td>35歳以上45歳未満</td><td>150日</td><td>240日</td><td>270日</td></tr>
<tr><td>45歳以上60歳未満</td><td>180日</td><td>240日</td><td>270日</td><td>330日</td></tr>
<tr><td>60歳以上65歳未満</td><td>150日</td><td>180日</td><td>210日</td><td>240日</td></tr>
</table>

A 90日

B 120日

C 150日

D 180日

E 210日

問５ 高年齢雇用継続給付に関する次の記述のうち、正しいものはどれか。

A　60歳に達した被保険者（短期雇用特例被保険者及び日雇労働被保険者を除く。）であって、57歳から59歳まで連続して20か月間基本手当等を受けずに被保険者でなかったものが、当該期間を含まない過去の被保険者期間が通算して５年以上であるときは、他の要件を満たす限り、60歳に達した日の属する月から高年齢雇用継続基本給付金が支給される。

B　支給対象期間の暦月の初日から末日までの間に引き続いて介護休業給付の支給対象となる休業を取得した場合、他の要件を満たす限り当該月に係る高年齢雇用継続基本給付金を受けることができる。

C　高年齢再就職給付金の支給を受けることができる者が同一の就職につき再就職手当の支給を受けることができる場合、その者の意思にかかわらず高年齢再就職給付金が支給され、再就職手当が支給停止となる。

D　高年齢雇用継続基本給付金の受給資格者が、被保険者資格喪失後、基本手当の支給を受けずに８か月で雇用され被保険者資格を再取得したときは、新たに取得した被保険者資格に係る高年齢雇用継続基本給付金を受けることができない。

E　高年齢再就職給付金の受給資格者が、被保険者資格喪失後、基本手当の支給を受け、その支給残日数が80日であった場合、その後被保険者資格の再取得があったとしても高年齢再就職給付金は支給されない。

問６ 育児休業給付に関する次のアからオの記述のうち、正しいものの組合せは、後記ＡからＥまでのうちどれか。

なお、本問において「対象育児休業」とは、育児休業給付金の支給対象となる育児休業をいう。

ア　保育所等における保育が行われない等の理由により育児休業に係る子が１歳６か月に達した日後の期間について、休業することが雇用の継続のために特に必要と認められる場合、延長後の対象育児休業の期間はその子が１歳９か月に達する日の前日までとする。

イ　育児休業期間中に育児休業給付金の受給資格者が一時的に当該事業主の下で就労する場合、当該育児休業の終了予定日が到来しておらず、事業主がその休業の取得を引き続き認めていても、その後の育児休業は対象育児休業とならない。

ウ　産後６週間を経過した被保険者の請求により産後８週間を経過する前に産後休業を終了した場合、その後引き続き育児休業を取得したときには、当該産後休業終了の翌日から対象育児休業となる。

エ　育児休業の申出に係る子が１歳に達した日後の期間について、児童福祉法第39条に規定する保育所等において保育を利用することができないが、いわゆる無認可保育施設を利用することができる場合、他の要件を満たす限り育児休業給付金を受給することができる。

オ　育児休業を開始した日前２年間のうち１年間事業所の休業により引き続き賃金の支払を受けることができなかった場合、育児休業開始日前３年間に通算して12か月以上のみなし被保険者期間があれば、他の要件を満たす限り育児休業給付金が支給される。

A（アとイ）　**B**（アとウ）　**C**（イとエ）
D（ウとオ）　**E**（エとオ）

問７　雇用保険制度に関する次の記述のうち、誤っているものはどれか。

A　雇用保険法では、疾病又は負傷のため公共職業安定所に出頭することができなかった期間が15日未満である受給資格者が失業の認定を受けようとする場合、行政庁が指定する医師の診断を受けるべきことを命じ、受給資格者が正当な理由なくこれを拒むとき、当該行為について懲役刑又は罰金刑による罰則を設けている。

B　偽りその他不正の行為により失業等給付の支給を受けた者がある場合に政府が納付をすべきことを命じた金額を徴収する権利は、これを行使することができる時から２年を経過したときは時効によって消滅する。

C　厚生労働大臣は、基本手当の受給資格者について給付制限の対象とする「正当な理由がなく自己の都合によって退職した場合」に該当するかどうかの認定をするための基準を定めようとするときは、あらかじめ労働政策審議会の意見を聴かなければならない。

D　行政庁は、関係行政機関又は公私の団体に対して雇用保険法の施行に関して必要な資料の提供その他の協力を求めることができ、協力を求められた関係行政機関又は公私の団体は、できるだけその求めに応じなければならない。

E　事業主は、雇用保険に関する書類（雇用安定事業又は能力開発事業に関する書類及び労働保険徴収法又は同法施行規則による書類を除く。）のうち被保険者に関する書類を４年間保管しなければならない。

問８　労働保険の保険料の徴収等に関する次の記述のうち、正しいものはどれか。

A　労働保険徴収法第39条第１項に規定する事業以外の事業（いわゆる一元適用事業）であっても、雇用保険法の適用を受けない者を使用するものについては、二元適用事業に準じ、当該事業を労災保険に係る保険関係及び雇用保険に係る保険関係ごとに別個の事業とみなして一般保険料の額を算定するが、一般保険料の納付（還付、充当、督促及び滞納処分を含む。）については、一元適用事業と全く同様である。

B　労働者派遣事業により派遣される者は派遣元事業主の適用事業の「労働者」とされるが、在籍出向による出向者は、出向先事業における出向者の労働の実態及び出向元による賃金支払の有無にかかわらず、出向元の適用事業の「労働者」とされ、出向元は、出向者に支払われた賃金の総額を出向元の賃金総額の算定に含めて保険料を納付する。

C　Ａ及びＢの２つの適用事業主に雇用される者ＸがＡとの間で主たる賃金を受ける雇用関係にあるときは、ＸはＡとの雇用関係においてのみ労働保険の被保険者資格が認められることになり、労働保険料の算定は、ＡにおいてＸに支払われる賃金のみをＡの賃金総額に含めて行い、ＢにおいてＸに支払われる賃金はＢの労働保険料の算定における賃金総額に含めない。

D　適用事業に雇用される労働者が事業主の命により日本国の領域外にある適用事業主の支店、出張所等に転勤した場合において当該労働者に支払われる賃金は、労働保険料の算定における賃金総額に含めない。

E　労働日の全部又はその大部分について事業所への出勤を免除され、かつ、自己の住所又は居所において勤務することを常とする者は、原則として労働保険の被保険者にならないので、当該労働者に支払われる賃金は、労働保険料の算定における賃金総額に含めない。

問９　労働保険の保険料の徴収等に関する次の記述のうち、誤っているものはどれか。

A　事業主は、労災保険及び雇用保険に係る保険関係が成立している事業が、保険年度又は事業期間の中途に、労災保険に係る保険関係のみ成立している事業に該当するに至ったため、当該事業に係る一般保険料率が変更した場合、既に納付した概算保険料の額と変更後の一般保険料率に基づき算定した概算保険料の額との差額について、保険年度又は事業期間の中途にその差額の還付を請求できない。

B　事業主は、労災保険に係る保険関係のみが成立している事業について、保険年度又は事業期間の中途に、労災保険及び雇用保険に係る保険関係が成立している事業に該当するに至ったため、当該事業に係る一般保険料率が変更した場合、労働保険徴収法施行規則に定める要件に該当するときは、一般保険料率が変更された日の翌日から起算して30日以内に、変更後の一般保険料率に基づく労働保険料の額と既に納付した労働保険料の額との差額を納付しなければならない。

C　事業主は、保険年度又は事業期間の中途に、一般保険料の算定の基礎となる賃金総額の見込額が増加した場合に、労働保険徴収法施行規則に定める要件に該当するに至ったとき、既に納付した概算保険料と増加を見込んだ賃金総額の見込額に基づいて算定した概算保険料との差額（以下「増加概算保険料」という。）を納期限までに増加概算保険料に係る申告書に添えて申告・納付しなければならないが、その申告書の記載に誤りがあると認められるときは、所轄都道府県労働局歳入徴収官は正しい増加概算保険料の額を決定し、これを事業主に通知することとされている。

D　事業主は、政府が保険年度の中途に一般保険料率、第一種特別加入保険料率、第二種特別加入保険料率、第三種特別加入保険料率の引下げを行ったことにより、既に納付した概算保険料の額が保険料率引下げ後の概算保険料の額を超える場合は、保険年度の中途にその超える額の還付を請求できない。

E　事業主は、政府が保険年度の中途に一般保険料率、第一種特別加入保険料率、第二種特別加入保険料率、第三種特別加入保険料率の引上げを行ったことにより、概算保険料の増加額を納付するに至ったとき、所轄都道府県労働局歳入徴収官が追加徴収すべき概算保険料の増加額等を通知した納付書によって納付することとなり、追加徴収される概算保険料に係る申告書を提出する必要はない。

問10　**労働保険の保険料の徴収等に関する次の記述のうち、誤っているものはどれか。**

A　雇用保険法第６条に該当する者を含まない４人の労働者を雇用する民間の個人経営による農林水産の事業（船員が雇用される事業を除く。）において、当該事業の労働者のうち２人が雇用保険の加入を希望した場合、事業主は任意加入の申請をし、認可があったときに、当該事業に雇用される者全員につき雇用保険に加入することとなっている。

B　雇用保険の適用事業に該当する事業が、事業内容の変更、使用労働者の減少、経営組織の変更等により、雇用保険暫定任意適用事業に該当するに至ったときは、その翌日に、自動的に雇用保険の任意加入の認可があったものとみなされ、事業主は雇用保険の任意加入に係る申請書を所轄公共職業安定所長を経由して所轄都道府県労働局長に改めて提出することとされている。

C　事業の期間が予定されており、かつ、保険関係が成立している事業の事業主は、当該事業の予定されている期間に変更があったときは、その変更を生じた日の翌日から起算して10日以内に、①労働保険番号、②変更を生じた事項とその変更内容、③変更の理由、④変更年月日を記載した届書を所轄労働基準監督署長又は所轄公共職業安定所長に提出することによって届け出なければならない。

D　政府は、労働保険の事業に要する費用にあてるため保険料を徴収するが、当該費用は、保険給付に要する費用、社会復帰促進等事業及び雇用安定等の事業に要する費用、事務の遂行に要する費用（人件費、旅費、庁費等の事務費）、その他保険事業の運営のために要する一切の費用をいう。

E　政府は、労働保険料その他労働保険徴収法の規定による徴収金を納付しない事業主に対して、同法第27条に基づく督促を行ったにもかかわらず、督促を受けた当該事業主がその指定の期限までに労働保険料その他同法の規定による徴収金を納付しないとき、同法に別段の定めがある場合を除き、政府は、当該事業主の財産を差し押さえ、その財産を強制的に換価し、その代金をもって滞納に係る労働保険料等に充当する措置を取り得る。

労務管理その他の労働及び社会保険に関する一般常識

問１ 我が国の労働力に関する次の記述のうち、誤っているものはどれか。

なお、本問は、「労働力調査（基本集計）2021年平均結果（総務省統計局）」を参照しており、当該調査による用語及び統計等を利用している。

A　2021年の就業者数を産業別にみると、2020年に比べ最も減少したのは「宿泊業、飲食サービス業」であった。

B　2021年の年齢階級別完全失業率をみると、15～24歳層が他の年齢層に比べて、最も高くなっている。

C　2021年の労働力人口に占める65歳以上の割合は、10パーセントを超えている。

D　従業上の地位別就業者数の推移をみると、「自営業主・家族従業者」の数は2011年以来、減少傾向にある。

E　役員を除く雇用者全体に占める「正規の職員・従業員」の割合は、2015年以来、一貫して減少傾向にある。

問２ 我が国の令和３年における労働時間制度に関する次の記述のうち、誤っているものはどれか。

なお、本問は、「令和３年就労条件総合調査（厚生労働省）」を参照しており、当該調査による用語及び統計等を利用している。

A　特別休暇制度の有無を企業規模計でみると、特別休暇制度のある企業の割合は約６割となっており、これを特別休暇制度の種類（複数回答）別にみると、「夏季休暇」が最も多くなっている。

B　変形労働時間制の有無を企業規模計でみると、変形労働時間制を採用している企業の割合は約６割であり、これを変形労働時間制の種類（複数回答）別にみると、「１年単位の変形労働時間制」が「１か月単位の変形労働時間制」よりも多くなっている。

C　主な週休制の形態を企業規模計でみると、完全週休２日制が６割を超えるようになった。

D　勤務間インターバル制度の導入状況を企業規模計でみると、「導入している」は1割に達していない。

E　労働者1人平均の年次有給休暇の取得率を企業規模別にみると、規模が大きくなるほど取得率が高くなっている。

問3 我が国の転職者に関する次の記述のうち、正しいものはどれか。
なお、本問は、「令和2年転職者実態調査（厚生労働省）」を参照しており、当該調査による用語及び統計等を利用している。

A　転職者がいる事業所の転職者の募集方法（複数回答）をみると、「求人サイト・求人情報専門誌、新聞、チラシ等」、「縁故（知人、友人等）」、「自社のウェブサイト」が上位3つを占めている。

B　転職者がいる事業所において、転職者の処遇（賃金、役職等）決定の際に考慮した要素（複数回答）をみると、「年齢」、「免許・資格」、「前職の賃金」が上位3つを占めている。

C　転職者がいる事業所で転職者を採用する際に問題とした点（複数回答）をみると、「応募者の能力評価に関する客観的な基準がないこと」、「採用時の賃金水準や処遇の決め方」、「採用後の処遇やキャリア形成の仕方」が上位3つを占めている。

D　転職者がいる事業所が転職者の採用に当たり重視した事項（複数回答）をみると、「人員構成の歪みの是正」、「既存事業の拡大・強化」、「組織の活性化」が上位3つを占めている。

E　転職者がいる事業所の転職者に対する教育訓練の実施状況をみると、「教育訓練を実施した」事業所割合は約半数となっている。

問4 労働関係法規に関する次の記述のうち、誤っているものはどれか。

A　一の地域において従業する同種の労働者の大部分が一の労働協約の適用を受けるに至ったときは、当該労働協約の当事者の双方又は一方の申立てに基づき、労働委員会の決議により、都道府県労働局長又は都道府県知事は、当該地域において従業する他の同種の労働者及びその使用者も当該労働協約の適用を受けるべきことの決定をしなければならない。

B　事業主は、職場において行われるその雇用する労働者に対する育児休業、介護休業その他の子の養育又は家族の介護に関する厚生労働省令で定める制度又は措置の利用に関する言動により当該労働者の就業環境が害されることのないよう、当該労働者からの相談に応じ、適切に対応するために必要な体制の整備その他の雇用管理上必要な措置を講じなければならない。

C　積極的差別是正措置として、障害者でない者と比較して障害者を有利に取り扱うことは、障害者であることを理由とする差別に該当せず、障害者の雇用の促進等に関する法律に違反しない。

D　労働者派遣事業の許可を受けた者（派遣元事業主）は、その雇用する派遣労働者が段階的かつ体系的に派遣就業に必要な技能及び知識を習得することができるように教育訓練を実施しなければならず、また、その雇用する派遣労働者の求めに応じ、当該派遣労働者の職業生活の設計に関し、相談の機会の確保その他の援助を行わなければならない。

E　賞与であって、会社の業績等への労働者の貢献に応じて支給するものについて、通常の労働者と同一の貢献である短時間・有期雇用労働者には、貢献に応じた部分につき、通常の労働者と同一の賞与を支給しなければならず、貢献に一定の相違がある場合においては、その相違に応じた賞与を支給しなければならない。

問５　社会保険労務士法令に関する次の記述のうち、誤っているものはどれか。

A　社会保険労務士が、事業における労務管理その他の労働に関する事項及び労働社会保険諸法令に基づく社会保険に関する事項について、裁判所において、補佐人として、弁護士である訴訟代理人とともに出頭し、行った陳述は、当事者又は訴訟代理人が自らしたものとみなされるが、当事者又は訴訟代理人が社会保険労務士の行った陳述を直ちに取り消し、又は更正したときは、この限りでない。

B　懲戒処分により社会保険労務士の失格処分を受けた者で、その処分を受けた日から３年を経過しないものは、社会保険労務士となる資格を有しない。

C　社会保険労務士法第25条に定める社会保険労務士に対する懲戒処分のうち戒告は、社会保険労務士の職責又は義務に反する行為を行った者に対し、本人の将来を戒めるため、１年以内の一定期間について、社会保険労務士の業務の実施あるいはその資格について制約を課す処分である。

D　社会保険労務士法第25条に定める社会保険労務士に対する懲戒処分の効力は、当該処分が行われたときより発効し、当該処分を受けた社会保険労務士が、当該処分を不服として法令等により権利救済を求めていることのみによっては、当該処分の効力は妨げられない。

E　紛争解決手続代理業務を行うことを目的とする社会保険労務士法人は、特定社会保険労務士である社員が常駐していない事務所においては、紛争解決手続代理業務を取り扱うことができない。

問６　確定給付企業年金法に関する次の記述のうち、正しいものはどれか。

A　確定給付企業年金法第16条の規定によると、企業年金基金（以下本問において「基金」という。）は、規約の変更（厚生労働省令で定める軽微な変更を除く。）をしようとするときは、その変更について厚生労働大臣の同意を得なければならないとされている。

B　事業主（基金を設立して実施する確定給付企業年金を実施する場合にあっては、基金。以下本問において「事業主等」という。）は、障害給付金の給付を行わなければならない。

C　掛金の額は、給付に要する費用の額の予想額及び予定運用収入の額に照らし、厚生労働省令で定めるところにより、将来にわたって財政の均衡を保つことができるように計算されるものでなければならない。この基準にしたがって、事業主等は、少なくとも６年ごとに掛金の額を再計算しなければならない。

D　企業年金連合会（以下本問において「連合会」という。）を設立するには、その会員となろうとする10以上の事業主等が発起人とならなければならない。

E　連合会は、毎事業年度終了後６か月以内に、厚生労働省令で定めるところにより、その業務についての報告書を作成し、厚生労働大臣に提出しなければならない。

問7 高齢者医療確保法に関する次の記述のうち、誤っているものはどれか。

A　後期高齢者医療広域連合（以下本問において「広域連合」という。）の区域内に住所を有する75歳以上の者及び広域連合の区域内に住所を有する65歳以上75歳未満の者であって、厚生労働省令で定めるところにより、政令で定める程度の障害の状態にある旨の当該広域連合の認定を受けたもののいずれかに該当する者は、広域連合が行う後期高齢者医療の被保険者とする。

B　被保険者は、厚生労働省令で定めるところにより、当該被保険者の資格の取得及び喪失に関する事項その他必要な事項を広域連合に届け出なければならないが、当該被保険者の属する世帯の世帯主は、当該被保険者に代わって届出をすることができない。

C　広域連合は、広域連合の条例の定めるところにより、傷病手当金の支給その他の後期高齢者医療給付を行うことができる。

D　市町村（特別区を含む。以下本問において同じ。）は、普通徴収の方法によって徴収する保険料の徴収の事務については、収入の確保及び被保険者の便益の増進に寄与すると認める場合に限り、政令で定めるところにより、私人に委託することができる。

E　後期高齢者医療給付に関する処分（被保険者証の交付の請求又は返還に関する処分を含む。）又は保険料その他高齢者医療確保法第４章の規定による徴収金（市町村及び広域連合が徴収するものに限る。）に関する処分に不服がある者は、後期高齢者医療審査会に審査請求をすることができる。

問8 社会保険制度の保険者及び被保険者に関する次の記述のうち、正しいものはどれか。

A　国民健康保険組合（以下本問において「組合」という。）を設立しようとするときは、主たる事務所の所在地の都道府県知事の認可を受けなければならない。当該認可の申請は、10人以上の発起人が規約を作成し、組合員となるべき者100人以上の同意を得て行うものとされている。

B　後期高齢者医療広域連合は、被保険者の資格、後期高齢者医療給付及び保険料に関して必要があると認めるときは、被保険者、被保険者の配偶者若しくは被保険者の属する世帯の世帯主その他その世帯に属する者又はこれらであった者に対し、文書その他の物件の提出若しくは提示を命じ、又は当該職員に質問させることができる。

C　介護保険の第２号被保険者（市町村（特別区を含む。以下本問において同じ。）の区域内に住所を有する40歳以上65歳未満の、介護保険法第７条第８項に規定する医療保険加入者）は、当該医療保険加入者でなくなった日の翌日から、その資格を喪失する。

D　船員保険は、全国健康保険協会が管掌する。船員保険事業に関して船舶所有者及び被保険者（その意見を代表する者を含む。）の意見を聴き、当該事業の円滑な運営を図るため、全国健康保険協会に船員保険協議会を置く。船員保険協議会の委員は、10人以内とし、船舶所有者及び被保険者のうちから、厚生労働大臣が任命する。

E　都道府県若しくは市町村又は組合は、共同してその目的を達成するため、国民健康保険団体連合会（以下本問において「連合会」という。）を設立することができる。都道府県の区域を区域とする連合会に、その区域内の都道府県及び市町村並びに組合の２分の１以上が加入したときは、当該区域内のその他の都道府県及び市町村並びに組合は、すべて当該連合会の会員となる。

問９　**社会保険制度の保険料及び給付に関する次の記述のうち、誤っているものはどれか。**

A　国民健康保険において、都道府県は、毎年度、厚生労働省令で定めるところにより、当該都道府県内の市町村（特別区を含む。以下本問において同じ。）ごとの保険料率の標準的な水準を表す数値を算定するものとされている。

B　船員保険において、被保険者の行方不明の期間に係る報酬が支払われる場合には、その報酬の額の限度において行方不明手当金は支給されない。

C　介護保険において、市町村は、要介護被保険者又は居宅要支援被保険者（要支援認定を受けた被保険者のうち居宅において支援を受けるもの）に対し、条例で定めるところにより、市町村特別給付（要介護状態等の軽減又は悪化の防止に資する保険給付として条例で定めるもの）を行わなければならない。

D　後期高齢者医療制度において、世帯主は、市町村が当該世帯に属する被保険者の保険料を普通徴収の方法によって徴収しようとする場合において、当該保険料を連帯して納付する義務を負う。

E　後期高齢者医療制度において、後期高齢者医療広域連合は、被保険者が、自己の選定する保険医療機関等について評価療養、患者申出療養又は選定療養を受けたときは、当該被保険者に対し、その療養に要した費用について、保険外併用療養費を支給する。ただし、当該被保険者が被保険者資格証明書の交付を受けている間は、この限りでない。

問10　社会保険制度の保険給付等に関する次の記述のうち、誤っているものはどれか。

A　児童手当の支給を受ける権利は、譲り渡し、担保に供し、又は差し押えることができない。

B　国民健康保険組合の被保険者が、業務上の事故により負傷し、労災保険法の規定による療養補償給付を受けることができるときは、国民健康保険法による療養の給付は行われない。

C　児童手当の受給資格者が、次代の社会を担う児童の健やかな成長を支援するため、当該受給資格者に児童手当を支給する市町村（特別区を含む。以下本問において同じ。）に対し、当該児童手当の支払を受ける前に、内閣府令で定めるところにより、当該児童手当の額の全部又は一部を当該市町村に寄附する旨を申し出たときは、当該市町村は、内閣府令で定めるところにより、当該寄附を受けるため、当該受給資格者が支払を受けるべき児童手当の額のうち当該寄附に係る部分を、当該受給資格者に代わって受けることができる。

D　船員保険の被保険者であった者が、令和３年10月５日にその資格を喪失したが、同日、疾病任意継続被保険者の資格を取得した。その後、令和４年４月11日に発した職務外の事由による疾病若しくは負傷又はこれにより発した疾病につき療養のため職務に服することができない状況となった場合は、船員保険の傷病手当金の支給を受けることはできない。

E　介護保険法における特定施設は、有料老人ホームその他厚生労働省令で定める施設であって、地域密着型特定施設ではないものをいい、介護保険の被保険者が自身の居宅からこれら特定施設に入居することとなり、当該特定施設の所在する場所に住民票を移した場合は、住所地特例により、当該特定施設に入居する前に住所を有していた自身の居宅が所在する市町村が引き続き保険者となる。

健康保険法

問１ 健康保険法に関する次の記述のうち、正しいものはどれか。

A　被保険者又は被扶養者の業務災害（労災保険法第７条第１項第１号に規定する、労働者の業務上の負傷、疾病等をいう。）については健康保険法に基づく保険給付の対象外であり、労災保険法に規定する業務災害に係る請求が行われている場合には、健康保険の保険給付の申請はできない。

B　健康保険組合の理事長は、規約の定めるところにより、毎年度２回通常組合会を招集しなければならない。また、理事長は、必要があるときは、いつでも臨時組合会を招集することができる。

C　事業主は、被保険者が資格を喪失したときは、遅滞なく被保険者証を回収して、これを保険者に返納しなければならないが、テレワークの普及等に対応した事務手続きの簡素化を図るため、被保険者は、被保険者証を事業主を経由せずに直接保険者に返納することが可能になった。

D　介護保険適用病床に入院している要介護被保険者である患者が、急性増悪等により密度の高い医療行為が必要となったが、当該医療機関において医療保険適用病床に空きがないため、患者を転床させずに、当該介護保険適用病床において療養の給付又は医療が行われた場合、当該緊急に行われた医療に係る給付については、医療保険から行うものとされている。

E　育児休業等を終了した際の標準報酬月額の改定の要件に該当する被保険者の報酬月額に関する届出は、当該育児休業等を終了した日から５日以内に、当該被保険者が所属する適用事業所の事業主を経由して、所定の事項を記載した届書を日本年金機構又は健康保険組合に提出することによって行う。

問２ 被保険者及び被扶養者に関する次の記述のうち、誤っているものはどれか。

A　被保険者の数が５人以上である適用事業所に使用される法人の役員としての業務（当該法人における従業員が従事する業務と同一であると認められるものに限る。）に起因する疾病、負傷又は死亡に関しては、傷病手当金を含めて健康保険から保険給付が行われる。

B　適用事業所に新たに使用されることになったが、使用されるに至った日から自宅待機とされた場合は、雇用契約が成立しており、かつ、休業手当が支払われるときには、その休業手当の支払いの対象となった日の初日に被保険者の資格を取得する。また、当該資格取得時における標準報酬月額の決定については、現に支払われる休業手当等に基づき決定し、その後、自宅待機が解消したときは、標準報酬月額の随時改定の対象とする。

C　出産手当金の支給要件を満たす者が、その支給を受ける期間において、同時に傷病手当金の支給要件を満たした場合は、出産手当金の支給が優先され、支給を受けることのできる出産手当金の額が傷病手当金の額を上回っている場合は、当該期間中の傷病手当金は支給されない。

D　任意継続被保険者となるためには、被保険者の資格喪失の日の前日まで継続して2か月以上被保険者（日雇特例被保険者、任意継続被保険者、特例退職被保険者又は共済組合の組合員である被保険者を除く。）でなければならず、任意継続被保険者に関する保険料は、任意継続被保険者となった月から算定する。

E　保険者は、被保険者（任意継続被保険者を除く。）に被保険者証を交付しようとするときは、これを事業主に送付しなければならないとされているが、保険者が支障がないと認めるときは、これを被保険者に送付することができる。

問3　**健康保険法に関する次のアからオの記述のうち、誤っているものの組合せは、後記AからEまでのうちどれか。**

ア　健康保険法第100条では、「被保険者が死亡したときは、その者により生計を維持していた者であって、埋葬を行うものに対し、埋葬料として、政令で定める金額を支給する。」と規定している。

イ　被保険者が療養の給付（保険外併用療養費に係る療養を含む。）を受けるため、病院又は療養所に移送されたときは、保険者が必要であると認める場合に限り、移送費が支給される。移送費として支給される額は、最も経済的な通常の経路及び方法により移送された場合の費用により保険者が算定した額から3割の患者自己負担分を差し引いた金額とする。ただし、現に移送に要した金額を超えることができない。

ウ　全国健康保険協会（以下本問において「協会」という。）が都道府県単位保険料率を変更しようとするときは、あらかじめ、協会の理事長が当該変更に係る都道府県に所在する協会支部の支部長の意見を聴いたうえで、運営委員会の議を経なければならない。その議を経た後、協会の理事長は、その変更について厚生労働大臣の認可を受けなければならない。

エ　傷病手当金の支給を受けている期間に別の疾病又は負傷及びこれにより発した疾病につき傷病手当金の支給を受けることができるときは、後の傷病に係る待期期間の経過した日を後の傷病に係る傷病手当金の支給を始める日として傷病手当金の額を算定し、前の傷病に係る傷病手当金の額と比較し、いずれか多い額の傷病手当金を支給する。その後、前の傷病に係る傷病手当金の支給が終了又は停止した日において、後の傷病に係る傷病手当金について再度額を算定し、その額を支給する。

オ　指定訪問看護事業者は、指定訪問看護に要した費用につき、その支払を受ける際、当該支払をした被保険者に対し、基本利用料とその他の利用料を、その費用ごとに区分して記載した領収書を交付しなければならない。

A（アとイ）　**B**（アとウ）　**C**（イとエ）
D（イとオ）　**E**（エとオ）

問４　健康保険法に関する次の記述のうち、正しいものはどれか。

A　夫婦共同扶養の場合における被扶養者の認定については、夫婦とも被用者保険の被保険者である場合には、被扶養者とすべき者の員数にかかわらず、健康保険被扶養者（異動）届が出された日の属する年の前年分の年間収入の多い方の被扶養者とする。

B　被保険者の事実上の婚姻関係にある配偶者の養父母は、世帯は別にしていても主としてその被保険者によって生計が維持されていれば、被扶養者となる。

C　全国健康保険協会が管掌する健康保険の被保険者に係る介護保険料率は、各年度において保険者が納付すべき介護納付金（日雇特例被保険者に係るものを除く。）の額を、前年度における当該保険者が管掌する介護保険第２号被保険者である被保険者の標準報酬月額の総額及び標準賞与額の合算額で除して得た率を基準として、保険者が定める。

D　患者自己負担割合が３割である被保険者が保険医療機関で保険診療と選定療養を併せて受け、その療養に要した費用が、保険診療が30万円、選定療養が10万円であるときは、被保険者は保険診療の自己負担額と選定療養に要した費用を合わせて12万円を当該保険医療機関に支払う。

E　全国健康保険協会の役員若しくは役職員又はこれらの職にあった者は、健康保険事業に関して職務上知り得た秘密を正当な理由がなく漏らしてはならず、健康保険法の規定に違反して秘密を漏らした者は、１年以下の懲役又は100万円以下の罰金に処すると定められている。

問５　**健康保険法に関する次の記述のうち、誤っているものはどれか。**

A　健康保険法第７条の14によると、厚生労働大臣又は全国健康保険協会理事長は、それぞれその任命に係る全国健康保険協会の役員が、心身の故障のため職務の遂行に堪えないと認められるとき、又は職務上の義務違反があるときのいずれかに該当するとき、その他役員たるに適しないと認めるときは、その役員を解任することができる。また、全国健康保険協会理事長は、当該規定により全国健康保険協会理事を解任したときは、遅滞なく、厚生労働大臣に届け出るとともに、これを公表しなければならない。

B　適用事業所の事業主は、健康保険組合を設立しようとするときは、健康保険組合を設立しようとする適用事業所に使用される被保険者の２分の１以上の同意を得て、規約を作り、厚生労働大臣の認可を受けなければならない。また、２以上の適用事業所について健康保険組合を設立しようとする場合においては、被保険者の同意は、各適用事業所について得なければならない。

C　健康保険組合の監事は、組合会において、健康保険組合が設立された適用事業所（設立事業所）の事業主の選定した組合会議員及び被保険者である組合員の互選した組合会議員のうちから、それぞれ１人を選挙で選出する。なお、監事は、健康保険組合の理事又は健康保険組合の職員と兼ねることができない。

D 被保険者の資格を喪失した日の前日まで引き続き１年以上被保険者（任意継続被保険者、特定退職被保険者又は共済組合の組合員である被保険者ではないものとする。）であった者が、被保険者の資格を喪失した日より６か月後に出産したときに、被保険者が当該出産に伴う出産手当金の支給の申請をした場合は、被保険者として受けることができるはずであった出産手当金の支給を最後の保険者から受けることができる。

E 傷病手当金の支給を受けようとする者は、健康保険法施行規則第84条に掲げる事項を記載した申請書を保険者に提出しなければならないが、これらに加え、同一の疾病又は負傷及びこれにより発した疾病について、労災保険法（昭和22年法律第50号）、国家公務員災害補償法（昭和26年法律第191号。他の法律において準用し、又は例による場合を含む。）又は地方公務員災害補償法（昭和42年法律第121号）若しくは同法に基づく条例の規定により、傷病手当金に相当する給付を受け、又は受けようとする場合は、その旨を記載した申請書を保険者に提出しなければならない。

問６ 健康保険法に関する次の記述のうち、誤っているものはどれか。

A 保険者は、健康保険において給付事由が第三者の行為によって生じた事故について保険給付を行ったときは、その給付の価額（当該保険給付が療養の給付であるときは、当該療養の給付に要する費用の額から当該療養の給付に関し被保険者が負担しなければならない一部負担金に相当する額を控除した額）の限度において、保険給付を受ける権利を有する者（当該給付事由が被保険者の被扶養者について生じた場合には、当該被扶養者を含む。）が第三者から同一の事由について損害賠償を受けたときは、保険者は、その価額の限度において、保険給付を行う責めを免れる。

B 日雇特例被保険者に係る傷病手当金の支給期間は、同一の疾病又は負傷及びこれにより発した疾病に関しては、その支給を始めた日から起算して６か月（厚生労働大臣が指定する疾病に関しては、１年６か月）を超えないものとする。

C　保険者は、特定健康診査等以外の事業であって、健康教育、健康相談及び健康診査並びに健康管理及び疾病の予防に係る被保険者及びその被扶養者（以下「被保険者等」という。）の健康の保持増進のために必要な事業を行うに当たって必要があると認めるときは、労働安全衛生法その他の法令に基づき保存している被保険者等に係る健康診断に関する記録の写しの提供を求められた事業者等（労働安全衛生法第2条第3号に規定する事業者その他の法令に基づき健康診断（特定健康診査に相当する項目を実施するものに限る。）を実施する責務を有する者その他厚生労働省令で定める者をいう。）は、厚生労働省令で定めるところにより、当該記録の写しを提供しなければならない。

D　健康保険の適用事業所と技能養成工との関係が技能の養成のみを目的とするものではなく、稼働日数、労務報酬等からみて、実体的に使用関係が認められる場合は、当該技能養成工は被保険者資格を取得する。

E　被保険者が闘争、泥酔又は著しい不行跡によって給付事由を生じさせたときは、当該給付事由に係る保険給付は、その全部又は一部を行わないことができるが、被保険者が数日前に闘争しその当時はなんらかの事故は生じなかったが、相手が恨みを晴らす目的で、数日後に不意に危害を加えられたような場合は、数日前の闘争に起因した闘争とみなして、当該給付事由に係る保険給付はその全部又は一部を行わないことができる。

問7　**健康保険法に関する次の記述のうち、正しいものはどれか。**

A　被保険者は、被保険者又はその被扶養者が65歳に達したことにより、介護保険第2号被保険者（介護保険法第9条第2号に該当する被保険者をいう。）に該当しなくなったときは、遅滞なく、事業所整理記号及び被保険者整理番号等を記載した届書を事業主を経由して厚生労働大臣又は健康保険組合に届け出なければならない。

B　健康保険法第３条第５項によると、健康保険法において「報酬」とは、賃金、給料、俸給、手当、賞与その他いかなる名称であるかを問わず、労働者が、労働の対償として受けるすべてのものをいう。したがって、名称は異なっても同一性質を有すると認められるものが、年間を通じ４回以上支給される場合において、当該報酬の支給が給与規定、賃金協約等によって客観的に定められており、また、当該報酬の支給が１年間以上にわたって行われている場合は、報酬に該当する。

C　被保険者の資格、標準報酬又は保険給付に関する処分に不服がある者は、社会保険審査官に対して審査請求をし、その決定に不服がある者は、社会保険審査会に対して再審査請求をすることができる。当該処分の取消しの訴えは、当該処分についての審査請求に対する社会保険審査官の決定前でも提起することができる。

D　自動車通勤者に対してガソリン単価を設定して通勤手当を算定している事業所において、ガソリン単価の見直しが月単位で行われ、その結果、毎月ガソリン単価を変更し通勤手当を支給している場合、固定的賃金の変動には該当せず、標準報酬月額の随時改定の対象とならない。

E　被保険者が故意に給付事由を生じさせたときは、当該給付事由についての保険給付は行われないため、自殺未遂による傷病に係る保険給付については、その傷病の発生が精神疾患に起因するものであっても保険給付の対象とならない。

問８　**定時決定及び随時改定等の手続きに関する次の記述のうち、正しいものはどれか。**

A　被保険者Ａは、労働基準法第91条の規定により減給の制裁が６か月にわたり行われることになった。そのため、減給の制裁が行われた月から継続した３か月間（各月とも、報酬支払基礎日数が17日以上あるものとする。）に受けた報酬の総額を３で除して得た額が、その者の標準報酬月額の基礎となった従前の報酬月額に比べて２等級以上の差が生じたため、標準報酬月額の随時改定の手続きを行った。なお、減給の制裁が行われた月以降、他に報酬の変動がなかったものとする。

B　被保険者Bは、４月から６月の期間中、当該労働日における労働契約上の労務の提供地が自宅とされたことから、テレワーク勤務を行うこととなったが、業務命令により、週に２回事業所へ一時的に出社した。Bが事業所へ出社した際に支払った交通費を事業主が負担する場合、当該費用は報酬に含まれるため、標準報酬月額の定時決定の手続きにおいてこれらを含めて計算を行った。

C　事業所が、在宅勤務に通常必要な費用として金銭を仮払いした後に、被保険者Cが業務のために使用した通信費や電気料金を精算したものの、仮払い金額が業務に使用した部分の金額を超過していたが、当該超過部分を事業所に返還しなかった。これら超過して支払った分も含め、仮払い金は、経費であり、標準報酬月額の定時決定の手続きにおける報酬には該当しないため、定時決定の手続きの際に報酬には含めず算定した。

D　X事業所では、働き方改革の一環として、超過勤務を禁止することにしたため、X事業所の給与規定で定められていた超過勤務手当を廃止することにした。これにより、当該事業所に勤務する被保険者Dは、超過勤務手当の支給が廃止された月から継続した３か月間に受けた報酬の総額を３で除した額が、その者の標準報酬月額の基礎となった従前の報酬月額に比べて２等級以上の差が生じた。超過勤務手当の廃止をした月から継続する３か月間の報酬支払基礎日数はすべて17日以上であったが、超過勤務手当は非固定的賃金であるため、当該事業所は標準報酬月額の随時改定の手続きは行わなかった。なお、超過勤務手当の支給が廃止された月以降、他に報酬の変動がなかったものとする。

E　Y事業所では、給与規定の見直しを行うに当たり、同時に複数の変動的な手当の新設及び廃止が発生した。その結果、被保険者Eは当該変動的な手当の新設及び廃止が発生した月から継続した３か月間（各月とも、報酬支払基礎日数は17日以上あるものとする。）に受けた報酬の総額を３で除して得た額が、その者の標準報酬月額の基礎となった従前の報酬月額に比べて２等級以上の差が生じたため、標準報酬月額の随時改定の手続きを行った。なお、当該変動的な手当の新設及び廃止が発生した月以降、他に報酬の変動がなかったものとする。

問９ 現金給付である保険給付に関する次の記述のうち、正しいものはどれか。

A　被保険者が自殺により死亡した場合は、その者により生計を維持していた者であって、埋葬を行う者がいたとしても、自殺については、健康保険法第116条に規定する故意に給付事由を生じさせたときに該当するため、当該給付事由に係る保険給付は行われず、埋葬料は不支給となる。

B　被保険者が出産手当金の支給要件に該当すると認められれば、その者が介護休業期間中であっても当該被保険者に出産手当金が支給される。

C　共済組合の組合員として６か月間加入していた者が転職し、１日の空白もなく、A健康保険組合の被保険者資格を取得して７か月間加入していた際に、療養のため労務に服することができなくなり傷病手当金の受給を開始した。この被保険者が、傷病手当金の受給を開始して３か月が経過した際に、事業所を退職し、A健康保険組合の任意継続被保険者になった場合でも、被保険者の資格を喪失した際に傷病手当金の支給を受けていることから、被保険者として受けることができるはずであった期間、継続して同一の保険者から傷病手当金の給付を受けることができる。

D　療養費の支給対象に該当するものとして医師が疾病又は負傷の治療上必要であると認めた治療用装具には、義眼、コルセット、眼鏡、補聴器、胃下垂帯、人工肛門受便器（ペロッテ）等がある。

E　移送費の支給が認められる医師、看護師等の付添人による医学的管理等について、患者がその医学的管理等に要する費用を支払った場合にあっては、現に要した費用の額の範囲内で、診療報酬に係る基準を勘案してこれを評価し、現に移送に要した費用とともに移送費として支給を行うことができる。

問10 費用の負担に関する次の記述のうち、誤っているものはどれか。

A ３月31日に会社を退職し、翌日に健康保険の被保険者資格を喪失した者が、４月20日に任意継続被保険者の資格取得届を提出すると同時に、４月分から翌年３月分までの保険料をまとめて前納することを申し出た。この場合、４月分は前納保険料の対象とならないが、５月分から翌年の３月分までの保険料は、４月末日までに払い込むことで、前納に係る期間の各月の保険料の額の合計額から、その期間の各月の保険料の額を年４分の利率による複利現価法によって前納に係る期間の最初の月から当該各月までのそれぞれの期間に応じて割り引いた額の合計額（この額に１円未満の端数がある場合において、その端数金額が50銭未満であるときは、これを切り捨て、その端数金額が50銭以上であるときは、これを１円として計算する）を控除した額となる。

B ６月25日に40歳に到達する被保険者に対し、６月10日に通貨をもって夏季賞与を支払った場合、当該標準賞与額から被保険者が負担すべき一般保険料額とともに介護保険料額を控除することができる。

C ４月１日にＡ社に入社し、全国健康保険協会管掌健康保険の被保険者資格を取得した被保険者Ｘが、４月15日に退職し被保険者資格を喪失した。この場合、同月得喪に該当し、Ａ社は、被保険者Ｘに支払う報酬から４月分としての一般保険料額を控除する。その後、Ｘは４月16日にＢ社に就職し、再び全国健康保険協会管掌健康保険の被保険者資格を取得し、５月以降も継続して被保険者である場合、Ｂ社は、当該被保険者Ｘに支払う報酬から４月分の一般保険料額を控除するが、この場合、Ａ社が徴収した一般保険料額は被保険者Ｘに返還されることはない。

D 育児休業期間中に賞与が支払われた者が、育児休業期間中につき保険料免除の取扱いが行われている場合は、当該賞与に係る保険料が徴収されることはないが、標準賞与額として決定され、その年度における標準賞与額の累計額に含めなければならない。

E　日雇特例被保険者が、同日において、午前にＡ健康保険組合管掌健康保険の適用事業所で働き、午後に全国健康保険協会管掌健康保険の適用事業所で働いた。この場合の保険料の納付は、各適用事業所から受ける賃金額により、標準賃金日額を決定し、日雇特例被保険者が提出する日雇特例被保険者手帳に適用事業所ごとに健康保険印紙を貼り、これに消印して行われる。

厚生年金保険法

問1 次のアからオの記述のうち、厚生年金保険法第38条第1項及び同法附則第17条の規定によってどちらか一方の年金の支給が停止されるものの組合せとして正しいものはいくつあるか。ただし、いずれも、受給権者は65歳に達しているものとする。

ア 老齢基礎年金と老齢厚生年金

イ 老齢基礎年金と障害厚生年金

ウ 障害基礎年金と老齢厚生年金

エ 障害基礎年金と遺族厚生年金

オ 遺族基礎年金と障害厚生年金

A 一つ

B 二つ

C 三つ

D 四つ

E 五つ

問2 適用事業所に使用される高齢任意加入被保険者（以下本問において「当該被保険者」という。）に関する次の記述のうち、正しいものはどれか。

A 当該被保険者を使用する適用事業所の事業主が、当該被保険者に係る保険料の半額を負担し、かつ、当該被保険者及び自己の負担する保険料を納付する義務を負うことにつき同意をしたときを除き、当該被保険者は保険料の全額を負担するが、保険料の納付義務は当該被保険者が保険料の全額を負担する場合であっても事業主が負う。

B 当該被保険者に係る保険料の半額を負担し、かつ、当該被保険者及び自己の負担する保険料を納付する義務を負うことにつき同意をした適用事業所の事業主は、厚生労働大臣の認可を得て、将来に向かって当該同意を撤回することができる。

C　当該被保険者が保険料（初めて納付すべき保険料を除く。）を滞納し、厚生労働大臣が指定した期限までにその保険料を納付しないときは、厚生年金保険法第83条第１項に規定する当該保険料の納期限の属する月の末日に、その被保険者の資格を喪失する。なお、当該被保険者の事業主は、保険料の半額を負担し、かつ、当該被保険者及び自己の負担する保険料を納付する義務を負うことについて同意していないものとする。

D　当該被保険者の被保険者資格の取得は、厚生労働大臣の確認によってその効力を生ずる。

E　当該被保険者が、実施機関に対して当該被保険者資格の喪失の申出をしたときは、当該申出が受理された日の翌日（当該申出が受理された日に更に被保険者の資格を取得したときは、その日）に被保険者の資格を喪失する。

問３　**厚生年金保険法に関する次の記述のうち、誤っているものはどれか。**

A　甲は、昭和62年５月１日に第３種被保険者の資格を取得し、平成元年11月30日に当該被保険者資格を喪失した。甲についての、この期間の厚生年金保険の被保険者期間は、36月である。

B　老齢厚生年金の加給年金額の加算の対象となっていた子（障害等級に該当する障害の状態にないものとする。）が、18歳に達した日以後の最初の３月31日よりも前に婚姻したときは、その子が婚姻した月の翌月から加給年金額の加算がされなくなる。

C　適用事業所に使用されている第１号厚生年金被保険者である者は、いつでも、当該被保険者の資格の取得に係る厚生労働大臣の確認を請求することができるが、当該被保険者であった者が適用事業所に使用されなくなった後も同様に確認を請求することができる。

D　障害手当金の受給要件に該当する被保険者が、障害手当金の障害の程度を定めるべき日において遺族厚生年金の受給権者である場合は、その者には障害手当金は支給されない。

E　同時に２以上の適用事業所で報酬を受ける厚生年金保険の被保険者について標準報酬月額を算定する場合においては、事業所ごとに報酬月額を算定し、その算定した額の平均額をその者の報酬月額とする。

問４ 次のアからオの記述のうち、厚生年金保険法第85条の規定により、保険料を保険料の納期前であっても、すべて徴収することができる場合として正しいものの組合せは、後記ＡからＥまでのうちどれか。

ア 法人たる納付義務者が法人税の重加算税を課されたとき。

イ 納付義務者が強制執行を受けるとき。

ウ 納付義務者について破産手続開始の申立てがなされたとき。

エ 法人たる納付義務者の代表者が死亡したとき。

オ 被保険者の使用される事業所が廃止されたとき。

Ａ（アとウ）　**Ｂ**（アとエ）　**Ｃ**（イとウ）
Ｄ（イとオ）　**Ｅ**（ウとオ）

問５ 老齢厚生年金の支給繰上げ、支給繰下げに関する次の記述のうち、誤っているものはどれか。

Ａ 老齢厚生年金の支給繰上げの請求は、老齢基礎年金の支給繰上げの請求を行うことができる者にあっては、その請求を同時に行わなければならない。

Ｂ 昭和38年４月１日生まれの男性が老齢厚生年金の支給繰上げの請求を行い、60歳０か月から老齢厚生年金の受給を開始する場合、その者に支給する老齢厚生年金の額の計算に用いる減額率は24パーセントとなる。

Ｃ 68歳０か月で老齢厚生年金の支給繰下げの申出を行った者に対する老齢厚生年金の支給は、当該申出を行った月の翌月から開始される。

Ｄ 老齢厚生年金の支給繰下げの申出を行った場合でも、経過的加算として老齢厚生年金に加算された部分は、当該老齢厚生年金の支給繰下げの申出に応じた増額の対象とはならない。

Ｅ 令和４年４月以降、老齢厚生年金の支給繰下げの申出を行うことができる年齢の上限が70歳から75歳に引き上げられた。ただし、その対象は、同年３月31日時点で、70歳未満の者あるいは老齢厚生年金の受給権発生日が平成29年４月１日以降の者に限られる。

問６ 加給年金額に関する次の記述のうち、正しいものはどれか。

A　障害等級１級又は２級に該当する者に支給する障害厚生年金の額は、当該受給権者によって生計を維持しているその者の65歳未満の配偶者又は子（18歳に達する日以後最初の３月31日までの間にある子及び20歳未満で障害等級１級又は２級に該当する障害の状態にある子）があるときは、加給年金額が加算された額となる。

B　昭和９年４月２日以後に生まれた障害等級１級又は２級に該当する障害厚生年金の受給権者に支給される配偶者に係る加給年金額については、受給権者の生年月日に応じた特別加算が行われる。

C　老齢厚生年金（その年金額の計算の基礎となる被保険者期間の月数が240以上であるものに限る。）の受給権者が、受給権を取得した以後に初めて婚姻し、新たに65歳未満の配偶者の生計を維持するようになった場合には、当該配偶者に係る加給年金額が加算される。

D　報酬比例部分のみの特別支給の老齢厚生年金の年金額には、加給年金額は加算されない。また、本来支給の老齢厚生年金の支給を繰り上げた場合でも、受給権者が65歳に達するまで加給年金額は加算されない。

E　老齢厚生年金の加給年金額の対象となっている配偶者が、収入を増加させて、受給権者による生計維持の状態がやんだ場合であっても、当該老齢厚生年金の加給年金額は減額されない。

問７ 厚生年金保険法の適用事業所や被保険者に関する次の記述のうち、正しいものはどれか。

なお、文中のＸ、Ｙ、Ｚは、厚生年金保険法第12条第１号から第４号までに規定する適用除外者には該当しないものとする。

A　常時40人の従業員を使用する地方公共団体において、１週間の所定労働時間が25時間、月の基本給が15万円で働き、継続して１年以上使用されることが見込まれる短時間労働者で、生徒又は学生ではないＸ（30歳）は、厚生年金保険の被保険者とはならない。

B 代表者の他に従業員がいない法人事業所において、当該法人の経営への参画を内容とする経常的な労務を提供し、その対価として、社会通念上労務の内容にふさわしい報酬が経常的に支払われている代表者Ｙ（50歳）は、厚生年金保険の被保険者となる。

C 常時90人の従業員を使用する法人事業所において、１週間の所定労働時間が30時間、１か月間の所定労働日数が18日で雇用される学生Ｚ（18歳）は、厚生年金保険の被保険者とならない。なお、Ｚと同一の事業所に使用される通常の労働者で同様の業務に従事する者の１週間の所定労働時間は40時間、１か月間の所定労働日数は24日である。

D 厚生年金保険の強制適用事業所であった個人事業所において、常時使用する従業員が５人未満となった場合、任意適用の申請をしなければ、適用事業所ではなくなる。

E 宿泊業を営み、常時10人の従業員を使用する個人事業所は、任意適用の申請をしなくとも、厚生年金保険の適用事業所となる。

問８ **厚生年金保険法の在職老齢年金に関する次の記述のうち、正しいものはどれか。**

A 在職老齢年金の支給停止額を計算する際に用いる総報酬月額相当額は、在職中に標準報酬月額や標準賞与額が変更されることがあっても、変更されない。

B 在職老齢年金は、総報酬月額相当額と基本月額との合計額が支給停止調整額を超える場合、年金額の一部又は全部が支給停止される仕組みであるが、適用事業所に使用される70歳以上の者に対しては、この在職老齢年金の仕組みが適用されない。

C 在職中の被保険者が65歳になり老齢基礎年金の受給権が発生した場合において、老齢基礎年金は在職老齢年金の支給停止額を計算する際に支給停止の対象とはならないが、経過的加算額については在職老齢年金の支給停止の対象となる。

D　60歳以降も在職している被保険者が、60歳台前半の老齢厚生年金の受給権者であって被保険者である場合で、雇用保険法に基づく高年齢雇用継続基本給付金の支給を受けることができるときは、その間、60歳台前半の老齢厚生年金は全額支給停止となる。

E　在職老齢年金について、支給停止額を計算する際に使用される支給停止調整額は、一定額ではなく、年度ごとに改定される場合がある。

問９　厚生年金保険法に関する次の記述のうち、誤っているものはどれか。

A　１つの種別の厚生年金保険の被保険者期間のみを有する者の総報酬制導入後の老齢厚生年金の報酬比例部分の額の計算では、総報酬制導入後の被保険者期間の各月の標準報酬月額と標準賞与額に再評価率を乗じて得た額の総額を当該被保険者期間の月数で除して得た平均標準報酬額を用いる。

B　65歳以上の老齢厚生年金受給者については、毎年基準日である７月１日において被保険者である場合、基準日の属する月前の被保険者であった期間をその計算の基礎として、基準日の属する月の翌月から、年金の額を改定する在職定時改定が導入された。

C　保険給付を受ける権利に基づき支払期月ごとに支払うものとされる保険給付の支給を受ける権利については、「支払期月の翌月の初日」がいわゆる時効の起算点とされ、各起算点となる日から５年を経過したときに時効によって消滅する。

D　２つの種別の厚生年金保険の被保険者期間を有する者が、老齢厚生年金の支給繰下げの申出を行う場合、両種別の被保険者期間に基づく老齢厚生年金の繰下げについて、申出は同時に行わなければならない。

E　加給年金額が加算されている老齢厚生年金の受給者である夫について、その加算の対象となっている妻である配偶者が、老齢厚生年金の計算の基礎となる被保険者期間が240月以上となり、退職し再就職はせずに、老齢厚生年金の支給を受けることができるようになった場合、老齢厚生年金の受給者である夫に加算されていた加給年金額は支給停止となる。

問10 厚生年金保険法に関する次の記述のうち、正しいものはどれか。

A　常時５人の従業員を使用する個人経営の美容業の事業所については、法人化した場合であっても適用事業所とはならず、当該法人化した事業所が適用事業所となるためには、厚生労働大臣から任意適用事業所の認可を受けなければならない。

B　適用事業所に使用される70歳未満の者であって、２か月以内の期間を定めて臨時に使用される者（船舶所有者に使用される船員を除く。）は、厚生年金保険法第12条第１号に規定する適用除外に該当せず、使用される当初から厚生年金保険の被保険者となる。

C　被保険者であった45歳の夫が死亡した当時、当該夫により生計を維持していた子のいない38歳の妻は遺族厚生年金を受けることができる遺族となり中高齢寡婦加算も支給されるが、一方で、被保険者であった45歳の妻が死亡した当時、当該妻により生計を維持していた子のいない38歳の夫は遺族厚生年金を受けることができる遺族とはならない。

D　障害等級２級の障害厚生年金の額は、老齢厚生年金の例により計算した額となるが、被保険者期間については、障害認定日の属する月の前月までの被保険者期間を基礎とし、計算の基礎となる月数が300に満たないときは、これを300とする。

E　保険給付の受給権者が死亡し、その死亡した者に支給すべき保険給付でまだその者に支給しなかったものがあるときにおいて、未支給の保険給付を受けるべき同順位者が２人以上あるときは、その１人のした請求は、全員のためその全額につきしたものとみなし、その１人に対しての支給は、全員に対してしたものとみなされる。

国民年金法

問１ **国民年金法に関する次の記述のうち、正しいものはどれか。**

A 国民年金法第109条の２の２に規定する学生納付特例事務法人は、その教育施設の学生等である被保険者の委託を受けて、当該被保険者に係る学生納付特例申請及び保険料の納付に関する事務を行うことができる。

B 厚生労働大臣に対する国民年金原簿の訂正の請求に関し、第２号被保険者であった期間のうち国家公務員共済組合、地方公務員共済組合の組合員又は私立学校教職員共済制度の加入者であった期間については、国民年金原簿の訂正の請求に関する規定は適用されない。

C 第３号被保険者は、その配偶者である第１号厚生年金被保険者が転職したことによりその資格を喪失した後、引き続き第４号厚生年金被保険者の資格を取得したときは、当該事実があった日から14日以内に種別変更の届出を日本年金機構に対して行わなければならない。

D 第１号被保険者は、厚生労働大臣が住民基本台帳法第30条の９の規定により当該第１号被保険者に係る機構保存本人確認情報の提供を受けることができる者であっても、当該被保険者の氏名及び住所を変更したときは、当該事実があった日から14日以内に、届書を市町村長（特別区にあっては、区長とする。）に提出しなければならない。

E 国民年金法施行規則第23条第１項の規定によると、老齢基礎年金の受給権者の所在が６か月以上明らかでないときは、受給権者の属する世帯の世帯主その他その世帯に属する者は、速やかに、所定の事項を記載した届書を日本年金機構に提出しなければならないとされている。

問２ **国民年金法に関する次のアからオの記述のうち、誤っているものの組合せは、後記ＡからＥまでのうちどれか。**

ア 第１号被保険者及び第３号被保険者による資格の取得及び喪失、種別の変更、氏名及び住所の変更以外の届出の規定に違反して虚偽の届出をした被保険者は、10万円以下の過料に処せられる。

イ 日本年金機構の役員は、日本年金機構が滞納処分等を行うに当たり厚生労働大臣の認可を受けなければならない場合においてその認可を受けなかったときは、20万円以下の過料に処せられる。

ウ 世帯主が第1号被保険者に代わって第1号被保険者に係る資格の取得及び喪失、種別の変更、氏名及び住所の変更の届出の規定により届出をする場合において、虚偽の届出をした世帯主は、30万円以下の罰金に処せられる。

エ 保険料その他の徴収金があった場合に国税徴収法第141条の規定による徴収職員の検査を拒み、妨げ、若しくは忌避し、又は当該検査に関し偽りの記載若しくは記録をした帳簿書類を提示した者は、30万円以下の罰金に処せられる。

オ 基礎年金番号の利用制限等の違反者に対して行われた当該行為等の中止勧告に従うべきことの命令に違反した場合には、当該違反行為をした者は、50万円以下の罰金に処せられる。

A（アとイ）　**B**（アとエ）　**C**（イとウ）
D（ウとオ）　**E**（エとオ）

問3 **国民年金法に関する次の記述のうち、誤っているものはどれか。**

A 付加年金が支給されている老齢基礎年金の受給者（65歳に達している者に限る。）が、老齢厚生年金を受給するときには、付加年金も支給される。

B 第1号被保険者としての被保険者期間に係る保険料納付済期間が25年以上あり、老齢基礎年金及び障害基礎年金の支給を受けたことがない夫が死亡した場合において、死亡の当時当該夫によって生計を維持し、かつ、夫との婚姻関係が10年以上継続した妻が60歳未満であるときは、寡婦年金の受給権が発生する。

C 脱退一時金の支給の請求に関し、最後に被保険者の資格を喪失した日に日本国内に住所を有していた者は、同日後初めて、日本国内に住所を有しなくなった日から起算して2年を経過するまでに、その支給を請求しなければならない。

D　国民年金法第107条第２項に規定する障害基礎年金の加算の対象となっている子が、正当な理由がなくて、同項の規定による受診命令に従わず、又は同項の規定による当該職員の診断を拒んだときは、年金給付の支払を一時差し止めることができる。

E　老齢基礎年金と付加年金の受給権を有する者が障害基礎年金の受給権を取得し、障害基礎年金を受給することを選択したときは、付加年金は、障害基礎年金を受給する間、その支給が停止される。

問４　国民年金法に関する次の記述のうち、正しいものはどれか。

A　保険料半額免除期間（残りの半額の保険料は納付されているものとする。）については、当該期間の月数（480から保険料納付済期間の月数及び保険料４分の１免除期間の月数を合算した月数を控除して得た月数を限度とする。）の４分の１に相当する月数が老齢基礎年金の年金額に反映される。

B　20歳前傷病による障害基礎年金及び国民年金法第30条の２の規定による事後重症による障害基礎年金は、受給権者が日本国内に住所を有しないときは、その間、その支給が停止される。

C　厚生労働大臣に申し出て付加保険料を納付する者となった者が付加保険料を納期限までに納付しなかったときは、当該納期限の日に付加保険料を納付する者でなくなる申出をしたものとみなされる。

D　遺族基礎年金の受給権を取得した夫が60歳未満であるときは、当該遺族基礎年金は、夫が60歳に達するまで、その支給が停止される。

E　被保険者又は被保険者であった者からの国民年金原簿の訂正請求の受理に関する厚生労働大臣の権限に係る事務は、日本年金機構に行わせるものとされている。

問5 国民年金法に関する次の記述のうち、正しいものはどれか。

A　障害基礎年金の受給権者が更に障害基礎年金の受給権を取得した場合において、新たに取得した障害基礎年金が国民年金法第36条第1項（障害補償による支給停止）の規定により6年間その支給を停止すべきものであるときは、その停止すべき期間、その者に対し同法第31条第1項（併合認定）の規定により前後の障害を併合した障害の程度による障害基礎年金を支給する。

B　障害基礎年金の受給権者が、その権利を取得した日の翌日以後にその者によって生計を維持している65歳未満の配偶者を有するに至ったときは、当該配偶者を有するに至った日の属する月の翌月から、当該障害基礎年金に当該配偶者に係る加算額が加算される。

C　保険料納付済期間又は保険料免除期間（学生納付特例及び納付猶予の規定により納付することを要しないものとされた保険料に係るものを除く。）を合算した期間を23年有している者が、合算対象期間を3年有している場合、遺族基礎年金の支給要件の規定の適用については、「保険料納付済期間と保険料免除期間とを合算した期間が25年以上であるもの」とみなされる。

D　厚生労働大臣から滞納処分等その他の処分の権限を委任された財務大臣は、その委任された権限を国税庁長官に委任し、国税庁長官はその権限の全部を納付義務者の住所地を管轄する税務署長に委任する。

E　厚生年金保険の被保険者が19歳であって、その被扶養配偶者が18歳である場合において、その被扶養配偶者が第3号被保険者の資格を取得するのは当該被保険者が20歳に達したときである。

問6 国民年金法に関する次の記述のうち、誤っているものはどれか。

A　子の遺族基礎年金については、受給権発生後当該子が18歳に達する日以後の最初の3月31日までの間に障害等級に該当する障害の状態となり、以降当該子が20歳に達するまでの間障害の状態にあったときは、当該子が18歳に達する日以後の最初の3月31日を過ぎても20歳に達するまで遺族基礎年金を受給できる。なお、当該子は婚姻していないものとする。

B　第３号被保険者の資格取得の届出を遅れて行ったときは、第３号被保険者の資格を満たしていたと認められた場合は該当した日にさかのぼって第３号被保険者の資格を取得することになるが、この場合において、保険料納付済期間に算入される期間は当該届出を行った日の属する月の前々月までの２年間である。ただし、届出の遅滞につきやむを得ない事由があると認められるときは、厚生労働大臣にその旨の届出をすることができ、その場合は当該届出が行われた日以後、当該届出に係る期間は保険料納付済期間に算入する。

C　平成17年４月１日前に第３号被保険者であった者で、その者の第３号被保険者期間の未届期間については、その届出を遅滞したことについてやむを得ない事由があると認められない場合でも、厚生労働大臣に届出が行われたときは、当該届出が行われた日以後、当該届出に係る期間は保険料納付済期間に算入する。

D　国庫は、当分の間、毎年度、国民年金事業に要する費用に充てるため、当該年度における国民年金法による付加年金の給付に要する費用及び同法による死亡一時金の給付に要する費用（同法第52条の４第１項に定める額に相当する部分の給付に要する費用を除く。）の総額の４分の１に相当する額を負担する。

E　日本国内に住所を有する60歳以上65歳未満の任意加入被保険者が、日本国内に住所を有しなくなったときは、その日に任意加入被保険者資格を喪失する。

問７　**国民年金法に関する次の記述のうち、正しいものはどれか。**

A　厚生年金保険の被保険者が、65歳に達し老齢基礎年金と老齢厚生年金の受給権を取得したときは、引き続き厚生年金保険の被保険者資格を有していても、国民年金の第２号被保険者の資格を喪失する。

B　国民年金基金連合会は、その会員である基金の解散により当該解散した基金から徴収した当該基金の解散基金加入員に係る責任準備金に相当する額を、徴収した基金に係る解散基金加入員が老齢基礎年金の受給権を取得したときは、当該解散基金加入員に対して400円に当該解散した基金に係る加入員期間の月数を乗じて得た額の年金を支給する。

C　国民年金法第30条の４の規定による障害基礎年金の受給権者は、毎年、受給権者の誕生日の属する月の末日までに、当該末日前１月以内に作成された障害基礎年金所得状況届等、国民年金法施行規則第31条第２項第12号ロからニまで及び同条第３項各号に掲げる書類を日本年金機構に提出しなければならない。ただし、当該障害基礎年金の額の全部が支給停止されている場合又は前年の所得に関する当該書類が提出されているときは、当該書類を提出する必要はない。

D　被保険者が保険料を納付受託者に交付したときは、納付受託者は、厚生労働大臣に対して当該保険料の納付の責めに任ずるとともに、遅滞なく厚生労働省令で定めるところにより、その旨及び交付を受けた年月日を厚生労働大臣に報告しなければならない。

E　寡婦年金は、受給権者が繰上げ支給による老齢基礎年金の受給権を取得した場合でも支給される。

問８　国民年金法に関する次の記述のうち、正しいものはどれか。

A　20歳未満の厚生年金保険の被保険者は国民年金の第２号被保険者となるが、当分の間、当該被保険者期間は保険料納付済期間として算入され、老齢基礎年金の額に反映される。

B　国民年金法による保険料の納付を猶予された期間については、当該期間に係る保険料が追納されなければ老齢基礎年金の額には反映されないが、学生納付特例の期間については、保険料が追納されなくても、当該期間は老齢基礎年金の額に反映される。

C　基礎年金拠出金の額の算定基礎となる第１号被保険者数は、保険料納付済期間、保険料全額免除期間、保険料４分の３免除期間、保険料半額免除期間及び保険料４分の１免除期間を有する者の総数とされている。

D　大学卒業後、23歳から民間企業に勤務し65歳までの合計42年間、第１号厚生年金被保険者としての被保険者期間を有する者（昭和32年４月10日生まれ）が65歳から受給できる老齢基礎年金の額は満額となる。なお、当該被保険者は、上記以外の被保険者期間を有していないものとする。

E　第１号被保険者又は第３号被保険者が60歳に達したとき（第２号被保険者に該当するときを除く。）は、60歳に達した日に被保険者の資格を喪失する。また、第１号被保険者又は第３号被保険者が死亡したときは、死亡した日の翌日に被保険者の資格を喪失する。

問９　国民年金法に関する次の記述のうち、正しいものはどれか。

A　老齢基礎年金のいわゆる振替加算が行われるのは、大正15年４月２日から昭和41年４月１日までの間に生まれた者であるが、その額については、受給権者の老齢基礎年金の額に受給権者の生年月日に応じて政令で定められた率を乗じて得た額となる。

B　第１号被保険者期間中に支払った付加保険料に係る納付済期間を60月有する者は、65歳で老齢基礎年金の受給権を取得したときに、老齢基礎年金とは別に、年額で、400円に60月を乗じて得た額の付加年金が支給される。

C　死亡一時金を受けることができる遺族の範囲は、年金給付の受給権者が死亡した場合において、その死亡した者に支給すべき年金でまだ支給していない年金がある場合に、未支給の年金の支給を請求できる遺族の範囲と同じである。

D　第１号被保険者（産前産後期間の保険料免除及び保険料の一部免除を受ける者ではないものとする。）が、保険料の法定免除の要件に該当するに至ったときは、その要件に該当するに至った日の属する月の前月からこれに該当しなくなる日の属する月までの期間に係る保険料は、既に納付されたものを除き、納付することを要しない。

E　国民年金基金が支給する年金は、当該基金の加入員であった者が老齢基礎年金の受給権を取得した時点に限り、その者に支給が開始されるものでなければならない。

問10　国民年金法に関する次の記述のうち、誤っているものはどれか。

A　被保険者である妻が死亡し、その夫が、１人の子と生計を同じくして、遺族基礎年金を受給している場合において、当該子が18歳に達した日以後の最初の３月31日が終了したときに、障害等級に該当する障害の状態にない場合は、夫の有する当該遺族基礎年金の受給権は消滅する。

B　保険料納付済期間と保険料免除期間とを合算した期間が25年以上である55歳の第1号被保険者が死亡したとき、当該死亡日の前日において、当該死亡日の属する月の前々月までの1年間に保険料が未納である月があった場合は、遺族基礎年金を受けることができる要件を満たす配偶者と子がいる場合であっても、遺族基礎年金は支給されない。

C　障害基礎年金は、傷病の初診日から起算して1年6か月を経過した日である障害認定日において、その傷病により障害等級に該当する程度の障害の状態にあるときに支給される（当該障害基礎年金に係る保険料納付要件は満たしているものとする。）が、初診日から起算して1年6か月を経過した日前にその傷病が治った場合は、その治った日（その症状が固定し治療の効果が期待できない状態に至った日を含む。）を障害認定日とする。

D　障害基礎年金の額は、受給権者によって生計を維持している18歳に達する日以後の最初の3月31日までの間にある子及び20歳未満であって障害等級に該当する障害の状態にある子があるときは、その子の数に応じた加算額が加算されるが、老齢基礎年金の額には、子の加算額が加算されない。

E　第1号被保険者の保険料は、被保険者本人分のみならず、世帯主はその世帯に属する第1号被保険者の保険料を連帯して納付する義務を負い、配偶者の一方は、第1号被保険者である他方の保険料を連帯して納付する義務を負う。

令和 3 年度
(2021年度・第53回)
本試験問題
選択式

本試験実施時間

10：30〜11：50（80分）

法令等略記凡例

法令等名称	法令等略称
労働者災害補償保険法	労災保険法
労働者災害補償保険法施行規則	労災保険法施行規則
労働施策の総合的な推進並びに労働者の雇用の安定及び職業生活の充実等に関する法律	労働施策総合推進法

労働基準法及び労働安全衛生法

問１ 次の文中の［　　］の部分を選択肢の中の最も適切な語句で埋め、完全な文章とせよ。

1　賠償予定の禁止を定める労働基準法第16条における「違約金」とは、労働契約に基づく労働義務を労働者が履行しない場合に労働者本人若しくは親権者又は［　A　］の義務として課せられるものをいう。

2　最高裁判所は、歩合給の計算に当たり売上高等の一定割合に相当する金額から残業手当等に相当する金額を控除する旨の定めがある賃金規則に基づいてされた残業手当等の支払により労働基準法第37条の定める割増賃金が支払われたといえるか否かが問題となった事件において、次のように判示した。

「使用者が労働者に対して労働基準法37条の定める割増賃金を支払ったとすることができるか否かを判断するためには、割増賃金として支払われた金額が、［　B　］に相当する部分の金額を基礎として、労働基準法37条等に定められた方法により算定した割増賃金の額を下回らないか否かを検討することになるところ、その前提として、労働契約における賃金の定めにつき、［　B　］に当たる部分と同条の定める割増賃金に当たる部分とを判別することができることが必要である［…(略)…］。そして、使用者が、労働契約に基づく特定の手当を支払うことにより労働基準法37条の定める割増賃金を支払ったと主張している場合において、上記の判別をすることができるというためには、当該手当が時間外労働等に対する対価として支払われるものとされていることを要するところ、当該手当がそのような趣旨で支払われるものとされているか否かは、当該労働契約に係る契約書等の記載内容のほか諸般の事情を考慮して判断すべきであり［…(略)…］、その判断に際しては、当該手当の名称や算定方法だけでなく、［…(略)…］同条の趣旨を踏まえ、［　C　］等にも留意して検討しなければならないというべきである。」

3　事業者は、中高年齢者その他労働災害の防止上その就業に当たって特に配慮を必要とする者については、これらの者の［　D　］に応じて適正な配置を行うように努めなければならない。

4　事業者は、高さが［ E ］以上の箇所（作業床の端、開口部等を除く。）で作業を行う場合において墜落により労働者に危険を及ぼすおそれのあるときは、足場を組み立てる等の方法により作業床を設けなければならない。

選択肢

①　1メートル	②　1.5メートル
③　2メートル	④　3メートル
⑤　2親等内の親族	⑥　6親等内の血族
⑦　家族手当、通勤手当その他厚生労働省令で定める賃金	
⑧　希望する仕事	⑨　就業経験
⑩　心身の条件	⑪　通常の労働時間の賃金
⑫　当該手当に関する労働者への情報提供又は説明の内容	
⑬　当該歩合給	
⑭　当該労働契約の定める賃金体系全体における当該手当の位置付け	
⑮　同種の手当に関する我が国社会における一般的状況	
⑯　配偶者	
⑰　平均賃金にその期間の総労働時間を乗じた金額	
⑱　身元保証人	⑲　労働時間
⑳　労働者に対する不利益の程度	

労働者災害補償保険法

問２ 次の文中の□の部分を選択肢の中の最も適切な語句で埋め、完全な文章とせよ。

1 労災保険法は、令和２年に改正され、複数事業労働者（事業主が同一人でない２以上の事業に使用される労働者。以下同じ。）の２以上の事業の業務を要因とする負傷、疾病、傷害又は死亡（以下「複数業務要因災害」という。）についても保険給付を行う等の制度改正が同年９月１日から施行された。複数事業労働者については、労災保険法第７条第１項第２号により、これに類する者も含むとされており、その範囲については、労災保険法施行規則第５条において、［A］と規定されている。複数業務要因災害による疾病の範囲は、労災保険法施行規則第18条の３の６により、労働基準法施行規則別表第１の２第８号及び第９号に掲げる疾病その他２以上の事業の業務を要因とすることの明らかな疾病と規定されている。複数業務要因災害に係る事務の所轄は、労災保険法第７条第１項第２号に規定する複数事業労働者の２以上の事業のうち、［B］の主たる事務所を管轄する都道府県労働局又は労働基準監督署となる。

2 年金たる保険給付は、その支給を停止すべき事由が生じたときは、［C］の間は、支給されない。

3 遺族補償年金を受けることができる遺族は、労働者の配偶者、子、父母、孫、祖父母及び兄弟姉妹であって、労働者の死亡の当時その収入によって生計を維持していたものとする。ただし、妻（婚姻の届出をしていないが、事実上婚姻関係と同様の事情にあった者を含む。以下同じ。）以外の者にあっては、労働者の死亡の当時次の各号に掲げる要件に該当した場合に限るものとする。

一 夫（婚姻の届出をしていないが、事実上婚姻関係と同様の事情にあった者を含む。以下同じ。）、父母又は祖父母については、［D］歳以上であること。

二 子又は孫については、［E］歳に達する日以後の最初の３月31日までの間にあること。

三　兄弟姉妹については、［ E ］歳に達する日以後の最初の３月31日までの間にあること又は［ D ］歳以上であること。

四　前三号の要件に該当しない夫、子、父母、孫、祖父母又は兄弟姉妹については、厚生労働省令で定める障害の状態にあること。

選択肢

① 15　② 16　③ 18　④ 20　⑤ 55　⑥ 60　⑦ 65　⑧ 70

⑨ その事由が生じた月からその事由が消滅した月まで

⑩ その事由が生じた月の翌月からその事由が消滅した月まで

⑪ その事由が生じた日からその事由が消滅した日まで

⑫ その事由が生じた日の翌日からその事由が消滅した日まで

⑬ その収入が当該複数事業労働者の生計を維持する程度の最も高いもの

⑭ 当該複数事業労働者が最も長い期間勤務しているもの

⑮ 当該複数事業労働者の住所に最も近いもの

⑯ 当該複数事業労働者の労働時間が最も長いもの

⑰ 負傷、疾病、障害又は死亡の原因又は要因となる事由が生じた時点以前１か月の間継続して事業主が同一人でない２以上の事業に同時に使用されていた労働者

⑱ 負傷、疾病、障害又は死亡の原因又は要因となる事由が生じた時点以前３か月の間継続して事業主が同一人でない２以上の事業に同時に使用されていた労働者

⑲ 負傷、疾病、障害又は死亡の原因又は要因となる事由が生じた時点以前６か月の間継続して事業主が同一人でない２以上の事業に同時に使用されていた労働者

⑳ 負傷、疾病、障害又は死亡の原因又は要因となる事由が生じた時点において事業主が同一人でない２以上の事業に同時に使用されていた労働者

雇用保険法

問３ 次の文中の［　　］の部分を選択肢の中の最も適切な語句で埋め、完全な文章とせよ。

なお、本問における認定対象期間とは、基本手当に係る失業の認定日において、原則として前回の認定日から今回の認定日の前日までの期間をいい、雇用保険法第32条の給付制限の対象となっている期間を含む。

1　被保険者期間の算定対象期間は、原則として、離職の日以前２年間（受給資格に係る離職理由が特定理由離職者又は特定受給資格者に該当する場合は２年間又は［ A ］）（以下「原則算定対象期間」という。）であるが、当該期間に疾病、負傷その他一定の理由により引き続き［ B ］日以上賃金の支払を受けることができなかった被保険者については、当該理由により賃金の支払を受けることができなかった日数を原則算定対象期間に加算した期間について被保険者期間を計算する。

2　被保険者が自己の責めに帰すべき重大な理由によって解雇され、又は正当な理由がなく自己の都合によって退職した場合における給付制限（給付制限期間が１か月となる場合を除く。）満了後の初回支給認定日（基本手当の支給に係る最初の失業の認定日をいう。）以外の認定日について、例えば、次のいずれかに該当する場合には、認定対象期間中に求職活動を行った実績が［ C ］回以上あれば、当該認定対象期間に属する、他に不認定となる事由がある日以外の各日について失業の認定が行われる。

イ　雇用保険法第22条第２項に規定する厚生労働省令で定める理由により就職が困難な者である場合

ロ　認定対象期間の日数が14日未満となる場合

ハ　［ D ］を行った場合

ニ　［ E ］における失業の認定及び市町村長の取次ぎによる失業の認定を行う場合

選択肢

A	① 1年間 ③ 3年間	② 1年と30日間 ④ 4年間
B	① 14 ③ 28	② 20 ④ 30
C	① 1 ③ 3	② 2 ④ 4
D	① 求人情報の閲覧 ③ 職業紹介機関への登録	② 求人への応募書類の郵送 ④ 知人への紹介依頼
E	① 巡回職業相談所 ③ 年金事務所	② 都道府県労働局 ④ 労働基準監督署

労務管理その他の労働に関する一般常識

問４ 次の文中の［　　］の部分を選択肢の中の最も適切な語句で埋め、完全な文章とせよ。

1　労働施策総合推進法は、労働者の募集・採用の際に、原則として、年齢制限を禁止しているが、例外事由の一つとして、就職氷河期世代［ A ］の不安定就労者・無業者に限定した募集・採用を可能にしている。

2　生涯現役社会の実現に向けた環境を整備するため、65歳以降の定年延長や66歳以降の継続雇用延長、高年齢者の雇用管理制度の整備や定年年齢未満である高年齢の有期契約労働者の無期雇用への転換を行う事業主に対して、「［ B ］」を支給している。また、［ C ］において高年齢退職予定者の情報を登録して、その能力の活用を希望する事業者に対してこれを紹介する高年齢退職予定者キャリア人材バンク事業を実施している。

一方、働きたい高年齢求職者の再就職支援のため、全国の主要なハローワークに「生涯現役支援窓口」を設置し、特に65歳以上の高年齢求職者に対して職業生活の再設計に係る支援や支援チームによる就労支援を重点的に行っている。ハローワーク等の紹介により60歳以上の高年齢者等を雇い入れた事業主に対しては、「［ D ］」を支給し、高年齢者の就職を促進している。

既存の企業による雇用の拡大だけでなく、起業によって中高年齢者等の雇用を創出していくことも重要である。そのため、中高年齢者等（［ E ］）が起業を行う際に、従業員の募集・採用や教育訓練経費の一部を「中途採用等支援助成金（生涯現役起業支援コース）」により助成している。

選択肢

A	① 25歳以上50歳未満 ③ 35歳以上50歳未満	② 30歳以上60歳未満 ④ 35歳以上55歳未満
B	① 65歳超雇用推進助成金 ③ 高年齢労働者処遇改善促進助成金	② キャリアアップ助成金 ④ 産業雇用安定助成金
C	① (公財)産業雇用安定センター ③ 中央職業能力開発協会	② 職業能力開発促進センター ④ ハローワーク
D	① 高年齢者雇用継続助成金 ③ 人材確保等支援助成金	② 人材開発支援助成金 ④ 特定求職者雇用開発助成金
E	① 40歳以上 ③ 50歳以上	② 45歳以上 ④ 55歳以上

社会保険に関する一般常識

問５ 次の文中の［　　］の部分を選択肢の中の最も適切な語句で埋め、完全な文章とせよ。

1　市町村（特別区を含む。以下本問において同じ。）は、当該市町村の国民健康保険に関する特別会計において負担する［ A ］に要する費用（当該市町村が属する都道府県の国民健康保険に関する特別会計において負担する前期高齢者納付金等及び後期高齢者支援金等並びに介護納付金の納付に要する費用を含む。）、財政安定化基金拠出金の納付に要する費用その他の［ B ］に充てるため、被保険者の属する世帯の世帯主（当該市町村の区域内に住所を有する世帯主に限る。）から国民健康保険の保険料を徴収しなければならない。ただし、地方税法の規定により国民健康保険税を課するときは、この限りでない。

2　船員保険法第93条では、「被保険者が職務上の事由により行方不明となったときは、その期間、［ C ］に対し、行方不明手当金を支給する。ただし、行方不明の期間が一月未満であるときは、この限りでない。」と規定している。

3　児童手当法第８条第３項の規定によると、同法第７条の認定をした一般受給資格者及び施設等受給資格者（以下本問において「受給資格者」という。）が住所を変更した場合又は災害その他やむを得ない理由により同法第７条の規定による認定の請求をすることができなかった場合において、住所を変更した後又はやむを得ない理由がやんだ後［ D ］以内にその請求をしたときは、児童手当の支給は、同法第８条第２項の規定にかかわらず、受給資格者が住所を変更した日又はやむを得ない理由により当該認定の請求をすることができなくなった日の属する月の翌月から始めるとされている。

4　確定給付企業年金法第41条第３項の規定によると、脱退一時金を受けるための要件として、規約において、［ E ］を超える加入者期間を定めてはならないとされている。

選択肢

① 3 年	② 5 年
③ 10 年	④ 15 日
⑤ 15 年	⑥ 25 日
⑦ 35 日	⑧ 45 日
⑨ 遺 族	⑩ 国民健康保険事業に要する費用
⑪ 国民健康保険事業費納付金の納付	
⑫ 国民健康保険保険給付費等交付金の交付	
⑬ 地域支援事業等の調整額の交付	
⑭ 特定給付額及び特定納付費用額の合算額の納付	
⑮ 特定健康診査等に要する費用	
⑯ 特別高額医療費共同事業拠出金に要した費用	
⑰ 配偶者又は子	⑱ 被扶養者
⑲ 民法上の相続人	⑳ 療養の給付等に要する費用

健康保険法

問６ 次の文中の［　　］の部分を選択肢の中の最も適切な語句で埋め、完全な文章とせよ。

1　健康保険法第156条の規定による一般保険料率とは、基本保険料率と［ A ］とを合算した率をいう。基本保険料率は、一般保険料率から［ A ］を控除した率を基準として、保険者が定める。［ A ］は、各年度において保険者が納付すべき前期高齢者納付金等の額及び後期高齢者支援金等の額（全国健康保険協会が管掌する健康保険及び日雇特例被保険者の保険においては、［ B ］額）の合算額（前期高齢者交付金がある場合には、これを控除した額）を当該年度における当該保険者が管掌する被保険者の［ C ］の見込額で除して得た率を基準として、保険者が定める。

2　毎年３月31日における標準報酬月額等級の最高等級に該当する被保険者数の被保険者総数に占める割合が100分の1.5を超える場合において、その状態が継続すると認められるときは、その年の［ D ］から、政令で、当該最高等級の上に更に等級を加える標準報酬月額の等級区分の改定を行うことができる。ただし、その年の３月31日において、改定後の標準報酬月額等級の最高等級に該当する被保険者数の同日における被保険者総数に占める割合が［ E ］を下回ってはならない。

選択肢

①　６月１日	②　８月１日
③　９月１日	④　10月１日
⑤　100分の0.25	⑥　100分の0.5
⑦　100分の0.75	⑧　100分の１
⑨　総報酬額	⑩　総報酬額の総額

⑪　その額から健康保険法第153条及び第154条の規定による国庫補助額を控除した

⑫　その額から特定納付金を控除した

⑬　その額に健康保険法第153条及び第154条の規定による国庫補助額を加算した

⑭　その額に特定納付金を加算した

⑮　調整保険料率	⑯　特定保険料率
⑰　標準報酬月額の総額	⑱　標準報酬月額の平均額
⑲　標準保険料率	⑳　付加保険料率

厚生年金保険法

問７ 次の文中の［　　］の部分を選択肢の中の最も適切な語句で埋め、完全な文章とせよ。

1　厚生年金保険法における賞与とは、賃金、給料、俸給、手当、賞与その他いかなる名称であるかを問わず、労働者が労働の対償として受ける全てのもののうち、［ A ］受けるものをいう。

2　厚生年金保険法第84条の３の規定によると、政府は、政令で定めるところにより、毎年度、実施機関（厚生労働大臣を除く。以下本問において同じ。）ごとに実施機関に係る［ B ］として算定した金額を、当該実施機関に対して［ C ］するとされている。

3　厚生年金保険法第８条の２第１項の規定によると、２以上の適用事業所（［ D ］を除く。）の事業主が同一である場合には、当該事業主は、［ E ］当該２以上の事業所を１の事業所とすることができるとされている。

選択肢

①　２か月を超える期間ごとに	②　３か月を超える期間ごとに
③　４か月を超える期間ごとに	④　拠出金として交付
⑤　国又は地方公共団体	⑥　厚生年金保険給付費等
⑦　厚生労働大臣に届け出ることによって、	
⑧　厚生労働大臣の確認を受けることによって、	
⑨　厚生労働大臣の承認を受けて、	⑩　厚生労働大臣の認可を受けて、
⑪　交付金として交付	⑫　執行に要する費用等
⑬　事務取扱費等	⑭　船　舶
⑮　その事業所に使用される労働者の数が政令で定める人数以下のもの	
⑯　特定適用事業所	⑰　特別支給金として支給
⑱　納付金として支給	⑲　予備費等
⑳　臨時に	

国民年金法

問8 次の文中の［　　］の部分を選択肢の中の最も適切な語句で埋め、完全な文章とせよ。

1　国民年金法第16条の2第1項の規定によると、政府は、国民年金法第4条の3第1項の規定により財政の現況及び見通しを作成するに当たり、国民年金事業の財政が、財政均衡期間の終了時に［ A ］ようにするために必要な年金特別会計の国民年金勘定の積立金を保有しつつ当該財政均衡期間にわたってその均衡を保つことができないと見込まれる場合には、年金たる給付（付加年金を除く。）の額（以下本問において「給付額」という。）を［ B ］するものとし、政令で、給付額を［ B ］する期間の［ C ］を定めるものとされている。

2　国民年金法第25条では、「租税その他の公課は、［ D ］として、課することができない。ただし、［ E ］については、この限りでない。」と規定している。

選択肢

①	遺族基礎年金及び寡婦年金	②	遺族基礎年金及び付加年金
③	開始年度	④	開始年度及び終了年度
⑤	改　定	⑥	給付額に不足が生じない
⑦	給付として支給を受けた金銭を基準		
⑧	給付として支給を受けた金銭を標準		
⑨	給付として支給を受けた年金額を基準		
⑩	給付として支給を受けた年金額を標準		
⑪	給付の支給に支障が生じない	⑫	減　額
⑬	財政窮迫化をもたらさない	⑭	財政収支が保たれる
⑮	終了年度	⑯	調　整
⑰	年　限	⑱	変　更
⑲	老齢基礎年金及び寡婦年金	⑳	老齢基礎年金及び付加年金

令和 3 年度
（2021年度・第53回）
本試験問題
択一式

本試験実施時間

13：20〜16：50（210分）

法令等略記凡例

法令等名称	法令等略称
労働者災害補償保険法	労災保険法
労働保険の保険料の徴収等に関する法律	労働保険徴収法
労働保険の保険料の徴収等に関する法律施行規則	労働保険徴収法施行規則
高年齢者等の雇用の安定等に関する法律	高年齢者雇用安定法
労働施策の総合的な推進並びに労働者の雇用の安定及び職業生活の充実等に関する法律	労働施策総合推進法
短時間労働者及び有期雇用労働者の雇用管理の改善等に関する法律	パートタイム・有期雇用労働法
雇用の分野における男女の均等な機会及び待遇の確保等に関する法律	男女雇用機会均等法
高齢者の医療の確保に関する法律	高齢者医療確保法

労働基準法及び労働安全衛生法

問１ 労働基準法の総則（第１条～第12条）に関する次の記述のうち、誤っているものはどれか。

A　労働基準法第１条第２項にいう「この基準を理由として」とは、労働基準法に規定があることが決定的な理由となって、労働条件を低下させている場合をいうことから、社会経済情勢の変動等他に決定的な理由があれば、同条に抵触するものではない。

B　労働基準法第３条が禁止する「差別的取扱」をするとは、当該労働者を有利又は不利に取り扱うことをいう。

C　労働基準法第５条に定める「脅迫」とは、労働者に恐怖心を生じさせる目的で本人又は本人の親族の生命、身体、自由、名誉又は財産に対して、脅迫者自ら又は第三者の手によって害を加えるべきことを通告することをいうが、必ずしも積極的言動によって示す必要はなく、暗示する程度でも足りる。

D　使用者は、労働者が労働時間中に、選挙権その他公民としての権利を行使し、又は公の職務を執行するために必要な時間を請求した場合に、これを拒むことはできないが、権利の行使又は公の職務の執行に妨げがない限り、請求された時刻を変更することは許される。

E　労働者が法令により負担すべき所得税等（健康保険料、厚生年金保険料、雇用保険料等を含む。）を事業主が労働者に代わって負担する場合、当該代わって負担する部分は、労働者の福利厚生のために使用者が負担するものであるから、労働基準法第11条の賃金とは認められない。

問２ 労働基準法に定める労働契約及び年次有給休暇等に関する次の記述のうち、正しいものはどれか。

A　労働基準法第14条にいう「一定の事業の完了に必要な期間を定める」労働契約については、３年（同条第１項の各号のいずれかに該当する労働契約にあっては、５年）を超える期間について締結することが可能であるが、その場合には、その事業が有期的事業であることが客観的に明らかであり、その事業の終期までの期間を定める契約であることが必要である。

B　労働契約の締結の際に、使用者が労働者に書面により明示すべき「就業の場所及び従事すべき業務に関する事項」について、労働者にとって予期せぬ不利益を避けるため、将来就業する可能性のある場所や、将来従事させる可能性のある業務を併せ、網羅的に明示しなければならない。

C　労働基準法第17条にいう「労働することを条件とする前貸の債権」には、労働者が使用者から人的信用に基づいて受ける金融や賃金の前払いのような弁済期の繰上げ等で明らかに身分的拘束を伴わないものも含まれる。

D　使用者は、当該事業場に、労働者の過半数で組織する労働組合がある場合においてはその労働組合、労働者の過半数で組織する労働組合がない場合においては労働者の過半数を代表する者の意見聴取をした上で、就業規則に、労働契約に附随することなく、労働者の任意になす貯蓄金をその委託を受けて管理する契約をすることができる旨を記載し、当該就業規則を行政官庁に届け出ることにより、労働契約に附随することなく、労働者の任意になす貯蓄金をその委託を受けて管理する契約をすることができる。

E　労働基準法第39条に従って、労働者が日を単位とする有給休暇を請求したとき、使用者は時季変更権を行使して、日単位による取得の請求を時間単位に変更することができる。

問3　労働基準法に定める賃金等に関する次の記述のうち、正しいものはいくつあるか。

ア　使用者は、退職手当の支払については、現金の保管、持ち運び等に伴う危険を回避するため、労働者の同意を得なくても、当該労働者の預金又は貯金への振込みによることができるほか、銀行その他の金融機関が支払保証をした小切手を当該労働者に交付することによることができる。

イ　賃金を通貨以外のもので支払うことができる旨の労働協約の定めがある場合には、当該労働協約の適用を受けない労働者を含め当該事業場のすべての労働者について、賃金を通貨以外のもので支払うことができる。

ウ　使用者が労働者に対して有する債権をもって労働者の賃金債権と相殺することに、労働者がその自由な意思に基づき同意した場合においては、「右同意が労働者の自由な意思に基づいてされたものであると認めるに足りる合理的な理由が客観的に存在するときは、右同意を得てした相殺は右規定〔労働基準法第24条第１項のいわゆる賃金全額払の原則〕に違反するものとはいえないものと解するのが相当である」が、「右同意が労働者の自由な意思に基づくものであるとの認定判断は、厳格かつ慎重に行われなければならない」とするのが、最高裁判所の判例である。

エ　労働基準法第24条第１項の禁止するところではないと解するのが相当と解される「許さるべき相殺は、過払のあつた時期と賃金の清算調整の実を失わない程度に合理的に接着した時期においてされ、また、あらかじめ労働者にそのことが予告されるとか、その額が多額にわたらないとか、要は労働者の経済生活の安定をおびやかすおそれのない場合でなければならない」とするのが、最高裁判所の判例である。

オ　労働基準法第25条により労働者が非常時払を請求しうる事由には、「労働者の収入によつて生計を維持する者」の出産、疾病、災害も含まれるが、「労働者の収入によつて生計を維持する者」とは、労働者が扶養の義務を負っている親族のみに限らず、労働者の収入で生計を営む者であれば、親族でなく同居人であっても差し支えない。

A　一つ

B　二つ

C　三つ

D　四つ

E　五つ

問4 労働基準法第26条（以下本問において「本条」という。）に定める休業手当に関する次の記述のうち、正しいものはどれか。

A　本条は、債権者の責に帰すべき事由によって債務を履行することができない場合、債務者は反対給付を受ける権利を失わないとする民法の一般原則では労働者の生活保障について不十分である事実にかんがみ、強行法規で平均賃金の100分の60までを保障しようとする趣旨の規定であるが、賃金債権を全額確保しうる民法の規定を排除する点において、労働者にとって不利なものになっている。

B　使用者が本条によって休業手当を支払わなければならないのは、使用者の責に帰すべき事由によって休業した日から休業した最終の日までであり、その期間における労働基準法第35条の休日及び労働協約、就業規則又は労働契約によって定められた同法第35条によらない休日を含むものと解されている。

C　就業規則で「会社の業務の都合によって必要と認めたときは本人を休職扱いとすることがある」と規定し、更に当該休職者に対しその休職期間中の賃金は月額の２分の１を支給する旨規定することは違法ではないので、その規定に従って賃金を支給する限りにおいては、使用者に本条の休業手当の支払義務は生じない。

D　親会社からのみ資材資金の供給を受けて事業を営む下請工場において、現下の経済情勢から親会社自体が経営難のため資材資金の獲得に支障を来し、下請工場が所要の供給を受けることができず、しかも他よりの獲得もできないため休業した場合、その事由は本条の「使用者の責に帰すべき事由」とはならない。

E　新規学卒者のいわゆる採用内定について、就労の始期が確定し、一定の事由による解約権を留保した労働契約が成立したとみられる場合、企業の都合によって就業の始期を繰り下げる、いわゆる自宅待機の措置をとるときは、その繰り下げられた期間について、本条に定める休業手当を支給すべきものと解されている。

問５ 労働基準法に定める労働時間等に関する次の記述のうち、正しいものはどれか。

A　令和３年４月１日から令和４年３月31日までを有効期間とする書面による時間外及び休日労働に関する協定を締結し、これを令和３年４月９日に厚生労働省令で定めるところにより所轄労働基準監督署長に届け出た場合、令和３年４月１日から令和３年４月８日までに行われた法定労働時間を超える労働は、適法なものとはならない。

B　使用者は、当該事業場に、労働者の過半数で組織する労働組合がある場合においてはその労働組合、労働者の過半数で組織する労働組合がない場合においては労働者の過半数を代表する者との書面による協定により、１か月以内の一定の期間を平均し１週間当たりの労働時間が労働基準法第32条第１項の労働時間を超えない定めをしたときは、同条の規定にかかわらず、その定めにより、特定された週において同項の労働時間又は特定された日において同条第２項の労働時間を超えて、労働させることができるが、この協定の効力は、所轄労働基準監督署長に届け出ることにより認められる。

C　労働基準法第33条では、災害その他避けることのできない事由によって、臨時の必要がある場合においては、使用者は、所轄労働基準監督署長の許可を受けて、その必要の限度において同法第32条から第32条の５まで又は第40条の労働時間を延長し、労働させることができる旨規定されているが、満18才に満たない者については、同法第33条の規定は適用されない。

D　労働基準法第32条又は第40条に定める労働時間の規定は、事業の種類にかかわらず監督又は管理の地位にある者には適用されないが、当該者が妊産婦であって、前記の労働時間に関する規定を適用するよう当該者から請求があった場合は、当該請求のあった規定については適用される。

E　労働基準法第32条の３に定めるいわゆるフレックスタイム制を導入している場合の同法第36条による時間外労働に関する協定における１日の延長時間については、１日８時間を超えて行われる労働時間のうち最も長い時間数を定めなければならない。

問6 労働基準法第65条に関する次の記述のうち、誤っているものはどれか。

A 労働基準法第65条の「出産」の範囲は、妊娠4か月以上の分娩をいうが、1か月は28日として計算するので、4か月以上というのは、85日以上ということになる。

B 労働基準法第65条の「出産」の範囲に妊娠中絶が含まれることはない。

C 使用者は、産後8週間（女性が請求した場合において、その者について医師が支障がないと認めた業務に就かせる場合は6週間）を経過しない女性を就業させてはならないが、出産当日は、産前6週間に含まれる。

D 6週間（多胎妊娠の場合にあっては、14週間）以内に出産する予定の女性労働者については、当該女性労働者の請求が産前の休業の条件となっているので、当該女性労働者の請求がなければ、労働基準法第65条第1項による就業禁止に該当しない。

E 労働基準法第65条第3項は原則として妊娠中の女性が請求した業務に転換させる趣旨であるが、新たに軽易な業務を創設して与える義務まで課したものではない。

問7 労働基準法に定める就業規則等に関する次の記述のうち、正しいものはどれか。

A 労働基準法第89条第1号から第3号までの絶対的必要記載事項の一部を記載しない就業規則も、その効力発生についての他の要件を具備する限り有効であり、使用者は、そのような就業規則を作成し届け出れば同条違反の責任を免れることができるが、行政官庁は、このような場合においては、使用者に対し、必要な助言及び指導を行わなければならない。

B 欠勤（病気事故）したときに、その日を労働者の請求により年次有給休暇に振り替える取扱いが制度として確立している場合には、当該取扱いについて就業規則に規定する必要はない。

C　同一事業場において当該事業場の全労働者の３割について適用される就業規則を別に作成する場合、当該事業場において当該就業規則の適用を受ける労働者のみの過半数で組織する労働組合又は当該就業規則の適用を受ける労働者のみの過半数を代表する者の意見を聴くことで、労働基準法第90条による意見聴取を行ったこととされる。

D　就業規則中に懲戒処分を受けた場合は昇給させないという欠格条件を定めることは、労働基準法第91条に違反する。

E　労働基準法第91条にいう「一賃金支払期における賃金の総額」とは、「当該賃金支払期に対し現実に支払われる賃金の総額」をいい、一賃金支払期に支払われるべき賃金の総額が欠勤や遅刻等により少額となったときは、その少額となった賃金総額を基礎として10分の１を計算しなければならない。

問８　労働安全衛生法に関する次の記述のうち、正しいものはどれか。

A　労働安全衛生法では、「労働者」は、労働基準法第９条に規定する労働者だけをいうものではなく、建設業におけるいわゆる一人親方（労災保険法第35条第１項の規定により保険給付を受けることができることとされた者）も下請負人として建設工事の業務に従事する場合は、元方事業者との関係において労働者としている。

B　二以上の建設業に属する事業の事業者が、一の場所において行われる当該事業の仕事を共同連帯して請け負った場合においては、厚生労働省令で定めるところにより、そのうちの一人を代表者として定め、これを都道府県労働局長に届け出なければならないが、この場合においては、当該事業をその代表者のみの事業と、当該代表者のみを当該事業の事業者と、当該事業の仕事に従事する労働者を下請負人の労働者も含めて当該代表者のみが使用する労働者とそれぞれみなして、労働安全衛生法が適用される。

C　労働安全衛生法では、事業者は、作業方法又は作業手順を新規に採用し、又は変更したときは、1か月以内に建設物、設備、原材料、ガス、蒸気、粉じん等による、又は作業行動その他業務に起因する危険性又は有害性等を調査し、その結果に基づいて、労働安全衛生法又はこれに基づく命令の規定による措置を講ずるほか、労働者の危険又は健康障害を防止するため必要な措置を講ずるように努めなければならないとされている。

D　労働安全衛生法では、化学物質による労働者の健康障害を防止するため、新規化学物質を製造し、又は輸入しようとする事業者は、あらかじめ、厚生労働省令で定めるところにより、厚生労働大臣の定める基準に従って有害性の調査（当該新規化学物質が労働者の健康に与える影響についての調査をいう。）を行うよう努めなければならないとされている。

E　労働安全衛生法では、厚生労働大臣は、化学物質で、がんその他の重度の健康障害を労働者に生ずるおそれのあるものについて、当該化学物質による労働者の健康障害を防止するため必要があると認めるときは、厚生労働省令で定めるところにより、当該化学物質を製造し、輸入し、又は使用している事業者その他厚生労働省令で定める事業者に対し、政令で定める有害性の調査（当該化学物質が労働者の健康障害に及ぼす影響についての調査をいう。）を行い、その結果を報告すべきことを指示することができることとされ、また、その指示を行おうとするときは、あらかじめ、厚生労働省令で定めるところにより、学識経験者の意見を聴かなければならないとされている。

問9　**総括安全衛生管理者に関する次の記述のうち、正しいものはいくつあるか。**

ア　総括安全衛生管理者は、労働安全衛生法施行令で定める業種の事業場の企業全体における労働者数を基準として、企業全体の安全衛生管理を統括管理するために、その選任が義務づけられている。

イ　総括安全衛生管理者は、労働者の危険又は健康障害を防止するための措置に関することを統括管理する。

ウ　総括安全衛生管理者は、労働者の安全又は衛生のための教育の実施に関することを統括管理する。

エ　総括安全衛生管理者は、健康診断の実施その他健康の保持増進のための措置に関することを統括管理する。

オ　総括安全衛生管理者は、労働災害の原因の調査及び再発防止対策に関することを統括管理する。

A　一つ

B　二つ

C　三つ

D　四つ

E　五つ

問10　労働安全衛生関係法令等の周知に関する次の記述のうち、正しいものはどれか。

A　事業者は、この法律及びこれに基づく命令の要旨を各作業場の見やすい場所に掲示し、又は備え付けることその他の厚生労働省令で定める方法により、労働者に周知させなければならないが、この義務は常時10人以上の労働者を使用する事業場に課せられている。

B　産業医を選任した事業者は、その事業場における産業医に対する健康相談の申出の方法などを、常時各作業場の見やすい場所に掲示し、又は備え付けることその他の厚生労働省令で定める方法により、労働者に周知させなければならないが、この義務は常時100人以上の労働者を使用する事業場に課せられている。

C　事業者は、労働安全衛生法第57条の２第１項の規定（労働者に危険又は健康障害を生ずるおそれのある物で政令で定めるもの等通知対象物を譲渡又は提供する者に課せられた危険有害性等に関する文書の交付等義務）により通知された事項を、化学物質、化学物質を含有する製剤その他の物で当該通知された事項に係るものを取り扱う各作業場の見やすい場所に常時掲示し、又は備え付けることその他の厚生労働省令で定める方法により、当該物を取り扱う労働者に周知させる義務がある。

D　安全管理者又は衛生管理者を選任した事業者は、その事業場における安全管理者又は衛生管理者の業務の内容その他の安全管理者又は衛生管理者の業務に関する事項で厚生労働省令で定めるものを、常時各作業場の見やすい場所に掲示し、又は備え付けることその他の厚生労働省令で定める方法により、労働者に周知させる義務がある。

E　事業者は、労働者が労働災害により死亡し、又は4日以上休業したときは、その発生状況及び原因その他の厚生労働省令で定める事項を各作業場の見やすい場所に掲示し、又は備え付けることその他の厚生労働省令で定める方法により、労働者に周知させる義務がある。

労働者災害補償保険法（労働保険の保険料の徴収等に関する法律を含む。）

問１ 業務災害に関する次の記述のうち、誤っているものはどれか。

A　業務上左脛骨横骨折をした労働者が、直ちに入院して加療を受け退院した後に、医師の指示により通院加療を続けていたところ、通院の帰途雪の中ギプスなしで歩行中に道路上で転倒して、ゆ合不完全の状態であった左脛骨を同一の骨折線で再骨折した場合、業務災害と認められる。

B　業務上右大腿骨を骨折し入院手術を受け退院して通院加療を続けていた労働者が、会社施設の浴場に行く途中、弟の社宅に立ち寄り雑談した後に、浴場へ向かうため同社宅の玄関から土間に降りようとして転倒し、前回の骨折部のやや上部を骨折したが、既に手術後は右下肢の短縮と右膝関節の硬直を残していたため、通常の者より転倒しやすく、また骨が幾分細くなっていたため骨折しやすい状態だった場合、業務災害と認められる。

C　業務上右腓骨を不完全骨折し、病院で手当を受け、帰宅して用便のため松葉杖を使用して土間を隔てた便所へ行き、用便後便所から土間へ降りる際に松葉杖が滑って転倒し当初の骨折を完全骨折した場合、業務災害と認められる。

D　業務上脊髄を損傷し入院加療中の労働者が、医師の指示に基づき療養の一環としての手動式自転車に乗車する機能回復訓練中に、第三者の運転する軽四輪貨物自動車に自転車を引っかけられ転倒し負傷した場合、業務災害と認められる。

E　業務上右大腿骨を骨折し入院治療を続けて骨折部のゆ合がほぼ完全となりマッサージのみを受けていた労働者が、見舞いに来た友人のモーターバイクに乗って運転中に車体と共に転倒し、右大腿部を再度骨折した場合、業務災害と認められない。

問2 通勤災害に関する次の記述のうち、誤っているものはどれか。

A　3歳の子を養育している一人親世帯の労働者がその子をタクシーで託児所に預けに行く途中で追突事故に遭い、負傷した。その労働者は、通常、交通法規を遵守しつつ自転車で託児所に子を預けてから職場に行っていたが、この日は、大雨であったためタクシーに乗っていた。タクシーの経路は、自転車のときとは違っていたが、車であれば、よく利用される経路であった。この場合は、通勤災害と認められる。

B　腰痛の治療のため、帰宅途中に病院に寄った労働者が転倒して負傷した。病院はいつも利用している駅から自宅とは反対方向にあり、負傷した場所はその病院から駅に向かう途中の路上であった。この場合は、通勤災害と認められない。

C　従業員が業務終了後に通勤経路の駅に近い自動車教習所で教習を受けて駅から自宅に帰る途中で交通事故に遭い負傷した。この従業員の勤める会社では、従業員が免許取得のため自動車教習所に通う場合、奨励金として費用の一部を負担している。この場合は、通勤災害と認められる。

D　配偶者と小学生の子と別居して単身赴任し、月に1～2回、家族の住む自宅に帰っている労働者が、1週間の夏季休暇の1日目は交通機関の状況等は特段の問題はなかったが単身赴任先で洗濯や買い物等の家事をし、2日目に家族の住む自宅へ帰る途中に交通事故に遭い負傷した。この場合は、通勤災害と認められない。

E　自家用車で通勤していた労働者Xが通勤途中、他の自動車との接触事故で負傷したが、労働者Xは所持している自動車運転免許の更新を失念していたため、当該免許が当該事故の1週間前に失効しており、当該事故の際、労働者Xは、無免許運転の状態であった。この場合は、諸般の事情を勘案して給付の支給制限が行われることはあるものの、通勤災害と認められる可能性はある。

問３ 特別加入に関する次の記述のうち、正しいものはどれか。

A　特別加入者である中小事業主が高齢のため実際には就業せず、専ら同業者の事業主団体の会合等にのみ出席するようになった場合であっても、中小企業の特別加入は事業主自身が加入する前提であることから、事業主と当該事業に従事する他の者を包括して加入しなければならず、就業実態のない事業主として特別加入者としないことは認められない。

B　労働者を使用しないで行うことを常態とする特別加入者である個人貨物運送業者については、その住居とその就業の場所との間の往復の実態を明確に区別できることにかんがみ、通勤災害に関する労災保険の適用を行うものとされている。

C　特別加入している中小事業主が行う事業に従事する者（労働者である者を除く。）が業務災害と認定された。その業務災害の原因である事故が事業主の故意又は重大な過失により生じさせたものである場合は、政府は、その業務災害と認定された者に対して保険給付を全額支給し、厚生労働省令で定めるところにより、その保険給付に要した費用に相当する金額の全部又は一部を事業主から徴収することができる。

D　日本国内で行われている有期事業でない事業を行う事業主から、海外（業務災害、複数業務要因災害及び通勤災害に関する保護制度の状況その他の事情を考慮して厚生労働省令で定める国の地域を除く。）の現地法人で行われている事業に従事するため派遣された労働者について、急な赴任のため特別加入の手続きがなされていなかった。この場合、海外派遣されてからでも派遣元の事業主（日本国内で実施している事業について労災保険の保険関係が既に成立している事業主）が申請すれば、政府の承認があった場合に特別加入することができる。

E　平成29年から介護作業従事者として特別加入している者が、訪問先の家庭で介護者以外の家族の家事支援作業をしているときに火傷し負傷した場合は、業務災害と認められることはない。

問4 心理的負荷による精神障害の認定基準（令和２年５月29日付け基発0529第１号）の業務による心理的負荷評価表の「平均的な心理的負荷の強度」の「具体的出来事」の１つである「上司等から身体的攻撃、精神的攻撃等のパワーハラスメントを受けた」の、「心理的負荷の強度を『弱』『中』『強』と判断する具体例」に関する次の記述のうち、誤っているものはどれか。

A　人格や人間性を否定するような、業務上明らかに必要性がない精神的攻撃が行われたが、その行為が反復・継続していない場合、他に会社に相談しても適切な対応がなく改善されなかった等の事情がなければ、心理的負荷の程度は「中」になるとされている。

B　人格や人間性を否定するような、業務の目的を逸脱した精神的攻撃が行われたが、その行為が反復・継続していない場合、他に会社に相談しても適切な対応がなく改善されなかった等の事情がなければ、心理的負荷の程度は「中」になるとされている。

C　他の労働者の面前における威圧的な叱責など、態様や手段が社会通念に照らして許容される範囲を超える精神的攻撃が行われたが、その行為が反復・継続していない場合、他に会社に相談しても適切な対応がなく改善されなかった等の事情がなければ、心理的負荷の程度は「中」になるとされている。

D　治療等を要さない程度の暴行による身体的攻撃が行われた場合、その行為が反復・継続していなくても、また、他に会社に相談しても適切な対応がなく改善されなかった等の事情がなくても、心理的負荷の程度は「強」になるとされている。

E　「上司等」には、同僚又は部下であっても業務上必要な知識や豊富な経験を有しており、その者の協力が得られなければ業務の円滑な遂行を行うことが困難な場合、同僚又は部下からの集団による行為でこれに抵抗又は拒絶することが困難である場合も含む。

問５ 業務上の災害により既に１上肢の手関節の用を廃し第８級の６（給付基礎日額の503日分）と障害等級を認定されていた者が、復帰直後の新たな業務上の災害により同一の上肢の手関節を亡失した場合、現存する障害は第５級の２（当該障害の存する期間１年につき給付基礎日額の184日分）となるが、この場合の障害補償の額は、当該障害の存する期間１年につき給付基礎日額の何日分となるかについての次の記述のうち、正しいものはどれか。

A　163.88日分

B　166.64日分

C　184日分

D　182.35日分

E　182.43日分

問６ 遺族補償一時金を受けるべき遺族の順位に関する次の記述のうち、誤っているものはどれか。

A　労働者の死亡当時その収入によって生計を維持していた父母は、労働者の死亡当時その収入によって生計を維持していなかった配偶者より先順位となる。

B　労働者の死亡当時その収入によって生計を維持していた祖父母は、労働者の死亡当時その収入によって生計を維持していなかった父母より先順位となる。

C　労働者の死亡当時その収入によって生計を維持していた孫は、労働者の死亡当時その収入によって生計を維持していなかった子より先順位となる。

D　労働者の死亡当時その収入によって生計を維持していた兄弟姉妹は、労働者の死亡当時その収入によって生計を維持していなかった子より後順位となる。

E　労働者の死亡当時その収入によって生計を維持していた兄弟姉妹は、労働者の死亡当時その収入によって生計を維持していなかった父母より後順位となる。

問7 上肢作業に基づく疾病の業務上外の認定基準（平成9年2月3日付け基発第65号）によれば、⑴上肢等に負担のかかる作業を主とする業務に相当期間従事した後に発症したものであること、⑵発症前に過重な業務に就労したこと、⑶過重な業務への就労と発症までの経過が、医学上妥当なものと認められることのいずれの要件も満たし、医学上療養が必要であると認められる上肢障害は、労働基準法施行規則別表第1の2第3号4又は5に該当する疾病として取り扱うこととされている。この認定要件の運用基準又は認定に当たっての留意事項に関する次の記述のうち、誤っているものはどれか。

A 「相当期間」とは原則として6か月程度以上をいうが、腱鞘炎等については、作業従事期間が6か月程度に満たない場合でも、短期間のうちに集中的に過度の負担がかかった場合には、発症することがあるので留意することとされている。

B 業務以外の個体要因（例えば年齢、素因、体力等）や日常生活要因（例えば家事労働、育児、スポーツ等）をも検討した上で、上肢作業者が、業務により上肢を過度に使用した結果発症したと考えられる場合に、業務に起因することが明らかな疾病として取り扱うものとされている。

C 上肢障害には、加齢による骨・関節系の退行性変性や関節リウマチ等の類似疾病が関与することが多いことから、これが疑われる場合には、専門医からの意見聴取や鑑別診断等を実施することとされている。

D 「上肢等に負担のかかる作業」とは、⑴上肢の反復動作の多い作業、⑵上肢を上げた状態で行う作業、⑶頸部、肩の動きが少なく、姿勢が拘束される作業、⑷上肢等の特定の部位に負担のかかる状態で行う作業のいずれかに該当する上肢等を過度に使用する必要のある作業をいうとされている。

E 一般に上肢障害は、業務から離れ、あるいは業務から離れないまでも適切な作業の指導・改善等を行い就業すれば、症状は軽快し、また、適切な療養を行うことによっておおむね1か月程度で症状が軽快すると考えられ、手術が施行された場合でも一般的におおむね3か月程度の療養が行われれば治ゆするものと考えられるので留意することとされている。

問８ 保険関係の成立及び消滅に関する次の記述のうち、正しいものはどれか。

A 労災保険暫定任意適用事業に該当する事業が、事業内容の変更（事業の種類の変化）、使用労働者数の増加、経営組織の変更等により、労災保険の適用事業に該当するに至ったときは、その該当するに至った日の翌日に、当該事業について労災保険に係る保険関係が成立する。

B 労災保険に任意加入しようとする任意適用事業の事業主は、任意加入申請書を所轄労働基準監督署長を経由して所轄都道府県労働局長に提出し、厚生労働大臣の認可があった日の翌日に、当該事業について労災保険に係る保険関係が成立する。

C 労災保険に加入する以前に労災保険暫定任意適用事業において発生した業務上の傷病に関して、当該事業が労災保険に加入した後に事業主の申請により特例として行う労災保険の保険給付が行われることとなった労働者を使用する事業である場合、当該保険関係が成立した後１年以上経過するまでの間は脱退が認められない。

D 労災保険に係る保険関係の消滅を申請しようとする労災保険暫定任意適用事業の事業主は、保険関係消滅申請書を所轄労働基準監督署長を経由して所轄都道府県労働局長に提出し、厚生労働大臣の認可があった日の翌日に、当該事業についての保険関係が消滅する。

E 労災保険暫定任意適用事業の事業者がなした保険関係の消滅申請に対して厚生労働大臣の認可があったとき、当該保険関係の消滅に同意しなかった者については労災保険に係る保険関係は消滅しない。

問９ 労働保険の保険料の徴収等に関する次の記述のうち、誤っているものはどれか。

なお、本問における「概算保険料申告書」とは、労働保険徴収法第15条第１項及び第２項の申告書をいう。

A 事業主が概算保険料を納付する場合には、当該概算保険料を、その労働保険料の額その他厚生労働省令で定める事項を記載した概算保険料申告書に添えて、納入告知書に係るものを除き納付書によって納付しなければならない。

B　有期事業（一括有期事業を除く。）の事業主は、概算保険料を、当該事業を開始した日の翌日から起算して20日以内に納付しなければならないが、当該事業の全期間が200日であり概算保険料の額が80万円の場合には、概算保険料申告書を提出する際に延納の申請をすることにより、当該概算保険料を分割納付することができる。

C　労働保険徴収法第16条の厚生労働省令で定める要件に該当するときは、既に納付した概算保険料と増加を見込んだ賃金総額の見込額に基づいて算定した概算保険料との差額（以下「増加概算保険料」という。）を、その額その他厚生労働省令で定める事項を記載した申告書に添えて納付しなければならないが、当該申告書の記載事項は増加概算保険料を除き概算保険料申告書と同一である。

D　概算保険料の納付は事業主による申告納付方式がとられているが、事業主が所定の期限までに概算保険料申告書を提出しないとき、又はその申告書の記載に誤りがあると認めるときは、都道府県労働局歳入徴収官が労働保険料の額を決定し、これを事業主に通知する。

E　事業主の納付した概算保険料の額が、労働保険徴収法第15条第3項の規定により政府の決定した概算保険料の額に足りないとき、事業主はその不足額を同項の規定による通知を受けた日の翌日から起算して15日以内に納付しなければならない。

問10　**有期事業の一括に関する次の記述のうち、誤っているものはどれか。**

A　有期事業の一括が行われるには、当該事業の概算保険料の額（労働保険徴収法第15条第2項第1号又は第2号の労働保険料を算定することとした場合における当該労働保険料の額）に相当する額が160万円未満でなければならない。

B　有期事業の一括が行われる要件の一つとして、それぞれの事業が、労災保険に係る保険関係が成立している事業であり、かつ建設の事業又は立木の伐採の事業であることが定められている。

C　建設の事業に有期事業の一括が適用されるには、それぞれの事業の種類を同じくすることを要件としているが、事業の種類が異なっていたとしても、労災保険率が同じ事業は、事業の種類を同じくするものとみなして有期事業の一括が適用される。

D　同一人がＸ株式会社とＹ株式会社の代表取締役に就任している場合、代表取締役が同一人であることは、有期事業の一括が行われる要件の一つである「事業主が同一人であること」に該当せず、有期事業の一括は行われない。

E　Ｘ会社がＹ会社の下請として施工する建設の事業は、その事業の規模及び事業の種類が有期事業の一括の要件を満たすものであっても、Ｘ会社が元請として施工する有期事業とは一括されない。

雇用保険法（労働保険の保険料の徴収等に関する法律を含む。）

問１ 被保険者資格の有無の判断に係る所定労働時間の算定に関する次の記述のうち、誤っているものはどれか。

A 雇用契約書等により１週間の所定労働時間が定まっていない場合やシフト制などにより直前にならないと勤務時間が判明しない場合、勤務実績に基づき平均の所定労働時間を算定する。

B 所定労働時間が１か月の単位で定められている場合、当該時間を12分の52で除して得た時間を１週間の所定労働時間として算定する。

C １週間の所定労働時間算定に当たって、４週５休制等の週休２日制等１週間の所定労働時間が短期的かつ周期的に変動し、通常の週の所定労働時間が一通りでないとき、１週間の所定労働時間は、それらの加重平均により算定された時間とする。

D 労使協定等において「１年間の所定労働時間の総枠は○○時間」と定められている場合のように、所定労働時間が１年間の単位で定められている場合は、さらに、週又は月を単位として所定労働時間が定められている場合であっても、１年間の所定労働時間の総枠を52で除して得た時間を１週間の所定労働時間として算定する。

E 雇用契約書等における１週間の所定労働時間と実際の勤務時間に常態的に乖離がある場合であって、当該乖離に合理的な理由がない場合は、原則として実際の勤務時間により１週間の所定労働時間を算定する。

問２ 未支給の失業等給付に関する次の記述のうち、正しいものはどれか。

A 死亡した受給資格者に配偶者（婚姻の届出をしていないが、事実上婚姻関係と同様の事情にあった者を含む。）及び子がいないとき、死亡した受給資格者と死亡の当時生計を同じくしていた父母は未支給の失業等給付を請求することができる。

B 失業等給付の支給を受けることができる者が死亡した場合において、未支給の失業等給付の支給を受けるべき順位にあるその者の遺族は、死亡した者の名でその未支給の失業等給付の支給を請求することができる。

C　正当な理由がなく自己の都合によって退職したことにより基本手当を支給しないこととされた期間がある受給資格者が死亡した場合、死亡した受給資格者の遺族の請求により、当該基本手当を支給しないこととされた期間中の日に係る未支給の基本手当が支給される。

D　死亡した受給資格者が、死亡したため所定の認定日に公共職業安定所に出頭し失業の認定を受けることができなかった場合、未支給の基本手当の支給を請求する者は、当該受給資格者について失業の認定を受けたとしても、死亡直前に係る失業認定日から死亡日までの基本手当を受けることができない。

E　受給資格者の死亡により未支給の失業等給付の支給を請求しようとする者は、当該受給資格者の死亡の翌日から起算して３か月以内に請求しなければならない。

問３　**雇用保険法第22条第３項に規定する算定基礎期間に関する次の記述のうち、誤っているものはどれか。**

A　育児休業給付金の支給に係る休業の期間は、算定基礎期間に含まれない。

B　雇用保険法第９条の規定による被保険者となったことの確認があった日の２年前の日より前であって、被保険者が負担すべき保険料が賃金から控除されていたことが明らかでない期間は、算定基礎期間に含まれない。

C　労働者が長期欠勤している場合であっても、雇用関係が存続する限り、賃金の支払を受けているか否かにかかわらず、当該期間は算定基礎期間に含まれる。

D　かつて被保険者であった者が、離職後１年以内に被保険者資格を再取得しなかった場合には、その期間内に基本手当又は特例一時金の支給を受けていなかったとしても、当該離職に係る被保険者であった期間は算定基礎期間に含まれない。

E　特例一時金の支給を受け、その特例受給資格に係る離職の日以前の被保険者であった期間は、当該支給を受けた日後に離職して基本手当又は特例一時金の支給を受けようとする際に、算定基礎期間に含まれる。

問4 特定理由離職者と特定受給資格者に関する次の記述のうち、正しいものはどれか。

A 事業の期間が予定されている事業において当該期間が終了したことにより事業所が廃止されたため離職した者は、特定受給資格者に該当する。

B いわゆる登録型派遣労働者については、派遣就業に係る雇用契約が終了し、雇用契約の更新・延長についての合意形成がないが、派遣労働者が引き続き当該派遣元事業主のもとでの派遣就業を希望していたにもかかわらず、派遣元事業主から当該雇用契約期間の満了日までに派遣就業を指示されなかったことにより離職した者は、特定理由離職者に該当する。

C 常時介護を必要とする親族と同居する労働者が、概ね往復5時間以上を要する遠隔地に転勤を命じられたことにより離職した場合、当該転勤は労働者にとって通常甘受すべき不利益であるから、特定受給資格者に該当しない。

D 労働組合の除名により、当然解雇となる団体協約を結んでいる事業所において、当該組合から除名の処分を受けたことによって解雇された場合には、事業主に対し自己の責めに帰すべき重大な理由がないとしても、特定受給資格者に該当しない。

E 子弟の教育のために退職した者は、特定理由離職者に該当する。

問5 短期雇用特例被保険者に関する次の記述のうち、誤っているものはどれか。

A 特例一時金の支給を受けようとする特例受給資格者は、離職の日の翌日から起算して6か月を経過する日までに、公共職業安定所に出頭し、求職の申込みをした上、失業の認定を受けなければならない。

B 特例一時金の支給を受けることができる期限内において、短期雇用特例被保険者が疾病又は負傷により職業に就くことができない期間がある場合には、当該特例一時金の支給を受けることができる特例受給資格に係る離職の日の翌日から起算して3か月を上限として受給期限が延長される。

C　特例一時金は、特例受給資格者が当該特例一時金に係る離職後最初に公共職業安定所に求職の申込みをした日以後において、失業している日（疾病又は負傷のため職業に就くことができない日を含む。）が通算して７日に満たない間は、支給しない。

D　短期雇用特例被保険者が、同一暦月においてＡ事業所において賃金支払の基礎となった日数が11日以上で離職し、直ちにＢ事業所に就職して、Ｂ事業所においてもその月に賃金支払の基礎となった日数が11日以上ある場合、被保険者期間は１か月として計算される。

E　特例受給資格者が、当該特例受給資格に基づく特例一時金の支給を受ける前に公共職業安定所長の指示した公共職業訓練等（その期間が40日以上２年以内のものに限る。）を受ける場合には、当該公共職業訓練等を受け終わる日までの間に限り求職者給付が支給される。

問６　教育訓練給付に関する次の記述のうち、誤っているものはどれか。

なお、本問において、「教育訓練」とは、雇用保険法第60条の２第１項の規定に基づき厚生労働大臣が指定する教育訓練のことをいう。

A　特定一般教育訓練受講予定者は、キャリアコンサルティングを踏まえて記載した職務経歴等記録書を添えて管轄公共職業安定所の長に所定の書類を提出しなければならない。

B　一般教育訓練給付金は、一時金として支給される。

C　偽りその他不正の行為により教育訓練給付金の支給を受けたことから教育訓練給付金を受けることができないとされた者であっても、その後新たに教育訓練給付金の支給を受けることができるものとなった場合には、教育訓練給付金を受けることができる。

D　専門実践教育訓練を開始した日における年齢が45歳以上の者は、教育訓練支援給付金を受けることができない。

E　一般被保険者でなくなって１年を経過しない者が負傷により30日以上教育訓練を開始することができない場合であって、傷病手当の支給を受けているときは、教育訓練給付適用対象期間延長の対象とならない。

問7 育児休業給付に関する次の記述のうち、正しいものはどれか。

なお、本問の被保険者には、短期雇用特例被保険者及び日雇労働被保険者を含めないものとし、また、出生時育児休業給付金については考慮しないものとする。（改題）

A 特別養子縁組の成立のための監護期間に係る育児休業給付金の支給につき、家庭裁判所において特別養子縁組の成立を認めない審判が行われた場合には、家庭裁判所に対して特別養子縁組を成立させるための請求を再度行わない限り、その決定日の前日までが育児休業給付金の支給対象となる。

B 休業開始時賃金日額は、その雇用する被保険者に育児休業（同一の子について2回以上の育児休業をした場合にあっては、初回の育児休業とする。）を開始した日前の賃金締切日からその前の賃金締切日翌日までの間に賃金支払基礎日数が11日以上ある場合、支払われた賃金の総額を30で除して得た額で算定される。

C 育児休業をした被保険者に当該被保険者を雇用している事業主から支給単位期間に賃金が支払われた場合において、当該賃金の額が休業開始時賃金日額に支給日数を乗じて得た額の100分の50に相当する額であるときは、育児休業給付金が支給されない。

D 男性が配偶者の出産予定日から育児休業を取得する場合、配偶者の出産日から8週間を経過した日から対象育児休業となる。

E 対象育児休業を行った労働者が当該対象育児休業終了後に配偶者（婚姻の届出をしていないが、事実上婚姻関係と同様の事情にある者を含む。）が死亡したことによって再度同一の子について育児休業を取得した場合、子が満1歳に達する日以前であっても、育児休業給付金の支給対象となることはない。

問8 特例納付保険料の納付等に関する次の記述のうち、正しいものはどれか。

A 雇用保険の被保険者となる労働者を雇い入れ、労働者の賃金から雇用保険料負担額を控除していたにもかかわらず、労働保険徴収法第4条の2第1項の届出を行っていなかった事業主は、納付する義務を履行していない一般保険料のうち徴収する権利が時効によって既に消滅しているものについても、特例納付保険料として納付する義務を負う。

B 特例納付保険料の納付額は、労働保険徴収法第26条第１項に規定する厚生労働省令で定めるところにより算定した特例納付保険料の基本額に、当該特例納付保険料の基本額に100分の10を乗じて得た同法第21条第１項の追徴金の額を加算して求めるものとされている。

C 政府は、事業主から、特例納付保険料の納付をその預金口座又は貯金口座のある金融機関に委託して行うことを希望する旨の申出があった場合には、その納付が確実と認められ、かつ、その申出を承認することが労働保険料の徴収上有利と認められるときに限り、その申出を承認することができる。

D 労働保険徴収法第26条第２項の規定により厚生労働大臣から特例納付保険料の納付の勧奨を受けた事業主が、特例納付保険料を納付する旨を、厚生労働省令で定めるところにより、厚生労働大臣に対して書面により申し出た場合、同法第27条の督促及び滞納処分の規定並びに同法第28条の延滞金の規定の適用を受ける。

E 所轄都道府県労働局歳入徴収官は、労働保険徴収法第26条第４項の規定に基づき、特例納付保険料を徴収しようとする場合には、通知を発する日から起算して30日を経過した日をその納期限と定め、事業主に、労働保険料の増加額及びその算定の基礎となる事項並びに納期限を通知しなければならない。

問９ 労働保険事務組合に関する次の記述のうち、誤っているものはどれか。

A 労働保険事務組合は、雇用保険に係る保険関係が成立している事業にあっては、労働保険事務の処理の委託をしている事業主ごとに雇用保険被保険者関係届出事務等処理簿を事務所に備えておかなければならない。

B 労働保険徴収法第33条第１項に規定する事業主の団体の構成員又はその連合団体を構成する団体の構成員である事業主以外の事業主であっても、労働保険事務の処理を委託することが必要であると認められる事業主は、労働保険事務組合に労働保険事務の処理を委託することができる。

C 保険給付に関する請求書等の事務手続及びその代行、雇用保険二事業に係る事務手続及びその代行、印紙保険料に関する事項などは、事業主が労働保険事務組合に処理を委託できる労働保険事務の範囲に含まれない。

D　労働保険事務組合に労働保険事務の処理を委託している事業場の所在地を管轄する行政庁が、当該労働保険事務組合の主たる事務所の所在地を管轄する行政庁と異なる場合、当該事業場についての一般保険料の徴収は、労働保険事務組合の主たる事務所の所在地の都道府県労働局歳入徴収官が行う。

E　労働保険事務組合は、労働保険事務の処理の委託があったときは、委託を受けた日の翌日から起算して14日以内に、労働保険徴収法施行規則第64条に定める事項を記載した届書を、その主たる事務所の所在地を管轄する都道府県労働局長に提出しなければならない。

問10　次に示す業態をとる事業についての労働保険料に関する記述のうち、正しいものはどれか。

なお、本問においては、保険料の滞納はないものとし、また、一般保険料以外の対象となる者はいないものとする。

保険関係成立年月日：令和元年７月10日
事業の種類：食料品製造業
令和２年度及び３年度の労災保険率：1000分の６
令和２年度及び３年度の雇用保険率：1000分の９
令和元年度の確定賃金総額：4,000万円
令和２年度に支払いが見込まれていた賃金総額：7,400万円
令和２年度の確定賃金総額：7,600万円
令和３年度に支払いが見込まれる賃金総額3,600万円

A　令和元年度の概算保険料を納付するに当たって概算保険料の延納を申請した。当該年度の保険料は３期に分けて納付することが認められ、第１期分の保険料の納付期日は保険関係成立の日の翌日から起算して50日以内の令和元年８月29日までとされた。

B　令和２年度における賃金総額はその年度当初には7,400万円が見込まれていたので、当該年度の概算保険料については、下記の算式により算定し、111万円とされた。

7,400万円×1000分の15＝111万円

C　令和３年度の概算保険料については、賃金総額の見込額を3,600万円で算定し、延納を申請した。また、令和２年度の確定保険料の額は同年度の概算保険料の額を上回った。この場合、第１期分の保険料は下記の算式により算定した額とされた。

3,600万円×1000分の15÷３＝18万円---①

（令和２年度の確定保険料）－（令和２年度の概算保険料）--------------②

第１期分の保険料＝①＋②

D　令和３年度に支払いを見込んでいた賃金総額が3,600万円から6,000万円に増加した場合、増加後の賃金総額の見込額に基づき算定した概算保険料の額と既に納付した概算保険料の額との差額を増加概算保険料として納付しなければならない。

E　令和３年度の概算保険料の納付について延納を申請し、定められた納期限に従って保険料を納付後、政府が、申告書の記載に誤りがあったとして概算保険料の額を決定し、事業主に対し、納付した概算保険料の額が政府の決定した額に足りないと令和３年８月16日に通知した場合、事業主はこの不足額を納付しなければならないが、この不足額については、その額にかかわらず、延納を申請することができない。

労務管理その他の労働及び社会保険に関する一般常識

問1 我が国の労働者の「働きやすさ」に関する次の記述のうち、誤っているものはどれか。

なお、本問は、「令和元年版労働経済白書（厚生労働省）」を参照しており、当該白書又は当該白書が引用している調査による用語及び統計等を利用している。

A　正社員について、働きやすさに対する認識を男女別・年齢階級別にみると、男女ともにいずれの年齢階級においても、働きやすさに対して満足感を「いつも感じる」又は「よく感じる」者が、「全く感じない」又は「めったに感じない」者を上回っている。

B　正社員について、働きやすさの向上のために、労働者が重要と考えている企業側の雇用管理を男女別・年齢階級別にみると、男性は「職場の人間関係やコミュニケーションの円滑化」、女性は「労働時間の短縮や働き方の柔軟化」がいずれの年齢層でも最も多くなっている。

C　正社員について、男女計における1か月当たりの労働時間と働きやすさとの関係をみると、労働時間が短くなるほど働きやすいと感じる者の割合が増加し、逆に労働時間が長くなるほど働きにくいと感じる者の割合が増加する。

D　正社員について、テレワークの導入状況と働きやすさ・働きにくさとの関係をみると、テレワークが導入されていない場合の方が、導入されている場合に比べて、働きにくいと感じている者の割合が高くなっている。

E　勤務間インターバル制度に該当する正社員と該当しない正社員の働きやすさを比較すると、該当する正社員の方が働きやすさを感じている。

問２ 我が国の労働者の就業形態の多様化に関する次の記述のうち、正しいものはどれか。

なお、本問は、「令和元年就業形態の多様化に関する総合実態調査の概況（厚生労働省）」を参照しており、当該調査による用語及び統計等を利用している。

A　令和元年10月１日現在で、就業形態別に当該就業形態の労働者がいる事業所の割合（複数回答）をみると、「正社員以外の労働者がいる事業所」は前回調査（平成26年）と比べて低下している。

B　正社員以外の就業形態別事業所割合をみると、「派遣労働者（受け入れ）がいる」が最も高くなっている。

C　正社員以外の労働者がいる事業所について、正社員以外の労働者を活用する理由（複数回答）をみると、「正社員を確保できないため」とする事業所割合が最も高くなっている。

D　正社員以外の労働者がいる事業所について、正社員以外の労働者を活用する上での問題点（複数回答）をみると、「仕事に対する責任感」が最も高くなっている。

E　雇用期間の定めのある正社員以外の労働者について、期間を定めない雇用契約への変更希望の有無をみると、「希望する」が「希望しない」を上回っている。

問３ 労働契約法等に関する次の記述のうち、誤っているものはどれか。

A　労働契約法第７条は、「労働者及び使用者が労働契約を締結する場合において、使用者が合理的な労働条件が定められている就業規則を労働者に周知させていた場合には、労働契約の内容は、その就業規則で定める労働条件によるものとする。」と定めているが、同条は、労働契約の成立場面について適用されるものであり、既に労働者と使用者との間で労働契約が締結されているが就業規則は存在しない事業場において新たに就業規則を制定した場合については適用されない。

B　使用者が就業規則の変更により労働条件を変更する場合について定めた労働契約法第10条本文にいう「労働者の受ける不利益の程度、労働条件の変更の必要性、変更後の就業規則の内容の相当性、労働組合等との交渉の状況その他の就業規則の変更に係る事情」のうち、「労働組合等」には、労働者の過半数で組織する労働組合その他の多数労働組合や事業場の過半数を代表する労働者だけでなく、少数労働組合が含まれるが、労働者で構成されその意思を代表する親睦団体は含まれない。

C　労働契約法第13条は、就業規則で定める労働条件が法令又は労働協約に反している場合には、その反する部分の労働条件は当該法令又は労働協約の適用を受ける労働者との間の労働契約の内容とはならないことを規定しているが、ここでいう「法令」とは、強行法規としての性質を有する法律、政令及び省令をいい、罰則を伴う法令であるか否かは問わず、労働基準法以外の法令も含まれる。

D　有期労働契約の更新時に、所定労働日や始業終業時刻等の労働条件の定期的変更が行われていた場合に、労働契約法第18条第１項に基づき有期労働契約が無期労働契約に転換した後も、従前と同様に定期的にこれらの労働条件の変更を行うことができる旨の別段の定めをすることは差し支えないと解される。

E　有期労働契約の更新等を定めた労働契約法第19条の「更新の申込み」及び「締結の申込み」は、要式行為ではなく、使用者による雇止めの意思表示に対して、労働者による何らかの反対の意思表示が使用者に伝わるものでもよい。

問４　労働関係法規に関する次のアからオの記述のうち、誤っているものの組合せは、後記ＡからＥまでのうちどれか。

ア　障害者の雇用の促進等に関する法律第36条の２から第36条の４までの規定に基づき事業主が講ずべき措置（以下「合理的配慮」という。）に関して、合理的配慮の提供は事業主の義務であるが、採用後の合理的配慮について、事業主が必要な注意を払ってもその雇用する労働者が障害者であることを知り得なかった場合には、合理的配慮の提供義務違反を問われない。

イ　定年（65歳以上70歳未満のものに限る。）の定めをしている事業主又は継続雇用制度（その雇用する高年齢者が希望するときは、当該高年齢者をその定年後も引き続いて雇用する制度をいう。ただし、高年齢者を70歳以上まで引き続いて雇用する制度を除く。）を導入している事業主は、その雇用する高年齢者（高年齢者雇用安定法第９条第２項の契約に基づき、当該事業主と当該契約を締結した特殊関係事業主に現に雇用されている者を含み、厚生労働省令で定める者を除く。）について、「当該定年の引上げ」「65歳以上継続雇用制度の導入」「当該定年の定めの廃止」の措置を講ずることにより、65歳から70歳までの安定した雇用を確保しなければならない。

ウ　労働施策総合推進法第30条の２第１項の「事業主は、職場において行われる優越的な関係を背景とした言動であつて、業務上必要かつ相当な範囲を超えたものによりその雇用する労働者の就業環境が害されることのないよう、当該労働者からの相談に応じ、適切に対応するために必要な体制の整備その他の雇用管理上必要な措置を講じなければならない。」とする規定が、令和２年６月１日に施行されたが、同項の事業主のうち、同法の附則で定める中小事業主については、令和４年３月31日まで当該義務規定の適用が猶予されており、その間、当該中小事業主には、当該措置の努力義務が課せられている。

エ　Ａ社において、定期的に職務の内容及び勤務地の変更がある通常の労働者の総合職であるＸは、管理職となるためのキャリアコースの一環として、新卒採用後の数年間、店舗等において、職務の内容及び配置に変更のない短時間労働者であるＹの助言を受けながら、Ｙと同様の定型的な業務に従事している場合に、Ａ社がＸに対し、キャリアコースの一環として従事させている定型的な業務における能力又は経験に応じることなく、Ｙに比べ基本給を高く支給していることは、パートタイム・有期雇用労働法に照らして許されない。

オ 女性労働者につき労働基準法第65条第3項に基づく妊娠中の軽易な業務への転換を契機として降格させる事業主の措置は、原則として男女雇用機会均等法第9条第3項の禁止する取扱いに当たるが、当該労働者につき自由な意思に基づいて降格を承諾したものと認めるに足りる合理的な理由が客観的に存在するとき、又は事業主において当該労働者につき降格の措置を執ることなく軽易な業務への転換をさせることに円滑な業務運営や人員の適正配置の確保などの業務上の必要性から支障がある場合であって、上記措置につき男女雇用機会均等法第9条第3項の趣旨及び目的に実質的に反しないものと認められる特段の事情が存在するときは、同項の禁止する取扱いに当たらないとするのが、最高裁判所の判例である。

A（アとエ）　**B**（アとオ）　**C**（イとエ）
D（イとオ）　**E**（ウとエ）

問5 社会保険労務士法令に関する次の記述のうち、正しいものはどれか。

A 一般の会社の労働社会保険事務担当者又は開業社会保険労務士事務所の職員のように、他人に使用され、その指揮命令のもとに事務を行う場合は、社会保険労務士又は社会保険労務士法人でない者の業務の制限について定めた社会保険労務士法第27条にいう「業として」行うに該当する。

B 社会保険労務士は、事業における労務管理その他の労働に関する事項及び労働社会保険諸法令に基づく社会保険に関する事項について、裁判所において、補佐人として、弁護士である訴訟代理人とともに出頭し、陳述及び尋問をすることができる。

C 厚生労働大臣は、開業社会保険労務士又は社会保険労務士法人の業務の適正な運営を確保するため必要があると認めるときは、当該開業社会保険労務士又は社会保険労務士法人に対し、その業務に関し必要な報告を求めることができるが、ここにいう「その業務に関し必要な報告」とは、法令上義務づけられているものに限られ、事務所の経営状態等についての報告は含まれない。

D 社会保険労務士法人の事務所には、その事務所の所在地の属する都道府県の区域に設立されている社会保険労務士会の会員である社員を常駐させなければならない。

E　社会保険労務士法人の解散及び清算を監督する裁判所は、当該監督に必要な検査をするに先立ち、必ず厚生労働大臣に対し、意見を求めなければならない。

問６　確定拠出年金法に関する次の記述のうち、誤っているものはどれか。

A　企業型年金加入者の資格を取得した月にその資格を喪失した者は、その資格を取得した月のみ、企業型年金加入者となる。

B　企業型年金において、事業主は、政令で定めるところにより、年１回以上、定期的に掛金を拠出する。

C　企業型年金加入者掛金の額は、企業型年金規約で定めるところにより、企業型年金加入者が決定し、又は変更する。

D　国民年金法第７条第１項第３号に規定する第３号被保険者は、厚生労働省令で定めるところにより、国民年金基金連合会に申し出て、個人型年金加入者となることができる。

E　個人型年金加入者期間を計算する場合には、個人型年金加入者の資格を喪失した後、さらにその資格を取得した者については、前後の個人型年金加入者期間を合算する。

問７　国民健康保険法に関する次の記述のうち、正しいものはどれか。

A　都道府県が当該都道府県内の市町村（特別区を含む。以下本問において同じ。）とともに行う国民健康保険（以下本問において「都道府県等が行う国民健康保険」という。）の被保険者は、都道府県の区域内に住所を有するに至った日の翌日又は国民健康保険法第６条各号のいずれにも該当しなくなった日の翌日から、その資格を取得する。

B　生活保護法による保護を受けている世帯に属する者は、都道府県等が行う国民健康保険の被保険者となる。

C　市町村及び国民健康保険組合（以下本問において「組合」という。）は、被保険者又は被保険者であった者が、正当な理由なしに療養に関する指示に従わないときは、療養の給付等の一部を行わないことができる。

D　国民健康保険診療報酬審査委員会は、都道府県の区域を区域とする国民健康保険団体連合会（その区域内の都道府県若しくは市町村又は組合の３分の２以上が加入しないものを除く。）に置かれ、都道府県知事が定める保険医及び保険薬剤師を代表する委員、保険者を代表する委員並びに被保険者を代表する委員をもって組織される。

E　市町村は、条例で、偽りその他不正の行為により保険料その他国民健康保険法の規定による徴収金の徴収を免れた者に対し、その徴収を免れた金額の10倍に相当する金額以下の過料を科する規定を設けることができる。

問８　介護保険法に関する次の記述のうち、正しいものはどれか。

A　市町村（特別区を含む。以下本問において同じ。）は、第２号被保険者から保険料を普通徴収の方法によって徴収する。

B　介護認定審査会は、市町村に置かれ、介護認定審査会の委員は、介護保険法第７条第５項に規定する介護支援専門員から任命される。

C　配偶者（婚姻の届出をしていないが、事実上婚姻関係と同様の事情にある者を含む。）の一方は、市町村が第１号被保険者である他方の保険料を普通徴収の方法によって徴収しようとする場合において、当該保険料を連帯して納付する義務を負うものではない。

D　介護保険審査会は、各都道府県に置かれ、保険給付に関する処分に対する審査請求は、当該処分をした市町村をその区域に含む都道府県の介護保険審査会に対してしなければならない。

E　介護保険法第28条第２項の規定による要介護更新認定の申請をすることができる被保険者が、災害その他やむを得ない理由により当該申請に係る要介護認定の有効期間の満了前に当該申請をすることができなかったときは、当該被保険者は、その理由のやんだ日から14日以内に限り、要介護更新認定の申請をすることができる。

問９ 社会保険制度の目的条文に関する次の記述のうち、誤っているものはどれか。

A　国民健康保険法第１条では、「この法律は、被保険者の疾病、負傷、出産又は死亡に関して必要な保険給付を行い、もつて社会保障及び国民保健の向上に寄与することを目的とする。」と規定している。

B　健康保険法第１条では、「この法律は、労働者又はその被扶養者の業務災害（労働者災害補償保険法（昭和二十二年法律第五十号）第七条第一項第一号に規定する業務災害をいう。）以外の疾病、負傷若しくは死亡又は出産に関して保険給付を行い、もって国民の生活の安定と福祉の向上に寄与することを目的とする。」と規定している。

C　高齢者医療確保法第１条では、「この法律は、国民の高齢期における適切な医療の確保を図るため、医療費の適正化を推進するための計画の作成及び保険者による健康診査等の実施に関する措置を講ずるとともに、高齢者の医療について、国民の共同連帯の理念等に基づき、前期高齢者に係る保険者間の費用負担の調整、後期高齢者に対する適切な医療の給付等を行うために必要な制度を設け、もつて国民保健の向上及び高齢者の福祉の増進を図ることを目的とする。」と規定している。

D　船員保険法第１条では、「この法律は、船員又はその被扶養者の職務外の事由による疾病、負傷若しくは死亡又は出産に関して保険給付を行うとともに、労働者災害補償保険による保険給付と併せて船員の職務上の事由又は通勤による疾病、負傷、障害又は死亡に関して保険給付を行うこと等により、船員の生活の安定と福祉の向上に寄与することを目的とする。」と規定している。

E　介護保険法第１条では、「この法律は、加齢に伴って生ずる心身の変化に起因する疾病等により要介護状態となり、入浴、排せつ、食事等の介護、機能訓練並びに看護及び療養上の管理その他の医療を要する者等について、これらの者が尊厳を保持し、その有する能力に応じ自立した日常生活を営むことができるよう、必要な保健医療サービス及び福祉サービスに係る給付を行うため、国民の共同連帯の理念に基づき介護保険制度を設け、その行う保険給付等に関して必要な事項を定め、もって国民の保健医療の向上及び福祉の増進を図ることを目的とする。」と規定している。

問10 次の記述のうち、正しいものはどれか。なお、本問は、「令和２年版厚生労働白書（厚生労働省）」を参照しており、当該白書又は当該白書が引用している調査による用語及び統計等を利用している。

A　公的年金制度の被保険者数の増減について見ると、第１号被保険者は、対前年比70万人増で近年増加傾向にある一方、第２号被保険者等（65歳以上70歳未満の厚生年金被保険者を含む。）や第３号被保険者は、それぞれ対前年比34万人減、23万人減で、近年減少傾向にある。これらの要因として、新型コロナウイルス感染症の影響による生活に困窮する人の増加、失業率の上昇等があげられる。

B　年金を受給しながら生活をしている高齢者や障害者などの中で、年金を含めても所得が低い方々を支援するため、年金に上乗せして支給する「年金生活者支援給付金制度」がある。老齢年金生活者支援給付金の支給要件に該当している場合は、本人による請求手続きは一切不要であり、日本年金機構が職権で認定手続きを行う。

C　2008（平成20）年度の後期高齢者医療制度発足時における75歳以上の保険料の激変緩和措置として、政令で定めた軽減割合を超えて、予算措置により軽減を行っていたが、段階的に見直しを実施し、保険料の所得割を５割軽減する特例について、2019（令和元）年度から本則（軽減なし）とし、元被扶養者の保険料の均等割を９割軽減する特例について、2020（令和２）年度から本則（資格取得後３年間に限り７割軽減とする。）とするといった見直しを行っている。

D　社会保障給付費の部門別構成割合の推移を見ると、1989（平成元）年度においては医療が49.5％、介護、福祉その他が39.4％を占めていたが、医療は1990年台半ばから、介護、福祉その他は2004（平成16）年度からその割合が減少に転じ、年金の割合が増加してきている。2017（平成29）年度には、年金が21.6％と1989年度の約２倍となっている。

E　保険医療機関等で療養の給付等を受ける場合の被保険者資格の確認について、確実な本人確認と保険資格確認を可能とし、医療保険事務の効率化や患者の利便性の向上等を図るため、オンライン資格確認の導入を進める。オンライン資格確認に当たっては、既存の健康保険証による資格確認に加えて、個人番号カード（マイナンバーカード）による資格確認を可能とする。

健康保険法

問１ 健康保険法に関する次の記述のうち、誤っているものはどれか。

A 一時帰休に伴い、就労していたならば受けられるであろう報酬よりも低額な休業手当が支払われることとなり、その状態が継続して3か月を超える場合には、固定的賃金の変動とみなされ、標準報酬月額の随時改定の対象となる。

B 賃金が月末締め月末払いの事業所において、2月19日から一時帰休で低額な休業手当等の支払いが行われ、5月1日に一時帰休の状況が解消した場合には、2月、3月、4月の報酬を平均して2等級以上の差が生じていれば、5月以降の標準報酬月額から随時改定を行う。

C その年の1月から6月までのいずれかの月に随時改定された標準報酬月額は、再度随時改定、育児休業等を終了した際の標準報酬月額の改定又は産前産後休業を終了した際の標準報酬月額の改定を受けない限り、その年の8月までの標準報酬月額となり、7月から12月までのいずれかの月に改定された標準報酬月額は、再度随時改定、育児休業等を終了した際の標準報酬月額の改定又は産前産後休業を終了した際の標準報酬月額の改定を受けない限り、翌年の8月までの標準報酬月額となる。

D 前月から引き続き被保険者であり、12月10日に賞与を50万円支給された者が、同月20日に退職した場合、事業主は当該賞与に係る保険料を納付する義務はないが、標準賞与額として決定され、その年度における標準賞与額の累計額に含まれる。

E 訪問看護事業とは、疾病又は負傷により、居宅において継続して療養を受ける状態にある者（主治の医師がその治療の必要の程度につき厚生労働省令で定める基準に適合していると認めたものに限る。）に対し、その者の居宅において看護師その他厚生労働省令で定める者が行う療養上の世話又は必要な診療の補助（保険医療機関等又は介護保険法第8条第28項に規定する介護老人保健施設若しくは同条第29項に規定する介護医療院によるものを除く。）を行う事業のことである。

問2 健康保険法に関する次の記述のうち、誤っているものはどれか。

A 保険医療機関又は保険薬局は、健康保険法の規定によるほか、船員保険法、国民健康保険法、国家公務員共済組合法（他の法律において準用し、又は例による場合を含む。）又は地方公務員等共済組合法による療養の給付並びに被保険者及び被扶養者の療養並びに高齢者医療確保法による療養の給付、入院時食事療養費に係る療養、入院時生活療養費に係る療養及び保険外併用療養費に係る療養を担当するものとされている。

B 健康保険組合がその設立事業所を増加させ、又は減少させようとするときは、その増加又は減少に係る適用事業所の事業主の全部及びその適用事業所に使用される被保険者の２分の１以上の同意を得なければならない。

C 全国健康保険協会管掌健康保険の事業の執行に要する費用のうち、出産育児一時金、家族出産育児一時金、埋葬料（埋葬費）及び家族埋葬料の支給に要する費用については、国庫補助は行われない。

D 全国健康保険協会は、⑴国債、地方債、政府保証債その他厚生労働大臣の指定する有価証券の取得、⑵銀行その他厚生労働大臣の指定する金融機関への預金、のいずれかの方法により、業務上の余裕金を運用することが認められているが、上記の２つ以外の方法で運用することは認められていない。

E 保険者は、社会保険診療報酬支払基金に対して、保険給付のうち、療養費、出産育児一時金、家族出産育児一時金並びに高額療養費及び高額介護合算療養費の支給に関する事務を委託することができる。

問3 健康保険法に関する次の記述のうち、正しいものはどれか。

A 保険者は、保険給付を行うにつき必要があると認めるときは、医師、歯科医師、薬剤師若しくは手当を行った者又はこれを使用する者に対し、その行った診療、薬剤の支給又は手当に関し、報告若しくは診療録、帳簿書類その他の物件の提示を命じ、又は当該職員に質問させることができる。

B 食事療養に要した費用は、保険外併用療養費の支給の対象とはならない。

C 健康保険組合は、適用事業所の事業主、その適用事業所に使用される被保険者及び特例退職被保険者をもって組織する。

D　全国健康保険協会（以下本問において「協会」という。）は、全国健康保険協会管掌健康保険の被保険者に対して被保険者証の交付、返付又は再交付が行われるまでの間、必ず被保険者資格証明書を有効期限を定めて交付しなければならない。また、被保険者資格証明書の交付を受けた被保険者に対して被保険者証が交付されたときは、当該被保険者は直ちに被保険者資格証明書を協会に返納しなければならない。

E　公害健康被害の補償等に関する法律（以下本問において「公害補償法」という。）による療養の給付、障害補償費等の補償給付の支給がされた場合において、同一の事由について当該補償給付に相当する給付を支給すべき健康保険の保険者は、公害補償法により支給された補償給付の価額の限度で、当該補償給付に相当する健康保険による保険給付は行わないとされている。

問４　**健康保険法に関する次の記述のうち、誤っているものはいくつあるか。**

ア　療養の給付を受ける権利は、これを行使することができる時から２年を経過したときは、時効によって消滅する。

イ　健康保険組合が解散する場合において、その財産をもって債務を完済することができないときは、当該健康保険組合は、設立事業所の事業主に対し、政令で定めるところにより、当該債務を完済するために要する費用の全部又は一部を負担することを求めることができる。

ウ　日雇特例被保険者の保険の保険者の事務のうち、厚生労働大臣が指定する地域に居住する日雇特例被保険者に係る日雇特例被保険者手帳の交付及びその収受その他日雇特例被保険者手帳に関する事務は、日本年金機構のみが行うこととされている。

エ　保険者は、指定訪問看護事業者が偽りその他不正の行為によって家族訪問看護療養費に関する費用の支払いを受けたときは、当該指定訪問看護事業者に対し、その支払った額につき返還させるほか、その返還させる額に100分の40を乗じて得た額を支払わせることができる。

オ 短時間労働者の被保険者資格の取得基準においては、卒業を予定されている者であって適用事業所に使用されることとなっているもの、休学中の者及び定時制の課程等に在学する者その他これらに準ずる者は、学生でないこととして取り扱うこととしているが、この場合の「その他これらに準ずる者」とは、事業主との雇用関係の有無にかかわらず、事業主の命により又は事業主の承認を受け、大学院に在学する者（いわゆる社会人大学院生等）としている。

A 一つ
B 二つ
C 三つ
D 四つ
E 五つ

問5 **健康保険法に関する次の記述のうち、正しいものはどれか。**

A 厚生労働大臣、保険者、保険医療機関等、指定訪問看護事業者その他の厚生労働省令で定める者は、健康保険事業又は当該事業に関連する事務の遂行のため必要がある場合を除き、何人に対しても、その者又はその者以外の者に係る保険者番号及び被保険者等記号・番号を告知することを求めてはならない。

B 被保険者が、その雇用又は使用されている事業所の労働組合（法人格を有しないものとする。）の専従者となっている場合は、当該専従者は、専従する労働組合が適用事業所とならなくとも、従前の事業主との関係においては被保険者の資格を継続しつつ、労働組合に雇用又は使用される者として被保険者となることができる。

C 毎年7月1日現に使用する被保険者の標準報酬月額の定時決定の届出は、同月末日までに、健康保険被保険者報酬月額算定基礎届を日本年金機構又は健康保険組合に提出することによって行う。

D 指定障害者支援施設に入所する被扶養者の認定に当たっては、当該施設への入所は一時的な別居とはみなされず、その他の要件に欠けるところがなくとも、被扶養者として認定されない。現に当該施設に入所している者の被扶養者の届出があった場合についても、これに準じて取り扱う。

E　任意継続被保険者の申出をした者が、初めて納付すべき保険料をその納付期日までに納付しなかったときは、いかなる理由があろうとも、その者は、任意継続被保険者とならなかったものとみなされる。

問6 健康保険法に関する次の記述のうち、正しいものはどれか。

A　事業主が、正当な理由がなくて被保険者の資格の取得及び喪失並びに報酬月額及び賞与額に関する事項を保険者等に届出をせず又は虚偽の届出をしたときは、１年以下の懲役又は100万円以下の過料に処せられる。

B　傷病手当金を受ける権利の消滅時効は、労務不能であった日ごとにその翌日から起算される。

C　被保険者又は被保険者であった者が、自己の故意の犯罪行為により、又は故意若しくは重過失により給付事由を生じさせたときは、当該給付事由に係る保険給付は行われない。

D　傷病手当金又は出産手当金の継続給付を受ける者が死亡したとき、当該継続給付を受けていた者がその給付を受けなくなった日後３か月以内に死亡したとき、又はその他の被保険者であった者が資格喪失後３か月以内に死亡したときは、埋葬を行う者は誰でもその被保険者の最後の保険者から埋葬料の支給を受けることができる。

E　被保険者が、健康保険組合である保険者が開設する病院若しくは診療所から食事療養を受けた場合、当該健康保険組合がその被保険者の支払うべき食事療養に要した費用のうち入院時食事療養費として被保険者に支給すべき額に相当する額の支払を免除したときは、入院時食事療養費の支給があったものと推定される。

問7 健康保険法に関する次の記述のうち、誤っているものはどれか。

A　健康保険組合は、組合債を起こし、又は起債の方法、利率若しくは償還の方法を変更しようとするときは、厚生労働大臣の認可を受けなければならないが、組合債の金額の変更（減少に係る場合に限る。）又は組合債の利息の定率の変更（低減に係る場合に限る。）をしようとするときは、この限りではない。

B　出産育児一時金の受取代理制度は、被保険者が医療機関等を受取代理人として出産育児一時金を事前に申請し、医療機関等が被保険者に対して請求する出産費用の額（当該請求額が出産育児一時金として支給される額を上回るときは当該支給される額）を限度として、医療機関等が被保険者に代わって出産育児一時金を受け取るものである。

C　指定訪問看護事業者の指定を受けようとする者は、当該指定に係る訪問看護事業の開始の予定年月日等を記載した申請書及び書類を当該申請に係る訪問看護事業を行う事業所の所在地を管轄する地方厚生局長等に提出しなければならないが、開始の予定年月日とは、指定訪問看護の事業の業務開始予定年月日をいう。

D　被保険者が分娩開始と同時に死亡したが、胎児は娩出された場合、被保険者が死亡したので出産育児一時金は支給されない。

E　保険者等（被保険者が全国健康保険協会が管掌する健康保険の任意継続被保険者である場合は全国健康保険協会、被保険者が健康保険組合が管掌する健康保険の被保険者である場合は当該健康保険組合、これら以外の場合は厚生労働大臣をいう。）は、被保険者に関する保険料の納入の告知をした後に告知をした保険料額が当該納付義務者の納付すべき保険料額を超えていることを知ったとき、又は納付した被保険者に関する保険料額が当該納付義務者の納付すべき保険料額を超えていることを知ったときは、その超えている部分に関する納入の告知又は納付を、その告知又は納付の日の翌日から6か月以内の期日に納付されるべき保険料について納期を繰り上げてしたものとみなすことができる。

問８ 健康保険法に関する次のアからオの記述のうち、誤っているものの組合せは、後記ＡからＥまでのうちどれか。（改題）

ア 同一の事業所に使用される通常の労働者の１日の所定労働時間が８時間であり、１週間の所定労働日数が５日、及び１か月の所定労働日数が20日である特定適用事業所において、当該事業所における短時間労働者の１日の所定労働時間が６時間であり、１週間の所定労働日数が３日、及び１か月の所定労働日数が12日の場合、当該短時間労働者の１週間の所定労働時間は18時間となり、通常の労働者の１週間の所定労働時間と１か月の所定労働日数のそれぞれ４分の３未満ではあるものの、１日の所定労働時間は４分の３以上であるため、当該短時間労働者は被保険者として取り扱わなければならない。

イ （改正により削除）

ウ 特定適用事業所に使用される短時間労働者の被保険者の報酬支払の基礎となった日数が４月は11日、５月は15日、６月は16日であった場合、報酬支払の基礎となった日数が15日以上の月である５月及び６月の報酬月額の平均額をもとにその年の標準報酬月額の定時決定を行う。

エ 労働者派遣事業の事業所に雇用される登録型派遣労働者が、派遣就業に係る１つの雇用契約の終了後、１か月以内に同一の派遣元事業主のもとにおける派遣就業に係る次回の雇用契約（１か月以上のものとする。）が確実に見込まれたため被保険者資格を喪失しなかったが、その１か月以内に次回の雇用契約が締結されなかった場合には、その雇用契約が締結されないことが確実となった日又は当該１か月を経過した日のいずれか早い日をもって使用関係が終了したものとして、事業主に資格喪失届を提出する義務が生じるものであって、派遣就業に係る雇用契約の終了時に遡って被保険者資格を喪失させる必要はない。

オ 被扶養者の収入の確認に当たり、被扶養者の年間収入は、被扶養者の過去の収入、現時点の収入又は将来の収入の見込みなどから、今後１年間の収入を見込むものとされている。

Ａ（アとウ）　**Ｂ**（アとエ）　**Ｃ**（エのみ）
Ｄ（オのみ）　**Ｅ**（ウとオ）

問9 健康保険法に関する次の記述のうち、正しいものはどれか。

A　家族出産育児一時金は、被保険者の被扶養者である配偶者が出産した場合にのみ支給され、被保険者の被扶養者である子が出産した場合には支給されない。

B　1年以上の継続した被保険者期間（任意継続被保険者であった期間、特例退職被保険者であった期間及び共済組合の組合員であった期間を除く。）を有する者であって、出産予定日から起算して40日前の日に退職した者が、退職日において通常勤務していた場合、退職日の翌日から被保険者として受けることができるはずであった期間、資格喪失後の出産手当金を受けることができる。

C　傷病手当金の額は、これまでの被保険者期間にかかわらず、1日につき、傷病手当金の支給を始める日の属する年度の前年度の9月30日における全被保険者の同月の標準報酬月額を平均した額を標準報酬月額の基礎となる報酬月額とみなしたときの標準報酬月額（被保険者が現に属する保険者等により定められたものに限る。）を平均した額の30分の1に相当する額の3分の2に相当する金額となる。

D　傷病手当金の支給要件に係る療養は、一般の被保険者の場合、保険医から療養の給付を受けることを要件としており、自費診療による療養は該当しない。

E　被保険者又はその被扶養者において、業務災害（労災保険法第7条第1項第1号に規定する、労働者の業務上の負傷、疾病等をいう。）と疑われる事例で健康保険の被保険者証を使用した場合、保険者は、被保険者又はその被扶養者に対して、まずは労災保険法に基づく保険給付の請求を促し、健康保険法に基づく保険給付を留保することができる。

問10 健康保険法に関する次の記述のうち、誤っているものはどれか。

A　賃金が時間給で支給されている被保険者について、時間給の単価に変動はないが、労働契約上の1日の所定労働時間が8時間から6時間に変更になった場合、標準報酬月額の随時改定の要件の1つである固定的賃金の変動に該当する。

B　７月から９月までのいずれかの月から標準報酬月額が改定され、又は改定されるべき被保険者については、その年における標準報酬月額の定時決定を行わないが、７月から９月までのいずれかの月に育児休業等を終了した際の標準報酬月額の改定若しくは産前産後休業を終了した際の標準報酬月額の改定が行われた場合は、その年の標準報酬月額の定時決定を行わなければならない。

C　事業主は、被保険者に対して通貨をもって報酬を支払う場合においては、被保険者の負担すべき前月の標準報酬月額に係る保険料を報酬から控除することができる。ただし、被保険者がその事業所に使用されなくなった場合においては、前月及びその月の標準報酬月額に係る保険料を報酬から控除することができる。

D　倒産、解雇などにより離職した者及び雇止めなどにより離職された者が任意継続被保険者となり、保険料を前納したが、その後に国民健康保険法施行令第29条の７の２に規定する国民健康保険料（税）の軽減制度について知った場合、当該任意継続被保険者が保険者に申し出ることにより、当該前納を初めからなかったものとすることができる。

E　療養費の額は、当該療養（食事療養及び生活療養を除く。）について算定した費用の額から、その額に一部負担金の割合を乗じて得た額を控除した額及び当該食事療養又は生活療養について算定した費用の額から食事療養標準負担額又は生活療養標準負担額を控除した額を基準として、保険者が定める。

厚生年金保険法

問1 厚生年金保険法に関する次の記述のうち、正しいものはどれか。

A 夫の死亡により、厚生年金保険法第58条第1項第4号に規定するいわゆる長期要件に該当する遺族厚生年金（その額の計算の基礎となる被保険者期間の月数が240以上であるものとする。）の受給権者となった妻が、その権利を取得した当時60歳であった場合は、中高齢寡婦加算として遺族厚生年金の額に満額の遺族基礎年金の額が加算されるが、その妻が、当該夫の死亡により遺族基礎年金も受給できるときは、その間、当該加算される額に相当する部分の支給が停止される。

B 昭和32年4月1日生まれの妻は、遺族厚生年金の受給権者であり、中高齢寡婦加算が加算されている。当該妻が65歳に達したときは、中高齢寡婦加算は加算されなくなるが、経過的寡婦加算の額が加算される。

C 2以上の種別の被保険者であった期間を有する者について、3号分割標準報酬改定請求の規定を適用する場合においては、各号の厚生年金被保険者期間のうち1の期間に係る標準報酬についての当該請求は、他の期間に係る標準報酬についての当該請求と同時に行わなければならない。

D 3号分割標準報酬改定請求は、離婚が成立した日の翌日から起算して2年を経過したときまでに行う必要があるが、3号分割標準報酬改定請求に併せて厚生年金保険法第78条の2に規定するいわゆる合意分割の請求を行う場合であって、按分割合に関する審判の申立てをした場合は、その審判が確定した日の翌日から起算して2年を経過する日までは3号分割標準報酬改定請求を行うことができる。

E 厚生年金保険法第78条の14に規定する特定被保険者が、特定期間の全部をその額の計算の基礎とする障害厚生年金の受給権者であったとしても、当該特定被保険者の被扶養配偶者は3号分割標準報酬改定請求をすることができる。

問２ 厚生年金保険法に関する次の記述のうち、正しいものはどれか。

A　厚生年金保険の被保険者期間の月数にかかわらず、60歳以上の厚生年金保険の被保険者期間は、老齢厚生年金における経過的加算額の計算の基礎とされない。

B　経過的加算額の計算においては、第３種被保険者期間がある場合、当該被保険者期間に係る特例が適用され、当該被保険者期間は必ず３分の４倍又は５分の６倍される。

C　第１号厚生年金被保険者（船員被保険者を除く。）の資格喪失の届出が必要な場合は、当該事実があった日から10日以内に、所定の届書又は所定の届書に記載すべき事項を記録した光ディスクを日本年金機構に提出しなければならない。

D　船員被保険者の資格喪失の届出が必要な場合は、当該事実があった日から14日以内に、被保険者の氏名など必要な事項を記載した届書を日本年金機構に提出しなければならない。

E　老齢厚生年金の受給権を取得することにより、適用事業所に使用される高齢任意加入被保険者が資格を喪失した場合には、資格喪失の届出は必要ない。

問３ 厚生年金保険法に関する次の記述のうち、誤っているものはどれか。

A　障害等級２級に該当する程度の障害の状態であり老齢厚生年金における加給年金額の加算の対象となっている受給権者の子が、17歳の時に障害の状態が軽減し障害等級２級に該当する程度の障害の状態でなくなった場合、その時点で加給年金額の加算の対象から外れ、その月の翌月から年金の額が改定される。

B　老齢厚生年金の受給権者の子（15歳）の住民票上の住所が受給権者と異なっている場合でも、加給年金額の加算の対象となることがある。

C　厚生年金保険法附則第８条の２に定める「特例による老齢厚生年金の支給開始年齢の特例」の規定によると、昭和35年８月22日生まれの第１号厚生年金被保険者期間のみを有する女子と、同日生まれの第１号厚生年金被保険者期間のみを有する男子とでは、特別支給の老齢厚生年金の支給開始年齢が異なる。なお、いずれの場合も、坑内員たる被保険者であった期間及び船員たる被保険者であった期間を有しないものとする。

D　厚生年金保険法附則第８条の２に定める「特例による老齢厚生年金の支給開始年齢の特例」の規定によると、昭和35年８月22日生まれの第４号厚生年金被保険者期間のみを有する女子と、同日生まれの第４号厚生年金被保険者期間のみを有する男子とでは、特別支給の老齢厚生年金の支給開始年齢は同じである。

E　脱退一時金の額の計算に当たっては、平成15年３月31日以前の被保険者期間については、その期間の各月の標準報酬月額に1.3を乗じて得た額を使用する。

問４　障害厚生年金に関する次のアからオの記述のうち、正しいものの組合せは、後記ＡからＥまでのうちどれか。

ア　厚生年金保険法第47条の３第１項に規定する基準障害と他の障害とを併合した障害の程度による障害厚生年金の支給は、当該障害厚生年金の請求があった月の翌月から始まる。

イ　厚生年金保険法第48条第２項の規定によると、障害等級２級の障害厚生年金の受給権者が、更に障害等級２級の障害厚生年金を支給すべき事由が生じたことにより、同法第48条第１項に規定する前後の障害を併合した障害の程度による障害厚生年金の受給権を取得したときは、従前の障害厚生年金の支給は停止するものとされている。

ウ　期間を定めて支給を停止されている障害等級２級の障害厚生年金の受給権者に対して更に障害等級２級の障害厚生年金を支給すべき事由が生じたときは、厚生年金保険法第48条第１項に規定する前後の障害を併合した障害の程度による障害厚生年金は、従前の障害厚生年金の支給を停止すべきであった期間、その支給が停止され、その間、その者に従前の障害を併合しない障害の程度による障害厚生年金が支給される。

エ　厚生年金保険法第48条第１項に規定する前後の障害を併合した障害の程度による障害厚生年金の額が、従前の障害厚生年金の額よりも低額であったとしても、従前の障害厚生年金は支給が停止され、併合した障害の程度による障害厚生年金の支給が行われる。

オ 障害厚生年金の受給権者は、障害の程度が増進した場合には、実施機関に年金額の改定を請求することができるが、65歳以上の者又は国民年金法による老齢基礎年金の受給権者であって障害厚生年金の受給権者である者（当該障害厚生年金と同一の支給事由に基づく障害基礎年金の受給権を有しない者に限る。）については、実施機関が職権でこの改定を行うことができる。

A（アとイ）　　**B**（アとウ）　　**C**（イとエ）
D（ウとオ）　　**E**（エとオ）

問５ 遺族厚生年金に関する次のアからオの記述のうち、誤っているものの組合せは、後記ＡからＥまでのうちどれか。

ア 老齢厚生年金の受給権者（被保険者ではないものとする。）が死亡した場合、国民年金法に規定する保険料納付済期間と保険料免除期間とを合算した期間が10年であったとしても、その期間と同法に規定する合算対象期間を合算した期間が25年以上である場合には、厚生年金保険法第58条第１項第４号に規定するいわゆる長期要件に該当する。

イ 厚生年金保険の被保険者であった甲は令和３年４月１日に厚生年金保険の被保険者資格を喪失したが、厚生年金保険の被保険者期間中である令和３年３月15日に初診日がある傷病により令和３年８月１日に死亡した（死亡時の年齢は50歳であった。）。この場合、甲について国民年金の被保険者期間があり、当該国民年金の被保険者期間に係る保険料納付済期間と保険料免除期間とを合算した期間が、当該国民年金の被保険者期間の３分の２未満である場合であっても、令和２年７月から令和３年６月までの間に保険料納付済期間及び保険料免除期間以外の国民年金の被保険者期間がないときには、遺族厚生年金の支給対象となる。

ウ 85歳の老齢厚生年金の受給権者が死亡した場合、その者により生計を維持していた未婚で障害等級２級に該当する程度の障害の状態にある60歳の当該受給権者の子は、遺族厚生年金を受けることができる遺族とはならない。

エ 厚生年金保険の被保険者であった甲には妻の乙と、甲の前妻との間の子である15歳の丙がいたが、甲が死亡したことにより、乙と丙が遺族厚生年金の受給権者となった。その後、丙が乙の養子となった場合、丙の遺族厚生年金の受給権は消滅する。

オ 厚生年金保険の被保険者の死亡により、被保険者の死亡当時27歳で子のいない妻が遺族厚生年金の受給権者となった。当該遺族厚生年金の受給権は、当該妻が30歳になったときに消滅する。

A（アとイ）　**B**（アとオ）　**C**（イとウ）
D（ウとエ）　**E**（エとオ）

問6 **厚生年金保険法に関する次の記述のうち、誤っているものはどれか。**

A 第1号厚生年金被保険者であり、又は第1号厚生年金被保険者であった者は、厚生労働大臣において備えている被保険者に関する原簿（以下本問において「厚生年金保険原簿」という。）に記録された自己に係る特定厚生年金保険原簿記録（第1号厚生年金被保険者の資格の取得及び喪失の年月日、標準報酬その他厚生労働省令で定める事項の内容をいう。以下本問において同じ。）が事実でない、又は厚生年金保険原簿に自己に係る特定厚生年金保険原簿記録が記録されていないと思料するときは、厚生労働省令で定めるところにより、厚生労働大臣に対し、厚生年金保険原簿の訂正の請求をすることができる。

B 事故が第三者の行為によって生じた場合において、2以上の種別の被保険者であった期間を有する者に係る保険給付の受給権者が、当該第三者から同一の事由について損害賠償を受けたときは、政府及び実施機関（厚生労働大臣を除く。）は、その価額をそれぞれの保険給付の価額に応じて按分した価額の限度で、保険給付をしないことができる。

C 同一の月において被保険者の種別に変更があったときは、その月は変更後の被保険者の種別の被保険者であった月とみなす。なお、同一月において2回以上にわたり被保険者の種別に変更があったときは、最後の被保険者の種別の被保険者であった月とみなす。

D　育児休業等を終了した際の標準報酬月額の改定若しくは産前産後休業を終了した際の標準報酬月額の改定を行うためには、被保険者が現に使用される事業所において、育児休業等終了日又は産前産後休業終了日の翌日が属する月以後３か月間の各月とも、報酬支払の基礎となった日数が17日以上でなければならない。

E　被保険者自身の行為により事業者から懲戒としての降格処分を受けたために標準報酬月額が低下した場合であっても、所定の要件を満たす限り、育児休業等を終了した際の標準報酬月額の改定は行われる。

問７　厚生年金保険法に関する次の記述のうち、正しいものはどれか。

A　３歳に満たない子を養育している被保険者又は被保険者であった者が、当該子を養育することとなった日の属する月から当該子が３歳に達するに至った日の翌日の属する月の前月までの各月において、年金額の計算に使用する平均標準報酬月額の特例の取扱いがあるが、当該特例は、当該特例の申出が行われた日の属する月前の月にあっては、当該特例の申出が行われた日の属する月の前月までの３年間のうちにあるものに限られている。

B　在職中の老齢厚生年金の支給停止の際に用いる総報酬月額相当額とは、被保険者である日の属する月において、その者の標準報酬月額とその月以前の１年間の標準賞与額の総額を12で除して得た額とを合算して得た額のことをいい、また基本月額とは、老齢厚生年金の額（その者に加給年金額が加算されていればそれを加算した額）を12で除して得た額のことをいう。

C　実施機関は、被保険者が賞与を受けた月において、その月に当該被保険者が受けた賞与額に基づき、これに千円未満の端数を生じたときはこれを切り捨てて、その月における標準賞与額を決定する。この場合において、当該標準賞与額が１つの適用事業所において年間の累計額が150万円（厚生年金保険法第20条第２項の規定による標準報酬月額の等級区分の改定が行われたときは、政令で定める額とする。以下本問において同じ。）を超えるときは、これを150万円とする。

D　第１号厚生年金被保険者が同時に第２号厚生年金被保険者の資格を有するに至ったときは、その日に、当該第１号厚生年金被保険者の資格を喪失する。

E　2以上の種別の被保険者であった期間を有する老齢厚生年金の受給権者が死亡した場合における遺族厚生年金（中高齢の寡婦加算額が加算されるものとする。）は、各号の厚生年金被保険者期間に係る被保険者期間ごとに支給するものとし、そのそれぞれの額は、死亡した者に係る2以上の被保険者の種別に係る被保険者であった期間を合算し、1の期間に係る被保険者期間のみを有するものとみなして遺族厚生年金の額の計算に関する規定により計算した額に中高齢の寡婦加算額を加算し、それぞれ1の期間に係る被保険者期間を計算の基礎として計算した額に応じて按分した額とする。

問8　厚生年金保険法に関する次の記述のうち、正しいものはどれか。

A　育児休業を終了した被保険者に対して昇給があり、固定的賃金の変動があった。ところが職場復帰後、育児のために短時間勤務制度の適用を受けることにより労働時間が減少したため、育児休業等終了日の翌日が属する月以後3か月間に受けた報酬をもとに計算した結果、従前の標準報酬月額等級から2等級下がることになった場合は、育児休業等終了時改定には該当せず随時改定に該当する。

B　60歳台前半の老齢厚生年金の受給権者が同時に雇用保険法に基づく基本手当を受給することができるとき、当該老齢厚生年金は支給停止されるが、同法第33条第1項に規定されている正当な理由がなく自己の都合によって退職した場合などの離職理由による給付制限により基本手当を支給しないとされる期間を含めて支給停止される。

C　63歳の被保険者の死亡により、その配偶者（老齢厚生年金の受給権を有し、65歳に達している者とする。）が遺族厚生年金を受給したときの遺族厚生年金の額は、死亡した被保険者の被保険者期間を基礎として計算した老齢厚生年金の額の4分の3に相当する額と、当該遺族厚生年金の受給権者の有する老齢厚生年金の額に3分の2を乗じて計算した額のうちいずれか多い額とする。

D　老齢厚生年金における加給年金額の加算の対象となる配偶者が、障害等級1級若しくは2級の障害厚生年金及び障害基礎年金を受給している間、当該加給年金額は支給停止されるが、障害等級3級の障害厚生年金若しくは障害手当金を受給している場合は支給停止されることはない。

E　老齢厚生年金に配偶者の加給年金額が加算されるためには、老齢厚生年金の年金額の計算の基礎となる被保険者期間の月数が240以上という要件があるが、当該被保険者期間には、離婚時みなし被保険者期間を含めることはできない。

問９　厚生年金保険法に関する次の記述のうち、誤っているものはどれか。

A　昭和35年４月10日生まれの女性は、第１号厚生年金被保険者として５年、第２号厚生年金被保険者として35年加入してきた（これらの期間以外被保険者期間は有していないものとする。）。当該女性は、62歳から第１号厚生年金被保険者期間としての報酬比例部分の特別支給の老齢厚生年金が支給され、64歳からは、第２号厚生年金被保険者期間としての報酬比例部分の特別支給の老齢厚生年金についても支給される。

B　昭和33年４月10日生まれの男性は、第１号厚生年金被保険者として４年、第２号厚生年金被保険者として40年加入してきた（これらの期間以外被保険者期間は有していないものとする。）。当該男性は、厚生年金保険の被保険者でなければ、63歳から定額部分と報酬比例部分の特別支給の老齢厚生年金が支給される。

C　ある日本国籍を有しない者について、最後に厚生年金保険の被保険者資格を喪失した日から起算して２年が経過しており、かつ、最後に国民年金の被保険者資格を喪失した日（同日において日本国内に住所を有していた者にあっては、同日後初めて、日本国内に住所を有しなくなった日）から起算して１年が経過した。この時点で、この者が、厚生年金保険の被保険者期間を６か月以上有しており、かつ、障害厚生年金等の受給権を有したことがない場合、厚生年金保険法に定める脱退一時金の請求が可能である。

D　脱退一時金の額の計算における平均標準報酬額の算出に当たっては、被保険者期間の計算の基礎となる各月の標準報酬月額と標準賞与額に再評価率を乗じることはない。

E　昭和28年４月10日生まれの女性は、65歳から老齢基礎年金を受給し、老齢厚生年金は繰下げし70歳から受給する予定でいたが、配偶者が死亡したことにより、女性が68歳の時に遺族厚生年金の受給権を取得した。この場合、68歳で老齢厚生年金の繰下げの申出をせずに、65歳に老齢厚生年金を請求したものとして遡って老齢厚生年金を受給することができる。また、遺族厚生年金の受給権を取得してからは、その老齢厚生年金の年金額と遺族厚生年金の年金額を比較して遺族厚生年金の年金額が高ければ、その差額分を遺族厚生年金として受給することができる。

問10　厚生年金保険法に関する次の記述のうち、正しいものはどれか。

A　20歳から30歳まで国民年金の第１号被保険者、30歳から60歳まで第２号厚生年金被保険者であった者が、60歳で第１号厚生年金被保険者となり、第１号厚生年金被保険者期間中に64歳で死亡した。当該被保険者の遺族が当該被保険者の死亡当時生計を維持されていた60歳の妻のみである場合、当該妻に支給される遺族厚生年金は、妻が別段の申出をしたときを除き、厚生年金保険法第58条第１項第４号に規定するいわゆる長期要件のみに該当する遺族厚生年金として年金額が算出される。

B　第１号厚生年金被保険者期間中の60歳の時に業務上災害で負傷し、初診日から１年６か月が経過した際に傷病の症状が安定し、治療の効果が期待できない状態（治癒）になった。その障害状態において障害手当金の受給権を取得することができ、また、労災保険法に規定されている障害補償給付の受給権も取得することができた。この場合、両方の保険給付が支給される。

C　遺族基礎年金と遺族厚生年金の受給権を有する妻が、障害基礎年金と障害厚生年金の受給権を取得した。妻は、障害基礎年金と障害厚生年金を選択したため、遺族基礎年金と遺族厚生年金は全額支給停止となった。妻には生計を同じくする子がいるが、子の遺族基礎年金については、引き続き支給停止となるが、妻の遺族厚生年金が全額支給停止であることから、子の遺族厚生年金は支給停止が解除される。

D 平成13年４月から平成23年３月までの10年間婚姻関係であった夫婦が平成23年３月に離婚が成立し、その後事実上の婚姻関係を平成23年４月から令和３年３月までの10年間続けていたが、令和３年４月２日に事実上の婚姻関係を解消することになった。事実上の婚姻関係を解消することになった時点において、平成13年４月から平成23年３月までの期間についての厚生年金保険法第78条の２に規定するいわゆる合意分割の請求を行うことはできない。なお、平成13年４月から平成23年３月までの期間においては、夫婦共に第１号厚生年金被保険者であったものとし、平成23年４月から令和３年３月までの期間においては、夫は第１号厚生年金被保険者、妻は国民年金の第３号被保険者であったものとする。

E 第１号厚生年金被保険者が死亡したことにより、当該被保険者の母が遺族厚生年金の受給権者となった。その後、当該母に事実上の婚姻関係にある配偶者が生じた場合でも、当該母は、自身の老齢基礎年金と当該遺族厚生年金の両方を受給することができる。

国民年金法

問1 国民年金法に関する次の記述のうち、正しいものはどれか。

A 国民年金法第30条第1項の規定による障害基礎年金は、受給権者が刑事施設、労役場その他これらに準ずる施設に拘禁されているときには、その該当する期間、その支給が停止される。

B 保険料4分の1免除期間に係る老齢基礎年金の給付に要する費用については、480から保険料納付済期間の月数を控除して得た月数を限度として国庫負担の対象となるが、保険料の学生納付特例及び納付猶予の期間（追納が行われた場合にあっては、当該追納に係る期間を除く。）は国庫負担の対象とならない。

C 任意加入被保険者及び特例による任意加入被保険者は、老齢基礎年金又は老齢厚生年金の受給権を取得した日の翌日に資格を喪失する。

D 振替加算の規定によりその額が加算された老齢基礎年金の受給権者が、遺族厚生年金の支給を受けることができるときは、その間、振替加算の規定により加算された額に相当する部分の支給が停止される。

E 国民年金基金は、加入員又は加入員であった者の老齢に関し年金の支給を行い、あわせて加入員又は加入員であった者の障害に関し、一時金の支給を行うものとされている。

問2 国民年金法に関する次の記述のうち、誤っているものはどれか。

A 同一人に対して障害厚生年金（厚生労働大臣が支給するものに限る。）の支給を停止して老齢基礎年金を支給すべき場合に、その支給すべき事由が生じた日の属する月の翌月以降の分として当該障害厚生年金が支払われたときは、その支払われた障害厚生年金は当該老齢基礎年金の内払とみなすことができる。

B　障害基礎年金について、初診日が令和８年４月１日前にある場合は、当該初診日の前日において当該初診日の属する月の前々月までの１年間（当該初診日において被保険者でなかった者については、当該初診日の属する月の前々月以前における直近の被保険者期間に係る月までの１年間）に、保険料納付済期間及び保険料免除期間以外の被保険者期間がなければ保険料納付要件は満たされたものとされる。ただし、当該初診日において65歳未満であるときに限られる。

C　第３号被保険者が被扶養配偶者でなくなった時点において、第１号被保険者又は第２号被保険者に該当するときは、種別の変更となり、国民年金の被保険者資格は喪失しない。

D　繰下げ支給の老齢基礎年金の受給権者に対し国民年金基金（以下本問において「基金」という。）が支給する年金額は、200円に国民年金基金令第24条第１項に定める増額率を乗じて得た額を200円に加えた額に、納付された掛金に係る当該基金の加入員期間の月数を乗じて得た額を超えるものでなければならない。

E　被保険者又は被保険者であった者が、第３号被保険者としての被保険者期間の特例による時効消滅不整合期間について厚生労働大臣に届出を行ったときは、当該届出に係る時効消滅不整合期間は、当該届出の行われた日以後、国民年金法第89条第１項に規定する法定免除期間とみなされる。

問３　国民年金法の被保険者に関する次の記述のうち、誤っているものはどれか。

A　第３号被保険者が、外国に赴任する第２号被保険者に同行するため日本国内に住所を有しなくなったときは、第３号被保険者の資格を喪失する。

B　老齢厚生年金を受給する66歳の厚生年金保険の被保険者の収入によって生計を維持する55歳の配偶者は、第３号被保険者とはならない。

C　日本の国籍を有しない者であって、出入国管理及び難民認定法の規定に基づく活動として法務大臣が定める活動のうち、本邦において１年を超えない期間滞在し、観光、保養その他これらに類似する活動を行うものは、日本国内に住所を有する20歳以上60歳未満の者であっても第１号被保険者とならない。

D　第2号被保険者の被扶養配偶者であって、観光、保養又はボランティア活動その他就労以外の目的で一時的に海外に渡航する日本国内に住所を有しない20歳以上60歳未満の者は、第3号被保険者となることができる。

E　昭和31年4月1日生まれの者であって、日本国内に住所を有する65歳の者（第2号被保険者を除く。）は、障害基礎年金の受給権を有する場合であっても、特例による任意加入被保険者となることができる。なお、この者は老齢基礎年金、老齢厚生年金その他の老齢又は退職を支給事由とする年金たる給付の受給権を有していないものとする。

問4 **国民年金法に関する次のアからオの記述のうち、正しいものの組合せは、後記AからEまでのうちどれか。**

ア　国民年金基金（以下本問において「基金」という。）における中途脱退者とは、基金の加入員の資格を喪失した者（当該加入員の資格を喪失した日において当該基金が支給する年金の受給権を有する者を除く。）であって、政令の定めるところにより計算したその者の当該基金の加入員期間（加入員の資格を喪失した後、再び元の基金の加入員の資格を取得した者については、当該基金における前後の加入員期間（国民年金法附則第5条第11項の規定により被保険者とみなされた場合に係る加入員期間を除く。）を合算した期間）が15年に満たない者をいう。（改題）

イ　基金の役員である監事は、代議員会において、学識経験を有する者及び代議員のうちからそれぞれ2人を選挙する。

ウ　国民年金法による保険料の納付猶予制度及び学生納付特例制度は、令和12年6月までの時限措置である。

エ　基金の加入員は、いつでも基金に申し出て、加入員の資格を喪失することができる。

オ　老齢基礎年金の受給権者は、年金の払渡しを希望する機関又は当該機関の預金口座の名義を変更しようとするときは、所定の事項を記載した届書を日本年金機構に提出しなければならない。

A（アとエ）　**B**（アとオ）　**C**（イとウ）
D（イとエ）　**E**（ウとオ）

問5 国民年金法に関する次の記述のうち、正しいものはどれか。

A　年間収入が280万円の第２号被保険者と同一世帯に属している、日本国内に住所を有する年間収入が130万円の厚生年金保険法による障害厚生年金の受給要件に該当する程度の障害の状態にある50歳の配偶者は、被扶養配偶者に該当しないため、第３号被保険者とはならない。

B　被保険者又は被保険者であった者が、国民年金法その他の政令で定める法令の規定に基づいて行われるべき事務の処理が行われなかったことにより付加保険料を納付する者となる申出をすることができなくなったとして、厚生労働大臣にその旨の申出をしようとするときは、申出書を市町村長（特別区の区長を含む。）に提出しなければならない。

C　保険料その他国民年金法の規定による徴収金の納付の督促を受けた者が指定の期限までに保険料その他同法の規定による徴収金を納付しないときは、厚生労働大臣は、国税滞納処分の例によってこれを処分し、又は滞納者の居住地若しくはその者の財産所在地の市町村（特別区を含む。以下本問において同じ。）に対して、その処分を請求することができる。この請求を受けた市町村が、市町村税の例によってこれを処分した場合には、厚生労働大臣は徴収金の100分の４に相当する額を当該市町村に交付しなければならない。

D　共済組合等が共済払いの基礎年金（国民年金法施行令第１条第１項第１号から第３号までに規定する老齢基礎年金、障害基礎年金及び遺族基礎年金であって厚生労働省令で定めるものをいう。）の支払に関する事務を行う場合に、政府はその支払に必要な資金を日本年金機構に交付することにより当該共済組合等が必要とする資金の交付をさせることができる。

E　国庫は、当該年度における20歳前傷病による障害基礎年金の給付に要する費用について、当該費用の100分の20に相当する額と、残りの部分（100分の80）の４分の１に相当する額を合計した、当該費用の100分の40に相当する額を負担する。

問6 国民年金法に関する次の記述のうち、誤っているものはどれか。

A　共済組合等が行った障害基礎年金に係る障害の程度の診査に関する処分に不服がある者は、当該共済組合等に係る共済各法（国家公務員共済組合法、地方公務員等共済組合法及び私立学校教職員共済法）に定める審査機関に対して当該処分の審査請求をすることはできるが、社会保険審査官に対して審査請求をすることはできない。

B　配偶者が遺族基礎年金の受給権を取得した当時胎児であった子が生まれたときは、その子は、配偶者がその権利を取得した当時遺族基礎年金の遺族の範囲に該当し、かつ、死亡した被保険者又は被保険者であった者と生計を同じくした子とみなされるため、遺族基礎年金の額は被保険者又は被保険者であった者の死亡した日の属する月の翌月にさかのぼって改定される。

C　死亡一時金の給付を受ける権利の裁定の請求の受理及び当該請求に係る事実についての審査に関する事務は、市町村長（特別区の区長を含む。）が行う。また当該請求を行うべき市町村（特別区を含む。以下本問において同じ。）は、当該請求者の住所地の市町村である。

D　被保険者又は被保険者であった者の死亡の当時胎児であった子が出生したことによる遺族基礎年金についての裁定請求は、遺族基礎年金の受給権者が同時に当該遺族基礎年金と同一の支給事由に基づく遺族厚生年金の受給権を有する場合においては、厚生年金保険法第33条の規定による当該遺族厚生年金の裁定の請求に併せて行わなければならない。

E　保険料の一部免除の規定によりその一部の額につき納付することを要しないものとされた保険料につき、その残余の額が納付又は徴収された期間、例えば半額免除の規定が適用され免除されない残りの部分（半額）の額が納付又は徴収された期間は、保険料納付済期間ではなく保険料半額免除期間となる。

問7 国民年金法に関する次の記述のうち、誤っているものはどれか。

A　配偶者に対する遺族基礎年金が、その者の１年以上の所在不明によりその支給を停止されているときは、子に対する遺族基礎年金もその間、その支給を停止する。

B　老齢基礎年金の支給繰上げの請求をした場合の振替加算については、受給権者が65歳に達した日以後に行われる。老齢基礎年金の支給繰下げの申出をした場合は、振替加算も繰下げて支給されるが、振替加算額が繰下げにより増額されることはない。

C　国民年金事務組合の認可基準の１つとして、国民年金事務組合の認可を受けようとする同種の事業又は業務に従事する被保険者を構成員とする団体が東京都又は指定都市を有する道府県に所在し、かつ、国民年金事務を委託する被保険者を少なくとも2,000以上有するものであることが必要である。

D　被保険者資格の取得及び喪失並びに種別の変更に関する事項並びに氏名及び住所の変更に関する事項の届出が必要な場合には、第１号被保険者は市町村長（特別区の区長を含む。）に、第３号被保険者は厚生労働大臣に、届け出なければならない。

E　国民年金基金は、規約に定める事務所の所在地を変更したときは、２週間以内に公告しなければならない。

問８　令和３年度の給付額に関する次の記述のうち、正しいものはどれか。

A　20歳から30歳までの10年間第１号被保険者としての保険料全額免除期間及び30歳から60歳までの30年間第１号被保険者としての保険料納付済期間を有し、60歳から65歳までの５年間任意加入被保険者としての保険料納付済期間を有する者（昭和31年４月２日生まれ）が65歳から受給できる老齢基礎年金の額は、満額（780,900円）となる。

B　障害等級１級の障害基礎年金の額（子の加算はないものとする。）は、障害等級２級の障害基礎年金の額を1.25倍した976,125円に端数処理を行った、976,100円となる。

C　遺族基礎年金の受給権者が４人の子のみである場合、遺族基礎年金の受給権者の子それぞれが受給する遺族基礎年金の額は、780,900円に子の加算として224,700円、224,700円、74,900円を合計した金額を子の数で除した金額となる。

D　国民年金の給付は、名目手取り賃金変動率（－0.1％）によって改定されるため、３年間第１号被保険者としての保険料納付済期間を有する者が死亡し、一定範囲の遺族に死亡一時金が支給される場合は、12万円に（１－0.001）を乗じて得た額が支給される。なお、当該期間のほかに保険料納付済期間及び保険料免除期間は有していないものとする。

E　第１号被保険者として令和３年６月まで50か月保険料を納付した外国籍の者が、令和３年８月に脱退一時金を請求した場合、受給できる脱退一時金の額は、16,610円に２分の１を乗じて得た額に48を乗じて得た額となる。なお、当該期間のほかに保険料納付済期間及び保険料免除期間は有していないものとする。

問９　併給調整に関する次の記述のうち、誤っているものはどれか。

A　障害等級２級の障害基礎年金の受給権者が、その障害の状態が軽減し障害等級に該当しなくなったことにより障害基礎年金が支給停止となっている期間中に、更に別の傷病により障害基礎年金を支給すべき事由が生じたときは、前後の障害を併合した障害の程度による障害基礎年金を支給し、従前の障害基礎年金の受給権は消滅する。

B　旧国民年金法による障害年金の受給権者には、第２号被保険者の配偶者がいたが、当該受給権者が66歳の時に当該配偶者が死亡したことにより、当該受給権者に遺族厚生年金の受給権が発生した。この場合、当該受給権者は旧国民年金法による障害年金と遺族厚生年金の両方を受給できる。

C　老齢厚生年金と老齢基礎年金を受給中の67歳の厚生年金保険の被保険者が、障害等級２級の障害厚生年金の受給権者（障害基礎年金の受給権は発生しない。）となった。老齢厚生年金の額より障害厚生年金の額の方が高い場合、この者は、障害厚生年金と老齢基礎年金の両方を受給できる。

D　父が死亡したことにより遺族基礎年金を受給中である10歳の子は、同居中の厚生年金保険の被保険者である66歳の祖父が死亡したことにより遺族厚生年金の受給権を取得した。この場合、遺族基礎年金と遺族厚生年金のどちらかを選択することとなる。

E 第１号被保険者として30年間保険料を納付していた者が、就職し厚生年金保険の被保険者期間中に死亡したため、遺族である妻は、遺族厚生年金、寡婦年金、死亡一時金の受給権を有することになった。この場合、当該妻は、遺族厚生年金と寡婦年金のどちらかを選択することとなり、寡婦年金を選択した場合は、死亡一時金は支給されないが、遺族厚生年金を選択した場合は、死亡一時金は支給される。

問10 年金たる給付に関する次の記述のうち、正しいものはどれか。

A 41歳から60歳までの19年間、第１号厚生年金被保険者としての被保険者期間を有している70歳の妻（昭和26年３月２日生まれ）は、老齢厚生年金と老齢基礎年金を受給中である。妻には、22歳から65歳まで第１号厚生年金被保険者としての被保険者期間を有している夫（昭和31年４月２日生まれ）がいる。当該夫が65歳になり、老齢厚生年金の受給権が発生した時点において、妻の年間収入が850万円未満であり、かつ、夫と生計を同じくしていた場合は、当該妻に振替加算が行われる。

B 併給の調整に関し、国民年金法第20条第１項の規定により支給を停止されている年金給付の同条第２項による支給停止の解除の申請は、いつでも、将来に向かって撤回することができ、また、支給停止の解除の申請の回数について、制限は設けられていない。

C 22歳から30歳まで第２号被保険者、30歳から60歳まで第３号被保険者であった女性（昭和33年４月２日生まれ）は、59歳の時に初診日がある傷病により、障害等級３級に該当する程度の障害の状態となった。この者が、当該障害の状態のまま、61歳から障害者の特例が適用され定額部分と報酬比例部分の特別支給の老齢厚生年金を受給していたが、その後当該障害の状態が悪化し、障害等級２級に該当する程度の障害の状態になったため、63歳の時に国民年金法第30条の２第１項（いわゆる事後重症）の規定による請求を行ったとしても障害基礎年金の受給権は発生しない。

D　障害基礎年金の受給権者が、厚生年金保険法第47条第２項に規定する障害等級に該当する程度の障害の状態に該当しなくなった日から起算して同項に規定する障害等級に該当する程度の障害の状態に該当することなく３年を経過した日において、65歳に達していないときでも、当該障害基礎年金の受給権は消滅する。

E　第１号被保険者である夫の甲は、前妻との間の実子の乙、再婚した妻の丙、丙の連れ子の丁と４人で暮らしていたところ甲が死亡した。丙が、子のある妻として遺族基礎年金を受給していたが、その後、丙も死亡した。丙が受け取るはずであった当該遺族基礎年金が未支給年金となっている場合、丁は当該未支給年金を受給することができるが、乙は当該未支給年金を受給することができない。なお、丁は甲と養子縁組をしておらず、乙は丙と養子縁組をしていないものとする。

令和 2 年度
（2020年度・第52回）
本試験問題
選択式

本試験実施時間

10：30～11：50（80分）

労働基準法及び労働安全衛生法

問１ 次の文中の［　　］の部分を選択肢の中の最も適切な語句で埋め、完全な文章とせよ。

1　使用者は、常時10人以上の労働者を就業させる事業、厚生労働省令で定める危険な事業又は衛生上有害な事業の附属寄宿舎を設置し、移転し、又は変更しようとする場合においては、労働基準法第96条の規定に基づいて発する厚生労働省令で定める危害防止等に関する基準に従い定めた計画を、［ A ］に、行政官庁に届け出なければならない。

2　最高裁判所は、自己の所有するトラックを持ち込んで特定の会社の製品の運送業務に従事していた運転手が、労働基準法上の労働者に当たるか否かが問題となった事件において、次のように判示した。

「上告人は、業務用機材であるトラックを所有し、自己の危険と計算の下に運送業務に従事していたものである上、Ｆ紙業は、運送という業務の性質上当然に必要とされる運送物品、運送先及び納入時刻の指示をしていた以外には、上告人の業務の遂行に関し、特段の指揮監督を行っていたとはいえず、［ B ］の程度も、一般の従業員と比較してはるかに緩やかであり、上告人がＦ紙業の指揮監督の下で労務を提供していたと評価するには足りないものといわざるを得ない。そして、［ C ］等についてみても、上告人が労働基準法上の労働者に該当すると解するのを相当とする事情はない。そうであれば、上告人は、専属的にＦ紙業の製品の運送業務に携わっており、同社の運送係の指示を拒否する自由はなかったこと、毎日の始業時刻及び終業時刻は、右運送係の指示内容のいかんによって事実上決定されることになること、右運賃表に定められた運賃は、トラック協会が定める運賃表による運送料よりも１割５分低い額とされていたことなど原審が適法に確定したその余の事実関係を考慮しても、上告人は、労働基準法上の労働者ということはできず、労働者災害補償保険法上の労働者にも該当しないものというべきである。」

3　事業者は、労働者を本邦外の地域に［ D ］以上派遣しようとするときは、あらかじめ、当該労働者に対し、労働安全衛生規則第44条第1項各号に掲げる項目及び厚生労働大臣が定める項目のうち医師が必要であると認める項目について、医師による健康診断を行わなければならない。

4　事業者は、高さ又は深さが［ E ］メートルを超える箇所で作業を行うときは、当該作業に従事する労働者が安全に昇降するための設備等を設けなければならない。ただし、安全に昇降するための設備等を設けることが作業の性質上著しく困難なときは、この限りでない。

選択肢

①　0.7	②　1
③　1.5	④　2
⑤　1　月	⑥　3　月
⑦　6　月	⑧　1　年
⑨　業務遂行条件の変更	⑩　業務量、時間外労働
⑪　工事着手後1週間を経過するまで	⑫　工事着手30日前まで
⑬　工事着手14日前まで	⑭　工事着手日まで

⑮　公租公課の負担、F紙業が必要経費を負担していた事実

⑯　時間的、場所的な拘束

⑰　事業組織への組入れ、F紙業が必要経費を負担していた事実

⑱　事業組織への組入れ、報酬の支払方法

⑲　制裁、懲戒処分

⑳　報酬の支払方法、公租公課の負担

労働者災害補償保険法

問２ 次の文中の［　　］の部分を選択肢の中の最も適切な語句で埋め、完全な文章とせよ。

通勤災害における通勤とは、労働者が、就業に関し、住居と就業の場所との間の往復等の移動を、［ A ］な経路及び方法により行うことをいい、業務の性質を有するものを除くものとされるが、住居と就業の場所との間の往復に先行し、又は後続する住居間の移動も、厚生労働省令で定める要件に該当するものに限り、通勤に当たるとされている。

厚生労働省令で定める要件の中には、［ B ］に伴い、当該［ B ］の直前の住居と就業の場所との間を日々往復することが当該往復の距離等を考慮して困難となったため住居を移転した労働者であって、次のいずれかに掲げるやむを得ない事情により、当該［ B ］の直前の住居に居住している配偶者と別居することとなったものによる移動が挙げられている。

イ　配偶者が、［ C ］にある労働者又は配偶者の父母又は同居の親族を［ D ］すること。

ロ　配偶者が、学校等に在学し、保育所若しくは幼保連携型認定こども園に通い、又は公共職業能力開発施設の行う職業訓練を受けている同居の子（［ E ］歳に達する日以後の最初の３月31日までの間にある子に限る。）を養育すること。

ハ　配偶者が、引き続き就業すること。

ニ　配偶者が、労働者又は配偶者の所有に係る住宅を管理するため、引き続き当該住宅に居住すること。

ホ　その他配偶者が労働者と同居できないと認められるイからニまでに類する事情

選択肢

①	12	②	15
③	18	④	20
⑤	介　護	⑥	経済的
⑦	効率的	⑧	合理的
⑨	孤立状態	⑩	支　援
⑪	失業状態	⑫	就　職
⑬	出　張	⑭	常態的
⑮	転　職	⑯	転　任
⑰	貧困状態	⑱	扶　養
⑲	保　護	⑳	要介護状態

雇用保険法

問３ 次の文中の［　　］の部分を選択肢の中の最も適切な語句で埋め、完全な文章とせよ。

1　雇用保険法の適用について、1週間の所定労働時間が［ A ］であり、同一の事業主の適用事業に継続して［ B ］雇用されることが見込まれる場合には、同法第6条第3号に規定する季節的に雇用される者、同条第4号に規定する学生又は生徒、同条第5号に規定する船員、同条第6号に規定する国、都道府県、市町村その他これらに準ずるものの事業に雇用される者を除き、パートタイマー、アルバイト、嘱託、契約社員、派遣労働者等の呼称や雇用形態の如何にかかわらず被保険者となる。

2　事業主は、雇用保険法第7条の規定により、その雇用する労働者が当該事業主の行う適用事業に係る被保険者となったことについて、当該事実のあった日の属する月の翌月［ C ］日までに、雇用保険被保険者資格取得届をその事業所の所在地を管轄する［ D ］に提出しなければならない。

雇用保険法第38条に規定する短期雇用特例被保険者については、［ E ］か月以内の期間を定めて季節的に雇用される者が、その定められた期間を超えて引き続き同一の事業主に雇用されるに至ったときは、その定められた期間を超えた日から被保険者資格を取得する。ただし、当初定められた期間を超えて引き続き雇用される場合であっても、当初の期間と新たに予定された雇用期間が通算して［ E ］か月を超えない場合には、被保険者資格を取得しない。

選択肢

① 1	② 4
③ 6	④ 10
⑤ 12	⑥ 15
⑦ 20	⑧ 30
⑨ 20時間以上	⑩ 21時間以上
⑪ 30時間以上	⑫ 31時間以上
⑬ 28日以上	⑭ 29日以上
⑮ 30日以上	⑯ 31日以上
⑰ 公共職業安定所長	
⑱ 公共職業安定所長又は都道府県労働局長	⑲ 都道府県労働局長
⑳ 労働基準監督署長	

労務管理その他の労働に関する一般常識

問４ 次の文中の［　　］の部分を選択肢の中の最も適切な語句で埋め、完全な文章とせよ。

1　我が国の労働の実態を知る上で、政府が発表している統計が有用である。年齢階級別の離職率を知るには［ A ］、年次有給休暇の取得率を知るには［ B ］、男性の育児休業取得率を知るには［ C ］が使われている。

2　労働時間の実態を知るには、［ D ］や［ E ］、毎月勤労統計調査がある。［ D ］と［ E ］は世帯及びその世帯員を対象として実施される調査であり、毎月勤労統計調査は事業所を対象として実施される調査である。

［ D ］は毎月実施されており、就業状態については、15歳以上人口について、毎月の末日に終わる１週間（ただし、12月は20日から26日までの１週間）の状態を調査している。［ E ］は、国民の就業の状態を調べるために、昭和57年以降は５年ごとに実施されており、有業者については、１週間当たりの就業時間が調査項目に含まれている。

選択肢

①　家計消費状況調査	②　家計調査
③　経済センサス	④　国勢調査
⑤　国民生活基礎調査	⑥　雇用均等基本調査
⑦　雇用動向調査	⑧　社会生活基本調査
⑨　就業構造基本調査	⑩　就労条件総合調査
⑪　職業紹介事業報告	⑫　女性活躍推進法への取組状況
⑬　賃金構造基本統計調査	⑭　賃金事情等総合調査
⑮　有期労働契約に関する実態調査	⑯　労働基準監督年報
⑰　労働経済動向調査	⑱　労働経済分析レポート
⑲　労働保険の徴収適用状況	⑳　労働力調査

MEMO

社会保険に関する一般常識

問５ 次の文中の［　　］の部分を選択肢の中の最も適切な語句で埋め、完全な文章とせよ。

1　「平成29年度社会保障費用統計（国立社会保障・人口問題研究所）」によると、平成29年度の社会保障給付費（ILO基準）の総額は約［ A ］円である。部門別にみると、額が最も大きいのは「［ B ］」であり、総額に占める割合は45.6％となっている。

2　介護保険法第67条第１項及び介護保険法施行規則第103条の規定によると、市町村は、保険給付を受けることができる第１号被保険者である要介護被保険者等が保険料を滞納しており、かつ、当該保険料の納期限から［ C ］が経過するまでの間に当該保険料を納付しない場合においては、当該保険料の滞納につき災害その他の政令で定める特別の事情があると認める場合を除き、厚生労働省令で定めるところにより、保険給付の全部又は一部の支払を一時差し止めるものとするとされている。

3　国民健康保険法第13条の規定によると、国民健康保険組合は、同種の事業又は業務に従事する者で当該組合の地区内に住所を有するものを組合員として組織し、当該組合の地区は、［ D ］の区域によるものとされている。ただし、特別の理由があるときは、この区域によらないことができるとされている。

4　国民年金の第１号被保険者が、国民年金基金に加入し、月額20,000円を納付している場合において、この者が個人型確定拠出年金に加入し、掛金を拠出するときは、月額で［ E ］円まで拠出することができる。なお、この者は、掛金を毎月定額で納付するものとする。

選択肢

① 3,000	② 23,000
③ 48,000	④ 68,000
⑤ 1　年	⑥ 1年6か月
⑦ 1又は2以上の市町村	⑧ 1又は2以上の都道府県
⑨ 2以上の隣接する市町村	⑩ 2以上の隣接する都道府県
⑪ 2　年	⑫ 6か月
⑬ 100兆	⑭ 120兆
⑮ 140兆	⑯ 160兆
⑰ 医　療	⑱ 介護対策
⑲ 年　金	⑳ 福祉その他

健康保険法

問６ 次の文中の[ ]の部分を選択肢の中の最も適切な語句で埋め、完全な文章とせよ。

1　健康保険法第82条第２項の規定によると、厚生労働大臣は、保険医療機関若しくは保険薬局に係る同法第63条第３項第１号の指定を行おうとするとき、若しくはその指定を取り消そうとするとき、又は保険医若しくは保険薬剤師に係る同法第64条の登録を取り消そうとするときは、政令で定めるところにより、[A]ものとされている。

2　保険医療機関又は保険薬局から療養の給付を受ける者が負担する一部負担金の割合については、70歳に達する日の属する月の翌月以後である場合であって、療養の給付を受ける月の[B]以上であるときは、原則として、療養の給付に要する費用の額の100分の30である。

3　50歳で標準報酬月額が41万円の被保険者が１つの病院において同一月内に入院し治療を受けたとき、医薬品など評価療養に係る特別料金が10万円、室料など選定療養に係る特別料金が20万円、保険診療に要した費用が70万円であった。この場合、保険診療における一部負担金相当額は21万円となり、当該被保険者の高額療養費算定基準額の算定式は「80,100円＋（療養に要した費用－267,000円）×１％」であるので、高額療養費は[C]となる。

4　健康保険法施行規則第29条の規定によると、健康保険法第48条の規定による被保険者の資格の喪失に関する届出は、様式第８号又は様式第８号の２による健康保険被保険者資格喪失届を日本年金機構又は健康保険組合（様式第８号の２によるものである場合にあっては、日本年金機構）に提出することによって行うものとするとされており、この日本年金機構に提出する様式第８号の２による届書は、[D]を経由して提出することができるとされている。

5　健康保険法第181条の２では、全国健康保険協会による広報及び保険料の納付の勧奨等について、「協会は、その管掌する健康保険の事業の円滑な運営が図られるよう、[E]に関する広報を実施するとともに、保険料の納付の勧奨その他厚生労働大臣の行う保険料の徴収に係る業務に対する適切な協力を行うものとする。」と規定している。

選択肢

① 7,330円	② 84,430円
③ 125,570円	④ 127,670円
⑤ 社会保障審議会の意見を聴く	⑥ 住所地の市区町村長
⑦ 傷病の予防及び健康の保持	⑧ 所轄公共職業安定所長
⑨ 所轄労働基準監督署長	⑩ 前月の標準報酬月額が28万円
⑪ 前月の標準報酬月額が34万円	⑫ 全国健康保険協会理事長
⑬ 地方社会保険医療協議会に諮問する	
⑭ 中央社会保険医療協議会に諮問する	
⑮ 当該事業の意義及び内容	⑯ 当該事業の財政状況
⑰ 都道府県知事の意見を聴く	⑱ 標準報酬月額が28万円
⑲ 標準報酬月額が34万円	⑳ 療養環境の向上及び福祉の増進

厚生年金保険法

問７　次の文中の［　　　］の部分を選択肢の中の最も適切な語句で埋め、完全な文章とせよ。

1　厚生年金保険法第31条の２の規定によると、実施機関は、厚生年金保険制度に対する［ A ］を増進させ、及びその信頼を向上させるため、主務省令で定めるところにより、被保険者に対し、当該被保険者の保険料納付の実績及び将来の給付に関する必要な情報を分かりやすい形で通知するものとするとされている。

2　厚生年金保険法第44条の３第１項の規定によると、老齢厚生年金の受給権を有する者であってその［ B ］前に当該老齢厚生年金を請求していなかったものは、実施機関に当該老齢厚生年金の支給繰下げの申出をすることができるとされている。ただし、その者が当該老齢厚生年金の受給権を取得したときに、他の年金たる給付（他の年金たる保険給付又は国民年金法による年金たる給付（［ C ］を除く。）をいう。）の受給権者であったとき、又は当該老齢厚生年金の［ B ］までの間において他の年金たる給付の受給権者となったときは、この限りでないとされている。

3　厚生年金保険法第78条の２第１項の規定によると、第１号改定者又は第２号改定者は、離婚等をした場合であって、当事者が標準報酬の改定又は決定の請求をすること及び請求すべき［ D ］について合意しているときは、実施機関に対し、当該離婚等について対象期間に係る被保険者期間の標準報酬の改定又は決定を請求することができるとされている。ただし、当該離婚等をしたときから［ E ］を経過したときその他の厚生労働省令で定める場合に該当するときは、この限りでないとされている。

選択肢

① 1 年 ② 2 年
③ 3 年 ④ 6か月
⑤ 按分割合 ⑥ 改定額
⑦ 改定請求額 ⑧ 改定割合
⑨ 国民の理解 ⑩ 受給権者の理解
⑪ 受給権を取得した日から起算して1か月を経過した日
⑫ 受給権を取得した日から起算して1年を経過した日
⑬ 受給権を取得した日から起算して5年を経過した日
⑭ 受給権を取得した日から起算して6か月を経過した日
⑮ 被保険者及び被保険者であった者の理解
⑯ 被保険者の理解
⑰ 付加年金及び障害基礎年金並びに遺族基礎年金
⑱ 老齢基礎年金及び障害基礎年金並びに遺族基礎年金
⑲ 老齢基礎年金及び付加年金並びに遺族基礎年金
⑳ 老齢基礎年金及び付加年金並びに障害基礎年金

国民年金法

問８ 次の文中の［　　］の部分を選択肢の中の最も適切な語句で埋め、完全な文章とせよ。

1　国民年金法第４条では、「この法律による年金の額は、［ A ］その他の諸事情に著しい変動が生じた場合には、変動後の諸事情に応ずるため、速やかに［ B ］の措置が講ぜられなければならない。」と規定している。

2　国民年金法第37条の規定によると、遺族基礎年金は、被保険者であった者であって、日本国内に住所を有し、かつ、［ C ］であるものが死亡したとき、その者の配偶者又は子に支給するとされている。ただし、死亡した者につき、死亡日の前日において、死亡日の属する月の前々月までに被保険者期間があり、かつ、当該被保険者期間に係る保険料納付済期間と保険料免除期間とを合算した期間が［ D ］に満たないときは、この限りでないとされている。

3　国民年金法第94条の２第１項では、「厚生年金保険の実施者たる政府は、毎年度、基礎年金の給付に要する費用に充てるため、基礎年金拠出金を負担する。」と規定しており、同条第２項では、「［ E ］は、毎年度、基礎年金の給付に要する費用に充てるため、基礎年金拠出金を納付する。」と規定している。

選択肢

① 10　年	② 25　年
③ 20歳以上60歳未満	④ 20歳以上65歳未満
⑤ 60歳以上65歳未満	⑥ 65歳以上70歳未満
⑦ 改　定	⑧ 国民生活の安定
⑨ 国民生活の現況	⑩ 国民生活の状況
⑪ 国民の生活水準	⑫ 所　要
⑬ 実施機関たる共済組合等	⑭ 実施機関たる市町村
⑮ 実施機関たる政府	⑯ 実施機関たる日本年金機構
⑰ 是　正	⑱ 訂　正
⑲ 当該被保険者期間の３分の１	⑳ 当該被保険者期間の３分の２

令和 2 年度
（2020年度・第52回）
本試験問題
択一式

本試験実施時間

13：20～16：50（210分）

法令等略記凡例

法令等名称	法令等略称
労働者災害補償保険法	労災保険法
労働者災害補償保険特別支給金支給規則	労災保険特別支給金支給規則
労働保険の保険料の徴収等に関する法律	労働保険徴収法
労働保険の保険料の徴収等に関する法律施行規則	労働保険徴収法施行規則
育児休業、介護休業等育児又は家族介護を行う労働者の福祉に関する法律	育児介護休業法
短時間労働者及び有期雇用労働者の雇用管理の改善等に関する法律	パートタイム・有期雇用労働法
障害者の雇用の促進等に関する法律	障害者雇用促進法

労働基準法及び労働安全衛生法

問１ 労働基準法第10条に定める使用者等の定義に関する次の記述のうち、正しいものはどれか。

A 「事業主」とは、その事業の経営の経営主体をいい、個人企業にあってはその企業主個人、株式会社の場合は、その代表取締役をいう。

B 事業における業務を行うための体制が、課及びその下部組織としての係で構成され、各組織の管理者として課長及び係長が配置されている場合、組織系列において係長は課長の配下になることから、係長に与えられている責任と権限の有無にかかわらず、係長が「使用者」になることはない。

C 事業における業務を行うための体制としていくつかの課が設置され、課が所掌する日常業務の大半が課長権限で行われていれば、課長がたまたま事業主等の上位者から権限外の事項について命令を受けて単にその命令を部下に伝達しただけであっても、その伝達は課長が使用者として行ったこととされる。

D 下請負人が、その雇用する労働者の労働力を自ら直接利用するとともに、当該業務を自己の業務として相手方（注文主）から独立して処理するものである限り、注文主と請負関係にあると認められるから、自然人である下請負人が、たとえ作業に従事することがあっても、労働基準法第９条の労働者ではなく、同法第10条にいう事業主である。

E 派遣労働者が派遣先の指揮命令を受けて労働する場合、その派遣中の労働に関する派遣労働者の使用者は、当該派遣労働者を送り出した派遣元の管理責任者であって、当該派遣先における指揮命令権者は使用者にはならない。

問２ 労働基準法に定める監督機関及び雑則に関する次の記述のうち、正しいものはどれか。

A 労働基準法第106条により使用者に課せられている法令等の周知義務は、労働基準法、労働基準法に基づく命令及び就業規則については、その要旨を労働者に周知させればよい。

B　使用者は、労働基準法第36条第１項（時間外及び休日の労働）に規定する協定及び同法第41条の２第１項（いわゆる高度プロフェッショナル制度に係る労使委員会）に規定する決議を労働者に周知させなければならないが、その周知は、対象労働者に対してのみ義務付けられている。

C　労働基準監督官は、労働基準法違反の罪について、刑事訴訟法に規定する司法警察官の職務を行うほか、労働基準法第24条に定める賃金並びに同法第37条に定める時間外、休日及び深夜の割増賃金の不払については、不払をしている事業主の財産を仮に差し押さえる職務を行う。

D　労働基準法及びこれに基づく命令に定める許可、認可、認定又は指定の申請書は、各々２通これを提出しなければならない。

E　使用者は、事業を開始した場合又は廃止した場合は、遅滞なくその旨を労働基準法施行規則の定めに従い所轄労働基準監督署長に報告しなければならない。

問３　**労働基準法第64条の３に定める危険有害業務の就業制限に関する次の記述のうち、誤っているものはどれか。**

A　使用者は、女性を、30キログラム以上の重量物を取り扱う業務に就かせてはならない。

B　使用者は、女性を、さく岩機、鋲打機等身体に著しい振動を与える機械器具を用いて行う業務に就かせてはならない。

C　使用者は、妊娠中の女性を、つり上げ荷重が５トン以上のクレーンの運転の業務に就かせてはならない。

D　使用者は、産後１年を経過しない（労働基準法第65条による休業期間を除く。）女性を、高さが５メートル以上の場所で、墜落により労働者が危害を受けるおそれのあるところにおける業務に就かせてもよい。

E　使用者は、産後１年を経過しない女性が、動力により駆動される土木建築用機械の運転の業務に従事しない旨を使用者に申し出た場合、その女性を当該業務に就かせてはならない。

問４ 労働基準法の総則（第１条～第12条）に関する次の記述のうち、誤っているものはどれか。

A 労働基準法第３条に定める「国籍」を理由とする差別の禁止は、主として日本人労働者と日本国籍をもたない外国人労働者との取扱いに関するものであり、そこには無国籍者や二重国籍者も含まれる。

B 労働基準法第５条に定める「精神又は身体の自由を不当に拘束する手段」の「不当」とは、本条の目的に照らし、かつ、個々の場合において、具体的にその諸条件をも考慮し、社会通念上是認し難い程度の手段をいい、必ずしも「不法」なもののみに限られず、たとえ合法的であっても、「不当」なものとなることがある。

C 労働基準法第６条に定める「何人も、法律に基いて許される場合の外、業として他人の就業に介入して利益を得てはならない。」の「利益」とは、手数料、報償金、金銭以外の財物等いかなる名称たるかを問わず、また有形無形かも問わない。

D 使用者が、選挙権の行使を労働時間外に実施すべき旨を就業規則に定めており、これに基づいて、労働者が就業時間中に選挙権の行使を請求することを拒否した場合には、労働基準法第７条違反に当たらない。

E 食事の供与（労働者が使用者の定める施設に住み込み１日に２食以上支給を受けるような特殊の場合のものを除く。）は、食事の支給のための代金を徴収すると否とを問わず、①食事の供与のために賃金の減額を伴わないこと、②食事の供与が就業規則、労働協約等に定められ、明確な労働条件の内容となっている場合でないこと、③食事の供与による利益の客観的評価額が、社会通念上、僅少なものと認められるものであること、の３つの条件を満たす限り、原則として、これを賃金として取り扱わず、福利厚生として取り扱う。

問5 労働基準法に定める労働契約等に関する次の記述のうち、正しいものはいくつあるか。

ア 専門的な知識、技術又は経験（以下「専門的知識等」という。）であって高度のものとして厚生労働大臣が定める基準に該当する専門的知識等を有する労働者との間に締結される労働契約については、当該労働者の有する高度の専門的知識等を必要とする業務に就く場合に限って契約期間の上限を5年とする労働契約を締結することが可能となり、当該高度の専門的知識を必要とする業務に就いていない場合の契約期間の上限は3年である。

イ 労働契約の締結の際に、使用者が労働者に書面により明示すべき賃金に関する事項及び書面について、交付すべき書面の内容としては、労働者の採用時に交付される辞令等であって、就業規則等（労働者への周知措置を講じたもの）に規定されている賃金等級が表示されたものでもよい。

ウ 使用者の行った解雇予告の意思表示は、一般的には取り消すことができないが、労働者が具体的事情の下に自由な判断によって同意を与えた場合には、取り消すことができる。

エ 使用者は、労働者を解雇しようとする場合において、「天災事変その他やむを得ない事由のために事業の継続が不可能となつた場合」には解雇の予告を除外されるが、「天災事変その他やむを得ない事由」には、使用者の重過失による火災で事業場が焼失した場合も含まれる。

オ 使用者は、労働者の死亡又は退職の場合において、権利者の請求があった場合においては、7日以内に賃金を支払い、労働者の権利に属する金品を返還しなければならないが、この賃金又は金品に関して争いがある場合においては、使用者は、異議のない部分を、7日以内に支払い、又は返還しなければならない。

A 一つ
B 二つ
C 三つ
D 四つ
E 五つ

問６ 労働基準法に定める労働時間等に関する次の記述のうち、誤っているものはどれか。

A　運転手が２名乗り込んで、１名が往路を全部運転し、もう１名が復路を全部運転することとする場合に、運転しない者が助手席で休息し又は仮眠している時間は労働時間に当たる。

B　労働基準法第32条の３に定めるいわゆるフレックスタイム制を実施する際には、清算期間の長さにかかわらず、同条に掲げる事項を定めた労使協定を行政官庁（所轄労働基準監督署長）に届け出なければならない。

C　労働基準法第36条第３項に定める「労働時間を延長して労働させることができる時間」に関する「限度時間」は、１か月について45時間及び１年について360時間（労働基準法第32条の４第１項第２号の対象期間として３か月を超える期間を定めて同条の規定により労働させる場合にあっては、１か月について42時間及び１年について320時間）とされている。

D　労働基準法第37条は、「使用者が、第33条又は前条第１項の規定により労働時間を延長し、又は休日に労働させた場合」における割増賃金の支払について定めているが、労働基準法第33条又は第36条所定の条件を充足していない違法な時間外労働ないしは休日労働に対しても、使用者は同法第37条第１項により割増賃金の支払義務があり、その義務を履行しないときは同法第119条第１号の罰則の適用を免れないとするのが、最高裁判所の判例である。

E　使用者は、労働基準法第39条第７項の規定により労働者に有給休暇を時季を定めることにより与えるに当たっては、あらかじめ、同項の規定により当該有給休暇を与えることを当該労働者に明らかにした上で、その時季について当該労働者の意見を聴かなければならず、これにより聴取した意見を尊重するよう努めなければならない。

問７ 労働基準法に定める就業規則等に関する次の記述のうち、正しいものはどれか。

A　慣習等により、労働条件の決定変更につき労働組合との協議を必要とする場合は、その旨を必ず就業規則に記載しなければならない。

B　労働基準法第90条に定める就業規則の作成又は変更の際の意見聴取について、労働組合が故意に意見を表明しない場合には、意見を聴いたことが客観的に証明できる限り、行政官庁（所轄労働基準監督署長）は、就業規則を受理するよう取り扱うものとされている。（改題）

C　派遣元の使用者は、派遣中の労働者だけでは常時10人以上にならず、それ以外の労働者を合わせてはじめて常時10人以上になるときは、労働基準法第89条による就業規則の作成義務を負わない。

D　1つの企業が2つの工場をもっており、いずれの工場も、使用している労働者は10人未満であるが、2つの工場を合わせて1つの企業としてみたときは10人以上となる場合、2つの工場がそれぞれ独立した事業場と考えられる場合でも、使用者は就業規則の作成義務を負う。

E　労働者が、遅刻・早退をした場合、その時間に対する賃金額を減給する際も労働基準法第91条による制限を受ける。

問8　**労働安全衛生法第66条の8から第66条の8の4までに定める面接指導等に関する次の記述のうち、正しいものはどれか。**

A　事業者は、休憩時間を除き1週間当たり40時間を超えて労働させた場合におけるその超えた時間が1月当たり60時間を超え、かつ、疲労の蓄積が認められる労働者から申出があった場合は、面接指導を行わなければならない。

B　事業者は、研究開発に係る業務に従事する労働者については、休憩時間を除き1週間当たり40時間を超えて労働させた場合におけるその超えた時間が1月当たり80時間を超えた場合は、労働者からの申出の有無にかかわらず面接指導を行わなければならない。

C　事業者は、労働基準法第41条の2第1項の規定により労働する労働者（いわゆる高度プロフェッショナル制度により労働する労働者）については、その健康管理時間（同項第3号に規定する健康管理時間をいう。）が1週間当たり40時間を超えた場合におけるその超えた時間が1月当たり100時間を超えるものに対し、労働者からの申出の有無にかかわらず医師による面接指導を行わなければならない。

D　事業者は、労働安全衛生法に定める面接指導を実施するため、厚生労働省令で定めるところにより、労働者の労働時間の状況を把握しなければならないが、労働基準法第41条によって労働時間等に関する規定の適用が除外される労働者及び同法第41条の２第１項の規定により労働する労働者（いわゆる高度プロフェッショナル制度により労働する労働者）はその対象から除いてもよい。

E　事業者は、労働安全衛生法に定める面接指導の結果については、当該面接指導の結果の記録を作成して、これを保存しなければならないが、その保存すべき年限は３年と定められている。

問９　労働安全衛生法に関する次の記述のうち、誤っているものはどれか。

A　労働安全衛生法は、同居の親族のみを使用する事業又は事務所については適用されない。また、家事使用人についても適用されない。

B　労働安全衛生法は、事業場を単位として、その業種、規模等に応じて、安全衛生管理体制、工事計画の届出等の規定を適用することにしており、この法律による事業場の適用単位の考え方は、労働基準法における考え方と同一である。

C　総括安全衛生管理者は、当該事業場においてその事業の実施を統括管理する者をもって充てなければならないが、必ずしも安全管理者の資格及び衛生管理者の資格を共に有する者のうちから選任しなければならないものではない。

D　労働安全衛生法は、事業者の責務を明らかにするだけではなく、機械等の設計者、製造者又は輸入者、原材料の製造者又は輸入者、建設物の建設者又は設計者、建設工事の注文者等についても、それぞれの立場において労働災害の発生の防止に資するよう努めるべき責務を有していることを明らかにしている。

E　労働安全衛生法は、第20条で、事業者は、機械等による危険を防止するため必要な措置を講じなければならないとし、その違反には罰則規定を設けているが、措置義務は事業者に課せられているため、例えば法人の従業者が違反行為をしたときは、原則として当該従業者は罰則の対象としない。

問10 労働安全衛生法に定める安全衛生教育に関する次の記述のうち、誤っているものはどれか。

A　事業者は、常時使用する労働者を雇い入れたときは、当該労働者に対し、厚生労働省令で定めるところにより、その従事する業務に関する安全又は衛生のための教育を行わなければならない。臨時に雇用する労働者については、同様の教育を行うよう努めなければならない。

B　事業者は、作業内容を変更したときにも新規に雇い入れたときと同様の安全衛生教育を行わなければならない。

C　安全衛生教育の実施に要する時間は労働時間と解されるので、当該教育が法定労働時間外に行われた場合には、割増賃金が支払われなければならない。

D　事業者は、最大荷重１トン未満のフォークリフトの運転（道路交通法（昭和35年法律第105号）第２条第１項第１号の道路上を走行させる運転を除く。）の業務に労働者を就かせるときは、当該業務に関する安全又は衛生のための特別の教育を行わなければならない。

E　事業者は、その事業場の業種が金属製品製造業に該当するときは、新たに職務に就くこととなった職長その他の作業中の労働者を直接指導又は監督する者（作業主任者を除く。）に対し、作業方法の決定及び労働者の配置に関すること等について、厚生労働省令で定めるところにより、安全又は衛生のための教育を行わなければならない。

労働者災害補償保険法（労働保険の保険料の徴収等に関する法律を含む。）

問１ 業務災害の保険給付に関する次の記述のうち、誤っているものはどれか。

A 業務遂行中の負傷であれば、労働者が過失により自らの負傷の原因となった事故を生じさせた場合、それが重大な過失でない限り、政府は保険給付の全部又は一部を行わないとすることはできない。

B 業務遂行中の負傷であれば、負傷の原因となった事故が、負傷した労働者の故意の犯罪行為によって生じた場合であっても、政府は保険給付の全部又は一部を行わないとすることはできない。

C 業務遂行中の負傷であれば、労働者が過失により自らの負傷を生じさせた場合、それが重大な過失でない限り、政府は保険給付の全部又は一部を行わないとすることはできない。

D 業務起因性の認められる疾病に罹患した労働者が、療養に関する指示に従わないことにより疾病の程度を増進させた場合であっても、指示に従わないことに正当な理由があれば、政府は保険給付の全部又は一部を行わないとすることはできない。

E 業務起因性の認められる疾病に罹患した労働者が、療養に関する指示に従わないことにより疾病の回復を妨げた場合であっても、指示に従わないことに正当な理由があれば、政府は保険給付の全部又は一部を行わないとすることはできない。

問２ 労災保険に関する次の記述のうち、誤っているものはどれか。

A 船舶が沈没した際現にその船舶に乗っていた労働者の死亡が３か月以内に明らかとなり、かつ、その死亡の時期がわからない場合には、遺族補償給付、葬祭料、遺族給付及び葬祭給付の支給に関する規定の適用については、その船舶が沈没した日に、当該労働者は、死亡したものと推定する。

B 航空機に乗っていてその航空機の航行中行方不明となった労働者の生死が３か月間わからない場合には、遺族補償給付、葬祭料、遺族給付及び葬祭給付の支給に関する規定の適用については、労働者が行方不明となって３か月経過した日に、当該労働者は、死亡したものと推定する。

C　偽りその他不正の手段により労災保険に係る保険給付を受けた者があるときは、政府は、その保険給付に要した費用に相当する金額の全部又は一部をその者から徴収することができる。

D　偽りその他不正の手段により労災保険に係る保険給付を受けた者があり、事業主が虚偽の報告又は証明をしたためその保険給付が行われたものであるときは、政府は、その事業主に対し、保険給付を受けた者と連帯してその保険給付に要した費用に相当する金額の全部又は一部である徴収金を納付すべきことを命ずることができる。

E　労災保険法に基づく保険給付を受ける権利を有する者が死亡した場合において、その死亡した者に支給すべき保険給付でまだその者に支給しなかったものがあるときは、その者の配偶者（婚姻の届出をしていないが、事実上婚姻関係と同様の事情にあった者を含む。）、子、父母、孫、祖父母又は兄弟姉妹であって、その者の死亡の当時その者と生計を同じくしていたもの（遺族補償年金については当該遺族補償年金を受けることができる他の遺族、複数事業労働者遺族年金については当該複数事業労働者遺族年金を受けることができる他の遺族、遺族年金については当該遺族年金を受けることができる他の遺族）は、自己の名で、その未支給の保険給付の支給を請求することができる。（改題）

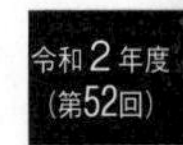

問３　労災保険法第33条第５号の「厚生労働省令で定める種類の作業に従事する者」は労災保険に特別加入することができるが、「厚生労働省令で定める種類の作業」に当たる次の記述のうち、誤っているものはどれか。

A　国又は地方公共団体が実施する訓練として行われる作業のうち求職者を作業環境に適応させるための訓練として行われる作業

B　家内労働法第２条第２項の家内労働者又は同条第４項の補助者が行う作業のうち木工機械を使用して行う作業であって、仏壇又は木製若しくは竹製の食器の製造又は加工に係るもの

C　農業（畜産及び養蚕の事業を含む。）における作業のうち、厚生労働大臣が定める規模の事業場における土地の耕作若しくは開墾、植物の栽培若しくは採取又は家畜（家きん及びみつばちを含む。）若しくは蚕の飼育の作業であって、高さが１メートル以上の箇所における作業に該当するもの

D　日常生活を円滑に営むことができるようにするための必要な援助として行われる作業であって、炊事、洗濯、掃除、買物、児童の日常生活上の世話及び必要な保護その他家庭において日常生活を営むのに必要な行為

E　労働組合法第２条及び第５条第２項の規定に適合する労働組合その他これに準ずるものであって厚生労働大臣が定めるもの（常時労働者を使用するものを除く。以下「労働組合等」という。）の常勤の役員が行う集会の運営、団体交渉その他の当該労働組合等の活動に係る作業であって、当該労働組合等の事務所、事業場、集会場又は道路、公園その他の公共の用に供する施設におけるもの（当該作業に必要な移動を含む。）

問４　労災保険法の罰則規定に関する次の記述のうち、正しいものはいくつあるか。

ア　事業主が、行政庁から厚生労働省令で定めるところにより労災保険法の施行に関し必要な報告を命じられたにもかかわらず、報告をしなかった場合、６月以下の懲役又は30万円以下の罰金に処される。

イ　事業主が、行政庁から厚生労働省令で定めるところにより労災保険法の施行に関し必要な文書の提出を命じられたにもかかわらず、提出をしなかった場合、６月以下の懲役又は30万円以下の罰金に処される。

ウ　事業主が、行政庁から厚生労働省令で定めるところにより労災保険法の施行に関し必要な文書の提出を命じられた際に、虚偽の記載をした文書を提出した場合、６月以下の懲役又は30万円以下の罰金に処される。

エ　行政庁が労災保険法の施行に必要な限度において、当該職員に身分を示す証明書を提示しつつ事業場に立ち入り質問をさせたにもかかわらず、事業主が当該職員の質問に対し虚偽の陳述をした場合、６月以下の懲役又は30万円以下の罰金に処される。

オ　行政庁が労災保険法の施行に必要な限度において、当該職員に身分を示す証明書を提示しつつ事業場に立ち入り帳簿書類の検査をさせようとしたにもかかわらず、事業主が検査を拒んだ場合、６月以下の懲役又は30万円以下の罰金に処される。

A　一つ
B　二つ
C　三つ
D　四つ
E　五つ

問5 障害等級認定基準についての行政通知によれば、既に右示指の用を廃していた（障害等級第12級の9、障害補償給付の額は給付基礎日額の156日分）者が、新たに同一示指を亡失した場合には、現存する身体障害に係る障害等級は第11級の6（障害補償給付の額は給付基礎日額の223日分）となるが、この場合の障害補償給付の額に関する次の記述のうち、正しいものはどれか。

A　給付基礎日額の67日分
B　給付基礎日額の156日分
C　給付基礎日額の189日分
D　給付基礎日額の223日分
E　給付基礎日額の379日分

問6 業務災害の保険給付に関する次の記述のうち、正しいものには○、誤っているものには×をつけよ。（改題）

※　Dについては、試験センターより「その記載された内容から正誤の判定を行うことが困難であった」との発表がありました（問題及び解説については、参考として解答・解説編に掲載しています。）。

A　労働者が業務上の負傷又は疾病による療養のため所定労働時間のうちその一部分のみについて労働し、当該労働に対して支払われる賃金の額が給付基礎日額の20％に相当する場合、休業補償給付と休業特別支給金とを合わせると給付基礎日額の100％となる。

B　業務上負傷し、又は疾病にかかった労働者が、当該負傷又は疾病に係る療養の開始後３年を経過した日において傷病補償年金を受けている場合に限り、その日において、使用者は労働基準法第81条の規定による打切補償を支払ったものとみなされ、当該労働者について労働基準法第19条第１項の規定によって課せられた解雇制限は解除される。

C　業務上の災害により死亡した労働者Ｙには２人の子がいる。１人はＹの死亡の当時19歳であり、Ｙと同居し、Ｙの収入によって生計を維持していた大学生で、もう１人は、Ｙの死亡の当時17歳であり、Ｙと離婚した元妻と同居し、Ｙが死亡するまで、Ｙから定期的に養育費を送金されていた高校生であった。２人の子は、遺族補償年金の受給資格者であり、同順位の受給権者となる。

D　（正誤の判定を行うことが困難であるため削除）

E　介護補償給付は、親族又はこれに準ずる者による介護についても支給されるが、介護の費用として支出した額が支給されるものであり、「介護に要した費用の額の証明書」を添付しなければならないことから、介護費用を支払わないで親族又はこれに準ずる者による介護を受けた場合は支給されない。

問７　**労災保険の特別支給金に関する次の記述のうち、誤っているものはどれか。**

A　労災保険特別支給金支給規則第６条第１項に定める特別支給金の額の算定に用いる算定基礎年額は、負傷又は発病の日以前１年間（雇入後１年に満たない者については、雇入後の期間）に当該労働者に対して支払われた特別給与（労働基準法第12条第４項の３か月を超える期間ごとに支払われる賃金をいう。）の総額とするのが原則であるが、いわゆるスライド率（労災保険法第８条の３第１項第２号の厚生労働大臣が定める率）が適用される場合でも、算定基礎年額が150万円を超えることはない。

B　特別支給金の支給の申請は、原則として、関連する保険給付の支給の請求と同時に行うこととなるが、傷病特別支給金、傷病特別年金の申請については、当分の間、休業特別支給金の支給の申請の際に特別給与の総額についての届出を行っていない者を除き、傷病補償年金、複数事業労働者傷病年金又は傷病年金の支給の決定を受けた者は、傷病特別支給金、傷病特別年金の申請を行ったものとして取り扱う。(改題)

C　第三者の不法行為によって業務上負傷し、その第三者から同一の事由について損害賠償を受けていても、特別支給金は支給申請に基づき支給され、調整されることはない。

D　休業特別支給金の支給は、社会復帰促進等事業として行われているものであることから、その申請は支給の対象となる日の翌日から起算して5年以内に行うこととされている。

E　労災保険法による障害補償年金、傷病補償年金、遺族補償年金を受ける者が、同一の事由により厚生年金保険法の規定による障害厚生年金、遺族厚生年金等を受けることとなり、労災保険からの支給額が減額される場合でも、障害特別年金、傷病特別年金、遺族特別年金は減額されない。

問8　**請負事業の一括に関する次の記述のうち、正しいものはどれか。**

A　請負事業の一括は、労災保険に係る保険関係が成立している事業のうち、建設の事業又は立木の伐採の事業が数次の請負によって行われるものについて適用される。

B　請負事業の一括は、元請負人が、請負事業の一括を受けることにつき所轄労働基準監督署長に届け出ることによって行われる。

C　請負事業の一括が行われ、その事業を一の事業とみなして元請負人のみが当該事業の事業主とされる場合、請負事業の一括が行われるのは、「労災保険に係る保険関係が成立している事業」についてであり、「雇用保険に係る保険関係が成立している事業」については行われない。

D　請負事業の一括が行われ、その事業を一の事業とみなして元請負人のみが当該事業の事業主とされる場合、元請負人は、その請負に係る事業については、下請負をさせた部分を含め、そのすべてについて事業主として保険料の納付の義務を負い、更に労働関係の当事者として下請負人やその使用する労働者に対して使用者となる。

E　請負事業の一括が行われると、元請負人は、その請負に係る事業については、下請負をさせた部分を含め、そのすべてについて事業主として保険料の納付等の義務を負わなければならないが、元請負人がこれを納付しないとき、所轄都道府県労働局歳入徴収官は、下請負人に対して、その請負金額に応じた保険料を納付するよう請求することができる。

問９　**労働保険徴収法第12条第３項に定める継続事業のいわゆるメリット制に関する次の記述のうち、誤っているものはどれか。**

A　メリット制においては、個々の事業の災害率の高低等に応じ、事業の種類ごとに定められた労災保険率を一定の範囲内で引き上げ又は引き下げた率を労災保険率とするが、雇用保険率についてはそのような引上げや引下げは行われない。

B　労災保険率をメリット制によって引き上げ又は引き下げた率は、当該事業についての基準日の属する保険年度の次の次の保険年度の労災保険率となる。

C　メリット収支率の算定基礎に、労災保険特別支給金支給規則の規定による特別支給金で業務災害に係るものは含める。

D　令和元年７月１日に労災保険に係る保険関係が成立した事業のメリット収支率は、令和元年度から令和３年度までの３保険年度の収支率で算定される。

E　継続事業の一括を行った場合には、労働保険徴収法第12条第３項に規定する労災保険に係る保険関係の成立期間は、一括の認可の時期に関係なく、一の事業として指定された事業の労災保険に係る保険関係成立の日から起算し、指定された事業以外の事業については保険関係が消滅するので、これに係る一括前の保険料及び一括前の災害に係る給付は、指定事業のメリット収支率の算定基礎に算入しない。

問10 労災保険の特別加入に関する次の記述のうち、正しいものはどれか。

A　第1種特別加入保険料率は、中小事業主等が行う事業に係る労災保険率と同一の率から、労災保険法の適用を受けるすべての事業の過去3年間の二次健康診断等給付に要した費用の額を考慮して厚生労働大臣の定める率を減じた率である。

B　継続事業の場合で、保険年度の中途に第1種特別加入者でなくなった者の特別加入保険料算定基礎額は、特別加入保険料算定基礎額を12で除して得た額に、その者が当該保険年度中に第1種特別加入者とされた期間の月数を乗じて得た額とする。当該月数に1月未満の端数があるときはその月数を切り捨てる。

C　第2種特別加入保険料額は、特別加入保険料算定基礎額の総額に第2種特別加入保険料率を乗じて得た額であり、第2種特別加入者の特別加入保険料算定基礎額は第1種特別加入者のそれよりも原則として低い。

D　第2種特別加入保険料率は、事業又は作業の種類にかかわらず、労働保険徴収法施行規則によって同一の率に定められている。

E　第2種特別加入保険料率は、第2種特別加入者に係る保険給付及び社会復帰促進等事業に要する費用の予想額に照らして、将来にわたり労災保険の事業に係る財政の均衡を保つことができるものとされているが、第3種特別加入保険料率はその限りではない。

雇用保険法（労働保険の保険料の徴収等に関する法律を含む。）

問１ 被保険者資格の得喪と届出に関する次の記述のうち、正しいものはどれか。

A　法人（法人でない労働保険事務組合を含む。）の代表者又は法人若しくは人の代理人、使用人その他の従業者が、その法人又は人の業務に関して、雇用保険法第７条に規定する届出の義務に違反する行為をしたときは、その法人又は人に対して罰金刑を科すが、行為者を罰することはない。

B　公共職業安定所長は、雇用保険被保険者資格喪失届の提出があった場合において、被保険者でなくなったことの事実がないと認めるときは、その旨につき当該届出をした事業主に通知しなければならないが、被保険者でなくなったことの事実がないと認められた者に対しては通知しないことができる。

C　雇用保険の被保険者が国、都道府県、市町村その他これらに準ずるものの事業に雇用される者のうち、離職した場合に、他の法令、条例、規則等に基づいて支給を受けるべき諸給与の内容が法の規定する求職者給付及び就職促進給付の内容を超えると認められるものであって雇用保険法施行規則第４条に定めるものに該当するに至ったときは、その日の属する月の翌月の初日から雇用保険の被保険者資格を喪失する。

D　適用事業に雇用された者で、雇用保険法第６条に定める適用除外に該当しないものは、雇用契約の成立日ではなく、雇用関係に入った最初の日に被保険者資格を取得する。

E　暫定任意適用事業の事業主がその事業について任意加入の認可を受けたときは、その事業に雇用される者は、当該認可の申請がなされた日に被保険者資格を取得する。

問２ 失業の認定に関する次の記述のうち、正しいものはどれか。

A　受給資格者の住居所を管轄する公共職業安定所以外の公共職業安定所が行う職業相談を受けたことは、求職活動実績として認められる。

B　基本手当の受給資格者が求職活動等やむを得ない理由により公共職業安定所に出頭することができない場合、失業の認定を代理人に委任することができる。

C　自営の開業に先行する準備行為に専念する者については、労働の意思を有するものとして取り扱われる。

D　雇用保険の被保険者となり得ない短時間就労を希望する者であっても、労働の意思を有すると推定される。

E　認定対象期間において一の求人に係る筆記試験と採用面接が別日程で行われた場合、求人への応募が２回あったものと認められる。

問３　**基本手当の延長給付に関する次の記述のうち、誤っているものはどれか。**

A　訓練延長給付により所定給付日数を超えて基本手当が支給される場合、その日額は本来支給される基本手当の日額と同額である。

B　特定理由離職者、特定受給資格者又は就職が困難な受給資格者のいずれにも該当しない受給資格者は、個別延長給付を受けることができない。

C　厚生労働大臣は、その地域における基本手当の初回受給率が全国平均の初回受給率の1.5倍を超え、かつ、その状態が継続すると認められる場合、当該地域を広域延長給付の対象とすることができる。

D　厚生労働大臣は、雇用保険法第27条第１項に規定する全国延長給付を支給する指定期間を超えて失業の状況について政令で定める基準に照らして必要があると認めるときは、当該指定期間を延長することができる。

E　雇用保険法附則第５条に規定する給付日数の延長に関する暫定措置である地域延長給付の対象者は、年齢を問わない。

問４　**傷病手当に関する次の記述のうち、正しいものはどれか。**

A　疾病又は負傷のため職業に就くことができない状態が当該受給資格に係る離職前から継続している場合には、他の要件を満たす限り傷病手当が支給される。

B　有効な求職の申込みを行った後において当該求職の申込みの取消し又は撤回を行い、その後において疾病又は負傷のため職業に就くことができない状態となった場合、他の要件を満たす限り傷病手当が支給される。

C　つわり又は切迫流産（医学的に疾病と認められるものに限る。）のため職業に就くことができない場合には、その原因となる妊娠（受胎）の日が求職申込みの日前であっても、当該つわり又は切迫流産が求職申込後に生じたときには、傷病手当が支給されない。

D　訓練延長給付に係る基本手当を受給中の受給資格者が疾病又は負傷のため公共職業訓練等を受けることができなくなった場合、傷病手当が支給される。

E　求職の申込みの時点においては疾病又は負傷にもかかわらず職業に就くことができる状態にあった者が、その後疾病又は負傷のため職業に就くことができない状態になった場合は、他の要件を満たす限り傷病手当が支給される。

問５　給付制限に関する次の記述のうち、誤っているものはどれか。

A　日雇労働被保険者が公共職業安定所の紹介した業務に就くことを拒否した場合において、当該業務に係る事業所が同盟罷業又は作業所閉鎖の行われている事業所である場合、日雇労働求職者給付金の給付制限を受けない。

B　不正な行為により基本手当の支給を受けようとしたことを理由として基本手当の支給停止処分を受けた場合であっても、その後再就職し新たに受給資格を取得したときには、当該新たに取得した受給資格に基づく基本手当を受けることができる。

C　公共職業安定所長の指示した公共職業訓練等を受けることを拒んだことにより基本手当の支給停止処分を受けた受給資格者が、当該給付制限期間中に早期に就業を開始する場合には、他の要件を満たす限り就業手当を受けることができる。

D　不正な行為により育児休業給付金の支給を受けたとして育児休業給付金に係る支給停止処分を受けた受給資格者は、当該育児休業給付金の支給に係る育児休業を開始した日に養育していた子以外の子について新たに育児休業給付金の支給要件を満たしたとしても、新たな受給資格に係る育児休業給付金を受けることができない。（改題）

E　偽りその他不正の行為により高年齢雇用継続基本給付金の給付制限を受けた者は、当該被保険者がその後離職した場合に当初の不正の行為を理由とした基本手当の給付制限を受けない。

問6 雇用保険制度に関する次の記述のうち、誤っているものはどれか。

A　公共職業安定所長は、傷病手当の支給を受けようとする者に対して、その指定する医師の診断を受けるべきことを命ずることができる。

B　公共職業安定所長は、雇用保険法の施行のため必要があると認めるときは、当該職員に、被保険者を雇用し、若しくは雇用していたと認められる事業主の事業所に立ち入り、関係者に対して質問させ、又は帳簿書類の検査をさせることができる。

C　失業等給付の支給を受け、又はその返還を受ける権利及び雇用保険法第10条の4に規定する不正受給による失業等給付の返還命令又は納付命令により納付をすべきことを命ぜられた金額を徴収する権利は、この権利を行使することができることを知った時から2年を経過したときは、時効によって消滅する。

D　失業等給付に関する処分について審査請求をしている者は、審査請求をした日の翌日から起算して3か月を経過しても審査請求についての決定がないときは、雇用保険審査官が審査請求を棄却したものとみなすことができる。

E　雇用保険法第9条に規定する確認に関する処分が確定したときは、当該処分についての不服を当該処分に基づく失業等給付に関する処分についての不服の理由とすることができない。

問7 能力開発事業に関する次の記述のうち、正しいものはどれか。

A　地方公営企業法（昭和27年法律第292号）第3章の規定の適用を受ける地方公共団体の経営する企業は、障害者職業能力開発コース助成金を受けることができない。

B　（改正により削除）

C　高年齢受給資格者は、職場適応訓練の対象となる受給資格者に含まれない。

令和2年度（第52回）
択一式

D　特別育成訓練コース助成金は、一般職業訓練実施計画を提出した日の前日から起算して６か月前の日から都道府県労働局長に対する当該助成金の受給についての申請書の提出日までの間、一般職業訓練に係る事業所の労働者を、労働者の責めに帰すべき理由により解雇した事業主には支給されない。

E　認定訓練助成事業費補助金は、職業能力開発促進法第13条に規定する事業主等（事業主にあっては中小企業事業主に、事業主の団体又はその連合団体にあっては中小企業事業主の団体又はその連合団体に限る。）が行う認定訓練を振興するために必要な助成又は援助を行う都道府県に対して交付される。

問８　労働保険の保険料の徴収等に関する次の記述のうち、誤っているものはどれか。

A　概算保険料について延納できる要件を満たす継続事業の事業主が、７月１日に保険関係が成立した事業について保険料の延納を希望する場合、２回に分けて納付することができ、最初の期分の納付期限は８月20日となる。

B　概算保険料について延納できる要件を満たす有期事業（一括有期事業を除く。）の事業主が、６月１日に保険関係が成立した事業について保険料の延納を希望する場合、11月30日までが第１期となり、最初の期分の納付期限は６月21日となる。

C　概算保険料について延納が認められている継続事業（一括有期事業を含む。）の事業主が、増加概算保険料の納付について延納を希望する場合、７月１日に保険料算定基礎額の増加が見込まれるとき、３回に分けて納付することができ、最初の期分の納付期限は７月31日となる。

D　労働保険徴収法は、労働保険の事業の効率的な運営を図るため、労働保険の保険関係の成立及び消滅、労働保険料の納付の手続、労働保険事務組合等に関し必要な事項を定めている。

E　厚生労働大臣は、毎会計年度において、徴収保険料額及び雇用保険に係る各種国庫負担額の合計額と失業等給付額等との差額が、労働保険徴収法第12条第５項に定める要件に該当するに至った場合、必要があると認めるときは、労働政策審議会の同意を得て、１年以内の期間を定めて雇用保険率を一定の範囲内において変更することができる。

問9 労働保険料等の口座振替による納付又は印紙保険料の納付等に関する次の記述のうち、誤っているものはどれか。

A 事業主は、概算保険料及び確定保険料の納付を口座振替によって行うことを希望する場合、労働保険徴収法施行規則に定める事項を記載した書面を所轄都道府県労働局歳入徴収官に提出することによって、その申出を行わなければならない。

B 都道府県労働局歳入徴収官から労働保険料の納付に必要な納付書の送付を受けた金融機関が口座振替による納付を行うとき、当該納付書が金融機関に到達した日から2取引日を経過した最初の取引日までに納付された場合には、その納付の日が納期限後であるときにおいても、その納付は、納期限においてなされたものとみなされる。

C 印紙保険料の納付は、日雇労働被保険者手帳へ雇用保険印紙を貼付して消印又は納付印の押印によって行うため、事業主は、日雇労働被保険者を使用する場合には、その者の日雇労働被保険者手帳を提出させなければならず、使用期間が終了するまで返還してはならない。

D 事業主は、日雇労働被保険者手帳に貼付した雇用保険印紙の消印に使用すべき認印の印影をあらかじめ所轄公共職業安定所長に届け出なければならない。

E 雇用保険印紙購入通帳の有効期間の満了後引き続き雇用保険印紙を購入しようとする事業主は、当該雇用保険印紙購入通帳の有効期間が満了する日の翌日の1月前から当該期間が満了する日までの間に、当該雇用保険印紙購入通帳を添えて雇用保険印紙購入通帳更新申請書を所轄公共職業安定所長に提出して、有効期間の更新を受けなければならない。

問10 労働保険の保険料の徴収等に関する次の記述のうち、正しいものはどれか。

A 労働保険料その他労働保険徴収法の規定による徴収金を納付しない者に対して政府が行う督促は時効の更新の効力を生ずるが、政府が行う徴収金の徴収の告知は時効の更新の効力を生じない。

B　労働保険徴収法の規定による処分に不服がある者は、処分があったことを知った日の翌日から起算して３か月以内であり、かつ、処分があった日の翌日から起算して１年以内であれば、厚生労働大臣に審査請求をすることができる。ただし、当該期間を超えた場合はいかなる場合も審査請求できない。

C　労災保険及び雇用保険に係る保険関係が成立している事業に係る被保険者は、「当該事業に係る一般保険料の額」から、「当該事業に係る一般保険料の額に相当する額に二事業率を乗じて得た額」を減じた額の２分の１の額を負担するものとする。

D　日雇労働被保険者は、労働保険徴収法第31条第１項の規定によるその者の負担すべき額のほか、印紙保険料の額が176円のときは88円を負担するものとする。

E　事業主が負担すべき労働保険料に関して、保険年度の初日において64歳以上の労働者（短期雇用特例被保険者及び日雇労働被保険者を除く。）がいる場合には、当該労働者に係る一般保険料の負担を免除されるが、当該免除の額は当該労働者に支払う賃金総額に雇用保険率を乗じて得た額である。

労務管理その他の労働及び社会保険に関する一般常識

問１ 我が国の若年労働者に関する次の記述のうち、誤っているものはどれか。

なお、本問は、「平成30年若年者雇用実態調査（厚生労働省）」を参照しており、当該調査による用語及び統計等を利用している。この調査では、15歳から34歳を若年労働者としている。

A 若年正社員の採用選考をした事業所のうち、採用選考に当たり重視した点（複数回答）についてみると、「職業意識・勤労意欲・チャレンジ精神」、「コミュニケーション能力」、「マナー・社会常識」が上位３つを占めている。

B 若年労働者の育成方針についてみると、若年正社員については、「長期的な教育訓練等で人材を育成」する事業所割合が最も高く、正社員以外の若年労働者については、「短期的に研修等で人材を育成」する事業所割合が最も高くなっている。

C 若年労働者の定着のために事業所が実施している対策別事業所割合（複数回答）をみると、「職場での意思疎通の向上」、「本人の能力･適性にあった配置」、「採用前の詳細な説明・情報提供」が上位３つを占めている。

D 全労働者に占める若年労働者の割合は約３割となっており、若年労働者の約半分がいわゆる正社員である。

E 最終学校卒業後に初めて勤務した会社で現在も働いている若年労働者の割合は約半数となっている。

問２ 我が国の安全衛生に関する次の記述のうち、正しいものはどれか。

なお、本問は、「平成30年労働安全衛生調査（実態調査）（常用労働者10人以上の民営事業所を対象）（厚生労働省）」の概況を参照しており、当該調査による用語及び統計等を利用している。

A 傷病（がん、糖尿病等の私傷病）を抱えた何らかの配慮を必要とする労働者に対して、治療と仕事を両立できるような取組を行っている事業所の割合は約３割である。

B 産業医を選任している事業所の割合は約３割となっており、産業医の選任義務がある事業所規模50人以上でみると、ほぼ100％となっている。

令和２年度（第52回）
択一式

C メンタルヘルス対策に取り組んでいる事業所の割合は約６割となっている。

D 受動喫煙防止対策に取り組んでいる事業所の割合は約６割にとどまっている。

E 現在の仕事や職業生活に関することで、強いストレスとなっていると感じる事柄がある労働者について、その内容（主なもの３つ以内）をみると、「仕事の質・量」、「仕事の失敗、責任の発生等」、「顧客、取引先等からのクレーム」が上位３つを占めている。

問３ **労働関係法規に関する次の記述のうち、正しいものには○、誤っているものには×をつけよ。**

A 育児介護休業法に基づいて育児休業の申出をした労働者は、当該申出に係る育児休業開始予定日とされた日の前日までに厚生労働省令で定める事由が生じた場合には、その事業主に申し出ることにより、法律上、当該申出に係る育児休業開始予定日を何回でも当該育児休業開始予定日とされた日前の日に変更することができる。

B パートタイム・有期雇用労働法が適用される企業において、同一の能力又は経験を有する通常の労働者であるＸと短時間労働者であるＹがいる場合、ＸとＹに共通して適用される基本給の支給基準を設定し、就業の時間帯や就業日が日曜日、土曜日又は国民の祝日に関する法律（昭和23年法律第178号）に規定する休日か否か等の違いにより、時間当たりの基本給に差を設けることは許されない。

C 障害者雇用促進法では、事業主の雇用する障害者雇用率の算定対象となる障害者（以下「対象障害者」という。）である労働者の数の算定に当たって、対象障害者である労働者の１週間の所定労働時間にかかわりなく、対象障害者は１人として換算するものとされている。

D 個別労働関係紛争の解決の促進に関する法律第１条の「労働関係」とは、労働契約に基づく労働者と事業主の関係をいい、事実上の使用従属関係から生じる労働者と事業主の関係は含まれない。

E （改正により削除）

問4 労働組合法等に関する次の記述のうち、誤っているものはどれか。

A 労働組合が、使用者から最小限の広さの事務所の供与を受けていても、労働組合法上の労働組合の要件に該当するとともに、使用者の支配介入として禁止される行為には該当しない。

B 「労働組合の規約により組合員の納付すべき組合費が月を単位として月額で定められている場合には、組合員が月の途中で組合から脱退したときは、特別の規定又は慣行等のない限り、その月の組合費の納付につき、脱退した日までの分を日割計算によつて納付すれば足りると解すべきである。」とするのが、最高裁判所の判例である。

C 労働組合の規約には、組合員又は組合員の直接無記名投票により選挙された代議員の直接無記名投票の過半数による決定を経なければ、同盟罷業を開始しないこととする規定を含まなければならない。

D 「ユニオン・ショップ協定によって、労働者に対し、解雇の威嚇の下に特定の労働組合への加入を強制することは、それが労働者の組合選択の自由及び他の労働組合の団結権を侵害する場合には許されないものというべきである」から、「ユニオン・ショップ協定のうち、締結組合以外の他の労働組合に加入している者及び締結組合から脱退し又は除名されたが、他の労働組合に加入し又は新たな労働組合を結成した者について使用者の解雇義務を定める部分は、右の観点からして、民法90条の規定により、これを無効と解すべきである（憲法28条参照）。」とするのが、最高裁判所の判例である。

E いわゆるロックアウト（作業所閉鎖）は、個々の具体的な労働争議における労使間の交渉態度、経過、組合側の争議行為の態様、それによって使用者側の受ける打撃の程度等に関する具体的諸事情に照らし、衡平の見地からみて労働者側の争議行為に対する対抗防衛手段として相当と認められる場合には、使用者の正当な争議行為として是認され、使用者は、いわゆるロックアウト（作業所閉鎖）が正当な争議行為として是認される場合には、その期間中における対象労働者に対する個別的労働契約上の賃金支払義務を免れるとするのが、最高裁判所の判例である。

問５ 社会保険労務士法等に関する次のアからオの記述のうち、誤っているものの組合せは、後記ＡからＥまでのうちどれか。

ア 社会保険労務士が、個別労働関係紛争に関する民間紛争解決手続（裁判外紛争解決手続の利用の促進に関する法律（平成16年法律第151号）第２条第１号に規定する民間紛争解決手続をいう。）であって、個別労働関係紛争の民間紛争解決手続の業務を公正かつ適確に行うことができると認められる団体として厚生労働大臣が指定するものが行うものについて、単独で紛争の当事者を代理する場合、紛争の目的の価額の上限は60万円とされている。

イ 社会保険労務士及び社会保険労務士法人が、社会保険労務士法第２条の２及び第25条の９の２に規定する出頭及び陳述に関する事務を受任しようとする場合の役務の提供については、特定商取引に関する法律（昭和51年法律第57号）が定める規制の適用除外となる。

ウ 開業社会保険労務士が、その職責又は義務に違反し、社会保険労務士法第25条第２号に定める１年以内の社会保険労務士の業務の停止の懲戒処分を受けた場合、所定の期間、その業務を行うことができなくなるので、依頼者との間の受託契約を解除し、社会保険労務士証票も返還しなければならない。

エ 社会保険労務士会は、所属の社会保険労務士又は社会保険労務士法人が社会保険労務士法若しくはこの法律に基づく命令又は労働社会保険諸法令に違反するおそれがあると認めるときは、会則の定めにかかわらず、当該社会保険労務士又は社会保険労務士法人に対して、注意を促し、又は必要な措置を講ずべきことを勧告することができる。

オ 開業社会保険労務士又は社会保険労務士法人の使用人その他の従業者は、開業社会保険労務士又は社会保険労務士法人の使用人その他の従業者でなくなった後においても、正当な理由がなくて、その業務に関して知り得た秘密を他に漏らし、又は盗用してはならない。

Ａ（アとウ）　**Ｂ**（アとエ）　**Ｃ**（アとオ）
Ｄ（イとエ）　**Ｅ**（イとオ）

問6 確定給付企業年金法に関する次の記述のうち、正しいものはどれか。

A　加入者である期間を計算する場合には、月によるものとし、加入者の資格を取得した月から加入者の資格を喪失した月までをこれに算入する。ただし、規約で別段の定めをした場合にあっては、この限りでない。

B　加入者は、政令で定める基準に従い規約で定めるところにより、事業主が拠出すべき掛金の全部を負担することができる。

C　年金給付の支給期間及び支払期月は、政令で定める基準に従い規約で定めるところによる。ただし、終身又は10年以上にわたり、毎年1回以上定期的に支給するものでなければならない。

D　老齢給付金の受給権者が、障害給付金を支給されたときは、確定給付企業年金法第36条第1項の規定にかかわらず、政令で定める基準に従い規約で定めるところにより、老齢給付金の額の全部又は一部につき、その支給を停止することができる。

E　老齢給付金の受給権は、老齢給付金の受給権者が死亡したとき又は老齢給付金の支給期間が終了したときにのみ、消滅する。

問7 船員保険法に関する次の記述のうち、誤っているものはどれか。

A　育児休業等（その育児休業等を開始した日の属する月と終了する日の翌日が属する月とが異なるものとする。）をしている被保険者（産前産後休業による保険料免除の適用を受けている被保険者を除く。）を使用する船舶所有者が、厚生労働省令で定めるところにより厚生労働大臣に申出をしたときは、その育児休業等を開始した日の属する月からその育児休業等が終了する日の翌日の属する月の前月までの期間、当該被保険者に関する保険料は徴収されない。（改題）

B　遺族年金を受けることができる遺族の範囲は、被保険者又は被保険者であった者の配偶者（婚姻の届出をしていないが、事実上婚姻関係と同様の事情にある者を含む。）、子、父母、孫、祖父母及び兄弟姉妹であって、被保険者又は被保険者であった者の死亡の当時その収入によって生計を維持していたものである。なお、年齢に関する要件など所定の要件は満たしているものとする。

C　被保険者又は被保険者であった者が被保険者の資格を喪失する前に発した職務外の事由による疾病又は負傷及びこれにより発した疾病につき療養のため職務に服することができないときは、その職務に服することができなくなった日から起算して３日を経過した日から職務に服することができない期間、傷病手当金を支給する。

D　障害年金及び遺族年金の支給は、支給すべき事由が生じた月の翌月から始め、支給を受ける権利が消滅した月で終わるものとする。

E　被保険者が職務上の事由により行方不明となったときは、その期間、被扶養者に対し、行方不明手当金を支給する。ただし、行方不明の期間が１か月未満であるときは、この限りでない。

問８　児童手当法に関する次の記述のうち、誤っているものはどれか。

A　「児童」とは、18歳に達する日以後の最初の３月31日までの間にある者であって、日本国内に住所を有するもの又は留学その他の内閣府令で定める理由により日本国内に住所を有しないものをいう。

B　児童手当は、毎年１月、５月及び９月の３期に、それぞれの前月までの分を支払う。ただし、前支払期月に支払うべきであった児童手当又は支給すべき事由が消滅した場合におけるその期の児童手当は、その支払期月でない月であっても、支払うものとする。

C　児童手当の支給を受けている者につき、児童手当の額が増額することとなるに至った場合における児童手当の額の改定は、その者がその改定後の額につき認定の請求をした日の属する月の翌月から行う。

D　児童手当の一般受給資格者が死亡した場合において、その死亡した者に支払うべき児童手当（その者が監護していた中学校修了前の児童であった者に係る部分に限る。）で、まだその者に支払っていなかったものがあるときは、当該中学校修了前の児童であった者にその未支払の児童手当を支払うことができる。

E　偽りその他不正の手段により児童手当の支給を受けた者は、３年以下の懲役又は30万円以下の罰金に処する。ただし、刑法に正条があるときは、刑法による。

問9 **社会保険審査官及び社会保険審査会法に関する次の記述のうち、誤っているものはどれか。**

A 審査請求は、政令の定めるところにより、文書のみならず口頭でもすることができる。

B 審査請求は、代理人によってすることができる。代理人は、各自、審査請求人のために、当該審査請求に関する一切の行為をすることができる。ただし、審査請求の取下げは、特別の委任を受けた場合に限り、することができる。

C 社会保険審査官は、原処分の執行の停止又は執行の停止の取消をしたときは、審査請求人及び社会保険審査官及び社会保険審査会法第9条第1項の規定により通知を受けた保険者以外の利害関係人に通知しなければならない。

D 審査請求人は、社会保険審査官の決定があるまでは、いつでも審査請求を取り下げることができる。審査請求の取下げは、文書のみならず口頭でもすることができる。

E 健康保険法の被保険者の資格に関する処分に不服がある者が行った審査請求に対する社会保険審査官の決定に不服がある場合の、社会保険審査会に対する再審査請求は、社会保険審査官の決定書の謄本が送付された日の翌日から起算して2か月を経過したときは、することができない。ただし、正当な事由によりこの期間内に再審査請求をすることができなかったことを疎明したときは、この限りでない。

問10 **社会保険制度の費用の負担及び保険料等に関する次の記述のうち、正しいものはどれか。**

A 介護保険の第1号被保険者である要介護被保険者が、介護保険料の納期限から1年が経過するまでの間に、当該保険料を納付しない場合は、特別の事情等があると認められる場合を除き、市町村は、被保険者に被保険者証の返還を求め、被保険者が被保険者証を返還したときは、被保険者資格証明書を交付する。

B　国民健康保険の保険給付を受けることができる世帯主であって、市町村から被保険者資格証明書の交付を受けている者が、国民健康保険料を滞納しており、当該保険料の納期限から１年６か月が経過するまでの間に当該保険料を納付しないことにより、当該保険給付の全部又は一部の支払いを一時差し止めされている。当該世帯主が、この場合においても、なお滞納している保険料を納付しないときは、市町村は、あらかじめ、当該世帯主に通知して、当該一時差し止めに係る保険給付の額から当該世帯主が滞納している保険料額を控除することができる。

C　船員法第１条に規定する船員として船舶所有者に使用されている後期高齢者医療制度の被保険者である船員保険の被保険者に対する船員保険の保険料額は、標準報酬月額及び標準賞与額にそれぞれ疾病保険料率と災害保健福祉保険料率とを合算した率を乗じて算定される。

D　単身世帯である後期高齢者医療制度の80歳の被保険者（昭和15年４月２日生まれ）は、対象となる市町村課税標準額が145万円以上であり、本来であれば、保険医療機関等で療養の給付を受けるごとに自己負担として３割相当を支払う一定以上の所得者に該当するところであるが、対象となる年間収入が380万円であったことから、この場合、被保険者による申請を要することなく、後期高齢者医療広域連合の職権により一定以上の所得者には該当せず、自己負担は１割相当となる。

E　10歳と11歳の子を監護し、かつ、この２人の子と生計を同じくしている父と母のそれぞれの所得は、児童手当法に規定する所得制限額を下回っているものの、父と母の所得を合算すると所得制限額を超えている。この場合の児童手当は、特例給付に該当し、月額１万円（10歳の子の分として月額５千円、11歳の子の分として月額５千円）が支給されることになる。

健康保険法

問1 健康保険法に関する次の記述のうち、誤っているものはどれか。

A　全国健康保険協会は、被保険者の保険料に関して必要があると認めるときは、事業主に対し、文書その他の物件の提出若しくは提示を命じ、又は当該協会の職員をして事業所に立ち入って関係者に質問し、若しくは帳簿書類その他の物件を検査させることができる。

B　被保険者が同一疾病について通算して1年6か月間傷病手当金の支給を受けたが疾病が治癒せず、その療養のため労務に服することができず収入の途がない場合であっても、被保険者である間は保険料を負担する義務を負わなければならない。（改題）

C　患者申出療養の申出は、厚生労働大臣が定めるところにより、厚生労働大臣に対し、当該申出に係る療養を行う医療法第4条の3に規定する臨床研究中核病院（保険医療機関であるものに限る。）の開設者の意見書その他必要な書類を添えて行う。

D　特定適用事業所に使用される短時間労働者の被保険者資格の取得の要件である「1週間の所定労働時間が20時間以上であること」の算定において、短時間労働者の所定労働時間が1か月の単位で定められ、特定の月の所定労働時間が例外的に長く又は短く定められているときは、当該特定の月以外の通常の月の所定労働時間を12分の52で除して得た時間を1週間の所定労働時間とする。

E　地域型健康保険組合は、不均一の一般保険料率に係る厚生労働大臣の認可を受けようとするときは、合併前の健康保険組合を単位として不均一の一般保険料率を設定することとし、当該一般保険料率並びにこれを適用すべき被保険者の要件及び期間について、当該地域型健康保険組合の組合会において組合会議員の定数の3分の2以上の多数により議決しなければならない。

問２ 健康保険法に関する次の記述のうち、正しいものはどれか。

A　保険医又は保険薬剤師の登録の取消しが行われた場合には、原則として取消し後５年間は再登録を行わないものとされているが、過疎地域の持続的発展の支援に関する特別措置法に規定する過疎地域を含む市町村（人口５万人以上のものを除く。）に所在する医療機関又は薬局に従事する医師、歯科医師又は薬剤師については、その登録の取消しにより当該地域が無医地区等となる場合は、取消し後２年が経過した日に再登録が行われたものとみなされる。(改題)

B　高額介護合算療養費に係る自己負担額は、その計算期間（前年の８月１日からその年の７月31日）の途中で、医療保険や介護保険の保険者が変更になった場合でも、変更前の保険者に係る自己負担額と変更後の保険者に係る自己負担額は合算される。

C　特定健康保険組合とは、特例退職被保険者及びその被扶養者に係る健康保険事業の実施が将来にわたり当該健康保険組合の事業の運営に支障を及ぼさないこと等の一定の要件を満たしており、その旨を厚生労働大臣に届け出た健康保険組合をいい、特定健康保険組合となるためには、厚生労働大臣の認可を受ける必要はない。

D　指定訪問看護事業者が、訪問看護事業所の看護師等の従業者について、厚生労働省令で定める基準や員数を満たすことができなくなったとしても、厚生労働大臣は指定訪問看護事業者の指定を取り消すことはできない。

E　被保険者資格を取得する前に初診日がある傷病のため労務に服することができず休職したとき、療養の給付は受けられるが、傷病手当金は支給されない。

問３ 健康保険法に関する次のアからオの記述のうち、正しいものの組合せは、後記ＡからＥまでのうちどれか。

ア　伝染病の病原体保有者については、原則として病原体の撲滅に関し特に療養の必要があると認められる場合には、自覚症状の有無にかかわらず病原体の保有をもって保険事故としての疾病と解するものであり、病原体保有者が隔離収容等のため労務に服することができないときは、傷病手当金の支給の対象となるものとされている。

イ 指定訪問看護は、末期の悪性腫瘍などの厚生労働大臣が定める疾病等の利用者を除き、原則として利用者1人につき週5日を限度として受けられるとされている。

ウ 配偶者である被保険者から暴力を受けた被扶養者は、被保険者からの届出がなくとも、婦人相談所が発行する配偶者から暴力の被害を受けている旨の証明書を添付して被扶養者から外れる旨を申し出ることにより、被扶養者から外れることができる。

エ 所在地が一定しない事業所に使用される者で、継続して6か月を超えて使用される場合は、その使用される当初から被保険者になる。

オ 被保険者（外国に赴任したことがない被保険者とする。）の被扶養者である配偶者に日本国外に居住し日本国籍を有しない父がいる場合、当該被保険者により生計を維持している事実があると認められるときは、当該父は被扶養者として認定される。

A（アとイ）　**B**（アとウ）　**C**（イとエ）
D（ウとオ）　**E**（エとオ）

問4 **健康保険法に関する次の記述のうち、誤っているものはどれか。**

A 厚生労働大臣が健康保険料を徴収する場合において、適用事業所の事業主から健康保険料、厚生年金保険料及び子ども・子育て拠出金の一部の納付があったときは、当該事業主が納付すべき健康保険料、厚生年金保険料及び子ども・子育て拠出金の額を基準として按分した額に相当する健康保険料の額が納付されたものとされる。

B 定期健康診断によって初めて結核症と診断された患者について、その時のツベルクリン反応、血沈検査、エックス線検査等の費用は保険給付の対象とはならない。

C　被保険者の資格を喪失した日の前日まで引き続き１年以上被保険者（任意継続被保険者、特例退職被保険者又は共済組合の組合員である被保険者ではないものとする。）であった者が、その被保険者の資格を喪失した日後６か月以内に出産した場合、出産したときに、国民健康保険の被保険者であっても、その者が健康保険法の規定に基づく出産育児一時金の支給を受ける旨の意思表示をしたときは、健康保険法の規定に基づく出産育児一時金の支給を受けることができる。

D　標準報酬月額が56万円である60歳の被保険者が、慢性腎不全で１つの病院から人工腎臓を実施する療養を受けている場合において、当該療養に係る高額療養費算定基準額は10,000円とされている。

E　新たに適用事業所に使用されることになった者が、当初から自宅待機とされた場合の被保険者資格については、雇用契約が成立しており、かつ、休業手当が支払われているときは、その休業手当の支払いの対象となった日の初日に被保険者の資格を取得するものとされる。

問５　健康保険法に関する次のアからオの記述のうち、正しいものの組合せは、後記ＡからＥまでのうちどれか。

ア　被扶養者の要件として、被保険者と同一の世帯に属する者とは、被保険者と住居及び家計を共同にする者をいい、同一の戸籍内にあることは必ずしも必要ではないが、被保険者が世帯主でなければならない。

イ　任意継続被保険者の申出は、被保険者の資格を喪失した日から20日以内にしなければならず、保険者は、いかなる理由がある場合においても、この期間を経過した後の申出は受理することができない。

ウ　季節的業務に使用される者について、当初４か月以内の期間において使用される予定であったが業務の都合その他の事情により、継続して４か月を超えて使用された場合には使用された当初から一般の被保険者となる。

エ　実際には労務を提供せず労務の対償として報酬の支払いを受けていないにもかかわらず、偽って被保険者の資格を取得した者が、保険給付を受けたときには、その資格を取り消し、それまで受けた保険給付に要した費用を返還させることとされている。

オ　事業主は、被保険者に支払う報酬がないため保険料を控除できない場合でも、被保険者の負担する保険料について納付する義務を負う。

A（アとイ）　**B**（アとウ）　**C**（イとエ）
D（ウとオ）　**E**（エとオ）

問6　**健康保険法に関する次の記述のうち、誤っているものはどれか。**

A　被保険者の資格を喪失した日の前日まで引き続き1年以上被保険者（任意継続被保険者、特例退職被保険者又は共済組合の組合員である被保険者を除く。）であった者であって、その資格を喪失した際に傷病手当金の支給を受けている者が、その資格を喪失後に特例退職被保険者の資格を取得した場合、被保険者として受けることができるはずであった期間、継続して同一の保険者からその給付を受けることができる。

B　保険者は、偽りその他不正の行為により保険給付を受け、又は受けようとした者に対して、6か月以内の期間を定め、その者に支給すべき傷病手当金又は出産手当金の全部又は一部を支給しない旨の決定をすることができるが、その決定は保険者が不正の事実を知った時以後の将来においてのみ決定すべきであるとされている。

C　保険者が、健康保険において第三者の行為によって生じた事故について保険給付をしたとき、その給付の価額の限度において被保険者が第三者に対して有する損害賠償請求の権利を取得するのは、健康保険法の規定に基づく法律上当然の取得であり、その取得の効力は法律に基づき第三者に対し直接何らの手続きを経ることなく及ぶものであって、保険者が保険給付をしたときにはその給付の価額の限度において当該損害賠償請求権は当然に保険者に移転するものである。

D　保険者は、被保険者又は被保険者であった者が、正当な理由なしに診療担当者より受けた診断書、意見書等により一般に療養の指示と認められる事実があったにもかかわらず、これに従わないため、療養上の障害を生じ著しく給付費の増加をもたらすと認められる場合には、保険給付の一部を行わないことができる。

E　被保険者が道路交通法違反である無免許運転により起こした事故のため死亡した場合には、所定の要件を満たす者に埋葬料が支給される。

問７　健康保険法に関する次の記述のうち、誤っているものはどれか。

A　日雇特例被保険者が療養の給付を受けるには、これを受ける日において当該日の属する月の前２か月間に通算して26日分以上又は当該日の属する月の前６か月間に通算して78日分以上の保険料が納付されていなければならない。

B　全国健康保険協会の短期借入金は、当該事業年度内に償還しなければならないが、資金の不足のため償還することができないときは、その償還することができない金額に限り、厚生労働大臣の認可を受けて、これを借り換えることができる。この借り換えた短期借入金は、１年以内に償還しなければならない。

C　保険者は、保健事業及び福祉事業に支障がない場合に限り、被保険者等でない者にこれらの事業を利用させることができる。この場合において、保険者は、これらの事業の利用者に対し、利用料を請求することができる。利用料に関する事項は、全国健康保険協会にあっては定款で、健康保険組合にあっては規約で定めなければならない。

D　健康保険組合の設立を命ぜられた事業主が、正当な理由がなくて厚生労働大臣が指定する期日までに設立の認可を申請しなかったとき、その手続の遅延した期間、その負担すべき保険料額の２倍に相当する金額以下の過料に処する旨の罰則が定められている。

E　任意継続被保険者は、将来の一定期間の保険料を前納することができる。この場合において前納すべき額は、前納に係る期間の各月の保険料の額の合計額である。

問8 健康保険法に関する次の記述のうち、誤っているものはどれか。

A　健康保険被保険者報酬月額算定基礎届の届出は、事業年度開始の時における資本金の額が1億円を超える法人の事業所の事業主にあっては、電子情報処理組織を使用して行うものとする。ただし、電気通信回線の故障、災害その他の理由により電子情報処理組織を使用することが困難であると認められる場合で、かつ、電子情報処理組織を使用しないで当該届出を行うことができると認められる場合は、この限りでない。

B　厚生労働大臣は、保険医療機関若しくは保険薬局又は指定訪問看護事業者の指定に関し必要があると認めるときは、当該指定に係る開設者若しくは管理者又は申請者の社会保険料の納付状況につき、当該社会保険料を徴収する者に対し、必要な書類の閲覧又は資料の提供を求めることができる。

C　健康保険組合の組合会は、理事長が招集するが、組合会議員の定数の3分の2以上の者が会議に付議すべき事項及び招集の理由を記載した書面を理事長に提出して組合会の招集を請求したときは、理事長は、その請求のあった日から30日以内に組合会を招集しなければならない。

D　保険者は、震災、風水害、火災その他これらに類する災害により、住宅、家財又はその他の財産について著しい損害を受けた被保険者であって、保険医療機関又は保険薬局に一部負担金を支払うことが困難であると認められるものに対し、一部負担金の支払いを免除することができる。

E　被保険者が海外にいるときに発生した保険事故に係る療養費等に関する申請手続等に添付する証拠書類が外国語で記載されている場合は、日本語の翻訳文を添付することとされており、添付する翻訳文には翻訳者の氏名及び住所を記載させることとされている。

問9 健康保険法に関する次の記述のうち、誤っているものはどれか。

A　被扶養者の認定において、被保険者が海外赴任することになり、被保険者の両親が同行する場合、「家族帯同ビザ」の確認により当該両親が被扶養者に該当するか判断することを基本とし、渡航先国で「家族帯同ビザ」の発行がない場合には、発行されたビザが就労目的でないか、渡航が海外赴任に付随するものであるかを踏まえ、個別に判断する。

B　給与の支払方法が月給制であり、毎月20日締め、同月末日払いの事業所において、被保険者の給与の締め日が４月より20日から25日に変更された場合、締め日が変更された４月のみ給与計算期間が３月21日から４月25日までとなるため、標準報酬月額の定時決定の際には、３月21日から３月25日までの給与を除外し、締め日変更後の給与制度で計算すべき期間（３月26日から４月25日まで）で算出された報酬を４月の報酬とする。

C　育児休業取得中の被保険者について、給与の支払いが一切ない育児休業取得中の期間において昇給があり、固定的賃金に変動があった場合、実際に報酬の支払いがないため、育児休業取得中や育児休業を終了した際に当該固定的賃金の変動を契機とした標準報酬月額の随時改定が行われることはない。

D　全国健康保険協会管掌健康保険の被保険者資格を取得した際の標準報酬月額の決定について、固定的賃金の算定誤りがあった場合には訂正することはできるが、残業代のような非固定的賃金について、その見込みが当初の算定額より増減した場合には訂正することができないとされている。

E　適用事業所に期間の定めなく採用された者は、採用当初の２か月が試用期間として定められていた場合であっても、当該試用期間を経過した日から被保険者となるのではなく、採用日に被保険者となる。

問10　**健康保険法に関する次の記述のうち、正しいものはどれか。**

A　労災保険法に基づく休業補償給付を受給している健康保険の被保険者が、さらに業務外の事由による傷病によって労務不能の状態になった場合、休業補償給付が支給され、傷病手当金が支給されることはない。

B　適用事業所が日本年金機構に被保険者資格喪失届及び被保険者報酬月額変更届を届け出る際、届出の受付年月日より60日以上遡る場合又は既に届出済である標準報酬月額を大幅に引き下げる場合は、当該事実を確認できる書類を添付しなければならない。

C　任意適用事業所において被保険者の４分の３以上の申出があった場合、事業主は当該事業所を適用事業所でなくするための認可の申請をしなければならない。

D　育児休業等期間中の保険料の免除に係る申出をした事業主は、被保険者が育児休業等を終了する予定の日を変更したとき、又は育児休業等を終了する予定の日の前日までに育児休業等を終了したときは、速やかにこれを厚生労働大臣又は健康保険組合に届け出なければならないが、当該被保険者が育児休業等を終了する予定の日の前日までに産前産後休業期間中の保険料の免除の規定の適用を受ける産前産後休業を開始したことにより育児休業等を終了したときはこの限りでない。（改題）

E　被保険者（任意継続被保険者を除く。）が出産の日以前42日から出産の日後56日までの間において、通常の労務に服している期間があった場合は、その間に支給される賃金額が出産手当金の額に満たない場合に限り、その差額が出産手当金として支給される。

厚生年金保険法

問１ **厚生年金保険法に関する次の記述のうち、誤っているものはどれか。**

A　遺族厚生年金の受給権を有する障害等級１級又は２級に該当する程度の障害の状態にある子について、当該子が19歳に達した日にその事情がやんだときは、10日以内に、遺族厚生年金の受給権の失権に係る届書を日本年金機構に提出しなければならない。

B　年金たる保険給付は、厚生年金保険法の他の規定又は同法以外の法令の規定によりその額の一部につき支給を停止されている場合は、その受給権者の申出により、停止されていない部分の額の支給を停止することとされている。

C　老齢厚生年金の受給権者（保険料納付済期間と保険料免除期間とを合算した期間が25年以上ある者とする。）が行方不明になり、その後失踪の宣告を受けた場合、失踪者の遺族が遺族厚生年金を受給するに当たっての生計維持に係る要件については、行方不明となった当時の失踪者との生計維持関係が問われる。

D　障害厚生年金の受給権者が障害厚生年金の額の改定の請求を行ったが、診査の結果、その障害の程度が従前の障害の等級以外の等級に該当すると認められず改定が行われなかった。この場合、当該受給権者は実施機関の診査を受けた日から起算して１年６か月を経過した日後でなければ再び改定の請求を行うことはできない。

E　老齢厚生年金の加給年金額の加算の対象となる妻と子がある場合の加給年金額は、配偶者及び２人目までの子についてはそれぞれ224,700円に、３人目以降の子については１人につき74,900円に、それぞれ所定の改定率を乗じて得た額（その額に50円未満の端数が生じたときは、これを切り捨て、50円以上100円未満の端数が生じたときは、これを100円に切り上げるものとする。）である。

問2 厚生年金保険法に関する次の記述のうち、誤っているものはどれか。

A　第1号厚生年金被保険者は、同時に2以上の事業所に使用されるに至ったときは、その者に係る日本年金機構の業務を分掌する年金事務所を選択し、2以上の事業所に使用されるに至った日から5日以内に、所定の事項を記載した届書を日本年金機構に提出しなければならない。

B　厚生労働大臣による被保険者の資格に関する処分に不服がある者が行った審査請求は、時効の完成猶予及び更新に関しては、裁判上の請求とみなされる。

C　厚生年金保険法第27条の規定による当然被保険者（船員被保険者を除く。）の資格の取得の届出は、当該事実があった日から5日以内に、厚生年金保険被保険者資格取得届・70歳以上被用者該当届又は当該届書に記載すべき事項を記録した光ディスク（これに準ずる方法により一定の事項を確実に記録しておくことができる物を含む。）を日本年金機構に提出することによって行うものとされている。

D　適用事業所の事業主（船舶所有者を除く。）は、廃止、休止その他の事情により適用事業所に該当しなくなったときは、原則として、当該事実があった日から5日以内に、所定の事項を記載した届書を日本年金機構に提出しなければならない。

E　被保険者又は被保険者であった者の死亡の当時胎児であった子が出生したときは、父母、孫又は祖父母の有する遺族厚生年金の受給権は消滅する。一方、被保険者又は被保険者であった者の死亡の当時胎児であった子が出生したときでも、妻の有する遺族厚生年金の受給権は消滅しない。

問3 厚生年金保険法に関する次のアからオの記述のうち、正しいものの組合せは、後記AからEまでのうちどれか。

ア　厚生年金保険の保険料は、被保険者の資格を取得した月についてはその期間が1日でもあれば徴収されるが、資格を喪失した月については徴収されない。よって月末日で退職したときは退職した日が属する月の保険料は徴収されない。

イ　特定被保険者が死亡した日から起算して１か月以内に被扶養配偶者（当該死亡前に当該特定被保険者と３号分割標準報酬改定請求の事由である離婚又は婚姻の取消しその他厚生年金保険法施行令第３条の12の10に規定する厚生労働省令で定めるこれらに準ずるものをした被扶養配偶者に限る。）から３号分割標準報酬改定請求があったときは、当該特定被保険者が死亡した日に３号分割標準報酬改定請求があったものとみなす。

ウ　厚生労働大臣は、滞納処分等その他の処分に係る納付義務者が滞納処分等その他の処分の執行を免れる目的でその財産について隠ぺいしているおそれがあることその他の政令で定める事情があるため、保険料その他厚生年金保険法の規定による徴収金の効果的な徴収を行う上で必要があると認めるときは、政令で定めるところにより、財務大臣に、当該納付義務者に関する情報その他必要な情報を提供するとともに、当該納付義務者に係る滞納処分等その他の処分の権限の全部又は一部を委任することができる。

エ　日本年金機構は、滞納処分等を行う場合には、あらかじめ、厚生労働大臣の認可を受けるとともに、厚生年金保険法第100条の７第１項に規定する滞納処分等実施規程に従い、徴収職員に行わせなければならない。

オ　障害等級３級の障害厚生年金の受給権者の障害の状態が障害等級に該当しなくなったため、当該障害厚生年金の支給が停止され、その状態のまま３年が経過した。その後、65歳に達する日の前日までに当該障害厚生年金に係る傷病により障害等級３級に該当する程度の障害の状態になったとしても、当該障害厚生年金は支給されない。

A（アとイ）　**B**（アとオ）　**C**（イとウ）
D（ウとエ）　**E**（エとオ）

問４ 厚生年金保険法に関する次の記述のうち、正しいものはどれか。

A　離婚した場合の３号分割標準報酬改定請求における特定期間（特定期間は複数ないものとする。）に係る被保険者期間については、特定期間の初日の属する月は被保険者期間に算入し、特定期間の末日の属する月は被保険者期間に算入しない。ただし、特定期間の初日と末日が同一の月に属するときは、その月は、特定期間に係る被保険者期間に算入しない。

B　71歳の高齢任意加入被保険者が障害認定日において障害等級３級に該当する障害の状態になった場合は、当該高齢任意加入被保険者期間中に当該障害に係る傷病の初診日があり、初診日の前日において保険料の納付要件を満たしているときであっても、障害厚生年金は支給されない。

C　障害等級２級に該当する障害基礎年金及び障害厚生年金の受給権者が、症状が軽減して障害等級３級の程度の障害の状態になったため当該２級の障害基礎年金は支給停止となった。その後、その者が65歳に達した日以後に再び障害の程度が増進して障害等級２級に該当する程度の障害の状態になった場合、障害等級２級の障害基礎年金及び障害厚生年金は支給されない。

D　障害等級３級の障害厚生年金には、配偶者についての加給年金額は加算されないが、最低保障額として障害等級２級の障害基礎年金の年金額の３分の２に相当する額が保障されている。

E　厚生年金保険の被保険者であった者が資格を喪失して国民年金の第１号被保険者の資格を取得したが、その後再び厚生年金保険の被保険者の資格を取得した。国民年金の第１号被保険者であった時に初診日がある傷病について、再び厚生年金保険の被保険者となってから障害等級３級に該当する障害の状態になった場合、保険料納付要件を満たしていれば当該被保険者は障害厚生年金を受給することができる。

問５　厚生年金保険法に関する次の記述のうち、誤っているものはどれか。

A　被保険者の報酬月額の算定に当たり、報酬の一部が通貨以外のもので支払われている場合には、その価額は、その地方の時価によって、厚生労働大臣が定める。

B　被保険者の死亡当時10歳であった遺族厚生年金の受給権者である被保険者の子が、18歳に達した日以後の最初の３月31日が終了したことによりその受給権を失った場合において、その被保険者の死亡当時その被保険者によって生計を維持していたその被保険者の父がいる場合でも、当該父が遺族厚生年金の受給権者となることはない。

C　第１号厚生年金被保険者期間と第２号厚生年金被保険者期間を有する者について、第１号厚生年金被保険者期間に基づく老齢厚生年金と、第２号厚生年金被保険者期間に基づく老齢厚生年金は併給される。

D　障害厚生年金の保険給付を受ける権利は、国税滞納処分による差し押さえはできない。

E　老齢厚生年金の保険給付として支給を受けた金銭を標準として、租税その他の公課を課することはできない。

問６　**厚生年金保険法に関する次の記述のうち、正しいものはどれか。**

A　第２号厚生年金被保険者に係る厚生年金保険法第84条の５第１項の規定による拠出金の納付に関する事務は、実施機関としての国家公務員共済組合が行う。

B　任意適用事業所の認可を受けようとする事業主は、当該事業所に使用される者（厚生年金保険法第12条に規定する者及び特定４分の３未満短時間労働者を除く。）の３分の１以上の同意を得たことを証する書類を添えて、厚生年金保険任意適用申請書を日本年金機構に提出しなければならない。

C　船舶所有者による船員被保険者の資格の取得の届出については、船舶所有者は船長又は船長の職務を行う者を代理人として処理させることができる。

D　船舶所有者は、船舶が適用事業所に該当しなくなったときは、当該事実があった日から５日以内に、所定の事項を記載した届書を提出しなければならない。

E　株式会社の代表取締役は、70歳未満であっても被保険者となることはないが、代表取締役以外の取締役は被保険者となることがある。

問７　**厚生年金保険法に関する次のアからオの記述のうち、正しいものには○、誤っているものには×をつけよ。（改題）**

ア　特定適用事業所に使用される者は、その１週間の所定労働時間が同一の事業所に使用される通常の労働者の１週間の所定労働時間の４分の３未満であって、厚生年金保険法の規定により算定した報酬の月額が88,000円未満である場合は、厚生年金保険の被保険者とならない。

イ 特定適用事業所に使用される者は、その1か月間の所定労働日数が同一の事業所に使用される通常の労働者の1か月間の所定労働日数の4分の3未満であって、当該事業所に継続して1年以上使用されることが見込まれない場合は、厚生年金保険の被保険者とならない。

ウ 特定適用事業所でない適用事業所に使用される特定4分の3未満短時間労働者は、事業主が実施機関に所定の申出をしない限り、厚生年金保険の被保険者とならない。

エ 特定適用事業所に該当しなくなった適用事業所に使用される特定4分の3未満短時間労働者は、事業主が実施機関に所定の申出をしない限り、厚生年金保険の被保険者とならない。

オ 適用事業所以外の事業所に使用される70歳未満の特定4分の3未満短時間労働者については、厚生年金保険法第10条第1項に規定する厚生労働大臣の認可を受けて任意単独被保険者となることができる。

問8 厚生年金保険法に関する次の記述のうち、誤っているものはどれか。

A 厚生労働大臣は、毎月、住民基本台帳法第30条の9の規定による老齢厚生年金の受給権者に係る機構保存本人確認情報の提供を受け、必要な事項について確認を行うが、当該受給権者の生存若しくは死亡の事実が確認されなかったとき（厚生年金保険法施行規則第35条の2第1項に規定する場合を除く。）又は必要と認めるときには、当該受給権者に対し、当該受給権者の生存の事実について確認できる書類の提出を求めることができる。

B 死亡した被保険者の2人の子が遺族厚生年金の受給権者である場合に、そのうちの1人の所在が1年以上明らかでないときは、他の受給権者の申請によってその所在が明らかでなくなった時にさかのぼってその支給が停止されるが、支給停止された者はいつでもその支給停止の解除を申請することができる。

C 厚生労働大臣は、適用事業所以外の事業所に使用される70歳未満の者を厚生年金保険の被保険者とする認可を行ったときは、その旨を当該被保険者に通知しなければならない。

D 配偶者以外の者に遺族厚生年金を支給する場合において、受給権者の数に増減を生じたときは、増減を生じた月の翌月から、年金の額を改定する。

E　年金たる保険給付の受給権者が、正当な理由がなくて、実施機関が必要があると認めて行った受給権者の身分関係に係る事項に関する職員の質問に応じなかったときは、年金たる保険給付の額の全部又は一部につき、その支給を停止することができる。

問９　厚生年金保険法に関する次の記述のうち、正しいものはどれか。

A　被保険者である老齢厚生年金の受給者（昭和25年７月１日生まれ）が70歳になり当該被保険者の資格を喪失した場合における老齢厚生年金は、当該被保険者の資格を喪失した月前における被保険者であった期間も老齢厚生年金の額の計算の基礎となり、令和２年８月分から年金の額が改定される。

B　第１号厚生年金被保険者に係る適用事業所の事業主は、被保険者が70歳に到達し、引き続き当該事業所に使用されることにより70歳以上の使用される者の要件（厚生年金保険法施行規則第10条の４の要件をいう。）に該当する場合であって、当該者の標準報酬月額に相当する額が70歳到達日の前日における標準報酬月額と同額である場合は、70歳以上被用者該当届及び70歳到達時の被保険者資格喪失届を省略することができる。

C　適用事業所以外の事業所に使用される70歳未満の者であって、任意単独被保険者になることを希望する者は、当該事業所の事業主の同意を得たうえで資格取得に係る認可の申請をしなければならないが、事業主の同意を得られなかった場合でも保険料をその者が全額自己負担するのであれば、申請することができる。

D 特定適用事業所以外の適用事業所においては、1週間の所定労働時間及び1か月間の所定労働日数が、同一の事業所に使用される通常の労働者の1週間の所定労働時間及び1か月間の所定労働日数の4分の3以上（以下「4分の3基準」という。）である者を被保険者として取り扱うこととされているが、雇用契約書における所定労働時間又は所定労働日数と実際の労働時間又は労働日数が乖離していることが常態化しているとき、4分の3基準を満たさないものの、事業主等に対する事情の聴取やタイムカード等の書類の確認を行った結果、実際の労働時間又は労働日数が直近6か月において4分の3基準を満たしている場合で、今後も同様の状態が続くことが見込まれるときは、4分の3基準を満たしているものとして取り扱うこととされている。

E 障害厚生年金の支給を受けたことがある場合でも、障害の状態が軽減し、脱退一時金の請求時に障害厚生年金の支給を受けていなければ脱退一時金の支給を受けることができる。

問10 厚生年金保険法に関する次のアからオの記述のうち、誤っているものの組合せは、後記AからEまでのうちどれか。（改題）

ア 被保険者であった者が、被保険者の資格を喪失した後に、被保険者であった間に初診日がある傷病により当該初診日から起算して5年を経過する日前に死亡したときは、死亡した者が遺族厚生年金の保険料納付要件を満たしていれば、死亡の当時、死亡した者によって生計を維持していた一定の遺族に遺族厚生年金が支給される。

イ 老齢基礎年金の受給資格期間を満たしている60歳以上65歳未満の者であって、特別支給の老齢厚生年金の生年月日に係る要件を満たす者が、特別支給の老齢厚生年金の受給開始年齢に到達した日において第1号厚生年金被保険者期間が9か月しかなかったため特別支給の老齢厚生年金を受給することができなかった。この者が、特別支給の老齢厚生年金の受給開始年齢到達後に第3号厚生年金被保険者の資格を取得し、当該第3号厚生年金被保険者期間が3か月になった場合は、特別支給の老齢厚生年金を受給することができる。なお、この者は上記期間以外に被保険者期間はないものとする。

ウ （改正により削除）

エ 障害厚生年金は、その傷病が治らなくても、初診日において被保険者であり、初診日から１年６か月を経過した日において障害等級に該当する程度の状態であって、保険料納付要件を満たしていれば支給対象となるが、障害手当金は、初診日において被保険者であり、保険料納付要件を満たしていたとしても、初診日から起算して５年を経過する日までの間に、その傷病が治っていなければ支給対象にならない。

オ 遺族厚生年金は、被保険者の死亡当時、当該被保険者によって生計維持されていた55歳以上の夫が受給権者になることはあるが、子がいない場合は夫が受給権者になることはない。

A（アのみ）　**B**（アとエ）　**C**（イとエ）
D（イとオ）　**E**（オのみ）

国民年金法

問1 遺族基礎年金、障害基礎年金に関する次のアからオの記述のうち、正しいものの組合せは、後記AからEまでのうちどれか。

ア 遺族基礎年金を減額して改定すべき事由が生じたにもかかわらず、その事由が生じた日の属する月の翌月以降の分として減額しない額の遺族基礎年金が支払われた場合における当該遺族基礎年金の当該減額すべきであった部分は、その後に支払うべき遺族基礎年金の内払とみなすことができる。

イ 初診日において被保険者であり、障害認定日において障害等級に該当する程度の障害の状態にあるものであっても、当該傷病に係る初診日の前日において、当該初診日の属する月の前々月までに被保険者期間がない者については、障害基礎年金は支給されない。

ウ 遺族基礎年金の支給に係る生計維持の認定に関し、認定対象者の収入については、前年の収入が年額850万円以上であるときは、定年退職等の事情により近い将来の収入が年額850万円未満となると認められても、収入に関する認定要件に該当しないものとされる。

エ 障害等級２級の障害基礎年金の受給権を取得した日から起算して６か月を経過した日に人工心臓（補助人工心臓を含む。）を装着した場合には、障害の程度が増進したことが明らかな場合として年金額の改定の請求をすることができる。

オ 死亡した者の死亡日においてその者の死亡により遺族基礎年金を受けることができる者があるときは、当該死亡日の属する月に当該遺族基礎年金の受給権が消滅した場合であっても、死亡一時金は支給されない。

A（アとウ）　**B**（アとエ）　**C**（イとエ）
D（イとオ）　**E**（ウとオ）

令和２年度（第52回）
択一式

問２ 国民年金法に関する次の記述のうち、誤っているものはどれか。

A　死亡日の属する月の前月までの第１号被保険者としての被保険者期間に係る死亡日の前日における保険料納付済期間が36か月であり、同期間について併せて付加保険料を納付している者の遺族に支給する死亡一時金の額は、120,000円に8,500円を加算した128,500円である。なお、当該死亡した者は上記期間以外に被保険者期間を有していないものとする。

B　平成12年１月１日生まれの者が20歳に達し第１号被保険者となった場合、令和元年12月から被保険者期間に算入され、同月分の保険料から納付する義務を負う。

C　日本国籍を有する者であって、日本国内に住所を有しない20歳以上65歳未満の任意加入被保険者は、その者が住所を有していた地区に係る地域型国民年金基金又はその者が加入していた職能型国民年金基金に申し出て、地域型国民年金基金又は職能型国民年金基金の加入者となることができる。

D　保険料の一部の額につき納付することを要しないものとされた被保険者には、保険料の前納に関する規定は適用されない。

E　被保険者である夫が死亡し、その妻に遺族基礎年金が支給される場合、遺族基礎年金には、子の加算額が加算される。

問３ 国民年金法に関する次の記述のうち、正しいものはどれか。

A　国民年金法第30条の３に規定するいわゆる基準傷病による障害基礎年金は、基準傷病以外の傷病の初診日において被保険者でなかった場合においては、基準傷病に係る初診日において被保険者であっても、支給されない。

B　20歳に達したことにより、第３号被保険者の資格を取得する場合であって、厚生労働大臣が住民基本台帳法第30条の９の規定により当該第３号被保険者に係る機構保存本人確認情報の提供を受けることにより20歳に達した事実を確認できるときは、資格取得の届出を要しないものとされている。

C　厚生労働大臣は、保険料納付確認団体がその行うべき業務の処理を怠り、又はその処理が著しく不当であると認めるときは、当該団体に対し、その改善に必要な措置を採るべきことを命ずることができるが、当該団体がこの命令に違反したときでも、当該団体の指定を取り消すことはできない。

D　死亡日の前日において、死亡日の属する月の前月までの第1号被保険者としての被保険者期間に係る保険料納付済期間の月数が18か月、保険料全額免除期間の月数が6か月、保険料半額免除期間の月数が24か月ある者が死亡した場合において、その者の遺族に死亡一時金が支給される。

E　日本国籍を有する者その他政令で定める者であって、日本国内に住所を有しない20歳以上65歳未満の任意加入被保険者は、厚生労働大臣に申し出て、付加保険料を納付する者となることができる。

問4　国民年金法に関する次の記述のうち、正しいものはどれか。

A　被保険者又は受給権者が死亡したにもかかわらず、当該死亡についての届出をしなかった戸籍法の規定による死亡の届出義務者は、30万円以下の過料に処せられる。

B　第1号被保険者としての被保険者期間に係る保険料納付済期間を6か月以上有する日本国籍を有しない者（被保険者でない者に限る。）が、日本国内に住所を有する場合、脱退一時金の支給を受けることはできない。

C　障害基礎年金の受給権者が死亡し、その者に支給すべき障害基礎年金でまだその者に支給しなかったものがあり、その者の死亡の当時その者と生計を同じくしていた遺族がその者の従姉弟しかいなかった場合、当該従姉弟は、自己の名で、その未支給の障害基礎年金を請求することができる。

D　死亡した被保険者の子が遺族基礎年金の受給権を取得した場合において、当該被保険者が月額400円の付加保険料を納付していた場合、当該子には、遺族基礎年金と併せて付加年金が支給される。

E　夫が老齢基礎年金の受給権を取得した月に死亡した場合には、他の要件を満たしていても、その者の妻に寡婦年金は支給されない。

問5　国民年金法に関する次の記述のうち、正しいものはどれか。

A　60歳以上65歳未満の期間に国民年金に任意加入していた者は、老齢基礎年金の支給繰下げの申出をすることは一切できない。

B 保険料全額免除期間とは、第1号被保険者としての被保険者期間であって、法定免除、申請全額免除、産前産後期間の保険料免除、学生納付特例又は納付猶予の規定による保険料を免除された期間（追納した期間を除く。）を合算した期間である。

C 失踪の宣告を受けたことにより死亡したとみなされた者に係る遺族基礎年金の支給に関し、死亡とみなされた者についての保険料納付要件は、行方不明となった日において判断する。

D 老齢基礎年金の受給権者であって、66歳に達した日後75歳に達する日前に遺族厚生年金の受給権を取得した者が、75歳に達した日に老齢基礎年金の支給繰下げの申出をした場合には、遺族厚生年金を支給すべき事由が生じた日に、支給繰下げの申出があったものとみなされる。（改題）

E 第3号被保険者であった者が、その配偶者である第2号被保険者が退職し第2号被保険者でなくなったことにより第3号被保険者でなくなったときは、その事実があった日から14日以内に、当該被扶養配偶者でなくなった旨の届書を、提出しなければならない。

問6 国民年金法に関する次の記述のうち、正しいものはどれか。

A 年金額の改定は、受給権者が68歳に到達する年度よりも前の年度では、物価変動率を基準として、また68歳に到達した年度以後は名目手取り賃金変動率を基準として行われる。

B 第3号被保険者の資格の取得の届出は市町村長に提出することによって行わなければならない。

C 障害の程度の審査が必要であると認めて厚生労働大臣により指定された障害基礎年金の受給権者は、当該障害基礎年金の額の全部につき支給停止されていない限り、厚生労働大臣が指定した年において、指定日までに、指定日前1か月以内に作成されたその障害の現状に関する医師又は歯科医師の診断書を日本年金機構に提出しなければならない。

D　国家公務員共済組合の組合員、地方公務員共済組合の組合員又は私立学校教職員共済制度の加入者に係る被保険者としての氏名、資格の取得及び喪失、種別の変更、保険料の納付状況、基礎年金番号その他厚生労働省令で定める事項については国民年金原簿に記録するものとされていない。

E　国民年金法によれば、給付の種類として、被保険者の種別のいかんを問わず、加入実績に基づき支給される老齢基礎年金、障害基礎年金及び遺族基礎年金と、第1号被保険者としての加入期間に基づき支給される付加年金、寡婦年金及び脱退一時金があり、そのほかに国民年金法附則上の給付として特別一時金及び死亡一時金がある。

問7　国民年金法に関する次の記述のうち、誤っているものはどれか。

A　日本年金機構は、あらかじめ厚生労働大臣の認可を受けなければ、保険料の納付受託者に対する報告徴収及び立入検査の権限に係る事務を行うことができない。

B　老齢基礎年金のいわゆる振替加算の対象となる者に係る生計維持関係の認定は、老齢基礎年金に係る振替加算の加算開始事由に該当した日を確認した上で、その日における生計維持関係により行うこととなる。

C　遺族基礎年金の受給権者である配偶者が、正当な理由がなくて、指定日までに提出しなければならない加算額対象者と引き続き生計を同じくしている旨等を記載した届書を提出しないときは、当該遺族基礎年金は支給を停止するとされている。

D　年金給付を受ける権利に基づき支払期月ごとに支払うものとされる年金給付の支給を受ける権利については「支払期月の翌月の初日」がいわゆる時効の起算点とされ、各起算点となる日から5年を経過したときに時効によって消滅する。

E　国民年金基金が厚生労働大臣の認可を受けて、信託会社、信託業務を営む金融機関、生命保険会社、農業協同組合連合会、共済水産業協同組合連合会、国民年金基金連合会に委託することができる業務には、加入員又は加入員であった者に年金又は一時金の支給を行うために必要となるその者に関する情報の収集、整理又は分析が含まれる。

問８ 国民年金法に基づく厚生労働大臣の権限等に関する次のアからオの記述のうち、誤っているものの組合せは、後記ＡからＥまでのうちどれか。

ア 被保険者から、預金又は貯金の払出しとその払い出した金銭による保険料の納付をその預金口座又は貯金口座のある金融機関に委託して行うことを希望する旨の申出があった場合におけるその申出の受理及びその申出の承認の権限に係る事務は、日本年金機構に委任されており、厚生労働大臣が自ら行うことはできない。

イ 被保険者の資格又は保険料に関する処分に関し、被保険者に対し、出産予定日に関する書類、被保険者若しくは被保険者の配偶者若しくは世帯主若しくはこれらの者であった者の資産若しくは収入の状況に関する書類その他の物件の提出を命じ、又は職員をして被保険者に質問させることができる権限に係る事務は、日本年金機構に委任されているが、厚生労働大臣が自ら行うこともできる。(改題)

ウ 受給権者に対して、その者の身分関係、障害の状態その他受給権の消滅、年金額の改定若しくは支給の停止に係る事項に関する書類その他の物件を提出すべきことを命じ、又は職員をしてこれらの事項に関し受給権者に質問させることができる権限に係る事務は、日本年金機構に委任されており、厚生労働大臣が自ら行うことはできない。

エ 国民年金法第１条の目的を達成するため、被保険者若しくは被保険者であった者又は受給権者に係る保険料の納付に関する実態その他の厚生労働省令で定める事項に関する統計調査に関し必要があると認めるときは、厚生労働大臣は、官公署に対し、必要な情報の提供を求めることができる。

オ 国民年金原簿の訂正請求に係る国民年金原簿の訂正に関する方針を定め、又は変更しようとするときは、厚生労働大臣は、あらかじめ、社会保険審査会に諮問しなければならない。

A（アとイ） **B**（アとウ） **C**（イとエ）
D（ウとオ） **E**（エとオ）

問 9 任意加入被保険者及び特例による任意加入被保険者に関する次の記述のうち、正しいものはどれか。

A 68歳の夫（昭和27年4月2日生まれ）は、65歳以上の特例による任意加入被保険者として保険料を納付し、令和2年4月に老齢基礎年金の受給資格を満たしたが、裁定請求の手続きをする前に死亡した。死亡の当時、当該夫により生計を維持し、当該夫との婚姻関係が10年以上継続した62歳の妻がいる場合、この妻が繰上げ支給の老齢基礎年金を受給していなければ、妻には65歳まで寡婦年金が支給される。なお、死亡した当該夫は、障害基礎年金の受給権者にはなったことがなく、学生納付特例の期間、納付猶予の期間、第2号被保険者期間及び第3号被保険者期間を有していないものとする。

B 60歳で第2号被保険者資格を喪失した64歳の者（昭和31年4月2日生まれ）は、特別支給の老齢厚生年金の報酬比例部分を受給中であり、あと1年間、国民年金の保険料を納付すれば満額の老齢基礎年金を受給することができる。この者は、日本国籍を有していても、日本国内に住所を有していなければ、任意加入被保険者の申出をすることができない。

C 20歳から60歳までの40年間第1号被保険者であった60歳の者（昭和35年4月2日生まれ）は、保険料納付済期間を30年間、保険料半額免除期間を10年間有しており、これらの期間以外に被保険者期間を有していない。この者は、任意加入の申出をすることにより任意加入被保険者となることができる。なお、この者は、日本国籍を有し、日本国内に住所を有しているものとする。

D 昭和60年4月から平成6年3月までの9年間（108か月間）厚生年金保険の第3種被保険者としての期間を有しており、この期間以外に被保険者期間を有していない65歳の者（昭和30年4月2日生まれ）は、老齢基礎年金の受給資格を満たしていないため、任意加入の申出をすることにより、65歳以上の特例による任意加入被保険者になることができる。なお、この者は、日本国籍を有し、日本国内に住所を有しているものとする。

E　60歳から任意加入被保険者として保険料を口座振替で納付してきた65歳の者（昭和30年４月２日生まれ）は、65歳に達した日において、老齢基礎年金の受給資格要件を満たしていない場合、65歳に達した日に特例による任意加入被保険者の加入申出があったものとみなされ、引き続き保険料を口座振替で納付することができ、付加保険料についても申出をし、口座振替で納付することができる。

問10　**国民年金法に関する次のアからオの記述のうち、誤っているものの組合せは、後記ＡからＥまでのうちどれか。**

ア　第１号被保険者期間中に15年間付加保険料を納付していた68歳の者（昭和27年４月２日生まれ）が、令和２年４月に老齢基礎年金の支給繰下げの申出をした場合は、付加年金額に25.9％を乗じた額が付加年金額に加算され、申出をした月の翌月から同様に増額された老齢基礎年金とともに支給される。

イ　障害基礎年金の受給権者であることにより法定免除の要件に該当する第１号被保険者は、既に保険料が納付されたものを除き、法定免除事由に該当した日の属する月の前月から保険料が免除となるが、当該被保険者からこの免除となった保険料について保険料を納付する旨の申出があった場合、申出のあった期間に係る保険料を納付することができる。

ウ　日本国籍を有しない60歳の者（昭和35年４月２日生まれ）は、平成７年４月から平成９年３月までの２年間、国民年金第１号被保険者として保険料を納付していたが、当該期間に対する脱退一時金を受給して母国へ帰国した。この者が、再び平成23年４月から日本に居住することになり、60歳までの８年間、第１号被保険者として保険料を納付した。この者は、老齢基礎年金の受給資格期間を満たしている。なお、この者は、上記期間以外に被保険者期間を有していないものとする。

エ　令和２年４月２日に64歳に達した者が、平成18年７月から平成28年３月までの期間を保険料全額免除期間として有しており、64歳に達した日に追納の申込みをしたところ、令和２年４月に承認を受けることができた。この場合の追納が可能である期間は、追納の承認を受けた日の属する月前10年以内の期間に限られるので、平成22年４月から平成28年３月までとなる。

オ 第1号被保険者が、生活保護法による生活扶助を受けるようになると、保険料の法定免除事由に該当し、既に保険料が納付されたものを除き、法定免除事由に該当した日の属する月の前月から保険料が免除になり、当該被保険者は、法定免除事由に該当した日から14日以内に所定の事項を記載した届書を市町村に提出しなければならない。ただし、厚生労働大臣が法定免除事由に該当するに至ったことを確認したときは、この限りでない。

A（アとウ）　**B**（アとオ）　**C**（イとエ）
D（イとオ）　**E**（ウとエ）

令和元年度
（2019年度・第51回）
本試験問題
選択式

本試験実施時間

10：30～11：50（80分）

法令等略記凡例

法令等名称	法令等略称
労働者災害補償保険法	労災保険法
労働保険の保険料の徴収等に関する法律	労働保険徴収法
女性の職業生活における活躍の推進に関する法律	女性活躍推進法

労働基準法及び労働安全衛生法

問1 次の文中の［　　］の部分を選択肢の中の最も適切な語句で埋め、完全な文章とせよ。

1　最高裁判所は、使用者がその責めに帰すべき事由による解雇期間中の賃金を労働者に支払う場合における、労働者が解雇期間中、他の職に就いて得た利益額の控除が問題となった事件において、次のように判示した。

「使用者の責めに帰すべき事由によつて解雇された労働者が解雇期間中に他の職に就いて利益を得たときは、使用者は、右労働者に解雇期間中の賃金を支払うに当たり右利益（以下「中間利益」という。）の額を賃金額から控除することができるが、右賃金額のうち労働基準法12条1項所定の［ A ］の6割に達するまでの部分については利益控除の対象とすることが禁止されているものと解するのが相当である」「使用者が労働者に対して有する解雇期間中の賃金支払債務のうち［ A ］額の6割を超える部分から当該賃金の［ B ］内に得た中間利益の額を控除することは許されるものと解すべきであり、右利益の額が［ A ］額の4割を超える場合には、更に［ A ］算定の基礎に算入されない賃金（労働基準法12条4項所定の賃金）の全額を対象として利益額を控除することが許されるものと解せられる」

2　労働基準法第27条は、出来高払制の保障給として、「使用者は、［ C ］に応じ一定額の賃金の保障をしなければならない。」と定めている。

3　労働安全衛生法は、その目的を第1条で「労働基準法（昭和22年法律第49号）と相まつて、労働災害の防止のための危害防止基準の確立、責任体制の明確化及び自主的活動の促進の措置を講ずる等その防止に関する総合的計画的な対策を推進することにより職場における労働者の安全と健康を確保するとともに、［ D ］の形成を促進することを目的とする。」と定めている。

4　衛生管理者は、都道府県労働局長の免許を受けた者その他厚生労働省令で定める資格を有する者のうちから選任しなければならないが、厚生労働省令で定める資格を有する者には、医師、歯科医師のほか［ E ］などが定められている。

選択肢

① 安全衛生に対する事業者意識	② 安全衛生に対する労働者意識
③ 衛生管理士	④ 快適な職場環境
⑤ 看護師	⑥ 業務に対する熟練度
⑦ 勤続期間	⑧ 勤務時間数に応じた賃金
⑨ 作業環境測定士	
⑩ 支給対象期間から２年を超えない期間	
⑪ 支給対象期間から５年を超えない期間	
⑫ 支給対象期間と時期的に対応する期間	
⑬ 諸手当を含む総賃金	⑭ 全支給対象期間
⑮ そのための努力を持続させる職場環境	
⑯ 特定最低賃金	⑰ 平均賃金
⑱ 労働衛生コンサルタント	⑲ 労働時間
⑳ 労働日数	

労働者災害補償保険法

問2 次の文中の［　］の部分を選択肢の中の最も適切な語句で埋め、完全な文章とせよ。

1　労災保険法第1条によれば、労働者災害補償保険は、業務上の事由、事業主が同一人でない2以上の事業に使用される労働者の2以上の事業の業務を要因とする事由又は通勤による労働者の負傷、疾病、障害、死亡等に対して迅速かつ公正な保護をするため、必要な保険給付を行うこと等を目的とする。同法の労働者とは、［ A ］法上の労働者であるとされている。そして同法の保険給付とは、業務災害に関する保険給付、複数業務要因災害に関する保険給付、通勤災害に関する保険給付及び［ B ］給付の4種類である。保険給付の中には一時金ではなく年金として支払われるものもあり、通勤災害に関する保険給付のうち年金として支払われるのは、障害年金、遺族年金及び［ C ］年金である。(改題)

2　労災保険の適用があるにもかかわらず、労働保険徴収法第4条の2第1項に規定する労災保険に係る保険関係成立届（以下本問において「保険関係成立届」という。）の提出が行われていない間に労災事故が生じた場合において、事業主が故意又は重大な過失により保険関係成立届を提出していなかった場合は、政府は保険給付に要した費用に相当する金額の全部又は一部を事業主から徴収することができる。事業主がこの提出について、所轄の行政機関から直接指導を受けていたにもかかわらず、その後［ D ］以内に保険関係成立届を提出していない場合は、故意が認定される。事業主がこの提出について、保険手続に関する行政機関による指導も、都道府県労働保険事務組合連合会又はその会員である労働保険事務組合による加入勧奨も受けていない場合において、保険関係が成立してから［ E ］を経過してなお保険関係成立届を提出していないときには、原則、重大な過失と認定される。

選択肢

A	① 労働関係調整 ③ 労働組合	② 労働基準 ④ 労働契約
B	① 求職者 ③ 失業等	② 教育訓練 ④ 二次健康診断等
C	① 厚 生 ③ 傷 病	② 国 民 ④ 老 齢
D	① 3 日 ③ 7 日	② 5 日 ④ 10 日
E	① 3か月 ③ 9か月	② 6か月 ④ 1 年

雇用保険法

問3 次の文中の［　　］の部分を選択肢の中の最も適切な語句で埋め、完全な文章とせよ。

1　雇用保険法第21条は、「基本手当は、受給資格者が当該基本手当の受給資格に係る離職後最初に公共職業安定所に求職の申込みをした日以後において、失業している日（［ A ］のため職業に就くことができない日を含む。）が［ B ］に満たない間は、支給しない。」と規定している。

2　雇用保険法第61条の7第1項は、育児休業給付金について定めており、被保険者（短期雇用特例被保険者及び日雇労働被保険者を除く。）が厚生労働省令で定めるところにより子を養育するための休業（以下「育児休業」という。）をした場合、「当該［ C ］前2年間（当該［ C ］前2年間に疾病、負傷その他厚生労働省令で定める理由により［ D ］以上賃金の支払を受けることができなかつた被保険者については、当該理由により賃金の支払を受けることができなかつた日数を2年に加算した期間（その期間が4年を超えるときは、4年間））に、みなし被保険者期間が［ E ］以上であつたときに、支給単位期間について支給する。」と規定している。（改題）

選択肢

① 育児休業開始予定日	② 育児休業を開始した日
③ 育児休業を事業主に申し出た日	④ 激甚災害その他の災害
⑤ 疾病又は負傷	⑥ 心身の障害
⑦ 通算して7日	⑧ 通算して10日
⑨ 通算して20日	⑩ 通算して30日
⑪ 通算して6箇月	⑫ 通算して12箇月
⑬ 引き続き7日	⑭ 引き続き10日
⑮ 引き続き20日	⑯ 引き続き30日
⑰ 引き続き6箇月	⑱ 引き続き12箇月
⑲ 被保険者の子が1歳に達した日	⑳ 妊娠、出産又は育児

労務管理その他の労働に関する一般常識

問4 次の文中の［　　］の部分を選択肢の中の最も適切な語句で埋め、完全な文章とせよ。

1 技能検定とは、働く上で身に付ける、又は必要とされる技能の習得レベルを評価する国家検定制度であり、試験に合格すると［ A ］と名乗ることができる。平成29年度より、日本でのものづくり分野に従事する若者の確保・育成を目的として、［ B ］歳未満の者が技能検定を受ける際の受検料を一部減額するようになった。

2 女性活躍推進法に基づいて行動計画の策定・届出を行った企業のうち、女性の活躍推進に関する取組の実施状況等が優良な企業は、都道府県労働局への申請により、厚生労働大臣の認定を受けることができる。認定を受けた企業は、厚生労働大臣が定める認定マーク［ C ］を商品などに付すことができる。

3 我が国の就業・不就業の実態を調べた「就業構造基本調査（総務省）」をみると、平成29年の女性の年齢別有業率は、平成24年に比べて［ D ］した。また、平成29年調査で把握された起業者総数に占める女性の割合は約［ E ］割になっている。

選択肢

① 1	② 2
③ 3	④ 4
⑤ 25	⑥ 30
⑦ 35	⑧ 40
⑨ 20歳代以下の層のみ低下	⑩ 30歳代と40歳代で低下
⑪ 65歳以上の層のみ上昇	⑫ えるぼし
⑬ 技術士	⑭ 技能検定士
⑮ 技能士	⑯ くるみん
⑰ 熟練工	⑱ すべての年齢階級で上昇
⑲ プラチナくるみん	⑳ なでしこ応援企業

社会保険に関する一般常識

問5 次の文中の［　　］の部分を選択肢の中の最も適切な語句で埋め、完全な文章とせよ。（改題）

1　船員保険法の規定では、被保険者であった者が、［ A ］に職務外の事由により死亡した場合は、被保険者であった者により生計を維持していた者であって、葬祭を行う者に対し、葬祭料として［ B ］を支給するとされている。また、船員保険法施行令の規定では、葬祭料の支給に併せて葬祭料付加金を支給することとされている。

2　介護保険法第115条の46第1項の規定によると、地域包括支援センターは、第1号介護予防支援事業（居宅要支援被保険者に係るものを除く。）及び包括的支援事業その他厚生労働省令で定める事業を実施し、地域住民の心身の健康の保持及び生活の安定のために必要な援助を行うことにより、［ C ］を包括的に支援することを目的とする施設とされている。

3　国民健康保険法第4条第2項の規定によると、都道府県は、［ D ］、市町村の国民健康保険事業の効率的な実施の確保その他の都道府県及び当該都道府県内の市町村の国民健康保険事業の健全な運営について中心的な役割を果たすものとされている。

4　確定拠出年金法第37条第1項によると、企業型年金加入者又は企業型年金加入者であった者（当該企業型年金に個人別管理資産がある者に限る。）が、傷病について［ E ］までの間において、その傷病により政令で定める程度の障害の状態に該当するに至ったときは、その者は、その期間内に企業型記録関連運営管理機関等に障害給付金の支給を請求することができるとされている。

選択肢

① 30,000円　② 50,000円
③ 70,000円　④ 100,000円
⑤ 安定的な財政運営
⑥ 継続給付を受けなくなってから3か月以内
⑦ 継続して1年以上被保険者であった期間を有し、その資格を喪失した後6か月以内
⑧ 国民健康保険の運営方針の策定　⑨ 事務の標準化及び広域化の促進
⑩ 障害認定日から65歳に達する日
⑪ 障害認定日から75歳に達する日の前日
⑫ 初診日から65歳に達する日の前日
⑬ 初診日から75歳に達する日　⑭ 自立した日常生活
⑮ 船舶所有者に使用されなくなってから6か月以内
⑯ その資格を喪失した後3か月以内　⑰ その地域における医療及び介護
⑱ その保健医療の向上及び福祉の増進
⑲ 地域住民との身近な関係性の構築
⑳ 要介護状態等の軽減又は悪化の防止

健康保険法

問6 次の文中の［　　］の部分を選択肢の中の最も適切な語句で埋め、完全な文章とせよ。

1　任意継続被保険者の標準報酬月額については、原則として、次のアとイに掲げる額のうちいずれか少ない額をもって、その者の標準報酬月額とする。（改題）

ア　当該任意継続被保険者が被保険者の資格を喪失したときの標準報酬月額

イ　前年（1月から3月までの標準報酬月額については、前々年）の［A］全被保険者の同月の標準報酬月額を平均した額（健康保険組合が当該平均した額の範囲内において規約で定めた額があるときは、当該規約で定めた額）を標準報酬月額の基礎となる報酬月額とみなしたときの標準報酬月額

2　4月1日に労務不能となって3日間休業し、同月4日に一度は通常どおり出勤したものの、翌5日から再び労務不能となって休業した場合の傷病手当金の支給期間は、［B］通算されることになる。また、報酬があったために、その当初から支給停止されていた場合の傷病手当金の支給期間は、報酬を受けなくなった［C］又は報酬の額が傷病手当金の額より少なくなった［C］から通算されることになる。（改題）

3　全国健康保険協会は、毎事業年度末において、［D］において行った保険給付に要した費用の額（前期高齢者納付金等、後期高齢者支援金等及び日雇拠出金並びに介護納付金の納付に要した費用の額（前期高齢者交付金がある場合には、これを控除した額）を含み、健康保険法第153条及び第154条の規定による国庫補助の額を除く。）の1事業年度当たりの平均額の［E］に相当する額に達するまでは、当該事業年度の剰余金の額を準備金として積み立てなければならない。

選択肢

① 3月31日における健康保険の
② 3月31日における当該任意継続被保険者の属する保険者が管掌する
③ 4月1日から　④ 4月3日から
⑤ 4月4日から　⑥ 4月5日から
⑦ 9月30日における健康保険の
⑧ 9月30日における当該任意継続被保険者の属する保険者が管掌する
⑨ 12分の1　⑩ 12分の3
⑪ 12分の5　⑫ 12分の7
⑬ 当該事業年度及びその直前の2事業年度内
⑭ 当該事業年度及びその直前の事業年度内
⑮ 当該事業年度の直前の2事業年度内
⑯ 当該事業年度の直前の3事業年度内
⑰ 日　⑱ 日の2日後
⑲ 日の3日後　⑳ 日の翌日

厚生年金保険法

問7 次の文中の［　　］の部分を選択肢の中の最も適切な語句で埋め、完全な文章とせよ。

1　保険料の納付義務者が保険料を滞納した場合には、厚生労働大臣は納付義務者に対して期限を指定してこれを督促しなければならないが、この期限は督促状を［ A ］以上を経過した日でなければならない。これに対して、当該督促を受けた者がその指定の期限までに保険料を納付しないときは、厚生労働大臣は国税滞納処分の例によってこれを処分することができるが、厚生労働大臣は所定の要件に該当する場合にはこの権限を財務大臣に委任することができる。この要件のうち、滞納の月数と滞納の金額についての要件は、それぞれ［ B ］である。

2　政府は、財政の現況及び見通しを作成するに当たり、厚生年金保険事業の財政が、財政均衡期間の終了時に保険給付の支給に支障が生じないようにするために必要な積立金（年金特別会計の厚生年金勘定の積立金及び厚生年金保険法第79条の２に規定する実施機関積立金をいう。）を政府等が保有しつつ当該財政均衡期間にわたってその均衡を保つことができないと見込まれる場合には、［ C ］を調整するものとされている。

3　年金は、毎年２月、４月、６月、８月、10月及び12月の６期に、それぞれその前月分までを支払うが、前支払期月に支払うべきであった年金又は権利が消滅した場合若しくは年金の支給を停止した場合におけるその期の年金は、その額に１円未満の端数が生じたときはこれを切り捨てて、支払期月でない月であっても、支払うものとする。また、毎年［ D ］までの間において上記により切り捨てた金額の合計額（１円未満の端数が生じたときは、これを切り捨てた額）については、これを［ E ］の年金額に加算するものとする。

選択肢

① 1月から12月	② 3月から翌年2月
③ 4月から翌年3月	④ 9月から翌年8月
⑤ 12か月分以上及び1億円以上	⑥ 12か月分以上及び5千万円以上
⑦ 24か月分以上及び1億円以上	⑧ 24か月分以上及び5千万円以上
⑨ 国庫負担金の額	⑩ 次年度の4月の支払期月
⑪ 支払期月でない月	⑫ 受領した日から起算して10日
⑬ 受領した日から起算して20日	⑭ 積立金の額
⑮ 当該2月の支払期月	⑯ 当該12月の支払期月
⑰ 発する日から起算して10日	⑱ 発する日から起算して20日
⑲ 保険給付の額	⑳ 保険料の額

国民年金法

問8 次の文中の［　　］の部分を選択肢の中の最も適切な語句で埋め、完全な文章とせよ。

1　国民年金法第75条では、「積立金の運用は、積立金が国民年金の被保険者から徴収された保険料の一部であり、かつ、［ A ］となるものであることに特に留意し、専ら国民年金の被保険者の利益のために、長期的な観点から、安全かつ効率的に行うことにより、将来にわたつて、［ B ］に資することを目的として行うものとする。」と規定している。

2　国民年金法第92条の2の2の規定によると、厚生労働大臣は、被保険者から指定代理納付者をして当該被保険者の保険料を立て替えて納付させることを希望する旨の申出を受けたときは、その納付が確実と認められ、かつ、その申出を承認することが［ C ］と認められるときに限り、その申出を承認することができるとされている。

3　国民年金法第97条第1項では、「前条第1項の規定によつて督促をしたときは、厚生労働大臣は、徴収金額に、［ D ］までの期間の日数に応じ、年14.6パーセント（当該督促が保険料に係るものであるときは、当該［ E ］を経過する日までの期間については、年7.3パーセント）の割合を乗じて計算した延滞金を徴収する。ただし、徴収金額が500円未満であるとき、又は滞納につきやむを得ない事情があると認められるときは、この限りでない。」と規定している。

選択肢

①	国民年金事業の運営の安定	②	国民年金事業の円滑な実施
③	国民年金制度の維持	④	国民年金法の趣旨に合致する
⑤	財政基盤の強化	⑥	財政融資資金に預託する財源
⑦	支払準備金	⑧	将来の給付の貴重な財源
⑨	責任準備金		

⑩ 督促状に指定した期限の日から３月

⑪ 督促状に指定した期限の日から徴収金完納又は財産差押の日

⑫ 督促状に指定した期限の翌日から６月

⑬ 督促状に指定した期限の翌日から徴収金完納又は財産差押の日

⑭ 納期限の日から６月

⑮ 納期限の日から徴収金完納又は財産差押の日の前日

⑯ 納期限の翌日から３月

⑰ 納期限の翌日から徴収金完納又は財産差押の日の前日

⑱	被保険者にとって納付上便利	⑲	保険料納付率の向上に寄与する
⑳	保険料の徴収上有利		

令和元年度
(2019年度・第51回)
本試験問題
択一式

本試験実施時間

13：20～16：50（210分）

法令等略記凡例

法令等名称	法令等略称
労働者災害補償保険法	労災保険法
労働保険の保険料の徴収等に関する法律	労働保険徴収法
労働保険の保険料の徴収等に関する法律施行規則	労働保険徴収法施行規則
労働者派遣事業の適正な運営の確保及び派遣労働者の保護等に関する法律	労働者派遣法
高齢者の医療の確保に関する法律	高齢者医療確保法

労働基準法及び労働安全衛生法

問1 次に示す条件で賃金を支払われてきた労働者について7月20日に、労働基準法第12条に定める平均賃金を算定すべき事由が発生した場合、その平均賃金の計算に関する記述のうち、正しいものはどれか。

【条件】

賃金の構成：基本給、通勤手当、職務手当及び時間外手当

賃金の締切日：基本給、通勤手当及び職務手当については、毎月25日

時間外手当については、毎月15日

賃金の支払日：賃金締切日の月末

A　3月26日から6月25日までを計算期間とする基本給、通勤手当及び職務手当の総額をその期間の暦日数92で除した金額と4月16日から7月15日までを計算期間とする時間外手当の総額をその期間の暦日数91で除した金額を加えた金額が平均賃金になる。

B　4月、5月及び6月に支払われた賃金の総額をその計算期間の暦日数92で除した金額が平均賃金になる。

C　3月26日から6月25日までを計算期間とする基本給及び職務手当の総額をその期間の暦日数92で除した金額と4月16日から7月15日までを計算期間とする時間外手当の総額をその期間の暦日数91で除した金額を加えた金額が平均賃金になる。

D　通勤手当を除いて、4月、5月及び6月に支払われた賃金の総額をその計算期間の暦日数92で除した金額が平均賃金になる。

E　時間外手当を除いて、4月、5月及び6月に支払われた賃金の総額をその計算期間の暦日数92で除した金額が平均賃金になる。

問2 労働基準法第32条の2に定めるいわゆる1か月単位の変形労働時間制に関する次の記述のうち、正しいものはどれか。

A　1か月単位の変形労働時間制により労働者に労働させる場合にはその期間の起算日を定める必要があるが、その期間を1か月とする場合は、毎月1日から月末までの暦月による。

B　１か月単位の変形労働時間制は、満18歳に満たない者及びその適用除外を請求した育児を行う者については適用しない。

C　１か月単位の変形労働時間制により所定労働時間が、１日６時間とされていた日の労働時間を当日の業務の都合により８時間まで延長したが、その同一週内の１日10時間とされていた日の労働を８時間に短縮した。この場合、１日６時間とされていた日に延長した２時間の労働は時間外労働にはならない。

D　１か月単位の変形労働時間制は、就業規則その他これに準ずるものによる定めだけでは足りず、例えば当該事業場に労働者の過半数で組織する労働組合がある場合においてはその労働組合と書面により協定し、かつ、当該協定を所轄労働基準監督署長に届け出ることによって、採用することができる。

E　１か月単位の変形労働時間制においては、１日の労働時間の限度は16時間、１週間の労働時間の限度は60時間の範囲内で各労働日の労働時間を定めなければならない。

問３　**労働基準法の総則に関する次のアからオの記述のうち、誤っているものの組合せは、後記ＡからＥまでのうちどれか。**

ア　労働基準法第４条が禁止する「女性であることを理由」とした賃金についての差別には、社会通念として女性労働者が一般的に勤続年数が短いことを理由として女性労働者の賃金に差別をつけることが含まれるが、当該事業場において実際に女性労働者が平均的に勤続年数が短いことを理由として女性労働者の賃金に差別をつけることは含まれない。

イ　労働基準法第５条は、使用者は、労働者の意思に反して労働を強制してはならない旨を定めているが、このときの使用者と労働者との労働関係は、必ずしも形式的な労働契約により成立していることを要求するものではなく、事実上の労働関係が存在していると認められる場合であれば足りる。

ウ　労働基準法第７条に基づき「労働者が労働時間中に、選挙権その他公民としての権利を行使」した場合の給与に関しては、有給であろうと無給であろうと当事者の自由に委ねられている。

エ　いわゆる芸能タレントは、「当人の提供する歌唱、演技等が基本的に他人によって代替できず、芸術性、人気等当人の個性が重要な要素となっている」「当人に対する報酬は、稼働時間に応じて定められるものではない」「リハーサル、出演時間等スケジュールの関係から時間が制約されることはあっても、プロダクション等との関係では時間的に拘束されることはない」「契約形態が雇用契約ではない」のいずれにも該当する場合には、労働基準法第９条の労働者には該当しない。

オ　私有自動車を社用に提供する者に対し、社用に用いた場合のガソリン代は走行距離に応じて支給される旨が就業規則等に定められている場合、当該ガソリン代は、労働基準法第11条にいう「賃金」に当たる。

A（アとウ）　**B**（アとエ）　**C**（アとオ）
D（イとエ）　**E**（イとオ）

問４　**労働基準法に定める労働契約等に関する次の記述のうち、正しいものはどれか。**

A　労働契約の期間に関する事項は、書面等により明示しなければならないが、期間の定めをしない場合においては期間の明示のしようがないので、この場合においては何ら明示しなくてもよい。

B　中小企業等において行われている退職積立金制度のうち、使用者以外の第三者たる商店会又はその連合会等が労働者の毎月受けるべき賃金の一部を積み立てたものと使用者の積み立てたものを財源として行っているものについては、労働者がその意思に反してもこのような退職積立金制度に加入せざるを得ない場合でも、労働基準法第18条の禁止する強制貯蓄には該当しない。

C　使用者は、女性労働者が出産予定日より６週間（多胎妊娠の場合にあっては、14週間）前以内であっても、当該労働者が労働基準法第65条に基づく産前の休業を請求しないで就労している場合は、労働基準法第19条による解雇制限を受けない。

D　使用者は、労働者を解雇しようとする場合においては、少なくとも30日前にその予告をしなければならないが、予告期間の計算は労働日で計算されるので、休業日は当該予告期間には含まれない。

E　使用者は、労働者が自己の都合により退職した場合には、使用期間、業務の種類、その事業における地位、賃金又は退職の事由について、労働者が証明書を請求したとしても、これを交付する義務はない。

問5　労働基準法に定める賃金等に関する次の記述のうち、正しいものはどれか。

A　労働基準法第24条第１項は、賃金は、「法令に別段の定めがある場合又は当該事業場の労働者の過半数で組織する労働組合があるときはその労働組合、労働者の過半数で組織する労働組合がないときは労働者の過半数を代表する者との書面による協定がある場合においては、通貨以外のもので支払うことができる。」と定めている。

B　賃金にあたる退職金債権放棄の効力について、労働者が賃金にあたる退職金債権を放棄する旨の意思表示をした場合、それが労働者の自由な意思に基づくものであると認めるに足りる合理的な理由が客観的に存在するときは、当該意思表示は有効であるとするのが、最高裁判所の判例である。

C　労働基準法第24条第２項にいう「一定の期日」の支払については、「毎月15日」等と暦日を指定することは必ずしも必要ではなく、「毎月第２土曜日」のような定めをすることも許される。

D　労働基準法第25条により労働者が非常時払を請求しうる事由のうち、「疾病」とは、業務上の疾病、負傷をいい、業務外のいわゆる私傷病は含まれない。

E　労働基準法第26条に定める休業手当は、賃金とは性質を異にする特別の手当であり、その支払については労働基準法第24条の規定は適用されない。

問6　労働基準法に定める労働時間等に関する次の記述のうち、誤っているものはどれか。

A　労働基準法第32条第２項にいう「１日」とは、午前０時から午後12時までのいわゆる暦日をいい、継続勤務が２暦日にわたる場合には、たとえ暦日を異にする場合でも１勤務として取り扱い、当該勤務は始業時刻の属する日の労働として、当該日の「１日」の労働とする。

B　労働基準法第32条の３に定めるいわゆるフレックスタイム制について、清算期間が１か月を超える場合において、清算期間を１か月ごとに区分した各期間を平均して１週間当たり50時間を超えて労働させた場合は時間外労働に該当するため、労働基準法第36条第１項の協定の締結及び届出が必要となり、清算期間の途中であっても、当該各期間に対応した賃金支払日に割増賃金を支払わなければならない。

C　労働基準法第38条の２に定めるいわゆる事業場外労働のみなし労働時間制に関する労使協定で定める時間が法定労働時間以下である場合には、当該労使協定を所轄労働基準監督署長に届け出る必要はない。

D「いわゆる定額残業代の支払を法定の時間外手当の全部又は一部の支払とみなすことができるのは、定額残業代を上回る金額の時間外手当が法律上発生した場合にその事実を労働者が認識して直ちに支払を請求することができる仕組み（発生していない場合にはそのことを労働者が認識することができる仕組み）が備わっており、これらの仕組みが雇用主により誠実に実行されているほか、基本給と定額残業代の金額のバランスが適切であり、その他法定の時間外手当の不払や長時間労働による健康状態の悪化など労働者の福祉を損なう出来事の温床となる要因がない場合に限られる。」とするのが、最高裁判所の判例である。

E　労働基準法第39条に定める年次有給休暇は、１労働日（暦日）単位で付与するのが原則であるが、半日単位による付与については、年次有給休暇の取得促進の観点から、労働者がその取得を希望して時季を指定し、これに使用者が同意した場合であって、本来の取得方法による休暇取得の阻害とならない範囲で適切に運用されている場合には認められる。

問７　労働基準法に定める就業規則等に関する次の記述のうち、正しいものはどれか。

A　労働基準法第89条に定める「常時10人以上の労働者」の算定において、１週間の所定労働時間が20時間未満の労働者は0.5人として換算するものとされている。

B　使用者は、就業規則を、①常時各作業場の見やすい場所へ掲示し、又は備え付けること、②書面を交付すること、③磁気テープ、磁気ディスクその他これらに準ずる物に記録し、かつ、各作業場に労働者が当該記録の内容を常時確認できる機器を設置することのいずれかの方法により、労働者に周知させなければならない。

C　就業規則の作成又は変更について、使用者は、当該事業場の労働者の過半数で組織する労働組合がある場合においてはその労働組合、それがない場合には労働者の過半数を代表する者と協議決定することが要求されている。

D　就業規則中に、懲戒処分を受けた場合には昇給させない旨の欠格条件を定めることは、労働基準法第91条に違反するものとして許されない。

E　同一事業場において、労働者の勤務態様、職種等によって始業及び終業の時刻が異なる場合は、就業規則には、例えば「労働時間は１日８時間とする」と労働時間だけ定めることで差し支えない。

問８　次に示す建設工事現場における安全衛生管理に関する記述のうち、誤っているものはどれか。

甲社：本件建設工事の発注者

乙社：本件建設工事を甲社から請け負って当該建設工事現場で仕事をしている事業者。常時10人の労働者が現場作業に従事している。

丙社：乙社から工事の一部を請け負って当該建設工事現場で仕事をしているいわゆる一次下請事業者。常時30人の労働者が現場作業に従事している。

丁社：丙社から工事の一部を請け負って当該建設工事現場で仕事をしているいわゆる二次下請事業者。常時20人の労働者が現場作業に従事している。

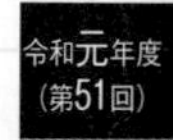

A　乙社は、自社の労働者、丙社及び丁社の労働者の作業が同一の場所において行われることによって生ずる労働災害を防止するため、協議組織を設置しなければならないが、この協議組織には、乙社が直接契約を交わした丙社のみならず、丙社が契約を交わしている丁社も参加させなければならず、丙社及び丁社はこれに参加しなければならない。

B　乙社は、特定元方事業者として統括安全衛生責任者を選任し、その者に元方安全衛生管理者の指揮をさせなければならない。

C　丙社及び丁社は、それぞれ安全衛生責任者を選任しなければならない。

D　丁社の労働者が、当該仕事に関し、労働安全衛生法に違反していると認めるときに、その是正のために元方事業者として必要な指示を行う義務は、丙社に課せられている。

E　乙社が足場を設置し、自社の労働者のほか丙社及び丁社の労働者にも使用させている場合において、例えば、墜落により労働者に危険を及ぼすおそれのある箇所に労働安全衛生規則で定める足場用墜落防止設備が設けられていなかった。この場合、乙社、丙社及び丁社は、それぞれ事業者として自社の労働者の労働災害を防止するための措置義務を負うほか、乙社は、丙社及び丁社の労働者の労働災害を防止するため、注文者としての措置義務も負う。

問9　労働安全衛生法第42条により、厚生労働大臣が定める規格又は安全装置を具備しなければ、譲渡し、貸与し、又は設置してはならないとされているものとして掲げた次の機械等（本邦の地域内で使用されないことが明らかな場合を除く。）のうち、誤っているものはどれか。

A　プレス機械又はシャーの安全装置

B　木材加工用丸のこ盤及びその反発予防装置又は歯の接触予防装置

C　保護帽

D　墜落制止用器具

E　天板の高さが１メートル以上の脚立

問10　労働安全衛生法第66条の定めに基づいて行う健康診断に関する次の記述のうち、正しいものはどれか。

A　事業者は、常時使用する労働者に対し、定期に、所定の項目について医師による健康診断を行わなければならないとされているが、その費用については、事業者が全額負担すべきことまでは求められていない。

B　事業者は、常時使用する労働者を雇い入れるときは、当該労働者に対し、所定の項目について医師による健康診断を行わなければならないが、医師による健康診断を受けた後、6か月を経過しない者を雇い入れる場合において、その者が当該健康診断の結果を証明する書面を提出したときは、当該健康診断の項目については、この限りでない。

C　期間の定めのない労働契約により使用される短時間労働者に対する一般健康診断の実施義務は、1週間の労働時間数が当該事業場において同種の業務に従事する通常の労働者の1週間の所定労働時間数の4分の3以上の場合に課せられているが、1週間の労働時間数が当該事業場において同種の業務に従事する通常の労働者の1週間の所定労働時間数のおおむね2分の1以上である者に対しても実施することが望ましいとされている。

D　産業医が選任されている事業場で法定の健康診断を行う場合は、産業医が自ら行うか、又は産業医が実施の管理者となって健診機関に委託しなければならない。

E　事業者は、厚生労働省令で定めるところにより、受診したすべての労働者の健康診断の結果を記録しておかなければならないが、健康診断の受診結果の通知は、何らかの異常所見が認められた労働者に対してのみ行えば足りる。

労働者災害補償保険法（労働保険の保険料の徴収等に関する法律を含む。）

問1 労災保険に関する次の記述のうち、誤っているものはどれか。

A 年金たる保険給付の支給は、支給すべき事由が生じた月の翌月から始めるものとされている。

B 事業主は、その事業についての労災保険に係る保険関係が消滅したときは、その年月日を労働者に周知させなければならない。

C 労災保険法、労働者災害補償保険法施行規則並びに労働者災害補償保険特別支給金支給規則の規定による申請書、請求書、証明書、報告書及び届書のうち厚生労働大臣が別に指定するもの並びに労働者災害補償保険法施行規則の規定による年金証書の様式は、厚生労働大臣が別に定めて告示するところによらなければならない。

D 行政庁は、保険給付に関して必要があると認めるときは、保険給付を受け、又は受けようとする者（遺族補償年金、複数事業労働者遺族年金又は遺族年金の額の算定の基礎となる者を含む。）に対し、その指定する医師の診断を受けるべきことを命ずることができる。（改題）

E 労災保険に係る保険関係が成立し、若しくは成立していた事業の事業主又は労働保険事務組合若しくは労働保険事務組合であった団体は、労災保険に関する書類を、その完結の日から5年間保存しなければならない。

問2 保険給付に関する通知、届出等についての次の記述のうち、正しいものはいくつあるか。

ア 所轄労働基準監督署長は、年金たる保険給付の支給の決定の通知をするときは、①年金証書の番号、②受給権者の氏名及び生年月日、③年金たる保険給付の種類、④支給事由が生じた年月日を記載した年金証書を当該受給権者に交付しなければならない。

イ 保険給付の原因である事故が第三者の行為によって生じたときは、保険給付を受けるべき者は、その事実、第三者の氏名及び住所（第三者の氏名及び住所がわからないときは、その旨）並びに被害の状況を、遅滞なく、所轄労働基準監督署長に届け出なければならない。

ウ　保険給付を受けるべき者が、事故のため、自ら保険給付の請求その他の手続を行うことが困難である場合でも、事業主は、その手続を行うことができるよう助力する義務はない。

エ　事業主は、保険給付を受けるべき者から保険給付を受けるために必要な証明を求められたときは、すみやかに証明をしなければならない。

オ　事業主は、当該事業主の事業に係る業務災害、複数業務要因災害又は通勤災害に関する保険給付の請求について、所轄労働基準監督署長に意見を申し出ることはできない。（改題）

A　一つ

B　二つ

C　三つ

D　四つ

E　五つ

問3　厚生労働省労働基準局長通知（「血管病変等を著しく増悪させる業務による脳血管疾患及び虚血性心疾患等の認定基準について」令和３年９月14日付け基発0914第１号）において、発症に近接した時期において、特に過重な業務（以下「短期間の過重業務」という。）に就労したことによる明らかな過重負荷を受けたことにより発症した脳・心臓疾患は、業務上の疾病として取り扱うとされている。「短期間の過重業務」に関する次の記述のうち、誤っているものはどれか。（改題）

A　特に過重な業務とは、日常業務に比較して特に過重な身体的、精神的負荷を生じさせたと客観的に認められる業務をいうものであり、ここでいう日常業務とは、通常の所定労働時間内の所定業務内容をいう。

B　発症に近接した時期とは、発症前おおむね１週間をいう。

C 特に過重な業務に就労したと認められるか否かについては、業務量、業務内容、作業環境等を考慮し、同種労働者にとっても、特に過重な身体的、精神的負荷と認められる業務であるか否かという観点から、客観的かつ総合的に判断することとされているが、ここでいう同種労働者とは、当該疾病を発症した労働者と職種、職場における立場や職責、年齢、経験等が類似する者をいい、基礎疾患を有する者は含まない。

D 業務の過重性の具体的な評価に当たって十分検討すべき負荷要因の一つとして、拘束時間の長い勤務が挙げられており、拘束時間数、実労働時間数、労働密度（実作業時間と手待時間との割合等）、休憩・仮眠時間数及び回数、休憩・仮眠施設の状況（広さ、空調、騒音等）、業務内容等の観点から検討し、評価することとされている。

E （改正により削除）

問4 派遣労働者に係る労災保険給付に関する次の記述のうち、誤っているものはどれか。

A 派遣労働者に係る業務災害の認定に当たっては、派遣労働者が派遣元事業主との間の労働契約に基づき派遣元事業主の支配下にある場合及び派遣元事業と派遣先事業との間の労働者派遣契約に基づき派遣先事業主の支配下にある場合には、一般に業務遂行性があるものとして取り扱うこととされている。

B 派遣労働者に係る業務災害の認定に当たっては、派遣元事業場と派遣先事業場との間の往復の行為については、それが派遣元事業主又は派遣先事業主の業務命令によるものであれば一般に業務遂行性が認められるものとして取り扱うこととされている。

C 派遣労働者に係る通勤災害の認定に当たっては、派遣元事業主又は派遣先事業主の指揮命令により業務を開始し、又は終了する場所が「就業の場所」となるため、派遣労働者の住居と派遣元事業場又は派遣先事業場との間の往復の行為は、一般に「通勤」となるものとして取り扱うこととされている。

D 派遣労働者の保険給付の請求に当たっては、当該派遣労働者に係る労働者派遣契約の内容等を把握するため、当該派遣労働者に係る「派遣元管理台帳」の写しを保険給付請求書に添付することとされている。

E　派遣労働者の保険給付の請求に当たっては、保険給付請求書の事業主の証明は派遣先事業主が行うこととされている。

問5　**療養補償給付又は療養給付に関する次の記述のうち、誤っているものはどれか。**

A　療養の給付は、社会復帰促進等事業として設置された病院若しくは診療所又は都道府県労働局長の指定する病院若しくは診療所、薬局若しくは訪問看護事業者（「指定病院等」という。以下本問において同じ。）において行われ、指定病院等に該当しないときは、厚生労働大臣が健康保険法に基づき指定する病院であっても、療養の給付は行われない。

B　療養の給付を受ける労働者は、当該療養の給付を受けている指定病院等を変更しようとするときは、所定の事項を記載した届書を、新たに療養の給付を受けようとする指定病院等を経由して所轄労働基準監督署長に提出するものとされている。

C　病院等の付属施設で、医師が直接指導のもとに行う温泉療養については、療養補償給付の対象となることがある。

D　被災労働者が、災害現場から医師の治療を受けるために医療機関に搬送される途中で死亡したときは、搬送費用が療養補償給付の対象とはなり得ない。

E　療養給付を受ける労働者から一部負担金を徴収する場合には、労働者に支給される休業給付であって最初に支給すべき事由の生じた日に係るものの額から一部負担金の額に相当する額を控除することにより行われる。

問6　**特別支給金に関する次の記述のうち、正しいものはいくつあるか。**

ア　既に身体障害のあった者が、業務上の事由、複数事業労働者の2以上の事業の業務を要因とする事由又は通勤による負傷又は疾病により同一の部位について障害の程度を加重した場合における当該事由に係る障害特別支給金の額は、現在の身体障害の該当する障害等級に応ずる障害特別支給金の額である。（改題）

イ　傷病特別支給金の支給額は、傷病等級に応じて定額であり、傷病等級第1級の場合は、114万円である。

ウ 休業特別支給金の支給を受けようとする者は、その支給申請の際に、所轄労働基準監督署長に、特別給与の総額を記載した届書を提出しなければならない。特別給与の総額については、事業主の証明を受けなければならない。

エ （改正により削除）

オ 特別支給金は、社会復帰促進等事業の一環として被災労働者等の福祉の増進を図るために行われるものであり、譲渡、差押えは禁止されている。

A 一つ

B 二つ

C 三つ

D 四つ

E 五つ

問7 政府が労災保険の適用事業に係る労働者及びその遺族について行う社会復帰促進等事業として誤っているものは、次のうちどれか。

A 被災労働者に係る葬祭料の給付

B 被災労働者の受ける介護の援護

C 被災労働者の遺族の就学の援護

D 被災労働者の遺族が必要とする資金の貸付けによる援護

E 業務災害の防止に関する活動に対する援助

問8 労働保険の保険料に関する次の記述のうち、正しいものはどれか。

A 労働保険徴収法第10条において政府が徴収する労働保険料として定められているものは、一般保険料、第1種特別加入保険料、第2種特別加入保険料、第3種特別加入保険料及び印紙保険料の計5種類である。

B 一般保険料の額は、原則として、賃金総額に一般保険料率を乗じて算出されるが、労災保険及び雇用保険に係る保険関係が成立している事業にあっては、労災保険率、雇用保険率及び事務経費率を加えた率がこの一般保険料率になる。

C　賃金総額の特例が認められている請負による建設の事業においては、請負金額に労務費率を乗じて得た額が賃金総額となるが、ここにいう請負金額とは、いわゆる請負代金の額そのものをいい、注文者等から支給又は貸与を受けた工事用物の価額等は含まれない。

D　継続事業で特別加入者がいない場合の概算保険料は、その保険年度に使用するすべての労働者（保険年度の中途に保険関係が成立したものについては、当該保険関係が成立した日からその保険年度の末日までに使用するすべての労働者）に係る賃金総額（その額に1,000円未満の端数があるときは、その端数は、切り捨てる。以下本肢において同じ。）の見込額が、直前の保険年度の賃金総額の100分の50以上100分の200以下である場合は、直前の保険年度に使用したすべての労働者に係る賃金総額に当該事業についての一般保険料に係る保険料率を乗じて算定する。

E　政府は、厚生労働省令で定めるところにより、事業主の申請に基づき、その者が労働保険徴収法第15条の規定により納付すべき概算保険料を延納させることができるが、有期事業以外の事業にあっては、当該保険年度において9月1日以降に保険関係が成立した事業はその対象から除かれる。

問9　労働保険の保険料に関する次の記述のうち、正しいものはどれか。

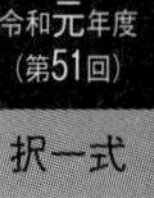

A　一般保険料における雇用保険率について、建設の事業、清酒製造の事業及び園芸サービスの事業は、それらの事業以外の一般の事業に適用する料率とは別に料率が定められている。

B　継続事業（一括有期事業を含む。）の事業主は、保険年度の中途に労災保険法第34条第1項の承認が取り消された事業に係る第1種特別加入保険料に関して、当該承認が取り消された日から50日以内に確定保険料申告書を提出しなければならない。

C　事業主は、既に納付した概算保険料の額のうち確定保険料の額を超える額（超過額）の還付を請求できるが、その際、労働保険料還付請求書を所轄都道府県労働局歳入徴収官に提出しなければならない。

D 事業主は、既に納付した概算保険料の額と確定保険料の額が同一であり過不足がないときは、確定保険料申告書を所轄都道府県労働局歳入徴収官に提出するに当たって、日本銀行（本店、支店、代理店及び歳入代理店をいう。）、年金事務所（日本年金機構法第29条の年金事務所をいう。）又は所轄労働基準監督署長を経由して提出できる。（改題）

E 事業主が提出した確定保険料申告書の記載に誤りがあり、労働保険料の額が不足していた場合、所轄都道府県労働局歳入徴収官は労働保険料の額を決定し、これを事業主に通知する。このとき事業主は、通知を受けた日の翌日から起算して30日以内にその不足額を納付しなければならない。

問10 労働保険の保険関係の成立及び消滅に関する次のアからオの記述のうち、誤っているものの組合せは、後記ＡからＥまでのうちどれか。

ア 一元適用事業であって労働保険事務組合に事務処理を委託しないもののうち雇用保険に係る保険関係のみが成立する事業は、保険関係成立届を所轄公共職業安定所長に提出することとなっている。

イ 建設の事業に係る事業主は、労災保険に係る保険関係が成立するに至ったときは労災保険関係成立票を見やすい場所に掲げなければならないが、当該事業を一時的に休止するときは、当該労災保険関係成立票を見やすい場所から外さなければならない。

ウ 労災保険暫定任意適用事業の事業主が、その事業に使用される労働者の同意を得ずに労災保険に任意加入の申請をした場合、当該申請は有効である。

エ 労災保険に係る保険関係が成立している労災保険暫定任意適用事業の事業主が、労災保険に係る保険関係の消滅を申請する場合、保険関係消滅申請書に労働者の同意を得たことを証明することができる書類を添付する必要はない。

オ 労働保険の保険関係が成立した事業の事業主は、その成立した日から10日以内に、法令で定める事項を政府に届け出ることとなっているが、有期事業にあっては、事業の予定される期間も届出の事項に含まれる。

A（アとウ）　**B**（アとエ）　**C**（イとエ）
D（イとオ）　**E**（エとオ）

雇用保険法（労働保険の保険料の徴収等に関する法律を含む。）

問1 雇用保険法第14条に規定する被保険者期間に関する次の記述のうち、正しいものはどれか。

A 最後に被保険者となった日前に、当該被保険者が特例受給資格を取得したことがある場合においては、当該特例受給資格に係る離職の日以前における被保険者であった期間は、被保険者期間に含まれる。

B 労働した日により算定された本給が11日分未満しか支給されないときでも、家族手当、住宅手当の支給が1月分あれば、その月は被保険者期間に算入する。

C 二重に被保険者資格を取得していた被保険者が一の事業主の適用事業から離職した後に他の事業主の適用事業から離職した場合、被保険者期間として計算する月は、前の方の離職の日に係る算定対象期間について算定する。

D 一般被保険者である日給者が離職の日以前1か月のうち10日間は報酬を受けて労働し、7日間は労働基準法第26条の規定による休業手当を受けて現実に労働していないときは、当該離職の日以前1か月は被保険者期間として算入しない。

E 雇用保険法第9条の規定による被保険者となったことの確認があった日の2年前の日前における被保険者であった期間は被保険者期間の計算には含めないが、当該2年前の日より前に、被保険者の負担すべき額に相当する額がその者に支払われた賃金から控除されていたことが明らかである時期がある場合は、その時期のうち最も古い時期として厚生労働省令で定める日以後の被保険者であった期間は、被保険者期間の計算に含める。

問2 基本手当の日額に関する次の記述のうち、誤っているものはいくつあるか。

ア 育児休業に伴う勤務時間短縮措置により賃金が低下している期間中に事業所の倒産により離職し受給資格を取得し一定の要件を満たした場合において、離職時に算定される賃金日額が勤務時間短縮措置開始時に離職したとみなした場合に算定される賃金日額に比べて低いとき、勤務時間短縮措置開始時に離職したとみなした場合に算定される賃金日額により基本手当の日額を算定する。

イ 基本手当の日額の算定に用いる賃金日額の計算に当たり算入される賃金は、原則として、算定対象期間において被保険者期間として計算された最後の3か月間に支払われたものに限られる。

ウ 受給資格に係る離職の日において60歳以上65歳未満である受給資格者に対する基本手当の日額は、賃金日額に100分の80から100分の45までの範囲の率を乗じて得た金額である。

エ 厚生労働大臣は、4月1日からの年度の平均給与額が平成27年4月1日から始まる年度（自動変更対象額が変更されたときは、直近の当該変更がされた年度の前年度）の平均給与額を超え、又は下るに至った場合においては、その上昇し、又は低下した比率に応じて、その翌年度の8月1日以後の自動変更対象額を変更しなければならない。

オ 失業の認定に係る期間中に得た収入によって基本手当が減額される自己の労働は、原則として1日の労働時間が4時間未満のもの（被保険者となる場合を除く。）をいう。

A 一つ

B 二つ

C 三つ

D 四つ

E 五つ

問3 失業の認定に関する次の記述のうち、誤っているものはどれか。

A　管轄公共職業安定所長は、基本手当の受給資格者の申出によって必要があると認めるときは、他の公共職業安定所長に対し、その者について行う基本手当に関する事務を委嘱することができる。

B　公共職業安定所長の指示した公共職業訓練を受ける受給資格者に係る失業の認定は、当該受給資格者が離職後最初に出頭した日から起算して4週間に1回ずつ直前の28日の各日について行う。

C　職業に就くためその他やむを得ない理由のため失業の認定日に管轄公共職業安定所に出頭することができない者は、管轄公共職業安定所長に対し、失業の認定日の変更を申し出ることができる。

D　受給資格者が天災その他やむを得ない理由により公共職業安定所に出頭することができなかったときは、その理由がなくなった最初の失業の認定日に出頭することができなかった理由を記載した証明書を提出した場合、当該証明書に記載された期間内に存在した認定日において認定すべき期間をも含めて、失業の認定を行うことができる。

E　公共職業安定所長によって労働の意思又は能力がないものとして受給資格が否認されたことについて不服がある者は、当該処分があったことを知った日の翌日から起算して3か月を経過するまでに、雇用保険審査官に対して審査請求をすることができる。

問4 雇用保険事務に関する次の記述のうち、誤っているものはどれか。

A　雇用保険に関する事務（労働保険徴収法施行規則第1条第1項に規定する労働保険関係事務を除く。）のうち都道府県知事が行う事務は、雇用保険法第5条第1項に規定する適用事業の事業所の所在地を管轄する都道府県知事が行う。

B　介護休業給付関係手続については、介護休業給付金の支給を受けようとする被保険者を雇用する事業主の事業所の所在地を管轄する公共職業安定所において行う。

C　教育訓練給付金に関する事務は、教育訓練給付対象者の住所又は居所を管轄する公共職業安定所長が行う。

D　雇用保険法第38条第1項に規定する短期雇用特例被保険者に該当するかどうかの確認は、厚生労働大臣の委任を受けたその者の住所又は居所を管轄する都道府県知事が行う。

E　未支給の失業等給付の請求を行う者についての当該未支給の失業等給付に関する事務は、受給資格者等の死亡の当時の住所又は居所を管轄する公共職業安定所長が行う。

問5 就職促進給付に関する次の記述のうち、正しいものはどれか。

A　厚生労働省令で定める安定した職業に就いた者であって、当該職業に就いた日の前日における基本手当の支給残日数が当該受給資格に基づく所定給付日数の3分の1以上あるものは、就業手当を受給することができる。

B　移転費は、受給資格者等が公共職業安定所、職業安定法第4条第9項に規定する特定地方公共団体若しくは同法第18条の2に規定する職業紹介事業者の紹介した職業に就くため、又は公共職業安定所長の指示した公共職業訓練等を受けるため、その住所又は居所を変更する場合において、公共職業安定所長が厚生労働大臣の定める基準に従って必要があると認めたときに、支給される。(改題)

C　身体障害者その他就職が困難な者として厚生労働省令で定めるものが基本手当の支給残日数の3分の1未満を残して厚生労働大臣の定める安定した職業に就いたときは、当該受給資格者は再就職手当を受けることができる。

D　早期再就職者に係る再就職手当の額は、支給残日数に相当する日数に10分の6を乗じて得た数に基本手当日額を乗じて得た額である。

E　短期訓練受講費の額は、教育訓練の受講のために支払った費用に100分の40を乗じて得た額（その額が10万円を超えるときは、10万円）である。

問6 高年齢雇用継続給付に関する次の記述のうち、誤っているものはどれか。

A　60歳に達した日に算定基礎期間に相当する期間が5年に満たない者が、その後継続雇用され算定基礎期間に相当する期間が5年に達した場合、他の要件を満たす限り算定基礎期間に相当する期間が5年に達する日の属する月から65歳に達する日の属する月まで高年齢雇用継続基本給付金が支給される。

B　支給対象月に支払われた賃金の額が、みなし賃金日額に30を乗じて得た額の100分の60に相当する場合、高年齢雇用継続基本給付金の額は、当該賃金の額に100分の15を乗じて得た額（ただし、その額に当該賃金の額を加えて得た額が支給限度額を超えるときは、支給限度額から当該賃金の額を減じて得た額）となる。

C　受給資格者が冠婚葬祭等の私事により欠勤したことで賃金の減額が行われた場合のみなし賃金日額は、実際に支払われた賃金の額により算定された額となる。

D　高年齢再就職給付金の支給を受けることができる者が、同一の就職につき雇用保険法第56条の3第1項第1号ロに定める就業促進手当の支給を受けることができる場合において、その者が就業促進手当の支給を受けたときは高年齢再就職給付金を支給しない。

E　再就職の日が月の途中である場合、その月の高年齢再就職給付金は支給しない。

問7　**雇用安定事業及び能力開発事業に関する次の記述のうち、誤っているものはどれか。**

A　短時間休業により雇用調整助成金を受給しようとする事業主は、休業等の期間、休業等の対象となる労働者の範囲、手当又は賃金の支払の基準その他休業等の実施に関する事項について、あらかじめ事業所の労働者の過半数で組織する労働組合（労働者の過半数で組織する労働組合がないときは、労働者の過半数を代表する者。）との間に書面による協定をしなければならない。

B　キャリアアップ助成金は、特定地方独立行政法人に対しては、支給しない。

C　雇用調整助成金は、労働保険料の納付の状況が著しく不適切である事業主に対しては、支給しない。

D　一般トライアルコース助成金は、雇い入れた労働者が雇用保険法の一般被保険者となって3か月を経過したものについて、当該労働者を雇い入れた事業主が適正な雇用管理を行っていると認められるときに支給する。

E　国庫は、毎年度、予算の範囲内において、就職支援法事業に要する費用（雇用保険法第66条第１項第５号に規定する費用を除く。）及び雇用保険事業の事務の執行に要する経費を負担する。（改題）

問８　労働保険料の督促等に関する次の記述のうち、誤っているものはどれか。

A　労働保険徴収法第27条第１項は、「労働保険料その他この法律の規定による徴収金を納付しない者があるときは、政府は、期限を指定して督促しなければならない。」と定めているが、この納付しない場合の具体的な例には、保険年度の６月１日を起算日として40日以内又は保険関係成立の日の翌日を起算日として50日以内に（延納する場合には各々定められた納期限までに）納付すべき概算保険料の完納がない場合がある。

B　労働保険徴収法第27条第３項に定める「労働保険料その他この法律の規定による徴収金」には、法定納期限までに納付すべき概算保険料、法定納期限までに納付すべき確定保険料及びその確定不足額等のほか、追徴金や認定決定に係る確定保険料及び確定不足額も含まれる。

C　労働保険徴収法第27条第２項により政府が発する督促状で指定すべき期限は、「督促状を発する日から起算して10日以上経過した日でなければならない。」とされているが、督促状に記載した指定期限経過後に督促状が交付され、又は公示送達されたとしても、その督促は無効であり、これに基づいて行った滞納処分は違法となる。

D　延滞金は、労働保険料の額が1,000円未満であるとき又は延滞金の額が100円未満であるときは、徴収されない。

E　政府は、労働保険料の督促をしたときは、労働保険料の額につき年14.6％の割合で、督促状で指定した期限の翌日からその完納又は財産差押えの日の前日までの期間の日数により計算した延滞金を徴収する。

問９　労働保険事務組合に関する次の記述のうち、正しいものはどれか。

A　金融業を主たる事業とする事業主であり、常時使用する労働者が50人を超える場合、労働保険事務組合に労働保険事務の処理を委託することはできない。

B　労働保険事務組合は、労災保険に係る保険関係が成立している二元適用事業の事業主から労働保険事務の処理に係る委託があったときは、労働保険徴収法施行規則第64条に掲げられている事項を記載した届書を、所轄労働基準監督署長又は所轄公共職業安定所長を経由して都道府県労働局長に提出しなければならない。

C　労働保険事務組合は、定款に記載された事項に変更を生じた場合には、その変更があった日の翌日から起算して14日以内に、その旨を記載した届書を厚生労働大臣に提出しなければならない。

D　労働保険事務組合は、団体の構成員又は連合団体を構成する団体の構成員である事業主その他厚生労働省令で定める事業主（厚生労働省令で定める数を超える数の労働者を使用する事業主を除く。）の委託を受けて、労災保険の保険給付に関する請求の事務を行うことができる。

E　労働保険事務組合が、委託を受けている事業主から交付された追徴金を督促状の指定期限までに納付しなかったために発生した延滞金について、政府は当該労働保険事務組合と当該事業主の両者に対して同時に当該延滞金に関する処分を行うこととなっている。

問10 労働保険の保険料の徴収等に関する次の記述のうち、正しいものはどれか。

A　事業主は、被保険者が負担すべき労働保険料相当額を被保険者に支払う賃金から控除できるが、日雇労働被保険者の賃金から控除できるのは、当該日雇労働被保険者が負担すべき一般保険料の額に限られており、印紙保険料に係る額については部分的にも控除してはならない。

B　行政庁の職員が、確定保険料の申告内容に疑いがある事業主に対して立入検査を行う際に、当該事業主が立入検査を拒み、これを妨害した場合、30万円以下の罰金刑に処せられるが懲役刑に処せられることはない。

C　労働保険徴収法第２条第２項の賃金に算入すべき通貨以外のもので支払われる賃金の範囲は、労働保険徴収法施行規則第３条により「食事、被服及び住居の利益のほか、所轄労働基準監督署長又は所轄公共職業安定所長の定めるところによる」とされている。

D　行政庁は、厚生労働省令で定めるところにより、労働保険の保険関係が成立している事業主又は労働保険事務組合に対して、労働保険徴収法の施行に関して出頭を命ずることができるが、過去に労働保険事務組合であった団体に対しては命ずることができない。

E　事業主は、あらかじめ代理人を選任した場合であっても、労働保険徴収法施行規則によって事業主が行わなければならない事項については、その代理人に行わせることができない。

労務管理その他の労働及び社会保険に関する一般常識

問1 我が国の常用労働者１人１か月平均の労働費用に関する次の記述のうち、誤っているものはどれか。

なお、本問は、「平成28年就労条件総合調査（厚生労働省）」を参照しており、当該調査による用語及び統計等を利用している。

A 「労働費用総額」に占める「現金給与額」の割合は約７割、「現金給与以外の労働費用」の割合は約３割となっている。

B 「現金給与以外の労働費用」に占める割合を企業規模計でみると、「法定福利費」が最も多くなっている。

C 「法定福利費」に占める割合を企業規模計でみると、「厚生年金保険料」が最も多く、「健康保険料・介護保険料」、「労働保険料」がそれに続いている。

D 「法定外福利費」に占める割合を企業規模計でみると、「住居に関する費用」が最も多く、「医療保健に関する費用」、「食事に関する費用」がそれに続いている。

E 「法定外福利費」に占める「住居に関する費用」の割合は、企業規模が大きくなるほど高くなっている。

問2 我が国の労使間の交渉に関する次の記述のうち、誤っているものはどれか。

なお、本問は、「平成29年労使間の交渉等に関する実態調査（厚生労働省）」を参照しており、当該調査による用語及び統計等を利用している。

A 労働組合と使用者（又は使用者団体）の間で締結される労働協約の締結状況をみると、労働協約を「締結している」労働組合は９割を超えている。

B 過去３年間（平成26年７月１日から平成29年６月30日の期間）において、「何らかの労使間の交渉があった」事項をみると、「賃金・退職給付に関する事項」、「労働時間・休日・休暇に関する事項」、「雇用・人事に関する事項」が上位３つを占めている。

C 過去３年間（平成26年７月１日から平成29年６月30日の期間）において、使用者側との間で行われた団体交渉の状況をみると、「団体交渉を行った」労働組合が全体の約３分の２、「団体交渉を行わなかった」労働組合が約３分の１になっている。

D 過去３年間（平成26年７月１日から平成29年６月30日の期間）において、労働組合と使用者との間で発生した労働争議の状況をみると、「労働争議があった」労働組合は５％未満になっている。

E 使用者側との労使関係の維持について労働組合の認識をみると、安定的（「安定的に維持されている」と「おおむね安定的に維持されている」の合計）だとする割合が約４分の３になっている。

問３ **労働契約法等に関する次の記述のうち、誤っているものはどれか。**

A 労働契約法第４条第１項は、「使用者は、労働者に提示する労働条件及び労働契約の内容について、労働者の理解を深めるようにする」ことを規定しているが、これは労働契約の締結の場面及び変更する場面のことをいうものであり、労働契約の締結前において使用者が提示した労働条件について説明等をする場面は含まれない。

B 就業規則に定められている事項であっても、例えば、就業規則の制定趣旨や根本精神を宣言した規定、労使協議の手続に関する規定等労働条件でないものについては、労働契約法第７条本文によっても労働契約の内容とはならない。

C 労働契約法第15条の「懲戒」とは、労働基準法第89条第９号の「制裁」と同義であり、同条により、当該事業場に懲戒の定めがある場合には、その種類及び程度について就業規則に記載することが義務付けられている。

D 有期労働契約の契約期間中であっても一定の事由により解雇することができる旨を労働者及び使用者が合意していた場合、当該事由に該当することをもって労働契約法第17条第１項の「やむを得ない事由」があると認められるものではなく、実際に行われた解雇について「やむを得ない事由」があるか否かが個別具体的な事案に応じて判断される。

E 労働契約法第10条の「就業規則の変更」には、就業規則の中に現に存在する条項を改廃することのほか、条項を新設することも含まれる。

問4 労働関係法規に関する次の記述のうち、誤っているものはどれか。

A　労働者派遣法第44条第１項に規定する「派遣中の労働者」に対しては、賃金を支払うのは派遣元であるが、当該労働者の地域別最低賃金については、派遣先の事業の事業場の所在地を含む地域について決定された地域別最低賃金において定める最低賃金額が適用される。

B　65歳未満の定年の定めをしている事業主が、その雇用する高年齢者の65歳までの安定した雇用を確保するため、新たに継続雇用制度（現に雇用している高年齢者が希望するときは、当該高年齢者をその定年後も引き続いて雇用する制度をいう。）を導入する場合、事業主は、継続雇用を希望する労働者について労使協定に定める基準に基づき、継続雇用をしないことができる。

C　事業主は、障害者と障害者でない者との均等な機会の確保の支障となっている事情を改善するため、事業主に対して過重な負担を及ぼすこととなるときを除いて、労働者の募集及び採用に当たり障害者からの申出により当該障害者の障害の特性に配慮した必要な措置を講じなければならない。

D　職業安定法にいう職業紹介におけるあっせんには、「求人者と求職者との間に雇用関係を成立させるために両者を引き合わせる行為のみならず、求人者に紹介するために求職者を探索し、求人者に就職するよう求職者に勧奨するいわゆるスカウト行為（以下「スカウト行為」という。）も含まれるものと解するのが相当である。」とするのが、最高裁判所の判例である。

E　公共職業安定所は、労働争議に対する中立の立場を維持するため、同盟罷業又は作業所閉鎖の行われている事業所に、求職者を紹介してはならない。

問5 社会保険労務士法令に関する次の記述のうち、正しいものはどれか。

A　社会保険労務士会は、所属の社会保険労務士又は社会保険労務士法人が社会保険労務士法若しくは同法に基づく命令又は労働社会保険諸法令に違反するおそれがあると認めるときは、会則の定めるところにより、当該社会保険労務士又は社会保険労務士法人に対して、社会保険労務士法第25条に規定する懲戒処分をすることができる。

B　すべての社会保険労務士は、個別労働関係紛争の解決の促進に関する法律第6条第1項の紛争調整委員会における同法第5条第1項のあっせんの手続について相談に応じること、当該あっせんの手続の開始から終了に至るまでの間に和解の交渉を行うこと、当該あっせんの手続により成立した和解における合意を内容とする契約を締結することができる。

C　社会保険労務士は、事業における労務管理その他の労働に関する事項及び労働社会保険諸法令に基づく社会保険に関する事項について、裁判所において、補佐人として、弁護士である訴訟代理人に代わって出頭し、陳述をすることができる。

D　何人も、社会保険労務士について、社会保険労務士法第25条の2や第25条の3に規定する行為又は事実があると認めたときは、厚生労働大臣に対し、当該社会保険労務士の氏名及びその行為又は事実を通知し、適当な措置をとるべきことを求めることができる。

E　社会保険労務士法人は、いかなる場合であれ、労働者派遣法第2条第3号に規定する労働者派遣事業を行うことができない。

問6　国民健康保険法に関する次の記述のうち、誤っているものはどれか。

A　市町村（特別区を含む。以下本問において同じ。）及び国民健康保険組合（以下本問において「組合」という。）は、世帯主又は組合員がその世帯に属する被保険者に係る被保険者資格証明書の交付を受けている場合において、当該被保険者が保険医療機関又は指定訪問看護事業者について療養を受けたときは、当該世帯主又は組合員に対し、その療養に要した費用について、療養費を支給する。

B　市町村及び組合は、被保険者の出産及び死亡に関しては、条例又は規約の定めるところにより、出産育児一時金の支給又は葬祭費の支給若しくは葬祭の給付を行うものとする。ただし、特別の理由があるときは、その全部又は一部を行わないことができる。

C　都道府県若しくは市町村又は組合は、共同してその目的を達成するため、国民健康保険団体連合会を設立することができる。

D　国民健康保険団体連合会を設立しようとするときは、当該連合会の区域をその区域に含む都道府県を統轄する都道府県知事の認可を受けなければならない。

E　保険給付に関する処分（被保険者証の交付の請求又は返還に関する処分を含む。）又は保険料その他国民健康保険法の規定による徴収金（同法附則第10条第1項に規定する療養給付費等拠出金及び事務費拠出金を除く。）に関する処分に不服がある者は、国民健康保険審査会に審査請求をすることができる。

問7　介護保険法に関する次の記述のうち、誤っているものはどれか。

A　要介護認定は、その申請のあった日にさかのぼってその効力を生ずる。

B　厚生労働大臣又は都道府県知事は、必要があると認めるときは、介護給付等(居宅介護住宅改修費の支給及び介護予防住宅改修費の支給を除く。）を受けた被保険者又は被保険者であった者に対し、当該介護給付等に係る居宅サービス等の内容に関し、報告を命じ、又は当該職員に質問させることができる。

C　居宅介護住宅改修費は、厚生労働省令で定めるところにより、市町村（特別区を含む。以下本問において同じ。）が必要と認める場合に限り、支給するものとする。居宅介護住宅改修費の額は、現に住宅改修に要した費用の額の100分の75に相当する額とする。

D　市町村は、地域支援事業の利用者に対し、厚生労働省令で定めるところにより、利用料を請求することができる。

E　市町村は、基本指針に即して、3年を1期とする当該市町村が行う介護保険事業に係る保険給付の円滑な実施に関する計画を定めるものとする。

問8　高齢者医療確保法に関する次の記述のうち、正しいものはどれか。

A　後期高齢者医療広域連合は、生活療養標準負担額を定めた後に勘案又はしん酌すべき事項に係る事情が著しく変動したときは、速やかにその額を改定しなければならない。

B　厚生労働大臣は、指定訪問看護の事業の運営に関する基準（指定訪問看護の取扱いに関する部分に限る。）を定めようとするときは、あらかじめ後期高齢者医療審査会の意見を聴かなければならない。

C　指定訪問看護事業者及び当該指定に係る事業所の看護師その他の従業者は、指定訪問看護に関し、市町村長（特別区の区長を含む。）の指導を受けなければならない。

D　後期高齢者医療広域連合は、被保険者が療養の給付（保険外併用療養費に係る療養及び特別療養費に係る療養を含む。）を受けるため病院又は診療所に移送されたときは、当該被保険者に対し、移送費として、厚生労働省令で定めるところにより算定した額を支給する。この移送費は、厚生労働省令で定めるところにより、後期高齢者医療広域連合が必要であると認める場合に限り、支給するものとする。

E　後期高齢者医療広域連合は、被保険者の死亡に関しては、あらかじめ中央社会保険医療協議会の意見を聴いて、葬祭費の支給又は葬祭の給付を行うものとする。ただし、特別の理由があるときは、その全部又は一部を行わないことができる。

問9　社会保険制度の保険者及び被保険者等に関する次の記述のうち、正しいものはどれか。

A　A県A市に住所を有していた介護保険の第2号被保険者（健康保険の被扶養者）が、B県B市の介護保険法に規定する介護保険施設に入所することとなり住民票を異動させた。この場合、住所地特例の適用を受けることはなく、住民票の異動により介護保険の保険者はB県B市となる。

B　国民健康保険に加入する50歳の世帯主、45歳の世帯主の妻、15歳の世帯主の子のいる世帯では、1年間保険料を滞納したため、世帯主は、居住する市から全員の被保険者証の返還を求められ、被保険者証を返還した。この場合は、その世帯に属する被保険者全員に係る被保険者資格証明書が交付される。

C　船員保険の被保険者であった者が、74歳で船員保険の被保険者資格を喪失した。喪失した日に保険者である全国健康保険協会へ申出をし、疾病任意継続被保険者となった場合、当該被保険者は、75歳となっても後期高齢者医療制度の被保険者とはならず、疾病任意継続被保険者の資格を喪失しない。

D　A県A市に居住していた国民健康保険の被保険者が、B県B市の病院に入院し、住民票を異動させたが、住所地特例の適用を受けることにより入院前のA県A市が保険者となり、引き続きA県A市の国民健康保険の被保険者となっている。その者が入院中に国民健康保険の被保険者から後期高齢者医療制度の被保険者となった場合は、入院前のA県の後期高齢者医療広域連合が行う後期高齢者医療の被保険者となるのではなく、住民票上のB県の後期高齢者医療広域連合が行う後期高齢者医療の被保険者となる。

E　A県A市に住所を有する医療保険加入者（介護保険法に規定する医療保険加入者をいう。以下同じ。）ではない60歳の者は、介護保険の被保険者とならないが、A県A市に住所を有する医療保険加入者ではない65歳の者は、介護保険の被保険者となる。なお、介護保険法施行法に規定する適用除外に関する経過措置には該当しないものとする。

問10　社会保険制度の改正に関する次の①から⑥の記述について、改正の施行日が古いものからの順序で記載されているものは、後記AからEまでのうちどれか。

①　被用者年金一元化により、所定の要件に該当する国家公務員共済組合の組合員が厚生年金保険の被保険者資格を取得した。

②　健康保険の傷病手当金の1日当たりの金額が、原則、支給開始日の属する月以前の直近の継続した12か月間の各月の標準報酬月額を平均した額を30で除した額に3分の2を乗じた額となった。

③　国民年金第3号被保険者が、個人型確定拠出年金に加入できるようになった。

④　基礎年金番号を記載して行っていた老齢基礎年金の年金請求について、個人番号（マイナンバー）でも行えるようになった。

⑤　老齢基礎年金の受給資格期間が25年以上から10年以上に短縮された。

⑥　国民年金第1号被保険者の産前産後期間の国民年金保険料が免除されるようになった。

A ①→②→③→⑤→④→⑥

B ③→①→②→⑤→⑥→④

C ②→①→④→⑤→③→⑥

D ③→②→①→⑤→⑥→④

E ②→③→①→⑤→⑥→④

健康保険法

問1 保険者に関する次の記述のうち、誤っているものはどれか。

A 全国健康保険協会（以下本問において「協会」という。）と協会の理事長又は理事との利益が相反する事項については、これらの者は代表権を有しない。この場合には、協会の監事が協会を代表することとされている。

B 保険者等は被保険者の資格の取得及び喪失の確認又は標準報酬の決定若しくは改定を行ったときは、当該被保険者に係る適用事業所の事業主にその旨を通知し、この通知を受けた事業主は速やかにこれを被保険者又は被保険者であった者に通知しなければならない。

C 健康保険組合の理事の定数は偶数とし、その半数は健康保険組合が設立された適用事業所（以下「設立事業所」という。）の事業主の選定した組合会議員において、他の半数は被保険者である組合員の互選した組合会議員において、それぞれ互選する。理事のうち1人を理事長とし、設立事業所の事業主の選定した組合会議員である理事のうちから、事業主が選定する。

D 協会の理事長、理事及び監事の任期は3年、協会の運営委員会の委員の任期は2年とされている。

E 協会は、毎事業年度、財務諸表を作成し、これに当該事業年度の事業報告書及び決算報告書を添え、監事及び厚生労働大臣が選任する会計監査人の意見を付けて、決算完結後2か月以内に厚生労働大臣に提出し、その承認を受けなければならない。

問2 健康保険法に関する次の記述のうち、正しいものはどれか。

A 被保険者の資格を取得した際に決定された標準報酬月額は、その年の6月1日から12月31日までの間に被保険者の資格を取得した者については、翌年の9月までの各月の標準報酬月額とする。

B 67歳の被扶養者が保険医療機関である病院の療養病床に入院し、療養の給付と併せて生活療養を受けた場合、被保険者に対して入院時生活療養費が支給される。

C　保険者は、訪問看護療養費の支給を行うことが困難であると認めるときは、療養費を支給することができる。

D　標準報酬月額が28万円以上53万円未満である74歳の被保険者で高額療養費多数回該当に当たる者であって、健康保険の高額療養費算定基準額が44,400円である者が、月の初日以外の日において75歳に達し、後期高齢者医療制度の被保険者の資格を取得したことにより、健康保険の被保険者資格を喪失したとき、当該月における外来診療に係る個人単位の健康保険の高額療養費算定基準額は22,200円とされている。

E　被保険者が死亡したときは、埋葬を行う者に対して、埋葬料として5万円を支給するが、その対象者は当該被保険者と同一世帯であった者に限られる。

問3 健康保険法に関する次の記述のうち、誤っているものはどれか。

A　国に使用される被保険者であって、健康保険法の給付の種類及び程度以上である共済組合の組合員であるものに対しては、同法による保険給付を行わない。

B　保険料徴収の対象となる賞与とは、いかなる名称であるかを問わず、労働者が、労働の対償として3か月を超える期間ごとに支給されるものをいうが、6か月ごとに支給される通勤手当は、賞与ではなく報酬とされる。

C　保険者から一部負担金等の徴収猶予又は減免の措置を受けた被保険者が、その証明書を提出して保険医療機関で療養の給付を受けた場合、保険医療機関は徴収猶予又は減免された一部負担金等相当額については、審査支払機関に請求することとされている。

D　被保険者が、厚生労働省令で定めるところにより、保険医療機関等のうち自己の選定するものから、電子資格確認等により、被保険者であることの確認を受け、評価療養、患者申出療養又は選定療養を受けたときは、その療養に要した費用について、保険外併用療養費を支給する。保険外併用療養費の支給対象となる先進医療の実施に当たっては、先進医療ごとに、保険医療機関が別に厚生労働大臣が定める施設基準に適合していることを地方厚生局長又は地方厚生支局長に届け出るものとされている。(改題)

E　高額介護合算療養費は、一部負担金等の額並びに介護保険の介護サービス利用者負担額及び介護予防サービス利用者負担額の合計額が著しく高額である場合に支給されるが、介護保険から高額医療合算介護サービス費又は高額医療合算介護予防サービス費が支給される場合には支給されない。

問4　健康保険法に関する次のアからオの記述のうち、誤っているものの組合せは、後記AからEまでのうちどれか。

ア　代表者が1人の法人の事業所であって、代表者以外に従業員を雇用していない者については、適用事業所とはならない。

イ　厚生労働大臣は、保険医療機関の指定をしないこととするときは、当該医療機関に対し弁明の機会を与えなければならない。

ウ　出産手当金を受ける権利は、出産した日の翌日から起算して2年を経過したときは、時効によって消滅する。

エ　傷病手当金の一部制限については、療養の指揮に従わない情状によって画一的な取扱いをすることは困難と認められるが、制限事由に該当した日以後において請求を受けた傷病手当金の請求期間1か月について、概ね10日間を標準として不支給の決定をなすこととされている。

オ　政令で定める要件に該当するものとして厚生労働大臣の承認を受けた健康保険組合は、介護保険第2号被保険者である被保険者に関する保険料額を、一般保険料額と特別介護保険料額との合算額とすることができる。

A（アとイ）　　B（アとウ）　　C（イとエ）
D（ウとオ）　　E（エとオ）

問5　健康保険法に関する次の記述のうち、誤っているものはどれか。

A　労働者災害補償保険（以下「労災保険」という。）の任意適用事業所に使用される被保険者に係る通勤災害について、労災保険の保険関係の成立の日前に発生したものであるときは、健康保険により給付する。ただし、事業主の申請により、保険関係成立の日から労災保険の通勤災害の給付が行われる場合は、健康保険の給付は行われない。

B　健康保険法の被扶養者には、被保険者の配偶者で届出をしていないが事実上婚姻関係と同様の事情にあるものの父母及び子であって、国内居住等の要件を満たし、その被保険者と同一の世帯に属し、主としてその被保険者により生計を維持するものを含む。(改題)

C　被扶養者としての届出に係る者（以下「認定対象者」という。）が日本国内に住所を有し、被保険者と同一世帯に属している場合、当該認定対象者の年間収入が130万円未満（認定対象者が60歳以上の者である場合又は概ね厚生年金保険法による障害厚生年金の受給要件に該当する程度の障害者である場合にあっては180万円未満）であって、かつ、被保険者の年間収入を上回らない場合には、当該世帯の生計の状況を総合的に勘案して、当該被保険者がその世帯の生計維持の中心的役割を果たしていると認められるときは、被扶養者に該当する。(改題)

D　被保険者が、心疾患による傷病手当金の期間満了後なお引き続き労務不能であり、療養の給付のみを受けている場合に、肺疾患（心疾患との因果関係はないものとする。）を併発したときは、肺疾患のみで労務不能であると考えられるか否かによって傷病手当金の支給の可否が決定される。

E　資格喪失後、継続給付としての傷病手当金の支給を受けている者について、一旦稼働して当該傷病手当金が不支給となったとしても、完全治癒していなければ、その後更に労務不能となった場合、当該傷病手当金の支給が復活する。

問6　健康保険法に関する次の記述のうち、正しいものはどれか。

A　全国健康保険協会は政府から独立した保険者であることから、厚生労働大臣は、事業の健全な運営に支障があると認める場合には、全国健康保険協会に対し、都道府県単位保険料率の変更の認可を申請すべきことを命ずることができるが、厚生労働大臣がその保険料率を変更することは一切できない。

B　保険料の先取特権の順位は、国税及び地方税に優先する。また、保険料は、健康保険法に別段の規定があるものを除き、国税徴収の例により徴収する。

C　日雇特例被保険者の保険の保険者の業務のうち、日雇特例被保険者手帳の交付、日雇特例被保険者に係る保険料の徴収及び日雇拠出金の徴収並びにこれらに附帯する業務は、全国健康保険協会が行う。

D　厚生労働大臣は、全国健康保険協会と協議を行い、効果的な保険料の徴収を行うために必要があると認めるときは、全国健康保険協会に保険料の滞納者に関する情報その他必要な情報を提供するとともに、当該滞納者に係る保険料の徴収を行わせることができる。

E　任意継続被保険者は、保険料が前納された後、前納に係る期間の経過前において任意継続被保険者に係る保険料の額の引上げが行われることとなった場合においては、当該保険料の額の引上げが行われることとなった後の期間に係る保険料に不足する額を、前納された保険料のうち当該保険料の額の引上げが行われることとなった後の期間に係るものが健康保険法施行令第50条の規定により当該期間の各月につき納付すべきこととなる保険料に順次充当されてもなお保険料に不足が生じる場合は、当該不足の生じる月の初日までに払い込まなければならない。

問7　健康保険法に関する次のアからオの記述のうち、正しいものの組合せは、後記AからEまでのうちどれか。

ア　厚生労働大臣は、保険医療機関又は保険薬局の指定の申請があった場合において、当該申請に係る病院若しくは診療所又は薬局の開設者又は管理者が、健康保険法その他国民の保健医療に関する法律で、政令で定めるものの規定により罰金の刑に処せられ、その執行を終わり、又は執行を受けることがなくなるまでの者であるときは、その指定をしないことができる。

イ　被保険者が指定訪問看護事業者から指定訪問看護を受けたときは、保険者は、その被保険者が当該指定訪問看護事業者に支払うべき当該指定訪問看護に要した費用について、訪問看護療養費として被保険者に対し支給すべき額の限度において、被保険者に代わり、当該指定訪問看護事業者に支払うことができる。この支払いがあったときは、被保険者に対し訪問看護療養費の支給があったものとみなす。

ウ 入院時食事療養費、入院時生活療養費、保険外併用療養費、療養費、訪問看護療養費、移送費、傷病手当金、埋葬料、出産育児一時金、出産手当金、家族療養費、家族訪問看護療養費、家族移送費、家族埋葬料及び家族出産育児一時金の支給は、その都度、行わなければならず、毎月一定の期日に行うことはできない。

エ 全国健康保険協会管掌健康保険に係る高額医療費貸付事業の対象者は、被保険者であって高額療養費の支給が見込まれる者であり、その貸付額は、高額療養費支給見込額の90％に相当する額であり、100円未満の端数があるときは、これを切り捨てる。

オ 指定訪問看護事業者は、当該指定に係る訪問看護事業所の名称及び所在地その他厚生労働省令で定める事項に変更があったとき、又は当該指定訪問看護の事業を廃止し、休止し、若しくは再開したときは、厚生労働省令で定めるところにより、20日以内に、その旨を厚生労働大臣に届け出なければならない。

A（アとイ）　**B**（アとエ）　**C**（イとウ）

D（ウとオ）　**E**（エとオ）

問8 健康保険法に関する次の記述のうち、誤っているものはどれか。

A 退職を事由に支払われる退職金であって、退職時に支払われるものは報酬又は賞与として扱うものではないが、被保険者の在職時に、退職金相当額の全部又は一部を給与や賞与に上乗せするなど前払いされる場合は、労働の対償としての性格が明確であり、被保険者の通常の生計にあてられる経常的な収入としての意義を有することから、原則として、報酬又は賞与に該当する。

B 産前産後休業期間中における保険料の免除については、例えば、5月16日に出産（多胎妊娠を除く。）する予定の被保険者が3月25日から出産のため休業していた場合、当該保険料の免除対象は4月分からであるが、実際の出産日が5月10日であった場合は3月分から免除対象になる。

C 保険者は、毎年一定の期日を定め、被保険者証の検認又は更新をすることができるが、この検認又は更新を行った場合において、その検認又は更新を受けない被保険者証は無効である。

D　資格喪失後の継続給付としての傷病手当金を受けるためには、資格喪失日の前日まで引き続き1年以上被保険者であったことが要件の1つとされているが、転職等により異なった保険者における被保険者期間（1日の空白もなく継続しているものとする。）を合算すれば1年になる場合には、その要件を満たすものとされている。なお、これらの被保険者期間には、任意継続被保険者、特例退職被保険者又は共済組合の組合員である被保険者の期間は含まれないものとする。

E　傷病手当金は、労務不能でなければ支給要件を満たすものではないが、被保険者がその本来の職場における労務に就くことが不可能な場合であっても、現に職場転換その他の措置により就労可能な程度の他の比較的軽微な労務に服し、これによって相当額の報酬を得ているような場合は、労務不能には該当しない。また、本来の職場における労務に対する代替的性格をもたない副業ないし内職等の労務に従事したり、あるいは傷病手当金の支給があるまでの間、一時的に軽微な他の労務に服することにより、賃金を得るような場合その他これらに準ずる場合も同様に労務不能には該当しない。

問9　**健康保険法に関する次のアからオの記述のうち、正しいものの組合せは、後記AからEまでのうちどれか。**

ア　被保険者の1週間の所定労働時間の減少により資格喪失した者が、事業所を退職することなく引き続き労働者として就労している場合には、任意継続被保険者になることが一切できない。

イ　任意継続被保険者が、健康保険の被保険者である家族の被扶養者となる要件を満たした場合、任意継続被保険者の資格喪失の申出をすることにより被扶養者になることができる。

ウ 同一の事業所においては、雇用契約上一旦退職した者が1日の空白もなく引き続き再雇用された場合、退職金の支払いの有無又は身分関係若しくは職務内容の変更の有無にかかわらず、その者の事実上の使用関係は中断することなく存続しているものであるから、被保険者の資格も継続するものであるが、60歳以上の者であって、退職後継続して再雇用されるものについては、使用関係が一旦中断したものとみなし、当該事業所の事業主は、被保険者資格喪失届及び被保険者資格取得届を提出することができる。

エ 3か月間の報酬の平均から算出した標準報酬月額（通常の随時改定の計算方法により算出した標準報酬月額。「標準報酬月額A」という。）と、昇給月又は降給月以後の継続した3か月の間に受けた固定的賃金の月平均額に昇給月又は降給月前の継続した12か月及び昇給月又は降給月以後の継続した3か月の間に受けた非固定的賃金の月平均額を加えた額から算出した標準報酬月額（以下「標準報酬月額B」という。）との間に2等級以上の差があり、当該差が業務の性質上例年発生することが見込まれる場合であって、現在の標準報酬月額と標準報酬月額Bとの間に1等級以上の差がある場合は保険者算定の対象となる。

オ 4月、5月、6月における定時決定の対象月に一時帰休が実施されていた場合、7月1日の時点で一時帰休の状況が解消していれば、休業手当等を除いて標準報酬月額の定時決定を行う。例えば、4月及び5月は通常の給与の支払いを受けて6月のみ一時帰休による休業手当等が支払われ、7月1日の時点で一時帰休の状況が解消していた場合には、6月分を除いて4月及び5月の報酬月額を平均して標準報酬月額の定時決定を行う。

A（アとイ）　**B**（アとエ）　**C**（イとウ）
D（ウとオ）　**E**（エとオ）

問10 健康保険法に関する次の記述のうち、誤っているものはどれか。

A さかのぼって降給が発生した場合、その変動が反映された月（差額調整が行われた月）を起算月として、それ以後継続した３か月間（いずれの月も支払基礎日数が17日以上であるものとする。）に受けた報酬を基礎として、保険者算定による随時改定を行うこととなるが、超過支給分の報酬がその後の報酬から差額調整された場合、調整対象となった月の報酬は、本来受けるべき報酬よりも低額となるため、調整対象となった月に控除された降給差額分を含まず、差額調整前の報酬額で随時改定を行う。

B 被保険者の長期にわたる休職状態が続き実務に服する見込がない場合又は公務に就任しこれに専従する場合においては被保険者資格を喪失するが、被保険者の資格を喪失しない病気休職の場合は、賃金の支払停止は一時的であり、使用関係は存続しているため、事業主及び被保険者はそれぞれ賃金支給停止前の標準報酬に基づく保険料を折半負担し、事業主はその納付義務を負う。

C 給与計算の締切り日が毎月15日であって、その支払日が当該月の25日である場合、７月30日で退職し、被保険者資格を喪失した者の保険料は７月分まで生じ、８月25日支払いの給与（７月16日から７月30日までの期間に係るもの）まで保険料を控除する。

D 全国健康保険協会管掌健康保険における同一の事業所において、賞与が７月150万円、12月250万円、翌年３月200万円であった場合の被保険者の標準賞与額は、７月150万円、12月250万円、３月173万円となる。一方、全国健康保険協会管掌健康保険の事業所において賞与が７月150万円であり、11月に健康保険組合管掌健康保険の事業所へ転職し、賞与が12月250万円、翌年３月200万円であった場合の被保険者の標準賞与額は、７月150万円、12月250万円、３月200万円となる。

E 介護休業期間中の標準報酬月額は、その休業期間中に一定の介護休業手当の支給があったとしても、休業直前の標準報酬月額の算定の基礎となった報酬に基づき算定した額とされる。

厚生年金保険法

問1 厚生年金保険法に関する次の記述のうち、誤っているものはどれか。

A　昭和36年4月2日以後生まれの男性である第1号厚生年金被保険者（坑内員たる被保険者であった期間及び船員たる被保険者であった期間を有しないものとする。）は特別支給の老齢厚生年金の支給対象にはならないが、所定の要件を満たす特定警察職員等は昭和36年4月2日以後生まれであっても昭和42年4月1日以前生まれであれば、男女を問わず特別支給の老齢厚生年金の支給対象になる。

B　厚生年金保険法第86条第2項の規定により厚生労働大臣が保険料の滞納者に対して督促をしたときは、保険料額に所定の割合を乗じて計算した延滞金を徴収するが、当該保険料額が1,000円未満の場合には、延滞金を徴収しない。また、当該保険料額に所定の割合を乗じて計算した延滞金が100円未満であるときも、延滞金を徴収しない。

C　老齢厚生年金の額の計算において、受給権取得後の受給権者の被保険者であった期間については、被保険者である受給権者がその被保険者の資格を喪失し、かつ、被保険者となることなくして被保険者の資格を喪失した日から起算して1か月を経過したときは、その被保険者の資格を喪失した月前における被保険者であった期間を老齢厚生年金の額の計算の基礎とするものとする。（改題）

D　老齢基礎年金の受給資格期間を満たしている場合であっても、1年以上の厚生年金保険の被保険者期間を有していない場合には、特別支給の老齢厚生年金の受給権は生じない。

E　平成26年4月1日以後に被保険者又は被保険者であった者が死亡し、その者の夫と子に遺族厚生年金の受給権が発生した。当該夫に対する当該遺族厚生年金は、当該被保険者又は被保険者であった者の死亡について、当該夫が国民年金法の規定による遺族基礎年金の受給権を有する場合でも、60歳に到達するまでの間、その支給を停止する。

問2 厚生年金保険法に関する次の記述のうち、正しいものはどれか。

A 厚生年金保険の標準報酬月額は標準報酬月額等級の第1級88,000円から第32級650,000円まで区分されており、この等級区分については毎年3月31日における全被保険者の標準報酬月額を平均した額の100分の200に相当する額が標準報酬月額等級の最高等級の標準報酬月額を超える場合において、その状態が継続すると認められるときは、その年の4月1日から、健康保険法第40条第1項に規定する標準報酬月額の等級区分を参酌して、政令で、当該最高等級の上に更に等級を加える標準報酬月額の等級区分の改定を行うことができる。(改題)

B 被保険者の使用される船舶について、当該船舶が滅失し、沈没し、又は全く運航に堪えなくなるに至った場合には、事業主は当該被保険者に係る保険料について、当該至った日の属する月以降の免除の申請を行うことができる。

C 厚生年金保険の保険料率は段階的に引き上げられてきたが、上限が1000分の183.00に固定（統一）されることになっている。第1号厚生年金被保険者の保険料率は平成29年9月に、第2号及び第3号厚生年金被保険者の保険料率は平成30年9月にそれぞれ上限に達したが、第4号厚生年金被保険者の保険料率は平成31年4月12日時点において上限に達していない。

D 被保険者であった妻が死亡した当時、当該妻により生計を維持していた54歳の夫と21歳の当該妻の子がいた場合、当該子は遺族厚生年金を受けることができる遺族ではないが、当該夫は遺族厚生年金を受けることができる遺族である。

E 育児休業期間中の第1号厚生年金被保険者に係る保険料の免除の規定については、任意単独被保険者は対象になるが、高齢任意加入被保険者はその対象にはならない。

問3 厚生年金保険法に関する次の記述のうち、誤っているものはどれか。

A　傷病に係る初診日に厚生年金保険の被保険者であった者であって、かつ、当該初診日の属する月の前々月までに、国民年金の被保険者期間を有しない者が、障害認定日において障害等級に該当する程度の障害の状態になかったが、障害認定日後から65歳に達する日までの間に、その傷病により障害等級に該当する程度の障害の状態に該当するに至った場合、その期間内に、障害厚生年金の支給を請求することができる。

B　傷病に係る初診日に厚生年金保険の被保険者であった者が、障害認定日において障害等級に該当する程度の障害の状態になかったが、その後64歳のときにその傷病により障害等級に該当する程度の障害の状態に該当するに至った場合、その者が支給繰上げの老齢厚生年金の受給権者であるときは、障害厚生年金の支給を請求することはできない。

C　障害等級１級に該当する者に支給する障害厚生年金の額は、老齢厚生年金の額の計算の例により計算した額（当該障害厚生年金の額の計算の基礎となる被保険者期間の月数が300に満たないときは、これを300とする。）の100分の125に相当する額とする。

D　障害等級１級又は２級に該当する障害の状態にある障害厚生年金の受給権者が死亡したときは、遺族厚生年金の支給要件について、死亡した当該受給権者の保険料納付要件が問われることはない。

E　障害厚生年金の受給権者である特定被保険者（厚生年金保険法第78条の14に規定する特定被保険者をいう。）の被扶養配偶者が３号分割標準報酬改定請求をする場合における特定期間に係る被保険者期間については、当該障害厚生年金の額の計算の基礎となった特定期間に係る被保険者期間を改定又は決定の対象から除くものとする。

問4 厚生年金保険法に関する次の記述のうち、正しいものはどれか。

A　常時５人以上の従業員を使用する個人経営の畜産業者である事業主の事業所は、強制適用事業所となるので、適用事業所となるために厚生労働大臣から任意適用事業所の認可を受ける必要はない。

B　個人経営の青果商である事業主の事業所は、常時５人以上の従業員を使用していたため、適用事業所となっていたが、その従業員数が４人になった。この場合、適用事業所として継続するためには、任意適用事業所の認可申請を行う必要がある。

C　常時５人以上の従業員を使用する個人経営のと殺業者である事業主は、厚生労働大臣の認可を受けることで、当該事業所を適用事業所とすることができる。

D　初めて適用事業所（第１号厚生年金被保険者に係るものに限る。）となった事業所の事業主は、当該事実があった日から５日以内に日本年金機構に所定の事項を記載した届書を提出しなければならないが、それが船舶所有者の場合は10日以内に提出しなければならないとされている。

E　住所に変更があった事業主は、５日以内に日本年金機構に所定の事項を記載した届書を提出しなければならないが、それが船舶所有者の場合は10日以内に提出しなければならないとされている。

問５　厚生年金保険法に関する次のアからオの記述のうち、正しいものの組合せは、後記ＡからＥまでのうちどれか。

ア　離婚の届出をしていないが、夫婦としての共同生活が営まれておらず、事実上離婚したと同様の事情にあると認められる場合であって、両当事者がともに当該事情にあると認めている場合には、いわゆる合意分割の請求ができる。

イ　離婚の届出をしていないが、夫婦としての共同生活が営まれておらず、事実上離婚したと同様の事情にあると認められる場合であって、両当事者がともに当該事情にあると認めている場合に該当し、かつ、特定被保険者（厚生年金保険法第78条の14に規定する特定被保険者をいう。）の被扶養配偶者が第３号被保険者としての国民年金の被保険者の資格を喪失している場合でも、いわゆる３号分割の請求はできない。

ウ　適用事業所に使用される70歳未満の被保険者が70歳に達したときは、それに該当するに至った日の翌日に被保険者の資格を喪失する。

エ　適用事業所に使用される70歳以上の者であって、老齢厚生年金、国民年金法による老齢基礎年金その他の老齢又は退職を支給事由とする年金たる給付であって政令で定める給付の受給権を有しないもの（厚生年金保険法第12条各号に該当する者を除く。）が高齢任意加入の申出をした場合は、実施機関への申出が受理された日に被保険者の資格を取得する。

オ　適用事業所以外の事業所に使用される70歳以上の者であって、老齢厚生年金、国民年金法による老齢基礎年金その他の老齢又は退職を支給事由とする年金たる給付であって政令で定める給付の受給権を有しないもの（厚生年金保険法第12条各号に該当する者を除く。）が高齢任意加入の申出をした場合は、厚生労働大臣の認可があった日に被保険者の資格を取得する。

A（アとイ）　**B**（アとエ）　**C**（イとウ）
D（ウとオ）　**E**（エとオ）

問6　**厚生年金保険法に関する次の記述のうち、正しいものはどれか。**

A　行方不明となった航空機に乗っていた被保険者の生死が３か月間わからない場合は、遺族厚生年金の支給に関する規定の適用については、当該航空機の到着予定日から３か月が経過した日に当該被保険者が死亡したものと推定される。

B　老齢厚生年金の受給権者の属する世帯の世帯主その他その世帯に属する者は、当該受給権者の所在が３か月以上明らかでないときは、速やかに、所定の事項を記載した届書を日本年金機構に提出しなければならないとされている。

C　被保険者は、老齢厚生年金の受給権者でない場合であっても、国会議員となったときは、速やかに、国会議員となった年月日等所定の事項を記載した届書を日本年金機構に提出しなければならないとされている。

D　障害等級１級又は２級の障害の状態にある障害厚生年金の受給権者は、当該障害厚生年金の加給年金額の対象者である配偶者が65歳に達したときは、10日以内に所定の事項を記載した届書を日本年金機構に提出しなければならないとされている。

E　被保険者が故意に障害を生ぜしめたときは、当該障害を支給事由とする障害厚生年金又は障害手当金は支給されない。また、被保険者が重大な過失により障害を生ぜしめたときは、保険給付の全部又は一部を行わないことができる。

問7　厚生年金保険法に関する次の記述のうち、誤っているものはどれか。

A　被保険者が産前産後休業終了日の翌日に育児休業等を開始している場合には、当該産前産後休業を終了した際の標準報酬月額の改定は行われない。

B　実施機関は、被保険者が現に使用される事業所において継続した3か月間（各月とも、報酬支払の基礎となった日数が、17日以上であるものとする。）に受けた報酬の総額を3で除して得た額が、その者の標準報酬月額の基礎となった報酬月額に比べて、著しく高低を生じた場合において、必要があると認めるときは、その額を報酬月額として、その著しく高低を生じた月の翌月から、標準報酬月額を改定することができる。

C　被保険者の報酬月額について、厚生年金保険法第21条第1項の定時決定の規定によって算定することが困難であるとき、又は、同項の定時決定の規定によって算定された被保険者の報酬月額が著しく不当であるときは、当該規定にかかわらず、実施機関が算定する額を当該被保険者の報酬月額とする。

D　配偶者に対する遺族厚生年金は、その配偶者の所在が1年以上明らかでないときは、遺族厚生年金の受給権を有する子の申請によって、申請の日からその支給を停止する。

E　遺族厚生年金は、当該被保険者又は被保険者であった者の死亡について労働基準法第79条の規定による遺族補償の支給が行われるべきものであるときは、死亡の日から6年間、その支給を停止する。

問8　厚生年金保険法に関する次の記述のうち、誤っているものはどれか。

A　厚生労働大臣は、住民基本台帳法第30条の9の規定による遺族厚生年金の受給権者に係る機構保存本人確認情報の提供を受けることができない場合には、当該受給権者に対し、所定の事項を記載し、かつ、自ら署名した届書を毎年指定日までに提出することを求めることができる。

B　月給制である給与を毎月末日に締め切り、翌月10日に支払っている場合、4月20日に育児休業から職場復帰した被保険者の育児休業等終了時改定は、5月10日に支払った給与、6月10日に支払った給与及び7月10日に支払った給与の平均により判断する。

C　事業主が同一である1又は2以上の適用事業所であって、当該1又は2以上の適用事業所に使用される特定労働者の総数が常時500人を超えるものの各適用事業所のことを特定適用事業所というが、初めて特定適用事業所となった適用事業所（第1号厚生年金被保険者に係るものに限る。）の事業主は、当該事実があった日から5日以内に所定の事項を記載した届書を日本年金機構に提出しなければならない。

D　厚生年金保険法施行規則第14条の4の規定による特定適用事業所の不該当の申出は、特定適用事業所に該当しなくなった適用事業所に使用される厚生年金保険の被保険者及び70歳以上の使用される者（被保険者であった70歳以上の者であって当該適用事業所に使用されるものとして厚生労働省令で定める要件に該当するものをいう。）の4分の3以上で組織する労働組合があるときは、当該労働組合の同意を得たことを証する書類を添えて行わなければならない。

E　加給年金額が加算された障害厚生年金の額について、当該加給年金額の対象になっている配偶者（大正15年4月1日以前に生まれた者を除く。）が65歳に達した場合は、当該加給年金額を加算しないものとし、その該当するに至った月の翌月から当該障害厚生年金の額を改定する。

問9　**厚生年金保険法に関する次の記述のうち、正しいものはどれか。**

A　夫の死亡により、前妻との間に生まれた子（以下「夫の子」という。）及び後妻に遺族厚生年金の受給権が発生した。その後、後妻が死亡した場合において、死亡した後妻に支給すべき保険給付でまだ後妻に支給しなかったものがあるときは、後妻の死亡当時、後妻と生計を同じくしていた夫の子であって、後妻の死亡によって遺族厚生年金の支給停止が解除された当該子は、自己の名で、その未支給の保険給付の支給を請求することができる。

B　障害等級２級に該当する障害の状態にある子に遺族厚生年金の受給権が発生し、16歳のときに障害等級３級に該当する障害の状態になった場合は、18歳に達した日以後の最初の３月31日が終了したときに当該受給権は消滅する。一方、障害等級２級に該当する障害の状態にある子に遺族厚生年金の受給権が発生し、19歳のときに障害等級３級に該当する障害の状態になった場合は、20歳に達したときに当該受給権は消滅する。

C　老齢厚生年金と雇用保険法に基づく給付の調整は、特別支給の老齢厚生年金又は繰上げ支給の老齢厚生年金と基本手当又は高年齢求職者給付金との間で行われ、高年齢雇用継続給付との調整は行われない。

D　被保険者期間が６か月以上ある日本国籍を有しない者は、所定の要件を満たす場合に脱退一時金の支給を請求することができるが、かつて、脱退一時金を受給した者が再入国し、適用事業所に使用され、再度、被保険者期間が６か月以上となり、所定の要件を満たした場合であっても、再度、脱退一時金の支給を請求することはできない。

E　被保険者又は被保険者であった者の死亡の当時胎児であった子が出生したときは、その妻の有する遺族厚生年金に当該子の加給年金額が加算される。

問10　厚生年金保険法に関する次のアからオの記述のうち、正しいものには○、誤っているものには×をつけよ。（改題）

ア　第１号厚生年金被保険者又は厚生年金保険法第27条に規定する70歳以上の使用される者（法律によって組織された共済組合の組合員又は私立学校教職員共済法の規定による私立学校教職員共済制度の加入者を除く。）は、同時に２以上の事業所（第１号厚生年金被保険者に係るものに限る。）に使用されるに至ったとき、当該２以上の事業所に係る日本年金機構の業務が２以上の年金事務所に分掌されている場合は、その者に係る日本年金機構の業務を分掌する年金事務所を選択しなければならない。

イ　船員たる被保険者であった期間が15年以上あり、特別支給の老齢厚生年金を受給することができる者であって、その者が昭和35年４月２日生まれである場合には、60歳から定額部分と報酬比例部分を受給することができる。

ウ　障害厚生年金の支給を受けている者が、当該障害厚生年金の支給要件となった傷病とは別の傷病により、障害手当金の支給を受けられる程度の障害の状態になった場合は、当該障害厚生年金と当該障害手当金を併給することができる。なお、当該別の傷病に係る初診日が被保険者期間中にあり、当該初診日の前日において、所定の保険料納付要件を満たしているものとする。

エ　64歳である特別支給の老齢厚生年金の受給権者が、被保険者（前月以前の月に属する日から引き続き当該被保険者の資格を有する者に限る。）である日が属する月において、その者の標準報酬月額とその月以前の1年間の標準賞与額の総額を12で除して得た額とを合算して得た額及び特別支給の老齢厚生年金の額（加給年金額を除く。）を12で除して得た額との合計額が47万円を超えるときは、その月の分の当該特別支給の老齢厚生年金について、当該合計額から47万円を控除して得た額の2分の1に相当する額に12を乗じて得た額が支給停止される。

オ　適用事業所の事業主は、第1号厚生年金被保険者であって、産前産後休業期間中や育児休業期間中における保険料の免除が適用されている者に対して、当該休業期間中に賞与を支給した場合は、賞与額の届出を行わなければならない。

国民年金法

問1 国民年金法に関する次のアからオの記述のうち、正しいものの組合せは、後記AからEまでのうちどれか。

ア 政府は、政令の定めるところにより、市町村（特別区を含む。）に対し、市町村長（特別区の区長を含む。）が国民年金法又は同法に基づく政令の規定によって行う事務の処理に必要な費用の2分の1に相当する額を交付する。

イ 国民年金法第10章「国民年金基金及び国民年金基金連合会」に規定する厚生労働大臣の権限のうち国民年金基金に係るものは、厚生労働省令の定めるところにより、その一部を地方厚生局長に委任することができ、当該地方厚生局長に委任された権限は、厚生労働省令で定めるところにより、地方厚生支局長に委任することができる。

ウ 保険料納付確認団体は、当該団体の構成員その他これに類する者である被保険者からの委託により、当該被保険者の保険料納付の実績及び将来の給付に関する必要な情報を当該被保険者に通知する義務を負う。

エ 国民年金原簿には、所定の事項を記録するものとされており、その中には、保険料4分の3免除、保険料半額免除又は保険料4分の1免除の規定によりその一部につき納付することを要しないものとされた保険料に関する事項が含まれる。

オ 国民年金基金は、被保険者の委託を受けて、保険料の納付に関する事務を行うことができるとされており、国民年金基金に未加入の者の保険料の納付に関する事務であっても行うことができる。

A（アとウ）　**B**（アとオ）　**C**（イとエ）
D（イとオ）　**E**（ウとエ）

問2 国民年金法に関する次の記述のうち、正しいものはどれか。

A 傷病について初めて医師の診療を受けた日において、保険料の納付猶予の適用を受けている被保険者は、障害認定日において当該傷病により障害等級の1級又は2級に該当する程度の障害の状態にあり、保険料納付要件を満たしている場合でも、障害基礎年金が支給されることはない。

B　遺族基礎年金の受給権者である子が、死亡した被保険者の兄の養子となったとしても、当該子の遺族基礎年金の受給権は消滅しない。

C　被保険者又は被保険者であった者の死亡の当時その者によって生計を維持していた配偶者は、その当時日本国内に住所を有していなかった場合でも、遺族基礎年金を受けることができる子と生計を同じくしていれば遺族基礎年金を受けることができる遺族となる。なお、死亡した被保険者又は被保険者であった者は遺族基礎年金の保険料納付要件を満たしているものとする。

D　老齢基礎年金の支給を停止すべき事由が生じた日の属する月の翌月にその事由が消滅した場合は、当該老齢基礎年金の支給を停止しない。

E　老齢基礎年金の受給権者に対して支給する国民年金基金の年金は、当該老齢基礎年金がその全額につき支給を停止されていなくても、400円に当該国民年金基金に係る加入員期間の月数を乗じて得た額を超える部分に限り、支給を停止することができる。

問３　国民年金法に関する次の記述のうち、正しいものはどれか。

A　国民年金基金は、厚生労働大臣の認可を受けて、他の国民年金基金と吸収合併するためには、吸収合併契約を締結しなければならない。当該吸収合併契約については、代議員会において代議員の定数の４分の３以上の多数により議決しなければならない。

B　死亡日の前日において死亡日の属する月の前月までの第１号被保険者としての被保険者期間に係る保険料４分の１免除期間を48月有している者であって、所定の要件を満たす被保険者が死亡した場合に、当該被保険者の死亡により遺族基礎年金又は寡婦年金を受けることができる者がなく、当該被保険者に死亡一時金の支給対象となる遺族があるときは、その遺族に死亡一時金が支給される。

C　学生納付特例による保険料免除の対象となる期間は、被保険者が30歳に達する日の属する月の前月までの期間に限られる。

D　付加保険料の納付は、産前産後期間の保険料免除の規定により納付することを要しないものとされた保険料に係る期間の各月について行うことができない。

E　平成11年４月１日生まれの者が20歳に達したことにより第１号被保険者の資格を取得したときは、平成31年４月から被保険者期間に算入される。

問4 国民年金法に関する次の記述のうち、誤っているものはどれか。

A　被保険者（産前産後期間の保険料免除及び保険料の一部免除を受ける者を除く。）が保険料の法定免除の要件に該当するに至ったときは、当該被保険者の世帯主又は配偶者の所得にかかわらず、その該当するに至った日の属する月の前月からこれに該当しなくなる日の属する月までの期間に係る保険料は、既に納付されたものを除き、納付することを要しない。

B　死亡一時金を受けることができる遺族が、死亡した者の祖父母と孫のみであったときは、当該死亡一時金を受ける順位は孫が優先する。なお、当該祖父母及び孫は当該死亡した者との生計同一要件を満たしているものとする。

C　65歳に達し老齢基礎年金の受給権を取得した者であって、66歳に達する前に当該老齢基礎年金を請求しなかった者が、65歳に達した日から66歳に達した日までの間において障害基礎年金の受給権者となったときは、当該老齢基礎年金の支給繰下げの申出をすることができない。

D　昭和31年４月20日生まれの者が、平成31年４月25日に老齢基礎年金の支給繰上げの請求をした場合において、当該支給繰上げによる老齢基礎年金の額の計算に係る減額率は、12％である。

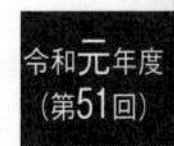

E　死亡日の前日において死亡日の属する月の前月までの第１号被保険者としての被保険者期間に係る保険料納付済期間を５年と合算対象期間を５年有する夫が死亡した場合、所定の要件を満たす妻に寡婦年金が支給される。なお、当該夫は上記期間以外に第１号被保険者としての被保険者期間を有しないものとする。

問5 国民年金法に関する次の記述のうち、正しいものはどれか。

A　被保険者の資格として、第１号被保険者は国籍要件、国内居住要件及び年齢要件のすべてを満たす必要があるのに対し、第２号被保険者及び第３号被保険者は国内居住要件及び年齢要件を満たす必要があるが、国籍要件を満たす必要はない。

B　老齢基礎年金の支給の繰上げについては国民年金法第28条において規定されているが、老齢基礎年金の支給の繰下げについては、国民年金法附則において当分の間の措置として規定されている。

C　合算対象期間及び学生納付特例の期間を合算した期間のみ10年以上有する者であって、所定の要件を満たしている者に支給する振替加算相当額の老齢基礎年金については、支給の繰下げはできない。

D　基礎年金拠出金の額の算定基礎となる被保険者は、第１号被保険者にあっては保険料納付済期間、保険料４分の１免除期間、保険料半額免除期間又は保険料４分の３免除期間を有する者であり、第２号被保険者及び第３号被保険者にあってはすべての者である。

E　受給権者が、正当な理由がなくて、国民年金法第107条第１項に規定する受給権者に関する調査における命令に従わず、又は当該調査における職員の質問に応じなかったときは、年金給付の額の全部又は一部につき、その支給を一時差し止めることができる。

問６　国民年金法に関する次の記述のうち、誤っているものはどれか。

A　脱退一時金に関する処分に不服がある者は、社会保険審査官に対して審査請求することができるが、当該審査請求は時効の完成猶予及び更新に関しては裁判上の請求とみなされる。(改題)

B　障害基礎年金の受給権者に対して更に障害基礎年金を支給すべき事由が生じたときは、前後の障害を併合した障害の程度による障害基礎年金が支給されるが、当該前後の障害を併合した障害の程度による障害基礎年金の受給権を取得したときは、従前の障害基礎年金の受給権は消滅する。

C　被保険者又は被保険者であった者の死亡前に、その者の死亡によって遺族基礎年金又は死亡一時金の受給権者となるべき者を故意に死亡させた者には、遺族基礎年金又は死亡一時金は支給しない。

D　遺族基礎年金の受給権は、受給権者が他の受給権者を故意に死亡させたときは、消滅する。

E　国民年金法第30条第１項の規定により、障害認定日において障害等級に該当した場合に支給する障害基礎年金の受給権の発生日は障害認定日であるが、同法第30条の２第１項の規定によるいわゆる事後重症による障害基礎年金の受給権の発生日はその支給の請求日である。

問７　国民年金法に関する次の記述のうち、誤っているものはどれか。

A　政府は、国民年金事業の実施に必要な事務を円滑に処理し、被保険者、受給権者その他の関係者の利便の向上に資するため、電子情報処理組織の運用を行うものとし、当該運用の全部又は一部を日本年金機構に行わせることができる。

B　被保険者又は被保険者であった者の死亡の当時胎児であった子が出生したことにより、被保険者又は被保険者であった者の妻及び子が遺族基礎年金の受給権を取得した場合においては、当該遺族基礎年金の裁定の請求書には連名しなければならない。

C　未支給の年金を受けるべき者の順位は、死亡した者の配偶者、子、父母、孫、祖父母、兄弟姉妹及びこれらの者以外の３親等内の親族の順位とされている。

D　いわゆる事後重症による障害基礎年金は、同一の傷病による障害について、旧国民年金法による障害年金、旧厚生年金保険法による障害年金又は共済組合若しくは日本私立学校振興・共済事業団が支給する障害年金の受給権を有していたことがある者についても、支給される。

E　第３号被保険者の資格取得の届出が、第２号被保険者を使用する事業主又は国家公務員共済組合、地方公務員共済組合若しくは日本私立学校振興・共済事業団に受理されたときは、その受理されたときに厚生労働大臣に届出があったものとみなされる。

問8 国民年金法に関する次の記述のうち、誤っているものはどれか。

A 学生納付特例の期間及び納付猶予の期間を合算した期間を10年以上有し、当該期間以外に被保険者期間を有していない者には、老齢基礎年金は支給されない。なお、この者は婚姻（婚姻の届出をしていないが、事実上婚姻関係と同様の事情にある場合も含む。）したことがないものとする。

B 日本国籍を有している者が、18歳から19歳まで厚生年金保険に加入し、20歳から60歳まで国民年金には加入せず、国外に居住していた。この者が、60歳で帰国し、再び厚生年金保険に65歳まで加入した場合、65歳から老齢基礎年金が支給されることはない。なお、この者は婚姻（婚姻の届出をしていないが、事実上婚姻関係と同様の事情にある場合も含む。）したことがなく、上記期間以外に被保険者期間を有していないものとする。

C 老齢厚生年金を受給中である67歳の者が、20歳から60歳までの40年間において保険料納付済期間を有しているが、老齢基礎年金の請求手続きをしていない場合は、老齢基礎年金の支給の繰下げの申出をすることで増額された年金を受給することができる。なお、この者は老齢基礎年金及び老齢厚生年金以外の年金の受給権を有していたことがないものとする。

D 67歳の男性（昭和27年4月2日生まれ）が有している保険料納付済期間は、第2号被保険者期間としての8年間のみであり、それ以外に保険料免除期間及び合算対象期間を有していないため、老齢基礎年金の受給資格期間を満たしていない。この男性は、67歳から70歳に達するまでの3年間についてすべての期間、国民年金に任意加入し、保険料を納付することができる。

E 障害基礎年金を受給中である66歳の女性（昭和28年4月2日生まれで、第2号被保険者の期間は有していないものとする。）は、67歳の配偶者（昭和27年4月2日生まれ）により生計を維持されており、女性が65歳に達するまで当該配偶者の老齢厚生年金には配偶者加給年金額が加算されていた。この女性について、障害等級が3級程度に軽減したため、受給する年金を障害基礎年金から老齢基礎年金に変更した場合、老齢基礎年金と振替加算が支給される。

問9 国民年金法に関する次の記述のうち、正しいものはどれか。

A 厚生年金保険法に規定する障害等級に該当する程度の障害の状態に該当しなくなった日から起算して当該障害等級に該当する程度の障害の状態に該当することなく3年が経過したことにより、平成6年10月に障害基礎年金を失権した者が、平成31年4月において、同一傷病によって再び国民年金法に規定する障害等級に該当する程度の障害の状態に該当した場合は、いつでも障害基礎年金の支給を請求することができ、請求があった月の翌月から当該障害基礎年金が支給される。

B 合算対象期間を25年以上有し、このほかには被保険者期間を有しない61歳の者が死亡し、死亡時に国民年金には加入していなかった。当該死亡した者に生計を維持されていた遺族が14歳の子のみである場合、当該子は遺族基礎年金を受給することができる。

C 昭和61年2月、25歳の時に旧国民年金法による障害年金（障害福祉年金を除く。以下同じ。）の受給権を取得した者が、平成31年2月、58歳の時に事故により別の傷病による障害基礎年金の受給権が発生した場合、前後の障害の併合は行われず、25歳の時に受給権を取得した旧国民年金法による障害年金（受給権発生時から引き続き1級又は2級に該当する障害の状態にあるものとする。）と58歳で受給権を取得した障害基礎年金のどちらかを選択することになる。

D 平成31年4月に死亡した第1号被保険者の女性には、15年間婚姻の届出をしていないが、事実上婚姻関係と同様の事情にある第1号被保険者の男性との間に14歳の子がいた。当該女性が死亡時に当該子及び当該男性を生計維持し、かつ、所定の要件が満たされている場合であっても、遺族基礎年金の受給権者は当該子のみであり、当該男性は、当該子と生計を同じくしていたとしても遺族基礎年金の受給権者になることはない。

E 20歳前傷病による障害基礎年金を受給中である者が、労災保険法の規定による年金たる給付を受給できる（その全額につき支給を停止されていないものとする。）場合、その該当する期間、当該20歳前傷病による障害基礎年金は支給を停止する。

問10 保険料に関する次の記述のうち、正しいものはどれか。

A　令和元年8月に保険料の免除（災害や失業等を理由とした免除を除く。）を申請する場合は、平成29年7月分から令和2年6月分まで申請可能であるが、この場合、所定の所得基準額以下に該当しているかについては、平成29年7月から平成30年6月までの期間は、平成28年の所得により、平成30年7月から令和元年6月までの期間は、平成29年の所得により、令和元年7月から令和2年6月までの期間は、平成30年の所得により判断する。

B　国民年金の保険料の前納は、厚生労働大臣が定める期間につき、6月又は年を単位として行うものとされていることから、例えば、昭和34年8月2日生まれの第1号被保険者が、平成31年4月分から令和元年7月分までの4か月分をまとめて前納することは、厚生労働大臣が定める期間として認められることはない。

C　平成31年4月分から令和2年3月分まで付加保険料を前納していた者が、令和元年8月に国民年金基金の加入員となった場合は、その加入員となった日に付加保険料を納付する者でなくなる申出をしたとみなされるため、令和元年7月分以後の各月に係る付加保険料を納付する者でなくなり、請求により同年7月分以後の前納した付加保険料が還付される。

D　令和元年10月31日に出産予定である第1号被保険者（多胎妊娠ではないものとする。）は、令和元年6月1日に産前産後期間の保険料免除の届出をしたが、実際の出産日は令和元年11月10日であった。この場合、産前産後期間として保険料が免除される期間は、令和元年10月分から令和2年1月分までとなる。

E　平成27年6月分から平成28年3月分まで保険料全額免除期間（学生納付特例の期間及び納付猶予の期間を除く。）を有し、平成28年4月分から平成29年3月分まで学生納付特例の期間を有し、平成29年4月分から令和元年6月分まで保険料全額免除期間（学生納付特例の期間及び納付猶予の期間を除く。）を有する者が、令和元年8月に厚生労働大臣の承認を受け、その一部につき追納する場合は、学生納付特例の期間の保険料から優先的に行わなければならない。

平成 30 年度
(2018年度・第50回)
本試験問題
選択式

本試験実施時間

10：30～11：50（80分）

法令等略記凡例

法令等名称	法令等略称
労働者災害補償保険法	労災保険法
育児休業、介護休業等育児又は家族介護を行う労働者の福祉に関する法律	育児介護休業法

労働基準法及び労働安全衛生法

問1 次の文中の［　］の部分を選択肢の中の最も適切な語句で埋め、完全な文章とせよ。

1　日日雇い入れられる者には労働基準法第20条の解雇の予告の規定は適用されないが、その者が［ A ］を超えて引き続き使用されるに至った場合においては、この限りでない。

2　生後満1年に達しない生児を育てる女性は、労働基準法第34条の休憩時間のほか、1日2回各々少なくとも［ B ］、その生児を育てるための時間を請求することができる。

3　最高裁判所は、同業他社への転職者に対する退職金の支給額を一般の退職の場合の半額と定めた退職金規則の効力が問題となった事件において、次のように判示した。

「原審の確定した事実関係のもとにおいては、被上告会社が営業担当社員に対し退職後の同業他社への就職をある程度の期間制限することをもつて直ちに社員の職業の自由等を不当に拘束するものとは認められず、したがつて、被上告会社がその退職金規則において、右制限に反して同業他社に就職した退職社員に支給すべき退職金につき、その点を考慮して、支給額を一般の自己都合による退職の場合の半額と定めることも、本件退職金が［ C ］的な性格を併せ有することにかんがみれば、合理性のない措置であるとすることはできない。」

4　労働安全衛生法で定義される作業環境測定とは、作業環境の実態を把握するため空気環境その他の作業環境について行う［ D ］、サンプリング及び分析（解析を含む。）をいう。

5　労働安全衛生法第44条の2第1項では、一定の機械等で政令で定めるものを製造し、又は輸入した者は、厚生労働省令で定めるところにより、厚生労働大臣の登録を受けた者が行う当該機械等の型式についての検定を受けなければならない旨定めているが、その機械等には、クレーンの過負荷防止装置やプレス機械の安全装置の他［ E ］などが定められている。

選択肢

① 15　分	② 30　分
③ 45　分	④ 1時間
⑤ 14　日	⑥ 30　日
⑦ 1か月	⑧ 2か月
⑨ アーク溶接作業用紫外線防護めがね	
⑩ 気流の測定	⑪ 功労報償
⑫ 作業状況の把握	
⑬ 就業規則を遵守する労働者への生活の補助	
⑭ 成果給	⑮ 墜落災害防止用安全帯
⑯ デザイン	⑰ 転職の制約に対する代償措置
⑱ 放射線作業用保護具	⑲ モニタリング
⑳ ろ過材及び面体を有する防じんマスク	

労働者災害補償保険法

問2 次の文中の［　　］の部分を選択肢の中の最も適切な語句で埋め、完全な文章とせよ。

1　労災保険法においては、労働基準法適用労働者には当たらないが、業務の実態、災害の発生状況等からみて、労働基準法適用労働者に準じて保護するにふさわしい一定の者に対して特別加入の制度を設けている。まず、中小事業主等の特別加入については、主たる事業の種類に応じ、厚生労働省令で定める数以下の労働者を使用する事業の事業主で［ A ］に労働保険事務の処理を委託している者及びその事業に従事する者である。この事業の事業主としては、卸売業又は［ B ］を主たる事業とする事業主の場合は、常時100人以下の労働者を使用する者が該当する。この特別加入に際しては、中小事業主が申請をし、政府の承認を受ける必要がある。給付基礎日額は、当該事業に使用される労働者の賃金の額その他の事情を考慮して厚生労働大臣が定める額とされており、最高額は［ C ］である。

また、労災保険法第33条第3号及び第4号により、厚生労働省令で定める種類の事業を労働者を使用しないで行うことを常態とする者とその者が行う事業に従事する者は特別加入の対象となる。この事業の例としては、［ D ］の事業が該当する。また、同条第5号により厚生労働省令で定める種類の作業に従事する者についても特別加入の対象となる。特別加入はこれらの者（一人親方等及び特定作業従事者）の団体が申請をし、政府の承認を受ける必要がある。

2　通勤災害に関する保険給付は、一人親方等及び特定作業従事者の特別加入者のうち、住居と就業の場所との間の往復の状況等を考慮して厚生労働省令で定める者には支給されない。［ E ］はその一例に該当する。

選択肢

A	①　社会保険事務所　②　商工会議所 ③　特定社会保険労務士　④　労働保険事務組合
B	①　小売業　②　サービス業　③　不動産業　④　保険業
C	①　20,000円　②　22,000円 ③　24,000円　④　25,000円
D	①　介護事業　②　畜産業　③　養蚕業　④　林　業
E	①　医薬品の配置販売の事業を行う個人事業者 ②　介護作業従事者　③　個人タクシー事業者 ④　船員法第１条に規定する船員

雇用保険法

問3 次の文中の［　　］の部分を選択肢の中の最も適切な語句で埋め、完全な文章とせよ。

1　雇用保険法第14条第1項は、「被保険者期間は、被保険者であつた期間のうち、当該被保険者でなくなつた日又は各月においてその日に応当し、かつ、当該被保険者であつた期間内にある日（その日に応当する日がない月においては、その月の末日。以下この項において「喪失応当日」という。）の各前日から各前月の喪失応当日までさかのぼつた各期間（賃金の支払の基礎となつた日数が11日以上であるものに限る。）を1箇月として計算し、その他の期間は、被保険者期間に算入しない。ただし、当該被保険者となつた日からその日後における最初の喪失応当日の前日までの期間の日数が［ A ］以上であり、かつ、当該期間内における賃金の支払の基礎となつた日数が［ B ］以上であるときは、当該期間を［ C ］の被保険者期間として計算する。」と規定している。

2　雇用保険法第61条の2第1項は、「高年齢再就職給付金は、受給資格者（その受給資格に係る離職の日における第22条第3項の規定による算定基礎期間が［ D ］以上あり、かつ、当該受給資格に基づく基本手当の支給を受けたことがある者に限る。）が60歳に達した日以後安定した職業に就くことにより被保険者となつた場合において、当該被保険者に対し再就職後の支給対象月に支払われた賃金の額が、当該基本手当の日額の算定の基礎となつた賃金日額に30を乗じて得た額の100分の75に相当する額を下るに至つたときに、当該再就職後の支給対象月について支給する。ただし、次の各号のいずれかに該当するときは、この限りでない。

一　当該職業に就いた日（次項において「就職日」という。）の前日における支給残日数が、［ E ］未満であるとき。

二　当該再就職後の支給対象月に支払われた賃金の額が、支給限度額以上であるとき。」と規定している。

選択肢

① 8 日	② 9 日
③ 10 日	④ 11 日
⑤ 15 日	⑥ 16 日
⑦ 18 日	⑧ 20 日
⑨ 60 日	⑩ 90 日
⑪ 100日	⑫ 120日
⑬ 4分の1箇月	⑭ 3分の1箇月
⑮ 2分の1箇月	⑯ 1箇月
⑰ 3 年	⑱ 4 年
⑲ 5 年	⑳ 6 年

労務管理その他の労働に関する一般常識

問4 次の文中の[　　]の部分を選択肢の中の最も適切な語句で埋め、完全な文章とせよ。

日本社会において、労働環境に大きな影響を与える問題の一つに少子高齢化がある。

厚生労働省の「人口動態統計」をみると、日本の合計特殊出生率は、2005年に[A]に低下し、第二次世界大戦後最低の水準になった。2015年の合計特殊出生率を都道府県別にみると、最も低いのは[B]であり、最も高いのは沖縄県になっている。

出生率を上げるには、女性が働きながら子どもを産み育てられるようになることが重要な条件の一つである。それを実現するための一施策として、[C]が施行され、同法に基づいて、2011年4月からは、常時雇用する労働者が[D]以上の企業に一般事業主行動計画の策定が義務化されている。

少子化と同時に進行しているのが高齢化である。日本の人口に占める65歳以上の割合は、2016年に27.3%になり、今後も急速に上昇していくと予想されている。総務省の人口統計では、15歳から64歳の層を[E]というが、この年齢層が65歳以上の人たちを支えるとすると将来的にさらに負担が大きくなると予想されている。

選択肢

①	1.16	②	1.26
③	1.36	④	1.46
⑤	101人	⑥	201人
⑦	301人	⑧	501人
⑨	育児介護休業法	⑩	大阪府
⑪	子ども・子育て支援法	⑫	次世代育成支援対策推進法
⑬	就業人口	⑭	生産年齢人口
⑮	男女共同参画社会基本法	⑯	東京都
⑰	鳥取県	⑱	北海道
⑲	有業人口	⑳	労働力人口

社会保険に関する一般常識

問5 次の文中の［　　］の部分を選択肢の中の最も適切な語句で埋め、完全な文章とせよ。（改題）

1　介護保険法第129条の規定では、市町村又は特別区が介護保険事業に要する費用に充てるため徴収しなければならない保険料は、第1号被保険者に対し、政令で定める基準に従い条例で定めるところにより算定された保険料率により算定された額とされ、その保険料率は、おおむね［ A ］を通じ財政の均衡を保つことができるものでなければならないとされている。

2　11歳、8歳、5歳の3人の児童を監護し、かつ、この3人の児童と生計を同じくしている日本国内に住所を有する父に支給する児童手当の額は、1か月につき［ B ］である。なお、この3人の児童は、施設入所等児童ではなく、かつ、父の所得額は所得制限額未満であるものとする。

3　確定給付企業年金法第29条第1項では、事業主（企業年金基金を設立して実施する確定給付企業年金を実施する場合にあっては、企業年金基金。）は、次に掲げる給付を行うものとすると規定している。

(1)　老齢給付金

(2)　［ C ］

4　確定給付企業年金法第36条の規定によると、老齢給付金は、加入者又は加入者であった者が、規約で定める老齢給付金を受けるための要件を満たすこととなったときに、その者に支給するものとするが、この規約で定める要件は、次に掲げる要件を満たすものでなければならないとされている。

(1)　［ D ］の規約で定める年齢に達したときに支給するものであること。

(2)　政令で定める年齢以上(1)の規約で定める年齢未満の規約で定める年齢に達した日以後に実施事業所に使用されなくなったときに支給するものであること（規約において当該状態に至ったときに老齢給付金を支給する旨が定められている場合に限る。）。

また、(2)の政令で定める年齢は、［ E ］であってはならないとされている。

選択肢

① 2　年	② 3　年
③ 5　年	④ 10　年
⑤ 40歳未満	⑥ 45歳未満
⑦ 50歳未満	⑧ 55歳以上70歳以下
⑨ 55歳未満	⑩ 60歳以上70歳以下
⑪ 60歳以上75歳以下	⑫ 65歳以上75歳以下
⑬ 30,000円	⑭ 35,000円
⑮ 40,000円	⑯ 45,000円
⑰ 遺族給付金	⑱ 障害給付金
⑲ 脱退一時金	⑳ 特別給付金

健康保険法

問6 次の文中の［　　］の部分を選択肢の中の最も適切な語句で埋め、完全な文章とせよ。

1　健康保険法第２条では、「健康保険制度については、これが医療保険制度の基本をなすものであることにかんがみ、高齢化の進展、［ A ］、社会経済情勢の変化等に対応し、その他の医療保険制度及び後期高齢者医療制度並びにこれらに密接に関連する制度と併せてその在り方に関して常に検討が加えられ、その結果に基づき、医療保険の［ B ］、給付の内容及び費用の負担の適正化並びに国民が受ける医療の［ C ］を総合的に図りつつ、実施されなければならない。」と規定している。

2　健康保険法第102条第１項では、「被保険者が出産したときは、出産の日（出産の日が出産の予定日後であるときは、出産の予定日）［ D ］（多胎妊娠の場合においては、98日）から出産の日［ E ］までの間において労務に服さなかった期間、出産手当金を支給する。」と規定している。

選択肢

① 以後42日	② 以後56日
③ 以前42日	④ 以前56日
⑤ 一元化	⑥ 医療技術の進歩
⑦ 運営の効率化	⑧ 健康意識の変化
⑨ 後42日	⑩ 後56日
⑪ 高度化	⑫ 持続可能な運営
⑬ 質の向上	⑭ 疾病構造の変化
⑮ 情報技術の進歩	⑯ 多様化
⑰ 前42日	⑱ 前56日
⑲ 民営化	⑳ 無駄の排除

MEMO

厚生年金保険法

問7 次の文中の［　　］の部分を選択肢の中の最も適切な語句で埋め、完全な文章とせよ。

1　厚生年金保険法第83条第2項の規定によると、厚生労働大臣は、納入の告知をした保険料額が当該納付義務者が納付すべき保険料額をこえていることを知ったとき、又は納付した保険料額が当該納付義務者が納付すべき保険料額をこえていることを知ったときは、そのこえている部分に関する納入の告知又は納付を、その［ A ］以内の期日に納付されるべき保険料について納期を繰り上げてしたものとみなすことができるとされている。

2　厚生年金保険法第79条の2の規定によると、積立金（特別会計積立金及び実施機関積立金をいう。以下同じ。）の運用は、積立金が厚生年金保険の［ B ］の一部であり、かつ、将来の保険給付の貴重な財源となるものであることに特に留意し、［ C ］の利益のために、長期的な観点から、安全かつ効率的に行うことにより、将来にわたって、厚生年金保険事業の運営の安定に資することを目的として行うものとされている。

3　厚生年金保険法第26条第1項の規定によると、3歳に満たない子を養育し、又は養育していた被保険者又は被保険者であった者が、主務省令で定めるところにより実施機関に申出（被保険者にあっては、その使用される事業所の事業主を経由して行うものとする。）をしたときは、当該子を養育することとなった日（厚生労働省令で定める事実が生じた日にあっては、その日）の属する月から当該子が3歳に達したときに該当するに［ D ］までの各月のうち、その標準報酬月額が当該子を養育することとなった日の属する月の前月（当該月において被保険者でない場合にあっては、当該月前［ E ］における被保険者であった月のうち直近の月。以下「基準月」という。）の標準報酬月額（同項の規定により当該子以外の子に係る基準月の標準報酬月額が標準報酬月額とみなされている場合にあっては、当該みなされた基準月の標準報酬月額。以下「従前標準報酬月額」という。）を下回る月（当該申出が行われた日の属する月前の月にあっては、当該申出が行われた日の属する月の前月までの2年間のうちにあるものに限る。）については、従前標準報酬月額を当該下回る月の厚生年金保険法第43条第１項に規定する平均標準報酬額の計算の基礎となる標準報酬月額とみなすとされている。

選択肢

①	１年以内	②	１年６か月以内
③	２年以内	④	６か月以内
⑤	至った日の属する月	⑥	至った日の属する月の前月
⑦	至った日の翌日の属する月	⑧	至った日の翌日の属する月の前月
⑨	事業主から徴収された保険料		
⑩	事業主から徴収された保険料及び国庫負担		
⑪	納入の告知又は納付の日から１年		
⑫	納入の告知又は納付の日から６か月		
⑬	納入の告知又は納付の日の翌日から１年		
⑭	納入の告知又は納付の日の翌日から６か月		
⑮	被保険者から徴収された保険料		
⑯	被保険者から徴収された保険料及び国庫負担		
⑰	広く国民	⑱	広く国民年金の被保険者
⑲	専ら厚生年金保険の被保険者	⑳	専ら適用事業所

国民年金法

問8 次の文中の［　　］の部分を選択肢の中の最も適切な語句で埋め、完全な文章とせよ。(改題)

1　国民年金法施行規則第18条の規定によると、厚生労働大臣は、［ A ］、住民基本台帳法の規定による老齢基礎年金の受給権者に係る機構保存本人確認情報の提供を受け、必要な事項について確認を行うものとされ、機構保存本人確認情報の提供を受けるために必要と認める場合は、［ B ］を求めることができるとされている。

2　国民年金法第109条の2第1項に規定する指定全額免除申請事務取扱者は、同項に規定する全額免除申請に係る事務のほか、［ C ］要件該当被保険者等の委託を受けて、［ C ］申請を行うことができる。

3　昭和16年4月2日以後生まれの者が、老齢基礎年金の支給繰下げの申出をした場合、老齢基礎年金の額に増額率を乗じて得た額が加算されるが、その増額率は［ D ］に当該年金の受給権を［ E ］を乗じて得た率をいう。

選択肢

① 4分の3免除、半額免除及び4分の1免除

② 100分の11　　③ 100分の12

④ 1000分の5　　⑤ 1000分の7

⑥ 各支払期月の前月に　　⑦ 各支払期月の前々月に

⑧ 学生納付特例

⑨ 市町村長（特別区にあっては、区長とする。）に対し、当該受給権者に係る個人番号の報告

⑩ 市町村長（特別区にあっては、区長とする。）の同意

⑪ 取得した日から起算して当該年金の支給の繰下げの申出をした日の前日までの年数（1未満の端数が生じたときは切り捨て、当該年数が10を超えるときは10とする。）

⑫ 取得した日から起算して当該年金の支給の繰下げの申出をした日までの年数（1未満の端数が生じたときは切り捨て、当該年数が10を超えるときは10とする。）

⑬ 取得した日の属する月から当該年金の支給の繰下げの申出をした日の属する月の前月までの月数（当該月数が120を超えるときは、120）

⑭ 取得した日の属する月から当該年金の支給の繰下げの申出をした日の属する月までの月数（当該月数が120を超えるときは、120）

⑮ 追　納　　⑯ 納付猶予

⑰ 毎　月　　⑱ 毎　年

⑲ 老齢基礎年金の受給権者に対し、当該受給権者に係る個人番号の報告

⑳ 老齢基礎年金の受給権者の同意

平成30年度
（2018年度・第50回）
本試験問題
択一式

本試験実施時間

13：20～16：50（210分）

法令等略記凡例

法令等名称	法令等略称
育児休業、介護休業等育児又は家族介護を行う労働者の福祉に関する法律	育児介護休業法
労働者派遣事業の適正な運営の確保及び派遣労働者の保護等に関する法律	労働者派遣法
労働者災害補償保険法	労災保険法
労働保険の保険料の徴収等に関する法律	労働保険徴収法
高齢者の医療の確保に関する法律	高齢者医療確保法

労働基準法及び労働安全衛生法

問1 労働時間等に関する次の記述のうち、誤っているものはいくつあるか。

ア 労働基準法第32条の3に定めるいわゆるフレックスタイム制において、実際に労働した時間が清算期間における総労働時間として定められた時間に比べて過剰であった場合、総労働時間として定められた時間分はその期間の賃金支払日に支払い、総労働時間を超えて労働した時間分は次の清算期間中の総労働時間の一部に充当してもよい。

イ 貨物自動車に運転手が二人乗り込んで交替で運転に当たる場合において、運転しない者については、助手席において仮眠している間は労働時間としないことが認められている。

ウ 常時10人未満の労働者を使用する小売業では、1週間の労働時間を44時間とする労働時間の特例が認められているが、事業場規模を決める場合の労働者数を算定するに当たっては、例えば週に2日勤務する労働者であっても、継続的に当該事業場で労働している者はその数に入るとされている。

エ 使用者は、労働基準法第56条第1項に定める最低年齢を満たした者であっても、満18歳に満たない者には、労働基準法第36条の協定によって時間外労働を行わせることはできないが、同法第33条の定めに従い、災害等による臨時の必要がある場合に時間外労働を行わせることは禁止されていない。

オ 労働基準法第32条第1項は、「使用者は、労働者に、休憩時間を除き1週間について40時間を超えて、労働させてはならない。」と定めているが、ここにいう1週間は、例えば、日曜から土曜までと限定されたものではなく、何曜から始まる1週間とするかについては、就業規則等で別に定めることが認められている。

A 一つ
B 二つ
C 三つ
D 四つ
E 五つ

問2 労働基準法の適用に関する次のアからオの記述のうち、誤っているものの組合せは、後記AからEまでのうちどれか。

ア 常時10人以上の労働者を使用する使用者が労働基準法第32条の3に定めるいわゆるフレックスタイム制により労働者を労働させる場合は、就業規則により、その労働者に係る始業及び終業の時刻をその労働者の決定にゆだねることとしておかなければならない。

イ いわゆる一年単位の変形労働時間制においては、隔日勤務のタクシー運転者等暫定措置の対象とされているものを除き、1日の労働時間の限度は10時間、1週間の労働時間の限度は54時間とされている。

ウ いわゆる一年単位の変形労働時間制においては、その労働日について、例えば7月から9月を対象期間の最初の期間とした場合において、この間の総休日数を40日と定めた上で、30日の休日はあらかじめ特定するが、残る10日については、「7月から9月までの間に労働者の指定する10日間について休日を与える。」として特定しないことは認められていない。

エ 労働基準法では、使用者は、労働者が業務上負傷し、又は疾病にかかり療養のために休業する期間及びその後30日間は、解雇してはならないと規定しているが、解雇予告期間中に業務上負傷し又は疾病にかかりその療養のために休業した場合には、この解雇制限はかからないものと解されている。

オ 労働基準法第20条に定める解雇予告手当は、解雇の意思表示に際して支払わなければ解雇の効力を生じないものと解されており、一般には解雇予告手当については時効の問題は生じないとされている。

A（アとウ）　**B**（アとエ）　**C**（イとエ）
D（イとオ）　**E**（ウとオ）

問3 労働基準法第35条に定めるいわゆる法定休日を日曜とし、月曜から土曜までを労働日として、休日及び労働時間が次のように定められている製造業の事業場における、労働に関する時間外及び休日の割増賃金に関する記述のうち、正しいものはどれか。

日	月	火	水	木	金	土
休	6	6	6	6	6	6

労働日における労働時間は全て

始業時刻：午前10時、終業時刻：午後５時、休憩：午後１時から１時間

A 日曜に10時間の労働があると、休日割増賃金の対象になるのは８時間で、８時間を超えた２時間は休日労働に加えて時間外労働も行われたことになるので、割増賃金は、休日労働に対する割増率に時間外労働に対する割増率を加算する必要がある。

B 日曜の午後８時から月曜の午前３時まで勤務した場合、その間の労働は全てが休日割増賃金対象の労働になる。

C 月曜の時間外労働が火曜の午前３時まで及んだ場合、火曜の午前３時までの労働は、月曜の勤務における１日の労働として取り扱われる。

D 土曜の時間外労働が日曜の午前３時まで及んだ場合、日曜の午前３時までの労働に対する割増賃金は、土曜の勤務における時間外労働時間として計算される。

E 日曜から水曜までは所定どおりの勤務であったが、木曜から土曜までの３日間の勤務が延長されてそれぞれ10時間ずつ労働したために当該１週間の労働時間が48時間になった場合、土曜における10時間労働の内８時間が割増賃金支払い義務の対象労働になる。

問4 労働基準法の総則に関する次のアからオの記述のうち、正しいものの組合せは、後記ＡからＥまでのうちどれか。

ア 労働基準法第１条にいう「人たるに値する生活」には、労働者の標準家族の生活をも含めて考えることとされているが、この「標準家族」の範囲は、社会の一般通念にかかわらず、「配偶者、子、父母、孫及び祖父母のうち、当該労働者によって生計を維持しているもの」とされている。

イ 労働基準法第３条にいう「賃金、労働時間その他の労働条件」について、解雇の意思表示そのものは労働条件とはいえないため、労働協約や就業規則等で解雇の理由が規定されていても、「労働条件」にはあたらない。

ウ 労働基準法第４条の禁止する賃金についての差別的取扱いとは、女性労働者の賃金を男性労働者と比較して不利に取り扱う場合だけでなく、有利に取り扱う場合も含まれる。

エ いわゆるインターンシップにおける学生については、インターンシップにおいての実習が、見学や体験的なものであり使用者から業務に係る指揮命令を受けていると解されないなど使用従属関係が認められない場合でも、不測の事態における学生の生命、身体等の安全を確保する限りにおいて、労働基準法第９条に規定される労働者に該当するとされている。

オ いわゆるストック・オプション制度では、権利付与を受けた労働者が権利行使を行うか否か、また、権利行使するとした場合において、その時期や株式売却時期をいつにするかを労働者が決定するものとしていることから、この制度から得られる利益は、それが発生する時期及び額ともに労働者の判断に委ねられているため、労働の対償ではなく、労働基準法第11条の賃金には当たらない。

A（アとイ）　**B**（アとウ）　**C**（イとエ）
D（ウとオ）　**E**（エとオ）

問５ **労働基準法に定める労働契約等に関する次の記述のうち、正しいものはどれか。**

A 労働基準法第20条第１項の解雇予告手当は、同法第23条に定める、労働者の退職の際、その請求に応じて７日以内に支払うべき労働者の権利に属する金品にはあたらない。

B 債務不履行によって使用者が損害を被った場合、現実に生じた損害について賠償を請求する旨を労働契約の締結に当たり約定することは、労働基準法第16条により禁止されている。

C　使用者は、税金の滞納処分を受け事業廃止に至った場合には、「やむを得ない事由のために事業の継続が不可能となつた場合」として、労働基準法第65条の規定によって休業する産前産後の女性労働者であっても解雇することができる。

D　労働基準法第14条第1項第2号に基づく、満60歳以上の労働者との間に締結される労働契約（期間の定めがあり、かつ、一定の事業の完了に必要な期間を定めるものではない労働契約）について、同条に定める契約期間に違反した場合、同法第13条の規定を適用し、当該労働契約の期間は3年となる。

E　労働基準法第22条第4項は、「使用者は、あらかじめ第三者と謀り、労働者の就業を妨げることを目的として、労働者の国籍、信条、社会的身分若しくは労働組合運動に関する通信」をしてはならないと定めているが、禁じられている通信の内容として掲げられている事項は、例示列挙であり、これ以外の事項でも当該労働者の就業を妨害する事項は禁止される。

問6　**労働基準法に定める賃金等に関する次の記述のうち、誤っているものはどれか。**

A　派遣先の使用者が、派遣中の労働者本人に対して、派遣元の使用者からの賃金を手渡すことだけであれば、労働基準法第24条第1項のいわゆる賃金直接払の原則に違反しない。

B　使用者が労働者の同意を得て労働者の退職金債権に対してする相殺は、当該同意が「労働者の自由な意思に基づいてされたものであると認めるに足りる合理的な理由が客観的に存在するときは」、労働基準法第24条第1項のいわゆる賃金全額払の原則に違反するものとはいえないとするのが、最高裁判所の判例である。

C　労働基準法では、年俸制をとる労働者についても、賃金は、毎月一回以上、一定の期日を定めて支払わなければならないが、各月の支払いを一定額とする（各月で等分して支払う）ことは求められていない。

D　ストライキの場合における家族手当の削減が就業規則（賃金規則）や社員賃金規則細部取扱の規定に定められ異議なく行われてきている場合に、「ストライキ期間中の賃金削減の対象となる部分の存否及びその部分と賃金削減の対象とならない部分の区別は、当該労働協約等の定め又は労働慣行の趣旨に照らし個別的に判断するのを相当」とし、家族手当の削減が労働慣行として成立していると判断できる以上、当該家族手当の削減は違法ではないとするのが、最高裁判所の判例である。

E　労働安全衛生法第66条による健康診断の結果、私傷病のため医師の証明に基づいて使用者が労働者に休業を命じた場合、使用者は、休業期間中当該労働者に、その平均賃金の100分の60以上の手当を支払わなければならない。

問７ **労働基準法に定める就業規則等に関する次の記述のうち、正しいものはどれか。**

A　同一事業場において、パートタイム労働者について別個の就業規則を作成する場合、就業規則の本則とパートタイム労働者についての就業規則は、それぞれ単独で労働基準法第89条の就業規則となるため、パートタイム労働者に対して同法第90条の意見聴取を行う場合、パートタイム労働者についての就業規則についてのみ行えば足りる。

B　就業規則の記載事項として、労働基準法第89条第１号にあげられている「休暇」には、育児介護休業法による育児休業も含まれるが、育児休業の対象となる労働者の範囲、育児休業取得に必要な手続、休業期間については、育児介護休業法の定めるところにより育児休業を与える旨の定めがあれば記載義務は満たしている。

C　常時10人以上の労働者を使用する使用者は、就業規則に制裁の定めをする場合においては、その種類及び程度に関する事項を必ず記載しなければならず、制裁を定めない場合にはその旨を必ず記載しなければならない。

D　労働基準法第91条による減給の制裁に関し平均賃金を算定すべき事由の発生した日は、制裁事由発生日（行為時）とされている。

E　都道府県労働局長は、法令又は労働協約に抵触する就業規則を定めている使用者に対し、必要な助言、指導又は勧告をすることができ、勧告をした場合において、その勧告を受けた者がこれに従わなかったときは、その旨を公表することができる。

問8　派遣労働者の安全衛生の確保に関する次の記述のうち、誤っているものはどれか。

A　派遣元事業者は、派遣労働者を含めて常時使用する労働者数を算出し、それにより算定した事業場の規模等に応じて、総括安全衛生管理者、衛生管理者、産業医を選任し、衛生委員会の設置をしなければならない。

B　派遣労働者に関する労働安全衛生法第66条第２項に基づく有害業務従事者に対する健康診断（以下本肢において「特殊健康診断」という。）の結果の記録の保存は、派遣先事業者が行わなければならないが、派遣元事業者は、派遣労働者について、労働者派遣法第45条第11項の規定に基づき派遣先事業者から送付を受けた当該記録の写しを保存しなければならず、また、当該記録の写しに基づき、派遣労働者に対して特殊健康診断の結果を通知しなければならない。

C　派遣労働者に対する労働安全衛生法第59条第１項の規定に基づく雇入れ時の安全衛生教育は、派遣先事業者に実施義務が課せられており、派遣労働者を就業させるに際して実施すべきものとされている。

D　派遣就業のために派遣され就業している労働者に関する機械、器具その他の設備による危険や原材料、ガス、蒸気、粉じん等による健康障害を防止するための措置は、派遣先事業者が講じなければならず、当該派遣中の労働者は当該派遣元の事業者に使用されないものとみなされる。

E　派遣元事業者は、派遣労働者が労働災害に被災したことを把握した場合、派遣先事業者から送付された所轄労働基準監督署長に提出した労働者死傷病報告の写しを踏まえて労働者死傷病報告を作成し、派遣元の事業場を所轄する労働基準監督署長に提出しなければならない。

問9 労働安全衛生法第45条に定める定期自主検査に関する次の記述のうち、正しいものはどれか。

A　事業者は、現に使用している動力プレスについては、1年以内ごとに1回、定期に、労働安全衛生規則で定める自主検査を行わなければならないとされているが、加工材料に加える圧力が3トン未満の動力プレスは除かれている。

B　事業者は、現に使用しているフォークリフトについては、1年を超えない期間ごとに1回、定期に、労働安全衛生規則で定める自主検査を行わなければならないとされているが、最大荷重が1トン未満のフォークリフトは除かれている。

C　作業床の高さが2メートル以上の高所作業車は、労働安全衛生法第45条第2項に定める特定自主検査の対象になるので、事業者は、その使用する労働者には当該検査を実施させることが認められておらず、検査業者に実施させなければならない。

D　屋内作業場において、有機溶剤中毒予防規則に定める第1種有機溶剤等又は第2種有機溶剤等を用いて行う印刷の業務に労働者を従事させている事業者は、当該有機溶剤作業を行っている場所で稼働させている局所排気装置について、1年以内ごとに1回、定期に、定められた事項について自主検査を行わなければならない。

E　事業者は、定期自主検査を行ったときは、その結果を記録し、これを5年間保存しなければならない。

問10 労働安全衛生法第66条の10に定める医師等による心理的な負担の程度を把握するための検査（以下本問において「ストレスチェック」という。）等について、誤っているものは次のうちどれか。

A　常時50人以上の労働者を使用する事業者は、常時使用する労働者に対し、1年以内ごとに1回、定期に、ストレスチェックを行わなければならない。

B　ストレスチェックの項目には、ストレスチェックを受ける労働者の職場における心理的な負担の原因に関する項目を含めなければならない。

C　ストレスチェックの項目には、ストレスチェックを受ける労働者への職場における他の労働者による支援に関する項目を含めなければならない。

D ストレスチェックの項目には、ストレスチェックを受ける労働者の心理的な負担による心身の自覚症状に関する項目を含めなければならない。

E ストレスチェックを受ける労働者について解雇、昇進又は異動に関して直接の権限を持つ監督的地位にある者は、検査の実施の事務に従事してはならないので、ストレスチェックを受けていない労働者を把握して、当該労働者に直接、受検を勧奨してはならない。

労働者災害補償保険法（労働保険の保険料の徴収等に関する法律を含む。）

問１ 厚生労働省労働基準局長通知（「心理的負荷による精神障害の認定基準について」平成23年12月26日付け基発1226第１号・最終改正令和２年８月21日付け基発0821第４号。以下「認定基準」という。）に関する次の記述のうち、正しいものはどれか。

なお、本問において「対象疾病」とは、「認定基準で対象とする疾病」のことである。(改題)

A 認定基準においては、次の①、②、③のいずれの要件も満たす対象疾病は、労働基準法施行規則別表第１の２第９号に規定する精神及び行動の障害又はこれに付随する疾病に該当する業務上の疾病として取り扱うこととされている。

① 対象疾病を発病していること。

② 対象疾病の発病前おおむね６か月の間に、業務による強い心理的負荷が認められること。

③ 業務以外の心理的負荷及び個体側要因により対象疾病を発病したとは認められないこと。

B 認定基準において、業務による強い心理的負荷とは、精神障害を発病した労働者がその出来事及び出来事後の状況が持続する程度を主観的にどう受け止めたかという観点から評価されるものであるとされている。

C 認定基準においては、業務による心理的負荷の強度の判断に当たっては、精神障害発病前おおむね６か月の間に、対象疾病の発病に関与したと考えられる業務によるどのような出来事があり、また、その後の状況がどのようなものであったのかを具体的に把握し、それらによる心理的負荷の強度はどの程度であるかについて、「業務による心理的負荷評価表」を指標として「強」、「弱」の二段階に区分することとされている。

D 認定基準においては、「極度の長時間労働は、心身の極度の疲弊、消耗を来し、うつ病等の原因となることから、発病日から起算した直前の１か月間におおむね120時間を超える時間外労働を行った場合等には、当該極度の長時間労働に従事したことのみで心理的負荷の総合評価を「強」とする。」とされている。

E　認定基準においては、「いじめやセクシュアルハラスメントのように、出来事が繰り返されるものについては、発病の6か月よりも前にそれが開始されている場合でも、発病前6か月以内の行為のみを評価の対象とする。」とされている。

問2　業務災害に係る保険給付に関する次の記述のうち、正しいものはどれか。

A　傷病補償年金は、業務上負傷し、又は疾病にかかった労働者が、当該負傷又は疾病に係る療養の開始後1年を経過した日において次の①、②のいずれにも該当するとき、又は同日後次の①、②のいずれにも該当することとなったときに、その状態が継続している間、当該労働者に対して支給する。

①　当該負傷又は疾病が治っていないこと。

②　当該負傷又は疾病による障害の程度が厚生労働省令で定める傷病等級に該当すること。

B　介護補償給付は、障害補償年金又は傷病補償年金を受ける権利を有する労働者が、その受ける権利を有する障害補償年金又は傷病補償年金の支給事由となる障害であって厚生労働省令で定める程度のものにより、常時又は随時介護を要する状態にあり、かつ、常時又は随時介護を受けているときに、当該介護を受けている間、当該労働者に対し、その請求に基づいて行われるものであり、病院又は診療所に入院している間も行われる。

C　介護補償給付は、月を単位として支給するものとし、その月額は、常時又は随時介護を受ける場合に通常要する費用を考慮して厚生労働大臣が定める額とする。

D　療養補償給付としての療養の給付の範囲には、病院又は診療所における療養に伴う世話その他の看護のうち、政府が必要と認めるものは含まれるが、居宅における療養に伴う世話その他の看護が含まれることはない。

E　療養補償給付たる療養の費用の支給を受けようとする者は、①労働者の氏名、生年月日及び住所、②事業の名称及び事業場の所在地、③負傷又は発病の年月日、④災害の原因及び発生状況、⑤傷病名及び療養の内容、⑥療養に要した費用の額、⑦療養の給付を受けなかった理由、⑧労働者が複数事業労働者である場合はその旨を記載した請求書を、所轄労働基準監督署長に提出しなければならないが、そのうち③及び⑥について事業主（非災害発生事業場の事業主を除く。）の証明を受けなければならない。（改題）

問3　労災保険法に関する次の記述のうち、誤っているものはどれか。

A　市町村長（特別区の区長を含むものとし、地方自治法第252条の19第1項の指定都市においては、区長又は総合区長とする。）は、行政庁又は保険給付を受けようとする者に対して、当該市（特別区を含む。）町村の条例で定めるところにより、保険給付を受けようとする者又は遺族の戸籍に関し、無料で証明を行うことができる。

B　行政庁は、厚生労働省令で定めるところにより、保険関係が成立している事業に使用される労働者（労災保険法第34条第1項第1号、第35条第1項第3号又は第36条第1項第1号の規定により当該事業に使用される労働者とみなされる者を含む。）又は保険給付を受け、若しくは受けようとする者に対して、労災保険法の施行に関し必要な報告、届出、文書その他の物件の提出又は出頭を命ずることができる。

C　行政庁は、厚生労働省令で定めるところにより、労働者派遣法第44条第1項に規定する派遣先の事業主に対して、労災保険法の施行に関し必要な報告、文書の提出又は出頭を命ずることができる。

D　行政庁は、労災保険法の施行に必要な限度において、当該職員に、適用事業の事業場に立ち入り、関係者に質問させ、又は帳簿書類その他の物件を検査させることができ、立入検査をする職員は、その身分を示す証明書を携帯し、関係者に提示しなければならない。

E 行政庁は、保険給付を受け、又は受けようとする者（遺族補償年金、複数事業労働者遺族年金又は遺族年金の額の算定の基礎となる者を含む。）の診療を担当した医師その他の者に対して、その行った診療に関する事項について、報告を命ずることはできない。（改題）

問4 労災保険に関する次の記述のうち、誤っているものはいくつあるか。

ア 労災保険法に基づく遺族補償年金を受ける権利を有する者が死亡した場合において、その死亡した者に支給すべき遺族補償年金でまだその者に支給しなかったものがあるときは、当該遺族補償年金を受けることができる他の遺族は、自己の名で、その未支給の遺族補償年金の支給を請求することができる。

イ 労災保険法に基づく遺族補償年金を受ける権利を有する者が死亡した場合において、その死亡した者が死亡前にその遺族補償年金を請求していなかったときは、当該遺族補償年金を受けることができる他の遺族は、自己の名で、その遺族補償年金を請求することができる。

ウ 労災保険法に基づく保険給付を受ける権利を有する者が死亡し、その者が死亡前にその保険給付を請求していなかった場合、未支給の保険給付を受けるべき同順位者が２人以上あるときは、その１人がした請求は、全員のためその全額につきしたものとみなされ、その１人に対してした支給は、全員に対してしたものとみなされる。

エ 労災保険法又は同法に基づく政令及び厚生労働省令に規定する期間の計算については、同省令において規定された方法によることとされており、民法の期間の計算に関する規定は準用されない。

オ 試みの使用期間中の者にも労災保険法は適用される。

A 一つ

B 二つ

C 三つ

D 四つ

E 五つ

問5 休業補償給付に関する次の記述のうち、誤っているものはどれか。

A　休業補償給付は、業務上の傷病による療養のため労働できないために賃金を受けない日の4日目から支給されるが、休業の初日から第3日目までの期間は、事業主が労働基準法第76条に基づく休業補償を行わなければならない。

B　業務上の傷病により、所定労働時間の全部労働不能で半年間休業している労働者に対して、事業主が休業中に平均賃金の6割以上の金額を支払っている場合には、休業補償給付は支給されない。

C　休業補償給付と傷病補償年金は、併給されることはない。

D　会社の所定休日においては、労働契約上賃金請求権が生じないので、業務上の傷病による療養中であっても、当該所定休日分の休業補償給付は支給されない。

E　業務上の傷病により、所定労働時間の一部分についてのみ労働する日若しくは賃金が支払われる休暇（以下「部分算定日」という。）又は複数事業労働者の部分算定日の休業補償給付の額は、療養開始後1年6か月未満の場合には、休業給付基礎日額から部分算定日に対して支払われる賃金の額を控除して得た額の100分の60に相当する額である。（改題）

問6 障害補償給付に関する次の記述のうち、誤っているものはどれか。

A　厚生労働省令で定める障害等級表に掲げるもの以外の身体障害は、その障害の程度に応じて、同表に掲げる身体障害に準じて障害等級を定めることとされている。

B　障害補償一時金を受けた者については、障害の程度が自然的経過により増進しても、障害補償給付の変更が問題となることはない。

C　既に業務災害による障害補償年金を受ける者が、新たな業務災害により同一の部位について身体障害の程度を加重した場合には、現在の障害の該当する障害等級に応ずる障害補償年金の額から、既存の障害の該当する障害等級に応ずる障害補償年金の額を差し引いた額の障害補償年金が支給され、その差額の年金とともに、既存の障害に係る従前の障害補償年金も継続して支給される。

D　同一の負傷又は疾病が再発した場合には、その療養の期間中は、障害補償年金の受給権は消滅する。

E 障害等級表に該当する障害が２以上あって厚生労働省令の定める要件を満たす場合には、その障害等級は、厚生労働省令の定めに従い繰り上げた障害等級による。具体例は次の通りである。

① 第５級、第７級、第９級の３障害がある場合　　第３級
② 第４級、第５級の２障害がある場合　　第２級
③ 第８級、第９級の２障害がある場合　　第７級

問7 **労災保険法の二次健康診断等給付に関する次の記述のうち、誤っているものはどれか。**

A 一次健康診断の結果その他の事情により既に脳血管疾患又は心臓疾患の症状を有すると認められる場合には、二次健康診断等給付は行われない。

B 特定保健指導は、医師または歯科医師による面接によって行われ、栄養指導もその内容に含まれる。

C 二次健康診断の結果その他の事情により既に脳血管疾患又は心臓疾患の症状を有すると認められる労働者については、当該二次健康診断に係る特定保健指導は行われない。

D 二次健康診断を受けた労働者から、当該二次健康診断の実施の日から３か月以内にその結果を証明する書面の提出を受けた事業者は、二次健康診断の結果に基づき、当該健康診断項目に異常の所見があると診断された労働者につき、当該労働者の健康を保持するために必要な措置について、医師の意見をきかなければならない。

E 二次健康診断等給付を受けようとする者は、所定の事項を記載した請求書をその二次健康診断等給付を受けようとする健診給付病院等を経由して所轄都道府県労働局長に提出しなければならない。

問8 **労働保険関係の一括に関する次の記述のうち、誤っているものはどれか。**

A 継続事業の一括について都道府県労働局長の認可があったときは、都道府県労働局長が指定する一の事業（以下本問において「指定事業」という。）以外の事業に係る保険関係は、消滅する。

B　継続事業の一括について都道府県労働局長の認可があったときは、被一括事業の労働者に係る労災保険給付（二次健康診断等給付を除く。）の事務や雇用保険の被保険者資格の確認の事務等は、その労働者の所属する被一括事業の所在地を管轄する労働基準監督署長又は公共職業安定所長がそれぞれの事務所掌に応じて行う。

C　一括扱いの認可を受けた事業主が新たに事業を開始し、その事業をも一括扱いに含めることを希望する場合の継続事業一括扱いの申請は、当該事業に係る所轄都道府県労働局長に対して行う。

D　2以上の有期事業が労働保険徴収法による有期事業の一括の対象になると、それらの事業が一括されて一の事業として労働保険徴収法が適用され、原則としてその全体が継続事業として取り扱われることになる。

E　一括されている継続事業のうち指定事業以外の事業の全部又は一部の事業の種類が変更されたときは、事業の種類が変更された事業について保険関係成立の手続をとらせ、指定事業を含む残りの事業については、指定事業の労働者数又は賃金総額の減少とみなして確定保険料報告の際に精算することとされている。

問9　**労働保険徴収法第17条に規定する追加徴収等に関する次の記述のうち、誤っているものはいくつあるか。**

ア　政府が、保険年度の中途に、一般保険料率、第1種特別加入保険料率、第2種特別加入保険料率又は第3種特別加入保険料率の引上げを行ったときは、増加した保険料の額の多少にかかわらず、法律上、当該保険料の額について追加徴収が行われることとなっている。

イ　政府が、保険年度の中途に、一般保険料率、第1種特別加入保険料率、第2種特別加入保険料率又は第3種特別加入保険料率の引下げを行ったときは、法律上、引き下げられた保険料の額に相当する額の保険料の額について、未納の労働保険料その他この法律による徴収金の有無にかかわらず還付が行われることとなっている。

択一式

ウ　追加徴収される概算保険料については、所轄都道府県労働局歳入徴収官が当該概算保険料の額の通知を行うが、その納付は納付書により行われる。

エ 追加徴収される概算保険料については、延納をすることはできない。

オ 追加徴収される増加概算保険料については、事業主が増加概算保険料申告書を提出しないとき、又はその申告書の記載に誤りがあると認められるときは、所轄都道府県労働局歳入徴収官は増加概算保険料の額を決定し、これを当該事業主に通知しなければならない。

A 一つ

B 二つ

C 三つ

D 四つ

E 五つ

問10 労働保険料（印紙保険料を除く。以下本問において同じ。）の口座振替に関する次の記述のうち、正しいものはどれか。

A 口座振替により納付することができる労働保険料は、納付書により行われる概算保険料（延納する場合を除く。）と確定保険料である。

B 口座振替による労働保険料の納付が承認された事業主は、概算保険料申告書及び確定保険料申告書を所轄都道府県労働局歳入徴収官に提出するが、この場合には所轄労働基準監督署長を経由して提出することはできない。（改題）

C 労働保険徴収法第16条の規定による増加概算保険料の納付については、口座振替による納付の対象となる。

D 労働保険料の口座振替の承認は、労働保険料の納付が確実と認められれば、法律上、必ず行われることとなっている。

E 労働保険料の追徴金の納付については、口座振替による納付の対象とならない。

雇用保険法（労働保険の保険料の徴収等に関する法律を含む。）

問1 就職促進給付に関する次のアからオの記述のうち、誤っているものの組合せは、後記AからEまでのうちどれか。

ア 基本手当の受給資格者が離職前の事業主に再び雇用されたときは、就業促進手当を受給することができない。

イ 基本手当の受給資格者が公共職業安定所の紹介した職業に就くためその住所を変更する場合、移転費の額を超える就職支度費が就職先の事業主から支給されるときは、当該受給資格者は移転費を受給することができない。

ウ 再就職手当を受給した者が、当該再就職手当の支給に係る同一の事業主にその職業に就いた日から引き続いて6か月以上雇用された場合で、当該再就職手当に係る雇用保険法施行規則第83条の2にいうみなし賃金日額が同条にいう算定基礎賃金日額を下回るときは、就業促進定着手当を受給することができる。

エ 事業を開始した基本手当の受給資格者は、当該事業が当該受給資格者の自立に資するもので他の要件を満たす場合であっても、再就職手当を受給することができない。

オ 基本手当の受給資格者が職業訓練の実施等による特定求職者の就職の支援に関する法律第4条第2項に規定する認定職業訓練を受講する場合には、求職活動関係役務利用費を受給することができない。

A（アとイ）　B（アとウ）　C（イとエ）
D（ウとオ）　E（エとオ）

問2 被保険者に関する次の記述のうち、誤っているものはどれか。

A 労働日の全部又はその大部分について事業所への出勤を免除され、かつ、自己の住所又は居所において勤務することを常とする在宅勤務者は、事業所勤務労働者との同一性が確認できる場合、他の要件を満たす限り被保険者となりうる。

B 一般被保険者たる労働者が長期欠勤している場合、雇用関係が存続する限り賃金の支払を受けていると否とを問わず被保険者となる。

C　株式会社の取締役であって、同時に会社の部長としての身分を有する者は、報酬支払等の面からみて労働者的性格の強い者であって、雇用関係があると認められる場合、他の要件を満たす限り被保険者となる。

D　特定非営利活動法人（ＮＰＯ法人）の役員は、雇用関係が明らかな場合であっても被保険者となることはない。

E　身体上若しくは精神上の理由又は世帯の事情により就業能力の限られている者、雇用されることが困難な者等に対して、就労又は技能の習得のために必要な機会及び便宜を与えて、その自立を助長することを目的とする社会福祉施設である授産施設の職員は、他の要件を満たす限り被保険者となる。

問3　**一般被保険者の賃金及び賃金日額に関する次の記述のうち、正しいものはどれか。**

A　健康保険法第99条の規定に基づく傷病手当金が支給された場合において、その傷病手当金に付加して事業主から支給される給付額は、賃金と認められる。

B　接客係等が客からもらうチップは、一度事業主の手を経て再分配されるものであれば賃金と認められる。

C　月給者が１月分の給与を全額支払われて当該月の中途で退職する場合、退職日の翌日以後の分に相当する金額は賃金日額の算定の基礎に算入される。

D　賃金が出来高払制によって定められている場合の賃金日額は、労働した日数と賃金額にかかわらず、被保険者期間として計算された最後の３か月間に支払われた賃金（臨時に支払われる賃金及び３か月を超える期間ごとに支払われる賃金を除く。）の総額を90で除して得た額となる。

E　支払義務の確定した賃金が所定の支払日を過ぎてもなお支払われない未払賃金のある月については、未払額を除いて賃金額を算定する。

問4　**雇用保険法第22条第２項に定める就職が困難な者に関する次の記述のうち、誤っているものはいくつあるか。**

ア　雇用保険法施行規則によると、就職が困難な者には障害者の雇用の促進等に関する法律にいう身体障害者、知的障害者が含まれるが、精神障害者は含まれない。

イ　算定基礎期間が1年未満の就職が困難な者に係る基本手当の所定給付日数は150日である。

ウ　売春防止法第26条第1項の規定により保護観察に付された者であって、その者の職業のあっせんに関し保護観察所長から公共職業安定所長に連絡のあったものは、就職が困難な者にあたる。

エ　就職が困難な者であるかどうかの確認は受給資格決定時になされ、受給資格決定後に就職が困難なものであると認められる状態が生じた者は、就職が困難な者には含まれない。

オ　身体障害者の確認は、求職登録票又は身体障害者手帳のほか、医師の証明書によって行うことができる。

A　一つ
B　二つ
C　三つ
D　四つ
E　五つ

問5　次の記述のうち、特定受給資格者に該当する者として誤っているものはどれか。

A　出産後に事業主の法令違反により就業させられたことを理由として離職した者。

B　事業主が労働者の職種転換等に際して、当該労働者の職業生活の継続のために必要な配慮を行っていないことを理由として離職した者。

C　離職の日の属する月の前6月のうちいずれかの月において1月当たり80時間を超える時間外労働をさせられたことを理由として離職した者。

D　事業所において、当該事業主に雇用される被保険者（短期雇用特例被保険者及び日雇い労働被保険者を除く。）の数を3で除して得た数を超える被保険者が離職したため離職した者。

E　期間の定めのある労働契約の更新により3年以上引き続き雇用されるに至った場合において、当該労働契約が更新されないこととなったことを理由として離職した者。

問6 介護休業給付金に関する次の記述のうち、正しいものはどれか。

なお、本問の被保険者には、短期雇用特例被保険者及び日雇労働被保険者を含めないものとする。

A 被保険者が介護休業給付金の支給を受けたことがある場合、同一の対象家族について当該被保険者が3回以上の介護休業をした場合における3回目以後の介護休業については、介護休業給付金を支給しない。

B 介護休業給付の対象家族たる父母には養父母が含まれない。

C 被保険者が介護休業給付金の支給を受けたことがある場合、同一の対象家族について当該被保険者がした介護休業ごとに、当該介護休業を開始した日から当該介護休業を終了した日までの日数を合算して得た日数が60日に達した日後の介護休業については、介護休業給付金を支給しない。

D （改正により削除）

E 介護休業給付金の支給を受けた者が、職場に復帰後、他の対象家族に対する介護休業を取得する場合、先行する対象家族に係る介護休業取得回数にかかわらず、当該他の対象家族に係る介護休業開始日に受給資格を満たす限り、これに係る介護休業給付金を受給することができる。

問7 雇用保険制度に関する次の記述のうち、正しいものはいくつあるか。

ア 適用事業の事業主は、雇用保険の被保険者に関する届出を事業所ごとに行わなければならないが、複数の事業所をもつ本社において事業所ごとに書類を作成し、事業主自らの名をもって当該届出をすることができる。

イ 事業主が適用事業に該当する部門と任意適用事業に該当する部門を兼営している場合、それぞれの部門が独立した事業と認められるときであっても、すべての部門が適用事業となる。

ウ 雇用保険法の適用を受けない労働者のみを雇用する事業主の事業（国、都道府県、市町村その他これらに準ずるものの事業及び法人である事業主の事業を除く。）は、その労働者の数が常時5人以下であれば、任意適用事業となる。

エ 失業等給付に関する審査請求は、時効の完成猶予及び更新に関しては、裁判上の請求とみなされない。（改題）

オ　雇用安定事業について不服がある事業主は、雇用保険審査官に対して審査請求をすることができる。

A　一つ
B　二つ
C　三つ
D　四つ
E　五つ

問8　**労働保険料に関する次の記述のうち、正しいものはどれか。**

A　賃金の日額が、11,300円以上である日雇労働被保険者に係る印紙保険料の額は、その労働者に支払う賃金の日額に1.5％を乗じて得た額である。

B　労働保険徴収法第39条第１項に規定する事業以外の事業（一元適用事業）の場合は、労災保険に係る保険関係と雇用保険に係る保険関係ごとに別個の事業として一般保険料の額を算定することはない。

C　請負による建設の事業に係る賃金総額については、常に厚生労働省令で定めるところにより算定した額を当該事業の賃金総額とすることとしている。

D　建設の事業における令和３年度の雇用保険率は、令和２年度の雇用保険率と同じく、1,000分の12である。(改題)

E　労災保険率は、労災保険法の適用を受ける全ての事業の過去５年間の業務災害、複数業務要因災害及び通勤災害に係る災害率並びに二次健康診断等給付に要した費用の額、社会復帰促進等事業として行う事業の種類及び内容その他の事情を考慮して厚生労働大臣が定める。(改題)

問9　**労働保険料の納付等に関する次のアからオの記述のうち、誤っているものの組合せは、後記AからEまでのうちどれか。**

ア　１日30分未満しか働かない労働者に対しても労災保険は適用されるが、当該労働者が属する事業場に係る労災保険料は、徴収・納付の便宜を考慮して、当該労働者に支払われる賃金を算定の基礎となる賃金総額から除外して算定される。

イ 確定保険料申告書は、納付した概算保険料の額が確定保険料の額以上の場合でも、所轄都道府県労働局歳入徴収官に提出しなければならない。

ウ 継続事業（一括有期事業を含む。）について、前保険年度から保険関係が引き続く事業に係る労働保険料は保険年度の6月1日から起算して40日以内の7月10日までに納付しなければならないが、保険年度の中途で保険関係が成立した事業に係る労働保険料は保険関係が成立した日の翌日から起算して50日以内に納付しなければならない。

エ 特別加入保険料に係る概算保険料申告書は、所轄都道府県労働局歳入徴収官に提出しなければならないところ、労働保険徴収法第21条の2第1項の承認を受けて労働保険料の納付を金融機関に委託している場合、日本銀行（本店、支店、代理店、歳入代理店をいう。以下本肢において同じ。）を経由して提出することができるが、この場合には、当該概算保険料については、日本銀行に納付することができない。

オ 雇用保険に係る保険関係のみが成立している事業の一般保険料については、所轄公共職業安定所は当該一般保険料の納付に関する事務を行うことはできない。

A（アとイ）　**B**（アとエ）　**C**（イとウ）
D（ウとオ）　**E**（エとオ）

問10 **労働保険料に係る報奨金に関する次の記述のうち、正しいものはどれか。**

A 労働保険事務組合が、政府から、労働保険料に係る報奨金の交付を受けるには、前年度の労働保険料（当該労働保険料に係る追徴金を含み延滞金を除く。）について、国税滞納処分の例による処分を受けたことがないことがその要件とされている。

B 労働保険事務組合は、その納付すべき労働保険料を完納していた場合に限り、政府から、労働保険料に係る報奨金の交付を受けることができる。

C 労働保険料に係る報奨金の交付要件である労働保険事務組合が委託を受けて労働保険料を納付する事業主とは、常時15人以下の労働者を使用する事業の事業主のことをいうが、この「常時15人」か否かの判断は、事業主単位ではなく、事業単位（一括された事業については、一括後の事業単位）で行う。

D　労働保険料に係る報奨金の交付を受けようとする労働保険事務組合は、労働保険事務組合報奨金交付申請書を、所轄公共職業安定所長に提出しなければならない。

E　労働保険料に係る報奨金の額は、現在、労働保険事務組合ごとに、２千万円以下の額とされている。

労務管理その他の労働及び社会保険に関する一般常識

問1 我が国の労働災害発生状況に関する次の記述のうち、正しいものはどれか。

なお、本問は、「平成28年労働災害発生状況の分析等（厚生労働省）」を参照しており、当該調査による用語及び統計等を利用している。

A 労働災害による死亡者数は、長期的に減少傾向にあり、死亡災害は平成28年に過去最少となった。

B 第12次労働災害防止計画（平成25～29年度）において、死亡災害と同様の災害減少目標を掲げている休業4日以上の死傷災害は、平成25年以降、着実に減少している。

C 陸上貨物運送事業における死傷災害（休業4日以上）の事故の型別では、「交通事故（道路）」が最も多く、「墜落・転落」がそれに続いている。

D 製造業における死傷災害（休業4日以上）の事故の型別では、「墜落・転落」が最も多く、「はさまれ・巻き込まれ」がそれに続いている。

E 第三次産業に属する小売業、社会福祉施設、飲食店における死傷災害（休業4日以上）の事故の型別では、いずれの業種においても「転倒」が最も多くなっている。

問2 我が国の家計所得や賃金、雇用に関する次の記述のうち、誤っているものはどれか。

なお、本問は、「平成29年版厚生労働白書（厚生労働省）」を参照しており、当該白書又は当該白書が引用している調査による用語及び統計等を利用している。

A 1990年代半ばから2010年代半ばにかけての全世帯の1世帯当たり平均総所得金額減少傾向の背景には、高齢者世帯割合の急激な増加がある。

B 「国民生活基礎調査（厚生労働省）」によると、年齢別の相対的貧困率は、17歳以下の相対的貧困率（子どもの貧困率）及び18～64歳の相対的貧困率については1985年以降上昇傾向にあったが、直近ではいずれも低下している。

C 非正規雇用労働者が雇用労働者に占める比率を男女別・年齢階級別にみて1996年と2006年を比較すると、男女ともに各年齢層において非正規雇用労働者比率は上昇したが、2006年と2016年の比較においては、女性の高齢層（65歳以上）を除きほぼ同程度となっており、男性の15～24歳、女性の15～44歳層ではむしろ若干の低下が見られる。

D 2016年の労働者一人当たりの月額賃金については、一般労働者は、宿泊業、飲食サービス業、生活関連サービス業など、非正規雇用労働者割合が高い産業において低くなっており、産業間での賃金格差が大きいが、パートタイム労働者については産業間で大きな格差は見られない。

E 過去10年にわたってパートタイム労働者の時給が上昇傾向にあるため、パートタイム労働者が1か月間に受け取る賃金額も着実に上昇している。

問3 **労働契約法等に関する次のアからオまでの記述のうち、誤っているものの組合せは、後記ＡからＥまでのうちどれか。**

ア いわゆる採用内定の制度は、多くの企業でその実態が類似しているため、いわゆる新卒学生に対する採用内定の法的性質については、当該企業における採用内定の事実関係にかかわらず、新卒学生の就労の始期を大学卒業直後とし、それまでの間、内定企業の作成した誓約書に記載されている採用内定取消事由に基づく解約権を留保した労働契約が成立しているものとするのが、最高裁判所の判例である。

イ 使用者は、労働契約に特段の根拠規定がなくとも、労働契約上の付随的義務として当然に、安全配慮義務を負う。

ウ 就業規則の変更による労働条件の変更が労働者の不利益となるため、労働者が、当該変更によって労働契約の内容である労働条件が変更後の就業規則に定めるところによるものとはされないことを主張した場合、就業規則の変更が労働契約法第10条本文の「合理的」なものであるという評価を基礎付ける事実についての主張立証責任は、使用者側が負う。

エ「使用者が労働者を懲戒するには、あらかじめ就業規則において懲戒の種別及び事由を定めておくことをもって足り、その内容を適用を受ける事業場の労働者に周知させる手続が採られていない場合でも、労働基準法に定める罰則の対象となるのは格別、就業規則が法的規範としての性質を有するものとして拘束力を生ずることに変わりはない。」とするのが、最高裁判所の判例である。

オ　労働契約法第18条第1項の「同一の使用者」は、労働契約を締結する法律上の主体が同一であることをいうものであり、したがって、事業場単位ではなく、労働契約締結の法律上の主体が法人であれば法人単位で、個人事業主であれば当該個人事業主単位で判断される。

A（アとウ）　**B**（イとエ）　**C**（ウとオ）
D（アとエ）　**E**（イとオ）

問4　労働関係法規に関する次の記述のうち、誤っているものはどれか。

A　ある企業の全工場事業場に常時使用される同種の労働者の4分の3以上の数の者が一の労働協約の適用を受けているとしても、その企業のある工場事業場において、その労働協約の適用を受ける者の数が当該工場事業場に常時使用される同種の労働者の数の4分の3に達しない場合、当該工場事業場においては、当該労働協約は一般的拘束力をもたない。

B　派遣先は、当該派遣先の同一の事業所その他派遣就業の場所において派遣元事業主から1年以上継続して同一の派遣労働者を受け入れている場合に、当該事業所その他派遣就業の場所において労働に従事する通常の労働者の募集を行うときは、その者が従事すべき業務の内容、賃金、労働時間その他の当該募集に係る事項を当該派遣労働者に周知しなければならない。

C　過労死等防止対策推進法は、国及び地方公共団体以外の事業主であって、常時雇用する労働者の数が100人を超える者は、毎年、当該事業主が「過労死等の防止のために講じた対策の状況に関する報告書を提出しなければならない。」と定めている。

D　労働委員会は、その事務を行うために必要があると認めたときは、使用者又はその団体、労働組合その他の関係者に対して、出頭、報告の提出若しくは必要な帳簿書類の提出を求め、又は委員若しくは労働委員会の職員に関係工場事業場に臨検し、業務の状況若しくは帳簿書類その他の物件を検査させることができる。

E　事業主は、その雇用する女性労働者が母子保健法の規定による保健指導又は健康診査に基づく指導事項を守ることができるようにするため、勤務時間の変更、勤務の軽減等必要な措置を講じなければならない。

問５　**社会保険労務士法に関する次の記述のうち、正しいものはどれか。**

A　社会保険労務士法第14条の３に規定する社会保険労務士名簿は、都道府県の区域に設立されている社会保険労務士会ごとに備えなければならず、その名簿の登録は、都道府県の区域に設立されている社会保険労務士会ごとに行う。

B　社会保険労務士となる資格を有する者が、社会保険労務士となるために社会保険労務士法第14条の５の規定により登録の申請をした場合、申請を行った日から３月を経過してもなんらの処分がなされない場合には、当該登録を拒否されたものとして、厚生労働大臣に対して審査請求をすることができる。

C　厚生労働大臣は、社会保険労務士が、社会保険労務士たるにふさわしくない重大な非行があったときは、重大な非行の事実を確認した時から３月以内に失格処分（社会保険労務士の資格を失わせる処分）をしなければならない。

D　社会保険労務士法は、「社会保険労務士法人は、総社員の同意によってのみ、定款の変更をすることができる。」と定めており、当該法人が定款にこれとは異なる定款の変更基準を定めた場合には、その定めは無効とされる。

E　社会保険労務士法第２条の２第１項の規定により社会保険労務士が処理することができる事務について、社会保険労務士法人が、その社員である社会保険労務士に行わせる事務の委託を受ける場合、当該社会保険労務士法人がその社員のうちから補佐人を選任しなければならない。

問6 次の記述のうち、誤っているものはどれか。

A　健康保険法では、健康保険組合の組合員でない被保険者に係る健康保険事業を行うため、全国健康保険協会を設けるが、その主たる事務所は東京都に、従たる事務所は各都道府県に設置すると規定している。

B　船員保険法では、船員保険は、健康保険法による全国健康保険協会が管掌し、船員保険事業に関して船舶所有者及び被保険者（その意見を代表する者を含む。）の意見を聴き、当該事業の円滑な運営を図るため、全国健康保険協会に船員保険協議会を置くと規定している。

C　介護保険法では、訪問看護とは、居宅要介護者（主治の医師がその治療の必要の程度につき厚生労働省令で定める基準に適合していると認めたものに限る。）について、その者の居宅において看護師その他厚生労働省令で定める者により行われる療養上の世話又は必要な診療の補助をいうと規定している。

D　高齢者医療確保法では、社会保険診療報酬支払基金は、高齢者医療制度関係業務に関し、当該業務の開始前に、業務方法書を作成し、厚生労働大臣の認可を受けなければならず、これを変更するときも同様とすると規定している。

E　児童手当法では、児童手当の支給を受けている者につき、児童手当の額が減額することとなるに至った場合における児童手当の額の改定は、その事由が生じた日の属する月から行うと規定している。

問7 高齢者医療確保法に関する次の記述のうち、正しいものはどれか。

A　都道府県は、医療費適正化基本方針に即して、５年ごとに、５年を１期として、当該都道府県における医療費適正化を推進するための計画（以下本問において「都道府県医療費適正化計画」という。）を定めるものとする。

B　都道府県は、都道府県医療費適正化計画を定め、又はこれを変更したときは、遅滞なく、これを公表するよう努めるとともに、厚生労働大臣に提出するものとする。

C　偽りその他不正の行為によって後期高齢者医療給付を受けた者があるときは、都道府県は、その者からその後期高齢者医療給付の価額の全部又は一部を徴収することができる。

D　保険医療機関等は療養の給付に関し、保険医等は後期高齢者医療の診療又は調剤に関し、都道府県知事から指導を受けることはない。

E　療養の給付の取扱い及び担当に関する基準並びに療養の給付に要する費用の額の算定に関する基準については、厚生労働大臣が後期高齢者医療広域連合の意見を聴いて定めるものとする。

問8　船員保険法に関する次の記述のうち、正しいものはどれか。

A　船員保険法第2条第2項に規定する疾病任意継続被保険者となるための申出は、被保険者の資格を喪失した日から20日以内にしなければならないとされている。ただし、全国健康保険協会（以下本問において「協会」という。）は、正当な理由があると認めるときは、この期間を経過した後の申出であっても、受理することができるとされている。

B　標準報酬月額は、被保険者の報酬月額に基づき、第1級から第31級までの等級区分に応じた額によって定めることとされている。

C　一般保険料率は、疾病保険料率、災害保健福祉保険料率及び介護保険料率を合算して得た率とされている。ただし、後期高齢者医療の被保険者等である被保険者及び独立行政法人等職員被保険者にあっては、一般保険料率は、災害保健福祉保険料率のみとされている。

D　疾病保険料率は、1000分の10から1000分の35までの範囲内において、協会が決定するものとされている。

E　災害保健福祉保険料率は、1000分の40から1000分の130までの範囲内において、協会が決定するものとされている。

問9　社会保険制度の保険料等に関する次の記述のうち、正しいものはどれか。

A　国民健康保険法施行令第29条の7の規定では、市町村が徴収する世帯主に対する国民健康保険料の賦課額は、世帯主の世帯に属する被保険者につき算定した基礎賦課額、前期高齢者納付金等賦課額、後期高齢者支援金等賦課額及び介護納付金賦課額の合算額とされている。

B　厚生年金保険法では、第1号厚生年金被保険者に係る保険料率は、平成16年10月分から毎年0.354％ずつ引き上げられ、平成29年9月分以後は、19.3％で固定されている。

C　高齢者医療確保法では、老齢基礎年金の年間の給付額が18万円以上である場合、後期高齢者医療制度の被保険者が支払う後期高齢者医療制度の保険料は、年金からの特別徴収の方法によらなければならず、口座振替の方法により保険料を納付することは一切できない。

D　健康保険法では、健康保険組合は、規約で定めるところにより、介護保険第2号被保険者である被保険者以外の被保険者（介護保険第2号被保険者である被扶養者があるものに限る。）に関する保険料額を一般保険料額と介護保険料額との合算額とすることができるとされている。

E　国民年金第1号被保険者、健康保険法に規定する任意継続被保険者、厚生年金保険法に規定する適用事業所に使用される高齢任意加入被保険者及び船員保険法に規定する疾病任意継続被保険者は、被保険者自身が保険料を全額納付する義務を負い、毎月の保険料は各月の納付期限までに納付しなければならないが、いずれの被保険者も申出により一定期間の保険料を前納することができる。

問10　次の記述のうち、誤っているものはどれか。なお、本問は、平成29年版厚生労働白書を参照している。

A　我が国の国民負担率（社会保障負担と租税負担の合計額の国民所得比）は、昭和45年度の24.3％から平成27年度の42.8％へと45年間で約1.8倍となっている。

B　第190回国会において成立した「確定拠出年金法等の一部を改正する法律」では、私的年金の普及・拡大を図るため、個人型確定拠出年金の加入者範囲を基本的に20歳以上60歳未満の全ての方に拡大した。

C　年金額については、マクロ経済スライドによる調整をできるだけ早期に実施するために、現在の年金受給者に配慮する観点から、年金の名目額が前年度を下回らない措置（名目下限措置）は維持しつつ、賃金・物価上昇の範囲内で、前年度までの未調整分（キャリーオーバー分）を含めて調整することとした。この調整ルールの見直しは、平成30年4月に施行された。

D　年金積立金の運用状況については、年金積立金管理運用独立行政法人が半期に1度公表を行っている。厚生労働大臣が年金積立金の自主運用を開始した平成11年度から平成27年度までの運用実績の累積収益額は、約56.5兆円となっており、収益率でみると名目賃金上昇率を平均で約3.1％下回っている。

E　国民健康保険制度の安定化を図るため、持続可能な医療保険制度を構築するための国民健康保険法等の一部を改正する法律が平成27年5月に成立した。改正の内容の1つの柱が、国民健康保険への財政支援の拡充等により、財政基盤を強化することであり、もう1つの柱は、都道府県が安定的な財政運営や効率的な事業運営の確保等の国民健康保険の運営に中心的な役割を担うことである。

健康保険法

問1 保険者に関する次のアからオの記述のうち、誤っているものの組合せは、後記AからEまでのうちどれか。

ア 全国健康保険協会の運営委員会の委員は、9人以内とし、事業主、被保険者及び全国健康保険協会の業務の適正な運営に必要な学識経験を有する者のうちから、厚生労働大臣が各同数を任命することとされており、運営委員会は委員の総数の3分の2以上又は事業主、被保険者及び学識経験を有する者である委員の各3分の1以上が出席しなければ、議事を開くことができないとされている。

イ 健康保険組合でない者が健康保険組合という名称を用いたときは、10万円以下の過料に処する旨の罰則が定められている。

ウ 全国健康保険協会が業務上の余裕金で国債、地方債を購入し、運用を行うことは一切できないとされている。

エ 健康保険組合は、分割しようとするときは、当該健康保険組合に係る適用事業所に使用される被保険者の4分の3以上の多数により議決し、厚生労働大臣の認可を受けなければならない。

オ 厚生労働大臣は、全国健康保険協会の事業年度ごとの業績について、評価を行わなければならず、この評価を行ったときは、遅滞なく、全国健康保険協会に対し、当該評価の結果を通知するとともに、これを公表しなければならない。

A（アとイ）　**B**（アとウ）　**C**（イとオ）
D（ウとエ）　**E**（エとオ）

問2 健康保険法に関する次の記述のうち、正しいものはどれか。

A 保険医療機関として指定を受けた病院であっても、健康保険組合が開設した病院は、診療の対象者をその組合員である被保険者及び被扶養者のみに限定することができる。

B　高額療養費の算定における世帯合算は、被保険者及びその被扶養者を単位として行われるものであり、夫婦がともに被保険者である場合は、原則としてその夫婦間では行われないが、夫婦がともに70歳以上の被保険者であれば、世帯合算が行われる。

C　任意適用事業所の適用の取消しによる被保険者の資格の喪失並びに任意継続被保険者及び特例退職被保険者の資格の喪失の要件に該当した場合は、被保険者が保険者等に資格喪失の届書を提出しなければならず、当該資格喪失の効力は、保険者等の確認によって生ずる。

D　標準報酬月額が1,330,000円（標準報酬月額等級第49級）である被保険者が、現に使用されている事業所において、固定的賃金の変動により変動月以降継続した3か月間（各月とも、報酬支払の基礎となった日数が、17日以上であるものとする。）に受けた報酬の総額を3で除して得た額が1,415,000円となった場合、随時改定の要件に該当する。

E　被保険者が通勤途上の事故で死亡したとき、その死亡について労災保険法に基づく給付が行われる場合であっても、埋葬料は支給される。

問3　**健康保険法に関する次の記述のうち、誤っているものはどれか。**

A　被保険者に係る所定の保険給付は、同一の傷病について、災害救助法の規定により、都道府県の負担で応急的な医療を受けたときは、その限度において行われない。

B　高額介護合算療養費は、健康保険法に規定する一部負担金等の額並びに介護保険法に規定する介護サービス利用者負担額及び介護予防サービス利用者負担額の合計額が、介護合算算定基準額に支給基準額を加えた額を超える場合に支給される。高額介護合算療養費は、健康保険法に基づく高額療養費が支給されていることを支給要件の1つとしており、一部負担金等の額は高額療養費の支給額に相当する額を控除して得た額となる。

C　全国健康保険協会管掌健康保険の適用事業所の事業主は、被保険者に賞与を支払った場合は、支払った日から5日以内に、健康保険被保険者賞与支払届を日本年金機構に提出しなければならないとされている。

D　全国健康保険協会管掌健康保険の被保険者について、標準報酬月額の定時決定に際し、4月、5月、6月のいずれかの1か月において休職し、事業所から低額の休職給を受けた場合、その休職給を受けた月を除いて報酬月額を算定する。

E　被保険者の配偶者で届出をしていないが事実上婚姻関係と同様の事情にあるものの父母及び子であって、日本国内に住所を有し、その被保険者と同一の世帯に属し、主として被保険者により生計を維持されてきたものについて、その配偶者で届出をしていないが事実上婚姻関係と同様の事情にあるものが死亡した場合、引き続きその被保険者と同一世帯に属し、主としてその被保険者によって生計を維持される当該父母及び子は被扶養者に認定される。（改題）

問４　健康保険法に関する次の記述のうち、正しいものはどれか。

A　健康保険事業の収支が均衡しない健康保険組合であって、政令で定める要件に該当するものとして厚生労働大臣より指定を受けた健康保険組合は、財政の健全化に関する計画を作成し、厚生労働大臣の承認を受けたうえで、当該計画に従い、その事業を行わなければならない。この計画に従わない場合は、厚生労働大臣は当該健康保険組合と地域型健康保険組合との合併を命ずることができる。

B　全国健康保険協会管掌健康保険において、事業主が負担すべき出張旅費を被保険者が立て替え、その立て替えた実費を弁償する目的で被保険者に出張旅費が支給された場合、当該出張旅費は労働の対償とは認められないため、報酬には該当しないものとして取り扱われる。

C　全国健康保険協会管掌健康保険の任意継続被保険者の妻が被扶養者となった場合は、5日以内に、被保険者は所定の事項を記入した被扶養者届を、事業主を経由して全国健康保険協会に提出しなければならない。

D　国庫は、予算の範囲内において、健康保険事業の執行に要する費用のうち、高齢者医療確保法の規定による特定健康診査及び特定保健指導の実施に要する費用の全部を補助することができる。

E　全国健康保険協会管掌健康保険及び健康保険組合管掌健康保険について、適用事業所以外の事業所の任意適用の申請に対する厚生労働大臣の認可の権限は、日本年金機構に委任されている。

問5　**健康保険法に関する次のアからオの記述のうち、誤っているものの組合せは、後記AからEまでのうちどれか。**

ア　健康保険組合は、組合債を起こし、又は起債の方法、利率若しくは償還の方法を変更しようとするときは、厚生労働大臣の認可を受けなければならないが、厚生労働省令で定める軽微な変更をしようとするときは、この限りでない。健康保険組合は、この厚生労働省令で定める軽微な変更をしたときは、遅滞なく、その旨を厚生労働大臣に届け出なければならない。

イ　健康保険組合は、予算超過の支出又は予算外の支出に充てるため、予備費を設けなければならないが、この予備費は、組合会の否決した使途に充てることができない。

ウ　保険料その他健康保険法の規定による徴収金を滞納する者があるときは、原則として、保険者は期限を指定してこれを督促しなければならない。督促をしようとするときは、保険者は納付義務者に対して督促状を発する。督促状により指定する期限は、督促状を発する日から起算して14日以上を経過した日でなければならない。

エ　一般の被保険者に関する毎月の保険料は、翌月末日までに、納付しなければならない。任意継続被保険者に関する毎月の保険料は、その月の10日までに納付しなければならないが、初めて納付すべき保険料については、被保険者が任意継続被保険者の資格取得の申出をした日に納付しなければならない。

オ　健康保険組合は、規約で定めるところにより、事業主の負担すべき一般保険料額又は介護保険料額の負担の割合を増加することができる。

A（アとイ）　**B**（アとウ）　**C**（イとオ）
D（ウとエ）　**E**（エとオ）

問6 健康保険法に関する次の記述のうち、正しいものはどれか。

A 臓器移植を必要とする被保険者がレシピエント適応基準に該当し、海外渡航時に日本臓器移植ネットワークに登録している状態であり、かつ、当該被保険者が移植を必要とする臓器に係る、国内における待機状況を考慮すると、海外で移植を受けない限りは生命の維持が不可能となる恐れが高い場合には、海外において療養等を受けた場合に支給される療養費の支給要件である健康保険法第87条第1項に規定する「保険者がやむを得ないものと認めるとき」に該当する場合と判断できる。

B 工場の事業譲渡によって、被保険者を使用している事業主が変更した場合、保険料の繰上徴収が認められる事由に該当することはない。

C 任意継続被保険者が保険料を前納する場合、4月から9月まで若しくは10月から翌年3月までの6か月間のみを単位として行わなければならない。

D 保険者は、偽りその他不正の行為により保険給付を受け、又は受けようとした者に対して、6か月以内の期間を定め、その者に支給すべき療養費の全部又は一部を支給しない旨の決定をすることができるが、偽りその他不正の行為があった日から3年を経過したときは、この限りでない。

E 日雇特例被保険者が出産した場合において、その出産の日の属する月の前4か月間に通算して30日分以上の保険料がその者について納付されていなければ、出産育児一時金が支給されない。

問7 健康保険法に関する次の記述のうち、正しいものはどれか。

A 保険者は、被保険者の被扶養者が、正当な理由なしに療養に関する指示に従わないときは、当該被扶養者に係る保険給付の全部を行わないことができる。

B 健康保険組合は、支払上現金に不足を生じたときは、準備金に属する現金を繰替使用し、又は一時借入金をすることができるが、この繰替使用した金額及び一時借入金は、やむを得ない場合であっても、翌会計年度内に返還しなければならない。

C　移送費の支給が認められる医師、看護師等の付添人による医学的管理等について、患者がその医学的管理等に要する費用を支払った場合にあっては、現に要した費用の額の範囲内で、移送費とは別に、診療報酬に係る基準を勘案してこれを評価し、療養費の支給を行うことができる。

D　療養費の請求権の消滅時効については、療養費の請求権が発生し、かつ、これを行使し得るに至った日の翌日より起算される。例えば、コルセット装着に係る療養費については、コルセットを装着した日にコルセットの代金を支払わず、その1か月後に支払った場合、コルセットを装着した日の翌日から消滅時効が起算される。

E　被扶養者が疾病により家族療養費を受けている間に被保険者が死亡した場合、被保険者は死亡によって被保険者の資格を喪失するが、当該資格喪失後も被扶養者に対して家族療養費が支給される。

問8　**健康保険法に関する次のアからオの記述のうち、誤っているものの組合せは、後記AからEまでのうちどれか。なお、本問における短時間労働者とは、1週間の所定労働時間が同一の事業所に使用される通常の労働者の1週間の所定労働時間の4分の3未満である者又は1か月間の所定労働日数が同一の事業所に使用される通常の労働者の1か月間の所定労働日数の4分の3未満である者のことをいう。**

ア　特定適用事業所に使用される短時間労働者の被保険者資格の取得の要件の1つである、1週間の所定労働時間が20時間以上であることの算定において、1週間の所定労働時間が短期的かつ周期的に変動し、通常の週の所定労働時間が一通りでない場合は、当該周期における1週間の所定労働時間の平均により算定された時間を1週間の所定労働時間として算定することとされている。

イ　短時間労働者を使用する特定適用事業所の被保険者の総数（短時間労働者を除く。）が常時100人以下になり、特定適用事業所の要件に該当しなくなった場合であっても、事業主が所定の労働組合等の同意を得て、当該短時間労働者について適用除外の規定の適用を受ける旨の申出をしないときは、当該短時間労働者の被保険者資格は喪失しない。（改題）

ウ　全国健康保険協会管掌健康保険の特定適用事業所に使用される短時間労働者が被保険者としての要件を満たし、かつ、同時に健康保険組合管掌健康保険の特定適用事業所に使用される短時間労働者の被保険者としての要件を満たした場合は、全国健康保険協会が優先して、当該被保険者の健康保険を管掌する保険者となる。

エ　特定適用事業所に使用される短時間労働者の被保険者資格の取得の要件の1つである、報酬の月額が88,000円以上であることの算定において、家族手当は報酬に含めず、通勤手当は報酬に含めて算定する。

オ　全国健康保険協会管掌健康保険において、短時間労働者ではない被保険者は、給与締め日の変更によって給与支給日数が減少した場合であっても、支払基礎日数が17日以上であれば、通常の定時決定の方法によって標準報酬月額を算定するものとして取り扱われる。

A（アとエ）　**B**（アとオ）　**C**（イとウ）
D（イとオ）　**E**（ウとエ）

問9　健康保険法に関する次の記述のうち、正しいものはどれか。

A　被保険者の資格を喪失した日の前日まで引き続き1年以上被保険者（任意継続被保険者又は共済組合の組合員である被保険者を除く。）であった者であって、その資格を喪失した際、その資格を喪失した日の前日以前から傷病手当金の支給を受けている者は、その資格を喪失した日から1年6か月間、継続して同一の保険者から当該傷病手当金を受給することができる。

B　全国健康保険協会管掌健康保険において、給与計算期間の途中で昇給した場合、昇給した給与が実績として1か月分確保された月を固定的賃金の変動が報酬に反映された月として扱い、それ以後3か月間に受けた報酬を計算の基礎として随時改定に該当するか否かを判断するものとされている。

C　被保険者の資格喪失後の出産により出産育児一時金の受給資格を満たした被保険者であった者が、当該資格喪失後に船員保険の被保険者になり、当該出産について船員保険法に基づく出産育児一時金の受給資格を満たした場合、いずれかを選択して受給することができる。

D　傷病手当金は、療養のために労務に服することができなかった場合に支給するものであるが、その療養は、医師の診療を受けた場合に限られ、歯科医師による診療を受けた場合は支給対象とならない。

E　出産手当金の支給要件を満たす者が、その支給を受ける期間において、同時に傷病手当金の支給要件を満たした場合、いずれかを選択して受給することができる。

問10　**健康保険法に関する次の記述のうち、正しいものはどれか。**

A　被保険者が5人未満である適用事業所に所属する法人の代表者は、業務遂行の過程において業務に起因して生じた傷病に関しても健康保険による保険給付の対象となる場合があるが、その対象となる業務は、当該法人における従業員（健康保険法第53条の2に規定する法人の役員以外の者をいう。）が従事する業務と同一であると認められるものとされている。

B　被保険者の配偶者の63歳の母で、日本国内に住所を有するものが、遺族厚生年金を150万円受給しており、それ以外の収入が一切ない場合、被保険者がその額を超える仕送りをしていれば、被保険者と別居していたとしても被保険者の被扶養者に該当する。（改題）

C　適用事業所に使用されるに至った日とは、事実上の使用関係の発生した日であるが、事業所調査の際に資格取得の届出もれが発見された場合は、調査の日を資格取得日としなければならない。

D　被扶養者が6歳に達する日以後の最初の3月31日以前である場合、家族療養費の額は、当該療養（食事療養及び生活療養を除く。）につき算定した費用の額（その額が現に当該療養に要した費用の額を超えるときは、当該現に療養に要した費用の額）に100分の90を乗じて得た額である。

E　任意継続被保険者が75歳に達し、後期高齢者医療の被保険者になる要件を満たしたとしても、任意継続被保険者となった日から起算して2年を経過していない場合は、任意継続被保険者の資格が継続するため、後期高齢者医療の被保険者になることはできない。

厚生年金保険法

問1 厚生年金保険法に関する次の記述のうち、正しいものはどれか。

A　2以上の船舶の船舶所有者が同一である場合には、当該2以上の船舶を1つの適用事業所とすることができる。このためには厚生労働大臣の承認を得なければならない。

B　船員法に規定する船員として船舶所有者に2か月以内の期間を定めて臨時に使用される者であって、当該定めた期間を超えて使用されることが見込まれない70歳未満の者は、当該期間を超えて使用されないときは、厚生年金保険の被保険者とならない。(改題)

C　昭和9年4月2日以後に生まれた老齢厚生年金の受給権者に支給される配偶者の加給年金額に加算される特別加算の額は、受給権者の生年月日に応じて33,200円に改定率を乗じて得た額から165,800円に改定率を乗じて得た額の範囲内であって、受給権者の生年月日が早いほど特別加算の額は大きくなる。

D　加給年金額の対象者がある障害厚生年金の受給権者（当該障害厚生年金は支給が停止されていないものとする。）は、原則として、毎年、厚生労働大臣が指定する日（以下「指定日」という。）までに、加給年金額の対象者が当該受給権者によって生計を維持している旨等の所定の事項を記載し、かつ、自ら署名した届書を、日本年金機構に提出しなければならないが、当該障害厚生年金の裁定が行われた日以後1年以内に指定日が到来する年は提出を要しない。なお、当該障害厚生年金の受給権者は、第1号厚生年金被保険者期間のみを有するものとする。

E　被保険者の死亡により、その妻と子に遺族厚生年金の受給権が発生した場合、子に対する遺族厚生年金は、妻が遺族厚生年金の受給権を有する期間、その支給が停止されるが、妻が自己の意思で妻に対する遺族厚生年金の全額支給停止の申出をしたときは、子に対する遺族厚生年金の支給停止が解除される。

問2 厚生年金保険法に関する次の記述のうち、正しいものはいくつあるか。

ア 老齢基礎年金を受給している66歳の者が、平成30年４月１日に被保険者の資格を取得し、同月20日に喪失した（同月に更に被保険者の資格を取得していないものとする。）。当該期間以外に被保険者期間を有しない場合、老齢厚生年金は支給されない。

イ 在職老齢年金の仕組みにより支給停止が行われている老齢厚生年金を受給している65歳の者が、障害の程度を定めるべき日において障害手当金に該当する程度の障害の状態になった場合、障害手当金は支給される。

ウ 特別支給の老齢厚生年金の受給権者（第１号厚生年金被保険者期間のみを有する者とする。）が65歳に達し、65歳から支給される老齢厚生年金の裁定を受けようとする場合は、新たに老齢厚生年金に係る裁定の請求書を日本年金機構に提出しなければならない。

エ 第１号厚生年金被保険者に係る保険料その他厚生年金保険法の規定による徴収金の先取特権の順位は、国税及び地方税に次ぐものとされている。

オ 障害厚生年金は、その受給権が20歳到達前に発生した場合、20歳に達するまでの期間、支給が停止される。

A 一つ
B 二つ
C 三つ
D 四つ
E 五つ

問3 厚生年金保険法等に関する次のアからオの記述のうち、誤っているものの組合せは、後記ＡからＥまでのうちどれか。

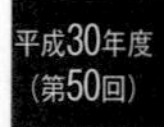

ア 保険料を徴収する権利が時効によって消滅したときは、当該保険料に係る被保険者であった期間に基づく保険給付は行わない。当該被保険者であった期間に係る被保険者の資格の取得について、厚生年金保険法第31条第１項の規定による確認の請求があった後に、保険料を徴収する権利が時効によって消滅したものであるときも同様に保険給付は行わない。

イ　厚生年金保険の保険給付及び国民年金の給付に係る時効の特例等に関する法律の施行日（平成19年7月6日）において厚生年金保険法による保険給付を受ける権利を有する者について、厚生年金保険法第28条の規定により記録した事項の訂正がなされた上で当該保険給付を受ける権利に係る裁定が行われた場合においては、その裁定による当該記録した事項の訂正に係る保険給付を受ける権利に基づき支払期月ごとに支払うものとされる保険給付の支給を受ける権利について当該裁定の日までに消滅時効が完成した場合においても、当該権利に基づく保険給付を支払うものとされている。

ウ　年金たる保険給付を受ける権利の時効は、当該年金たる保険給付がその全額につき支給を停止されている間であっても進行する。

エ　厚生年金保険法第86条の規定によると、厚生労働大臣は、保険料の納付義務者が保険料を滞納したため期限を指定して督促したにもかかわらずその期限までに保険料を納付しないときは、納付義務者の居住地若しくはその者の財産所在地の市町村（特別区を含むものとし、地方自治法第252条の19第1項の指定都市にあっては、区又は総合区とする。以下同じ。）に対して、その処分を請求することができ、当該処分の請求を受けた市町村が市町村税の例によってこれを処分したときは、厚生労働大臣は、徴収金の100分の4に相当する額を当該市町村に交付しなければならないとされている。

オ　脱退一時金は、最後に国民年金の被保険者の資格を喪失した日（同日において日本国内に住所を有していた者にあっては、同日後初めて、日本国内に住所を有しなくなった日）から起算して2年を経過しているときは、請求することができない。

A（アとイ）　**B**（アとウ）　**C**（イとエ）
D（ウとオ）　**E**（エとオ）

問4 厚生年金保険法に関する次のアからオの記述のうち、正しいものの組合せは、後記AからEまでのうちどれか。

ア 在職老齢年金の仕組みにより支給停止が行われている特別支給の老齢厚生年金の受給権を有している63歳の者が、雇用保険法に基づく高年齢雇用継続基本給付金を受給した場合、当該高年齢雇用継続基本給付金の受給期間中は、当該特別支給の老齢厚生年金には、在職による支給停止基準額に加えて、最大で当該受給権者に係る標準報酬月額の10％相当額が支給停止される。

イ 第1号厚生年金被保険者期間に基づく老齢厚生年金の受給権者（加給年金額の対象者があるものとする。）は、その額の全部につき支給が停止されている場合を除き、正当な理由なくして、厚生年金保険法施行規則第35条の3に規定する加給年金額の対象者がある老齢厚生年金の受給権者に係る現況の届書を提出しないときは、当該老齢厚生年金が支給停止され、その後、当該届書が提出されれば、提出された月から支給停止が解除される。

ウ 障害等級3級の障害厚生年金の受給権者であった者が、64歳の時点で障害等級に該当する程度の障害の状態に該当しなくなったために支給が停止された。その者が障害等級に該当する程度の障害の状態に該当しないまま65歳に達したとしても、その時点では当該障害厚生年金の受給権は消滅しない。

エ 2つの被保険者の種別に係る被保険者であった期間を有する者に、一方の被保険者の種別に係る被保険者であった期間に基づく老齢厚生年金と他方の被保険者の種別に係る被保険者であった期間に基づく老齢厚生年金の受給権が発生した。当該2つの老齢厚生年金の受給権発生日が異なり、加給年金額の加算を受けることができる場合は、遅い日において受給権を取得した種別に係る老齢厚生年金においてのみ加給年金額の加算を受けることができる。

オ 繰上げ支給の老齢厚生年金を受給している者であって、当該繰上げの請求があった日以後の被保険者期間を有する者が65歳に達したときは、その者が65歳に達した日の属する月前における被保険者であった期間を当該老齢厚生年金の額の計算の基礎とするものとし、65歳に達した日の属する月の翌月から、年金の額を改定する。

A（アとイ）　**B**（アとウ）　**C**（イとエ）
D（ウとオ）　**E**（エとオ）

問5 厚生年金保険法に関する次の記述のうち、正しいものはどれか。

A　任意適用事業所を適用事業所でなくするための認可を受けようとするときは、当該事業所に使用される者の3分の2以上の同意を得て、厚生労働大臣に申請することとされている。なお、当該事業所には厚生年金保険法第12条各号のいずれかに該当し、適用除外となる者又は特定4分の3未満短時間労働者に該当する者はいないものとする。

B　厚生年金保険法第78条の14第1項の規定による3号分割標準報酬改定請求のあった日において、特定被保険者の被扶養配偶者が第3号被保険者としての国民年金の被保険者の資格（当該特定被保険者の配偶者としての当該資格に限る。）を喪失し、かつ、離婚の届出はしていないが当該特定被保険者が行方不明になって2年が経過していると認められる場合、当該特定被保険者の被扶養配偶者は3号分割標準報酬改定請求をすることができる。

C　第1号厚生年金被保険者が月の末日に死亡したときは、被保険者の資格喪失日は翌月の1日になるが、遺族厚生年金の受給権は死亡した日に発生するので、当該死亡者の遺族が遺族厚生年金を受給できる場合には、死亡した日の属する月の翌月から遺族厚生年金が支給される。

D　障害厚生年金及び当該障害厚生年金と同一の支給事由に基づく障害基礎年金の受給権者が60歳に達して特別支給の老齢厚生年金の受給権を取得した場合、当該障害厚生年金と当該特別支給の老齢厚生年金は併給されないのでどちらか一方の選択になるが、いずれを選択しても当該障害基礎年金は併給される。

E　障害等級2級に該当する障害厚生年金の受給権者が更に障害厚生年金の受給権を取得した場合において、新たに取得した障害厚生年金と同一の傷病について労働基準法第77条の規定による障害補償を受ける権利を取得したときは、一定の期間、その者に対する従前の障害厚生年金の支給を停止する。

問6 厚生年金保険法の規定による厚生年金保険原簿の訂正の請求に関する次の記述のうち、誤っているものはどれか。

A　第2号厚生年金被保険者であった者は、その第2号厚生年金被保険者期間について厚生労働大臣に対して厚生年金保険原簿の訂正の請求をすることができない。

B　第1号厚生年金被保険者であった老齢厚生年金の受給権者が死亡した場合、その者の死亡により遺族厚生年金を受給することができる遺族はその死亡した者の厚生年金保険原簿の訂正の請求をすることができるが、その者の死亡により未支給の保険給付の支給を請求することができる者はその死亡した者の厚生年金保険原簿の訂正の請求をすることができない。

C　厚生労働大臣は、訂正請求に係る厚生年金保険原簿の訂正に関する方針を定めなければならず、この方針を定めようとするときは、あらかじめ、社会保障審議会に諮問しなければならない。

D　厚生労働大臣が行った訂正請求に係る厚生年金保険原簿の訂正をしない旨の決定に不服のある者は、厚生労働大臣に対して行政不服審査法に基づく審査請求を行うことができる。

E　厚生年金基金の加入員となっている第1号厚生年金被保険者期間については、厚生労働大臣に対して厚生年金保険原簿の訂正の請求をすることができる。

問7　厚生年金保険法に関する次の記述のうち、正しいものはどれか。

A　財政の現況及び見通しにおける財政均衡期間は、財政の現況及び見通しが作成される年以降おおむね100年間とされている。

B　厚生年金保険法に基づく保険料率は、国民の生活水準、賃金その他の諸事情に著しい変動が生じた場合には、変動後の諸事情に応ずるため、速やかに改定の措置が講ぜられなければならない。

C　日本年金機構が国の毎会計年度所属の保険料等を収納する期限は、当該年度の3月31日限りとされている。

D　厚生年金保険制度は、老齢、障害又は死亡によって国民生活の安定がそこなわれることを国民の共同連帯によって防止し、もって健全な国民生活の維持及び向上に寄与することを目的としている。

E　厚生年金保険は、厚生年金保険法に定める実施機関がそれぞれ管掌することとされている。

問8 厚生年金保険法に関する次の記述のうち、誤っているものはどれか。

A　被保険者の配偶者が出産した場合であっても、所定の要件を満たす被保険者は、厚生年金保険法第26条に規定する3歳に満たない子を養育する被保険者等の標準報酬月額の特例の申出をすることができる。

B　産前産後休業期間中の保険料の免除の適用を受ける場合、その期間中における報酬の支払いの有無は問われない。

C　在籍出向、在宅勤務等により適用事業所以外の場所で常時勤務する者であって、適用事業所と常時勤務する場所が所在する都道府県が異なる場合は、その者の勤務地ではなく、その者が使用される事業所が所在する都道府県の現物給与の価額を適用する。

D　7月1日前の1年間を通じ4回以上の賞与が支給されているときは、当該賞与を報酬として取り扱うが、当該年の8月1日に賞与の支給回数を、年間を通じて3回に変更した場合、当該年の8月1日以降に支給される賞与から賞与支払届を提出しなければならない。

E　第1号厚生年金被保険者に係る保険料は、法人たる納付義務者が破産手続開始の決定を受けたときは、納期前であっても、すべて徴収することができる。

問9 厚生年金保険法に関する次の記述のうち、誤っているものはどれか。

A　被保険者が厚生年金保険法第6条第1項第3号に規定する船舶に使用され、かつ、同時に事業所に使用される場合においては、船舶所有者（同号に規定する船舶所有者をいう。以下同じ。）以外の事業主は保険料を負担せず、保険料を納付する義務を負わないものとし、船舶所有者が当該被保険者に係る保険料の半額を負担し、当該保険料及び当該被保険者の負担する保険料を納付する義務を負うものとされている。

B　被保険者期間を計算する場合には、月によるものとし、例えば、平成29年10月1日に資格取得した被保険者が、平成30年3月30日に資格喪失した場合の被保険者期間は、平成29年10月から平成30年2月までの5か月間であり、平成30年3月は被保険者期間には算入されない。なお、平成30年3月30日の資格喪失以後に被保険者の資格を取得していないものとする。

C　保険給付の受給権者が死亡した場合において、その死亡した者に支給すべき保険給付でまだその者に支給しなかったものがあるときは、その者の死亡の当時その者と生計を同じくしていた者であれば、その者の配偶者、子、父母、孫、祖父母、兄弟姉妹又はこれらの者以外の３親等内の親族は、自己の名で、その未支給の保険給付の支給を請求することができる。

D　実施機関は、必要があると認めるときは、障害等級に該当する程度の障害の状態にあることにより、年金たる保険給付の受給権を有し、又は厚生年金保険法第44条第１項の規定によりその者について加給年金額の加算が行われている子に対して、その指定する医師の診断を受けるべきことを命じ、又は当該職員をしてこれらの者の障害の状態を診断させることができる。

E　雇用保険法に基づく基本手当と60歳台前半の老齢厚生年金の調整は、当該老齢厚生年金の受給権者が、管轄公共職業安定所への求職の申込みを行うと、当該求職の申込みがあった月の翌月から当該老齢厚生年金が支給停止されるが、当該基本手当の受給期間中に失業の認定を受けなかったことにより、１日も当該基本手当の支給を受けなかった月が１か月あった場合は、受給期間経過後又は受給資格に係る所定給付日数分の当該基本手当の支給を受け終わった後に、事後精算の仕組みによって直近の１か月について当該老齢厚生年金の支給停止が解除される。

問10　厚生年金保険法に関する次の記述のうち、誤っているものはどれか。

A　障害等級１級の障害厚生年金の受給権者（厚生年金保険法第58条第１項第４号に規定するいわゆる長期要件には該当しないものとする。）が死亡し、その者が２以上の被保険者の種別に係る被保険者であった期間を有していた場合、遺族厚生年金の額については、その死亡した者に係る２以上の被保険者の種別に係る被保険者であった期間を合算し、１の被保険者の種別に係る被保険者であった期間に係る被保険者期間のみを有するものとみなして額の計算をする。なお、それぞれの期間を合算しても300か月に満たない場合は、300か月として計算する。

B　第1号厚生年金被保険者期間と第2号厚生年金被保険者期間を有する者に係る老齢厚生年金について、支給繰下げの申出を行う場合、第1号厚生年金被保険者期間に基づく老齢厚生年金の申出と、第2号厚生年金被保険者期間に基づく老齢厚生年金の申出を同時に行わなければならない。

C　被保険者である老齢厚生年金の受給権者は、その受給権を取得した当時、加給年金額の対象となる配偶者がいたが、当該老齢厚生年金の額の計算の基礎となる被保険者期間の月数が240未満であったため加給年金額が加算されなかった。その後、被保険者資格を喪失した際に、被保険者期間の月数が240以上になり、当該240以上となるに至った当時、加給年金額の対象となる配偶者がいたとしても、当該老齢厚生年金の受給権を取得した当時における被保険者期間が240未満であるため、加給年金額が加算されることはない。

D　実施機関は、被保険者の資格を取得した者について、日、時間、出来高又は請負によって報酬が定められる場合には、被保険者の資格を取得した月前1か月間に当該事業所で、同様の業務に従事し、かつ、同様の報酬を受ける者が受けた報酬の額を平均した額を報酬月額として、その者の標準報酬月額を決定する。当該標準報酬月額は、被保険者の資格を取得した月からその年の8月（6月1日から12月31日までの間に被保険者の資格を取得した者については、翌年の8月）までの各月の標準報酬月額とする。

E　第1号厚生年金被保険者に対して通貨をもって報酬を支払う場合において、事業主が被保険者の負担すべき保険料を報酬から控除したときは、保険料の控除に関する計算書を作成し、その控除額を被保険者に通知しなければならない。

国民年金法

問1 国民年金法に関する次の記述のうち、正しいものはどれか。

A 厚生労働大臣及び日本年金機構は、国民年金法第14条に規定する政府管掌年金事業の運営に関する事務又は当該事業に関連する事務の遂行のため必要がある場合を除き、何人に対しても、その者又はその者以外の者に係る基礎年金番号を告知することを求めてはならない。

B 国民年金基金（以下「基金」という。）における「中途脱退者」とは、当該基金の加入員期間の年数にかかわらず、当該基金の加入員の資格を喪失した者（当該加入員の資格を喪失した日において当該基金が支給する年金の受給権を有する者を除く。）をいう。

C 厚生労働大臣は、保険料納付確認団体の求めに応じ、保険料納付確認団体が行うことができるとされている業務を適正に行うために必要な限度において、保険料納付猶予及び保険料滞納事実に関する情報を提供しなければならない。

D 基礎年金拠出金の額の算定基礎となる第1号被保険者数は、保険料納付済期間、保険料免除期間及び保険料未納期間を有する者の総数である。

E 保険料の納付受託者は、国民年金保険料納付受託記録簿を備え付け、これに納付事務に関する事項を記載し、当該記録簿をその完結の日から5年間保存しなければならない。

問2 国民年金法に関する次の記述のうち、誤っているものはどれか。

A 失踪宣告を受けた者の死亡一時金の請求期間の取扱いについて、死亡とみなされた日の翌日から2年を経過した後に請求がなされたものであっても、失踪宣告の審判の確定日の翌日から2年以内に請求があった場合には、給付を受ける権利について時効を援用せず、死亡一時金を支給することとされている。

B 老齢基礎年金の受給権は、受給権者が死亡したときは消滅するが、受給権者が日本国内に住所を有しなくなったとしてもこれを理由に消滅しない。

C 離縁によって、死亡した被保険者又は被保険者であった者の子でなくなったときは、当該子の有する遺族基礎年金の受給権は消滅する。

D　昭和61年4月1日前に国民年金に加入して付加保険料を納付していた者について、その者が老齢基礎年金の受給権を取得したときは、当該付加保険料の納付済期間に応じた付加年金も支給される。

E　死亡一時金の額は、死亡日の属する月の前月までの第1号被保険者としての被保険者期間に係る死亡日の前日における保険料納付済期間の月数、保険料4分の1免除期間の月数、保険料半額免除期間の月数及び保険料4分の3免除期間の月数を合算した月数に応じて、49,020円から294,120円の範囲で定められた額である。

問3 国民年金法に関する次の記述のうち、誤っているものはどれか。

A　平成30年4月2日に第1号被保険者が死亡した場合、死亡した者につき、平成30年4月1日において、平成29年3月から平成30年2月までの期間に保険料納付済期間及び保険料免除期間以外の被保険者期間がないときは、遺族基礎年金の保険料納付要件を満たす。

B　被保険者又は被保険者であった者（老齢基礎年金の受給権者を除く。）は、厚生労働大臣の承認を受け、学生納付特例の規定により納付することを要しないものとされた保険料につき、厚生労働大臣の承認の日の属する月前10年以内の期間に係るものに限り、追納することができる。

C　令和4年度の国民年金保険料の月額は、17,000円に保険料改定率を乗じて得た額を10円未満で端数処理した16,590円である。（改題）

D　前納された保険料について、保険料納付済期間又は保険料4分の3免除期間、保険料半額免除期間若しくは保険料4分の1免除期間を計算する場合においては、前納に係る期間の各月の初日が到来したときに、それぞれその月の保険料が納付されたものとみなされる。

E　国民年金事業の事務の一部は、政令の定めるところにより、法律によって組織された共済組合、国家公務員共済組合連合会、全国市町村職員共済組合連合会、地方公務員共済組合連合会又は私立学校教職員共済法の規定により私立学校教職員共済制度を管掌することとされた日本私立学校振興・共済事業団に行わせることができる。

問 4 国民年金法に関する次の記述のうち、誤っているものはどれか。

A 給付に関する処分（共済組合等が行った障害基礎年金に係る障害の程度の診査に関する処分を除く。）について、社会保険審査官に対して審査請求をした場合において、審査請求をした日から2か月以内に決定がないときは、審査請求人は、社会保険審査官が審査請求を棄却したものとみなすことができる。

B 日本年金機構が滞納処分等を行う場合は、あらかじめ、厚生労働大臣の認可を受けるとともに、日本年金機構が定め、厚生労働大臣の認可を受けた滞納処分等実施規程に従って、徴収職員に行わせなければならない。

C 65歳に達した日後に老齢基礎年金の受給権を取得した場合には、その受給権を取得した日から起算して1年を経過した日前に当該老齢基礎年金を請求していなかったもの（当該老齢基礎年金の受給権を取得したときに、他の年金たる給付の受給権者でなく、かつ当該老齢基礎年金の受給権を取得した日から1年を経過した日までの間において他の年金たる給付の受給権者となっていないものとする。）であっても、厚生労働大臣に当該老齢基礎年金の支給繰下げの申出をすることができない。

D 老齢基礎年金の受給権者が、老齢厚生年金（その額の計算の基礎となる厚生年金保険の被保険者期間の月数が240以上であるものとする。）を受けることができるときは、当該老齢基礎年金に振替加算は加算されない。

E 20歳前傷病による障害基礎年金は、受給権者に子はおらず、扶養親族等もいない場合、前年の所得が370万4千円を超え472万1千円以下であるときは2分の1相当額が、前年の所得が472万1千円を超えるときは全額が、その年の10月から翌年の9月まで支給停止される。なお、被災により支給停止とならない場合を考慮する必要はない。(改題)

問 5 国民年金法に関する次の記述のうち、正しいものはいくつあるか。

ア 遺族基礎年金の受給権を有する子が2人ある場合において、そのうちの1人の子の所在が1年以上明らかでないとき、その子に対する遺族基礎年金は、他の子の申請によって、その申請のあった日の属する月の翌月から、その支給を停止する。

イ 振替加算の規定によりその額が加算された老齢基礎年金の受給権者が、障害厚生年金（当該障害厚生年金は支給停止されていないものとする。）の支給を受けることができるときは、その間、振替加算の規定により加算する額に相当する部分の支給を停止する。

ウ 政府は、障害の直接の原因となった事故が第三者の行為によって生じた場合において、障害基礎年金の給付をしたときは、その給付の価額の限度で、受給権者が第三者に対して有する損害賠償の請求権を取得する。

エ 遺族基礎年金の受給権は、受給権者が婚姻をしたときは消滅するが、老齢基礎年金の支給繰上げの請求をしても消滅しない。

オ 振替加算は、老齢基礎年金の支給繰上げの請求をした場合は、請求のあった日の属する月の翌月から加算され、老齢基礎年金の支給繰下げの申出をした場合は、申出のあった日の属する月の翌月から加算される。

A 一つ

B 二つ

C 三つ

D 四つ

E 五つ

問6 国民年金法に関する次の記述のうち、正しいものはどれか。

A 被保険者期間の計算において、第1号被保険者から第2号被保険者に種別の変更があった月と同一月に更に第3号被保険者への種別の変更があった場合、当該月は第2号被保険者であった月とみなす。なお、当該第3号被保険者への種別の変更が当該月における最後の種別の変更であるものとする。

B 寡婦年金は、夫の死亡について労働基準法の規定による遺族補償が行われるべきものであるときは、死亡日から6年間、その支給が停止される。

C　ともに第1号被保険者である夫婦（夫45歳、妻40歳）と3人の子（15歳、12歳、5歳）の5人世帯で、夫のみに所得があり、その前年の所得（1月から6月までの月分の保険料については前々年の所得とする。）が210万円の場合、申請により、その指定する期間に係る当該夫婦の保険料は全額免除となる。なお、法定免除の事由に該当せず、妻と3人の子は夫の扶養親族等であるものとする。（改題）

D　65歳に達したときに、保険料納付済期間と保険料免除期間（学生納付特例期間及び納付猶予期間を除く。）とを合算した期間を7年有している者は、合算対象期間を5年有している場合でも、老齢基礎年金の受給権は発生しない。

E　付加保険料を納付する者となったものは、いつでも、厚生労働大臣に申し出て、その申出をした日の属する月以後の各月に係る保険料に限り、付加保険料を納付する者でなくなることができる。

問7　**国民年金法に関する次の記述のうち、誤っているものはどれか。**

A　国民年金基金（以下本問において「基金」という。）は、厚生労働大臣の認可を受けて、他の基金と吸収合併をすることができる。ただし、地域型国民年金基金と職能型国民年金基金との吸収合併については、その地区が全国である地域型国民年金基金が国民年金法第137条の3の2に規定する吸収合併存続基金となる場合を除き、これをすることができない。

B　基金が解散したときに、政府は、その解散した日において当該基金が年金の支給に関する義務を負っている者に係る政令の定めるところにより算出した責任準備金に相当する額を当該解散した基金から徴収する。ただし、国民年金法の規定により国民年金基金連合会が当該解散した基金から徴収すべきときは、この限りでない。

C　被保険者は、第1号被保険者としての被保険者期間及び第2号被保険者としての被保険者期間については国民年金保険料を納付しなければならないが、第3号被保険者としての被保険者期間については国民年金保険料を納付することを要しない。

D　第１号被保険者又は第３号被保険者が60歳に達したとき（第２号被保険者に該当するときを除く。）は、60歳に達したときに該当するに至った日に被保険者の資格を喪失する。

E　寡婦年金を受けることができる妻は、国民年金原簿に記録された死亡した夫に係る特定国民年金原簿記録が事実でない、又は国民年金原簿に死亡した夫に係る特定国民年金原簿記録が記録されていないと思料するときは、厚生労働省令で定めるところにより、厚生労働大臣に対し、国民年金原簿の訂正の請求をすることができる。

問８ **遺族基礎年金等に関する次の記述のうち、正しいものはどれか。なお、本問における子は18歳に達した日以後の最初の３月31日に達していないものとする。**

A　第１号被保険者としての保険料納付済期間を15年有し、当該期間以外に保険料納付済期間、保険料免除期間及び合算対象期間を有しない老齢基礎年金を受給中の66歳の者が死亡した。死亡の当時、その者に生計を維持されていた子がいる場合は、当該子に遺族基礎年金が支給される。

B　夫の死亡により妻と子に遺族基礎年金の受給権が発生し、子の遺族基礎年金は支給停止となっている。当該妻が再婚した場合、当該妻の遺族基礎年金の受給権は消滅し、当該子の遺族基礎年金は、当該妻と引き続き生計を同じくしていたとしても、支給停止が解除される。

C　夫が死亡し、その死亡の当時胎児であった子が生まれ、妻に遺族基礎年金の受給権が発生した場合、当該受給権の発生日は当該夫の死亡当時に遡ることとなり、当該遺族基礎年金は当該子が出生するまでの期間、支給停止され、当該子の出生により将来に向かって支給停止が解除される。なお、当該子以外に子はいないものとする。

D　夫の死亡により、夫と前妻との間に生まれた子（以下「夫の子」という。）及び妻（当該夫の子と生計を同じくしていたものとする。）に遺族基礎年金の受給権が発生した。当該夫の子がその実母と同居し、当該妻と生計を同じくしなくなった場合、当該妻の遺族基礎年金の受給権は消滅するが、当該夫の子の遺族基礎年金の受給権は消滅しない。なお、当該夫の子以外に子はいないものとする。

E　第2号被保険者である40歳の妻が死亡したことにより、当該妻の死亡当時、当該妻に生計を維持されていた40歳の夫に遺族基礎年金の受給権が発生し、子に遺族基礎年金と遺族厚生年金の受給権が発生した。この場合、夫の遺族基礎年金は支給停止となり、子の遺族基礎年金と遺族厚生年金が優先的に支給される。

問9　老齢基礎年金等に関する次の記述のうち、誤っているものはどれか。

A　63歳のときに障害状態が厚生年金保険法に規定する障害等級3級に該当する程度に軽減し、障害基礎年金の支給が停止された者が、3級に該当する程度の状態のまま5年経過後に、再び障害状態が悪化し、障害の程度が障害等級2級に該当したとしても、支給停止が解除されることはない。

B　45歳から64歳まで第1号厚生年金被保険者としての被保険者期間を19年有し、このほかには被保険者期間を有しない老齢厚生年金の受給権者である68歳の夫（昭和25年4月2日生まれ）と、当該夫に生計を維持されている妻（昭和28年4月2日生まれ）がいる。当該妻が65歳に達し、老齢基礎年金の受給権を取得した場合、それまで当該夫の老齢厚生年金に加給年金額が加算されていれば、当該妻の老齢基礎年金に振替加算が加算される。

C　60歳から64歳まで任意加入被保険者として保険料を納付していた期間は、老齢基礎年金の年金額を算定する際に保険料納付済期間として反映されるが、60歳から64歳まで第1号厚生年金被保険者であった期間は、老齢基礎年金の年金額を算定する際に保険料納付済期間として反映されない。

D　繰上げ支給の老齢基礎年金の受給権者に遺族厚生年金の受給権が発生した場合、65歳に達するまでは、繰上げ支給の老齢基礎年金と遺族厚生年金について併給することができないが、65歳以降は併給することができる。

E　平成30年度の老齢基礎年金の額は、年金額改定に用いる名目手取り賃金変動率がマイナスで物価変動率がプラスとなったことから、スライドなしとなり、マクロ経済スライドによる調整も行われず、平成29年度と同額である。

問10　障害基礎年金等に関する次の記述のうち、正しいものはどれか。

A　傷病の初診日において19歳であった者が、20歳で第1号被保険者の資格を取得したものの当該被保険者の期間が全て未納期間であった場合、初診日から1年6か月経過後の障害認定日において障害等級1級又は2級に該当していたとしても、障害基礎年金の受給権は発生しない。

B　障害基礎年金の受給権者であっても、当該障害基礎年金の支給を停止されている場合は、脱退一時金の支給を請求することができる。

C　平成30年度の障害等級1級の障害基礎年金の額は、780,900円に改定率を乗じて得た額を100円未満で端数処理した779,300円の100分の150に相当する額である。なお、子の加算額はないものとする。

D　障害等級3級の障害厚生年金の受給権者が、その後障害状態が悪化し障害等級2級に該当したことから、65歳に達する日の前日までに障害厚生年金の額改定請求を行い、その額が改定された場合でも、当該受給権者は当該障害厚生年金と同一の支給事由である障害基礎年金の支給を請求しない限り、障害基礎年金の受給権は発生しない。

E　20歳前傷病による障害基礎年金は、受給権者が少年法第24条の規定による保護処分として少年院に送致され、収容されている場合又は売春防止法第17条の規定による補導処分として婦人補導院に収容されている場合は、その該当する期間、その支給を停止する。

MEMO

MEMO

MEMO

解答・解説編

CONTENTS

令和４年度（2022年度・第54回）解答・解説

令和３年度（2021年度・第53回）解答・解説

令和２年度（2020年度・第52回）解答・解説

令和元年度（2019年度・第51回）解答・解説

平成30年度（2018年度・第50回）解答・解説

凡　例　本書の執筆においては、次のとおり略称を用いています。

法１	→法１条
法１－Ⅰ	→法１条１項
法１－Ⅰ①	→法１条１項１号
法	→各科目の法令（例：労働基準法内の法は「労働基準法」）
令	→施行令
則	→施行規則
(40)	→昭和40年（例：(40)法附則→昭和40年法附則、(25)法附則→平成25年法附則）
労基法	→労働基準法
安衛法	→労働安全衛生法
労災法	→労働者災害補償保険法
労審法	→労働保険審査官及び労働保険審査会法
行審法	→行政不服審査法
行訴法	→行政事件訴訟法
整備法	→失業保険法及び労働者災害補償保険法の一部を改正する法律及び労働保険の保険料の徴収等に関する法律の施行に伴う関係法律の整備等に関する法律
労組法	→労働組合法
労契法	→労働契約法
労働時間等設定改善法	→労働時間等の設定の改善に関する特別措置法
個紛法	→個別労働関係紛争の解決の促進に関する法律
パート・有期法	→短時間労働者及び有期雇用労働者の雇用管理の改善等に関する法律
均等法	→雇用の分野における男女の均等な機会及び待遇の確保等に関する法律
育介法	→育児休業、介護休業等育児又は家族介護を行う労働者の福祉に関する法律
次世代法	→次世代育成支援対策推進法
女性活躍推進法	→女性の職業生活における活躍の推進に関する法律
最賃法	→最低賃金法
労働施策総合推進法	→労働施策の総合的な推進並びに労働者の雇用の安定及び職業生活の充実等に関する法律
派遣法	→労働者派遣事業の適正な運営の確保及び派遣労働者の保護等に関する法律
能開法	→職業能力開発促進法
職安法	→職業安定法
高齢法	→高年齢者の雇用の安定等に関する法律
障雇法	→障害者の雇用の促進等に関する法律
健保法	→健康保険法
国年法	→国民年金法
厚年法	→厚生年金保険法
改正前法	→平成25年改正法施行前厚生年金保険法
年金時効特例法	→厚生年金保険の保険給付及び国民年金の給付に係る時効の特例等に関する法律
国保法	→国民健康保険法
船保法	→船員保険法
高医法	→高齢者の医療の確保に関する法律
介保法	→介護保険法
児手法	→児童手当法
社審法	→社会保険審査官及び社会保険審査会法
確拠法	→確定拠出年金法
確給法	→確定給付企業年金法

社労士法	→社会保険労務士法
整備省令	→失業保険法及び労働者災害補償保険法の一部を改正する法律及び労働保険の保険料の徴収等に関する法律の施行に伴う労働省令の整備等に関する省令
基金令	→国民年金基金令
支給金則	→労働者災害補償保険特別支給金支給規則
有機則	→有機溶剤中毒予防規則
女性則	→女性労働者基準規則
改定率改定令	→国民年金法による改定率の改定等に関する政令
厚労告	→厚生労働省告示
基発	→厚生労働省労働基準局長名通達
発基	→厚生労働省労働基準局関係の労働事務次官名通達
基収	→厚生労働省労働基準局長が疑義に応えて発する通達
基労管発	→厚生労働省労働基準局労災補償部労災管理課長名通達
基労補発	→厚生労働省労働基準局労災補償部補償課長名通達
労発	→(旧)労働省労政局長名通達
発労徴	→次官又は官房長が発する労働保険徴収課関係の通達
基災発	→(旧)労働省労働基準局労災補償部長名で発する通達
労徴発	→(旧)労働保険徴収課長名で発する通達
基災収	→(旧)労働省労働基準局労災補償部長が疑義に答えて発する通達
基補発	→厚生労働省労働基準局補償課長通知
雇児発	→厚生労働省雇用均等・児童家庭局長通知
基徴発	→厚生労働省労働基準局労働保険徴収課長が発する通達
失保収	→失業保険法時代の失業保険課長が疑義に答えて発する通達
保発	→厚生労働省(旧厚生省)保険局長名通達
保保発	→厚生労働省保険局保険課長名通達
保文発	→民間に対して出す厚生省保険局長名通知
発保	→厚生労働事務次官名通達
保険発	→(旧)厚生省医療局保険課長名通達
老発	→厚生労働省老人保健福祉局長名通達
庁保険発	→(旧)社会保険庁運営部医療課長名通達
庁保発	→(旧)社会保険庁医療部長又は保険部長名通達
保医発	→厚生労働省保険局医療課長名通達
年管発	→厚生労働省大臣官房年金管理審議官名通達
年管管発	→厚生労働省年金局事業管理課長名通達
年発	→厚生労働省年金局長名通達
行政手引	→雇用保険に関する業務取扱要領

令和４年度
（2022年度・第54回）
解答・解説

合格基準点

選択式	総得点**27点**以上、かつ、 各科目**3点**以上
択一式	総得点**44点**以上、かつ、 各科目**4点**以上

受験者データ

受験申込者数	52,251人
受験者数	40,633人
合格者数	2,134人
合格率	5.3%

繰り返し記録シート（令和4年度）

解いた回数	科目	問題No.	点数	解いた回数	科目	点数
選択式 1回目	労基安衛	問1	／5	択一式 1回目	労基安衛	／10
	労災	問2	／5		労災徴収	／10
	雇用	問3	／5		雇用徴収	／10
	労一	問4	／5		労一社一	／10
	社一	問5	／5		健保	／10
	健保	問6	／5		厚年	／10
	厚年	問7	／5		国年	／10
	国年	問8	／5		合計	／70
		合計	／40			

解いた回数	科目	問題No.	点数	解いた回数	科目	点数
選択式 2回目	労基安衛	問1	／5	択一式 2回目	労基安衛	／10
	労災	問2	／5		労災徴収	／10
	雇用	問3	／5		雇用徴収	／10
	労一	問4	／5		労一社一	／10
	社一	問5	／5		健保	／10
	健保	問6	／5		厚年	／10
	厚年	問7	／5		国年	／10
	国年	問8	／5		合計	／70
		合計	／40			

解いた回数	科目	問題No.	点数	解いた回数	科目	点数
選択式 3回目	労基安衛	問1	／5	択一式 3回目	労基安衛	／10
	労災	問2	／5		労災徴収	／10
	雇用	問3	／5		雇用徴収	／10
	労一	問4	／5		労一社一	／10
	社一	問5	／5		健保	／10
	健保	問6	／5		厚年	／10
	厚年	問7	／5		国年	／10
	国年	問8	／5		合計	／70
		合計	／40			

令和４年度
（2022年度・第54回）
解答・解説
選択式

正解一覧

問	空欄	番号	正解
問1	A	②	８月31日
	B	⑨	他の不当な動機・目的をもって
	C	⑦	甘受すべき程度を著しく超える不利益を負わせるものである
	D	⑳	労働者の作業内容を変更したとき
	E	⑥	快適な職場環境の実現
問2	A	②	９
	B	⑦	290
	C	⑱	労働者
	D	⑲	労働者を使用するものがあること
	E	⑨	営業等の事業に係る業務
問3	A	①	最後の完全な６賃金月
	B	④	雇用保険被保険者離職票
	C	④	2,061円
	D	③	令和３年８月31日
	E	③	4,000円を超えない
問4	A	②	2.3
	B	⑥	100人超
	C	⑰	ジョブコーチ
	D	⑪	継続が期待されていた
	E	⑮	従前の労働契約が更新された
問5	A	⑨	61.0
	B	⑱	配偶者
	C	④	15歳に達する日以後の最初の３月31日までの間にある者
	D	⑰	身体上又は精神上の障害
	E	②	６か月
問6	A	⑮	88,000円以上
	B	⑪	200以上
	C	⑩	180日
	D	③	10
	E	⑰	厚生労働大臣
問7	A	⑤	開始した日の属する月
	B	⑯	終了する日の翌日が属する月の前月
	C	⑱	W
	D	⑨	月額２万円
	E	④	65歳に達する日の前日
問8	A	⑪	その障害の状態に該当しない間
	B	④	４分の３
	C	⑮	福祉を増進する
	D	⑰	理解を増進させ、及びその信頼を向上させる
	E	⑳	分かりやすい形で通知

問１ 労働基準法及び労働安全衛生法

根拠 労基法20-Ⅰ、最二小S61.7.14東亜ペイント事件、安衛法３-Ⅰ、59-Ⅱ

A	②	８月31日	CH1 Sec2④	正解率 95%
B	⑨	他の不当な動機・目的をもって	—	正解率 78%
C	⑦	甘受すべき程度を著しく超える不利益を負わせるものである	—	正解率 72%
D	⑳	労働者の作業内容を変更したとき	CH2 Sec6②	正解率 96%
E	⑥	快適な職場環境の実現	CH2 Sec1②	正解率 90%

問２ 労働者災害補償保険法

根拠 則14-ⅢⅤ、H23.2.1基発0201第２号、最二小H24.2.24広島中央労基署長事件

A	②	９※1	CH3 Sec5①	正解率 89%
B	⑦	290※2	CH3 Sec5①	正解率 80%
C	⑱	労働者	—	正解率 90%
D	⑲	労働者を使用するものがあること	—	正解率 70%
E	⑨	営業等の事業に係る業務	—	正解率 91%

※１ 加重後（第10級）と第12級を併合し、現在の障害等級は第９級。

※２ 加重・併合後の第９級(391日)－加重前の第13級(101日)＝290日

問３ 雇用保険法

根拠 法16-Ⅰ、17-Ⅰ、18-Ⅲ、60の２-ⅡⅤ、則101の２の９、R3.7.28厚労告283号、行政手引50601、58012

A	①	最後の完全な６賃金月	CH4 Sec3④	正解率 99%
B	④	雇用保険被保険者離職票	CH4 Sec3④	正解率 82%
C	④	2,061円	CH4 Sec3④	正解率 55%
D	③	令和３年８月31日	CH4 Sec8①	正解率 42%
E	③	4,000円を超えない	CH4 Sec8①	正解率 90%

問4 労務管理その他の労働に関する一般常識

根拠 障雇法20-③、22-④、43-Ⅱ、49-Ⅰ④の2、法附則4-Ⅰ、令9、最一小S61.12.4 日立メディコ事件

A	② 2.3	CH6 Sec3⑤	正解率	94%
B	⑥ 100人超	CH6 Sec3⑤	正解率	82%
C	⑰ ジョブコーチ	—	正解率	26%
D	⑪ 継続が期待されていた	—	正解率	92%
E	⑮ 従前の労働契約が更新された	—	正解率	48%

解説

Cのジョブコーチは、障害者雇用促進法においては「職場適応援助者」と規定されているものであり、「身体障害者、知的障害者、精神障害者その他厚生労働省令で定める障害者（職場への適応について援助を必要とする障害者）が職場に適応することを容易にするための援助を行う者」をいう。

問5 社会保険に関する一般常識

根拠 確拠法40、41-ⅠⅡ、児手法18-Ⅱ、介保法7-ⅠⅢ②、令2-①、則2、「令和元年度国民医療費の概況（厚生労働省）」

A	⑨ 61.0	CH10 Sec3⑦	正解率	37%
B	⑱ 配偶者	—	正解率	39%
C	④ 15歳に達する日以後の最初の3月31日までの間にある者	CH10 Sec1⑤	正解率	73%
D	⑰ 身体上又は精神上の障害	CH10 Sec1④	正解率	36%
E	② 6か月	CH10 Sec1④	正解率	92%

解説

被用者に対する児童手当の給付費に係る費用の負担割合は以下のとおりである。

<table>
<tr><th colspan="4">3歳に満たない児童に係る児童手当の額に係る部分</th></tr>
<tr><th>一般事業主からの拠出金</th><th>国</th><th>都道府県</th><th>市町村</th></tr>
<tr><td>7／15</td><td>16／45</td><td>4／45</td><td>4／45</td></tr>
<tr><th colspan="4">3歳以上中学校修了前の児童に係る児童手当の額に係る部分</th></tr>
<tr><th colspan="2">国</th><th>都道府県</th><th>市町村</th></tr>
<tr><td colspan="2">2／3</td><td>1／6</td><td>1／6</td></tr>
</table>

問６　健康保険法

根拠　法３－Ⅰ⑨ロ、７、63－Ⅱ⑤、㉔法附則46－Ⅰ、Ⅻ、則１の２－Ⅰ、２－Ⅰ、R2.3.27厚労告105号、H28.5.13保保発0513第１号、R4.3.18保保発0318第１号

	番号	解答	参照	正解率
A	⑮	88,000円以上	CH7 Sec2⑥	98%
B	⑪	200以上	CH7 Sec5⑤	95%
C	⑩	180日	CH7 Sec5⑤	73%
D	③	10	CH7 Sec1②	83%
E	⑰	厚生労働大臣	CH7 Sec1②	69%

問７　厚生年金保険法

根拠　法47の２－Ⅰ、59－Ⅰ、66、81の２の２－Ⅰ、法附則11－Ⅰ、改定率改定令５、国年法37の２－Ⅰ他

	番号	解答	参照	正解率
A	⑤	開始した日の属する月	CH9 Sec9⑤	94%
B	⑯	終了する日の翌日が属する月の前月	CH9 Sec9⑤	89%
C	⑱	W	CH9 Sec6⑥	11%
D	⑨	月額２万円	CH9 Sec4⑤	87%
E	④	65歳に達する日の前日	CH9 Sec5②	94%

解説

設問文２は、遺族厚生年金保険の遺族の順位に関する問題であるが、配偶者に対する遺族厚生年金は、厚生年金保険の被保険者の死亡について、配偶者が国民年金法による遺族基礎年金の受給権を有しない場合であって、子にのみ遺族基礎年金が支給される場合には、当該子に対し遺族厚生年金を支給し、配偶者に対する遺族厚生年金は支給停止される。設問の場合は、死亡した被保険者であるＸと妻（Ｙ）の連れ子のＺは養子縁組をしていないため、Ｙは「子のある配偶者」とはならず、遺族基礎年金は、先妻との間に生まれた「Ｗ」に支給される。したがって、遺族厚生年金についても、「Ｗ」に支給されることとなる。

設問文３は、65歳未満の在職老齢年金（低在老）に関する問題であるが、令和４年度の支給停止調整額は、47万円であるので、支給停止額は、

{(総報酬月額相当額41万円＋基本月額10万円)－47万円}×1/2＝２万円

となる。

問８ 国民年金法

根拠 法14の５、36-Ⅱ、50、128-Ⅱ

			参照	正解率
A	⑪	その障害の状態に該当しない間	CH8 Sec5⑩	87%
B	④	４分の３	CH8 Sec7②	91%
C	⑮	福祉を増進する	—	41%
D	⑰	理解を増進させ、及びその信頼を向上させる	CH8 Sec2⑥	90%
E	⑳	分かりやすい形で通知	CH8 Sec2⑥	94%

令和４年度
（2022年度・第54回）
解答・解説
択一式

正解一覧

労基安衛	問1	E
	問2	E
	問3	B
	問4	C
	問5	A
	問6	A
	問7	D
	問8	C
	問9	A
	問10	B
労災徴収	問1	C
	問2	E
	問3	D
	問4	E
	問5	B
	問6	D
	問7	D
	問8	E
	問9	A
	問10	B
雇用徴収	問1	B
	問2	D
	問3	C
	問4	C
	問5	E
	問6	E
	問7	A
	問8	A
	問9	C
	問10	B
労一社一	問1	E
	問2	C
	問3	D
	問4	A
	問5	C
	問6	E
	問7	B
	問8	B
	問9	C
	問10	D
健保	問1	D
	問2	A
	問3	C
	問4	E
	問5	D
	問6	A・E
	問7	B
	問8	E
	問9	B
	問10	A・E
厚年	問1	B
	問2	E
	問3	E
	問4	D
	問5	D
	問6	D
	問7	B
	問8	E
	問9	B
	問10	E
国年	問1	B
	問2	D
	問3	D
	問4	E
	問5	C
	問6	E
	問7	A
	問8	E
	問9	D
	問10	B

労働基準法及び労働安全衛生法

問１ 正解 **E** 正解率 93%

A ✕ 根拠 法９ CH1 Sec1④

労働基準法上の「労働者」とは、職業の種類を問わず、事業又は事務所に使用される者で、賃金を支払われる者をいう。

> **確認してみよう！**
> 雇用保険法上の労働者は、事業主に雇用され、事業主から支給される賃金によって生活している者、及び事業主に雇用されることによって生活しようとする者であって現在その意に反して就業することができないものをいう。

B ✕ 根拠 法９、S60.12.19労働基準法研究会報告（労働基準法の「労働者」の判断基準について） CH1 Sec1④

形式上は請負契約のような形式を採っていても、その実体において使用従属関係が認められるときは、労働基準法上の「労働者」に該当する。

C ✕ 根拠 法９、116-Ⅱ CH1 Sec1④

同居の親族のみを使用する事業には労働基準法は適用されないが、一時的であっても親族以外の者が使用されている場合、この者（親族以外の者）は、労働基準法上の「労働者」に該当する。

D ✕ 根拠 法９、H11.3.31基発168号 CH1 Sec1④

株式会社の代表取締役は労働基準法上の労働者とならない。法人、団体、組合等の代表者又は執行機関たる者の如く、事業主体との関係において使用従属の関係に立たないものは労働者ではない。

> **確認してみよう！**
> 健康保険法に規定する被保険者は、適用事業所に使用される者をいうが、「使用される者」は事実上の使用関係があれば足り、法人の代表者又は業務執行者で法人から労働の対償として報酬を受けている者は、法人に使用される者として被保険者となる。

E ○ 根拠 法９、S60.12.19労働基準法研究会報告（労働基準法の「労働者」の判断基準について） CH1 Sec1④

労働基準法上の「労働者」であるか否か、すなわち労働者性の有無は「使用される＝指揮監督下の労働」という労務提供の形態及び「賃金支払」という報酬の労務に対する対償性（報酬が提供された労務に対するものであるかどうか）によって判断されることとなる（この２つの基準を総称して「使用従属性」と呼ぶ。）。

問２　正解　E　正解率 92%

A × 根拠 法32、S47.9.18基発602号　CH1 Sec4①

労働安全衛生法により事業者に実施が義務付けられている健康診断のうち、いわゆる一般健康診断の実施に要する時間は、労働時間と解されない。なお、特殊健康診断の実施に要する時間は労働時間と解される。

確認してみよう！

労働時間と解されるもの・解されないもの

健康診断[※1]	――
一般健康診断	労働時間と解されない
特殊健康診断	労働時間と解される
安全・衛生委員会（安全/衛生/安全衛生委員会）	労働時間と解される
安全衛生教育（雇入時/作業内容変更時/職長教育）	労働時間と解される
面接指導[※2]	――
長時間労働者に対する面接指導	労働時間と解されない
研究開発業務従事者に対する面接指導	労働時間と解される
心理的な負担の程度を把握するための検査	労働時間と解されない

※１　労災保険法に規定する二次健康診断の受診に要した時間は、労働時間と解されない。

※２　高度プロフェッショナル制度対象労働者に対する面接指導の実施に要する時間は、健康管理時間となる。

B × 根拠 法32、S33.10.11基収6286号　CH1 Sec4①

出勤を命ぜられ、一定の場所に拘束されている以上労働時間と解される。

C × 根拠 S47.9.18基発602号、S63.3.14基発150号・婦発47号　CH1 Sec4①

労働者が使用者の実施する教育に参加することについて、就業規則上の制裁等の不利益取扱による出席の強制がなく自由参加のものであれば、時間外労働にはならない。

D × 根拠 法32、S63.3.14基発150号　CH1 Sec4①

設問の場合は、労働時間と解される。

E ○ 根拠 法32、最一小H14.2.28大星ビル管理事件　CH1 Sec4①

確認してみよう！

労働基準法32条の労働時間とは、労働者が使用者の指揮命令下に置かれている時間をいい、実作業に従事していない仮眠時間（不活動仮眠時間）が労働時間に該当するか否かは、労働者が不活動仮眠時間において使用者の指揮命令下に置かれていたものと評価することができるか否かにより客観的に定まるものというべきである。

問３　正解　B

正解率 49%

A ○ 根拠 法36-Ⅰ、41-③、則23、H11.3.31基発168号　CH1 Sec4⑤

使用者は、宿直又は日直の勤務で断続的な業務について、所轄労働基準監督署長の許可を受けた場合は、これに従事する労働者を、労働基準法32条の規定にかかわらず、使用することができる。

確認してみよう！

宿直又は日直の許可を受けた場合は、その宿直又は日直の勤務については、労働基準法第４章、第６章及び第６章の２で定める労働時間、休憩及び休日に関する規定は適用されない。

B × 根拠 法36-Ⅵ③　CH1 Sec6③

設問の場合、１月～３月の３箇月間における時間外労働の時間（労働時間を延長して労働させる時間）が245時間となり、１箇月当たりの平均時間が80時間を超えることとなるため、このような時間外労働をさせることはできない。

確認してみよう！

使用者は、36協定（特別条項付き協定を含む。）で定めるところによって労働時間を延長して労働させ、又は休日において労働させる場合であっても、次の⑴～⑶に掲げる時間について、それぞれ⑴～⑶に定める要件を満たすものとしなければならない。

⑴　坑内労働その他厚生労働省令で定める健康上特に有害な業務について、１日について労働時間を延長して労働させた時間・・・２時間を超えないこと。

⑵　１箇月について労働時間を延長して労働させ、及び休日において労働させた時間・・・100時間未満であること。

⑶　対象期間の初日から１箇月ごとに区分した各期間に当該各期間の直前の１箇月、２箇月、３箇月、４箇月及び５箇月の期間を加えたそれぞれの期間における労働時間を延長して労働させ、及び休日において労働させた時間の１箇月当たりの平均時間・・・80時間を超えないこと。

C ○ 根拠 H11.3.31基発168号 —

D ○ 根拠 H11.3.31基発168号 CH1 Sec6①

設問の場合、各日の労働時間が8時間を超えず、かつ、休日労働を行わせない限り、労働者の労働時間が1週間又は1日の法定労働時間を超えることはなく、また、法定休日の労働も生じないため、36協定をする必要はない。

E ○ 根拠 H11.3.31基発168号 —

得点UP!

36協定の本社一括届出

次の(1)及び(2)の要件を満たす場合には、複数の事業場を有する企業において、本社の使用者が一括して本社の所轄労働基準監督署長に36協定の届出を行うときは、本社以外の事業場の所轄労働基準監督署長に届出があったものとして差し支えないこととされている。

(1) 本社と全部又は一部の本社以外の事業場に係る36協定の内容が同一であること
(2) 本社の所轄労働基準監督署長に対する届出の際には、本社を含む事業場数に対応した部数の36協定を提出すること

問4 正解 C　正解率 58%

A ○ 根拠 法1－Ⅱ —

確認してみよう!

労働基準法1条2項（労働条件の原則）

この法律で定める労働条件の基準は最低のものであるから、労働関係の当事者は、この基準を理由として労働条件を低下させてはならないことはもとより、その向上を図るように努めなければならない。

B ○ 根拠 法3、S22.9.13発基17号 CH1 Sec1②

労働基準法3条（均等待遇）の「信条」とは、特定の宗教的又は政治的信念をいう。なお、同条の「社会的身分」とは、生来の身分をいう。

確認してみよう!

労働基準法3条（均等待遇）

使用者は、労働者の国籍、信条又は社会的身分を理由として、賃金、労働時間その他の労働条件について、差別的取扱をしてはならない。

C × 根拠 法4、H9.9.25基発648号 —

労働基準法4条（男女同一賃金の原則）は「差別的取扱いをしてはならない」

と定めており、その違反が成立するのは現実に差別的取扱いをした場合であるから、単に就業規則等において差別的取扱いをする趣旨の規定を設けただけでは、その規定が無効となるにとどまり、同条違反とはならない。

確認してみよう！

労働基準法４条（男女同一賃金の原則）

使用者は、労働者が女性であることを理由として、賃金について、男性と差別的取扱いをしてはならない。

D ○ 根拠 法５ —

労働基準法５条（強制労働の禁止）は「労働を強制してはならない」と定めており、労働の強制の目的がなく、単に「怠けたから」又は「態度が悪いから」殴ったというだけである場合、同条違反とはならない。

確認してみよう！

労働基準法５条（強制労働の禁止）

使用者は、暴行、脅迫、監禁その他精神又は身体の自由を不当に拘束する手段によって、労働者の意思に反して労働を強制してはならない。

E ○ 根拠 法10、S62.3.26基発169号 —

問５ 正解 A 正解率 87%

A ○ 根拠 法14-Ⅰ①、H28.10.19厚労告376号、H15.10.22基発1022001号

CH1 Sec2③

B × 根拠 法15-Ⅲ、民法140 —

９月１日に労働契約を解除した場合は、翌日の９月２日から起算して14日、すなわち９月15日までをいう。

C × 根拠 法16 CH1 Sec2③

労働基準法16条（賠償予定の禁止）は「契約をしてはならない」と定めており、違約金を定め、又は損害賠償額を予定する契約を締結した時点で、同条違反が成立する。

確認してみよう！

労働基準法16条（賠償予定の禁止）
使用者は、労働契約の不履行について違約金を定め、又は損害賠償額を予定する契約をしてはならない。

D ✕ 根拠 法17 CH1 Sec2③

労働基準法17条（前借金相殺の禁止）は「相殺してはならない」と定めており、前借金と賃金との相殺を禁止したものである。前借金そのものを全面的に禁止しているわけではない。

確認してみよう！

労働基準法17条（前借金相殺の禁止）
使用者は、前借金その他労働することを条件とする前貸の債権と賃金を相殺してはならない。

E ✕ 根拠 法22-Ⅰ Ⅲ CH1 Sec2⑤

設問の証明書（退職時の証明書）には、労働者の請求しない事項を記入してはならない。

確認してみよう！

使用者は、あらかじめ第三者と謀り、労働者の就業を妨げることを目的として、退職時等の証明書に秘密の記号を記入してはならない。

問6 正解 A（エの一つ） 正解率 19%

ア ○ 根拠 法12-Ⅴ、24-Ⅰ、則2-Ⅰ Ⅱ —

イ ○ 根拠 法24-Ⅱ —

賃金は、毎月1回以上、一定の期日を定めて支払わなければならない（毎月1回以上・一定期日払の原則）が、賃金の締切期間及び支払期限については明文の規定がない。したがって、賃金の支払期限について、必ずしもある月の労働に対する賃金をその月中に支払うことを要せず、不当に長い期間でない限り、賃金の締切後ある程度の期間を経てから支払う定めをすることも、（毎月1回以上・一定期日払の原則に違反しない限り）差し支えない。

ウ ○ 根拠 法25 —

エ　✕　根拠　法24-Ⅰ、最三小S43.3.12小倉電話局事件　—

最高裁判所の判例では、「退職手当法による退職手当の給付を受ける権利については、その譲渡を禁止する規定がないから、退職者またはその予定者が右退職手当の給付を受ける権利を他に譲渡した場合に譲渡自体を無効と解すべき根拠はないけれども、労働基準法24条１項が『賃金は直接労働者に支払わなければならない。』旨を定めて、使用者たる賃金支払義務者に対し罰則をもってその履行を強制している趣旨に徴すれば、労働者が賃金の支払を受ける前に賃金債権を他に譲渡した場合においても、その支払についてはなお同条が適用され、使用者は直接労働者に対し賃金を支払わなければならず、したがって、右賃金債権の譲受人は自ら使用者に対してその支払を求めることは許されないものと解するのが相当である。そして、退職手当法による退職手当もまた右にいう賃金に該当し、右の直接払の原則の適用があると解する以上、退職手当の支給前にその受給権が他に適法に譲渡された場合においても、国または公社はなお退職者に直接これを支払わなければならず、したがって、その譲受人から国または公社に対しその支払を求めることは許されないといわなければならない。」としている。

オ　○　根拠　法27　—

労働基準法27条の「保障給」は、労働時間に応じた一定額のものでなければならないが、一定額とは、個々の労働者について、その行う労働が同種のものである限りは常に一定の金額を保障すべきであることをいうと解されるので、同種の労働を行っている労働者が多数ある場合に、個々の労働者の技量、経験、年数等に応じて、その保障給額に差を設け、また同一の労働者に対しても、別種の労働に従事した場合には、異なる金額の保障給を支給することとすることは差し支えない。

確認してみよう！

保障給の額について労働基準法27条は何ら規定していないが、同条の趣旨は、労働者の最低生活を保障することにあるから、「常に通常の実収賃金とあまりへだたらない程度の収入が保障されるように保障給の額を定める」べきとされている（大体の目安としては、少なくとも平均賃金の100分の60程度を保障することが妥当と思われる。）。

問７　正解　D　正解率　64%

A　✕　根拠　法40-Ⅰ、則25の２-Ⅰ　CH1 Sec4②

設問のいわゆる特例事業の場合は、１週間について「44時間」、１日について「８時間」まで労働させることができる。

B × 根拠 法32の２ CH1 Sec6③

１か月単位の変形労働時間制の効力（労使協定に定めるところによって労働させても労働基準法に違反しないという免罰的効力）は、労使協定の締結により発生する（届出は効力発生の要件ではない。）。なお、１か月単位の変形労働時間制に係る労使協定は、所轄労働基準監督署長に届け出なければならず、その届出をしないときは、30万円以下の罰金に処せられる。

C × 根拠 最二小H29.7.7医療社団法人康心会事件 ―

最高裁判所の判例では、年俸について、通常の労働時間の賃金に当たる部分と割増賃金に当たる部分とを判別することはできないときは、当該年俸の支払により、時間外労働等に対する割増賃金が支払われたということはできない、としている。

得点UP！

最高裁判所の判例では、「割増賃金の算定方法は、労働基準法37条等に具体的に定められているところ、同条は、労働基準法37条等に定められた方法により算定された額を下回らない額の割増賃金を支払うことを義務付けるにとどまるものと解され、労働者に支払われる基本給や諸手当（以下「基本給等」という。）にあらかじめ含めることにより割増賃金を支払うという方法自体が直ちに同条に反するものではない。」としつつ、「他方において、使用者が労働者に対して労働基準法37条の定める割増賃金を支払ったとすることができるか否かを判断するためには、割増賃金として支払われた金額が、通常の労働時間の賃金に相当する部分の金額を基礎として、労働基準法37条等に定められた方法により算定した割増賃金の額を下回らないか否かを検討することになるところ、<中略>、割増賃金をあらかじめ基本給等に含める方法で支払う場合においては、上記の検討の前提として、労働契約における基本給等の定めにつき、通常の労働時間の賃金に当たる部分と割増賃金に当たる部分とを判別することができることが必要であ」るとしている。

D ○ 根拠 法37-Ⅲ、則19の２-Ⅰ③ CH1 Sec6④

E × 根拠 最二小S48.3.2白石営林署事件 CH1 Sec8①

最高裁判所の判例（一部読替）では、「労基法は同法39条５項において『請求』という語を用いているけれども、年次有給休暇の権利は、同条１、２項の要件が充足されることによって法律上当然に労働者に生ずる権利であって、労働者の請求をまって始めて生ずるものではなく、また、同条５項にいう『請求』とは、休暇の時季にのみかかる文言であって、その趣旨は、休暇の時季の『指定』にほかならないものと解すべきである。」としており、また、「労働者がその有する休暇日数の範囲内で、具体的な休暇の始期と終期を特定して右の時季指定をしたときは、客観的に同条５項但書所定の事由が存在し、かつ、これを理由として使用者が時季変更権の行使をしないかぎり、右の指定によって年次有給休暇が成立し、当該労働日における就労義務が消滅するものと解するのが相当である。すなわち、これを端的にいえば、休暇の時季指定の効果は、使用者の適法な時季変更権の行使を解除条件として発生するのであって、年次休暇の成立要件として、労働者による『休暇の請求』や、これに対する使用者の『承認』の観念を容れる余地はないものといわなければならない。」としている。

問８　正解　C　　正解率 78%

A　○　根拠 法15-Ⅰ、令７-Ⅱ②　　CH2 Sec3①

設問の場合、建設業に係る鉄骨造のビル建設工事の仕事について、一の場所において労働者及び関係請負人の労働者が合わせて50人以上（53人）作業を行っているため、甲社（特定元方事業者）は統括安全衛生責任者を選任しなければならない。

確認してみよう！

★ 統括安全衛生責任者の選任

特定事業（建設業又は造船業）を行う元方事業者（特定元方事業者）は、その労働者及びその関係請負人の労働者が一の場所において作業を行うときは、これらの労働者の作業が同一の場所において行われることによって生ずる労働災害を防止するため、統括安全衛生責任者を選任しなければならない。ただし、これらの労働者の数が次に掲げる仕事の区分に応じ、それぞれ次に定める数未満であるときは、選任を要しない。

仕事の区分	労働者の数
①　ずい道等の建設の仕事 ②　橋梁の建設の仕事（安全な作業の遂行が損なわれるおそれのある場所での仕事に限る。） ③　圧気工法による作業を行う仕事	常時30人
上記以外の建設業又は造船業の仕事	常時50人

B ○ 根拠 法15の２-Ⅰ CH2 Sec3②

統括安全衛生責任者を選任した事業者で、建設業を行うもの（設問の場合、甲社）は、元方安全衛生管理者を選任しなければならない。

C × 根拠 法15の３-Ⅰカッコ書、則18の６-Ⅰ CH2 Sec3④

設問の場合、作業を行う場所は、統括安全衛生責任者を選任しなければならない場所であるから、甲社は店社安全衛生管理者の選任を要しない。

確認してみよう！

店社安全衛生管理者の選任

建設業に属する事業の元方事業者は、その労働者及び関係請負人の労働者が一の場所（これらの労働者の数が次に掲げる仕事の区分に応じ、それぞれ次に定める数未満である場所及び統括安全衛生責任者を選任しなければならない場所を除く。）において作業を行うときは、当該場所において行われる仕事に係る請負契約を締結している事業場ごとに、これらの労働者の作業が同一の場所で行われることによって生ずる労働災害を防止するため、店社安全衛生管理者を選任しなければならない。

仕事の区分	労働者の数
①　ずい道等の建設の仕事 ②　橋梁の建設の仕事（安全な作業の遂行が損なわれるおそれのある場所での仕事に限る。） ③　圧気工法による作業を行う仕事 ④　主要構造部が鉄骨造又は鉄骨鉄筋コンクリート造である建築物の建設の仕事	常時20人
上記以外の建設業の仕事	常時50人

D ○ 根拠 法30-Ⅰ①、則635-Ⅰ① CH2 Sec4③

特定元方事業者は、その労働者及び関係請負人の労働者の作業が同一の場所において行われることによって生ずる労働災害を防止するため、協議組織の設置及び運営に関する必要な措置を講ずることが義務付けられており、この協議組織の設置及び運営については、「⑴特定元方事業者及びすべての関係請負人が参加する協議組織を設置すること、及び⑵当該協議組織の会議を定期的に開催すること」を要する。

E ○ 根拠 法29-Ⅰ CH2 Sec4②

元方事業者は、関係請負人及び関係請負人の労働者が、当該仕事に関し、労働安全衛生法又はこれに基づく命令の規定に違反しないよう必要な指導を行なわなければならない。なお、「関係請負人」とは、請負人（元方事業者の当該事業の仕事が数次の請負契約によって行われるときは、当該請負人の請負契約の後次のすべての請負契約の当事者である請負人を含む。）をいう。

問９ 正解 A　正解率 36%

A ○ 根拠 法14、令６-⑱、則16-Ⅰ、則別表第１、S48.3.19基発145号　—

交替制で行われる作業について作業主任者を選任する場合、作業主任者のうち、ボイラー取扱作業主任者、第１種圧力容器取扱作業主任者及び乾燥設備作業主任者については、必ずしも各直ごとに選任する必要はないが、それ以外の作業主任者については、労働者を直接指揮する必要があるため、各直ごとに選任しなければならない。

B × 根拠 特化則28-①、②　CH2 Sec2⑥

設問の「局所排気装置、除じん装置等の装置を点検すること」も、特定化学物質作業主任者の職務に含まれる。

C × 根拠 法14、令６-⑱、則16-Ⅰ、則別表第１　—

設問の場合、作業主任者の選任義務は、「元方事業者」ではなく「関係請負人」にある。

D × 根拠 則18　CH2 Sec2⑥

設問の周知は努力義務（周知するよう努めなければならない）ではなく、義務（周知させなければならない）である。

E × 根拠 法14　CH2 Sec2⑥

労働安全衛生法14条においては、作業主任者は、「都道府県労働局長の免許を受けた者又は都道府県労働局長の登録を受けた者が行う技能講習を修了した者」のうちから、事業者が選任することと規定されている。

問10 正解 B　正解率 60%

A × 根拠 法18-Ⅰ、令９　CH2 Sec2⑧

衛生委員会は、常時50人以上の労働者を使用する事業場ごとに設置しなければならない。

B ○ 根拠 法17-Ⅰ、令8 CH2 Sec2⑦

確認してみよう！

安全委員会の設置

事業者は、次に掲げる業種及び規模の事業場ごとに、安全委員会を設けなければならない。

業種	規模（労働者数）
（屋外的産業） 林業、鉱業、建設業、清掃業、運送業のうち道路貨物運送業及び港湾運送業 （製造工業的産業） 製造業のうち木材・木製品製造業、化学工業、鉄鋼業、金属製品製造業及び輸送用機械器具製造業、自動車整備業、機械修理業	常時50人以上
（屋外的産業） 運送業（上記の業種を除く。） （製造工業的産業） 製造業（物の加工業を含み、上記の業種を除く。）、電気業、ガス業、熱供給業、水道業、通信業 （商業等） 各種商品卸売業、家具・建具・じゅう器等卸売業、各種商品小売業、家具・建具・じゅう器小売業、燃料小売業、旅館業、ゴルフ場業	常時100人以上

C × 根拠 法19-Ⅰ CH2 Sec2⑧

「企業規模が300人以下の場合に限られている」とする部分が誤りである。事業者は、安全委員会及び衛生委員会を設けなければならないときは、（企業規模にかかわらず）それぞれの委員会の設置に代えて、安全衛生委員会を設置することができる。

D × 根拠 法17-Ⅱ、18-Ⅱ —

設問の「安全委員会及び衛生委員会の委員には、労働基準法第41条第2号に定める監督若しくは管理の地位にある者又は機密の事務を取り扱う者を選任してはならない」とする定めはない。

E × 根拠 法19-Ⅱ CH2 Sec2⑧

安全衛生委員会を構成する委員には、産業医のうちから事業者が指名した者を加える必要がある（努力義務ではなく、義務である。）。

確認してみよう！

安全衛生委員会の委員

⑴　安全衛生委員会の委員は、次の①〜⑤の者をもって構成する。ただし、①の者である委員は、１人とする。

①　総括安全衛生管理者又は総括安全衛生管理者以外の者で当該事業場においてその事業の実施を統括管理するもの若しくはこれに準ずる者のうちから事業者が指名した者

②　安全管理者及び衛生管理者のうちから事業者が指名した者

③　産業医のうちから事業者が指名した者

④　当該事業場の労働者で、安全に関し経験を有するもののうちから事業者が指名した者

⑤　当該事業場の労働者で、衛生に関し経験を有するもののうちから事業者が指名した者

⑵　事業者は、当該事業場の労働者で、作業環境測定を実施している作業環境測定士であるものを安全衛生委員会の委員として指名することができる。

労働者災害補償保険法（労働保険の保険料の徴収等に関する法律を含む。）

問１　正解　C　　正解率 86%

A　×　根拠　R3.9.14基発0914第１号　—

設問の認定基準では、「これ（発症前１か月間におおむね100時間又は発症前２か月間ないし６か月間にわたって、１か月当たりおおむね80時間を超える時間外労働）に近い時間外労働が認められる場合には、特に他の負荷要因の状況を十分に考慮し、そのような時間外労働に加えて一定の労働時間以外の負荷が認められるときには、業務と発症との関連性が強いと評価できる」としている。

B　×　根拠　R3.9.14基発0914第１号　—

心理的負荷を伴う業務については、脳・心臓疾患の業務起因性の判断に際しても、設問の認定基準の別表１及び別表２に掲げられている日常的に心理的負荷を伴う業務又は心理的負荷を伴う具体的出来事等について、負荷の程度を評価する視点により検討し、評価することとされている。

C　○　根拠　R3.9.14基発0914第１号　—

なお、労働時間の長さのみで過重負荷の有無を判断できない場合には、労働時間と労働時間以外の負荷要因を総合的に考慮して判断する必要がある。

D　×　根拠　R3.9.14基発0914第１号　—

「異常な出来事」と発症との関連性については、通常、負荷を受けてから24時間以内に症状が出現するとされているので、発症直前から前日までの間を評価期間とする。

E　×　根拠　R3.9.14基発0914第１号　—

２以上の事業の業務による「短期間の過重業務」についても、業務の過重性の検討、評価に当たり、異なる事業における労働時間の通算がなされる。

問２　正解　E　　正解率 25%

A　○　根拠　則33-Ⅰ⑤　—

B　○　根拠　則33-Ⅰ④　—

C　○　根拠　則33-Ⅱ①②　—

労災就学援護費の額は、在学者等である子が中学校に在学する者である場合は原則月額18,000円であり、小学校に在学する者である場合（月額14,000円）よりも多い。

得点UP!

労災就学等援護費の額（月額・１人当たり）

区分	原則	通信制課程
労災就学援護費		
小学校、特別支援学校の小学部等	14,000円	―――
中学校、特別支援学校の中学部等	18,000円	15,000円
高等学校、特別支援学校の高等部等	17,000円	14,000円
大学等	39,000円	30,000円
労災就労保育援護費		
幼稚園、保育所又は幼保連携型認定こども園	13,000円	―――

D ○ 根拠 則33-Ⅱ① ―

労災就学援護費の額は、在学者等である特別支援学校の小学部に在学する者である場合と、小学校に在学する者である場合とで、いずれも月額14,000円である。Cの 得点UP! 参照。

E × 根拠 則33-Ⅱ④ ―

労災就学援護費の額は、在学者等である子が大学に在学する者である場合は原則月額39,000円であり、大学のうち通信による教育を行う課程に在学する者である場合は月額30,000円である。Cの 得点UP! 参照。

問３ 正解 D 正解率 89%

A × 根拠 法33-①、則46の16 CH3 Sec9①

金融業を主たる事業とする事業主については常時「50人」以下の労働者を使用する事業主である。

確認してみよう！

中小事業主等の特別加入に係る厚生労働省令で定める数以下の労働者を使用する事業

主たる事業の種類	使用する労働者数
① 金融業若しくは保険業、不動産業又は小売業	常時 50人以下
② 卸売業又はサービス業	常時100人以下
③ 上記①②以外の事業	常時300人以下

B ✕ 根拠 法33-①、則46の16 CH3 Sec9①

不動産業を主たる事業とする事業主については常時「50人」以下の労働者を使用する事業主である。Aの 確認してみよう！ 参照。

C ✕ 根拠 法33-①、則46の16 CH3 Sec9①

小売業を主たる事業とする事業主については常時「50人」以下の労働者を使用する事業主である。Aの 確認してみよう！ 参照。

D ○ 根拠 法33-①、則46の16 CH3 Sec9①

Aの 確認してみよう！ 参照。

E ✕ 根拠 法33-①、則46の16 CH3 Sec9①

保険業を主たる事業とする事業主については常時「50人」以下の労働者を使用する事業主である。Aの 確認してみよう！ 参照。

問4 正解 **E（ア・イ・ウ・エ・オの五つ）** 正解率 25%

ア ○ 根拠 S50.12.25基収1724号 —

設問のように、事業場施設内における業務を終えた後の退勤で「業務」と接続しているものは、業務そのものではないが、業務に通常付随する準備後始末行為と認められるので、業務災害と認められる。

イ ○ 根拠 S28.11.14基収5088号 —

ウ ○ 根拠 S27.10.13基災収3552号 —

エ ○ 根拠 S30.5.12基発298号 —

オ ○ 根拠 S41.6.8基災収38号 —

問５ 正解 B 正解率 72%

A ○ 根拠 S52.12.23基収1027号 CH3 Sec2③

設問の場合、労働者が長女宅に居住し、そこから通勤する行為は、客観的に一定の持続性が認められるので、当該長女宅は労働者にとっての就業のための拠点としての性格を有し、住居と認められる。

B × 根拠 S49.4.9基収314号 —

設問の場合、労働者が居住するアパートの外戸が住居と通勤経路との境界であるので、当該アパートの階段は通勤の経路と認められ、通勤災害に当たる。

C ○ 根拠 S49.7.15基収2110号 CH3 Sec2③

一戸建ての家については、自宅の門をくぐった玄関先は「住居」であり、設問の負傷は住居内の災害であるから、通勤災害に当たらない。

D ○ 根拠 H28.12.28基発1228第１号 CH3 Sec2③

「就業の場所」とは、業務を開始し、又は終了する場所をいい、具体的には、本来の業務を行う場所のほか、物品を得意先に届けてその届け先から直接帰宅する場合の物品の届け先、全員参加で出勤扱いとなる会社主催の運動会の会場等は、就業の場所に当たることとなる。

E ○ 根拠 S52.12.23基収981号 CH3 Sec2③

入院中の夫の看護のため妻（労働者）が病院に宿泊することは社会慣習上通常行われることであり、かつ、長期間継続して宿泊していた事実があることから、当該病院は労働者にとっての就業のための拠点としての性格を有し、住居と認められる。

問６ 正解 D 正解率 92%

A × 根拠 S34.7.15基収2980号他 CH3 Sec2③

設問の災害は出張過程において発生したものであり、一般に業務災害となる。

B × 根拠 S24.12.15基収3001号他 CH3 Sec2③

設問の災害は上司の命による行動中に発生したものであり、労働契約に基づき事業主の支配下にある状態において発生したものであるから、一般に業務災害となる。

C × 根拠 法7-Ⅲ、則8-⑤、H28.12.28基発1228第1号 　CH3 Sec2③

設問の介護は「逸脱・中断」に当たり、ふだんの通勤経路に復した後であっても通勤に該当しない。要介護状態にある配偶者、子、父母、孫、祖父母及び兄弟姉妹並びに配偶者の父母の介護は、継続的に又は反復して行われるものに限り、日常生活上必要な行為と認められ、当該介護がやむを得ない事由により行うための最小限度のものである場合は、ふだんの通勤経路に復した後は通勤に該当するが、ここにいう「継続的に又は反復して」とは、例えば毎日あるいは1週間に数回など労働者が日常的に介護を行う場合をいい、設問はこれに該当しない。

D ○ 根拠 H28.12.28基発1228第1号 　―

マイカー通勤の労働者が経路の道路工事、デモ行進等当日の交通事情により迂回してとる経路は、通勤災害における合理的な経路と認められる。

E × 根拠 H28.12.28基発1228第1号 　―

他に子供を監護する者がいない共稼ぎ労働者が託児所、親戚等に預けるためにとる経路などは、そのような立場にある労働者であれば、当然、就業のためにとらざるを得ない経路であるので、通勤災害における合理的な経路と認められる。

問7 正解 D（アとウとエ） 　正解率 43%

ア ○ 根拠 労働保険審査会裁決事案他 　―

「再発」であると認定する要件の1つとして正しい。なお、「再発」と認められるには、「①その症状の悪化が当初の業務上又は通勤上の傷病と医学的相当因果関係があると認められること、②治ゆ時の状態からみて明らかに症状が悪化していること、③療養を行えばその症状の改善が期待できると医学的に認められること」のいずれの要件も満たす必要がある。

イ × 根拠 労働保険審査会裁決事案他 　―

「再発」であると認定する要件とされていない。**ア**の解説参照。

ウ ○ 根拠 労働保険審査会裁決事案他 　―

「再発」であると認定する要件の1つとして正しい。**ア**の解説参照。

エ ○ 根拠 労働保険審査会裁決事案他 　―

「再発」であると認定する要件の1つとして正しい。**ア**の解説参照。

問８ 正解 Ｅ　正解率 46%

A ○ 根拠 法12-Ⅲ、石綿救済法35、38-Ⅰ　—

労災保険適用事業主から徴収する一般拠出金の額は、一般保険料の計算の基礎となる賃金総額に一般拠出金率を乗じて得た額とされており、一般拠出金率は、救済給付の支給に要する費用の予想額、独立行政法人環境再生保全機構に対する政府の交付金及び地方公共団体の拠出金があるときはそれらの額並びに指定疾病の発生の状況その他の事情を考慮して、政令で定めるところにより、環境大臣が厚生労働大臣及び事業所管大臣と協議して定めるものとされている（令和４年度は1000分の0.02）。

B ○ 根拠 法19-ⅣⅥ、則36　CH5 Sec5③

なお、労働保険料還付請求書は、官署支出官又は所轄都道府県労働局資金前渡官吏〔一元適用事業であって労働保険事務組合に労働保険事務の処理を委託しないもの（雇用保険に係る保険関係のみが成立している事業を除く。）及び労災保険に係る保険関係が成立している事業のうち二元適用事業についての一般保険料並びに二元適用事業の第１種特別加入保険料、第２種特別加入保険料及び第３種特別加入保険料に係る請求書にあっては、所轄都道府県労働局長及び所轄労働基準監督署長を経由して官署支出官又は所轄労働基準監督署長を経由して所轄都道府県労働局資金前渡官吏〕に提出することとされている。

確認してみよう！

還付の請求がない場合には、所轄都道府県労働局歳入徴収官は、超過額を次の保険年度の概算保険料若しくは未納の労働保険料その他法の規定による徴収金又は未納の一般拠出金等に充当するものとする。

C ○ 根拠 則34　CH5 Sec2①

一括有期事業報告書は、次の保険年度の６月１日から起算して40日以内又は保険関係が消滅した日から起算して50日以内（確定保険料の申告の際）に、（所轄労働基準監督署長を経由して）所轄都道府県労働局歳入徴収官に提出しなければならない。

D ○ 根拠 法19-Ⅳ、21-ⅠⅡ、H25.3.29基発0329第10号　CH5 Sec5④

追徴金は、天災その他やむを得ない理由により、認定決定による労働保険料又はその不足額を納付しなければならなくなった場合には徴収されないが、法令の不知は「天災その他やむを得ない理由」に含まれない。

確認してみよう！
「天災その他やむを得ない理由」とは、地震、火災、洪水、暴風雨等不可抗力的なできごと及びこれに類する真にやむを得ない客観的な事故をいう。

E ✕ 根拠 則38-Ⅱ②③ CH5 Sec4②

口座振替納付により労働保険料を納付する場合には、確定保険料申告書を所轄都道府県労働局歳入徴収官に提出するに当たり、年金事務所を経由することはできない。

問９ 正解 A 正解率 22%

A ○ 根拠 法９、12-Ⅲ、S42.4.4基災発９号 —

継続事業の一括が行われた場合には、メリット制の適用は指定事業について行われる（指定事業以外の事業については保険関係が消滅する。）。したがって、メリット制に関する労災保険に係る保険関係の成立期間は、当該指定事業の労災保険に係る保険関係成立の日から起算し、指定事業以外の事業に係る一括前の保険料及び一括前の災害に係る給付は当該指定事業のいわゆるメリット収支率の算定基礎に算入しない。

B ✕ 根拠 法12-Ⅲ③、則４-Ⅰ⑥、17-Ⅲ CH5 Sec6①

有期事業の一括の適用を受けている建築物の解体の事業（建設の事業）については、その事業の当該保険年度の確定保険料の額が40万円以上の場合にメリット制の適用対象となる。

C ✕ 根拠 則35-Ⅰ② CH5 Sec6②

設問文の「見込生産量」を「生産量」と読み替えると、正しい記述となる。

D ✕ 根拠 法20-Ⅲ、則36-Ⅰ、37-Ⅰ CH5 Sec6②

設問の場合、差額を未納の労働保険料等に充当することとなるのは、事業主から当該差額の還付の請求がない場合であり、還付の請求があった場合には、当該差額は還付される（充当は行われない。）。

E ✕ 根拠 法20-Ⅱ —

労働保険徴収法20条１項に規定する確定保険料の特例（有期事業のメリット

制）は、第１種特別加入保険料に係る確定保険料の額については準用されるが、第２種特別加入保険料に係る確定保険料の額については準用されない。

問10 正解 **B** 正解率 **43%**

A ○ 根拠 法11-ⅠⅡ、S34.1.26基発48号、S61.3.14基発141号 —

B × 根拠 法11-Ⅲ、則12-③、15 CH5 Sec3③

設問の事業については、「その事業の労働者につき労働基準法12条８項の規定に基づき厚生労働大臣が定める平均賃金に相当する額に、それぞれの労働者の使用期間の総日数を乗じて得た額の合算額」を賃金総額とする。なお、労災保険に係る保険関係が成立している立木の伐採の事業であって、労働保険徴収法11条１項、２項に規定する賃金総額を正確に算定することが困難なものについては、設問の額を賃金総額とする。

C ○ 根拠 法11-Ⅲ、則４-Ⅰ⑥、13 CH5 Sec2①、Sec3③

D ○ 根拠 法２-Ⅱ、11-Ⅱ、S24.6.14基災収3850号、S27.5.10基収2244号 —

なお、傷病手当金についても、一般保険料の額の算定の基礎となる賃金総額に含めない。

E ○ 根拠 法２-Ⅱ、11-Ⅱ、S24.6.14基災収3850号 —

雇用保険法（労働保険の保険料の徴収等に関する法律を含む。）

問１　正解　**B**　　正解率　61%

A　〇　根拠　法37の６－Ⅱ　　CH4 Sec5①

特例高年齢被保険者がその申出に係る適用事業のうちいずれか１の適用事業を離職した場合には、離職した適用事業において支払われた賃金に限り、賃金日額の算定の基礎に算入することとされている。

B　×　根拠　法37の４－Ⅵ、行政手引22702　　—

特例高年齢被保険者に係る高年齢求職者給付金の給付制限は、特例高年齢被保険者以外の高年齢受給資格者と同様であるが、法33条の給付制限（離職理由による給付制限）については、同日付で二の事業所を離職した場合（設問の場合）で、その離職理由が異なっているときは、給付制限の取扱いが離職者にとって不利益とならない方の離職理由に一本化して給付することとされている。したがって、設問の場合は「事業所を倒産により離職した場合」による取扱いに一本化され、「事業所を正当な理由なく自己の都合で退職」したことによる給付制限は行われない。

C　〇　根拠　法37の５－Ⅱ　　CH4 Sec2⑤

なお、設問の場合における申出は、特例高年齢被保険者が１の適用事業を離職したことにより、１週間の所定労働時間の合計が20時間未満となったとき、当該事実のあった日の翌日から起算して10日以内に、所定の事項を記載した届書に離職証明書等を添えて管轄公共職業安定所の長に提出することによって行うものとされている。

D　〇　根拠　法37の６－Ⅱ、行政手引2140　　CH4 Sec5①

特例高年齢被保険者に係る賃金日額の算定に当たり、賃金日額の下限の規定は適用されない。

E　〇　根拠　法37の５－Ⅰ①、行政手引1070　　CH4 Sec2①

特例高年齢被保険者となるためには、「２以上の事業主の適用事業に雇用される65歳以上の者であること」が必要であり、事業所が別であっても同一の事業主であるときは、特例高年齢被保険者となることができない。

確認してみよう！

特例高年齢被保険者となるための要件

① ２以上の事業主の適用事業に雇用される65歳以上の者であること。
② １の事業主の適用事業における１週間の所定労働時間が20時間未満であること。
③ ２の事業主の適用事業（申出を行う労働者の１の事業主の適用事業における１週間の所定労働時間が５時間以上であるものに限る。）における１週間の所定労働時間の合計が20時間以上であること。

問２　正解　D　　正解率 82%

A ✕ 根拠 行政手引20002　　―

雇用保険法において「事業主」とは、当該事業についての法律上の権利義務の主体となるものをいい、法人格がない社団も適用事業の事業主となり得る。

B ✕ 根拠 法７、行政手引20002　　―

請負事業の一括が行われるのは「労災保険に係る保険関係が成立している事業」についてのみであり、雇用保険に係る保険関係が成立している事業については行われない。したがって、被保険者に関する届出の事務等、雇用保険法の規定に基づく事務については、元請負人、下請負人のそれぞれが事業主として処理しなければならない。

C ✕ 根拠 行政手引20106　　CH4 Sec1②

事業主が適用事業に該当する部門（適用部門）と暫定任意適用事業に該当する部門（非適用部門）とを兼営する場合で、それぞれの部門が独立した事業と認められる場合は、適用事業に該当する部門のみが適用事業となる。

確認してみよう！

事業主が適用部門と非適用部門とを兼営する場合で、一方が他方の一部門にすぎず、それぞれの部門が独立した事業と認められない場合であって、主たる業務が適用部門であるときは、当該事業主の行う事業全体が適用事業となる。

D ○ 根拠 法5－Ⅰ、行政手引20051 CH4 Sec1②

確認してみよう！

日本人以外の事業主が行う事業

・日本人以外の事業主が日本国内において行う事業が労働者が雇用される事業である場合は、当該事業主の国籍のいかん及び有無を問わず、その事業は適用事業である。
・外国（在日外国公館、在日外国軍隊等）及び外国会社（日本法に準拠して、その要求する組織を具備して法人格を与えられた会社以外の会社）も労働者が雇用される事業である限り、その事業は適用事業である。

E × 根拠 行政手引20002 —

雇用保険法において「事業」とは、経営上一体をなす本店、支店、工場等を総合した企業そのものを指すのではなく、個々の本店、支店、工場、鉱山、事務所のように、1つの経営組織として独立性をもった経営体をいう。

得点UP！

「事業」と「事業所」との関係

適用事業の事業主は、被保険者に関する届出その他の事務について、原則としてその事業所ごとに処理しなければならないこととされているが、この「事業所」とは、「事業」が経済活動単位の機能面を意味するのに対し、その物的な存在の面を意味するものである。したがって、事業所の単位と事業の単位は、本来同一のものである。

問3 正解 C 正解率 84%

A ○ 根拠 則13－Ⅰ、行政手引21752 CH4 Sec2⑤

転勤後の事業所が転勤前と同じ公共職業安定所の管轄内にあっても、雇用保険被保険者転勤届を提出しなければならない。なお、雇用保険被保険者転勤届を提出すべき「転勤」とは、被保険者の勤務する場所が同一の事業主の一の事業所から他の事業所に変更されるに至ったことをいう。

B ○ 根拠 則6－ⅡⅢ CH4 Sec2⑤

C × 根拠 則7－Ⅰ CH4 Sec2⑤

雇用保険被保険者資格喪失届は、「当該事実のあった日の属する月の翌月10日まで」ではなく、「当該事実のあった日の翌日から起算して10日以内」に提出しなければならない。なお、雇用保険被保険者資格喪失届は、年金事務所を経由して提出することができる。

D ○ 根拠 則６－Ⅸ　CH4 Sec2⑦

特定法人（設問の事業年度開始の時における資本金の額が１億円を超える法人は、これに該当する）は、次の①～⑥の届出等については、電子申請が義務化されている。

① 雇用保険被保険者資格取得届
② 雇用保険被保険者資格喪失届
③ 雇用保険被保険者転勤届
④ 高年齢雇用継続基本給付金の申請（事業主を経由して提出する場合に限る）
⑤ 育児休業給付金の申請（事業主を経由して提出する場合に限る）
⑥ 出生時育児休業給付金の申請（事業主を経由して提出する場合に限る）

E ○ 根拠 則７－Ⅲ　CH4 Sec2⑤

問４　正解　C　正解率 68%

A × 根拠 法22-Ⅲ、23-Ⅰ③ニ、Ⅱ①、61の７－Ⅸ、則35-①　CH4 Sec3②⑤

設問の場合、29歳０月で初めて一般被保険者となってから、35歳１月で離職するまでの６年１か月（73か月）が被保険者であった期間である。この期間のうち、設問文②及び③の育児休業給付金の支給に係る休業の期間（②の11か月＋③の12か月＝23か月）は算定基礎期間に算入されないため、４年２か月（73か月－23か月＝50か月）が算定基礎期間となる。また、設問の者は、事業所が破産手続を開始したことに伴い離職したため、特定受給資格者に該当し、離職時の年齢は35歳１月であることから、所定給付日数は150日となる。

B × 根拠 法22-Ⅲ、23-Ⅰ③ニ、Ⅱ①、61の７－Ⅸ、則35-①　CH4 Sec3②⑤

Aの解説参照。

C ○ 根拠 法22-Ⅲ、23-Ⅰ③ニ、Ⅱ①、61の７－Ⅸ、則35-①　CH4 Sec3②⑤

Aの解説参照。

D × 根拠 法22-Ⅲ、23-Ⅰ③ニ、Ⅱ①、61の７－Ⅸ、則35-①　CH4 Sec3②⑤

Aの解説参照。

E × 根拠 法22-Ⅲ、23-Ⅰ③ニ、Ⅱ①、61の7-Ⅸ、則35-① CH4 Sec3②⑤

Aの解説参照。

問5 正解 E

正解率 63%

A × 根拠 法61-Ⅰ① —

60歳に達した日の属する月から高年齢雇用継続基本給付金が支給されるためには、当該月において算定基礎期間に相当する期間が5年以上あることが必要であるが、当該期間の算定に当たっては「当該被保険者であった期間に係る被保険者となった日の直前の被保険者でなくなった日が当該被保険者となった日前1年の期間内にないときは、当該直前の被保険者でなくなった日前の被保険者であった期間」は算入しないこととされている。設問の場合、被保険者となった日の直前の被保険者でなくなった日が当該被保険者となった日の20か月前であり、57歳以前の被保険者であった期間は算定基礎期間に相当する期間に算入されないため、「5年以上」の要件を満たさないこととなる。したがって、60歳に達した日の属する月から高年齢雇用継続基本給付金は支給されない。

B × 根拠 法61-Ⅱ CH4 Sec9①

支給対象期間の暦月の初日から末日までの間に介護休業給付の支給対象となる休業を取得した場合は、当該月に係る高年齢雇用継続基本給付金は支給されない。

確認してみよう！

高年齢雇用継続基本給付金の「支給対象月」とは、被保険者が60歳に達した日の属する月から65歳に達する日の属する月までの期間内にある月（その月の初日から末日まで引き続いて、被保険者であり、かつ、介護休業給付金又は育児休業給付金若しくは出生時育児休業給付金の支給を受けることができる休業をしなかった月に限る。）をいう。

C × 根拠 法61の2-Ⅳ CH4 Sec7②

高年齢再就職給付金の支給を受けることができる者が、同一の就職につき再就職手当の支給を受けることができる場合において、その者が再就職手当の支給を受けたときは高年齢再就職給付金を支給せず、高年齢再就職給付金の支給を受けたときは再就職手当を支給しないこととされている。したがって、その者の意思にかかわらず高年齢再就職給付金が支給され、再就職手当が支給停止となるわけではない。

D ✕ 根拠 法61-Ⅰ、行政手引59311 —

高年齢雇用継続基本給付金の受給資格者が、被保険者資格喪失後、基本手当の支給を受けずに、１年以内に雇用され被保険者資格を再取得したときは、新たに取得した被保険者資格についても引き続き高年齢雇用継続基本給付金の受給資格者となり得る。

得点UP!

高年齢雇用継続基本給付金の受給資格者が、被保険者資格喪失後、基本手当の支給を受け、その後雇用され被保険者資格を再取得した場合であって、当該取得日が当該基本手当に係る受給期間内にあり、かつ、当該基本手当に係る支給残日数が100日以上であるときは、高年齢再就職給付金の支給対象となり得る。

E ○ 根拠 法61の２-Ⅰ、行政手引59314 —

設問の場合、支給残日数が80日であるため、高年齢再就職給付金は支給されない。なお、高年齢再就職給付金の受給資格者が、被保険者資格喪失後、基本手当の支給を受けた場合の取扱いは、次のようになる。

① 新たに基本手当の受給資格を取得し、当該基本手当の支給を受けた場合は、新たな基本手当の受給資格に基づいては高年齢再就職給付金の受給資格は生じない。

② 当初の高年齢再就職給付金に係る基本手当の受給資格に基づいて再度基本手当を受給した後、被保険者資格の再取得があったときは、再度の基本手当に係る支給残日数が100日以上である限り、高年齢再就職給付金の支給対象となり得る。

得点UP!

高年齢再就職給付金の受給資格者が、被保険者資格喪失後、基本手当の支給を受けずに、受給期間内に雇用され被保険者資格を再取得したときは、当該高年齢再就職給付金に係る支給期間内にあれば、当該高年齢再就職給付金の受給資格に基づき、引き続き高年齢再就職給付金の支給が可能である。

問６ 正解 E（エとオ） 正解率 29%

ア ✕ 根拠 法61の７-Ⅰ、則101の26 CH4 Sec9④

設問の場合、延長後の対象育児休業の期間はその子が「２歳」に達する日の前日までとされている。

イ　×　根拠　法61の７－Ⅰ、則101の22－Ⅰ、行政手引59503　—

設問の場合、事業主がその休業の取得を引き続き認めていれば、その後の育児休業についても対象育児休業となる。

ウ　×　根拠　法61の７－Ⅰ、行政手引59503　—

設問の場合、産後８週間を経過するまでは、産後休業として取り扱われ、対象育児休業とならない。

エ　○　根拠　法61の７－Ⅰ、則101の25－①、行政手引59603　—

児童福祉法（39条１項）に規定する保育所等による保育の利用が実施されない場合には、育児休業の申出に係る子が１歳に達した日後の期間についてした育児休業について育児休業給付金を受給し得るが、当該保育所等は、児童福祉法に規定する保育所のほか、認定こども園法に規定する認定こども園又は児童福祉法に規定する家庭的保育事業等とされており、いわゆる無認可保育施設は含まれない。

オ　○　根拠　法61の７－Ⅰ、則101の29－②　CH4 Sec9③

育児休業給付金が支給されるには、原則として「育児休業を開始した日前の２年間に、みなし被保険者期間が通算して12か月以上であること」が必要であるが、この２年間に疾病、負傷、出産、事業所の休業等により引き続き30日以上賃金の支払を受けることができなかった期間があるときは、賃金の支払を受けることができなかった期間を２年間に加算した期間（設問の場合、３年間）に、みなし被保険者期間が通算して12か月以上あれば足りることとされている。

問７　正解　A　正解率　77%

A　×　根拠　法78、85　CH4 Sec10⑪

行政庁は、設問の失業の認定を受けようとする者に対して、その指定する医師の診断を受けるべきことを命ずることができるが、当該命令を拒んだ場合の罰則は設けられていない。

B　○　根拠　法74－Ⅰ　CH4 Sec10⑪

C　○　根拠　法72－Ⅰ　—

D　○　根拠　法77の２　—

E ○ 根拠 則143 CH4 Sec10⑪

確認してみよう！

事業主及び労働保険事務組合は、雇用保険に関する書類（雇用安定事業又は能力開発事業に関する書類及び徴収法又は同法施行規則による書類を除く。）をその完結の日から２年間（被保険者に関する書類にあっては、４年間）保管しなければならない。

問８ 正解 A 正解率 60%

A ○ 根拠 整備省令17-ⅠⅡ —

B × 根拠 法２-Ⅱ、11-Ⅱ、S35.11.2基発932号、S61.6.30発労徴41号・基発383号、行政手引20352 —

在籍出向の場合、出向者が労働保険徴収法において出向元事業と出向先事業とのいずれの保険関係による「労働者」であるかについては、出向の目的、出向元事業主と出向先事業主との間で当該出向者の出向につき行った契約、出向先事業における出向者の労働の実態等に基づき、労働関係の所在を判断して決定することとされている。なお、労働者派遣事業により派遣される者に関する記述は正しい。

C × 根拠 法２-Ⅱ、11-Ⅱ、行政手引20352 —

２以上の適用事業主に雇用される者については、労災保険に係る保険関係と雇用保険に係る保険関係とによって取扱いが異なる。雇用保険の被保険者資格は、その者が主たる賃金を受ける一の雇用関係についてのみ認められるため、雇用保険に係る保険関係については、主たる賃金を受ける一の事業以外の事業においては「労働者」としないこととなり、労働保険料の算定は設問の取扱いとなる。一方、労災保険に係る保険関係については、当該２以上のそれぞれの事業において労災保険法の適用を受けることとなり、当該２以上のそれぞれの事業において「労働者」とされるため、設問の場合における労働保険料の算定は、ＡにおいてＸに支払われる賃金をＡの労働保険料の算定における賃金総額に含め、ＢにおいてＸに支払われる賃金をＢの労働保険料の算定における賃金総額に含めることとなる。

D × 根拠 法２-Ⅱ、11-Ⅱ、行政手引20352 —

設問の場合、当該労働者は適用事業に雇用される者として雇用保険の被保険者とされるため、当該労働者に支払われる賃金は、労働保険料の算定における賃金総額に含める。

得点UP！

日本国の領域外において就労する場合の雇用保険の被保険者資格

⑴　適用事業に雇用される労働者が事業主の命により日本国の領域外において就労する場合の雇用保険の被保険者資格は、次のとおりである。
- ①　その者が日本国の領域外に出張して就労する場合は、被保険者となる。
- ②　その者が日本国の領域外にある適用事業所の支店、出張所等に転勤した場合には、被保険者となる。現地で採用される者は、国籍のいかんにかかわらず被保険者とされない。
- ③　その者が日本国の領域外にある他の事業主の事業に出向し、雇用された場合でも、国内の出向元事業主との雇用関係が継続している限り被保険者となる。なお、雇用関係が継続しているかどうかは、その契約内容による。

⑵　上記⑴により被保険者とされる者については、特段の事務処理は必要なく、従前の適用事業に雇用されているものとして取り扱う。

E　✕　根拠 法２－Ⅱ、11－Ⅱ、行政手引20351　　—

在宅勤務者（労働日の全部又はその大部分について事業所への出勤を免除され、かつ、自己の住所又は居所において勤務することを常とする者をいう。）については、事業所勤務労働者との同一性が確認できれば、原則として雇用保険の被保険者となるので、その場合は、当該労働者に支払われる賃金を労働保険料の算定における賃金総額に含めることとなる。なお、設問文中の「労働保険の被保険者」は、雇用保険の被保険者のことであると思われる。

問９　正解　C　　正解率 69%

A　〇　根拠 法附則５　　CH5 Sec4⑥

設問の場合に、還付を行うとする規定はない。

B　〇　根拠 法附則５　　CH5 Sec4⑤

なお、設問文の「労働保険徴収法施行規則に定める要件」とは、「変更後の一般保険料率に基づき算定した概算保険料の額が既に納付した概算保険料の額の100分の200を超え、かつ、その差額が13万円以上であること」である。

C　✕　根拠 法16　　CH5 Sec4⑦

増加概算保険料については、いわゆる認定決定は行われない。

D ○ 根拠 法17 CH5 Sec4⑥

設問の場合に、還付を行うとする規定はない。

E ○ 根拠 法17、則38-ⅠⅣⅤ CH5 Sec4⑥

設問（概算保険料の追加徴収）の場合、所轄都道府県労働局歳入徴収官は、通知を発する日から起算して30日を経過した日をその納期限と定め、事業主に「①一般保険料率、第１種特別加入保険料率、第２種特別加入保険料率又は第３種特別加入保険料率の引上げによる労働保険料の増加額及びその算定の基礎となる事項、②納期限」を納付書により通知しなければならず、また、事業主は当該納期限までに当該納付書によって納付しなければならない。

確認してみよう！

概算保険料の追加徴収（保険料率引上げによる概算保険料の増加額の徴収）は、額の多少を問わず行われる。

問10 正解 B

正解率 84%

A ○ 根拠 法附則２-ⅠⅢ —

雇用保険暫定任意適用事業の事業主は、その事業に使用される労働者の２分の１以上（設問の場合は、２人以上）が希望するときは、任意加入の申請をしなければならない。

B × 根拠 法附則２-Ⅳ CH5 Sec1③

設問の場合は、改めて任意加入の手続をする必要はない。

C ○ 根拠 法４の２-Ⅱ、則５-Ⅰ⑤、Ⅱ CH5 Sec1③

確認してみよう！

設問の「変更事項の届出」は、次に掲げる区分に従い、所轄労働基準監督署長又は所轄公共職業安定所長のいずれかに提出することとなる。

提出先：所轄労働基準監督署長

① 一元適用事業であって労働保険事務組合に労働保険事務の処理を委託しないもの（雇用保険に係る保険関係のみが成立している事業を除く）

② 労災保険に係る保険関係が成立している事業のうち二元適用事業

提出先：所轄公共職業安定所長

① 一元適用事業であって労働保険事務組合に労働保険事務の処理を委託するもの

② 一元適用事業であって労働保険事務組合に労働保険事務の処理を委託しないもののうち、雇用保険に係る保険関係のみが成立している事業

③ 雇用保険に係る保険関係が成立している事業のうち二元適用事業

D ○ 根拠 法10-Ⅰ　—

E ○ 根拠 法27-Ⅲ、国税徴収法47他　CH5 Sec9②

労働保険徴収法上の徴収金は、労働保険徴収法27条３項に「国税滞納処分の例によって、これを処分する」と規定し、国税徴収法を準用することとされているが、国税徴収法上規定されている滞納処分の執行手続は、①財産の差押え、②財産の換価、③換価代金等の配当（換価代金を滞納保険料に充当する措置等）とされている。

労務管理その他の労働及び社会保険に関する一般常識

問１　正解　E　　正解率 73%

A　○　根拠「労働力調査（基本集計）2021年平均結果（総務省統計局）」　—

B　○　根拠「労働力調査（基本集計）2021年平均結果（総務省統計局）」　—

C　○　根拠「労働力調査（基本集計）2021年平均結果（総務省統計局）」　—

D　○　根拠「労働力調査（基本集計）2021年平均結果（総務省統計局）」　—

E　×　根拠「労働力調査（基本集計）2021年平均結果（総務省統計局）」　—

役員を除く雇用者全体に占める「正規の職員・従業員」の割合は、2015年以来「概ね横ばい」で推移している。

問２　正解　C　　正解率 73%

A　○　根拠「令和３年就労条件総合調査（厚生労働省）」　—

B　○　根拠「令和３年就労条件総合調査（厚生労働省）」　—

C　×　根拠「令和３年就労条件総合調査（厚生労働省）」　—

「完全週休２日制」を採用している企業割合は48.4％となっており、「６割を超えて」いない。

D　○　根拠「令和３年就労条件総合調査（厚生労働省）」　—

E　○　根拠「令和３年就労条件総合調査（厚生労働省）」　—

問３　正解　D　　正解率 31%

A　×　根拠「令和２年転職者実態調査（事業所調査）（厚生労働省）」　—

転職者がいる事業所の転職者の募集方法（複数回答）をみると、「ハローワーク等の公的機関」（57.3％）、「求人サイト・求人情報専門誌、新聞、チラシ等」（43.2％）、「縁故（知人、友人等）」（27.6％）が上位３つを占めている。

B　×　根拠「令和２年転職者実態調査（事業所調査）（厚生労働省）」　—

転職者がいる事業所において、転職者の処遇（賃金、役職等）決定の際に考慮した要素（複数回答）をみると、「これまでの経験・能力・知識」（74.7％）、「年齢」（45.2％）、「免許・資格」（37.3％）が上位3つを占めている。

C ✕ 根拠「令和2年転職者実態調査（事業所調査）（厚生労働省）」 —

転職者がいる事業所で転職者を採用する際に問題とした点（複数回答）をみると、「必要な職種に応募してくる人が少ないこと」（67.2％）、「応募者の能力評価に関する客観的な基準がないこと」（38.8％）、「採用時の賃金水準や処遇の決め方」（32.3％）が上位3つを占めている。

D ○ 根拠「令和2年転職者実態調査（事業所調査）（厚生労働省）」 —

E ✕ 根拠「令和2年転職者実態調査（事業所調査）（厚生労働省）」 —

転職者がいる事業所の転職者に対する教育訓練の実施状況をみると、「教育訓練を実施した」事業所割合は74.5％となっており、「約半数」ではない。

問4 正解 A 正解率 45%

A ✕ 根拠 労組法18-Ⅰ —

一の地域において従業する同種の労働者の大部分が一の労働協約の適用を受けるに至ったときは、当該労働協約の当事者の双方又は一方の申立てに基づき、労働委員会の決議により、「厚生労働大臣又は都道府県知事」は、当該地域において従業する他の同種の労働者及びその使用者も当該労働協約の適用を受けるべきことの「決定をすることができる」とされている。

得点UP!

労働組合法18条1項（設問）の「地域的の一般的拘束力」に係る決議及び決定は、当該地域が一の都道府県の区域内のみにあるときは、当該都道府県労働委員会（決議）及び当該都道府県知事（決定）が行い、当該地域が2以上の都道府県にわたるとき、又は中央労働委員会において当該事案が全国的に重要な問題に係るものであると認めたときは、中央労働委員会（決議）及び厚生労働大臣（決定）が行うものとする。

B ○ 根拠 育介法25-Ⅰ CH6 Sec2⑥

なお、事業主は、労働者が設問の相談を行ったこと又は事業主による当該相談への対応に協力した際に事実を述べたことを理由として、当該労働者に対して解雇その他不利益な取扱いをしてはならない。

C ○ 根拠 H27.3.25厚労告116号 —

D ○ 根拠 派遣法30の２ CH6 Sec3③

E ○ 根拠 H30.12.28厚労告430号 —

問５ 正解 C

正解率 75%

A ○ 根拠 社労士法２の２ CH10 Sec2③

確認してみよう！

社会保険労務士は、事業における労務管理その他の労働に関する事項及び労働社会保険諸法令に基づく社会保険に関する事項について、裁判所において、補佐人として、弁護士である訴訟代理人とともに出頭し、陳述をすることができる。

B ○ 根拠 社労士法５-③ CH10 Sec2③

確認してみよう！

次のいずれかに該当する者は、社会保険労務士となる資格を有しない。

①	未成年者
②	破産手続開始の決定を受けて復権を得ない者
③	懲戒処分により社会保険労務士の失格処分を受けた者で、その処分を受けた日から３年を経過しないもの
④	社会保険労務士法又は労働社会保険諸法令の規定により罰金以上の刑に処せられた者で、その刑の執行を終わり、又は執行を受けることがなくなった日から３年を経過しないもの
⑤	④の法令以外の法令の規定により禁錮以上の刑に処せられた者で、その刑の執行を終わり、又は執行を受けることがなくなった日から３年を経過しないもの
⑥	社会保険労務士の登録の取消しの処分を受けた者で、その処分を受けた日から３年を経過しないもの
⑦	公務員で懲戒免職の処分を受け、その処分を受けた日から３年を経過しない者
⑧	懲戒処分により、弁護士会から除名され、公認会計士の登録の抹消の処分を受け、税理士の業務を禁止され又は行政書士の業務を禁止された者で、これらの処分を受けた日から３年を経過しないもの
⑨	税理士法の規定により税理士業務の禁止処分を受けるべきであったことについて決定を受けた者で、当該処分を受けた日から３年を経過しないもの

C ✕ 根拠 社労士法25-① CH10 Sec2③

「戒告」とは、職責又は義務に反する行為を行った者に対し、本人の将来を戒める旨を申し渡す処分であり、懲戒処分としては最も軽微なものである。戒告を受けた社会保険労務士は、その業務の実施あるいはその資格について制約を受けることにはならないので、引き続き業務を行うことはできる。

確認してみよう！

社会保険労務士に対する懲戒処分には、次の３種類がある。

①	戒告（平たくいうと厳重注意すること）
②	１年以内の開業社会保険労務士若しくは開業社会保険労務士の使用人である社会保険労務士又は社会保険労務士法人の社員若しくは使用人である社会保険労務士の業務の停止
③	失格処分（社会保険労務士の資格を失わせる処分をいう）

D ○ 根拠 社労士法25、25の５ —

E ○ 根拠 社労士法25の16の２ CH10 Sec2③

問６ 正解 E　正解率 59%

A × 根拠 確給法16-Ⅰ —

規約の変更（厚生労働省令で定める軽微な変更を除く。）については、厚生労働大臣の「同意」ではなく「認可」を受けなければならない。

B × 根拠 確給法29-Ⅱ① CH10 Sec2②

障害給付金の給付は、規約で定めるところにより行うことができるとされている。

確認してみよう！

事業主等は、老齢給付金及び脱退一時金の給付を行うものとし、規約で定めるところにより、これらの給付に加え、障害給付金及び遺族給付金の給付を行うことができる。

C × 根拠 確給法57、58-Ⅰ CH10 Sec2②

事業主等は、少なくとも「５年」ごとに掛金の額を再計算しなければならない。なお、設問前段の記述は正しい。

D × 根拠 確給法91の５ —

連合会を設立するには、その会員となろうとする「20」以上の事業主等が発起人とならなければならない。

E ○ 根拠 確給法100の２－Ⅰ —

問７ 正解 B 正解率 79%

A ○ 根拠 高医法50 CH10 Sec1③

B × 根拠 高医法54－ⅠⅡ —

被保険者の資格の取得及び喪失に関する事項その他必要な事項について、当該被保険者の属する世帯の世帯主は、当該被保険者に代わって届出をすることが「できる」とされている。

C ○ 根拠 高医法86－Ⅱ CH10 Sec1③

確認してみよう！

後期高齢者医療給付は法定給付（絶対的必要給付と相対的必要給付）と任意給付に大別される。

①絶対的必要給付

療養の給付、入院時食事療養費、入院時生活療養費、保険外併用療養費、療養費、訪問看護療養費、移送費、高額療養費、高額介護合算療養費、特別療養費

②相対的必要給付

後期高齢者広域連合は、被保険者の死亡に関しては、条例の定めるところにより、葬祭費の支給又は葬祭の給付を行うものとする。ただし、特別の理由があるときは、その全部又は一部を行わないことができる。

③任意給付

後期高齢者広域連合は、上記②のほか、後期高齢者医療広域連合の条例の定めるところにより、傷病手当金の支給その他の後期高齢者医療給付を行うことができる。

D ○ 根拠 高医法114 —

E ○ 根拠 高医法128－Ⅰ CH10 Sec1③

問８ 正解 B 正解率 49%

A × 根拠 国保法17－ⅠⅡ CH10 Sec1①

組合の設立に係る認可の申請は、「15人」以上の発起人が規約を作成し、組合員となるべき者「300人」以上の同意を得て行うものとされている。なお、設問前段の記述は正しい。

B ○ 根拠 高医法137-Ⅰ —

C × 根拠 介保法9-②、11-Ⅱ —

設問の第2号被保険者は、当該医療保険加入者でなくなった「日」から、その資格を喪失する。

D × 根拠 船保法4-Ⅰ、6-ⅠⅡ —

船員保険協議会の委員は、「12人」以内とし、船舶所有者、被保険者及び「船員保険事業の円滑かつ適正な運営に必要な学識経験を有する者」のうちから、厚生労働大臣が任命する。なお、その他の記述は正しい。

E × 根拠 国保法83-Ⅰ、84-Ⅲ —

設問の「2分の1」を「3分の2」と読み替えると、正しい記述となる。なお、設問前段の記述は正しい。

問9 正解 C 正解率 66%

A ○ 根拠 国保法82の3-Ⅰ —

B ○ 根拠 船保法96 —

C × 根拠 介保法18-③、53-Ⅰ、62 CH10 Sec1④

市町村は、要介護被保険者又は居宅要支援被保険者に対し、条例で定めるところにより、市町村特別給付を「行うことができる」とされている。

D ○ 根拠 高医法108-Ⅱ CH10 Sec1③

E ○ 根拠 高医法76-Ⅰ CH10 Sec1③

被保険者が被保険者資格証明書の交付を受けている場合には、特別療養費の支給対象となる。

問10 正解 D 正解率 51%

A ○ 根拠 児手法15 —

B ○ 根拠 国保法56-Ⅰ —

C ○ 根拠 児手法20-Ⅰ —

D ✕ 根拠 船保法69-ⅠⅣ　―

疾病任意継続被保険者にも傷病手当金は支給される。なお、疾病任意継続被保険者又は疾病任意継続被保険者であった者に係る傷病手当金の支給は、当該被保険者の資格を取得した日から起算して１年以上経過したときに発した疾病若しくは負傷又はこれにより発した疾病については、行われないが、設問の場合には、１年を経過していないので、傷病手当金の支給を受けることが「できる」こととなる。

E ○ 根拠 介保法８-Ⅺ、13-Ⅰ　―

健康保険法

問１　正解　D　　正解率 50%

A　×　根拠　法１、H25.8.14事務連絡　—

被保険者又は被扶養者の業務災害については、健康保険法に基づく保険給付の対象外であるが、労災保険における審査の結果、業務外であることを理由に不支給となった場合は、原則として健康保険の給付対象となるため、労災保険法に規定する業務災害に係る請求が行われている場合であっても、健康保険の保険給付の支給申請を行うことは可能となっている。

B　×　根拠　令７－ⅡⅢ　CH7 Sec1④

健康保険組合の理事長は、規約で定めるところにより、「毎年度１回」通常組合会を招集しなければならない。なお、設問後半の記述は正しい。

C　×　根拠　則51－ⅠⅣ　—

被保険者証を返納する場合は、事業主を経由して行わなければならず、被保険者から直接保険者に返納することはできない。

D　○　根拠　R2.3.27保医発0327第３号　CH7 Sec9⑤

E　×　根拠　法43の２－Ⅰ、則26の２　CH7 Sec4⑥

設問の届出は、「速やかに」当該被保険者が所属する適用事業所の事業主を経由して、所定の事項を記載した届書を日本年金機構又は健康保険組合に提出することによって行う。

確認してみよう！

育児休業等終了時改定により、標準報酬月額は、育児休業等終了日の翌日から起算して２月を経過した日の属する月の翌月から、改定される。

問２　正解　A　　正解率 61%

A　×　根拠　法53の２、則52の２　CH7 Sec1①

設問の「５人以上」を「５人未満」と読み替えると、正しい記述となる。

B　○　根拠　法35、S50.3.29保険発25号・庁保険発８号、H15.2.25保保発0225004号・庁保険発３号　CH7 Sec2⑦、Sec4③

C ○ 根拠 法103-Ⅰ CH7 Sec6①

なお、傷病手当金の額が出産手当金の額を上回っている場合には、その差額が傷病手当金として支給される。

D ○ 根拠 法３-Ⅳ、157-Ⅰ、法附則３-Ⅵ CH7 Sec2⑧

E ○ 根拠 則47-ⅠⅢ —

問３ 正解 C（イとエ） 正解率 68%

ア ○ 根拠 法100-Ⅰ CH7 Sec6⑤

なお、「政令で定める金額」は、５万円とされている。

イ × 根拠 法97、則80 CH7 Sec5⑧

移送費として支給される額は、原則として、最も経済的な通常の経路及び方法により移送された場合の費用により保険者が算定した額であり、当該額から３割の患者負担分を差し引くことはない。なお、その他の記述は正しい。

ウ ○ 根拠 法160-ⅥⅧ CH7 Sec7③

確認してみよう！
全国健康保険協会が管掌する健康保険の一般保険料率（都道府県単位保険料率）は、1000分の30から1000分の130までの範囲内において、支部被保険者を単位として全国健康保険協会が決定し、当該支部被保険者に適用される。

エ × 根拠 法99、則84の２-Ⅶ、H27.12.18事務連絡 —

設問後段の記述が誤りである。設問の場合には、後の傷病に係る待期期間を経過した日を後の傷病に係る傷病手当金の支給を始める日として額を算定し、前の傷病に係る傷病手当金の額と比較して、いずれか多い額を支給することとなるが、この場合、後の傷病に係る傷病手当金の「支給を始める日」が確定するため、前の傷病手当金の支給が終了又は停止した日において、後の傷病手当金について再度額を算定する必要はない。

オ ○ 根拠 法88-Ⅸ、則72 CH7 Sec5⑦

問４ 正解 E 正解率 39%

A × 根拠 法３-Ⅶ、R3.4.30保保発0430第２号 CH7 Sec2⑩

設問の場合には、被扶養者とすべき者の員数にかかわらず、被保険者の年間収入（過去の収入、現時点の収入、将来の収入等から今後1年間の収入を見込んだものとする。）が多い方の被扶養者とすることとされている。

B ✕ 根拠 法3-Ⅶ③ CH7 Sec2⑩

被保険者の事実上の婚姻関係にある配偶者の養父母に係る被扶養者の認定おいては、同一世帯要件が問われることとなるので、世帯が別である場合には、被扶養者とならない。

C ✕ 根拠 法160-ⅩⅥ CH7 Sec7③

介護保険料率は、各年度において保険者が納付すべき介護納付金（日雇特例被保険者に係るものを除く。）の額を「当該年度」における当該保険者が管掌する介護保険第2号被保険者である被保険者の総報酬額（標準報酬月額及び標準賞与額の合計額）の総額「の見込額」で除して得た率を基準として、保険者が定めることとされている。

D ✕ 根拠 法86-Ⅱ CH7 Sec5⑤

設問の場合、保険診療部分（30万円）の3割に当たる9万円及び選定療養部分の全額である10万円を合わせた「19万円」を保険医療機関に支払うこととなる。

E ○ 根拠 法7の37-Ⅰ、207の2 CH7 Sec10③

問5 正解 D 正解率 63%

A ○ 根拠 法7の14-ⅡⅢ —

B ○ 根拠 法12 CH7 Sec1④

C ○ 根拠 法21-ⅣⅤ —

D ✕ 根拠 法104、法附則3-Ⅵ、H18.8.18事務連絡、S27.6.12保文発3367号 CH7 Sec6⑧

出産手当金は、出産日又は出産予定日以前42日（多胎妊娠の場合は98日）に至った日に受給権が発生するため、資格喪失後の出産手当金が支給されるためには、出産日又は出産予定日が資格喪失日の前日から42日（98日）以内であることが必要であり、資格喪失の際、現に出産手当金の支給を「受けている」か「受け得る状態」であることを要する。設問の場合は、資格喪失日から６か月後に出産しているので、上記要件を満たすことはできないことから、資格喪失後の出産手当金は支給されない。なお、設問文中の「特定退職被保険者」は「特例退職被保険者」の誤りであると思われる。

E ○ 根拠 則84-Ⅰ ―

確認してみよう！

① 被保険者に係る療養の給付又は入院時食事療養費、入院時生活療養費、保険外併用療養費、療養費、訪問看護療養費、移送費、傷病手当金、埋葬料、家族療養費、家族訪問看護療養費、家族移送費若しくは家族埋葬料の支給は、同一の疾病、負傷又は死亡について、労災保険法、国家公務員災害補償法又は地方公務員災害補償法若しくは同法に基づく条例の規定によりこれらに相当する給付を受けることができる場合には、行わない。

② 保険者は、傷病手当金の支給を行うにつき必要があると認めるときは、労災保険法、国家公務員災害補償法又は地方公務員災害補償法若しくは同法に基づく条例の規定により給付を行う者に対し、当該給付の支給状況につき、必要な資料の提供を求めることができる。

問６ 正解 A・E

正解率 74%

A × 根拠 法57 CH7 Sec9③

保険者は、給付事由が第三者の行為によって生じた場合において、保険給付を行ったときは、その給付の価額（当該保険給付が療養の給付であるときは、当該療養の給付に要する費用の額から当該療養の給付に関し被保険者が負担しなければならない一部負担金に相当する額を控除した額）の限度において、「保険給付を受ける権利を有する者（当該給付事由が被保険者の被扶養者について生じた場合には、当該被扶養者を含む。以下同じ。）が第三者に対して有する損害賠償の請求権を取得する。」この場合において、保険給付を受ける権利を有する者が第三者から同一の事由について損害賠償を受けたときは、保険者は、その価額の限度において、保険給付を行う責めを免れる。

B ○ 根拠 法135-Ⅲ CH7 Sec8⑧

C ○ 根拠 法150-Ⅰ～Ⅲ CH7 Sec10①

D ○ 根拠 法３-Ⅰ、S26.11.2保文発4602号 ―

E × 根拠 法117、S2.4.27保理1956号 CH7 Sec9①

設問の給付制限の対象となるのは、闘争又は泥酔によりその際生じさせた事故であるので、被保険者が数日前に闘争しその当時は何らの事故は生じなかったが、相手が恨みを晴らす目的で、数日後に不意に危害を加えられたような場合は、設問の給付制限の対象とならない。

確認してみよう！

被保険者が闘争、泥酔又は著しい不行跡によって給付事由を生じさせたときは、当該給付事由に係る保険給付は、その全部又は一部を行わないことができる。

※　本問については、誤った選択肢について択一すべきところ、本来正答とされるべき選択肢**E**以外にも選択肢**A**が誤った内容のものであったため、選択肢**A**及び**E**が正答とされた。

問7　正解　B　　正解率 72%

A ×　根拠 則40-Ⅰ　　CH7 Sec2⑫

被保険者又はその被扶養者が65歳に達したことにより介護保険第2号被保険者に該当しなくなったときは、設問の届出は必要とされない。

B ○　根拠 法3-Ⅴ、S36.1.26保発5号　　CH7 Sec4①

C ×　根拠 法189-Ⅰ、192　　CH7 Sec10②

設問の処分取消しの訴えは、当該処分についての審査請求に対する社会保険審査官の決定を経た後でなければ、提起することができない。

D ×　根拠 法43-Ⅰ、R4.9.5事務連絡　　―

設問のようにガソリン単価の変動が月ごとに生じる場合でも、固定的賃金の変動として取り扱うことになり、標準報酬月額の随時改定の対象となりうる。

E ×　根拠 法116、H22.5.21保保発0521第1号　　CH7 Sec9①

被保険者が故意に給付事由を生じさせた場合は、その給付事由についての保険給付は行わないこととするのが原則であるが、自殺未遂による傷病について、その傷病の発生が精神疾患等に起因するものと認められる場合には、「故意」に給付事由を生じさせたことには当たらず、保険給付の対象とされる。

問8　正解　E　　正解率 36%

A ✕ 根拠 法43-Ⅰ、R4.9.5事務連絡　—

減給の制裁は、固定的賃金の変動に当たらないため、減給の制裁が行われた結果、２等級以上の差が生じた場合であっても、随時改定の対象とならない。

B ✕ 根拠 法41-Ⅰ、R4.9.5事務連絡　—

労働契約上の労務の提供地が自宅の場合、業務命令により事務所等に一時的に出社し、その移動に係る実費を事業主が負担するときは、当該費用は原則として実費弁償と認められ「報酬」には含まれない。したがって、当該費用は標準報酬月額の定時決定の手続きにおいては、これを計算に含めない。

C ✕ 根拠 法41-Ⅰ、R4.9.5事務連絡　—

設問の仮払い金額のうち、被保険者Cが業務のために使用した通信費や電気料金の部分については、実費弁償に当たり「報酬」に含まれないため、定時決定の手続きにおいて計算に含める必要はないが、仮払い金額のうち使用しなかった金額については、事業所に返還する必要がないものであれば、「報酬」に含まれる。その場合、当該金額については、定時決定の手続きにおいて報酬に含めて計算しなければならない。

D ✕ 根拠 法43、R4.9.5事務連絡　—

超過勤務手当等の非固定的手当が廃止された場合は、賃金体系の変更に当たるため、２等級以上の差が生じたときは、随時改定の対象となる。

E ○ 根拠 法43、R4.9.5事務連絡　—

非固定的手当の新設・廃止は、賃金体系の変更に当たるため、設問の変動的な手当の新設・廃止により２等級以上の差が生じたときは、随時改定の対象となる。

問9　正解　B　　正解率 48%

A ✕ 根拠 法116、S26.3.19保文発721号　CH7 Sec9①

自殺による死亡は、絶対的な事故であり、埋葬料は生計を依存していたもので埋葬を行うものに対して支給されるという性質のものであるので、給付制限の対象とならない（埋葬料は支給される。）。

B ○ 根拠 法102、H11.3.31保険発46号・庁保険発９号　CH7 Sec6②

なお、同一期間内に事業主から介護休業手当等で報酬と認められるものが支給される場合には、出産手当金の支給額について調整が行われる。

C ✕ 根拠 法104 CH7 Sec6⑧

傷病手当金の継続給付を受けるためには、その資格を喪失した日の前日まで引き続き1年以上被保険者であったことが必要とされるが、当該期間には共済組合の組合員であった期間は含まれないため、設問の者については、この要件を満たさない（7か月＋3か月＝10か月で2か月足りない。）。したがって、設問の者については、傷病手当金の継続給付を受けることはできない。

D ✕ 根拠 法87-Ⅰ、S25.2.8保発9号、S25.11.7保険発225号他 —

設問の義眼（眼球摘出後眼窩保護のため装着した場合）、コルセットについては、療養費の支給対象となるが、眼鏡（小児弱視等の治療用眼鏡等を除く。）、補聴器、胃下垂帯及び人工肛門受便器（ペロッテ）については、療養費の支給対象とならない。

E ✕ 根拠 法87、97、H6.9.9保険発119号・庁保険発9号 CH7 Sec5⑧

設問の医学的管理等に要する費用にあっては、現に要した費用の額の範囲内で、移送費とは別に、診療報酬に係る基準を勘案してこれを評価し、療養費の支給対象とされる。

問10 正解 A・E 正解率 59%

A ✕ 根拠 法37-Ⅰ、157、165-ⅠⅡⅣ、令48、49 CH7 Sec7⑤

前納保険料の額は、前納に係る期間の各月の保険料の額の合計額から、その期間の各月の保険料の額を年4分の利率による複利現価法によって前納に係る期間の最初の月から当該各月までのそれぞれの期間に応じて割り引いた額の合計額（この額に1円未満の端数がある場合において、その端数金額が50銭未満であるときは、これを切り捨て、その端数金額が50銭以上であるときはこれを1円として計算する。）を控除した額を「（前納に係る期間の各月の保険料の額から）控除した額」となる。なお、その他の記述は正しい。

B ◯ 根拠 法156-Ⅰ①、167-Ⅱ、介保法9-② CH7 Sec7②

被保険者に関する保険料額は、各月につき算定されるので、40歳に到達した月に賞与が支払われた場合には、その支払日が介護保険第2号被保険者に該当するに至った日前であっても、当該標準賞与額から被保険者が負担すべき一般保険料額とともに介護保険料額を控除することができる。

C ○ 根拠 法156-Ⅲ、167-Ⅰ、S19.6.6保発363号、S27.7.14保文発3917号

CH7 Sec7②

被保険者資格の同月得喪の場合には、事業主（A社の事業主）は通貨をもって支払う報酬から、当該月（４月）の標準報酬月額に係る保険料を控除することができるが、その者がさらに同月に被保険者資格を取得し翌月以後（５月以後）も継続して被保険者である場合には、事業主（B社の事業主）は、被保険者資格取得に際して決定された標準報酬月額に係る当該月（４月）分の保険料を控除することができる（設問では５月に通貨をもって支払う報酬から控除する。）。

D ○ 根拠 法45-Ⅰ、159-Ⅰ、H19.1.31事務連絡

—

保険料免除期間に支払われた賞与については、保険料賦課の対象とならないが、標準賞与額573万円の累計には含まれる。

E × 根拠 法169-ⅡⅢ

CH7 Sec8③⑤

日雇特例被保険者が１日に２以上の事業所に使用される場合における保険料の納付は、初めにその者を使用する事業主が行うこととされ、当該日雇特例被保険者及び当該事業主の負担すべきその日の標準賃金日額に係る保険料を納付する義務を負う。したがって、設問の場合には、当該日雇特例被保険者が午前に働いた適用事業所から受ける賃金額により、標準賃金日額を決定し、当該適用事業所の事業主が、日雇特例被保険者が提出する日雇特例被保険者手帳に健康保険印紙を貼り、これに消印して保険料を納付する。

※ 本問については、誤った選択肢について択一すべきところ、本来正答とされるべき選択肢**E**以外にも選択肢**A**が誤った内容のものであったため、選択肢**A**及び**E**が正答とされた。

厚生年金保険法

問1 正解 B（イ・オの二つ） 正解率 82%

ア × 根拠 法38-Ⅰ、法附則17 CH9 Sec8⑧

老齢基礎年金と老齢厚生年金は併給される。

イ ○ 根拠 法38-Ⅰ、法附則17 CH9 Sec8⑧

老齢基礎年金と障害厚生年金は併給されず、どちらか一方の年金の支給が停止される。

ウ × 根拠 法38-Ⅰ、法附則17 CH9 Sec8⑧

障害基礎年金と老齢厚生年金（受給権者が65歳に達しているものに限る。）は併給される。

エ × 根拠 法38-Ⅰ、法附則17 CH9 Sec8⑧

障害基礎年金と遺族厚生年金（受給権者が65歳に達しているものに限る。）は併給される。

オ ○ 根拠 法38-Ⅰ、法附則17 CH9 Sec8⑧

遺族基礎年金と障害厚生年金は併給されず、どちらか一方の年金の支給が停止される。

問2 正解 E 正解率 52%

A × 根拠 法附則4の3-Ⅶ CH9 Sec2⑤

高齢任意加入被保険者を使用する適用事業所の事業主が、当該被保険者に係る保険料の半額を負担し、かつ、当該被保険者及び自己の負担する保険料を納付する義務を負うことにつき同意をしたときを除き、当該被保険者が、保険料の全額を負担し、自己の負担する保険料を納付する義務を負うものとされている。

B × 根拠 法附則4の3-Ⅷ CH9 Sec2⑤

設問の高齢任意加入被保険者に係る保険料の半額を負担し、かつ、当該被保険者及び自己の負担する保険料を納付する義務を負うことにつき同意をした事業主は、被保険者の同意を得て、将来に向かって、当該同意を撤回することができる。

C × 根拠 法附則4の3-Ⅵ CH9 Sec2⑤

設問の場合、法83条１項に規定する当該保険料の納期限の属する月の「前月の末日」に、被保険者の資格を喪失する。なお、初めて納付すべき保険料を滞納し、督促状の指定期限までに納付しない場合（保険料の半額負担・全額納付についての事業主の同意がある場合を除く。）は、高齢任意加入被保険者とならなかったものとみなされる。

D ✕ 根拠 令６ CH9 Sec2⑧

適用事業所に使用される高齢任意加入被保険者の資格の取得については、設問の確認を要しないものとされている。

E ○ 根拠 法附則４の３-Ⅴ③ CH9 Sec2⑤

問３ 正解 E 正解率 74%

A ○ 根拠 (60)法附則47-Ⅳ CH9 Sec2⑦

昭和62年５月から平成元年10月までの被保険者期間の月数は30月であり、昭和61年４月１日から平成３年３月31日までの第３種被保険者であった期間については、実期間を５分の６倍するため、「30月×6/5＝36月」となる。なお、昭和61年３月31日までについては３分の４倍、平成３年４月１日以降については実期間でそれぞれ計算する。

B ○ 根拠 法44-Ⅳ⑦ CH9 Sec3⑤

老齢厚生年金の加給年金額の加算対象となっていた子が婚姻をしたときは、その者に係る加給年金額は加算されないものとされ、その翌月から、年金の額が改定される。

C ○ 根拠 法31-Ⅰ CH9 Sec2⑧

被保険者又は被保険者であった者は、いつでも、設問の確認を請求することができる。

D ○ 根拠 法56-① CH9 Sec5⑩

障害手当金の支給要件に係る「障害の程度を定めるべき日」において年金たる保険給付の受給権者〔最後に障害等級に該当する程度の障害の状態（以下本解説において「障害状態」という。）に該当しなくなった日から起算して障害状態に該当することなく３年を経過した障害厚生年金の受給権者（現に障害状態に該当しない者に限る。）を除く。〕である者には、障害手当金は支給されない。

E ✕ 根拠 法24-Ⅱ CH9 Sec2⑬

同時に２以上の事業所で報酬を受ける被保険者について報酬月額を算定する場合においては、「各事業所について、定時決定等の規定によって算定した額の合算額」をその者の報酬月額とする。

問４ 正解 D（イとオ） 正解率 23%

根拠 法85 CH9 Sec9⑥

保険料は次の⑴～⑷に掲げる場合においては、納期前であっても、すべて徴収することができる。したがって、D（イとオ）が、保険料を保険料の納期前であっても、すべて徴収することができる場合として正しいものの組合せとなる。

⑴	納付義務者が右欄のいずれかに該当する場合	①国税、地方税その他の公課の滞納によって、滞納処分を受けるとき。
		②強制執行を受けるとき。
		③破産手続開始の決定を受けたとき。
		④企業担保権の実行手続の開始があったとき。
		⑤競売の開始があったとき。
⑵	法人たる納付義務者が、解散をした場合	
⑶	被保険者の使用される事業所が、廃止された場合	
⑷	被保険者の使用される船舶について船舶所有者の変更があった場合、又は当該船舶が滅失し、沈没し、若しくは全く運航に堪えなくなるに至った場合	

問５ 正解 D 正解率 45%

A ○ 根拠 法附則７の３-Ⅱ他 CH9 Sec3⑧

なお、老齢厚生年金の支給「繰下げ」の申出については、これを単独で行うことも、老齢基礎年金の支給繰下げの申出と同時に行うこともできる。

B ○ 根拠 法附則７の３-Ⅳ、令６の３、(R３)令附則６ CH9 Sec3⑧

繰下げ減額率は、1000分の４に請求日の属する月から65歳に達する日の属する月の前月までの月数を乗じて得た率であるので、設問の場合、「0.4％×60月＝24％」となる。

C ○ 根拠 法44の３-Ⅲ CH9 Sec3⑧

老齢厚生年金の支給繰下げの申出をした者に対する老齢厚生年金の支給は、法

36条１項の規定にかかわらず、当該申出のあった月の翌月から始めるものとされている。

D ✕ 根拠 令３の５の２－Ⅰ　CH9 Sec3⑧

経過的加算として老齢厚生年金に加算された部分は、当該老齢厚生年金の支給繰下げの申出に応じた増額の対象となる。

E ○ 根拠 (R２)法附則８　—

設問の改正後の規定は、施行日の前日（令和４年３月31日）において、老齢厚生年金の受給権を取得した日から起算して５年を経過していない者について適用される。

問６ 正解 D　正解率 57%

A ✕ 根拠 法50の２－Ⅰ　CH9 Sec5⑥

子は、障害厚生年金の加給年金額対象者とならない。

確認してみよう！

障害の程度が障害等級の１級又は２級に該当する者に支給される障害厚生年金には、受給権者によって生計を維持しているその者の65歳未満の配偶者があるときは、加給年金額が加算される。

B ✕ 根拠 (60)法附則60－Ⅱ他　CH9 Sec5⑥

障害厚生年金の配偶者に係る加給年金額については、特別加算は行われない。なお、昭和９年４月２日以後に生まれた老齢厚生年金の受給権者に支給される配偶者に係る加給年金額については、受給権者の生年月日に応じた特別加算が行われる。

C ✕ 根拠 法44－Ⅰ　CH9 Sec3⑤

設問の場合、配偶者に係る加給年金額は加算されない。老齢厚生年金の加給年金額は、受給権者がその権利を取得した当時（その権利を取得した当時、年金額の計算の基礎となる被保険者期間の月数が240未満であったときは、在職定時改定又は退職改定により当該月数が240以上となるに至った当時）に、加算対象となる配偶者又は子を有していなければ、加算されない。

D ○ 根拠 法附則７の３－Ⅵ、９　CH9 Sec3⑧、Sec4④

E ✕ 根拠 法44-Ⅳ② CH9 Sec3⑤

老齢厚生年金の加給年金額の加算対象となっている配偶者が、受給権者による生計維持の状態がやんだ場合には、当該配偶者に係る加給年金額は加算されないものとされ、その翌月から、年金の額が改定される。

問7 正解 B

正解率 68%

A ✕ 根拠 法12-⑤、(24)法附則17-Ⅰ CH9 Sec2①

「1週間の所定労働時間」及び「1月間の所定労働日数」が、同一の事業所に使用される通常の労働者の1週間の所定労働時間及び1月間の所定労働日数の4分の3以上であるという基準（以下「4分の3基準」という。）を満たさない短時間労働者については、次の(1)～(4)のいずれの要件にも該当する場合には、厚生年金保険の被保険者となる。設問のXは、(1)～(4)のいずれの要件にも該当するため、4分の3基準を満たさない短時間労働者であったとしても被保険者となる。

(1)	1週間の所定労働時間が20時間以上であること。
(2)	報酬（一定のものを除く。）について、資格取得時決定の規定の例により算定した額が、88,000円以上であること。
(3)	学校教育法に規定する高等学校の生徒、同法に規定する大学の学生その他の厚生労働省令で定める者でないこと。
(4)	特定適用事業所又は国若しくは地方公共団体の適用事業所に使用される者であること。

B ○ 根拠 法6-②、9、S24.7.28保発74号、疑義照会回答 —

C ✕ 根拠 法12-⑤ CH9 Sec2①

設問の学生Zは、4分の3基準を満たしているため、被保険者となる。

D ✕ 根拠 法7 CH9 Sec1③

強制適用事業所（船舶を除く。）が、強制適用の要件に該当しなくなったときは、その事業所について任意適用事業所の認可があったものとみなされるため、任意適用の申請をしなくても、引き続き適用事業所とされる。

E ✕ 根拠 法6-ⅠⅢ CH9 Sec1②

宿泊業は非適用業種であるため、宿泊業の個人事業所を適用事業所とするためには、その事業主は、任意適用の申請をし、厚生労働大臣の認可を受ける必要がある。

問８　正解　E　　正解率 78%

A × 根拠 法46-Ⅰ　　CH9 Sec3⑦

総報酬月額相当額は、在職老齢年金の支給停止額の計算の対象となる被保険者である日が属する月について、その者の標準報酬月額とその月以前の１年間の標準賞与額の総額を12で除して得た額とを合算して得た額であり、その計算の基礎となる標準報酬月額や標準賞与額が変更されれば、総報酬月額相当額も変更される。

B × 根拠 法46-Ⅰ　　CH9 Sec3⑥

70歳以上の使用される者（被保険者であった70歳以上の者であって適用事業所に使用されるものとして厚生労働省令で定める要件に該当するものをいう。）に対しても、在職老齢年金の仕組みが適用される。

C × 根拠 法46-Ⅰ、(60)法附則62-Ⅰ　　CH9 Sec3⑥

老齢基礎年金及び老齢厚生年金の経過的加算額は、いずれも在職老齢年金の支給停止の対象とならない。

D × 根拠 法11の６-Ⅰ他　　CH9 Sec4⑨

60歳台前半の老齢厚生年金の受給権者である被保険者が、雇用保険法に基づく高年齢雇用継続基本給付金の支給を受けることができるときは、その間、在職老齢年金の仕組みによる支給停止額に加え、原則として、標準報酬月額に所定の率を乗じて得た額に相当する額が支給停止される。

E ○ 根拠 法46-Ⅲ　　CH9 Sec3⑥

法46条３項では、「支給停止調整額は、48万円とする。ただし、48万円に平成17年度以後の各年度の物価変動率に法43条の2,1項２号に掲げる率を乗じて得た率をそれぞれ乗じて得た額（その額に５千円未満の端数が生じたときは、これを切り捨て、５千円以上１万円未満の端数が生じたときは、これを１万円に切り上げるものとする。）が48万円（この項の規定による支給停止調整額の改定の措置が講ぜられたときは、直近の当該措置により改定した額）を超え、又は下るに至った場合においては、当該年度の４月以後の支給停止調整額を当該乗じて得た額に改定する。」と規定している。

問9 正解 **B** 正解率 88%

A ○ 根拠 法43-Ⅰ CH9 Sec3⑤

B × 根拠 法43-Ⅱ CH9 Sec3⑦

設問の在職定時改定の規定に係る基準日は、「9月1日」である。なお、基準日の属する月の翌月から年金額が改定されるとする記述は正しい。

C ○ 根拠 法92-Ⅰ CH9 Sec9⑧

保険給付を受ける権利に基づき支払期月ごとに支払うものとされる保険給付の支給を受ける権利は、保険給付を支給すべき事由が生じた日の属する月の翌月以後に到来する当該保険給付の支給に係る法36条3項本文に規定する支払期月の翌月の初日から5年を経過したときは、時効によって、消滅する。

D ○ 根拠 法78の28 —

E ○ 根拠 法46-Ⅵ、令3の7-① CH9 Sec3⑤

問10 正解 **E** 正解率 85%

A × 根拠 法6-Ⅰ② CH9 Sec1②

法人の事業所又は事務所であって、常時従業員を使用するものは、適用事業所とされる。したがって、設問の個人経営の美容業（非適用業種）の事務所が法人化した場合には、適用事業所となる。

B × 根拠 法12-①ロ CH9 Sec2①

臨時に使用される者（船舶所有者に使用される船員を除く。）であって、2月以内の期間を定めて使用され、当該定めた期間を超えて使用されることが見込まれないものは、当該定めた期間を超え、引き続き使用されるに至った場合を除き、適用除外に該当し、厚生年金保険の被保険者とされない。なお、当該定めた期間を超え、引き続き使用されるに至った場合は、そのときから被保険者となる。

C × 根拠 法59-Ⅰ、65 CH9 Sec6⑤

夫が死亡した当時、当該夫により生計を維持していた子のいない38歳の妻は、遺族厚生年金を受けることができる遺族となるが、当該妻に中高齢寡婦加算は支給されない。なお、設問後半の記述は正しい。

D ✕ 根拠 法50-Ⅰ、51 CH9 Sec5⑥

障害厚生年金の額については、障害認定日の属する「月」までの被保険者期間をその計算の基礎とする。なお、その他の記述については正しい。

E ○ 根拠 法37-Ⅴ CH9 Sec8④

国民年金法

問１　正解　B　　正解率 80%

A ×　根拠 法109の２の２-Ⅰ　　CH8 Sec3⑥

学生納付特例事務法人は、その教育施設の学生等である被保険者の委託を受けて、「学生納付特例申請」をすることはできるが、「保険料納付に関する事務」について行うことができるとはされていない。

B ○　根拠 法附則７の５-Ⅰ　　CH8 Sec2⑥

C ×　根拠 則６の３-Ⅰ　　CH8 Sec2⑥

設問の場合、第３号被保険者は、「種別確認」の届出を日本年金機構に提出しなければならない。

D ×　根拠 則７-Ⅰカッコ書、８-Ⅰカッコ書　　CH8 Sec2⑥

第１号被保険者の氏名及び住所の変更の届出は、厚生労働大臣が住民基本台帳法の規定により機構保存本人確認情報の提供を受けることができる者については、行うことを要しない。

E ×　根拠 則23-Ⅰ　　CH8 Sec2⑥

設問の「６か月」を「１月」と読み替えると、正しい記述となる。

問２　正解　D（ウとオ）　　正解率 16%

ア ○　根拠 法114-②　　CH8 Sec9⑧

なお、設問のほか、被保険者又は受給権者の死亡の届出をしなかった戸籍法の規定による死亡の届出義務者は、10万円以下の過料に処せられる。

イ ○　根拠 法113の４-①　　—

ウ ×　根拠 法112-②　　CH8 Sec9⑧

設問の場合、世帯主は、「６月以下の懲役又は30万円以下の罰金」に処せられる。

確認してみよう！

虚偽の届出等に関する罰則

次のいずれかに該当する者は、６月以下の懲役又は30万円以下の罰金に処せられる。

①	第１号被保険者又は第３号被保険者の資格の得喪等に関して虚偽の届出をした被保険者（第１号被保険者に係る届出の場合は、世帯主を含む）
②	資産若しくは収入の状況に関する書類その他の物件の提出を命ぜられてこれに従わず、若しくは虚偽の書類その他の物件の提出をし、又は行政庁職員（機構の職員を含む）の質問に対して答弁せず、若しくは虚偽の陳述をした被保険者

エ ○ 根拠 法113の２-② CH8 Sec9⑧

確認してみよう！

無届等に関する罰則

次のいずれかに該当する者は、30万円以下の罰金に処せられる。

①	第１号被保険者又は第３号被保険者の資格の得喪等の届出をしなかった被保険者（第１号被保険者に係る届出の場合は、世帯主から届出がなされたときを除く）
②	保険料の滞納者の財産についての徴収職員の質問に対して答弁をせず、又は偽りの陳述をしたときの当該違反行為をした者
③	徴収職員の検査を拒み、妨げ、若しくは忌避し、又は当該検査に関し偽りの記載若しくは記録をした帳簿書類を提示したときの当該違反行為をした者

オ × 根拠 法111の２ —

設問の場合、違反行為をした者は、「１年以下の懲役又は50万円以下の罰金」に処せられる。

問３ 正解 D 正解率 49%

A ○ 根拠 法20-ⅠⅡ、法附則９の２の４ —

B ○ 根拠 法49-Ⅰ CH8 Sec7②

なお、夫の死亡の当時、60歳未満である設問の妻に支給する寡婦年金は、法18条１項の規定にかかわらず、妻が60歳に達した日の属する月の翌月から、その支給を始める。

C ○ 根拠 法附則９の３の２－Ⅰ③ CH8 Sec7④

D × 根拠 法72-② CH8 Sec9⑥

設問の場合、障害基礎年金の額の「全部又は一部につき、その支給を停止することができる」とされている。

E ○ 根拠 法20-ⅠⅡ、47 CH8 Sec7①

付加年金は、老齢基礎年金がその全額につき支給を停止されているときは、その間、その支給が停止される。

問４ 正解 E 正解率 44%

A × 根拠 法27-④ CH8 Sec4⑧

保険料半額免除期間については、当該期間の月数（480から保険料納付済期間の月数及び保険料４分の１免除期間の月数を合算した月数を控除して得た月数を限度とする。）の「４分の１」ではなく「４分の３」に相当する月数が老齢基礎年金の年金額に反映される。

確認してみよう！

年金額の基礎となる保険料免除期間の月数（平成21年４月以後の期間）

保険料納付済期間の月数	×１
保険料４分の１免除期間の月数	×８分の７
保険料半額免除期間の月数	×４分の３
保険料４分の３免除期間の月数	×８分の５
保険料全額免除期間の月数	×２分の１

B × 根拠 法36、36の２ CH8 Sec5⑩

事後重症による障害基礎年金は、その受給権者が日本国内に住所を有しないことによりその支給を停止されることはない。なお、20歳前傷病による障害基礎年金に関する記述については正しい。

C × 根拠 法87の２－Ⅳ —

現在、設問のような規定はない。なお、平成26年４月１日前においては、申出により付加保険料を納付する者となった者が付加保険料を納期限までに納付しなかったときは、当該納期限の日に付加保険料を納付するものでなくなる申出をしたものとみなされていた。

確認してみよう！

付加保険料を納付する者となったものは、いつでも、厚生労働大臣に申し出て、その申出をした日の属する月の前月以後の各月に係る付加保険料（原則として既に納付されたもの及び前納されたものを除く。）につき、付加保険料を納付する者でなくなることができる。

D ✕ 根拠 法41、41の２他 —

遺族基礎年金について、設問のような支給停止の規定はない。

E ○ 根拠 法109の４－Ⅰ④ —

確認してみよう！

被保険者又は被保険者であった者は、国民年金原簿に記録された自己に係る特定国民年金原簿記録が事実でない、又は国民年金原簿に自己に係る特定国民年金原簿記録が記録されていないと思料するときは、厚生労働省令で定めるところにより、厚生労働大臣に対し、国民年金原簿の訂正の請求をすることができる。

問５ 正解 C 正解率 43%

A ✕ 根拠 法32－Ⅱ CH8 Sec5⑦

障害基礎年金の受給権者が更に障害基礎年金の受給権を取得した場合において、新たに取得した障害基礎年金が法36条１項の規定により６年間その支給を停止すべきものであるときは、その停止すべき期間、その者に対して、併合認定の規定により前後の障害を併合した障害の程度による障害基礎年金ではなく、「従前の障害基礎年金」を支給する。

B ✕ 根拠 法33の２－Ⅰ CH8 Sec5⑧

障害基礎年金に、配偶者に係る加算は行われない。

確認してみよう！

障害基礎年金には、受給権者によって生計を維持している18歳に達する日以後の最初の３月31日までの間にあるか20歳未満であって障害等級に該当する障害の状態にあるその者の子について、加算が行われる。

C ○ 根拠 法附則９－Ⅰ、(16)法附則19－Ⅳ、(26)法附則14－Ⅲ CH8 Sec6②

保険料納付済期間又は保険料免除期間（学生納付特例及び納付猶予の規定によ

り納付することを要しないものとされた保険料に係るものを除く。）を有する者のうち、保険料納付済期間と保険料免除期間とを合算した期間が25年に満たない者であって保険料納付済期間、保険料免除期間及び合算対象期間を合算した期間が25年以上であるものは、遺族基礎年金の支給要件の規定の適用については、「保険料納付済期間と保険料免除期間とを合算した期間が25年以上であるもの」とみなされる。

D ✕ 根拠 法109の５-Ⅴ～Ⅶ　—

財務大臣から設問の権限を委任された国税庁長官は、当該委任された権限の全部又は一部を納付義務者の居住地を管轄する「国税局長」に委任することができ、国税局長は、当該委任された権限の全部又は一部を納付義務者の居住地を管轄する税務署長に委任することができるとされている。

E ✕ 根拠 法７-Ⅰ③、８-①　CH8 Sec2③

設問の被扶養配偶者が第３号被保険者の資格を取得するのは、当該「被扶養配偶者」が20歳に達したときである。

問６　正解　E　正解率 62%

A ○ 根拠 法40-ⅠⅢ　CH8 Sec6⑨

遺族基礎年金を20歳まで受給できる子には、遺族基礎年金の受給権発生後、18歳に達する日以後の最初の３月31日までの間に障害等級に該当する障害の状態になった子も含まれる。

B ○ 根拠 法附則７の３-Ⅰ～Ⅲ　CH8 Sec2⑥

C ○ 根拠 (16)法附則20、21-ⅠⅡ　CH8 Sec2⑥

D ○ 根拠 (60)法附則34-Ⅰ①　CH8 Sec3②

確認してみよう！

基礎年金の給付に要する費用についての国庫負担

原則（下記以外の基礎年金の給付費）	２分の１
保険料４分の１免除期間に係る老齢基礎年金の給付費	７分の４
保険料半額免除期間に係る老齢基礎年金の給付費	３分の２
保険料４分の３免除期間に係る老齢基礎年金の給付費	５分の４
保険料全額免除期間（学生納付特例期間及び納付猶予期間を除く）に係る老齢基礎年金の給付費	全額
20歳前傷病による障害基礎年金の給付費	10分の６
付加年金・死亡一時金（加算額8,500円を除く）の給付費	４分の１

E　×　根拠　法附則５－Ⅵ①、Ⅶ　CH8 Sec2④

設問の場合、任意加入被保険者は、原則として、日本国内に住所を有しなくなった「日の翌日」に、被保険者の資格を喪失する。

問７　正解　A　正解率 69%

A　○　根拠　法９－⑤、法附則４　CH8 Sec2③

B　×　根拠　法137の19－Ⅰ～Ⅲ　CH8 Sec10④

国民年金連合会は、責任準備金に相当する額を徴収した国民年金基金（以下問９解説まで「基金」という。）に係る解散基金加入員が老齢基礎年金の受給権を取得したときは、当該解散基金加入員に年金を支給するが、当該年金の額は、「200円」に当該解散した基金に係る加入員期間の月数を乗じて得た額とされる。

C　×　根拠　則36の５、R3.6.24厚労告248号　―

いわゆる20歳前傷病による障害基礎年金の受給権者に係る障害基礎年金所得状況届等の指定日は、受給権者の誕生日の属する月の末日ではなく、「９月30日」である。

D　×　根拠　法92の４－ⅠⅡ　―

被保険者が保険料を納付受託者に交付したときは、納付受託者は、「政府」に対して当該保険料の納付の責めに任ずるものとされている。なお、納付受託者が被保険者から保険料の交付を受けたときに、遅滞なく、厚生労働省令で定めるところにより、その旨及び交付を受けた年月日を厚生労働大臣に報告しなければならないとする記述については正しい。

E ✕ 根拠 法附則9の2-Ⅴ CH8 Sec7②

寡婦年金の受給権は、受給権者が繰上げ支給による老齢基礎年金の受給権を取得したときは、消滅する。

問8 正解 E 正解率 80%

A ✕ 根拠 法5-Ⅰ、7-Ⅰ②、(60)法附則8-Ⅳ CH8 Sec2①、Sec4⑤

20歳未満の厚生年金保険の被保険者期間は、法5条1項において保険料納付済期間とされるが、当分の間、老齢基礎年金の額の計算に係る保険料納付済期間には算入されない。

B ✕ 根拠 法27-⑧、90の3-Ⅰ、(16)法附則19-Ⅳ、(26)法附則14-Ⅲ CH8 Sec4⑧

学生納付特例期間についても、納付猶予期間と同様に、当該期間に係る保険料が追納されなければ、老齢基礎年金の額に反映されない。

C ✕ 根拠 法94の3-Ⅱ、令11の3 CH8 Sec3③

基礎年金拠出金の額の算定基礎となる第1号被保険者数は、「保険料納付済期間、保険料4分の1免除期間、保険料半額免除期間又は保険料4分の3免除期間」を有する者の総数とされている。なお、第2号被保険者については20歳以上60歳未満の者、第3号被保険者についてはすべての者が基礎年金拠出金の額の算定基礎となる。

D ✕ 根拠 法5-Ⅰ、7-Ⅰ②、(60)法附則8-Ⅱ①、Ⅳ CH8 Sec4⑤

設問の第1号厚生年金被保険者としての被保険者期間（42年）のうち60歳以後の期間（5年）は、老齢基礎年金の額の計算において保険料納付済期間とされず、また、設問の者は他の被保険者期間を有さないことから、設問の者が65歳から受給できる老齢基礎年金の額は、満額とはならない。

E ○ 根拠 法9-①③ CH8 Sec2③

問9 正解 D 正解率 65%

A ✕ 根拠 (60)法附則14-Ⅰ CH8 Sec4⑨

振替加算の額は、「224,700円に改定率を乗じて得た額」に受給権者の生年月日に応じて政令で定める率を乗じて得た額である。なお、設問前半の記述は正しい。

B ✕ 根拠 法44 CH8 Sec7①

設問の「400円」を「200円」と読み替えると、正しい記述となる。

C ✕ 根拠 法19-Ⅰ、52の３-Ⅰ CH8 Sec7③

死亡一時金を受けることができる遺族の範囲と、未支給の年金の支給を請求できる遺族の範囲は異なる。死亡一時金を受けることができる遺族の範囲は、死亡した者の「配偶者、子、父母、孫、祖父母又は兄弟姉妹であって、その者の死亡の当時その者と生計を同じくしていたもの」とされている。これに対し、未支給の年金の支給を請求できる遺族の範囲は、死亡した者の「配偶者、子、父母、孫、祖父母、兄弟姉妹又はこれらの者以外の三親等内の親族であって、その者の死亡の当時その者と生計を同じくしていたもの」とされている。

D ○ 根拠 法89-Ⅰ CH8 Sec3⑥

E ✕ 根拠 法129-Ⅰ CH8 Sec10③

基金が支給する年金は、「少なくとも、当該基金の加入員であった者が老齢基礎年金の受給権を取得したときには、その者に支給されるものでなければならない」と規定されており、その支給開始の時期は、当該基金の加入員であった者が老齢基礎年金の受給権を取得した時点に限定されていない。

問10 正解 B 正解率 91%

A ○ 根拠 法39-Ⅲ⑥、40-Ⅱ CH8 Sec6⑨

配偶者が有する遺族基礎年金の受給権は、子が１人であるときはその子が、子が２人以上であるときは同時に又は時を異にしてそのすべての子が、配偶者の年金額の減額改定事由のいずれかに該当するに至ったときは、消滅する。

B ✕ 根拠 法37-④ CH8 Sec6②

設問の場合、遺族基礎年金は支給される。保険料納付済期間と保険料免除期間とを合算した期間が25年以上である者が死亡したときは、他の要件を満たす限り、保険料納付要件を問うことなく、遺族基礎年金は支給される。

C ○ 根拠 法30-Ⅰ CH8 Sec5②

D ○ 根拠 法27、33の2－Ⅰ —

E ○ 根拠 法88－ⅡⅢ CH8 Sec3⑤

令和3年度
（2021年度・第53回）
解答・解説

合格基準点

選択式

総得点**24点**以上、かつ、
各科目**3点**以上
（ただし、労一は**1点**、国年は**2点**可）

択一式

総得点**45点**以上、かつ、
各科目**4点**以上

受験者データ

受験申込者数	50,433人
受験者数	37,306人
合格者数	2,937人
合格率	7.9%

繰り返し記録シート（令和３年度）

解いた回数	科目	問題No.	点数	解いた回数	科目	点数
選択式1回目	労基安衛	問1	／5	択一式1回目	労基安衛	／10
	労災	問2	／5		労災徴収	／10
	雇用	問3	／5		雇用徴収	／10
	労一	問4	／5		労一社一	／10
	社一	問5	／5		健保	／10
	健保	問6	／5		厚年	／10
	厚年	問7	／5		国年	／10
	国年	問8	／5		合計	／70
		合計	／40			

解いた回数	科目	問題No.	点数	解いた回数	科目	点数
選択式2回目	労基安衛	問1	／5	択一式2回目	労基安衛	／10
	労災	問2	／5		労災徴収	／10
	雇用	問3	／5		雇用徴収	／10
	労一	問4	／5		労一社一	／10
	社一	問5	／5		健保	／10
	健保	問6	／5		厚年	／10
	厚年	問7	／5		国年	／10
	国年	問8	／5		合計	／70
		合計	／40			

解いた回数	科目	問題No.	点数	解いた回数	科目	点数
選択式3回目	労基安衛	問1	／5	択一式3回目	労基安衛	／10
	労災	問2	／5		労災徴収	／10
	雇用	問3	／5		雇用徴収	／10
	労一	問4	／5		労一社一	／10
	社一	問5	／5		健保	／10
	健保	問6	／5		厚年	／10
	厚年	問7	／5		国年	／10
	国年	問8	／5		合計	／70
		合計	／40			

令和３年度
(2021年度・第53回)
解答・解説
選択式

正解一覧

問		番号	正解
問1	A	⑱	身元保証人
	B	⑪	通常の労働時間の賃金
	C	⑭	当該労働契約の定める賃金体系全体における当該手当の位置付け
	D	⑩	心身の条件
	E	③	2メートル
問2	A	⑳	負傷、疾病、障害又は死亡の原因又は要因となる事由が生じた時点において事業主が同一人でない2以上の事業に同時に使用されていた労働者
	B	⑬	その収入が当該複数事業労働者の生計を維持する程度の最も高いもの
	C	⑩	その事由が生じた月の翌月からその事由が消滅した月まで
	D	⑥	60
	E	③	18
問3	A	①	1年間
	B	④	30
	C	①	1
	D	②	求人への応募書類の郵送
	E	①	巡回職業相談所
問4	A	④	35歳以上55歳未満
	B	①	65歳超雇用推進助成金
	C	①	(公財)産業雇用安定センター
	D	④	特定求職者雇用開発助成金
	E	①	40歳以上

問		番号	正解
問5	A	⑪	国民健康保険事業費納付金の納付
	B	⑩	国民健康保険事業に要する費用
	C	⑱	被扶養者
	D	④	15　日
	E	①	3　年
問6	A	⑯	特定保険料率
	B	⑪	その額から健康保険法第153条及び第154条の規定による国庫補助額を控除した
	C	⑩	総報酬額の総額
	D	③	9月1日
	E	⑥	100分の0.5
問7	A	②	3か月を超える期間ごとに
	B	⑥	厚生年金保険給付費等
	C	⑪	交付金として交付
	D	⑭	船　舶
	E	⑨	厚生労働大臣の承認を受けて、
問8	A	⑪	給付の支給に支障が生じない
	B	⑯	調　整
	C	③	開始年度
	D	⑧	給付として支給を受けた金銭を標準
	E	⑳	老齢基礎年金及び付加年金

問1 労働基準法及び労働安全衛生法

根拠 労基法16、最一小Ｒ2.3.30国際自動車事件、安衛法62、則518-Ⅰ

A ⑱ 身元保証人 CH1 Sec2③ 正解率 92%

B ⑪ 通常の労働時間の賃金 ― 正解率 89%

C ⑭ 当該労働契約の定める賃金体系全体における当該手当の位置付け ― 正解率 63%

D ⑩ 心身の条件 ― 正解率 88%

E ③ ２メートル ― 正解率 63%

問2 労働者災害補償保険法

根拠 法９-Ⅱ、16の２、(40)法附則43-Ⅰ、則１-Ⅱ②、５

A ⑳ 負傷、疾病、障害又は死亡の原因又は要因となる事由が生じた時点において事業主が同一人でない２以上の事業に同時に使用されていた労働者 CH3 Sec2② 正解率 84%

B ⑬ その収入が当該複数事業労働者の生計を維持する程度の最も高いもの CH3 Sec1① 正解率 86%

C ⑩ その事由が生じた月の翌月からその事由が消滅した月まで CH3 Sec7① 正解率 96%

D ⑥ 60 CH3 Sec6① 正解率 29%

E ③ 18 CH3 Sec6① 正解率 99%

問3 雇用保険法

根拠 法13-ⅠⅡ、行政手引50151、51254

A ① １年間 CH4 Sec3② 正解率 90%

B ④ 30 CH4 Sec3② 正解率 96%

C ① 1 CH4 Sec3③ 正解率 49%

D ② 求人への応募書類の郵送 CH4 Sec3③ 正解率 73%

E ① 巡回職業相談所 CH4 Sec3③ 正解率 68%

問4 労務管理その他の労働に関する一般常識

根拠 労働施策総合推進則１の３－Ⅰ③ニ、同則附則10、雇保則104－Ⅰ①イ、ハ、110－Ⅱ①イ、110の４－Ⅴ①イ、「令和２年版厚生労働白書（厚生労働省）」P.254

A	④ 35歳以上55歳未満	—	正解率	33%
B	① 65歳超雇用推進助成金	CH4 Sec10⑧	正解率	49%
C	① (公財)産業雇用安定センター	—	正解率	48%
D	④ 特定求職者雇用開発助成金	—	正解率	46%
E	① 40歳以上	—	正解率	18%

解説

Ａに係る「就職氷河期世代（35歳以上55歳未満）の不安定就労者・無業者に限定した募集・採用」に係る年齢制限の禁止の例外は、令和５年３月31日までの間の暫定措置である。

問5 社会保険に関する一般常識

根拠 国保法76－Ⅰ、船保法93、児手法８－Ⅲ、確給法41－Ⅲ

A	⑪ 国民健康保険事業費納付金の納付	CH10 Sec3⑧	正解率	80%
B	⑩ 国民健康保険事業に要する費用	—	正解率	70%
C	⑱ 被扶養者	CH10 Sec1②	正解率	71%
D	④ 15 日	—	正解率	81%
E	① ３ 年	CH10 Sec2②	正解率	37%

問6 健康保険法

根拠 法40－Ⅱ、156－Ⅰ①、160－XⅣ、XⅤ

A	⑯ 特定保険料率	CH7 Sec7③	正解率	67%
B	⑪ その額から健康保険法第153条及び第154条の規定による国庫補助額を控除した	CH7 Sec7③	正解率	75%
C	⑩ 総報酬額の総額	CH7 Sec7③	正解率	60%
D	③ ９月１日	CH7 Sec4②	正解率	95%
E	⑥ 100分の0.5	CH7 Sec4②	正解率	95%

問７　厚生年金保険法

根拠　法３－Ⅰ④、８の２－Ⅰ、84の３

	解答	参照	正解率
A	②　３か月を超える期間ごとに	CH9 Sec2⑫	97%
B	⑥　厚生年金保険給付費等	—	31%
C	⑪　交付金として交付	—	82%
D	⑭　船　舶	CH9 Sec1④	92%
E	⑨　厚生労働大臣の承認を受けて、	CH9 Sec1④	53%

問８　国民年金法

根拠　法16の２－Ⅰ、25

	解答	参照	正解率
A	⑪　給付の支給に支障が生じない	CH8 Sec3①	30%
B	⑯　調　整	CH8 Sec3①	78%
C	③　開始年度	CH8 Sec3①	57%
D	⑧　給付として支給を受けた金銭を標準	CH8 Sec9②	58%
E	⑳　老齢基礎年金及び付加年金	CH8 Sec9②	95%

令和3年度
(2021年度・第53回)
解答・解説
択一式

正解一覧

労基安衛	問1	E
	問2	A
	問3	C
	問4	E
	問5	A
	問6	B
	問7	E
	問8	E
	問9	D
	問10	C
労災徴収	問1	B
	問2	C
	問3	D
	問4	D
	問5	A
	問6	A
	問7	E
	問8	D
	問9	C
	問10	C
雇用徴収	問1	D
	問2	A
	問3	E
	問4	B
	問5	B
	問6	E
	問7	A
	問8	D
	問9	E
	問10	C
労一社一	問1	B
	問2	C
	問3	B
	問4	C
	問5	D
	問6	A
	問7	C
	問8	D
	問9	A
	問10	E
健保	問1	B
	問2	D
	問3	E
	問4	C
	問5	A
	問6	B
	問7	D
	問8	A
	問9	E
	問10	B
厚年	問1	C
	問2	E
	問3	A
	問4	B
	問5	E
	問6	D
	問7	D
	問8	E
	問9	B
	問10	D
国年	問1	B
	問2	E
	問3	A
	問4	B
	問5	C
	問6	B
	問7	A
	問8	E
	問9	C
	問10	B

労働基準法及び労働安全衛生法

問１ 正解 **E** 　正解率 **90%**

A ○ 根拠 法１－Ⅱ、Ｓ63.3.14基発150号 　CH1 Sec1①

確認してみよう！

労基法１条２項

労働基準法で定める労働条件の基準は**最低**のものであるから、**労働関係の当事者**は、この基準を理由として労働条件を**低下**させてはならないことはもとより、その**向上**を図るように努めなければならない。

B ○ 根拠 法３ 　CH1 Sec1②

確認してみよう！

労基法３条

使用者は、労働者の**国籍**、**信条**又は**社会的身分**を理由として、賃金、労働時間その他の労働条件について、差別的取扱をしてはならない。

C ○ 根拠 法５、Ｓ63.3.14基発150号 　—

確認してみよう！

労基法５条

使用者は、暴行、脅迫、監禁その他**精神**又は**身体**の自由を不当に拘束する手段によって、労働者の**意思に反して**労働を強制してはならない。

D ○ 根拠 法７ 　CH1 Sec1②

確認してみよう！

公民権の行使に係る時間については、有給であると無給であるとは当事者の自由に委ねられた問題で、無給でもよいとされている。

E × 根拠 法11、Ｓ63.3.14基発150号 　CH1 Sec3①

設問の所得税等を事業主が労働者に代わって負担する場合は、これらの労働者が法律上当然生ずる義務を免れるのであるから、この事業主が労働者に代わって負担する部分は、法11条の賃金と認められる。

確認してみよう！

賃金になるもの・ならないもの

賃金になるもの	賃金にならないもの
・休業手当（法定超過額を含む） ・通勤手当（通勤定期乗車券の支給を含む） ・税金や社会保険料の補助 ・スト妥結一時金	・休業補償（法定超過額を含む） ・出張旅費・宿泊費・無料乗車券 ・生命保険料の補助や財産形成貯蓄奨励金の支給 ・解雇予告手当 ・労働者持ちの器具の損料

問2　正解　A　　正解率 74%

A ○ 根拠 法14-Ⅰ　　CH1 Sec2③

確認してみよう！

契約期間の上限

期間の定めのないもの	なし
一定の事業の完了に必要な期間を定めるもの	一定の事業の完了に必要な期間
原則	3年
専門的知識等であって高度のものを有する労働者（当該高度の専門的知識等を必要とする業務に就く者に限る。）との間に締結されるもの	5年
満60歳以上の労働者との間に締結されるもの	

B ×　根拠 法15-Ⅰ、H11.1.29基発45号　　—

労働契約の締結の際に、使用者が労働者に書面により明示すべき「就業の場所及び従事すべき業務に関する事項」については、雇入れ直後の就業の場所及び従事すべき業務を明示すれば足りるものとされている。

確認してみよう！

使用者は、下記の絶対的明示事項のうち、昇給に関する事項以外の事項については、書面の交付等により、明示しなければならない。

絶対的明示事項	①	労働契約の**期間**に関する事項
	②	期間の定めのある労働契約を更新する場合の**基準**に関する事項※
	③	就業の**場所**及び従事すべき**業務**に関する事項
	④	**始業**及び**終業**の時刻、**所定労働時間を超える労働の有無**、休憩時間、休日、休暇並びに労働者を２組以上に分けて就業させる場合における就業時転換に関する事項
	⑤	**賃金**（退職手当等を除く。）の決定、計算及び支払の方法、賃金の締切り及び支払の時期並びに昇給に関する事項
	⑥	**退職**（解雇の事由を含む。）に関する事項

※期間の定めのある労働契約の期間の満了後に当該労働契約を更新する場合があるものの締結の場合に限る。

C × 根拠 法17、S33.2.13基発90号　CH1 Sec2③

労働者が使用者から人的信用に基づいて受ける金融又は賃金の前払いのような単なる弁済期の繰上げ等で明らかに身分的拘束を伴わないと認められるものは、「労働することを条件とする前貸の債権」には含まれない。

D × 根拠 法18-Ⅱ　CH1 Sec2③

使用者は、労働者の貯蓄金をその委託を受けて管理しようとする場合においては、当該事業場に、労働者の過半数で組織する労働組合があるときはその労働組合、労働者の過半数で組織する労働組合がないときは労働者の過半数を代表する者との書面による協定をし、これを行政官庁に届け出なければならないこととされている。したがって、設問のように意見聴取をした上で就業規則に記載し届け出たとしても、上記の要件は満たさず、任意貯蓄を行うことはできない。

確認してみよう!

任意貯蓄

任意貯蓄には、社内預金と通帳保管があり、どちらの場合でも、使用者は、次の措置をとらなければならない。

①	労使協定（貯蓄金管理協定）を締結し、行政官庁（所轄労働基準監督署長）に届け出ること
②	貯蓄金管理規程を定め、これを労働者に周知させるため作業場に備え付ける等の措置をとること
③	労働者が貯蓄金の返還を請求したときには、遅滞なく返還すること

E × 根拠 法39-Ⅴ、H21.5.29基発0529001号　CH1 Sec8④

日単位による年次有給休暇の取得を請求した場合に時間単位に変更することは、時季変更に当たらず、認められない。

問3 正解 C（ウ・エ・オの三つ）　正解率 59%

ア × 根拠 則7の2　CH1 Sec3②

退職手当を設問の方法により支払う場合は、労働者の同意を得る必要がある。

確認してみよう!

賃金は、通貨で支払わなければならないが、法令若しくは労働協約に別段の定めがある場合又は一定の賃金について確実な支払の方法で一定のものによる場合においては、通貨以外のもので支払うことができる。

イ × 根拠 法24-Ⅰ、S63.3.14基発150号　CH1 Sec3②

労働協約の定めによって通貨以外のもので支払うことが許されるのは、その労働協約の適用を受ける労働者に限られる。**ア**の 確認してみよう! 参照。

ウ ○ 根拠 法24-Ⅰ、最二小H2.11.26日新製鋼事件　CH1 Sec3②

確認してみよう!

労働基準法24条1項本文の定めるいわゆる賃金全額払の原則の趣旨とするところは、使用者が一方的に賃金を控除することを禁止し、もって労働者に賃金の全額を確実に受領させ、労働者の経済生活を脅かすことのないようにしてその保護を図ろうとするものというべきであるから、使用者が労働者に対して有する債権をもって労働者の賃金債権と相殺することを禁止する趣旨をも包含する。

エ ○ 根拠 法24-Ⅰ、最一小S44.12.18福島県教組事件　CH1 Sec3②

設問の判例では、「賃金支払事務においては、<中略>、賃金の過払が生ずることのあることは避けがたいところであり、このような場合、これを精算ないし調整するため、後に支払わるべき賃金から控除できるとすることは、右のような賃金支払事務における実情に徴し合理的理由があるといいうるのみならず、労働者にとっても、このような控除をしても、賃金と関係のない他の債権を自働債権とする相殺の場合とは趣を異にし、実質的にみれば、本来支払わるべき賃金は、その全額の支払を受けた結果となるのである。」とし、このような「適正な賃金の額を支払うための手段たる相殺」については、労働者の同意がなくとも、一定の要件（設問の内容）の下に認められるものとしている。**ウ**の判例との相違に注意。

オ　○　根拠 法25、則９　　CH1 Sec3③

確認してみよう！

法25条にいう「非常の場合」とは、**労働者**又はその収入によって**生計を維持する者**が、次のいずれかに該当した場合をいう。

①	**出産**し、**疾病**にかかり、又は**災害**をうけた場合
②	**結婚**し、又は**死亡**した場合
③	やむを得ない事由により**１週間以上**にわたって**帰郷**する場合

問４　正解　E　　正解率 90%

A　×　根拠 法26、Ｓ22.12.15基発502号　　—

法26条は、強行法規をもって、平均賃金の100分の60までを保障しようとする趣旨の規定であって、賃金債権を全額確保しうる民法の規定を排除するものではないから、労働者にとって不利なものとはなっていない。

得点UP！

民法（536条２項前段）では、「債権者の責めに帰すべき事由によって債務を履行することができなくなったときは、債権者は、反対給付の履行を拒むことができない。」とされている。

B　×　根拠 法26、Ｓ24.3.22基収4077号　　CH1 Sec3④

労働協約、就業規則又は労働契約により休日と定められている日については、法35条の休日であると、法35条によらない所定の休日であるとにかかわらず、休業手当を支給する義務はない。

C ✕ 根拠 法26、S 23.7.12基発1031号 CH1 Sec3④

就業規則に設問のような規定を定めたとしても、その規定中の「会社の業務の都合」が、法26条の「使用者の責に帰すべき事由」に該当する場合には、使用者に同条の休業手当の支払義務が生ずる。なお、この場合には、休業手当の額に満たない賃金を支給する旨の規定は無効となる。

D ✕ 根拠 法26、S 23.6.11基収1998号 CH1 Sec3④

設問の休業は、法26条の「使用者の責に帰すべき事由」に該当する。

確認してみよう！

使用者の責に帰すべき事由による休業に該当するもの	使用者の責に帰すべき事由による休業に該当しないもの
・経営障害（材料不足・輸出不振・資金難・不況等）による休業 ・予告なしに解雇した場合の予告期間中の休業 ・新規学卒採用内定者の自宅待機	・天災地変等の不可抗力による休業 ・労働安全衛生法の規定による健康診断の結果に基づいて行った休業 ・ロックアウトによる休業（社会通念上正当と認められるものに限る） ・代休付与命令による休業 ・休電による休業

E ○ 根拠 法26、S 63.3.14基発150号 CH1 Sec3④

Dの 確認してみよう！ 参照。

問 5 正解 A 正解率 32%

A ○ 根拠 法36-Ⅰ CH1 Sec6③

設問の時間外及び休日労働に関する協定（いわゆる三六協定）は、これを所轄労働基準監督署長に届け出てはじめて適法に時間外労働等を行い得る。したがって、設問においては協定を届け出た令和3年4月9日からその効力が発生するため、令和3年4月1日から令和3年4月8日までに行われた法定労働時間を超える労働は、適法なものとはならない。

B ✕ 根拠 法32の2 CH1 Sec6③

設問のいわゆる1箇月単位の変形労働時間制における労使協定は、その締結により効力が発生するものであり、所轄労働基準監督署長への届出が効力発生要件となっているわけではない。

C ✕ 根拠 法33-Ⅰ、60-Ⅰ、H11.3.31基発168号 CH1 Sec9③

満18歳に満たない者についても、法33条（災害等による臨時の必要がある場合の時間外労働等）の規定は適用される。

確認してみよう！

変形労働時間制、三六協定による時間外・休日労働、労働時間及び休憩の特例並びに高度プロフェッショナル制度の規定は、満18歳に満たない者については、これを適用しない。

D ✕ 根拠 法41、66、S61.3.20基発151号・婦発69号 CH1 Sec9④

監督又は管理の地位にある者等法41条に該当する者については、妊産婦であっても法32条（法定労働時間）又は法40条（労働時間及び休憩の特例）等の労働時間に関する規定は適用されない。

確認してみよう！

使用者は、妊産婦が請求した場合には、次のとおりにしなければならない。

① １箇月単位の変形労働時間制、１年単位の変形労働時間制及び１週間単位の非定型的変形労働時間制を採用している場合であっても、１週間について１週の法定労働時間、１日について１日の法定労働時間を超えて労働させてはならない。

② 災害等若しくは公務のために臨時の必要がある場合又は三六協定を締結している場合であっても、時間外労働をさせてはならず、又は休日に労働させてはならない。

③ 深夜業をさせてはならない。

※「法41条該当者」及び「高度プロフェッショナル制度の対象労働者」については、上記①②の規定は適用されないが、③の規定は適用される。

E ✕ 根拠 法32の３、H30.12.28基発1228第15号 —

フレックスタイム制を導入している場合の法36条による時間外労働に関する協定においては、１日について延長することができる時間を協定する必要はなく、１箇月及び１年について協定すれば足りる。

問６ 正解 B 正解率 85%

A ○ 根拠 法65、S23.12.23基発1885号 CH1 Sec9④

B ✕ 根拠 法65、S26.4.2婦発113号 —

出産の範囲は妊娠４か月以上の分娩であるため、妊娠４か月以後に行った妊娠中絶も出産に含まれる。

C ○ 根拠 法65、S25.3.31基収4057号 CH1 Sec9④

D ○ 根拠 法65-Ⅰ CH1 Sec9④

確認してみよう！

産前産後休業

産前６週間（多胎妊娠の場合は14週間）	請求した場合には就業禁止
産後８週間	就業禁止（ただし、産後６週間を経過した女性が請求した場合、医師が支障がないと認めた業務に就かせることは、差し支えない。）

E ○ 根拠 法65-Ⅲ、S61.3.20基発151号・婦発69号 CH1 Sec9④

問7 正解 E 正解率 51%

A × 根拠 法89、H11.3.31基発168号 CH1 Sec10②

設問の場合には、使用者は法89条違反の責任を免れない。なお、設問のうち、就業規則の効力の発生に関する記述は正しい。

B × 根拠 法89、S63.3.14基発150号 CH1 Sec10②

設問の場合には、就業規則に規定することが必要である。

C × 根拠 法90、S63.3.14基発150号 CH1 Sec10①

設問のように同一事業場において一部の労働者についてのみ適用される就業規則を別に作成する場合においても、当該事業場の就業規則の一部分であるから、その作成又は変更に際しては、当該事業場に、全労働者の過半数で組織する労働組合がある場合においてはその労働組合、全労働者の過半数で組織する労働組合がない場合においては全労働者の過半数を代表する者の意見を聴かなければならない。

D × 根拠 法91、S26.3.31基収938号 CH1 Sec10③

設問の定めは法91条（制裁規定の制限）に違反しない。

確認してみよう！

労基法91条（制裁規定の制限）

就業規則で、労働者に対して減給の制裁を定める場合においては、その減給は、１回の額が平均賃金の１日分の**半額**を超え、総額が１賃金支払期における賃金の総額の**10分の１**を超えてはならない。

E ○ 根拠 法91、Ｓ25.9.8基収1338号 —

Dの 確認してみよう！ 参照。

問８ 正解 E 正解率 42%

A × 根拠 法２-② CH2 Sec1③

労働安全衛生法における「労働者」とは、労働基準法９条に規定する労働者(同居の親族のみを使用する事業又は事務所に使用される者及び家事使用人を除く。)をいう。

B × 根拠 法５、Ｓ47.11.15基発725号 CH2 Sec1④

設問の場合、当該事業の仕事に従事する労働者を当該代表者のみが使用する労働者とみなすが、下請負人の労働者も含めてみなすことはしない。なお、その他の記述は正しい。

C × 根拠 法28の２-Ⅰ、則24の11-Ⅰ③ CH2 Sec4①

設問の調査は、「１か月以内」ではなく、「作業方法又は作業手順を新規に採用し、又は変更するとき」に行うものとされている。

D × 根拠 法57の４-Ⅰ CH2 Sec5⑤

「有害性の調査を行うよう努めなければならない」ではなく、「有害性の調査を行い、当該新規化学物質の名称、有害性の調査の結果その他の事項を厚生労働大臣に届け出なければならない」とされている。なお、厚生労働大臣は、当該届出があった場合には、有害性の調査の結果について学識経験者の意見を聴き、当該届出に係る化学物質による労働者の健康障害を防止するため必要があると認めるときは、届出をした事業者に対し、施設又は設備の設置又は整備、保護具の備付けその他の措置を講ずべきことを勧告することができる。

E ○ 根拠 法57の５-ⅠⅢ —

問9 正解 **D（イ・ウ・エ・オの四つ）** 正解率 39%

ア ✕ 根拠 法10-Ⅰ、令2、S47.9.18発基91号 CH2 Sec2①

総括安全衛生管理者は、労働安全衛生法施行令で定める業種の事業場の労働者数を基準として選任するのであり、当該事業場の「企業全体における」労働者数を基準として選任するのではない。なお「事業場」とは、工場、鉱山、事務所、店舗等のように一定の場所において、相関連する組織の下に継続的に行われる作業の一体をいう。

確認してみよう！

総括安全衛生管理者を選任する事業場

業　種	使用労働者数
① 林業、鉱業、建設業、運送業及び清掃業	常時100人以上
② 製造業（物の加工業を含む）、電気業、ガス業、熱供給業、水道業、通信業、各種商品卸売業、家具・建具・じゅう器等卸売業、各種商品小売業、家具・建具・じゅう器小売業、燃料小売業、旅館業、ゴルフ場業、自動車整備業、機械修理業	常時300人以上
③ その他の業種	常時1,000人以上

イ ○ 根拠 法10-Ⅰ① CH2 Sec2①

確認してみよう！

① 総括安全衛生管理者は、安全管理者、衛生管理者及び救護に関する技術的事項を管理する者の指揮をするとともに、安全衛生に関する業務を統括管理しなければならない。

② 総括安全衛生管理者は、当該事業場においてその事業の実施を統括管理する者をもって充てなければならない（総括安全衛生管理者となるために、特段の資格や免許、経験を有する必要はない。）。

ウ ○ 根拠 法10-Ⅰ② CH2 Sec2①

エ ○ 根拠 法10-Ⅰ③ CH2 Sec2①

オ ○ 根拠 法10-Ⅰ④ CH2 Sec2①

問10 正解 **C** 正解率 63%

A ✕ 根拠 法101-Ⅰ CH2 Sec10④

設問の周知義務は、すべての事業者に課せられており、常時10人以上の労働者を使用する事業場に限るものではない。

B ✕ 根拠 法101－Ⅱ、令５、則98の２－Ⅱ CH2 Sec10④

設問の周知義務は、産業医の選任をした事業者に課せられており、常時100人以上の労働者を使用する事業場に限るものではない。

得点UP！

産業医を選任した事業者は、その事業場における産業医の業務の内容その他の産業医の業務に関する事項で次の①～③に掲げるものを、常時各作業場の見やすい場所に掲示し、又は備え付けることその他の厚生労働省令で定める方法により、労働者に周知させなければならない。

① 事業場における産業医の業務の具体的な内容
② 産業医に対する健康相談の申出の方法
③ 産業医による労働者の心身の状態に関する情報の取扱いの方法

C ○ 根拠 法101－Ⅳ —

D ✕ 根拠 法11、12 —

安全管理者又は衛生管理者については、設問のような周知義務はない。なお、産業医についてＢの 得点UP！ 参照。

確認してみよう！

事業者は、安全管理者又は衛生管理者を選任したときは、遅滞なく、選任報告書を、所轄労働基準監督署長に提出しなければならない。

E ✕ 根拠 則97 —

設問のような周知義務はない。設問の場合は、遅滞なく、「労働者死傷病報告書」を所轄労働基準監督署長に提出しなければならない。

得点UP！

労働者死傷病報告書の提出は、休業日数が４日未満の場合には、１月から３月まで、４月から６月まで、７月から９月まで及び10月から12月までの期間における最後の月の翌月末日までに行えば足りる。

労働者災害補償保険法（労働保険の保険料の徴収等に関する法律を含む。）

問1　正解　B　　正解率 55%

A　○　根拠　法7－Ⅰ①、S34.5.11基収2212号　　—

B　×　根拠　法7－Ⅰ①、S27.6.5基災収1241号　　—

設問の場合、業務災害と認められない。

C　○　根拠　法7－Ⅰ①、S34.10.13基収5040号　　—

D　○　根拠　法7－Ⅰ①、S42.1.24 41基収7808号　　—

E　○　根拠　法7－Ⅰ①、S32.12.25基収6636号　　—

問2　正解　C　　正解率 20%

A　○　根拠　法7－Ⅰ③、H28.12.28基発1228第1号　　CH3 Sec2③

通勤に係る移動は、合理的な経路により行うことを要するが、他に子を監護する者がいない労働者が、その子を託児所等にあずけるためにとる経路などは、そのような立場にある労働者であれば、当然、就業のためにとらざるを得ない経路であるので、合理的な経路となる。

確認してみよう！

通勤とは、労働者が、就業に関し、次の(1)～(3)に掲げる移動を、合理的な経路及び方法により行うことをいい、業務の性質を有するものを除くものとする。

(1)　住居と就業の場所との間の往復
(2)　厚生労働省令で定める就業の場所から他の就業の場所への移動
(3)　上記(1)に掲げる往復に先行し、又は後続する住居間の移動（厚生労働省令で定める要件に該当するものに限る。）

B　○　根拠　法7－Ⅲ　　CH3 Sec2③

設問の負傷は、通勤に係る移動の経路を逸脱している間に生じたものであり、通勤災害と認められない。

C　×　根拠　法7－Ⅲ、則8、H28.12.28基発1228第1号　　CH3 Sec2③

設問の自動車教習所における教習は、「日常生活上必要な行為であって厚生労働省令で定めるもの」に該当せず、当該教習（中断）後の移動中の負傷は通勤災害と認められない。

確認してみよう！

労働者が、通勤の移動の経路を**逸脱**し、又は通勤の移動を**中断**した場合においては、当該逸脱又は中断の**間**及びその**後**の移動は、通勤としない。ただし、当該逸脱又は中断が、**日常生活上必要**な行為であって厚生労働省令で定めるもの（下記①～⑤）をやむを得ない事由により行うための**最小限度**のものである場合は、当該逸脱又は中断の**間**を**除き**、この限りでない。

①	**日用品の購入**その他これに準ずる行為
②	職業能力開発促進法に規定する公共職業能力開発施設の行う**職業訓練**、学校教育法に規定する学校において行われる教育その他これらに準ずる**教育訓練**であって職業能力の開発向上に資するものを受ける行為
③	**選挙権の行使**その他これに準ずる行為
④	病院又は診療所において**診察**又は**治療**を受けることその他これに準ずる行為
⑤	**要介護状態**にある配偶者、子、父母、孫、祖父母及び兄弟姉妹並びに配偶者の父母の**介護**（**継続的に**又は**反復して**行われるものに限る。）

D ○ 根拠 法７－Ⅱ③、則７－①ロ、H28.12.28基発1228第１号　CH3 Sec2③

いわゆる住居間移動における赴任先住居から帰省先住居への移動の場合、実態等を踏まえて、業務に従事した当日又はその翌日に行われた場合は、就業との関連性を認めて差し支えないものとされており、翌々日以後に行われた場合は、交通機関の状況等の合理的理由があるときに限り、就業との関連性が認められるものとされている。設問は、夏季休暇の２日目（業務に従事した翌々日）の帰省であり、交通機関の状況等に特に問題のない場合であるから、その移動中の負傷は通勤災害と認められない。

確認してみよう！

住居間移動における帰省先住居から赴任先住居への移動が、実態等を踏まえ、業務に就く当日又は前日に行われた場合は、就業との関連性を認めて差し支えない。ただし、前々日以前に行われた場合は、交通機関の状況等の合理的理由があるときに限り、就業との関連性が認められる。

E ○ 根拠 法７－Ⅰ③、H28.12.28基発1228第１号　CH3 Sec2③

通勤に係る移動は、合理的な方法により行うことを要するが、単なる免許証不携帯、免許証更新忘れによる無免許運転の場合等は、諸般の事情を勘案して給付の支給制限が行われることがあるものの、必ずしも合理性を欠くものとして取り扱う必要はないものとされている。

免許を一度も取得したことのないような者が自動車を運転する場合、自動車・自転車等を泥酔して運転するような場合には、合理的な方法と認められない。

問3 正解 D　正解率 72%

A ✕ 根拠 H15.5.20基発0520002号　CH3 Sec9①

中小事業主の特別加入に当たっては、事業主と当該事業主の事業に従事する者について包括して加入申請を行うことが前提とされているが、就業実態のない事業主（高齢その他の事情のため、実際に就業しない事業主など）については、事業主が自らを包括加入の対象から除外することを申し出た場合には、特別加入者としないこととされている。

確認してみよう！

就業実態のない事業主（次の①又は②のいずれかに該当するもの）が自らを包括加入の対象から除外することを申し出た場合には、当該事業主を特別加入者としないこととする。

① 病気療養中、高齢その他の事情のため、実際に就業しない事業主
② 事業主の立場において行う事業主本来の業務のみに従事する事業主

B ✕ 根拠 法35-Ⅰ、則46の22の２　CH3 Sec9②

設問の者には、通勤災害に関する規定は適用されない。

確認してみよう！

一人親方等の特別加入者のうち、次に掲げる者は、住居と就業の場所との通勤の実態がはっきりとしないため、通勤災害に関する保険給付は、行われない。

① 自動車を使用して行う旅客若しくは貨物の運送の事業又は原動機付自転車若しくは自転車を使用して行う貨物の運送の事業に従事する者（個人タクシー業者、個人貨物運送業者、フリーランスの自転車配達員等）
② 漁船による水産動植物の採捕の事業（船員法１条に規定する船員が行う事業を除く。）に従事する者
③ 特定農作業従事者
④ 指定農業機械作業従事者
⑤ 家内労働者及びその補助者であって、危険有害作業に従事する者

C ✕ 根拠 法34-Ⅰ④　CH3 Sec9②

設問の場合、政府は、当該事故に係る保険給付の全部又は一部を行わないことができる。

確認してみよう！

特別加入者の支給制限

政府は、次の事故に係る保険給付の全部又は一部を行わないことができる。

①　保険料滞納による支給制限
特別加入者の業務災害、複数業務要因災害又は通勤災害の原因である事故が、特別加入保険料が滞納されている期間（督促状の指定期限後の期間に限る。）中に生じたものであるとき
②　故意又は重大な過失による業務災害に係る支給制限
中小事業主等の特別加入者の業務災害の原因である事故が、当該事業主の故意又は重大な過失によって生じたものであるとき

D　○　根拠　法33-⑦、S52.3.30基発192号　CH3 Sec9①

海外派遣者として特別加入することができるのは、新たに派遣される者に限られるものではなく、したがって、既に海外の事業に派遣されている者についても特別加入することができる。なお、海外の事業で直接採用された者（現地採用者）は、特別加入の対象とならない。

E　×　根拠　則46の18-⑤、H30.2.8基発0208第１号　―

家事支援従事者が特別加入者として追加される前（平成30年４月１日前）に介護作業従事者として特別加入している者は、平成30年４月１日以後は介護及び家事支援のいずれの作業にも従事するものとして取り扱われ、設問の場合、業務災害と認められることがある。

得点UP！

介護作業、家事支援作業はいずれも則46条の18,5号に規定されている作業であり、実際に行う作業がどちらか一方のみの場合であっても、則46条の18,5号加入者（介護作業従事者及び家事支援従事者）として加入することとなるため、そのいずれの作業にも従事するものとして取り扱われる。

問４　正解　D　　正解率　66%

A　○　根拠　R2.5.29基発0529第１号　―

B　○　根拠　R2.5.29基発0529第１号　―

C　○　根拠　R2.5.29基発0529第１号　―

D ✕ 根拠 R2.5.29基発0529第１号 —

設問の場合、心理的負荷の程度は「中」になる。

E ○ 根拠 R2.5.29基発0529第１号 —

問５ 正解 A 正解率 73%

A ○ 根拠 則14-V、H23.2.1基発0201第１号 CH3 Sec5①

設問の場合、いわゆる加重に該当するため、障害補償年金の額は、現在の第５級に応ずる障害補償年金の額（給付基礎日額の184日分）から、既にあった第８級に応ずる障害補償一時金の額（給付基礎日額の503日分）を25で除して得た額を差し引いた額（給付基礎日額の163.88日分）となる。

確認してみよう！

加重

① 既にあった障害及び加重後の障害がともに障害等級第７級以上（年金）の場合

加重後の障害（補償）等年金の額	−	既存障害の等級に応ずる障害（補償）等年金の額

② 既にあった障害及び加重後の障害がともに障害等級第８級以下（一時金）の場合

加重後の障害（補償）等一時金の額	−	既存障害の等級に応ずる障害（補償）等一時金の額

③ 既にあった障害が第８級以下（一時金）で加重後の障害が障害等級第７級以上（年金）の場合

加重後の障害（補償）等年金の額	−	既存障害の等級に応ずる障害（補償）等一時金の額×1/25

B ✕ 根拠 則14-V、H23.2.1基発0201第１号 CH3 Sec5①

解説A参照。

C ✕ 根拠 則14-V、H23.2.1基発0201第１号 CH3 Sec5①

解説A参照。

D ✕ 根拠 則14-V、H23.2.1基発0201第１号 CH3 Sec5①

解説A参照。

E ✕ 根拠 則14-V、H23.2.1基発0201第１号 CH3 Sec5①

令和３年度（第53回）
択一式

解説A参照。

問６ 正解　A　　正解率 87%

A　✕　根拠 法16の７　　CH3 Sec6③

労働者の死亡当時その収入によって生計を維持していた父母は、労働者の死亡当時その収入によって生計を維持していなかった配偶者より「後順位」となる。

確認してみよう！

遺族（補償）等一時金の受給権者

遺族（補償）等一時金を受けることができる遺族は、次の①から④に掲げる者であり、また、その支給を受けるべき遺族の順位は、次の①、②、③、④の順序により、②、③に掲げる者のうちにあっては、それぞれ、②、③に掲げる順序による。

①	配偶者
②	労働者の死亡の当時その収入によって生計を維持していた子、父母、孫及び祖父母
③	労働者の死亡の当時その収入によって生計を維持していなかった子、父母、孫及び祖父母
④	兄弟姉妹

B　〇　根拠 法16の７　　CH3 Sec6③

Aの 確認してみよう！ 参照。

C　〇　根拠 法16の７　　CH3 Sec6③

Aの 確認してみよう！ 参照。

D　〇　根拠 法16の７　　CH3 Sec6③

Aの 確認してみよう！ 参照。

E　〇　根拠 法16の７　　CH3 Sec6③

Aの 確認してみよう！ 参照。

問７ 正解　E　　正解率 75%

A　〇　根拠 H9.2.3基発65号　　—

B　〇　根拠 H9.2.3基発65号　　—

C　〇　根拠 H9.2.3基発65号　　—

D ○ 根拠 H9.2.3基発65号 —

E × 根拠 H9.2.3基発65号 —

一般に上肢障害は、業務から離れ、あるいは業務から離れないまでも適切な作業の指導・改善等を行い就業すれば、症状は軽快し、また、適切な療養を行うことによっておおむね「3か月」程度で症状が軽快すると考えられ、手術が施行された場合でも一般的におおむね「6か月」程度の療養が行われれば治ゆするものと考えられるので留意することとされている。

問8 正解 D 正解率 43%

A × 根拠 法3、整備法7 CH5 Sec1③

設問の場合、「該当するに至った日の翌日」ではなく、「該当するに至った日」に、当該事業について労災保険に係る保険関係が成立する。

B × 根拠 整備法5－Ⅰ、整備省令1、14 CH5 Sec1③

設問の場合、「厚生労働大臣の認可があった日の翌日」ではなく、「厚生労働大臣の認可があった日」に、当該事業について労災保険に係る保険関係が成立する。

C × 根拠 整備法8－Ⅱ③ CH5 Sec1④

設問の事業（特例として行う労災保険の保険給付が行われることとなった労働者を使用する事業）については、特別保険料が徴収されるため、保険関係が成立した後1年以上を経過していても、「特別保険料の徴収期間」が経過するまでの間は脱退が認められないこととなる。

確認してみよう！

労災保険の消滅申請の要件

①	その事業に使用される労働者の過半数の同意を得ること
②	擬制任意適用事業以外の事業にあっては、保険関係が成立した後1年を経過していること
③	特別保険料が徴収される場合は、特別保険料の徴収期間を経過していること

D ○ 根拠 整備法8－Ⅰ、整備省令3－Ⅰ、14 CH5 Sec1④

E × 根拠 整備法8－Ⅰ CH5 Sec1④

設問の認可により労災保険に係る保険関係が消滅した場合に、当該消滅に同意しなかった者について個別に保険関係が存続するという規定はない。

問９　正解　C　　正解率 38%

A　○　根拠　法15-ⅠⅡ、則38-Ⅳ　　CH5 Sec4②

確認してみよう！

納入告知書により通知が行われるのは、次のものである。

①	確定保険料の認定決定及び追徴金
②	印紙保険料の認定決定及び追徴金
③	有期事業のメリット制の適用による確定保険料の差額徴収
④	特例納付保険料の額及び納期限

※上記以外については、納付書によって行う。

B　○　根拠　法３、15-Ⅱ、18、則28-Ⅰ　　CH5 Sec4①④

確認してみよう！

有期事業の延納の要件

①	次のいずれかに該当していること ⓐ　納付すべき概算保険料の額が75万円以上の事業であること ⓑ　事業に係る労働保険事務の処理が労働保険事務組合に委託されている事業であること
②	事業の全期間が６月以内の事業ではないこと

C　×　根拠　法15-ⅠⅡ、16、則24-Ⅱ、25-Ⅱ　　―

増加概算保険料に係る申告書の記載事項として、「保険料算定基礎額の見込額が増加した年月日」等が規定されており、概算保険料に係る申告書の記載事項と同一ではない。

D　○　根拠　法15-Ⅲ、則１-Ⅲ　　CH5 Sec4⑦

E　○　根拠　法15-Ⅳ　　CH5 Sec4⑦

問10　正解　C　　正解率 74%

A　○　根拠　法７、則６-Ⅰ①　　CH5 Sec2①

確認してみよう！

有期事業の一括の要件

①	それぞれの事業の事業主が同一人であること
②	それぞれの事業が有期事業であること
③	それぞれの事業が、労災保険に係る保険関係が成立している事業のうち、建設の事業であり、又は立木の伐採の事業であること
④	それぞれの事業の規模が、概算保険料を算定することとした場合における概算保険料の額に相当する額が160万円未満であり、かつ、建設の事業にあっては、請負金額（消費税等相当額を除く）が1億8,000万円未満、立木の伐採の事業にあっては、素材の見込生産量が1,000立方メートル未満であること
⑤	それぞれの事業が、他のいずれかの事業の全部又は一部と同時に行われること
⑥	それぞれの事業が、労災保険率表に掲げる事業の種類を同じくすること
⑦	それぞれの事業に係る労働保険料の納付の事務が１の事務所（一括事務所）で取り扱われること

B ○ 根拠 法７、則６－Ⅱ① CH5 Sec2①

Aの確認してみよう！参照。

C × 根拠 法７、則６－Ⅱ②、S40.7.31基発901号 CH5 Sec2①

有期事業の一括が適用されるには、労働保険徴収法施行規則別表第１（労災保険率表）に掲げる「事業の種類を同じくすること」が要件とされており、労災保険率が同じ事業であっても、事業の種類が異なる場合は、有期事業の一括の対象とはされない。Aの確認してみよう！参照。

D ○ 根拠 法７、S40.7.31基発901号 CH5 Sec2①

「事業主」とは、個人企業の場合は個人、法人企業の場合は法人であるので、設問のように代表取締役が同一人であることは、「事業主が同一人であること」には該当しない。

E ○ 根拠 法７、S40.7.31基発901号 —

X会社がY会社の下請として施工する建設の事業は、労働保険徴収法の規定の適用については、その事業を一の事業とみなし、元請負人（Y会社）のみが当該事業の事業主とされる（請負事業の一括）。したがって、X会社が下請として施工する建設の事業（Y会社のみが事業主とされる）は、X会社が元請として施工する有期事業と「事業主が同一人であること」とする有期事業の一括の要件を満たさないこととなり、有期事業の一括は行われない。

雇用保険法（労働保険の保険料の徴収等に関する法律を含む。）

問1 正解 **D** 正解率 59%

A ○ 根拠 行政手引20303 —

なお、「1週間の所定労働時間」とは、就業規則、雇用契約書等により、その者が通常の週に勤務すべきこととされている時間をいい、この場合の「通常の週」とは、祝祭日及びその振替休日、年末年始の休日、夏季休暇等の特別休日（すなわち、週休日その他概ね1か月以内の期間を周期として規則的に与えられる休日以外の休日）を含まない週をいう。

B ○ 根拠 行政手引20303 —

得点UP！

夏季休暇等のため、特定の月の所定労働時間が例外的に長く又は短く定められているときは、当該特定の月以外の通常の月の所定労働時間を12分の52で除して得た時間を1週間の所定労働時間とする。

C ○ 根拠 行政手引20303 —

D × 根拠 行政手引20303 —

所定労働時間が1年間の単位で定められている場合であっても、さらに、週又は月を単位として所定労働時間が定められている場合には、当該週又は月を単位として定められた所定労働時間により1週間の所定労働時間を算定することとされている。

確認してみよう！

所定労働時間が1年間の単位でしか定められていない場合には、当該時間を52で除して得た時間を1週間の所定労働時間とする。

E ○ 根拠 行政手引20303 —

なお、設問の場合（雇用契約書等における1週間の所定労働時間と実際の勤務時間に常態的に乖離がある場合であって、当該乖離に合理的な理由がない場合）、具体的には、事業所における入職から離職までの全期間を平均して1週間当たりの通常の実際の勤務時間が概ね20時間以上に満たず、そのことについて合理的な理由がない場合は、原則として1週間の所定労働時間は20時間未満であると判断し、被保険者とならない。

問２　正解　A

正解率　94%

A　○　根拠　法10の３－ⅠⅡ　　CH4 Sec10②

確認してみよう！

未支給の失業等給付の支給を請求することができるのは、死亡した者の**配偶者**（婚姻の届出をしていないが、事実上婚姻関係と同様の事情にあった者を含む。）、**子**、**父母**、**孫**、**祖父母**又は**兄弟姉妹**であって、その者の死亡の当時その者と**生計を同じく**していたものであり、未支給の失業等給付の支給を受けるべき者の順位は、この順序による。

B　×　根拠　法10の３－Ⅰ　　CH4 Sec10②

未支給の失業等給付は、支給を受けるべき順位にあるその者の遺族が「死亡した者の名」ではなく「自己の名」でその支給を請求することができる。

C　×　根拠　法31－Ⅰ、則47、行政手引53103　　―

正当な理由がなく自己の都合によって退職したことにより基本手当を支給しないこととされた期間中の日については、未支給の基本手当は支給されない。

得点UP！

未支給の失業等給付のうち、死亡者が、死亡したため所定の認定日に公共職業安定所に出頭し失業の認定を受けることができなかった基本手当については、当該未認定の日について失業の認定をした上支給される。したがって、次の①～③に掲げる日等本来受給資格者が死亡していなくても失業の認定を受けることができない日については支給されない。

①　待期期間中の日
②　雇用保険法32条１項（就職拒否・職業訓練拒否）若しくは同条２項（職業指導拒否）による給付制限又は同法33条１項（離職理由）による給付制限により基本手当を支給しないこととされた期間中の日
③　自己の労働による収入があるため、基本手当を支給しないこととされた日

D　×　根拠　行政手引53103　　―

設問の場合、原則として、死亡直前に係る失業認定日から死亡日の前日までの基本手当を受けることができることとなり、また、死亡の時刻等を勘案し、死亡の日を含めて失業の認定ができる場合（おおむね正午以後に死亡した場合）は、死亡直前に係る失業認定日から死亡日までの基本手当を受けることができる。

E　×　根拠　則17の２－Ⅰ　　CH4 Sec10②

未支給の失業等給付の支給の請求は、当該受給資格者の死亡の翌日から起算して「６か月以内」にしなければならない。

問3 正解 **E** 正解率 **83%**

A ○ 根拠 法22-Ⅲ、61の7-Ⅸ CH4 Sec3⑤

確認してみよう！

次の期間は、算定基礎期間に含まれない。

①	離職後**1年以内**に被保険者資格を再取得しなかった場合の前の被保険者であった期間
②	**基本手当**又は**特例一時金**の支給を受けたことがある場合の当該給付の支給の算定基礎となった被保険者であった期間
③	**育児休業給付金**又は**出生時育児休業給付金**の支給を受けたことがある場合の当該給付金の支給に係る休業の期間
④	資格取得の確認が遅れた場合の当該確認があった日の**2年前**の日（特例対象者にあっては、被保険者の負担すべき**労働保険料**の額がその者に支払われた賃金から**控除**されていたことが明らかである時期のうち**最も古い**時期として厚生労働省令で定める日）前の被保険者であった期間

B ○ 根拠 法22-ⅣⅤ、行政手引23501 CH4 Sec3⑤

Aの 確認してみよう！ 参照。

C ○ 根拠 法22-Ⅲ、行政手引20352 CH4 Sec2②

D ○ 根拠 法22-Ⅲ①、行政手引50302 CH4 Sec3⑤

Aの 確認してみよう！ 参照。

E × 根拠 法22-Ⅲ②、行政手引50302 CH4 Sec3⑤

特例一時金の支給を受け、その特例受給資格に係る離職の日以前の被保険者であった期間は算定基礎期間に含まれない（Aの 確認してみよう！ 参照）。なお、特例一時金の支給を受けるに際し、算定基礎期間という概念はない。

問4 正解 **B** 正解率 **55%**

A × 根拠 法23-Ⅱ①、則35-③、行政手引50305 CH4 Sec3②

設問の者は、特定受給資格者に該当しない。

B ○ 根拠 法13-Ⅲ、則19の2-①、行政手引50305-2 CH4 Sec3②

C × 根拠 法23-Ⅱ②、則36-⑥、行政手引50305 CH4 Sec3②

設問の場合は、特定受給資格者に該当する。

D ✕ 根拠 法23-Ⅱ②、則36-①、行政手引50305 CH4 Sec3②

設問の場合は、特定受給資格者に該当する。

E ✕ 根拠 法13-Ⅲ、則19の２-②、行政手引50305-２ CH4 Sec3②

設問の者は、特定理由離職者に該当しない。

問５ 正解 B 正解率 79%

A ○ 根拠 法40-Ⅲ CH4 Sec5②

確認してみよう！

受給期限

① 特例一時金	離職日の翌日から起算して６か月
② 高年齢求職者給付金	離職日の翌日から起算して１年

※特例一時金・高年齢求職者給付金については、受給期限が延長されることはない。

B ✕ 根拠 行政手引55151 CH4 Sec5②

特例一時金については、疾病又は負傷により職業に就くことができない期間があっても、受給期限の延長は認められない。

C ○ 根拠 法40-Ⅳ CH4 Sec5①

特例一時金についても、待期の規定が適用される。

D ○ 根拠 法附則３、行政手引55104 CH4 Sec5②

短期雇用特例被保険者の被保険者期間は、暦月をとって計算するものであるから、同一暦月において、Ａの事業所において賃金支払の基礎となった日数が11日以上で離職し、直ちにＢ事業所に就職して、賃金支払の基礎となった日数が11日以上ある場合でも、被保険者期間２か月として計算するのでなく、その日数はその暦月において合計して計算されるのであり、したがって、被保険者期間１か月として計算される。

E ○ 根拠 法24-Ⅰカッコ書、41-Ⅰ、令４-Ⅰ、11、令附則４ CH4 Sec5②

なお、この場合に支給される求職者給付は、基本手当、技能習得手当及び寄宿手当に限られる。

確認してみよう！

傷病手当は、受給資格者の所定給付日数から当該受給資格に基づき既に基本手当を支給した日数を差し引いた日数を限度として支給するものであり、所定給付日数という概念のない特例受給資格者に支給されることはない。

問6　正解　E　　正解率 64%

A　○　根拠 則101の２の11の２－Ⅰ①　　CH4 Sec8①

特定一般教育訓練受講予定者（教育訓練給付対象者であって、特定一般教育訓練に係る教育訓練給付金の支給を受けようとするもの）は、当該特定一般教育訓練を開始する日の１箇月前までに、教育訓練給付金及び教育訓練支援給付金受給資格確認票に設問の書類（キャリアコンサルティングを踏まえて記載した職務経歴等記録書）等を添えて管轄公共職業安定所の長に提出しなければならない。

B　○　根拠 行政手引58014　　―

C　○　根拠 法60の３－ⅠⅡ　　CH4 Sec10⑤

不正受給者であっても、その後新たに支給要件を満たした場合には、その新たな支給要件に基づく給付は支給される。

D　○　根拠 法附則11の２－Ⅰ　　CH4 Sec8②

教育訓練支援給付金の支給対象となるのは、専門実践教育訓練を開始した日における年齢が45歳未満の者である。

確認してみよう！

教育訓練支援給付金は、教育訓練給付対象者（教育訓練給付金の支給を受けたことがない者のうち、基準日が当該基準日の直前の一般被保険者ではなくなった日から１年（原則）の期間内にある一般被保険者であった者であって、一定の要件を満たす者に限る。）であって、令和７年３月31日以前に一定の専門実践教育訓練を開始したもの（当該教育訓練を開始した日における年齢が45歳未満であるものに限る。）が、当該教育訓練を受けている日（当該教育訓練に係る指定教育訓練実施者によりその旨の証明がされた日に限る。）のうち失業している日（失業していることについての認定を受けた日に限る。）について支給される。

E　×　根拠 法60の２－Ⅰ②、則101の２の５－Ⅰ、行政手引58022　　―

設問の場合は、傷病手当の支給を受けていても、教育訓練給付適用対象期間の延長の対象となる。

問７　正解　A　　正解率 50%

A ○ 根拠 行政手引59543　　―

B × 根拠 法61の７-Ⅵ、行政手引59535　　CH4 Sec9④

休業開始時賃金日額は、原則として、育児休業（同一の子について２回以上の育児休業をした場合にあっては、初回の育児休業とする。）を開始した日（又はその開始日の各応当日）前の賃金締切日からその前の賃金締切日翌日までの間に賃金支払基礎日数が11日以上ある場合、その各月を１か月として計算し、休業開始日からさかのぼって６か月の間に支払われた賃金の総額を180で除して得た額で算定される。

得点UP!

基本手当に係る賃金日額は、「算定対象期間において被保険者期間として計算された最後の６か月間に支払われた賃金（臨時に支払われる賃金及び３か月を超える期間ごとに支払われる賃金を除く。以下同じ。）の総額を180で除して得た額」であるが、これは「算定対象期間における最後の完全な６賃金月に支払われた賃金の総額を180で除して得た額を賃金日額とする」ことを意味している。ここにいう「賃金月」とは、同一の事業主の下における賃金締切日の翌日から次の賃金締切日までの期間をいい、「完全な賃金月」とは、当該期間が満１か月あり、かつ、賃金支払基礎日数が11日以上ある賃金月をいう。育児休業給付金の額の算定において用いる「休業開始時賃金日額」等についても賃金日額と同様の取扱いとなる。

C × 根拠 法61の７-Ⅶ　　CH4 Sec9④

事業主から支給単位期間に支払われた賃金の額が、休業開始時賃金日額に支給日数を乗じて得た額の「100分の80」に相当する額であるときは、育児休業給付金は支給されない。

確認してみよう！

育児休業給付金と賃金との調整

①	事業主から支払われた賃金額が休業開始時賃金日額に支給日数を乗じて得た額の30%（13%）以下であるとき	減額されない
②	事業主から支払われた賃金額が休業開始時賃金日額に支給日数を乗じて得た額の30%（13%）を超え80%未満であるとき	休業開始時賃金日額に支給日数を乗じて得た額の80%相当額と事業主から支払われた賃金額との差額が支給される
③	事業主から支払われた賃金額が休業開始時賃金日額に支給日数を乗じて得た額の80%以上であるとき	支給されない

※（ ）内は、休業日数（出生時育児休業給付金の支給に係る休業日数を含む。）が通算して180日に達するまでの間

D × 根拠 行政手引59503 —

男性が育児休業給付金の支給対象となる育児休業を取得する場合は、配偶者の出産予定日又は当該育児休業の申出に係る子の出生日のいずれか早い日から対象育児休業とすることができる。

E × 根拠 法61の7-ⅠⅡ、行政手引59503 —

育児休業給付金の支給対象となる育児休業は、原則として同一の子について2回まで認められている。したがって、設問のように、再度（2回目）同一の子について育児休業を取得した場合には、その休業の理由のいかんにかかわらず、原則として育児休業給付金の支給対象となる。

問8 正解 D

正解率 10%

A × 根拠 法26-ⅠⅢⅤ CH5 Sec8①

設問の事業主は、特例納付保険料を「納付することができる」とされており、当然に特例納付保険料を納付する義務を負うわけではなく、特例納付保険料の納付を申し出た場合に、特例納付保険料を納付する義務を負うこととなる。

確認してみよう！

特例納付保険料の納付の流れ

①　納付の勧奨
厚生労働大臣は、やむを得ない事情のため勧奨を行うことができない場合を除き、対象事業主に対して、特例納付保険料の納付を**勧奨**しなければならない。
②　納付の申出
勧奨を受けた対象事業主は、特例納付保険料を納付する旨を、厚生労働大臣に対し、書面により**申し出る**ことができる。
③　特例納付保険料の納付の通知
政府は、②の申出を受けた場合には、特例納付保険料の額を決定し、期限を指定して、これを対象事業主に**通知**する。
④　特例納付保険料の納付
対象事業主は、③の期限までに特例納付保険料を納付しなければならない。

B ✕ 根拠 法26-Ⅰ、則56-Ⅰ、57　CH5 Sec8②

特例納付保険料の基本額に加算されるのは、当該特例納付保険料の基本額に100分の10を乗じて得た「加算額」であって、「同法第21条第１項の追徴金の額」ではない。特例納付保険料の額は、追徴金と同様の趣旨により、基本額に加算額(基本額に100分の10を乗じて得た額）を加算した額とされているが、加算額はあくまで特例納付保険料の額の一部であり、追徴金ではない。

確認してみよう！

特例納付保険料は、本来申告などにより事業主が納めるべき義務が課せられている性質の保険料ではないため、追徴金の規定は適用されない。

C ✕ 根拠 則38の４　―

特例納付保険料は、口座振替による納付の対象とはされていない。

確認してみよう！

口座振替による納付の対象となる労働保険料

①	概算保険料
②	延納により納付する概算保険料
③	確定保険料

D ○ 根拠 法26～28 —

確認してみよう！

特例納付保険料を納付する旨を申し出た場合は、所定の納期限までに特例納付保険料を納付しなければならないこととされるので、督促、滞納処分及び延滞金の規定が適用される。

E × 根拠 則59 CH5 Sec8④

設問の場合、所轄都道府県労働局歳入徴収官は、「労働保険料の増加額及びその算定の基礎となる事項並びに納期限」ではなく、「特例納付保険料の額及び納期限」を通知しなければならない。なお、設問前半の納期限についての記述は正しい。

問9 正解 E

正解率 54%

A ○ 根拠 法36、則68-③ CH5 Sec10③

確認してみよう！

労働保険事務組合は、労働保険事務の処理を委託している事業主ごとに「①**労働保険事務等処理委託事業主名簿**及び②**労働保険料等徴収及び納付簿**」を、雇用保険に係る保険関係が成立している事業にあっては、労働保険事務の処理の委託をしている事業主ごとに「③**雇用保険被保険者関係届出事務等処理簿**」を事務所に備えておかなければならない。

B ○ 根拠 法33-Ⅰ、則62-Ⅰ CH5 Sec10①

C ○ 根拠 法33-Ⅰ、H12.3.31発労徴31号 CH5 Sec10①

確認してみよう！

次の事務は、労働保険事務組合に処理を委託することができる事務の範囲に含まれない。

①	労災保険の**保険給付**及び社会復帰促進等事業として行う**特別支給金**に関する請求書等に係る事務手続及びその代行
②	雇用保険の**失業等給付等**に関する請求書等に係る事務手続及びその代行
③	雇用保険の**二事業**に係る事務手続及びその代行
④	**印紙保険料**に関する事項

D ○ 根拠 則69 —

E ✕ 根拠 則64-Ⅰ　CH5 Sec10③

設問の届書は、「委託を受けた日の翌日から起算して14日以内に」ではなく、「遅滞なく」提出しなければならない。なお、労働保険事務組合は、労働保険事務の処理の委託の解除があったときは、遅滞なく、所定の事項を記載した届書を、その主たる事務所の所在地を管轄する都道府県労働局長に提出しなければならない。

確認してみよう！

労働保険事務組合は、労働保険事務組合認可申請書又は当該申請書に係る一定の添付書類に記載された事項に変更を生じた場合には、その変更があった日の翌日から起算して**14日以内**に、その旨を記載した届書をその主たる事務所の所在地を管轄する都道府県労働局長に提出しなければならない。

問10　正解　C　　正解率 53%

A ✕ 根拠 則27-Ⅰ　CH5 Sec4④

設問の場合、令和元年度の概算保険料は、「３期」ではなく、「２期」に分けて納付することが認められる（７月10日に保険関係が成立しているため、７月10日から11月30日までを最初の期、12月１日から翌年３月31日までを第２期とする。）。なお、納付期日についての記述は正しい。

確認してみよう！

年度の途中で保険関係が成立した場合の最初の期

４月１日から５月31日までに保険関係が成立した事業については保険関係成立の日から７月31日までを、６月１日から９月30日までに保険関係が成立した事業については保険関係成立の日から11月30日までを最初の期とする。

B ✕ 根拠 法12-Ⅰ①、15-Ⅰ①、則24-Ⅰ　CH5 Sec4③

設問の場合、令和２年度における賃金総額の見込額が7,400万円、令和元年度の賃金総額の確定額が4,000万円であり、令和２年度の賃金総額の見込額が令和元年度の賃金総額の確定額の100分の50以上100分の200以下となっていることから、令和２年度の概算保険料の額の算定に当たっては、「令和元年度の賃金総額」を用いて計算することとなる。したがって、令和２年度の概算保険料は、「4,000万円」×1000分の15＝「60万円」となる。

C ○ 根拠 法12-Ⅰ①、法15-Ⅰ①、19-Ⅲ、則27　CH5 Sec4③④

設問の場合、令和３年度における賃金総額の見込額が3,600万円、令和２年度の賃金総額の確定額が7,600万円であり、令和３年度の賃金総額の見込額が令和２年度の賃金総額の確定額の100分の50以上100分の200以下の範囲内でないことから、令和３年度の概算保険料の額の算定に当たっては、「令和３年度の賃金総額の見込額」を用いて計算することとなる。また、前保険年度より保険関係が引き続く場合は、労働保険料は３期に分けて納付することができる。したがって、設問の場合、令和３年度の最初の期分と令和２年度の確定精算分とを合わせた額が、第１期分の保険料となる。

D ✕ 根拠 法16、則25-Ⅰ　CH5 Sec4⑤

設問の場合、増加後の賃金総額の見込額が増加前の賃金総額の見込額の100分の200を超えていないことから、増加概算保険料を納付する必要はない。

確認してみよう！

増加概算保険料の納付要件

①　保険料算定基礎額が増加した場合
ⓐ　増加後の保険料算定基礎額の見込額が増加前の保険料算定基礎額の見込額の100分の200を超えること ⓑ　増加後の保険料算定基礎額の見込額に基づき算定した概算保険料の額と既に納付した概算保険料の額との差額が13万円以上であること
②　労災保険又は雇用保険に係る保険関係のみが成立していた事業が両保険関係とも成立するに至った場合
ⓐ　変更後の一般保険料率に基づき算定した概算保険料の額が既に納付した概算保険料の額の100分の200を超えること ⓑ　変更後の一般保険料率に基づき算定した概算保険料の額と既に納付した概算保険料の額との差額が13万円以上であること

E ✕ 根拠 則29-Ⅰ　CH5 Sec4⑦

事業主は、いわゆる概算保険料の認定決定を受けた場合であっても、延納の要件に該当するときは、当該概算保険料の延納の申請を行うことができる。

労務管理その他の労働及び社会保険に関する一般常識

問１　正解　B　正解率 45%

A ○ 根拠「令和元年版労働経済白書（厚生労働省）」P.126　—

B × 根拠「令和元年版労働経済白書（厚生労働省）」P.126、127　—

正社員について、働きやすさの向上のために、労働者が重要と考えている企業側の雇用管理を男女別・年齢階層別にみると、男女ともにいずれの年齢階級においても「職場の人間関係やコミュニケーションの円滑化」が最も多くなっている。なお、次いで「有給休暇の取得促進」、「労働時間の短縮や働き方の柔軟化」が高くなっている。

C ○ 根拠「令和元年版労働経済白書（厚生労働省）」P.130　—

D ○ 根拠「令和元年版労働経済白書（厚生労働省）」P.134、135　—

E ○ 根拠「令和元年版労働経済白書（厚生労働省）」P.133　—

問２　正解　C　正解率 66%

A × 根拠「令和元年就業形態の多様化に関する総合実態調査の概況（厚生労働省）」　—

「正社員以外の労働者がいる事業所」は84.1％で、前回調査（平成26年）の80.1％と比べて「上昇」している。

B × 根拠「令和元年就業形態の多様化に関する総合実態調査の概況（厚生労働省）」　—

正社員以外の就業形態別事業所割合をみると、「パートタイム労働者がいる」が65.9％と最も高くなっている。

C ○ 根拠「令和元年就業形態の多様化に関する総合実態調査の概況（厚生労働省）」　—

D × 根拠「令和元年就業形態の多様化に関する総合実態調査の概況（厚生労働省）」　—

正社員以外の労働者を活用する上での問題点（複数回答）をみると、「良質な人材の確保」56.8%が最も高くなっている。

E ✕ 根拠「令和元年就業形態の多様化に関する総合実態調査の概況（厚生労働省）」 —

期間を定めない雇用契約への変更希望の有無をみると、「希望しない」が47.1%、「希望する」が35.0%で、「希望しない」が「希望する」を上回っている。

問3 正解 B 正解率 30%

A ○ 根拠 労契法7、H24.8.10基発0810第2号 CH6 Sec2①

なお、就業規則が存在する事業場で使用者が就業規則の変更を行った場合については、労働契約法10条の問題となる。

B ✕ 根拠 労契法10、H24.8.10基発0810第2号 —

「労働組合等」には、労働者の過半数で組織する労働組合その他の多数労働組合や事業場の過半数を代表する労働者のほか、少数労働組合や、労働者で構成されその意思を代表する親睦団体等労働者の意思を代表するものが広く含まれる。

C ○ 根拠 労契法13、H24.8.10基発0810第2号 —

得点UP！

労働契約法13条の「労働協約」とは、労働組合法14条にいう「労働組合と使用者又はその団体との間の労働条件その他に関する」合意で、「書面に作成し、両当事者が署名し、又は記名押印したもの」をいい、また、同条の「労働協約に反する場合」とは、就業規則の内容が労働協約において定められた労働条件その他労働者の待遇に関する基準（**規範的部分**）に反する場合をいう。

D ○ 根拠 労契法18-Ⅰ、H24.8.10基発0810第2号 CH6 Sec2①

なお、無期労働契約に転換した後における解雇については、個々の事情により判断されるものであるが、一般的には、勤務地や職務が限定されている等労働条件や雇用管理がいわゆる正社員と大きく異なるような労働者については、こうした限定等の事情がない、いわゆる正社員と当然には同列に扱われることにならないと解される。

E ○ 根拠 労契法19、H24.8.10基発0810第2号 —

問４　正解　C（イとエ）　正解率 79%

ア　○　根拠　H27.3.25厚労告117号　—

確認してみよう！

①　募集及び採用時の合理的配慮

事業主は、労働者の募集及び採用について、障害者と障害者でない者との均等な機会の確保の支障となっている事情を改善するため、労働者の募集及び採用に当たり障害者からの**申出**により当該障害者の**障害の特性**に配慮した必要な措置を講じなければならない。ただし、事業主に対して**過重な負担**を及ぼすこととなるときは、この限りでない。

②　採用後の合理的配慮

事業主は、障害者である労働者について、障害者でない労働者との均等な待遇の確保又は障害者である労働者の有する能力の有効な発揮の支障となっている事情を改善するため、その雇用する障害者である労働者の**障害の特性**に配慮した職務の円滑な遂行に必要な施設の整備、援助を行う者の配置その他の必要な措置を講じなければならない。ただし、事業主に対して**過重な負担**を及ぼすこととなるときは、この限りでない。

イ　×　根拠　高齢法10の２　CH6 Sec3④

設問の事業主は、設問の措置を講ずることにより、65歳から70歳までの安定した雇用を確保するよう「努めなければならない」（努力義務）とされている。

ウ　○　根拠　労働施策総合推進法30の２－Ⅰ、（Ｒ元）法附則３　—

なお、中小事業主については、令和４年４月１日から設問の義務規定が適用されている。

エ　×　根拠　H30.12.28厚労告430号　—

「短時間・有期雇用労働者及び派遣労働者に対する不合理な待遇の禁止等に関する指針（平成30.12.28厚労告430号）」では、パートタイム・有期雇用労働法８条及び９条に基づき、短時間・有期雇用労働者の待遇に関して、原則となる考え方及び具体例を示している。同指針では、基本給については、「基本給であって、労働者の能力又は経験に応じて支給するものについて、通常の労働者と同一の能力又は経験を有する短時間・有期雇用労働者には、能力又は経験に応じた部分につき、通常の労働者と同一の基本給を支給しなければならない。また、能力又は経験に一定の相違がある場合においては、その相違に応じた基本給を支給しなければならない。」と原則となる考え方を示しており、設問文の例は、「問題とならない例」として挙げられている。

オ ○ 根拠 最一小H26.10.23広島中央保健生活協同組合事件 ―

得点UP!

設問の最高裁判所の判例では、「均等法の規定の文言や趣旨等に鑑みると、同法9条3項の規定は、上記の目的及び基本的理念を実現するためにこれに反する事業主による措置を禁止する強行規定として設けられたものと解するのが相当であり、女性労働者につき、妊娠、出産、産前休業の請求、産前産後の休業又は軽易業務への転換等を理由として解雇その他不利益な取扱いをすることは、同項に違反するものとして違法であり、無効であるというべきである。」としている。

問5 正解 D　正解率 62%

A × 根拠 社労士法27 ―

他人に使用され、その指揮命令のもとに事務を行う場合は、社労士法27条にいう「業として」行うには該当しない。

B × 根拠 社労士法2の2 CH10 Sec2③

社会保険労務士は、事業における労務管理その他の労働に関する事項及び労働社会保険諸法令に基づく社会保険に関する事項について、裁判所において、補佐人として、弁護士である訴訟代理人とともに「出頭し、陳述」をすることができるとされているが、「尋問」をすることができるとはされていない。

C × 根拠 社労士法24-Ⅰ ―

法24条1項にいう「その業務に関し必要な報告」とは、法令上義務づけられているものに限られず、事務所の経営状態等についての報告も含まれる。

D ○ 根拠 社労士法25の16 CH10 Sec2③

E × 根拠 社労士法25の22の3-Ⅲ ―

社会保険労務士法人の解散及び清算を監督する裁判所は、厚生労働大臣に対し、意見を求め、又は調査を嘱託することができるとされており、「必ず厚生労働大臣に対し、意見を求めなければならない」とはされていない。

問6 正解 A　正解率 54%

A × 根拠 確拠法12 ―

企業型年金加入者の資格を取得した月にその資格を喪失した者は、その資格を取得した日にさかのぼって、企業型年金加入者でなかったものとみなされる。

B ○ 根拠 確拠法19-Ⅰ CH10 Sec2①

なお、企業型年金加入者は、政令で定める基準に従い企業型年金規約で定めるところにより、年１回以上、定期的に自ら掛金を拠出することができる。

確認してみよう！

個人型年金加入者は、政令で定めるところにより、年１回以上、定期的に掛金を拠出する。

C ○ 根拠 確拠法19-Ⅳ CH10 Sec2①

なお、事業主掛金の額は、原則として企業型年金規約で定めるものとされているが、簡易企業型年金に係る事業主掛金の額については、政令で定める基準に従い企業型年金規約で定める額とされている。

確認してみよう！

個人型年金加入者掛金の額は、個人型年金規約で定めるところにより、個人型年金加入者が決定し、又は変更する。

D ○ 根拠 確拠法62-Ⅰ③ CH10 Sec2①

E ○ 根拠 確拠法63-Ⅱ —

問７ 正解 C 正解率 69%

A × 根拠 国保法７ CH10 Sec1①

都道府県等が行う国民健康保険の被保険者は、都道府県の区域内に住所を有するに至った「日」又は国民健康保険法６条各号（適用除外）のいずれにも該当しなくなった「日」から、その資格を取得する。

B × 根拠 国保法６-⑨ CH10 Sec1①

生活保護法による保護を受けている世帯に属する者は、その保護が停止されている場合を除き、国民健康保険の被保険者とならない。

C ○ 根拠 国保法62 CH10 Sec1①

D × 根拠 国保法87-Ⅰ、88-Ⅰ —

設問後段部分が誤りである。国民健康保険診療報酬審査委員会は、都道府県知事が定める保険医及び保険薬剤師を代表する委員、保険者を代表する委員並びに「公益」を代表する委員をもって組織する。

E ✕ 根拠 国保法127-Ⅲ —

設問の過料は、偽り又は不正の行為により徴収を免れた金額の「10倍」ではなく、「5倍」に相当する金額以下とされている。

問8 正解 D 正解率 71%

A ✕ 根拠 介保法129-Ⅳ CH10 Sec1④

市町村は、第2号被保険者からは保険料を徴収しない。

B ✕ 根拠 介保法14、15-Ⅱ —

介護認定審査会の委員は、介護支援専門員から任命されるのではなく、「要介護者等の保健、医療又は福祉に関する学識経験を有する者」のうちから任命される。なお、介護認定審査会が市町村に置かれるとする設問の記述は正しい。

C ✕ 根拠 介保法132-Ⅲ —

設問の場合、配偶者の一方は、当該保険料を連帯して納付する義務を負う。

確認してみよう！

世帯主は、市町村が当該世帯に属する第1号被保険者の保険料を普通徴収の方法によって徴収しようとする場合において、当該保険料を連帯して納付する義務を負う。

D ○ 根拠 介保法183-Ⅰ、184、191-Ⅰ CH10 Sec1④

得点UP！

介護保険審査会は、次の①～③に掲げる委員をもって組織し、その定数は、当該①～③に定める数とされており、その委員は、都道府県知事が任命する。

① 被保険者を代表する委員・・・3人
② 市町村を代表する委員・・・3人
③ 公益を代表する委員・・・3人以上であって政令で定める基準に従い条例で定める員数

E ✕ 根拠 介保法28-Ⅲ —

設問の場合の要介護更新認定の申請は、要介護認定の有効期間の満了前に当該申請をすることができなかった理由がやんだ日から「1月」以内に限り、することができる。

問９　正解　Ａ　正解率 25%

Ａ　×　根拠　国保法１　CH10 Sec1①

国民健康保険法１条では、「この法律は、国民健康保険事業の健全な運営を確保し、もつて社会保障及び国民保健の向上に寄与することを目的とする。」と規定している。なお、同法２条では、「国民健康保険は、被保険者の疾病、負傷、出産又は死亡に関して必要な保険給付を行うものとする。」と規定している。

Ｂ　○　根拠　健保法１　CH7 Sec1①

Ｃ　○　根拠　高医法１　CH10 Sec1③

Ｄ　○　根拠　船保法１　CH10 Sec1②

Ｅ　○　根拠　介保法１　CH10 Sec1④

問10　正解　Ｅ　正解率 88%

Ａ　×　根拠「令和２年版厚生労働白書（厚生労働省）」P.296　―

公的年金制度の被保険者数の増減について見てみると、第２号被保険者等（65歳以上70歳未満の厚生年金被保険者を含む。）は対前年比70万人増で、近年増加傾向にある一方、第１号被保険者や第３号被保険者はそれぞれ対前年比34万人、23万人減で、近年減少傾向にある。これらの要因として、被用者保険の適用拡大や厚生年金の加入促進策の実施、高齢者等の就労促進などが考えられる。

Ｂ　×　根拠「令和２年版厚生労働白書（厚生労働省）」P.304　―

設問の「老齢年金生活者支援給付金の支給要件に該当している場合は、本人による請求手続きは一切不要である」としている点が誤りである。日本年金機構が受給資格要件に該当する者に対して送付する請求書に、氏名等を記載して返送することが必要である。

Ｃ　×　根拠「令和２年版厚生労働白書（厚生労働省）」P.359　―

2008（平成20）年度の後期高齢者医療制度発足時における激変緩和措置として、政令で定めた軽減割合を超えて、予算措置により軽減を行っていたが、世代間・世代内の負担の公平を図り、負担能力に応じた負担を求める観点から、段階的に見直しを実施し、保険料の所得割を５割軽減する特例について、2018（平成30）年度から本則（軽減なし）とし、元被扶養者の保険料の均等割を９割軽減する特例について、2019（令和元）年度から本則（資格取得後２年間に限り５割軽減とする）とするといった見直しを行っている。

D ✕ 根拠「令和２年版厚生労働白書（厚生労働省）」P.120 —

社会保障給付費の部門別構成割合の推移を見ると、1989（平成元）年度においては年金が49.5％、医療が39.4％を占めていたが、医療は1990年代半ばから、年金は2004（平成16）年度からその割合が減少に転じ、介護、福祉その他の割合が増加してきている。2017年度には、介護と福祉その他を合わせて21.6％と、1989年度の約２倍となっている。

E ○ 根拠「令和２年版厚生労働白書（厚生労働省）」P.355 CH10 Sec3②

健康保険法

問１　正解　B　　正解率 61%

A ○ 根拠 法43-Ⅰ、H15.2.25保保発0225004号・庁保険発３号　　—

B × 根拠 法43-Ⅰ、R4.9.5事務連絡　　—

一時帰休に伴う随時改定は、低額な休業手当等の支払いが継続して３か月を超える場合に行うこととなるが、当該３か月は暦日ではなく、月単位で計算する。したがって、２月19日を一時帰休の開始日とした場合、５月１日をもって「３か月を超える場合」に該当し、２月、３月、４月の報酬を平均して２等級以上の差が生じていれば、５月以降の標準報酬月額から随時改定を行う。ただし、設問のように、５月１日時点で一時帰休の状況が解消している場合には、３か月を超えていないため、随時改定は行わない。

C ○ 根拠 法43-Ⅱ　　CH7 Sec4⑤

確認してみよう！

標準報酬月額の有効期間

決定・改定	有効期間	
資格取得時決定	・1/1〜5/31に資格取得	その年の８月まで
	・6/1〜12/31に資格取得	翌年の８月まで
定時決定		その年の９月〜翌年の８月まで
・随時改定 ・育児休業等終了時改定 ・産前産後休業終了時改定	・１月〜６月に改定	その年の８月まで
	・７月〜12月に改定	翌年の８月まで

D ○ 根拠 法45-Ⅰ、156-Ⅲ　　CH7 Sec7②

前月から引き続き被保険者である者がその資格を喪失した場合においては、その資格を喪失した月において支払われた賞与は、保険料賦課の対象にはならないが、標準賞与額として決定され、年度における標準賞与額の累計額に算入される。

E ○ 根拠 法88-Ⅰカッコ書　　CH7 Sec3③、Sec5⑦

問２　正解　D　　正解率 48%

A ○ 根拠 法70-Ⅱ　　CH7 Sec3①

B ○ 根拠 法25-Ⅰ CH7 Sec1④

なお、設問の同意は、各適用事業所について得なければならない。

確認してみよう！

健康保険組合が設立事業所を減少させるときは、健康保険組合の被保険者である組合員の数が、設立事業所を減少させた後においても、常時700人（健康保険組合を共同して設立している場合にあっては、常時3,000人）以上でなければならない。

C ○ 根拠 法153 CH7 Sec7①

D × 根拠 法7の33、令1の2 —

設問の方法以外に、「信託業務を営む金融機関（金融機関の信託業務の兼営等に関する法律1条1項の認可を受けた金融機関をいう。）への金銭信託」により運用することも認められている。

E ○ 根拠 法205の4-Ⅰ①、則159の7-① —

なお、設問の事務は、国民健康保険団体連合会に委託することもできる。

問3 正解 E 正解率 45%

A × 根拠 法60-Ⅰ —

設問の「保険者」を「厚生労働大臣」と読み替えると、正しい記述となる。

B × 根拠 法86-Ⅱ② CH7 Sec5⑤

食事療養に要した費用は、保険外併用療養費の支給の対象となる。

C × 根拠 法8 CH7 Sec1④

健康保険組合は、適用事業所の事業主、その適用事業所に使用される被保険者及び「任意継続被保険者」（特定健康保険組合である場合には、これらに加えて特例退職被保険者）をもって組織する。

D × 根拠 則50の2-ⅠⅢ CH7 Sec2⑬

協会が管掌する健康保険の被保険者に対する被保険者資格証明書は、当該被保険者を使用する事業主又は当該被保険者から求めがあった場合において、当該被保険者又はその被扶養者が療養を受ける必要があると認めたときに限り、厚生労働大臣（日本年金機構）が、有効期間を定めて交付するものとされている。また、被保険者資格証明書の交付を受けた被保険者に対して被保険者証が交付されたときは、当該被保険者は直ちに被保険者資格証明書を厚生労働大臣（日本年金機構）に返納しなければならない。

E ○ 根拠 法55-Ⅳ、公害健康被害の補償等に関する法律14-Ⅰ、公害健康被害の補償等に関する法律施行令７-Ⅰ① CH7 Sec9⑤

問４ 正解 C（ア・ウ・オの三つ） 正解率 41%

ア × 根拠 法193-Ⅰ CH7 Sec10③

療養の給付は現物給付であり、その受ける権利について時効の問題は発生しない。

イ ○ 根拠 法26-Ⅲ CH7 Sec1④

ウ × 根拠 法203-Ⅰ、令61-Ⅰ① CH7 Sec8①

設問の事務は、厚生労働大臣が指定する地域をその区域に含む市町村（特別区を含むものとし、地方自治法に規定する指定都市にあっては、区又は総合区とする。）の長が行うものとされている。

エ ○ 根拠 法58-Ⅲ CH7 Sec9②

オ × 根拠 法３-Ⅰ⑨ニ、R4.3.18保保発0318第１号 —

設問の「その他これらに準ずる者」とは、事業主との雇用関係を存続した上で、事業主の命により又は事業主の承認を受け、大学院等に在学する者（いわゆる社会人大学院生等）としている。

問５ 正解 A 正解率 78%

A ○ 根拠 法194の２-Ⅰ —

確認してみよう！

厚生労働大臣等（設問の者）以外の者は、健康保険事業又は当該事業に関連する事務の遂行のため保険者番号及び被保険者等記号・番号（被保険者等記号・番号等）の利用が特に必要な場合として厚生労働省令で定める場合を除き、何人に対しても、その者又はその者以外の者に係る被保険者等記号・番号等を告知することを求めてはならない。

B × 根拠 法３-Ⅰ、S24.7.7職発921号 CH7 Sec2⑥

労働組合の専従者は、従前の事業主との関係においては被保険者の資格を喪失し、当該労働組合が適用事業所である場合には、当該労働組合に雇用又は使用される者として被保険者となる。

C ✕ 根拠 則25-Ⅰ CH7 Sec4④

設問の「同月末日」を「同月10日」と読み替えると、正しい記述となる。

D ✕ 根拠 法3-Ⅶ、H11.3.19保険発24号・庁保険発4号 —

被保険者と同一の世帯に属することが被扶養者としての要件である者（従来被保険者と住居を共にしていた者に限る。）が、設問の施設に入所することとなった場合においては、病院又は診療所に入院する場合と同様に、一時的な別居であると考えられることから、なお被保険者と住居を共にしていることとして取り扱い、その他の要件に欠けるところがなければ、被扶養者の認定を取り消す必要がない。現に当該施設に入所している者（かつて、被保険者と住居を共にしていた者に限る。）の被扶養者の届出があった場合についても、これに準じて取り扱う。

E ✕ 根拠 法37-Ⅱ CH7 Sec2⑧

保険料の納付の遅延について正当な理由があると保険者が認めたときは、任意継続被保険者となることができる。

問6 正解 B

正解率 75%

A ✕ 根拠 法208-① CH7 Sec10③

設問の場合には、「6月以下の懲役又は50万円以下の罰金」に処せられる。

B ○ 根拠 法193-Ⅰ、S30.9.7保険発199号の2 CH7 Sec10③

C ✕ 根拠 法116 CH7 Sec9①

健康保険法においては、「被保険者又は被保険者であった者が、自己の故意の犯罪行為により、又は故意に給付事由を生じさせたときは、当該給付事由に係る保険給付は、行わない。」と規定されている。

D ✕ 根拠 法105-Ⅰ CH7 Sec6⑩

埋葬料は、「埋葬を行う者は誰でも」支給を受けることができるのではなく、「被保険者であった者により生計を維持していた者であって、埋葬を行うもの」が支給を受けることができる。

E ✕ 根拠 法85-Ⅶ —

設問の場合は、入院時食事療養費の支給があったものと「みなされる」。

問７ 正解 D 正解率 87%

A ○ 根拠 令22-Ⅰ、則11 —

B ○ 根拠 法101、R3.8.18保発0818第４号 —

確認してみよう！

直接支払制度

出産育児一時金の医療機関等への直接支払制度は、被保険者が医療機関等との間に、出産育児一時金の支給申請及び受取に係る代理契約を締結の上、出産育児一時金の額を限度として、医療機関等が被保険者に代わって出産育児一時金の支給申請及び受取を直接保険者と行うものである。

C ○ 根拠 則74-Ⅰ、R2.3.5保発0305第５号 —

D ✕ 根拠 法101、S8.3.14保規61号 —

設問の場合、出産育児一時金は支給される。設問の場合は、分娩は生存中に開始され、たまたま分娩完了前に死亡が競合したにすぎず、かつ死亡後といえども、分娩を完了させたのみならず、たとえ被保険者が死亡してもその当日は依然被保険者としての資格を有しており、分娩に関する出費は生存中分娩が完了したときと同様であるとされている。

E ○ 根拠 法164-Ⅱ CH7 Sec7⑤

問８ 正解 A（アとウ） 正解率 58%

ア ✕ 根拠 法３-Ⅰ⑨イ、(24)法附則46-Ⅰ、R4.3.18保保発0318第１号 CH7 Sec2⑥

設問の４分の３基準を満たさない短時間労働者が被保険者となるには、１週間の所定労働時間が20時間以上であること等一定の要件を満たさなければならないが、設問の短時間労働者の１週間の所定労働時間は18時間であるため、被保険者として取り扱われない。

確認してみよう！

特定適用事業所等に使用される４分の３基準を満たさない短時間労働者は、次に掲げるいずれの要件にも該当しないときは、被保険者となる。

① １週間の所定労働時間が20時間未満であること。

② 報酬（最低賃金法４条３項各号に掲げる賃金に相当するものとして厚生労働省令で定めるものを除く。）について、法42条１項（資格取得時決定）の規定の例により算定した額が、88,000円未満であること。

③ 学校教育法に規定する高等学校の生徒、同法に規定する大学の学生その他の厚生労働省令で定める者であること。

イ （改正により削除）

ウ × 根拠 法41-Ⅰカッコ書、(24)法附則46-Ⅰ、則24の２ CH7 Sec4④

設問の被保険者に係る定時決定については、報酬支払基礎日数が11日未満の月を算定対象月から除いて報酬月額を算定するため、設問の場合は、「４月」、５月及び６月の報酬月額の平均額をもとにその年の標準報酬月額の定時決定を行う。

エ ○ 根拠 法３-Ⅰ、36、H27.9.30保保発0930第９号 —

オ ○ 根拠 法３-Ⅶ、H5.3.5保発15号・庁保発４号、R2.4.10事務連絡 CH7 Sec2⑩

※ 本問**問８**の**C**及び**D**は、本試験ではそれぞれ（イとエ）、（イとオ）とされていたが、改正によりイを削除したため、**C**及び**D**をそれぞれ（エのみ）、（オのみ）と改題している。

問９ 正解 E

正解率 61%

A × 根拠 法114 CH7 Sec6④

家族出産育児一時金は、被保険者の被扶養者が出産したときに支給されるものであるため、被保険者の被扶養者である子が出産した場合にも支給される。

B × 根拠 法104、H19.3.31事務連絡、S26.5.1保文発1346号 CH7 Sec6⑧

設問の場合には、資格喪失後の出産手当金を受けることはできない。出産手当金は、出産日又は出産予定日以前42日（多胎妊娠の場合は98日）に至った日に受給権が発生するため、資格喪失後の出産手当金が支給されるには、出産日又は出産予定日が資格喪失日の前日から42日（98日）以内であることが必要であり、また、資格喪失の際、現に出産手当金の支給を受けているか受けうる状態にあることを要する。設問の場合には、退職日において通常勤務しているので、資格喪失の際、出産手当金の支給を受けうる状態にはなく、資格喪失後の出産手当金を受けることはできない。

C ✕ 根拠 法99-Ⅱ CH7 Sec6①

傷病手当金の額は、傷病手当金の支給を始める日の属する月以前の直近の継続した期間において標準報酬月額が定められている月が12月以上ある場合は、１日につき、傷病手当金の支給を始める日の属する月以前の直近の継続した12月間の各月の標準報酬月額（被保険者が現に属する保険者等により定められたものに限る。以下同じ。）を平均した額の30分の１に相当する額の３分の２に相当する金額となる。ただし、傷病手当金の支給を始める日の属する月以前の直近の継続した期間において標準報酬月額が定められている月が12月に満たない場合には、①傷病手当金の支給を始める日の属する月以前の直近の継続した各月の標準報酬月額を平均した額の30分の１に相当する額、②傷病手当金の支給を始める日の属する年度の前年度の９月30日における全被保険者の同月の標準報酬月額を平均した額を標準報酬月額の基礎となる報酬月額とみなしたときの標準報酬月額の30分の１に相当する額、のいずれか少ない額の３分の２に相当する金額となる。

D ✕ 根拠 法99-Ⅰ、S3.9.11事発1811号、S4.2.20保理489号 CH7 Sec6①

自費診療で療養を受けた場合であっても、労務不能について相当の証明があるときは支給される。

E 〇 根拠 法１、H25.8.14事務連絡 —

問10 正解 B 正解率 67%

A 〇 根拠 法43-Ⅰ、R4.9.5事務連絡 —

B ✕ 根拠 法41-Ⅲ CH7 Sec4④

７月から９月までのいずれかの月に育児休業等を終了した際の標準報酬月額の改定若しくは産前産後休業を終了した際の標準報酬月額の改定が行われた場合についても、その年の標準報酬月額の定時決定は行わない。

C 〇 根拠 法167-Ⅰ CH7 Sec7⑤

D ○ 根拠 法165-Ⅰ、H22.3.24保保発0324第３号 —

倒産、解雇などにより離職した者（雇用保険の特定受給資格者）及び雇止めなどにより離職した者（雇用保険の特定理由離職者）については、国民健康保険料（税）を軽減する制度が適用されるが、特定受給資格者等が任意継続被保険者となり、保険料を前納した後に当該国民健康保険料（税）を軽減する制度を知った場合は、当該任意継続被保険者の申出により、当該前納を初めからなかったものとすることができる。

E ○ 根拠 法87-Ⅱ CH7 Sec5⑥

厚生年金保険法

問１ 正解 C　　正解率 69%

A ✕ 根拠 法62-Ⅰ、65　　CH9 Sec6⑤

中高齢寡婦加算の額は、遺族基礎年金の額に４分の３を乗じて得た額に端数処理をして得た額である。

B ✕ 根拠 (60)法附則73-Ⅰ、別表９　　CH9 Sec6⑤

経過的寡婦加算額が加算されるのは、昭和31年４月１日以前に生まれた妻に支給する遺族厚生年金に限る。したがって、設問の昭和32年４月１日生まれの妻に支給する遺族厚生年金に経過的寡婦加算額は加算されない。

C ○ 根拠 法78の35-Ⅰ　　―

D ✕ 根拠 則78の３-Ⅱ①、78の17-Ⅱ　　―

離婚が成立した日の翌日から起算して２年を経過した日以後に、又は離婚が成立した日の翌日から起算して２年を経過した日前６月以内に、請求すべき按分割合を定めた審判が確定したときは、その確定した日の翌日から起算して６月を経過する日までは３号分割標準報酬改定請求を行うことができる。

E ✕ 根拠 法78の14-Ⅰただし書、令３の12の11、則78の17-Ⅰ①カッコ書

CH9 Sec7②

特定被保険者が、特定期間の全部をその額の計算の基礎とする障害厚生年金の受給権者であった場合には、当該特定被保険者の被扶養配偶者は、３号分割標準報酬改定請求をすることができない。なお、特定期間の一部のみが障害厚生年金の額の計算の基礎となっている場合には、特定期間のうち障害厚生年金の額の計算の基礎となっていた被保険者期間を除いて、３号分割標準報酬改定請求をすることができる。

問２ 正解 E　　正解率 76%

A ✕ 根拠 (60)法附則59-Ⅱ　　―

経過的加算額は、定額部分の額から老齢基礎年金相当額を控除して得た額であるが、60歳以上の厚生年金保険の被保険者期間は、所定の上限月数の範囲内で定額部分の額の計算の基礎とされる。なお、60歳以上の厚生年金保険の被保険者期

間は、老齢基礎年金相当額の計算の基礎とされない。

B ✕ 根拠 (60)法附則59-Ⅱ CH9 Sec3⑤

経過的加算額の計算において、定額部分の額については、第3種被保険者期間に係る特例が適用されるが、老齢基礎年金相当額については、第3種被保険者期間に係る特例は適用されない。

C ✕ 根拠 則22-Ⅰ CH9 Sec2②

第1号厚生年金被保険者（船員被保険者を除く。）の資格喪失の届出は、当該事実があった日から5日以内に、所定の届書又は当該届書に記載すべき事項を記録した光ディスクを日本年金機構に提出することによって行うものとされている。

D ✕ 根拠 則22-Ⅳ CH9 Sec2②

船員被保険者の資格喪失の届出は、当該事実があった日から10日以内に、被保険者の氏名等、所定の事項を記載した届書を日本年金機構に提出することによって行うものとされている。

E ○ 根拠 則22-Ⅰ② CH9 Sec2⑤

確認してみよう！

高齢任意加入被保険者の資格喪失の事由が次に掲げるものであるときは、資格喪失の届出は必要ない。

① 老齢厚生年金、老齢基礎年金その他の老齢又は退職を支給事由とする年金たる給付であって政令で定める給付の受給権を取得したとき

② 適用事業所に使用される高齢任意加入被保険者が、実施機関に申し出て、被保険者の資格を喪失するとき

③ 適用事業所以外の事業所に使用される高齢任意加入被保険者が、厚生労働大臣の資格喪失の認可を受けたとき

④ 適用事業所に使用される高齢任意加入被保険者が、保険料（初めて納付すべき保険料を除く。）を滞納し、督促状の指定の期限までに、その保険料を納付しないとき（保険料の負担及び納付に係る事業主の同意があるときを除く。）

問3 正解 A 正解率 72%

A ✕ 根拠 法44-Ⅳ⑨ CH9 Sec3⑤

18歳に達する日以後の最初の3月31日までの間にある子が、障害等級2級に該当する程度の障害の状態でなくなった場合であっても、その時点では加給年金額の加算対象から外れない。その後、18歳に達する日以後の最初の3月31日が終了

したときに、加給年金額の加算対象から外れることとなる。

B ○ 根拠 H26.3.31年発0331第７号　　—

加給年金額の生計維持認定対象者に係る生計同一関係の認定に当たっては、配偶者又は子について、住民票上の住所が受給権者と異なっている場合であっても、次の①又は②のいずれかに該当するときは、生計を同じくする者に該当するものとされ、加給年金額の加算の対象となり得る。

① 現に起居を共にし、かつ、消費生活上の家計を一つにしていると認められるとき

② 単身赴任、就学又は病気療養等の止むを得ない事情により住所が住民票上異なっているが、次のような事実が認められ、その事情が消滅したときは、起居を共にし、消費生活上の家計を一つにすると認められるとき

ア 生活費、療養費等の経済的な援助が行われていること

イ 定期的に音信、訪問が行われていること

C ○ 根拠 法附則８の２－ⅠⅡ　　CH9 Sec4②

昭和35年８月22日生まれの第１号厚生年金被保険者期間のみを有する女子に係る特別支給の老齢厚生年金の支給開始年齢は62歳、同日生まれの第１号厚生年金被保険者期間のみを有する男子に係る特別支給の老齢厚生年金の支給開始年齢は64歳である。

確認してみよう！

★ 特別支給の老齢厚生年金の支給開始年齢の引上げ

① 定額部分の引上げ

生年月日		支給開始年齢	
男子・第２号～４号女子	第１号女子	定額部分	報酬比例部分
S16. 4. 2 ～ S18. 4. 1	S21. 4. 2 ～ S23. 4. 1	61歳	60歳
S18. 4. 2 ～ S20. 4. 1	S23. 4. 2 ～ S25. 4. 1	62歳	
S20. 4. 2 ～ S22. 4. 1	S25. 4. 2 ～ S27. 4. 1	63歳	
S22. 4. 2 ～ S24. 4. 1	S27. 4. 2 ～ S29. 4. 1	64歳	
S24. 4. 2 ～ S28. 4. 1	S29. 4. 2 ～ S33. 4. 1	引上げ完了	

② 報酬比例部分の引上げ

生年月日		支給開始年齢	
男子・第２号～４号女子	第１号女子	定額部分	報酬比例部分
S28. 4. 2 ～ S30. 4. 1	S33. 4. 2 ～ S35. 4. 1		61歳
S30. 4. 2 ～ S32. 4. 1	S35. 4. 2 ～ S37. 4. 1		62歳
S32. 4. 2 ～ S34. 4. 1	S37. 4. 2 ～ S39. 4. 1		63歳
S34. 4. 2 ～ S36. 4. 1	S39. 4. 2 ～ S41. 4. 1		64歳

D ○ 根拠 法附則８の２－ⅠⅡ　CH9 Sec4②

昭和35年８月22日生まれの第４号厚生年金被保険者期間のみを有する女子及び同日生まれの第４号厚生年金被保険者期間のみを有する男子に係る特別支給の老齢厚生年金の支給開始年齢は、いずれも64歳である。

E ○ 根拠 (12)法附則22－Ⅰ　CH9 Sec6⑧

問４ 正解 **B（アとウ）**　正解率 78%

ア ○ 根拠 法47の３－Ⅲ　CH9 Sec5②

基準傷病による障害厚生年金の受給権は、初めて、基準障害と他の障害とを併合して障害等級の１級又は２級に該当する程度の障害の状態に該当するに至ったときに発生するが、その支給は、請求があった月の翌月から始まるものとされている。

イ × 根拠 法48－Ⅱ　CH9 Sec5⑤

設問の場合、従前の障害厚生年金の受給権は、消滅する。

ウ ○ 根拠 法49-Ⅰ　CH9 Sec5⑤

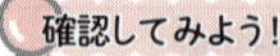

障害厚生年金（その権利を取得した当時から引き続き障害等級の１級又は２級に該当しない程度の障害の状態にある受給権者に係るものを除く。以下同じ。）の受給権者が更に障害厚生年金の受給権を取得した場合において、新たに取得した障害厚生年金が労働基準法の規定による障害補償を受ける権利を取得したことよりその支給を停止すべきものであるときは、その停止すべき期間、その者に対して従前の障害厚生年金を支給する。

エ × 根拠 法50-Ⅳ　—

設問の場合、従前の障害厚生年金の受給権は消滅する。また、支給される前後の障害を併合した障害の程度による障害厚生年金の額は、従前の障害厚生年金の額に相当する額とする。

オ × 根拠 法52-Ⅶ、法附則16の３-Ⅱ　CH9 Sec5⑦

65歳以上の者又は国民年金法による老齢基礎年金の受給権者であって障害厚生年金の受給権者である者（当該障害厚生年金と同一の支給事由に基づく障害基礎年金の受給権を有しない者に限る。）については、年金額の改定の請求をすることができず、また、実施機関の職権による改定も行うことはできない。

問５　正解　**Ｅ（エとオ）**　正解率 **70%**

ア ○ 根拠 法58-Ⅰ④、法附則14-Ⅰ　CH9 Sec6①

確認してみよう！

遺族厚生年金は、被保険者又は被保険者であった者が次表の①～④のいずれかに該当する場合に、所定の遺族に支給される。ただし、①又は②に該当する場合には、保険料納付要件を満たしている必要がある。

短期要件	①　被保険者（失踪の宣告を受けた被保険者であった者であって、行方不明となった当時被保険者であったものを含む。）が、死亡したとき ②　被保険者であった者が、被保険者の資格を喪失した後に、被保険者であった間に初診日がある傷病により当該初診日から起算して5年を経過する日前に死亡したとき	保険料納付要件必要
短期要件	③　障害等級1級又は2級に該当する障害の状態にある障害厚生年金の受給権者が、死亡したとき	保険料納付要件不要
長期要件	④　老齢厚生年金の受給権者（保険料納付済期間と保険料免除期間とを合算した期間が25年※以上である者に限る。）又は保険料納付済期間と保険料免除期間とを合算した期間が25年※以上である者が、死亡したとき	保険料納付要件不要

※合算対象期間がある場合は、その期間を含む。

イ　○　根拠　法58-Ⅰ②、(60)法附則64-Ⅱ　CH9 Sec6①

設問の者は、被保険者の資格を喪失した後に、被保険者であった間に初診日がある傷病により当該初診日から起算して５年を経過する日前に死亡しており、特例（経過措置）による保険料納付要件（死亡日の属する月の前々月までの１年間のうちに未納期間がないこと。）を満たす場合には、遺族厚生年金の支給対象となる。

確認してみよう！

原則の保険料納付要件を満たさない場合であっても、令和８年４月１日前に死亡した者の死亡については、当該死亡日の前日において当該死亡日の属する月の前々月までの１年間（当該死亡日において国民年金の被保険者でなかった者については、当該死亡日の属する月の前々月以前における直近の国民年金の被保険者期間に係る月までの１年間）のうちに保険料納付済期間及び保険料免除期間以外の国民年金の被保険者期間がないときは、当該死亡に係る者が当該死亡日において65歳以上であるときを除き、特例による保険料納付要件を満たす。

ウ　○　根拠　法59-Ⅰ②　CH9 Sec6③

子については、18歳に達する日以後の最初の３月31日までの間にあるか、又は20歳未満で障害等級の１級若しくは２級に該当する障害の状態にあり、かつ、現に婚姻をしていないことが、遺族厚生年金を受けることができる遺族の要件とされている。

エ ✕ 根拠 法63-Ⅰ③ CH9 Sec6⑦

遺族厚生年金の受給権は、受給権者が直系血族及び直系姻族以外の者の養子（届出をしていないが、事実上養子縁組関係と同様の事情にある者を含む。）となったときは、消滅する。設問の乙は、丙にとって直系姻族に当たるため、丙が乙の養子となった場合であっても、丙の遺族厚生年金の受給権は消滅しない。

オ ✕ 根拠 法63-Ⅰ⑤イ CH9 Sec6⑦

遺族厚生年金の受給権を取得した当時30歳未満である妻が当該遺族厚生年金と同一の支給事由に基づく国民年金法による遺族基礎年金の受給権を取得しないときは、当該遺族厚生年金の受給権を取得した日から起算して５年を経過したときに、その受給権は消滅する。

問６ 正解 D 正解率 91%

A ○ 根拠 法28の２-Ⅰ CH9 Sec2⑪

B ○ 根拠 法40-Ⅱ、78の25 —

C ○ 根拠 法19-Ⅴ CH9 Sec2⑦

D ✕ 根拠 法23の２-Ⅰ、23の３-Ⅰ CH9 Sec2⑬

育児期休業等終了日又は産前産後休業終了日の翌日が属する月以後３か月間に報酬支払の基礎となった日数が17日未満の月があるときは、その月を除いて報酬月額を算定し、標準報酬月額の改定を行う。

E ○ 根拠 法23の２-Ⅰ —

問７ 正解 D 正解率 74%

A ✕ 根拠 法26-Ⅰ CH9 Sec2⑬

３歳に満たない子を養育する被保険者等の平均標準報酬額の特例は、当該特例の申出が行われた日の属する月前の月にあっては、当該特例の申出が行われた日の属する月の前月までの２年間のうちにあるものに限られる。

B ✕ 根拠 法46-Ⅰ CH9 Sec3⑥、Sec4⑤

基本月額とは、老齢厚生年金の額（その者に加給年金額が加算されていればその額を除いた額）を12で除して得た額のことをいう。

C ✕ 根拠 法24の4-Ⅰ CH9 Sec2⑭

被保険者が賞与を受けた月における標準賞与額が150万円を超えるときは、これを150万円として決定される。年間の累計額による上限は設けられていない。

D ○ 根拠 法18の2-Ⅱ CH9 Sec2②

確認してみよう！

・第2号厚生年金被保険者、第3号厚生年金被保険者又は第4号厚生年金被保険者は、同時に、第1号厚生年金被保険者の資格を取得しない。
・第1号厚生年金被保険者が同時に第2号厚生年金被保険者、第3号厚生年金被保険者又は第4号厚生年金被保険者の資格を有するに至ったときは、その日に、当該第1号厚生年金被保険者の資格を喪失する。

E ✕ 根拠 令3の13の7 —

2以上の種別の被保険者であった期間を有する者の遺族に支給する遺族厚生年金について中高齢寡婦加算額が加算される場合は、原則として、各号の厚生年金被保険者期間のうち最も長い1の期間に基づく遺族厚生年金について当該加算額が加算される。

問8 正解 E 正解率 61%

A ✕ 根拠 法23-Ⅰ、23の2-Ⅰ、H29.6.2事務連絡 CH9 Sec2⑬

固定的賃金の増額・減額と、実際の平均報酬月額の増額・減額が一致しない場合、随時改定の対象とはならない。したがって、設問の場合、随時改定には該当せず、育児休業等終了時改定に該当する。

B ✕ 根拠 法附則7の4-Ⅰ～Ⅲ、令6の4-Ⅰ、則34の3-Ⅰ CH9 Sec4⑨

基本手当を受給することができるときであっても、求職の申込みをしていなければ、60歳台前半の老齢厚生年金の支給停止は行われない。また、60歳台前半の老齢厚生年金の受給権者が雇用保険法の規定による求職の申込みをしたときは、当該求職の申込みがあった月の翌月から、当該老齢厚生年金は、支給停止される。ただし、当該求職の申込みがあった月の翌月以降の各月について、基本手当の支

令和3年度（第53回） 択一式

給を受けた日とみなされる日（実際に失業の認定を受けた基本手当の支給に係る日ではなく、失業認定日の直前にこの「失業の認定を受けた基本手当の支給に係る日」が連続しているものとみなされた日）がないときや、在職老齢年金の仕組みにより、老齢厚生年金の全部又は一部の支給が停止されているときは、その月の分の老齢厚生年金については、支給停止されない。また、基本手当の受給期間が経過した後等に行われる事後精算の仕組みにより、直近の各月について、老齢厚生年金の支給停止が行われなかったものとみなされる場合がある。

C ✕ 根拠 法60-Ⅰ②、法附則17の２-Ⅰ　CH9 Sec6④

老齢厚生年金の受給権を有する65歳以上の配偶者が遺族厚生年金の受給権を取得したとき（同一の支給事由に基づく遺族基礎年金の支給を受けるときを除く。）は、「死亡した者の老齢厚生年金相当額の４分の３に相当する額（以下本解説において「原則の遺族厚生年金の額」という。）」又は「原則の遺族厚生年金の額に３分の２を乗じて得た額と当該配偶者の老齢厚生年金の額（加給年金額を除く。）に２分の１を乗じて得た額を合算した額」のうちいずれか多い額を当該配偶者に支給する遺族厚生年金の額とする。

D ✕ 根拠 法46-Ⅵ　CH9 Sec3⑤

加給年金額の加算の対象となる配偶者が、障害等級３級の障害厚生年金を受給している場合も、当該加給年金額は支給停止される。なお、障害手当金を受給する場合は支給停止されない。

E ○ 根拠 法44-Ⅰ、78の11　CH9 Sec7①

老齢厚生年金の額の計算の基礎となる被保険者期間の月数が240以上であることが、加給年金額の加算要件の１つとされているが、この場合、離婚時みなし被保険者期間を除いた（実際の）被保険者期間の月数が240以上であることを要する。

問９　正解　B　　正解率 49%

A ○ 根拠 法附則８の２-ⅠⅡ　CH9 Sec4②

B ✕ 根拠 法附則８の２-Ⅰ、20-Ⅱ　CH9 Sec4②、Sec8①

２以上の種別の被保険者であった期間を有する者に係る老齢厚生年金について、いわゆる長期加入者の老齢厚生年金の支給要件である「被保険者期間が44年以上であること」の判定については、２以上の種別の被保険者であった期間に係る被保険者期間を合算せず、各号の厚生年金被保険者期間ごとに行う。

C　〇　根拠 法附則29-Ⅰ　CH9 Sec6⑧

最後に国民年金の被保険者の資格を喪失した日（同日において日本国内に住所を有していた者にあっては、同日後初めて、日本国内に住所を有しなくなった日）から起算して２年が経過していなければ、脱退一時金の他の支給要件を満たす限り、その支給を請求することができる。

D　〇　根拠 法附則29-Ⅲ　CH9 Sec6⑧

E　〇　根拠 法36-Ⅰ、38-Ⅰ、44の３-ⅠⅡ、64の２、法附則17　CH9 Sec6④

設問の者は、次の①又は②のいずれかを選択することができる。

①　老齢厚生年金の支給繰下げの申出をし、遺族厚生年金の受給権を取得した月の翌月分から繰り下げた老齢厚生年金の支給を受ける。

②　支給繰下げの申出をせずに通常の裁定請求をし、65歳に達した月の翌月分から通常の老齢厚生年金の支給を受ける。

令和３年度（第53回）
択一式

問10　正解　D　　正解率 39%

A　✕　根拠 法58-Ⅰ①④、58-Ⅱ　CH9 Sec6④

設問のように、死亡した者が、短期要件（被保険者が死亡したこと）に該当し、かつ、長期要件（保険料納付済期間と保険料免除期間とを合算した期間が25年以上である者が死亡したこと）にも該当するときは、その遺族が遺族厚生年金を請求したときに別段の申出をした場合を除き、短期要件のみに該当し、長期要件には該当しないものとみなされる。

B　✕　根拠 法56-③　CH9 Sec5⑩

障害の程度を定めるべき日において障害手当金の支給事由に係る傷病について労災保険法の規定による障害補償給付を受ける権利を有する者には、障害手当金は支給されない。

C　✕　根拠 法66-Ⅰ、国年法41-Ⅰ　CH9 Sec6⑥

子に対する遺族基礎年金及び遺族厚生年金は、配偶者が遺族基礎年金及び遺族厚生年金の受給権を有する期間、原則として、その支給を停止するとされており、設問のようにその配偶者が他の年金たる保険給付を選択受給することにより配偶者に対する遺族基礎年金及び遺族厚生年金の支給が停止される場合であっても、子に対する遺族基礎年金及び遺族厚生年金の支給停止は解除されず、引き続き支給停止となる。

D ○ 根拠 法78の２-Ⅰただし書、令３の12の４、則78の２-Ⅰ①、78の２の２-Ⅰ、78の３-Ⅰ① ―

設問にある法律婚の期間と事実婚の期間は対象期間として通算されず、平成23年３月の離婚が成立した日の翌日から起算して２年を経過しているため、平成13年４月から平成23年３月までの期間についてのいわゆる合意分割の請求を行うことはできない。

得点UP!

対象期間

⑴ 対象期間は、原則として、次の①～③に掲げる場合の区分に応じ、当該①～③に定める期間とする。

① 離婚（婚姻の届出をしていないが事実上婚姻関係と同様の事情にあった者について、当該事情が解消した場合を除く。以下同じ。）をした場合・・・婚姻が成立した日から離婚が成立した日までの期間

② 婚姻の取消しをした場合・・・婚姻が成立した日から婚姻が取り消された日までの期間

③ 婚姻の届出をしていないが事実上婚姻関係と同様の事情にあった当事者について、当該当事者の一方の被扶養配偶者である第３号被保険者であった当該当事者の他方が当該第３号被保険者としての国民年金の被保険者の資格を喪失し、当該事情が解消したと認められる場合（当該当事者が婚姻の届出をしたことにより当該事情が解消した場合を除く。）・・・婚姻の届出をしていないが事実上婚姻関係と同様の事情にあった当事者の一方が当該当事者の他方の被扶養配偶者である第３号被保険者であった期間〔当該事情が解消しない間に当該第３号被保険者であった期間が複数ある場合にあっては、これらの期間を通算した期間（以下「事実婚第３号被保険者期間」という。）とする。〕

⑵ 婚姻が成立した日前から婚姻の届出をしていないが事実上婚姻関係と同様の事情にあった当事者について、当該当事者が婚姻の届出をしたことにより当該事情が解消し、①又は②に掲げる場合に該当した場合における対象期間は、上記⑴にかかわらず、①又は②に掲げる場合の区分に応じ、当該①又は②に定める期間と事実婚第３号被保険者期間を通算した期間とする。

E × 根拠 法63-Ⅰ② CH9 Sec6⑦

遺族厚生年金の受給権は、受給権者が婚姻（届出をしていないが、事実上婚姻関係と同様の事情にある場合を含む。）をしたときは、消滅する。

国民年金法

問1 正解 **B** 正解率 63%

A ✕ 根拠 法36-ⅠⅡ CH8 Sec5⑩

法30条1項の障害基礎年金は、受給権者が、刑事施設、労役場その他これらに準ずる施設に拘禁されているときであっても、その支給は停止されない。

B ○ 根拠 法85-Ⅰ①②、(16)法附則19-Ⅳ、(26)法附則14-Ⅲ CH8 Sec3②

C ✕ 根拠 法附則5-Ⅴ～Ⅷ、9の2-Ⅰカッコ書、(6)法附則23-Ⅴ～Ⅷ、(16)法附則23-Ⅴ～Ⅷ CH8 Sec2④

65歳未満の任意加入被保険者は、(特別支給の) 老齢厚生年金の受給権を取得した場合であっても、その資格は喪失しない。また、65歳未満の任意加入被保険者は、(繰上げ支給の) 老齢基礎年金の支給を受けることはできない。なお、特例の任意加入被保険者が、老齢基礎年金又は老齢厚生年金の受給権を取得した日の翌日にその資格を喪失するとする記述については正しい。

D ✕ 根拠 (60)法附則16-Ⅰ CH8 Sec4⑨

遺族厚生年金の支給を受けることができるときであっても、振替加算の規定により加算された額に相当する部分の支給は停止されない。

E ✕ 根拠 法115、128-Ⅰ CH8 Sec10①

国民年金基金は、加入員又は加入員であった者の障害に関し、一時金の支給を行うことはない。

確認してみよう!

国民年金基金は、加入員又は加入員であった者に対し、年金の支給を行い、あわせて加入員又は加入員であった者の死亡に関し、一時金の支給を行うものとする。

問2 正解 **E** 正解率 75%

A ○ 根拠 法21-Ⅲ CH8 Sec9③

B ○ 根拠 (60)法附則20-Ⅰ CH8 Sec5②

C ○ 根拠 法9-⑥ CH8 Sec2③

D ○ 根拠 法130-Ⅱ、基金令24-Ⅰ　CH8 Sec10③

E × 根拠 法附則９の４の２-ⅠⅡ　CH8 Sec2⑥

設問の届出に係る時効消滅不整合期間は、届出が行われた日以後、「学生納付特例期間」とみなされる。

問３ 正解 A　正解率 87%

A × 根拠 法７-Ⅰ③、９、則１の３　CH8 Sec2①

設問の場合、第３号被保険者はその資格を喪失しない。

B ○ 根拠 法７-Ⅰ②③、法附則３　CH8 Sec2①

老齢厚生年金を受給する66歳の厚生年金保険の被保険者は第２号被保険者ではないため、この者の配偶者は第３号被保険者とならない。

C ○ 根拠 法７-Ⅰ①、則１の２-②　CH8 Sec2①

確認してみよう！

次に掲げる者は、「国民年金法の適用を除外すべき特別の理由がある者として厚生労働省令で定める者」に該当し、第１号被保険者とならない。

① 日本の国籍を有しない者であって、出入国管理及び難民認定法（「入管法」という。）の規定に基づく活動として法務大臣が定める活動のうち、本邦に相当期間滞在して、病院若しくは診療所に入院し疾病若しくは傷害について医療を受ける活動又は当該入院の前後に当該疾病若しくは傷害について継続して医療を受ける活動を行うもの及びこれらの活動を行う者の日常生活上の世話をする活動を行うもの（医療滞在ビザにより滞在するもの）

② 日本の国籍を有しない者であって、入管法の規定に基づく活動として法務大臣が定める活動のうち、本邦において１年を超えない期間滞在し、観光、保養その他これらに類似する活動を行うもの（観光・保養を目的とするロングステイビザにより滞在するもの）

D ○ 根拠 法７-Ⅰ③、則１の３-③　CH8 Sec2①

確認してみよう！

次に掲げる者は、「外国において留学をする学生その他の日本国内に住所を有しないが渡航目的その他の事情を考慮して日本国内に生活の基礎があると認められる者として厚生労働省令で定める者」に該当し、他の要件を満たす限り、第３号被保険者となることができる。

① 外国において留学をする学生
② 外国に赴任する第２号被保険者に同行する者
③ 観光、保養又はボランティア活動その他就労以外の目的で一時的に海外に渡航する者
④ 第２号被保険者が外国に赴任している間に当該第２号被保険者との身分関係が生じた者であって、②に掲げる者と同等と認められるもの
⑤ ①～④に掲げる者のほか、渡航目的その他の事情を考慮して日本国内に生活の基礎があると認められる者

E ○ 根拠 （６）法附則11-Ⅰ①、（16）法附則23-Ⅰ① CH8 Sec2②

問４ 正解 B（アとオ） 正解率 70%

ア ○ 根拠 法137の17-Ⅰ、基金令45 CH8 Sec10④

イ × 根拠 法124-Ⅳ —

監事は、代議員会において、学識経験を有する者及び代議員のうちから、それぞれ「１人」を選挙することとされている。

確認してみよう！

国民年金基金の役員

① 国民年金基金（基金）に、役員として理事及び監事を置く。
② 理事は、代議員において互選する。ただし、理事の定数の３分の１（吸収合併によりその地区を全国とした地域型基金にあっては、２分の１）を超えない範囲内については、代議員会において、基金の業務の適正な運営に必要な学識経験を有する者のうちから選挙することができる。
③ 理事のうち１人を理事長とし、理事が選挙する。
④ 監事は、代議員会において、学識経験を有する者及び代議員のうちから、それぞれ１人を選挙する。
⑤ 役員の任期は、３年を超えない範囲内で規約で定める期間とする。ただし、補欠の役員の任期は、前任者の残任期間とする。
⑥ 監事は、理事又は基金の職員と兼ねることができない。

ウ × 根拠 法90の３、（16）法附則19、（26）法附則14 CH8 Sec3⑥

学生納付特例制度は、法本則に規定される恒久措置であり、時限措置ではない。なお、納付猶予制度を令和12年６月までの時限措置とする記述については正しい。

エ　×　根拠　法127-Ⅲ　CH8 Sec10②

国民年金基金の加入員は、申出により（任意に）その資格を喪失することはできない。

オ　○　根拠　則21-Ⅰ　—

問５　正解　C　正解率　89%

A　×　根拠　法７-Ⅱ、令４、S61.3.31庁保発13号　CH8 Sec2①

設問の配偶者は、被扶養配偶者に該当するため、第３号被保険者となる。

B　×　根拠　法附則９の４の７-Ⅰ、令14の14　—

設問の申出書は、「日本年金機構」に提出しなければならない。

C　○　根拠　法96-ⅣⅤ　CH8 Sec3⑩

D　×　根拠　令15-Ⅰ、16-ⅠⅡ　—

政府が設問の共済払いの基礎年金の支払に係る資金の交付をするときは、必要な資金を「日本銀行」に交付することにより行うこととされている。

E　×　根拠　法85-Ⅰ①③　CH8 Sec3②

設問の20歳前傷病による障害基礎年金の給付に要する費用については、当該費用の100分の20に相当する額と残りの部分（100分の80）の「２分の１」に相当する額を合計した、当該費用の「100分の60」に相当する額を負担することとされている。

問６　正解　B　正解率　93%

A　○　根拠　法101-ⅠⅥ　—

B　×　根拠　法37の２-Ⅱ、39-Ⅱ　CH8 Sec6⑦

被保険者等が死亡したことにより、配偶者が遺族基礎年金の受給権を取得した当時胎児であった子が生まれたときは、その子は、将来に向かって被保険者等の死亡の当時その者によって生計を維持していたものとみなされ、また、配偶者は、将来に向かってその者の死亡の当時その子と生計を同じくしていたものとみなされるため、配偶者の遺族基礎年金の額は、当該子が生まれた日の属する月の翌月から改定される。

C ○ 根拠 令1の2-③へ、則62 —

D ○ 根拠 則40-Ⅴ —

E ○ 根拠 法5-Ⅳ〜Ⅵ —

確認してみよう！

「保険料納付済期間」とは、第1号被保険者としての被保険者期間のうち納付された保険料〔法96条（督促及び滞納処分）の規定により徴収された保険料を含み、保険料の一部免除の規定によりその一部の額につき納付することを要しないものとされた保険料につきその残余の額が納付又は徴収されたものを除く。〕に係るもの及び法88条の2（産前産後の保険料免除）の規定により納付することを要しないものとされた保険料に係るもの、第2号被保険者としての被保険者期間並びに第3号被保険者としての被保険者期間を合算した期間をいう。

問7 正解 A　正解率 74%

A × 根拠 法41-Ⅱ　CH8 Sec6⑧

配偶者に対する遺族基礎年金が法41条の2,1項（所在不明による支給停止）の規定によりその支給を停止されているときは、子に対する遺族基礎年金は、その支給を停止されない。

B ○ 根拠 (60)法附則14-ⅠⅣ　CH8 Sec4⑨⑩⑪

C ○ 根拠 S47.6.19庁保発21号 —

D ○ 根拠 法12-ⅠⅤ　CH8 Sec2⑥

E ○ 根拠 法120-Ⅰ、基金令7 —

問8 正解 E　正解率 35%

A × 根拠 法27ただし書、(16)法附則10-Ⅰ⑮　CH8 Sec4⑧

設問の全額免除期間のうち年金額の計算に反映されるのは、「480から保険料納付済期間の月数を控除して得た月数〔設問の場合、480月−420月＝60月（5年）〕」

が限度となる〔全額免除期間120月（10年）のうち残りの60月（５年）は老齢基礎年金の額に反映されない。〕。また、年金額の計算に反映される全額免除期間は、平成21年４月１日前にあることからその３分の１の月数が年金額の計算に反映されることとなる。したがって、老齢基礎年金の額は「780,900円×440月÷480月」となり、設問の者に満額の老齢基礎年金は支給されない。

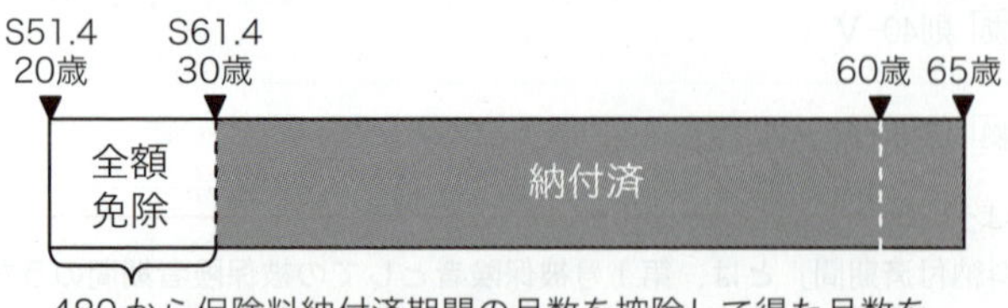

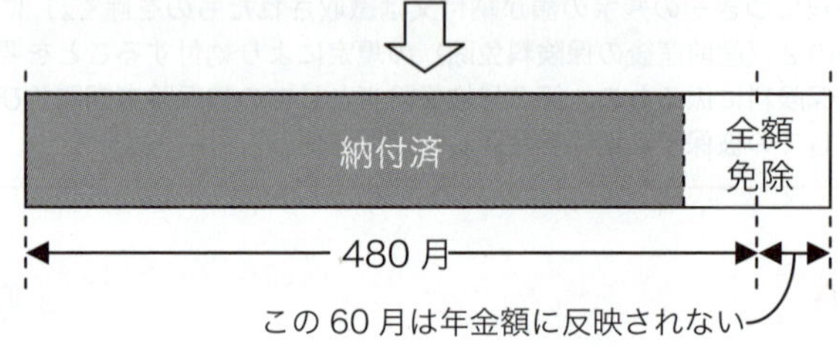

$$780{,}900\text{円} \times \frac{420\text{月} + 60\text{月} \times \frac{1}{3}}{480\text{月}}$$

$$= 780{,}900\text{円} \times \frac{440\text{月}}{480\text{月}}$$

B ✕ 根拠 法33-Ⅱ　CH8 Sec5⑧

令和３年度における子の加算のない障害等級１級の障害基礎年金の額は、障害等級２級の障害基礎年金の額（780,900円）を1.25倍にした「976,125円」となる（設問のような端数処理は行われない。）。

C ✕ 根拠 法39の２-Ⅰ　CH8 Sec6⑥

遺族基礎年金の受給権者が４人の子のみである場合、令和３年度における遺族基礎年金の受給権者の子それぞれが受給する遺族基礎年金の額は、「780,900円、224,700円、74,900円及び74,900円を合計した金額」を子の数で除して得た金額となる。

D ✕ 根拠 法52の4－Ⅰ CH8 Sec7③

設問の場合の死亡一時金の額は「12万円」であり、設問のような名目手取り賃金変動率による改定は行われない。

E ○ 根拠 法附則9の3の2－Ⅲ、令14の3の2 CH8 Sec7④

確認してみよう！

脱退一時金の額の算定に当たり、保険料の額に2分の1を乗じて得た額に乗じる数は、保険料納付済期間等の月数に応じて次のとおりである。

保険料納付済期間等の月数	保険料の額に2分の1を乗じて得た額に乗じる数
6月以上12月未満	6
12月以上18月未満	12
18月以上24月未満	18
24月以上30月未満	24
30月以上36月未満	30
36月以上42月未満	36
42月以上48月未満	42
48月以上54月未満	48
54月以上60月未満	54
60月以上	60

問9 正解 C 正解率 74%

A ○ 根拠 法31 CH8 Sec5⑦

B ○ 根拠 (60)法附則11－Ⅲ CH8 Sec9⑤

C ✕ 根拠 法20－Ⅰ、法附則9の2の4 CH8 Sec9⑤

障害厚生年金の額の多寡又は受給権者の年齢にかかわらず、障害厚生年金と老齢基礎年金が併給されることはない。

D ○ 根拠 法20－Ⅰ CH8 Sec9⑤

異なる支給事由により支給される遺族基礎年金及び遺族厚生年金は、併給することができず、いずれか一方を選択して受給することとなる。

令和3年度（第53回） 択一式

E ○ 根拠 法20-Ⅰ、52の６、厚年法38-Ⅰ　CH8 Sec7③

同一の支給事由に基づくものであっても、遺族厚生年金と寡婦年金は併給することができず、また、寡婦年金を選択した者は死亡一時金の支給を受けることはできない。一方、遺族厚生年金と死亡一時金について、調整規定は存在せず、遺族厚生年金の支給を受ける者は、死亡一時金の支給を受けることができる。

問10 正解 B　正解率 59%

A × 根拠 (60)法附則14-Ⅱただし書　CH8 Sec4⑨

設問の妻は中高齢の期間短縮の特例に該当するため、当該妻の受給する老齢厚生年金は、その額の計算の基礎となる厚生年金保険の被保険者期間の月数が240であるものとみなされる。このため、設問の妻に振替加算は行われない。

B ○ 根拠 法20-ⅠⅡⅣ　CH8 Sec9⑤

C × 根拠 法30の２-Ⅰ～Ⅲ　CH8 Sec5③

設問の女性は、初診日において第３号被保険者であり、また、22歳から60歳までの全ての期間が保険料納付済期間であることから、初診日の前日における保険料納付要件を満たすことになる。特別支給の老齢厚生年金の受給権を有することは事後重症による障害基礎年金の支給に影響せず、障害認定日後の63歳の時に、事後重症による障害基礎年金の請求を行った場合、設問の女性には、事後重症による障害基礎年金が支給される。

D × 根拠 法35-③　CH8 Sec5⑪

厚生年金保険法47条２項に規定する障害等級（３級以上）に該当する程度の障害の状態に該当しなくなった日から起算して同項に規定する障害等級に該当する程度の障害の状態に該当することなく３年を経過したときであっても、当該３年を経過した日において、当該受給権者が65歳未満であるときは、障害基礎年金の受給権は消滅しない。

E × 根拠 法19-ⅠⅡ　CH8 Sec9①

遺族基礎年金の受給権者である丙の死亡の当時当該遺族基礎年金の支給の要件となり、その額の加算の対象となっていた乙（甲の子）は、未支給年金の規定の適用については、丙の子とみなされ、丙の実子である丁と同順位の未支給の遺族基礎年金の請求権者となる。

令和 2 年度
（2020年度・第52回）
解答・解説

合格基準点

選択式

総得点**25点**以上、かつ、
各科目**3点**以上
（ただし、労一、社一及び健保は**2点**可）

択一式

総得点**44点**以上、かつ、
各科目**4点**以上

受験者データ

受験申込者数	49,250人
受験者数	34,845人
合格者数	2,237人
合格率	6.4%

繰り返し記録シート（令和２年度）

解いた回数	科目	問題No.	点数	解いた回数	科目	点数
選択式1回目	労基安衛	問1	／5	択一式1回目	労基安衛	／10
	労災	問2	／5		労災徴収	／10
	雇用	問3	／5		雇用徴収	／10
	労一	問4	／5		労一社一	／10
	社一	問5	／5		健保	／10
	健保	問6	／5		厚年	／10
	厚年	問7	／5		国年	／10
	国年	問8	／5		合計	／70
		合計	／40			
選択式2回目	労基安衛	問1	／5	択一式2回目	労基安衛	／10
	労災	問2	／5		労災徴収	／10
	雇用	問3	／5		雇用徴収	／10
	労一	問4	／5		労一社一	／10
	社一	問5	／5		健保	／10
	健保	問6	／5		厚年	／10
	厚年	問7	／5		国年	／10
	国年	問8	／5		合計	／70
		合計	／40			
選択式3回目	労基安衛	問1	／5	択一式3回目	労基安衛	／10
	労災	問2	／5		労災徴収	／10
	雇用	問3	／5		雇用徴収	／10
	労一	問4	／5		労一社一	／10
	社一	問5	／5		健保	／10
	健保	問6	／5		厚年	／10
	厚年	問7	／5		国年	／10
	国年	問8	／5		合計	／70
		合計	／40			

令和2年度
(2020年度・第52回)
解答・解説
選択式

正解一覧

問		番号	正解
問1	A	⑬	工事着手14日前まで
	B	⑯	時間的、場所的な拘束
	C	⑳	報酬の支払方法、公租公課の負担
	D	⑦	6　月
	E	③	1.5
問2	A	⑧	合理的
	B	⑯	転　任
	C	⑳	要介護状態
	D	⑤	介　護
	E	③	18
問3	A	⑨	20時間以上
	B	⑯	31日以上
	C	④	10
	D	⑰	公共職業安定所長
	E	②	4
問4	A	⑦	雇用動向調査
	B	⑩	就労条件総合調査
	C	⑥	雇用均等基本調査
	D	⑳	労働力調査
	E	⑨	就業構造基本調査
問5	A	⑭	120兆
	B	⑲	年　金
	C	⑥	1年6か月
	D	⑦	1又は2以上の市町村
	E	③	48,000
問6	A	⑬	地方社会保険医療協議会に諮問する
	B	⑱	標準報酬月額が28万円
	C	③	125,570円
	D	⑧	所轄公共職業安定所長
	E	⑮	当該事業の意義及び内容
問7	A	⑨	国民の理解
	B	⑫	受給権を取得した日から起算して1年を経過した日
	C	⑳	老齢基礎年金及び付加年金並びに障害基礎年金
	D	⑤	按分割合
	E	②	2　年
問8	A	⑪	国民の生活水準
	B	⑦	改　定
	C	⑤	60歳以上65歳未満
	D	⑳	当該被保険者期間の3分の2
	E	⑬	実施機関たる共済組合等

問１　労働基準法及び労働安全衛生法

根拠 労基法96の２－Ⅰ、最一小H8.11.28横浜南労働基準監督署長事件、安衛法21－Ⅱ、66－Ⅰ、則45の２－Ⅰ、526－Ⅰ

				正解率
A	⑬	工事着手14日前まで	CH1 Sec10⑦	73%
B	⑯	時間的、場所的な拘束	―	90%
C	⑳	報酬の支払方法、公租公課の負担	―	27%
D	⑦	６　月	CH2 Sec8①	89%
E	③	1.5	―	22%

問２　労働者災害補償保険法

根拠 法７－Ⅱ、則７－①

				正解率
A	⑧	合理的	CH3 Sec2③	98%
B	⑯	転　任	CH3 Sec2③	88%
C	⑳	要介護状態	CH3 Sec2③	97%
D	⑤	介　護	CH3 Sec2③	96%
E	③	18	CH3 Sec2③	80%

問３　雇用保険法

根拠 法４－Ⅰ、６、38－Ⅰ①、則６－Ⅰ、行政手引20301、20555

				正解率
A	⑨	20時間以上	CH4 Sec2②	81%
B	⑯	31日以上	CH4 Sec2②	82%
C	④	10	CH4 Sec2⑤	98%
D	⑰	公共職業安定所長	CH4 Sec2⑤	96%
E	②	４	CH4 Sec2①	95%

問4 労務管理その他の労働に関する一般常識

根拠 「雇用動向調査（厚生労働省）」、「就労条件総合調査（厚生労働省）」、「雇用均等基本調査（厚生労働省）」、「労働力調査（総務省）」、「就業構造基本調査（総務省）」

A ⑦ 雇用動向調査 — 正解率 56%

B ⑩ 就労条件総合調査 CH6 Sec5② 正解率 62%

C ⑥ 雇用均等基本調査 CH6 Sec5② 正解率 38%

D ⑳ 労働力調査 CH6 Sec5② 正解率 59%

E ⑨ 就業構造基本調査 CH6 Sec5② 正解率 28%

解説

〈社会保険労務士試験で問われる主な労働統計の概要〉

労働力調査（D）	我が国における就業及び不就業の状態を明らかにするための基礎資料を得ることを目的としている。
毎月勤労統計調査	雇用、給与及び労働時間について、その変動を毎月明らかにすることを目的としている。
就労条件総合調査（B）	主要産業における企業の労働時間制度、賃金制度等について総合的に調査し、我が国の民間企業における就労条件の現状を明らかにすることを目的としている。
賃金構造基本統計調査	我が国の賃金構造の実態を詳細に把握することを目的として行われるもので、労働者の雇用形態、就業形態、職種、性、年齢、学歴、勤続年数、経験年数別等に明らかにするものである。
雇用均等基本調査（C）	男女の雇用均等問題に係る雇用管理の実態を把握することを目的としている。
労働組合基礎調査	労働組合及び労働組合員の産業、企業規模、加盟上部組合別の分布等、労働組合組織の実態を明らかにすることを目的としている。

問５　社会保険に関する一般常識

根拠 「平成29年度社会保障費用統計（国立社会保障・人口問題研究所）」、介保法67-Ⅰ、則103、国保法13-ⅠⅡ、確拠法69、令36-①

				正解率
A	⑭	120兆	—	52%
B	⑲	年　金	—	83%
C	⑥	１年６か月	—	58%
D	⑦	１又は２以上の市町村	—	33%
E	③	48,000	CH10 Sec2①	68%

解説

Eについて、確定拠出年金個人型年金の第１号加入者の拠出限度額については、国民年金の付加保険料又は国民年金基金の掛金の納付に係る額があるときは、68,000円から付加保険料又は国民年金基金の掛金の額を控除した額をその月に係る拠出限度額とすることとされている。したがって、設問の場合は、国民年金基金の掛金を月額20,000円納付していることから、**E**に入る金額は、68,000－20,000＝48,000（円）となる。

問６　健康保険法

根拠 法74-Ⅰ③、82-Ⅱ、115、181の２、令34-Ⅰ、41-Ⅰ、42-Ⅰ①、則29-ⅠⅡ

				正解率
A	⑬	地方社会保険医療協議会に諮問する	CH7 Sec3①②	88%
B	⑱	標準報酬月額が28万円	CH7 Sec5②	72%
C	③	125,570円	CH7 Sec5⑫	61%
D	⑧	所轄公共職業安定所長	CH7 Sec2⑦	75%
E	⑮	当該事業の意義及び内容	—	43%

解説

Cについて、高額療養費算定基準額は、80,100円＋(700,000円－267,000円)×１％＝84,430円である。したがって、高額療養費は、210,000円－84,430円＝125,570円となる。

問7 厚生年金保険法

根拠 法31の２、44の３－Ⅰ、78の２－Ⅰ

A ⑨ 国民の理解 — 正解率 37%

B ⑫ 受給権を取得した日から起算して１年を経過した日 CH9 Sec3⑧ 正解率 95%

C ⑳ 老齢基礎年金及び付加年金並びに障害基礎年金 CH9 Sec3⑧ 正解率 79%

D ⑤ 按分割合 CH9 Sec7① 正解率 92%

E ② ２ 年 CH9 Sec7① 正解率 92%

問8 国民年金法

根拠 法４、37、94の２－Ⅱ

A ⑪ 国民の生活水準 CH8 Sec8① 正解率 77%

B ⑦ 改 定 CH8 Sec8① 正解率 63%

C ⑤ 60歳以上65歳未満 CH8 Sec6② 正解率 77%

D ⑳ 当該被保険者期間の３分の２ CH8 Sec6② 正解率 62%

E ⑬ 実施機関たる共済組合等 CH8 Sec3③ 正解率 80%

令和**2**年度
(2020年度・第52回)

解答・解説
択一式

正解一覧

労基安衛	正解
問1	D
問2	D
問3	B
問4	D
問5	D
問6	B
問7	B
問8	C
問9	E
問10	A

労災徴収	正解
問1	B
問2	B
問3	C
問4	E
問5	A
問6	A:× B:× C:× D:× E:×
問7	D
問8	C
問9	D
問10	A

雇用徴収	正解
問1	D
問2	A
問3	C
問4	E
問5	D
問6	C
問7	E
問8	E
問9	C
問10	D

労一社一	正解
問1	D
問2	C
問3	A:× B:× C:× D:×
問4	B
問5	B
問6	D
問7	C
問8	B
問9	D
問10	B

健保	正解
問1	A
問2	B
問3	B
問4	D
問5	E
問6	A
問7	E
問8	C
問9	C
問10	D

厚年	正解
問1	D
問2	A
問3	D
問4	A
問5	E
問6	C
問7	ア:○ イ:× ウ:○ エ:× オ:×
問8	C
問9	B
問10	E

国年	正解
問1	B
問2	D
問3	E
問4	B
問5	D
問6	D
問7	C
問8	D
問9	C
問10	A

労働基準法及び労働安全衛生法

問１　正解　D　　正解率 50%

A　×　根拠　法10　　CH1 Sec1④

株式会社の場合、「事業主」とは、法人そのものをいう。

確認してみよう！

労働基準法で使用者とは、**事業主**又は事業の**経営担当者**その他その事業の**労働者**に関する事項について、事業主のために行為をする**すべての者**をいう。

B　×　根拠　法10、S22.9.13発基17号　　CH1 Sec1④

労働基準法の使用者とは、同法各条の義務についての履行の責任者をいい、形式にとらわれることなく、同法各条の義務について実質的に一定の権限を与えられているか否かによるものと解されている。したがって、設問のように「係長に与えられている責任と権限の有無にかかわらず、係長が『使用者』になることはない」とする記述は誤りである。

C　×　根拠　法10、S22.9.13発基17号　　CH1 Sec1④

労働基準法各条の義務についての実質的な権限が与えられておらず、単に上司の命令の伝達者にすぎない場合は、同法上の使用者として取り扱われない。したがって、設問のように「課長がたまたま事業主等の上位者から権限外の事項について命令を受けて単にその命令を部下に伝達しただけ」の場合は、その伝達は課長が使用者として行ったこととはならない。

D　○　根拠　法10、S63.3.14基発150号　　CH1 Sec1④

E　×　根拠　法10、派遣法44、H20.7.1基発0701001号　　CH1 Sec1④

派遣先における指揮命令権者も、一部の規定については、労働者派遣法44条に定める労働基準法の適用に関する特例の規定に基づき、労働基準法上の使用者となる。

問２　正解　D　　正解率 32%

A　×　根拠　法106　　CH1 Sec10⑧

就業規則については、その全文を周知させなければならない。なお、労働基準法及び労働基準法に基づく命令については、設問のとおり、その要旨を労働者に周知させることで足りる。

確認してみよう！

周知義務

労働基準法及び労働基準法に基づく命令	要旨
就業規則、労使協定及び労使委員会の決議	全文

B × 根拠 法106、H12.1.1基発１号 —

設問の周知は、対象労働者に限らず、すべての労働者に対して行うことが義務付けられている。

C × 根拠 法102 CH1 Sec10⑬

労働基準監督官が、設問の賃金及び割増賃金の不払について事業主の財産を差し押さえる職務を行う旨の規定はない。なお、設問文前半の「労働基準法違反の罪について、刑事訴訟法に規定する司法警察官の職務を行う」旨の記述は正しい。

D ○ 根拠 則59 —

E × 根拠 則57-Ⅰ —

使用者は、事業を開始した場合にはその事実を所轄労働基準監督署長に報告しなければならないが、事業を廃止した場合に所轄労働基準監督署長に報告する旨の規定はない。

問３ 正解 **B** 正解率 11%

A ○ 根拠 法64の３-Ⅱ、女性則２-Ⅰ①、３ CH1 Sec9⑤

B × 根拠 法64の３-Ⅱ、女性則２-Ⅰ㉔、３ CH1 Sec9⑤

「さく岩機、鋲打機等身体に著しい振動を与える機械器具を用いて行う業務」に就かせてはならないこととされているのは、妊娠中の女性及び産後１年を経過しない女性であり、すべての女性について、当該業務に就かせることが制限されているわけではない。

得点UP!

＜女性の就業制限業務（24業務）の概要＞

業務の内容	妊娠中の女性	産後１年を経過しない女性	左記以外の女性
一定の重量物を取り扱う業務	×	×	×
有害物を発散する場所において行われる一定の業務	×	×	×
さく岩機、鋲打機等身体に著しい振動を与える機械器具を用いて行う業務	×	×	○
土砂が崩壊するおそれのある場所又は深さが５ｍ以上の地穴における業務	×	○	○
高さが５ｍ以上の場所で、墜落により労働者が危害を受けるおそれのあるところにおける業務	×	○	○
上記以外の19の業務	×	△	○

○＝就業可能
△＝申出により就業禁止
×＝就業禁止

C ○ 根拠 法64の３-Ⅰ、女性則２-Ⅰ④ CH1 Sec9⑤

Bの 得点UP! 参照。

D ○ 根拠 法64の３-Ⅰ、女性則２-Ⅰ⑭、Ⅱ CH1 Sec9⑤

設問の業務に就かせてはならないこととされているのは、妊娠中の女性であり、産後１年を経過しない女性について当該業務に就かせることは、制限されていない。Bの 得点UP! 参照。

E ○ 根拠 法64の３-Ⅰ、女性則２-Ⅰ⑦、Ⅱ CH1 Sec9⑤

Bの 得点UP! 参照。

問４ 正解 D　正解率 91%

A ○ 根拠 法３ CH1 Sec1②

なお、労働基準法３条（使用者は、労働者の国籍、信条又は社会的身分を理由として、賃金、労働時間その他の労働条件について、差別的取扱をしてはならない。）の「信条」とは、特定の宗教的又は政治的信念をいい、「社会的身分」とは、生来的な地位をいう。

B ○ 根拠 法５、S63.3.14基発150号 CH1 Sec1②

なお、労働基準法５条において禁止しているのは、精神又は身体の自由を不当に拘束する手段によって労働者の意思に反して労働を強制することであり、すなわち、「不当に拘束する手段」が「労働の強制」の目的と結びついており、かつ、「不当に拘束する手段」によって「労働の強制」に至らしめたものでなければならない。したがって、単に「怠けたから」「態度が悪いから」という理由で暴行があっても、労働の強制の目的がない場合には、同条違反とならない。

C ○ 根拠 法６、S23.3.2基発381号 CH1 Sec1②

なお、設問の「利益」は、介入する行為との因果関係があれば、使用者より利益を得る場合のみに限らず、労働者又は第三者より利益を得る場合をも含む。

D × 根拠 法７、S23.10.30基発1575号 CH1 Sec1②

設問の場合は、労働基準法７条違反となる。

確認してみよう！

労基法７条

使用者は、労働者が労働時間中に、**選挙権**その他**公民としての権利**を行使し、又は**公の職務**を執行するために必要な時間を請求した場合においては、拒んではならない。但し、権利の行使又は公の職務の執行に妨げがない限り、請求された**時刻を変更**することができる。

E ○ 根拠 法11、S30.10.10基発644号 CH1 Sec3①

問５ 正解 D（ア・イ・ウ・オの四つ） 正解率 60%

ア ○ 根拠 法14-Ⅰ①、H15.10.22基発1022001号 CH1 Sec2③

契約期間の上限については、令和３年度択一式労基問２Aの確認してみよう！参照。

イ ○ 根拠 法15-Ⅰ、H11.3.31基発168号 —

なお、絶対的明示事項については、令和３年度択一式労基問２Bの確認してみよう！参照。

ウ ○ 根拠 法20、S33.2.13基発90号 CH1 Sec2④

なお、解雇予告の意思表示の取消しに対して、労働者の同意がない場合は、予告期間の満了をもって解雇されることとなるので、自己退職（任意退職）の問題は生じない。

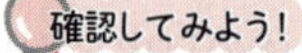

確認してみよう！

★ 解雇予告

解雇予告	30日以上前の予告	併用可
	平均賃金の30日分以上の解雇予告手当の支払い	

解雇予告の除外	天災事変その他やむを得ない事由のために事業の継続が不可能	所轄労働基準監督署長の認定が必要
	労働者の責に帰すべき事由	

エ × 根拠 法20、S63.3.14基発150号　　CH1 Sec2④

事業場が火災により焼失した場合には、原則として「天災事変その他やむを得ない事由」に該当するが、火災による焼失が事業主の故意又は重大な過失に基づく場合は、「天災事変その他やむを得ない事由」に該当しない。

オ ○ 根拠 法23　　CH1 Sec2⑤

確認してみよう！

賃金については、賃金支払日が請求から７日目の日よりも前に到来する場合や、権利者からの請求がない場合については、その賃金支払日までに支払わなければならない。また、退職手当については、たとえ請求があってから７日を超える場合でも、あらかじめ就業規則等で定められた支払時期に支払えば足りる。

問６　正解　B　　正解率 89%

A ○ 根拠 法32、S33.10.11基収6286号　　CH1 Sec4①

確認してみよう！

労働基準法32条の「労働時間」とは、使用者の明示又は黙示の指示によって、労働者が使用者の指揮命令下に置かれている時間をいう。労働時間に該当するかどうかは、労働者の行為が使用者の指揮命令下に置かれたものと評価することができるかどうかによって客観的に定まるものであって、労働契約、就業規則、労働協約等の定めのいかんにより決定されるものではない。

B ✕ 根拠 法32の3－Ⅳ　CH1 Sec5③

1箇月以内の清算期間を定めてフレックスタイム制を実施する場合には、設問の労使協定を行政官庁に届け出る必要はない。

C ○ 根拠 法36－Ⅲ Ⅳ　CH1 Sec6③

D ○ 根拠 法37、最一小S35.7.14小島撚糸事件　CH1 Sec6④

E ○ 根拠 法39－Ⅶ、則24の6　CH1 Sec8④

確認してみよう！

使用者の時季指定による付与

使用者は、年次有給休暇（その年に付与される日数が10労働日以上である労働者に係るものに限る。）の日数のうち5日については、原則として基準日から1年以内の期間に、労働者ごとにその時季を定めることにより与えなければならない。なお、労働者の時季指定又は計画的付与により有給休暇を与えた場合においては、当該与えた有給休暇の日数（当該日数が5日を超える場合には、5日）分については、時季を定めることにより与えることを要しない。

問7　正解　B　正解率 87%

A ✕ 根拠 法89、S23.10.30基発1575号　—

設問の内容を就業規則に記載するか否かは、当事者の自由であるとされている。

B ○ 根拠 法90、S23.10.30基発1575号　—

C ✕ 根拠 法89、S61.6.6基発333号　CH1 Sec10①

派遣元の使用者が労働基準法89条の就業規則の作成義務を負うのは、派遣中の労働者とそれ以外の労働者を合わせて常時10人以上の労働者を使用している場合とされているため、設問の場合は同条の就業規則の作成義務を負う。

D ✕ 根拠 法89　—

労働基準法89条の就業規則の作成義務が課せられる要件である「常時10人以上の労働者を使用する」については、企業単位ではなく事業場を単位としてみるものである。したがって、設問のように2つの工場がそれぞれ独立した事業場と考えられる場合には、いずれの工場も「常時10人以上の労働者を使用する」との要件を満たさず、就業規則の作成義務を負わない。

E ✕ 根拠 法91、S63.3.14基発150号 CH1 Sec10③

設問の場合は、労働基準法91条（制裁規定の制限）による制限を受けない。なお、遅刻・早退した時間分を超える賃金カットは制裁規定の制限を受ける。

得点UP！

出勤停止処分を受けた場合の出勤停止期間中の賃金カット／昇給の欠格条件の定め／制裁として格下げになったことによる賃金の低下などは、減給の制裁に該当しない。

問８ 正解 C 正解率 80%

A ✕ 根拠 法66の８－Ⅰ、則52の２－Ⅰ CH2 Sec9①

設問の「１月当たり60時間を超え」を「１月当たり80時間を超え」とすると、正しい記述となる。

確認してみよう！

★ 面接指導のまとめ

	長時間労働者	研究開発業務従事者	高度プロフェッショナル制度の対象労働者
労働時間等の要件	週40時間超の労働時間が月80時間超かつ疲労の蓄積	週40時間超の労働時間が月100時間超	週40時間超の健康管理時間が月100時間超
労働者からの申出	要（申出により実施）	不要（申出がなくても実施）	不要（申出がなくても実施）

B ✕ 根拠 法66の８の２－Ⅰ、則52の７の２－Ⅰ CH2 Sec9①

設問の「１月当たり80時間を超えた場合」を「１月当たり100時間を超えた場合」とすると、正しい記述となる。**A**の 確認してみよう！ 参照。

得点UP！

研究開発に係る業務に従事する労働者については、休憩時間を除き１週間当たり40時間を超えて労働させた場合におけるその超えた時間が１月当たり100時間を超えない場合であっても、当該超えた時間が１月当たり80時間を超え、かつ、疲労の蓄積が認められる場合には、安衛法66条の8,1項（長時間労働者に対する面接指導）の規定により、その者の申出があったときは、面接指導を行わなければならない。

C ○ 根拠 法66の８の４－Ⅰ、則52の７の４－Ⅰ CH2 Sec9①

Aの 確認してみよう！ 参照。

D ✕ 根拠 法66の8の3、H31.3.29基発0329第2号 CH2 Sec9①

労働時間の状況の把握に関して、高度プロフェッショナル制度により労働する労働者はその対象から除かれるが、労働基準法41条によって労働時間等に関する規定の適用が除外される労働者はその対象となる。

確認してみよう！

労働時間の状況の把握は、労働者の健康確保措置を適切に実施するためのものであり、その対象となる労働者は、高度プロフェッショナル制度対象労働者を除き、①研究開発業務従事者、②事業場外労働のみなし労働時間制の適用者、③裁量労働制の適用者、④管理監督者等（法41条の規定によって労働時間等に関する規定の適用が除外される労働者）、⑤派遣労働者（派遣先の使用者が労働時間の状況の把握義務を負う）、⑥短時間労働者、⑦有期雇用労働者を含めた全ての労働者である。

E ✕ 根拠 法66の8-Ⅲ、則52の6-Ⅰ他 CH2 Sec9①

設問の記録を保存すべき年限は「5年」とされている。

問9 正解 E

正解率 85%

A ○ 根拠 法2-②③、S47.9.18発基91号 CH2 Sec1③

確認してみよう！

・労働安全衛生法で「労働者」とは、労働基準法9条に規定する労働者（同居の親族のみを使用する事業又は事務所に使用される者及び家事使用人を除く。）をいう。
・労働安全衛生法で「事業者」とは、事業を行う者で、労働者を使用するものをいう（個人企業にあってはその事業主個人、会社その他の法人の場合には法人そのものを指す。）。

B ○ 根拠 S47.9.18発基91号 —

C ○ 根拠 法10-Ⅱ、S47.9.18基発602号 CH2 Sec2①

D ○ 根拠 法3-ⅡⅢ、S47.9.18発基91号 CH2 Sec1②

確認してみよう！

・設計者等の責務
　機械、器具その他の設備を設計し、製造し、若しくは輸入する者、原材料を製造し、若しくは輸入する者又は建設物を建設し、若しくは設計する者は、これらの物の設計、製造、輸入又は建設に際して、これらの物が使用されることによる労働災害の発生の防止に資するように努めなければならない。（法３－Ⅱ）

・注文者等の責務
　建設工事の注文者等仕事を他人に請け負わせる者は、施工方法、工期等について、安全で衛生的な作業の遂行をそこなうおそれのある条件を附さないように配慮しなければならない。（法３－Ⅲ）

E　×　根拠　法119-①、122　CH2 Sec10⑤

法人の従業者が設問の違反行為をしたときは、行為者として罰則の対象となる。

問10　正解　A　正解率　74%

A　×　根拠　法59-Ⅰ、則35-Ⅰ　CH2 Sec6②

臨時に雇用する労働者についても、雇入れ時の安全衛生教育は行わなければならない。

B　○　根拠　法59-Ⅱ、則35-Ⅰ　CH2 Sec6②

雇入れ時の安全衛生教育の規定は、労働者の作業内容を変更したときについて準用するとされている。

C　○　根拠　法59、60、S47.9.18基発602号　CH2 Sec6②

D　○　根拠　法59-Ⅲ、則36-⑤　CH2 Sec6②

得点UP！

特別教育の対象業務は、つり上げ荷重が５トン未満のクレーン運転業務／つり上げ荷重が１トン未満の移動式クレーン運転（道路上の走行運転を除く。）業務／最大荷重１トン未満のフォークリフト運転（道路上の走行運転を除く。）業務…等である。

E　○　根拠　法60、令19-②　CH2 Sec6②

職長教育の対象業種は、①建設業／②製造業（一定のものを除く。）／③電気業／④ガス業／⑤自動車整備業／⑥機械修理業である。

労働者災害補償保険法（労働保険の保険料の徴収等に関する法律を含む。）

問１　正解　B　　正解率 94%

A　○　根拠 法12の２の２－Ⅱ　　CH3 Sec7⑧

確認してみよう！

相対的支給制限

労働者が**故意の犯罪行為**若しくは**重大な過失**により、又は**正当な理由がなくて療養に関する指示に従わない**ことにより、負傷、疾病、障害若しくは死亡若しくはこれらの原因となった事故を生じさせ、又は負傷、疾病若しくは障害の程度を増進させ、若しくはその回復を妨げたときは、政府は、保険給付の**全部又は一部を行わないことができる**。

得点UP！

具体的な支給制限の内容

・故意の犯罪行為又は重過失の場合

支給制限の対象となる保険給付	支給制限の内容
休業（補償）等給付 障害（補償）等給付 傷病（補償）等年金	保険給付のつど所定給付額の30%を減額 （ただし、年金給付については、療養開始日の翌日から起算して３年以内に支払われる分に限る）

・療養に関する指示違反の場合

支給制限の対象となる保険給付	支給制限の内容
休業（補償）等給付	事案１件につき、10日分相当額を減額
傷病（補償）等年金	事案１件につき、年金額の10／365相当額を減額

B　×　根拠 法12の２の２－Ⅱ　　CH3 Sec7⑧

業務遂行中の負傷の原因となった事故が、負傷した労働者の故意の犯罪行為によって生じた場合には、政府は保険給付の全部又は一部を行わないことができる。Aの 確認してみよう！ 参照。

C　○　根拠 法12の２の２－Ⅱ　　CH3 Sec7⑧

Aの 確認してみよう！ 参照。

D　○　根拠 法12の２の２－Ⅱ　　CH3 Sec7⑧

支給制限されるのは、「正当な理由がなくて」療養に関する指示に従わない場合である（Aの 確認してみよう! 参照）。なお、「正当な理由がなくて」とは、そのような事情があれば誰しもが療養の指示に従うことができなかったであろうと認められる場合をいい、労働者の単なる主観的な事情は含まれない。

E ○ 根拠 法12の2の2－Ⅱ　CH3 Sec7⑧

Aの 確認してみよう! 参照。

問2 正解 B　正解率 94%

A ○ 根拠 法10　CH3 Sec7②

確認してみよう!
障害補償年金差額一時金及び障害年金差額一時金については、それぞれ、遺族補償給付及び遺族給付とみなして、死亡の推定の規定が適用される。

B × 根拠 法10　CH3 Sec7②

設問の場合、「労働者が行方不明となった日」に、当該労働者は死亡したものと推定する。

C ○ 根拠 法12の3－Ⅰ　CH3 Sec7⑨

D ○ 根拠 法12の3－Ⅱ　CH3 Sec7⑨

なお、本問の「不正受給者からの費用徴収の規定」における「事業主」は、請負事業の一括により元請負人が事業主とされる場合には、その元請負人をいう。また、労働保険事務組合は、当該規定の適用について「事業主」とみなされる。

E ○ 根拠 法11－Ⅱ　CH3 Sec7③

なお、未支給の保険給付を受けるべき同順位者が2人以上あるときは、その1人がした請求は、全員のためその全額につきしたものとみなし、その1人に対してした支給は、全員に対してしたものとみなす。

問3 正解 C　正解率 12%

A ○ 根拠 則46の18-②イ　CH3 Sec9①

B ○ 根拠 則46の18-③へ　CH3 Sec9①

C × 根拠 則46の18-①イ（2）　CH3 Sec9①

設問の「１メートル」を「２メートル」と読み替えると、正しい記述となる。

D ○ 根拠 則46の18-⑤ロ　CH3 Sec9①

E ○ 根拠 則46の18-④　CH3 Sec9①

問４ 正解 **E（ア・イ・ウ・エ・オの五つ）**　正解率 35%

ア ○ 根拠 法46、51-①　CH3 Sec10②

確認してみよう！

事業主等（事業主、派遣先の事業主又は船員派遣の役務の提供を受ける者）が、次のいずれかに該当するときは、**6月以下**の懲役又は**30万円以下**の罰金に処せられる。

① 行政庁による報告又は文書の提出命令に違反して報告をせず、若しくは虚偽の報告をし、又は文書の提出をせず、若しくは虚偽の記載をした文書を提出した場合

② 立入検査における行政庁職員の質問に対して答弁をせず、若しくは虚偽の陳述をし、又は検査を拒み、妨げ、若しくは忌避した場合

※ 労働保険事務組合又は一人親方等の団体が、上記①②のいずれかに該当する場合におけるその違反行為をした当該労働保険事務組合又は一人親方等の団体の代表者又は代理人、使用人その他の従業者にも同様の罰則が適用される。

なお、事業主等以外の者（第三者を除く。）が一定の違反行為をした場合は、6月以下の懲役又は20万円以下の罰金に処せられる。

イ ○ 根拠 法46、51-①　CH3 Sec10②

アの 確認してみよう！ 参照。

ウ ○ 根拠 法46、51-①　CH3 Sec10②

アの 確認してみよう！ 参照。

エ ○ 根拠 法48-ⅠⅡ、51-②　CH3 Sec10②

アの 確認してみよう！ 参照。

オ ○ 根拠 法48-ⅠⅡ、51-②　CH3 Sec10②

アの 確認してみよう！ 参照。

問5 正解 **A** 正解率 64%

A ○ 根拠 法15-Ⅱ、法別表第２、則14-ⅠⅤ、則別表第１、S50.9.30基発565号、H16.6.4基発0604002号 CH3 Sec5①

設問は、いわゆる加重の場合に該当し、その障害補償給付の額は、現在の身体障害の該当する障害等級に応ずる障害補償給付の額（給付基礎日額の223日分）から、既にあった身体障害の該当する障害等級に応ずる障害補償給付の額（給付基礎日額の156日分）を差し引いた額（給付基礎日額の67日分）となる。令和３年度労災択一式**問５**Aの 確認してみよう！ 参照。

B × 根拠 法15-Ⅱ、法別表第２、則14-ⅠⅤ、則別表第１、S50.9.30基発565号、H16.6.4基発0604002号 CH3 Sec5①

解説A参照。

C × 根拠 法15-Ⅱ、法別表第２、則14-ⅠⅤ、則別表第１、S50.9.30基発565号、H16.6.4基発0604002号 CH3 Sec5①

解説A参照。

D × 根拠 法15-Ⅱ、法別表第２、則14-ⅠⅤ、則別表第１、S50.9.30基発565号、H16.6.4基発0604002号 CH3 Sec5①

解説A参照。

E × 根拠 法15-Ⅱ、法別表第２、則14-ⅠⅤ、則別表第１、S50.9.30基発565号、H16.6.4基発0604002号 CH3 Sec5①

解説A参照。

問6 正解 **A:×、B:×、C:×、E:×**

A × 根拠 法14-Ⅰ、支給金則３-Ⅰ CH3 Sec4③、Sec8②

設問の場合、（所定労働時間労働した場合に支払われる賃金の額＝給付基礎日額の100％とすると）休業補償給付の額は（給付基礎日額の100％－給付基礎日額の20％）×100分の60、休業特別支給金の額は（給付基礎日額の100％－給付基礎日額の20％）×100分の20であり、これらの額（と設問の労働に対して支払われる賃金の額）を合わせても、給付基礎日額の100％とならない。

B × 根拠 法19 CH3 Sec4④

設問の場合のほか、当該負傷又は疾病に係る療養の開始後３年を経過した日後において傷病補償年金を受けることとなった場合においても、傷病補償年金を受けることとなった日において、当該使用者は労働基準法81条の規定による打切補償を支払ったものとみなされ、解雇制限が解除される。

※　本設問については、「打切補償を支払ったものとみなされ、・・・解雇制限は解除される」のは、「療養開始後３年を経過した日において傷病補償年金を受けている場合」に限られないことから、誤りの内容と判断している。なお、「『その日（療養開始後３年を経過した日）において、』打切補償を支払ったものとみなされ、・・・解雇制限は解除される」のは、「療養開始後３年を経過した日において傷病補償年金を受けている場合」に限られる。

C　×　根拠　法16の２－Ｉ　　CH3 Sec6①

死亡した労働者Ｙの19歳の子については、厚生労働省令で定める障害の状態にある場合でなければ、遺族補償年金の受給資格者とならない。

確認してみよう！

遺族（補償）等年金の受給資格と順位

労働者の死亡の当時				
順位	身分		生計維持	年齢・障害
①	配偶者	妻	死亡労働者の収入によって生計を維持	ー
		夫		60歳以上 又は 一定の障害の状態
②	子			18歳に達する日以後の最初の３月31日までの間にある 又は 一定の障害の状態
③	父母			60歳以上 又は 一定の障害の状態
④	孫			18歳に達する日以後の最初の３月31日までの間にある 又は 一定の障害の状態
⑤	祖父母			60歳以上 又は 一定の障害の状態
⑥	兄弟姉妹			18歳に達する日以後の最初の３月31日までの間にある 若しくは 60歳以上 又は 一定の障害の状態
⑦	夫			55歳以上60歳未満（一定の障害の状態にない）
⑧	父母			
⑨	祖父母			
⑩	兄弟姉妹			

D （正誤の判定を行うことが困難であるため削除）

E ✕ 根拠 法19の2、則18の3の4－Ⅰ、18の3の5－ⅡⅢ　CH3 Sec5④

介護に要する費用を支出して介護を受けた日がない月（支給すべき事由が生じた月を除く。）であっても、親族又はこれに準ずる者による介護を受けた日がある月については、厚生労働省令で定める最低保障額が支給される。また、「介護に要した費用の額の証明書」は、介護に要する費用を支出して介護を受けた日がある場合に限り、添付するものとされている。

確認してみよう！

介護（補償）等給付の額（常時介護を要する場合）

原則	実費（171,650円が上限）
最低保障 （親族等による介護を受けた日がある月）	75,290円

※支給事由の生じた月については、最低保障は行われない。

※随時介護を要する場合には、171,650円を85,780円に、75,290円を37,600円にそれぞれ読み替える。

－参考－

問題D

障害補償給付を支給すべき身体障害の障害等級については、同一の業務災害により身体障害が２以上ある場合で、一方の障害が第14級に該当するときは、重い方の身体障害の該当する障害等級による。

解答D

正誤判定不能。本設問は、その記載された内容から正誤の判定を行うことが困難であったと判断された〔本来は、正しい内容（○）として出題されるべきものであった。〕。

※ 同一の業務災害により身体障害が２つある場合で、一方の障害が第14級に該当するときは、重い方の身体障害の該当する障害等級によることとなる。ただし、設問は「身体障害が２以上ある場合」としており、第14級の障害の他に障害が複数あること（例えば、第14級のほか、第13級が２つある場合など）が考えられ、このような場合には障害等級の併合繰上げが行われるため、必ずしも「重い方の身体障害の該当する障害等級による」こととはならない。以上のことから、正誤の判定を行うことが困難と判断されたものと思われる。

問７ 正解 **D**　正解率 80%

A ○ 根拠 支給金則６－Ⅳ　CH3 Sec8②

令和２年度（第52回）

択一式

なお、算定基礎年額の上限額である150万円は、スライド率が適用される場合には、150万円をスライド率で除して得た額とされており、スライド率が１を下回るときには、算定基礎年額が150万円を超えることもある。本問は「正しい肢」として出題されているが、「スライド率が適用される場合でも」とあえてスライド率の適用に触れた上で「150万円を超えることはない」としていることから、正しいとはいえない。

※　本問**問７**には、単純かつ明白な「誤りの肢」である**D**肢があり、**D**肢が正解（誤りの肢）とされた。

確認してみよう！

算定基礎年額

（原則）

ⓐ　複数事業労働者以外の労働者の算定基礎年額

算定基礎年額は、負傷又は発病の日以前１年間（雇入後１年に満たない者については、雇入後の期間）に当該労働者に対して支払われた特別給与の総額とする。

ⓑ　複数事業労働者の算定基礎年額

複数事業労働者の算定基礎年額は、上記ⓐにより当該複数事業労働者を使用する事業ごとに算定した算定基礎年額に相当する額を合算した額とする。

（特例）

上記（原則ⓐ又はⓑ）によって算定された額が、次の㋐又は㋑のうち、いずれか低い額を超える場合には、その低い額を算定基礎年額とする。

㋐　給付基礎日額×365×100分の20相当額

㋑　150万円

B　○　根拠　支給金則５の２－Ⅱ、11－Ⅱ、S56.6.27基発393号、H7.7.31基発492号

CH3 Sec8②

「当分の間、事務処理の便宜を考慮し、傷病（補償）等年金の支給の決定を受けた者は、傷病特別支給金の申請を行ったものとして取り扱って差し支えない」とされており、また、「傷病特別年金の支給の申請については、当分の間、休業特別支給金の支給申請の際に特別給与の総額についての届出を行っていない者を除き、事務処理の便宜を考慮し、傷病（補償）等年金の支給の決定を受けた者は、申請を行ったものとして取り扱って差し支えない」とされている。

なお、傷病特別支給金及び傷病特別年金の支給の申請は、傷病（補償）等年金が（請求ではなく）所轄労働基準監督署長の職権により支給されるものであるから、その支給の請求と同時に行うことはない。

C ○ 根拠 支給金則20 CH3 Sec8③

いわゆる第三者行為災害による損害賠償との調整は、特別支給金については行われない。

確認してみよう！

保険給付と特別支給金との相違点

- 不正受給者からの費用徴収の対象とならない（不当利得として民事上の返還手続が必要となる。）。
- 事業主からの費用徴収の対象とならない。
- 損害賠償との調整（第三者行為災害・事業主責任災害）は行われない。
- 国民年金、厚生年金保険の給付との併給調整は行われない。
- 譲渡、差押え等は禁止されていない。

D × 根拠 支給金則３－Ⅵ CH3 Sec8③

設問の「５年」を「２年」と読み替えると、正しい記述となる。

確認してみよう！

休業特別支給金の申請期限は２年、休業特別支給金以外の特別支給金の申請期限は５年である。

E ○ 根拠 支給金則20 CH3 Sec8③

国民年金及び厚生年金保険の給付との調整は、特別支給金については行われない。Cの 確認してみよう！ 参照。

問８ 正解 C

正解率 80%

A × 根拠 法８－Ⅰ、則７ CH5 Sec2②

「立木の伐採の事業」については、請負事業の一括の対象とはされていない。請負事業の一括の対象となるのは、労災保険に係る保険関係が成立している事業のうち「建設の事業」が数次の請負によって行われる場合である。

B × 根拠 法８－Ⅰ CH5 Sec2②④

請負事業の一括は、届け出ることによって行われるのではなく、法律上当然に行われる。

C ○ 根拠 法８－Ⅰ、則７ CH5 Sec2②

D × 根拠 法８－Ⅰ CH5 Sec2②

請負事業の一括が行われる場合には、「この法律（労働保険徴収法）の規定の適用については」、その事業は一の事業とみなされ、元請負人のみが当該事業の事業主とされる。「更に労働関係の当事者として下請負人やその使用する労働者に対して使用者となる」わけではない。

E ✕ 根拠 法８－Ⅰ　CH5 Sec2②

「元請負人がこれを納付しないとき、所轄都道府県労働局歳入徴収官は、下請負人に対して、その請負金額に応じた保険料を納付するよう請求することができる」とする規定はない。請負事業の一括が行われた場合には、労働保険徴収法の規定の適用については、元請負人のみが当該事業の事業主とされ、同法上の保険料の納付の義務を負うこととなる。

問９　正解　D　正解率 44%

A ○ 根拠 法12－Ⅲ　CH5 Sec6①

B ○ 根拠 法12－Ⅲ　CH5 Sec6①

C ○ 根拠 法12－Ⅲ　CH5 Sec6①

D ✕ 根拠 法12－Ⅲ　CH5 Sec6①

「令和元年度から令和３年度」ではなく、「令和２年度から令和４年度」である。継続事業のメリット制は、「連続する３保険年度中の最後の３月31日において労災保険に係る保険関係が成立した後３年以上経過したもの」が対象となる。

E ○ 根拠 法９、12－Ⅲ　—

継続事業の一括が行われた場合、指定事業以外の事業については労働保険の保険関係が消滅するため、指定事業以外の事業に係る一括前の保険料及び一括前の災害に係る給付は、指定事業のメリット収支率の算定基礎に算入しない。

問10　正解　A　正解率 72%

A ○ 根拠 法13　CH5 Sec3⑤

なお、「厚生労働大臣の定める率」は、現在「零（０）」とされている。

B ✕ 根拠 則21－Ⅰただし書　CH5 Sec3⑤

当該月数に１月未満の端数があるときはその月数を「切り捨てる」のではなく、

「これを1月とする」とされている。

C ✕ 根拠 則21、22、則別表第4 CH5 Sec3⑤

特別加入保険料算定基礎額は、原則として、特別加入者の種類を問わず、「特別加入保険料算定基礎額表（則別表第4）」に定められており、「第2種特別加入者の特別加入保険料算定基礎額は第1種特別加入者のそれよりも原則として低い」ということはない。

D ✕ 根拠 則23、則別表第5 CH5 Sec3⑤

第2種特別加入保険料率は、労働保険徴収法施行規則別表第5（第2種特別加入保険料率表）において、事業又は作業の種類に応じて定められており、「事業又は作業の種類を問わず同一の率」とはされていない。

E ✕ 根拠 法14-Ⅱ、14の2-Ⅱ CH5 Sec3⑤

第2種特別加入保険料率は、「第2種特別加入者に係る保険給付及び社会復帰促進等事業に要する費用の予想額に照らし、将来にわたって、労災保険の事業に係る財政の均衡を保つことができるものでなければならない」とされており、第3種特別加入保険料率についても当該規定を準用するものとされている。

雇用保険法（労働保険の保険料の徴収等に関する法律を含む。）

問１　正解　D　　正解率 88%

A　✕　根拠　法83-①、86-Ⅰ　　—

設問の場合には、行為者を罰する（６箇月以下の懲役又は30万円以下の罰金）ほか、その法人又は人に対しても罰金刑が科される。

B　✕　根拠　則11-Ⅰ　　—

設問の場合は、当該届出をした事業主のみならず、被保険者でなくなったことの事実がないと認められた者に対しても通知しなければならない。

C　✕　根拠　法６-⑥、行政手引20604　　CH4 Sec2⑤

雇用保険の被保険者が設問の者（法６条６号に掲げる適用除外に該当する者）に該当するに至ったときは、「その日の属する月の翌月の初日から」ではなく、「その日に」雇用保険の被保険者資格を喪失したものとして取り扱われる。

確認してみよう！

適用除外

①	１週間の所定労働時間が20時間未満である者（特例高年齢被保険者及び日雇労働被保険者に該当することとなる者を除く）
②	同一の事業主の適用事業に継続して31日以上雇用されることが見込まれない者（前２月の各月において18日以上同一の事業主の適用事業に雇用された者及び日雇労働者であって日雇労働被保険者に該当することとなる者を除く）
③	季節的に雇用される者であって、次のいずれかに該当するもの（日雇労働被保険者に該当することとなる者を除く） ⓐ　４箇月以内の期間を定めて雇用される者 ⓑ　１週間の所定労働時間が20時間以上30時間未満である者
④	学校教育法に規定する学校、専修学校又は各種学校の学生又は生徒であって、一定の者（いわゆる昼間学生等）
⑤	船員であって、漁船（政令で定めるものに限る）に乗り組むため雇用される者（１年を通じて船員として適用事業に雇用される場合を除く）
⑥	国、都道府県、市町村その他これらに準ずるものの事業に雇用される者のうち、離職した場合に、他の法令、条例、規則等に基づいて支給を受けるべき諸給与の内容が、求職者給付及び就職促進給付の内容を超えると認められる者であって、厚生労働省令（雇用保険法施行規則４条）で定めるもの

D　〇　根拠　法４-Ⅰ、行政手引20551　　—

E ✕ 根拠 行政手引20556 ―

設問の者は、「当該認可の申請がなされた日」ではなく「任意加入の認可があった日」に被保険者資格を取得する。

問2 正解 A 正解率 72%

A ○ 根拠 行政手引51254 ―

確認してみよう！

失業の認定が行われるためには、前回の認定日から今回の認定日の前日までの期間（認定対象期間）に、原則として2回以上の求職活動を行った実績（求職活動実績）があることが必要である。

B ✕ 根拠 行政手引51252 CH4 Sec3③

失業の認定は、受給資格者本人の求職の申込みによって行われるものであるから、代理人による失業の認定はできない。なお、①未支給給付を請求しようとする場合（受給資格者が死亡した場合）又は②受給資格者が公共職業訓練等を行う施設に入校中の場合には、代理人による失業の認定を受けることができる。

C ✕ 根拠 行政手引51254 ―

設問の者については、労働の意思を有するものとして取り扱うことはできない。なお、求職活動と並行して創業の準備・検討を行う場合にあっては、その者が自営の準備に専念するものではなく、公共職業安定所の職業紹介に応じられる場合には、労働の意思を有するものと扱うことが可能である。

D ✕ 根拠 行政手引50102、51254 ―

雇用保険の被保険者となり得る短時間就労を希望する場合は、労働の意思を有するものと推定されるが、設問のように雇用保険の被保険者となり得ない短時間就労を希望する者は、労働の意思を有するものと推定されない。

E ✕ 根拠 行政手引51254 ―

書類選考、筆記試験、採用面接等が一の求人に係る一連の選考過程である場合には、そのいずれまでを受けたかにかかわらず、一の応募として取り扱われる。

問3 正解 C 正解率 61%

A ○ 根拠 法24 ―

確認してみよう！

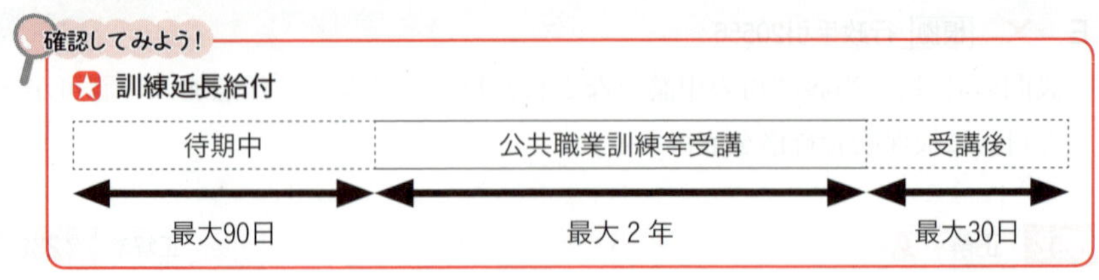

B ○ 根拠 法24の２－Ⅰ Ⅱ　CH4 Sec4①

なお、個別延長給付の適用対象者となるのは、就職が困難である受給資格者以外の受給資格者のうち特定理由離職者（希望に反して契約更新がなかったことにより離職した者に限る。）である者若しくは特定受給資格者又は就職が困難である受給資格者であって、一定の要件に該当するものである。

C × 根拠 法25－Ⅰ、令６－Ⅰ　CH4 Sec4①

広域延長給付の対象となるのは、その地域における基本手当の初回受給率が全国平均の「２倍以上」となり、かつ、その状態が継続すると認められる場合である。

D ○ 根拠 法27－Ⅱ　―

得点UP！

全国延長給付の発動基準

連続する４月間の各月における全国の基本手当の受給率が４％を超え、同期間の各月における初回受給率が低下する傾向になく、かつ、これらの状態が継続すると認められる場合である。

E ○ 根拠 法附則５－Ⅰ　CH4 Sec4①

確認してみよう！

地域延長給付の対象者

受給資格に係る離職の日が令和７年３月31日以前である就職が困難な受給資格者以外の受給資格者のうち特定理由離職者（希望に反して契約更新がなかったことにより離職した者に限る。）である者又は特定受給資格者であって、厚生労働省令で定める基準に照らして雇用機会が不足していると認められる地域として厚生労働大臣が指定する地域内に居住し、かつ、公共職業安定所長が指導基準に照らして再就職を促進するために必要な職業指導を行うことが適当であると認めたもの（個別延長給付を受けることができる者を除く。）である。

問4 正解 **E** 正解率 80%

A ✕ 根拠 法37-Ⅰ、行政手引53002 CH4 Sec4②

疾病又は負傷のため職業に就くことができない状態が当該受給資格に係る離職前から継続している場合には、傷病手当は支給されない。傷病手当は、受給資格者が、離職後公共職業安定所に出頭し、求職の申込みをした後において、疾病又は負傷のために、継続して15日以上職業に就くことができない場合に支給されるものである。

B ✕ 根拠 法37-Ⅰ、行政手引53002 —

設問の場合には、傷病手当は支給されない。

C ✕ 根拠 法37-Ⅰ、行政手引53002 —

つわり又は切迫流産（医学的に疾病と認められるものに限る。）のため職業に就くことができない場合には、その原因となる妊娠（受胎）の日が求職申込みの日前であっても、当該つわり又は切迫流産が求職申込後に生じたときには、傷病手当が支給され得る。

D ✕ 根拠 法37-Ⅳ、行政手引53004 CH4 Sec4②

訓練延長給付に係る基本手当を受給中の受給資格者については、傷病手当は支給されない。

確認してみよう！

傷病手当は、受給資格者の所定給付日数から当該受給資格に基づき既に基本手当を支給した日数を差し引いた日数を限度として支給するものであり、所定給付日数を超えて基本手当の支給を行う延長給付受給中に支給されることはない。

E ◯ 根拠 法37-Ⅰ、行政手引53002 CH4 Sec4②

求職の申込み時点において疾病又は負傷の状態にある場合であっても、疾病又は負傷のために職業に就くことができない状態となったのが求職の申込み後であるときは、他の要件を満たす限り傷病手当が支給される。

問5 正解 **D** 正解率 75%

A ◯ 根拠 法52-Ⅰ③、行政手引90704 CH4 Sec10⑥

日雇労働求職者給付金の支給を受けることができる者が公共職業安定所の紹介する業務に就くことを拒んだときは、その拒んだ日から起算して7日間は、日雇労働求職者給付金を支給しないとされているが、職業安定法20条（２項ただし書を除く。）の規定に該当する事業所（同盟罷業又は作業所閉鎖の行われている事業所等）に紹介されたときは、この限りでないとされている。

確認してみよう！

日雇労働求職者給付金の支給を受けることができる者が公共職業安定所の紹介する業務に就くことを拒んだときは、その拒んだ日から起算して７日間は、日雇労働求職者給付金を支給しない。ただし、次のいずれかに該当するときは、この限りでない。

① 紹介された業務が、その者の能力からみて不適当であると認められるとき。

② 紹介された業務に対する賃金が、同一地域における同種の業務及び同程度の技能に係る一般の賃金水準に比べて、不当に低いとき。

③ 職業安定法20条の規定に該当する事業所（同盟罷業又は作業所閉鎖の行われている事業所等）に紹介されたとき（一定の場合を除く。）。

④ その他正当な理由があるとき。

B ○ 根拠 法34-Ⅱ　　CH4 Sec10⑤

C ○ 根拠 法32-Ⅰ、56の３-Ⅰ①イ、則82　　CH4 Sec10⑥

給付制限期間中の就職については、就業手当が支給される場合がある。

D × 根拠 法61の９-Ⅱ　　CH4 Sec10⑤

不正受給により育児休業給付金の支給停止処分を受けた受給資格者が、当該育児休業給付金の支給に係る育児休業を開始した日に養育していた子以外の子について新たに育児休業給付金の支給要件を満たしたときは、新たな受給資格に係る育児休業給付金を受けることができる。

確認してみよう！

<育児休業給付の給付制限>

① 偽りその他不正の行為により育児休業給付の支給を受け、又は受けようとした者には、当該給付の支給を受け、又は受けようとした日以後、育児休業給付を支給しない。ただし、やむを得ない理由がある場合には、育児休業給付の全部又は一部を支給することができる。

② 上記①により育児休業給付の支給を受けることができない者とされたものが、偽りその他不正の行為により育児休業給付の支給を受け、又は受けようとした日以後、当該育児休業給付の支給に係る育児休業を開始した日に養育していた子以外の子について新たに育児休業を開始し、育児休業給付の支給を受けることができる者となった場合には、上記①にかかわらず、当該育児休業に係る育児休業給付を支給する。

E ○ 根拠 法61の３-①　　CH4 Sec10⑤

確認してみよう！

偽りその他不正の行為により高年齢雇用継続基本給付金の支給を受け、又は受けようとした者には、やむを得ない理由がある場合を除き、当該給付の支給を受け、又は受けようとした日以後、高年齢雇用継続基本給付金を支給しない。

問6　正解　C　　正解率 61%

A　○　根拠 法78　　—

B　○　根拠 法79-Ⅰ　　CH4 Sec10⑪

C　×　根拠 法74-Ⅰ　　CH4 Sec10⑪

設問の権利については、「行使することができることを知った時から」ではなく「行使することができる時から」2年を経過したときは、時効によって消滅する。

D　○　根拠 法69-Ⅱ　　CH4 Sec10⑩

確認してみよう！

★ 不服申立て

被保険者となったこと若しくは被保険者でなくなったことの**確認**、失業等給付及び育児休業給付（以下「**失業等給付等**」という。）に関する処分又は**不正受給**による失業等給付等の返還命令若しくは納付命令の処分に不服のある者は、**雇用保険審査官**に対して審査請求をし、その決定に不服のある者は、**労働保険審査会**に対して再審査請求をすることができる。

E　○　根拠 法70　　CH4 Sec10⑩

問7　正解　E　　正解率 22%

A　×　根拠 則120、125-Ⅷ、139の3　　—

障害者職業能力開発コース助成金は、国等（国、地方公共団体、行政執行法人及び特定地方独立行政法人）に対しては支給されないが、地方公営企業法第3章の規定の適用を受ける地方公共団体の経営する企業については、当該国等から除かれているので、当該助成金を受給し得る。

B　（改正により削除）

C　×　根拠 則130-Ⅰ　　—

高年齢受給資格者も、職場適応訓練の対象となる受給資格者に含まれる。

D ✕ 根拠 則125-Ⅴ —

特別育成訓練コース助成金は、設問の期間において一般職業訓練に係る事業所の労働者を解雇した事業主に対しては、原則として支給されないが、当該解雇が「天災その他やむを得ない理由のために事業の継続が不可能となったこと又は労働者の責めに帰すべき理由」による場合には、支給され得る。

E ○ 根拠 則123 —

問８ 正解 E 正解率 29%

A ○ 根拠 則27-Ⅰ、28-Ⅰ CH5 Sec4④

設問の場合、６月１日から９月30日までの間に保険関係が成立した事業であるため、概算保険料を２回に分けて納付することができ、最初の期分の納付期限は保険関係成立の日の翌日から起算して50日目の日である８月20日となる。

B ○ 根拠 則28-Ⅰカッコ書、28-Ⅱ CH5 Sec4④

設問の場合、保険関係成立の日からその日の属する期の末日までの期間が２月以内であるため、その日の属する期の次の期の末日（11月30日）までが第１期となり、最初の期分の納付期限は保険関係成立の日の翌日から起算して20日目の日である６月21日となる。

C ○ 根拠 則30-Ⅱ CH5 Sec4⑤

設問の場合、７月１日に保険料算定基礎額の増加が見込まれることから、当該増加概算保険料を３回に分けて納付することができ、最初の期分の納付期限は増加が見込まれた日の翌日から起算して30日目の日である７月31日となる。

D ○ 根拠 法１ CH5 Sec1①

E ✕ 根拠 法12-Ⅴ —

設問の「同意を得て」を「意見を聴いて」とすると、正しい記述となる。

問９ 正解 C 正解率 88%

A ○ 根拠 則38の２ CH5 Sec5⑤

なお、政府は、口座振替納付を希望する旨の申出があった場合には、その納付が確実と認められ、かつ、その申出を承認することが労働保険料の徴収上有利と認められるときに限り、その申出を承認することができる。

B ○ 根拠 法21の2-Ⅱ、則38の5 CH5 Sec5⑤

C × 根拠 法23-Ⅵ CH5 Sec7①

「使用期間が終了するまで返還してはならない」という規定はない。なお、使用する日雇労働被保険者から日雇労働被保険者手帳の提出を受けた事業主は、その者から請求があったときは、これを返還しなければならないとされている。

D ○ 根拠 則40-Ⅱ —

E ○ 根拠 則42-Ⅳ CH5 Sec7②

確認してみよう！

- 雇用保険印紙購入通帳は、その交付の日の属する保険年度に限り、その効力を有する。
- 有効期間の更新を受け、新たに交付を受けた雇用保険印紙購入通帳は、更新前の雇用保険印紙購入通帳の有効期間が満了する日の翌日の属する保険年度に限り、その効力を有する。

問10 正解 D 正解率 68%

A × 根拠 法41-Ⅱ CH5 Sec9⑥

政府が行う徴収金の徴収の告知は、時効の更新の効力を「生ずる」とされている。

B × 根拠 行審法18-ⅠⅡ CH5 Sec9⑤

設問の期間を超えた場合であっても、「正当な理由があるとき」は、審査請求をすることができる。

C × 根拠 法31-Ⅰ① CH5 Sec9④

「当該事業に係る一般保険料の額」ではなく、「当該事業に係る一般保険料の額のうち雇用保険率に応ずる部分の額」である。

確認してみよう！

・労災保険に係る保険料については、事業主が全額負担するため、労働者負担はない。
・雇用保険に係る保険料については、二事業（就職支援法事業を除く。）分については事業主のみが負担し、それ以外の分については労使で折半して負担する。

D ○ 根拠 法31-ⅠⅡ　CH5 Sec9④

確認してみよう！

日雇労働被保険者は、印紙保険料の額の２分の１の額を負担するほか、一般保険料の額（労災保険分及び二事業分を除く。）の２分の１の額を負担する。

賃金の日額	印紙保険料の額	事業主負担額	被保険者負担額
11,300円以上	176円	88円	88円
8,200円以上11,300円未満	146円	73円	73円
8,200円未満	96円	48円	48円

E × 根拠 法11-Ⅰ、改正前法11の２　—

設問のような規定はない。

―参考―
令和２年３月31日までは、保険年度の初日において64歳以上の高年齢労働者（短期雇用特例被保険者及び日雇労働被保険者を除く。）がいる場合には、一般保険料のうち、当該高年齢労働者に支払う賃金総額に雇用保険率を乗じて得た額の納付が免除されていた（法改正により令和２年４月１日に廃止）。

労務管理その他の労働及び社会保険に関する一般常識

問1 正解 D　　正解率 53%

A ○ 根拠「平成30年若年者雇用実態調査(厚生労働省)」　—

B ○ 根拠「平成30年若年者雇用実態調査(厚生労働省)」　—

C ○ 根拠「平成30年若年者雇用実態調査(厚生労働省)」　—

D × 根拠「平成30年若年者雇用実態調査(厚生労働省)」　—

全労働者に占める若年労働者の割合は27.3%となっており、その内訳は若年正社員が17.2%、正社員以外の若年労働者が10.2%となっている。若年正社員は若年労働者の「約半分」ではなく、「6割を超え(17.2÷27.3≒63%)」ている。

E ○ 根拠「平成30年若年者雇用実態調査(厚生労働省)」　—

問2 正解 C　　正解率 34%

A × 根拠「平成30年労働安全衛生調査(実態調査)(常用労働者10人以上の民営事業所を対象)(厚生労働省)」　—

傷病を抱えた何らかの配慮を必要とする労働者に対して、治療と仕事を両立できるような取組を行っている事業所の割合は「55.8%」となっている(「約3割」ではない。)。

B × 根拠「平成30年労働安全衛生調査(実態調査)(常用労働者10人以上の民営事業所を対象)(厚生労働省)」　—

産業医を選任している事業所の割合は29.3%(設問の通り、約3割)となっており、産業医の選任義務がある事業所規模50人以上でみると、「84.6%」となっている(「ほぼ100%」ではない。)。

C ○ 根拠「平成30年労働安全衛生調査(実態調査)(常用労働者10人以上の民営事業所を対象)(厚生労働省)」　—

D × 根拠「平成30年労働安全衛生調査(実態調査)(常用労働者10人以上の民営事業所を対象)(厚生労働省)」　—

受動喫煙防止対策に取り組んでいる事業所の割合は「88.5%」となっている

(「約６割」ではない。)。

E ✕ 根拠「平成30年労働安全衛生調査(実態調査)(常用労働者10人以上の民営事業所を対象)(厚生労働省)」 —

強いストレスとなっている内容（主なもの３つ以内）をみると、「仕事の質・量」(59.4%)、「仕事の失敗、責任の発生等」(34.0%)、「対人関係（セクハラ・パワハラを含む。）」(31.3%）が上位３つを占めている。

問３ 正解 A:×、B:×、C:×、D:× 正解率 85%

A ✕ 根拠 育介法７－Ｉ CH6 Sec2⑥

育児休業の申出をした労働者は、その後当該申出に係る育児休業開始予定日とされた日の前日までに、厚生労働省令で定める事由が生じた場合には、その事業主に申し出ることにより、当該申出に係る育児休業開始予定日を「１回に限り」当該育児休業開始予定日とされた日前の日に変更することができるとされている。なお、１歳に達する日までの期間内に２回の育児休業を申し出る場合には、各１回変更の申出をすることができる。

B ✕ 根拠 H30.12.28厚労告430号 —

「短時間・有期雇用労働者及び派遣労働者に対する不合理な待遇の禁止等に関する指針（平成30.12.28厚労告430号）」では、パートタイム・有期雇用労働法８条及び９条に基づき、短時間・有期雇用労働者の待遇に関して、原則となる考え方及び具体例を示している。同指針では、基本給については、「基本給であって、労働者の能力又は経験に応じて支給するものについて、通常の労働者と同一の能力又は経験を有する短時間・有期雇用労働者には、能力又は経験に応じた部分につき、通常の労働者と同一の基本給を支給しなければならない。また、能力又は経験に一定の相違がある場合においては、その相違に応じた基本給を支給しなければならない。」と原則となる考え方を示しており、設問の場合は、問題とならないとしている。

C ✕ 根拠 障雇法43－Ⅲ、則６ CH6 Sec3⑤

対象障害者である労働者の数の算定に当たって、対象障害者である短時間労働者〔１週間の所定労働時間が、当該事業主の事業所に雇用する通常の労働者の１週間の所定労働時間に比し短く、かつ、厚生労働大臣の定める時間数（30時間）

未満である常時雇用する労働者をいう。〕は、その1人をもって、「0.5人」の対象障害者である労働者に相当するものとみなされる。

確認してみよう!

対象障害者である労働者の数の算定に当たっては、次表の左欄に掲げる区分に応じて、それぞれ右欄の数に換算して計算する。

障害者の区分		人数	換算数
重度身体障害者・重度知的障害者	短時間労働者以外	1	2
	短時間労働者	1	1
対象障害者である短時間労働者		1	0.5

D ✕ 根拠 個紛法1、H13.9.19厚労省発地129号、基発832号、職発568号、雇児発610号、政発218号 —

法1条の「労働関係」とは、労働契約又は事実上の使用従属関係から生じる労働者と事業主の関係をいうこととされている。

E (改正により削除)

問4 正解 B 正解率 7%

A ○ 根拠 労組法2-②、7-③ CH6 Sec1①

団体の運営のための経費の支出につき使用者の経理上の援助を受けるものは、労働組合法上の労働組合とはならず、また、使用者が労働組合の運営のための経費の支払につき経理上の援助を与えることは不当労働行為として禁止されているが、ここにいう「経理上の援助」については、「労働者が労働時間中に時間又は賃金を失うことなく使用者と協議し、又は交渉することを使用者が許すことを妨げるものではなく、且つ、厚生資金又は経済上の不幸若しくは災厄を防止し、若しくは救済するための支出に実際に用いられる福利その他の基金に対する使用者の寄附及び最小限の広さの事務所の供与を除くものとする。」とされている。したがって、使用者から最小限の広さの事務所の供与を受けていても、労働組合法上の労働組合の要件に該当し得るとともに、使用者の支配介入として禁止される行為(不当労働行為)には該当しない。

B ✕ 根拠 最三小S50.11.28国労広島地本組合費請求事件 —

「労働組合の規約により組合員の納付すべき組合費が月を単位として月額で定

められている場合には、組合員が月の途中で組合から脱退したときでも、特別の規定又は慣行等のない限り、その月の組合費の全額を納付する義務を免れないものというべきであり、所論のように脱退した日までの分を日割計算によって納付すれば足りると解することはできない。」とするのが、最高裁判所の判例である。

C ○ 根拠 労組法５－Ⅱ⑧ —

なお、同盟罷業の開始決定は、組合員又は代議員の過半数ではなく、組合員又は代議員の「直接無記名投票の過半数」と規定されているので、有効投票数の過半数で足りる。

D ○ 根拠 最一小H元.12.14三井倉庫港運事件 —

なお、設問の最高裁判所の判例では、「ユニオン・ショップ協定は、労働者が労働組合の組合員たる資格を取得せず又はこれを失った場合に、使用者をして当該労働者との雇用関係を終了させることにより間接的に労働組合の組織の拡大強化を図ろうとするものであるが、他方、労働者には、自らの団結権を行使するため労働組合を選択する自由があり、また、ユニオン・ショップ協定を締結している労働組合（締結組合）の団結権と同様、同協定を締結していない他の労働組合の団結権も等しく尊重されるべきである」とした上で、設問のように判示している。

E ○ 根拠 最三小S50.4.25丸島水門事件 —

設問の最高裁判所の判例では、「争議権を認めた法の趣旨が争議行為の一般市民法による制約からの解放にあり、労働者の争議権について特に明文化した理由が専らこれによる労使対等の促進と確保の必要に出たもので、窮極的には公平の原則に立脚するものであるとすれば、力関係において優位に立つ使用者に対して、一般的に労働者に対すると同様な意味において争議権を認めるべき理由はなく、また、その必要もないけれども、そうであるからといって、使用者に対し一切争議権を否定し、使用者は労働争議に際し一般市民法による制約の下においてすることのできる対抗措置をとりうるにすぎないとすることは相当でなく、個々の具体的な労働争議の場において、労働者側の争議行為によりかえって労使間の勢力の均衡が破れ、使用者側が著しく不利な圧力を受けることになるような場合には、衡平の原則に照らし、使用者側においてこのような圧力を阻止し、労使間の勢力の均衡を回復するための対抗防衛手段として相当性を認められるかぎりにおいては、使用者の争議行為も正当なものとして是認されると解すべきである。」としている。

問5 正解 **B（アとエ）** 正解率 32%

ア × 根拠 社労士法２-Ⅰ①の６ CH10 Sec2③

設問の場合、紛争の目的の価額の上限は「120万円」とされている。

イ ○ 根拠 社労士法２の２-Ⅰ、25の９の２、特定商取引に関する法律26-Ⅰ⑧ニ、令５、令別表２-㉖、H27.3.30基発0330第３号・年管発0330第３ ―

社会保険労務士又は社会保険労務士法人が行う社労士法２条１項の業務（いわゆる第１号業務、第２号業務及び第３号業務）及び２条の2,1項の業務（補佐人の業務）並びに社会保険労務士法人が行うこれらの業務（社労士法25条の9,1項及び25条の９の２）に係る役務の提供については、社労士法の規定により役務の提供を受ける者の利益を保護することができると認められるため、特定商取引に関する法律が定める規制（役務提供事業者等に対する規制）の適用が除外されている。

ウ ○ 根拠 社労士法14の12-Ⅰ ―

エ × 根拠 社労士法25の33 CH10 Sec2③

設問の「会則の定めにかかわらず」を「会則の定めるところにより」と読み替えると、正しい記述となる。

オ ○ 根拠 社労士法27の２ CH10 Sec2③

問6 正解 **D** 正解率 46%

A × 根拠 確給法28-Ⅰ ―

加入者である期間を計算する場合には、月によるものとし、加入者の資格を取得した月から加入者の資格を喪失した「月の前月」までをこれに算入する。なお、「規約で別段の定めをした場合にあっては、この限りでない」とする記述は正しい。

B × 根拠 確給法55-Ⅱ CH10 Sec2②

加入者は、政令で定める基準に従い規約で定めるところにより、事業主が拠出すべき掛金の「一部」を負担することができる。「全部」を加入者が負担することはできない。

C ✕ 根拠 確給法33 CH10 Sec2②

年金給付の支払期間及び支払期月は、終身又は「５年」以上にわたり、年１回以上定期的に支給するものでなければならない。なお、その他の記述は正しい。

D ○ 根拠 確給法39 —

なお、障害給付金の受給権者が、①老齢給付金を支給されたとき、②脱退一時金を支給されたとき、又は③当該傷病について労働基準法による障害補償、労働者災害補償保険法による障害補償給付、複数事業労働者障害給付、障害給付若しくは船員保険法による障害を支給事由とする給付を受ける権利を取得したときは、政令で定める基準に従い規約で定めるところにより、障害給付金の全部又は一部の支給を停止することができる。

E ✕ 根拠 確給法40 —

老齢給付金の受給権は、「老齢給付金の受給権者が死亡したとき」、「老齢給付金の支給期間が終了したとき」のほか、「老齢給付金の全部を一時金として支給されたとき」についても、消滅する。

問７ 正解 C 正解率 80%

A ○ 根拠 船保法118 —

得点UP！

育児休業等をしている被保険者（産前産後休業期間中の保険料免除の規定を受けている被保険者を除く。）を使用する船舶所有者が、厚生労働大臣に申出をしたときは、次の①、②に掲げる場合の区分に応じ、当該①、②に定める月の当該被保険者に関する保険料（その育児休業等の期間が１月以下である者については、標準報酬月額に係る保険料に限る。）は、徴収しない。

① その育児休業等を開始した日の属する月とその育児休業等が終了する日の翌日が属する月とが異なる場合…その育児休業等を開始した日の属する月からその育児休業等が終了する日の翌日が属する月の前月までの月

② その育児休業等を開始した日の属する月とその育児休業等が終了する日の翌日が属する月とが同一であり、かつ、当該月における育児休業等の日数として厚生労働省令で定めるところにより計算した日数が14日以上である場合…当該月

B ○ 根拠 船保法35-Ⅰ —

なお、遺族年金を受けることができる遺族とされるのは、妻（婚姻の届出をしていないが、事実上婚姻関係と同様の事情にあった者を含む。）以外の者にあっては、被保険者又は被保険者であった者の死亡の当時次に掲げる要件に該当した場合に限られる〔①③の者のうち、55歳以上60歳未満の間は支給停止される（若年停止）。〕。

① 夫（婚姻の届出をしていないが、事実上婚姻関係と同様の事情にあった者を含む。以下同じ。）、父母又は祖父母については、55歳以上であること。

② 子又は孫については、18歳に達する日以後の最初の３月31日までの間にあること。

③ 兄弟姉妹については、18歳に達する日以後の最初の３月31日までの間にあること又は55歳以上であること。

④ ①～③の要件に該当しない夫、子、父母、孫、祖父母又は兄弟姉妹については、厚生労働省令で定める障害の状態にあること。

C ✕ 根拠 船保法69-Ⅰ　CH10 Sec1②

船員保険法の規定による傷病手当金には、待期期間は設けられていないため、職務外の事由による疾病又は負傷等につき職務に服することができなくなったときは、「その初日」から職務に服することができない期間、傷病手当金が支給される。

D ○ 根拠 船保法41-Ⅰ　—

E ○ 根拠 船保法93　CH10 Sec1②

なお、行方不明手当金の支給を受ける期間は、被保険者が行方不明となった日の翌日から起算して３月が限度とされており、また、被保険者の行方不明の期間に係る報酬が支払われる場合においては、その報酬の額の限度において行方不明手当金は支給されない。

問８　正解　B　　正解率 84%

A ○ 根拠 児手法３-Ⅰ　CH10 Sec1⑤

なお、児童手当法にいう「父」には、母が児童を懐胎した当時婚姻の届出をしていないが、その母と事実上婚姻関係と同様の事情にあった者が含まれる。

B ✕ 根拠 児手法８-Ⅳ　CH10 Sec1⑤

児童手当は、毎年「２月、６月及び10月」の３期に、それぞれの前月までの分を支払う。なお、その他の記述は正しい。

C ○ 根拠 児手法９－Ⅰ —

なお、児童手当の支給を受けている者につき、児童手当の額が減額することとなるに至った場合における児童手当の額の改定は、その事由が生じた日の属する月の翌月から行う。

D ○ 根拠 児手法12－Ⅰ —

E ○ 根拠 児手法31 CH10 Sec1⑤

問９ 正解 D 正解率 84%

A ○ 根拠 社審法５－Ⅰ —

なお、再審査請求についても、政令の定めるところにより、文書又は口頭ですることができる。

B ○ 根拠 社審法５の２ —

なお、再審査請求についても、同様である。

C ○ 根拠 社審法10－Ⅴ —

社会保険審査官及び社会保険審査会法（社審法）９条１項によれば、社会保険審査官は、審査請求がされたときは、審査請求を却下する場合を除き、原処分をした保険者〔石炭鉱業年金基金、国民年金事業の管掌者、国民年金基金、日本年金機構、財務大臣（その委任を受けた者を含む。）又は健康保険法若しくは船員保険法の規定により健康保険若しくは船員保険の事務を行う厚生労働大臣等を含む。〕及びその他の利害関係人に通知しなければならない。

上記の審査請求は、原処分の執行を停止しないが、社会保険審査官は、原処分の執行により生ずることのある償うことの困難な損害を避けるため緊急の必要があると認めるときは、職権でその執行を停止することができる（また、いつでも当該執行の停止を取り消すことができる）とされており、執行の停止及び執行の停止の取消は、文書により、且つ、理由を附し、原処分をした保険者に通知することによって行われる。また、社会保険審査官は、執行の停止又は執行の停止の取消をしたときは、審査請求人及び社審法９条１項の規定により通知を受けた保険者以外の利害関係人に通知しなければならないとされている。

D ✕ 根拠 社審法12の2 —

審査請求の取下げは、文書でしなければならない（口頭ですることはできない。）。

E ○ 根拠 社審法32-ⅠⅢ —

なお、健康保険法、船員保険法、厚生年金保険法等の保険料等の賦課等に関して不服がある場合の社会保険審査会に対する審査請求については、当該処分があったことを知った日の翌日から起算して3月を経過したときは、することができないが、正当な事由によりこの期間内に審査請求をすることができなかったことを疎明したときは、この限りでない。

問10 正解 B

正解率 54%

A ✕ 根拠 介保法66-Ⅰ、則99 —

設問の場合には、被保険者証の返還及び被保険者資格証明書の交付ではなく、原則として、被保険者証の提出を求め、当該被保険者証に「支払方法変更の記載」をすることとされている（支払方法の変更の記載がなされている間は、現物給付の方法による保険給付が償還払いの方法により行われることとなる。）。

B ○ 根拠 国保法63の2-ⅠⅢ、則32の2 CH10 Sec1①

なお、介護保険法においては、市町村は、被保険者証に支払方法変更の記載を受けている要介護被保険者等であって、保険料の納期限から1年6か月が経過するまでの間に当該保険料を納付しないことにより保険給付の全部又は一部の支払の一時差止がなされているものが、なお滞納している保険料を納付しない場合においては、あらかじめ、当該要介護被保険者等に通知して、当該一時差止に係る保険給付の額から当該要介護被保険者等が滞納している保険料額を控除することができる、とされている。

C ✕ 根拠 船保法120-Ⅱ —

船員保険の一般保険料率は、原則として、疾病保険料率と災害保健福祉保険料率とを合計して得た率であるが、後期高齢者医療制度の被保険者である船員保険の被保険者の一般保険料率は「災害保健福祉保険料率」のみとされている。したがって、後期高齢者医療制度の被保険者である船員保険の被保険者に係る保険料額は、標準報酬月額及び標準賞与額にそれぞれ一般保険料率（災害保健福祉保険料率）を乗じて得た額となる。

D ✕ 根拠 高医法67-Ⅰ、令7-ⅣⅤ①、則32 ―

設問の後期高齢者医療制度の被保険者は、課税所得が145万円以上の一定以上所得者に該当するものであり、かつ、１割負担の適用の要件〔設問の場合、単身世帯：年間収入383万円未満（単身世帯以外：年間収入520万円未満）〕を満たすものであるが、この場合に１割負担の適用を受けるには、原則として、被保険者による申請が必要である。なお、当該後期高齢者医療広域連合において、当該被保険者が上記の「１割負担の適用の要件」の規定の適用を受けることの確認を行うことができるときは、被保険者による申請は必要とされない。

E ✕ 根拠 児手法５-Ⅰ、法附則２ ―

設問の児童手当の所得制限に係る所得の算定は、支給要件児童を養育している者（受給資格者）本人の所得のみによるものであり、配偶者及び扶養義務者の所得は問われない。設問の場合、父母のどちらが受給資格者であるかは明らかではないが、父母のそれぞれの所得は所得制限額を下回っているので、両者の所得を合算して所得制限額を上回っているとしても、児童手当の所得制限は適用されず、特例給付の対象とならない。したがって、設問の場合、月額２万円（10歳の子の分として月額１万円、11歳の子の分として月額１万円）の児童手当が支給されることとなる。なお、特例給付についても所得の上限額が定められており、当該上限額を超える場合には、特例給付は支給されない。

健康保険法

問1 正解 A　　正解率 18%

A ✕ 根拠 法198-Ⅰ、204の7-Ⅰ　　―

設問の「全国健康保険協会」を「厚生労働大臣」と読み替えると、正しい記述となる。

B ○ 根拠 法161-Ⅰ、S2.9.2保理3240号　　CH7 Sec7④

C ○ 根拠 法63-Ⅳ　　CH7 Sec5⑤

なお、厚生労働大臣は、患者申出療養の申出に係る療養を患者申出療養として定めることとした場合には、その旨を当該申出を行った者に速やかに通知するものとされており、また、患者申出療養の申出について検討を加え、当該申出に係る療養を患者申出療養として定めないこととした場合には、理由を付して、その旨を当該申出を行った者に速やかに通知するものとされている。

D ○ 根拠 法3-Ⅰ⑨イ、(24)法附則46-Ⅰ、R4.3.18保保発0318第1号　　―

通常の月の所定労働時間を年換算（×12）した上で、1週間当たりの所定労働時間を求める〔÷52（1年≒52週)〕こととなる。

得点UP！

★ １週間の所定労働時間が20時間以上であることの要件

① １週間の所定労働時間とは、就業規則、雇用契約書等により、その者が通常の週に勤務すべきこととされている時間をいう。この場合の「通常の週」とは、祝祭日及びその振替休日、年末年始の休日、夏季休暇等の特別休日（週休日その他概ね１か月以内の期間を周期として規則的に与えられる休日以外の休日）を含まない週をいう。

② １週間の所定労働時間が短期的かつ周期的に変動し、通常の週の所定労働時間が一通りでない場合は、当該周期における１週間の所定労働時間の平均により算定された時間を１週間の所定労働時間とする。

③ 所定労働時間が１か月の単位で定められている場合は、当該所定労働時間を12分の52で除して得た時間を１週間の所定労働時間とする。

④ 所定労働時間が１か月の単位で定められている場合で、特定の月の所定労働時間が例外的に長く又は短く定められているときは、当該特定の月以外の通常の月の所定労働時間を12分の52で除して得た時間を１週間の所定労働時間とする。

⑤ 所定労働時間が１年の単位で定められている場合は、当該所定労働時間を52で除して得た時間を１週間の所定労働時間とする。

⑥ 所定労働時間は週20時間未満であるものの、事業主等に対する事情の聴取やタイムカード等の書類の確認を行った結果、実際の労働時間が直近２月において週20時間以上である場合で、今後も同様の状態が続くことが見込まれるときは、当該所定労働時間は週20時間以上であることとして取り扱うこととする。

⑦ 所定労働時間が、就業規則、雇用契約書等から明示的に確認できない場合は、実際の労働時間を事業主等から事情を聴取した上で、個別に判断することとする。

E ○ 根拠 令25の２ —

確認してみよう！

地域型健康保険組合は、当該合併が行われた日の属する年度及びこれに続く５箇年度に限り、不均一の一般保険料率を決定することができる。

問２ 正解 B　　正解率 24%

A × 根拠 法71－Ⅱ①、H10.7.27老発485号・保発101号 —

設問の医師、歯科医師又は薬剤師については、取消し後２年が経過した日に再登録が行われたものとみなされるのではなく、取消し後２年未満で再登録が認められる。保険医又は保険薬剤師の登録の取消しが行われた場合には、原則として取消し後５年間は再登録を行わないものとされているが、一定の特別な事情を有する医師、歯科医師又は薬剤師については、取消し後５年未満であっても再登録を行うことができるとされており、その事情によって再登録を認めることができる期間が定められている。設問の場合には、取消し後2年未満で再登録を認めることができるとされている。

B ○ 根拠 法115の2、令43の2、H21.4.30保保発0430002号 CH7 Sec5⑬

C × 根拠 法附則3-Ⅰ、則163 CH7 Sec2⑨

特定健康保険組合となるためには、厚生労働大臣の認可を受けなければならない。

確認してみよう！

特定健康保険組合は、その認可を受けようとするとき、又はその認可の取消しを受けようとするときは、組合会において組合会議員の定数の3分の2以上の多数により議決しなければならない。

D × 根拠 法95-① CH7 Sec3③

設問の場合、厚生労働大臣は、指定訪問看護事業者の指定を取り消すことができる。

E × 根拠 法63-Ⅰ、99-Ⅰ、S26.5.1保文発1346号、S26.10.16保文発4111号

CH7 Sec5②、Sec6①

設問の場合、所定の要件を満たしていれば、傷病手当金も支給される。

問3 正解 B（アとウ） 正解率 87%

ア ○ 根拠 法99-Ⅰ、S29.10.25保険発261号 CH7 Sec6①

確認してみよう！

労働安全衛生法68条により伝染の恐れある保菌者に対し事業主が休業を命じたがその者の症状からして労務不能と認められぬ場合の傷病手当金の請求は、法上労務不能と認められぬので支給しない。

イ × 根拠 法88-Ⅰ、R4.3.4厚労告59号 —

指定訪問看護は、原則として利用者1人につき「週3日」を限度として受けられるとされている。

ウ ○ 根拠 法3-Ⅶ、則38-Ⅱ、H20.4.25庁保険発0425001号、H25.11.18保保発1118第1号 CH7 Sec2⑫

令和2年度（第52回） 択一式

なお、設問の証明書については、被保険者からの暴力を理由として保護したことを証明するものであって、被保険者からの暴力があった事実を証明するものではないという理由から、平成25年通達の改正により、「配偶者から暴力の被害を受けている旨の証明書」が「配偶者からの暴力を理由として保護した旨の証明書」に書き替えられている（設問の記載は当該改正前の記載となっている。）。

エ　×　根拠　法３-Ⅰ③　CH7 Sec2⑥

所在地が一定しない事業所に使用される者は、使用期間にかかわらず、被保険者となることはない。

オ　×　根拠　法３-Ⅶ①、則37の２　CH7 Sec2⑩

設問の被保険者の被扶養者である配偶者の父は、被保険者と同一世帯に属しておらず、また、国内居住要件等も満たしていないため、被扶養者と認められない。

問４　正解　D　正解率 70%

A　○　根拠　法159の２　—

B　○　根拠　法63-Ⅰ、保険医療機関及び保険医療養担当規則20-①ハ、S28.4.3保険発59号　CH7 Sec5②

健康診断は、療養の給付の対象として行ってはならないとされている。なお、健康診断の結果、保険医が特に治療を必要と認めた場合は、その後の診察については療養の給付の対象となる。

C　○　根拠　法106、法附則３-Ⅵ、H23.6.3保保発0603第２号　—

なお、設問の場合、出産したときに、船員保険の被保険者であったときは、健康保険法の規定に基づく出産育児一時金は支給されない（船員保険法の規定に基づく出産育児一時金の対象となる。）。

D　×　根拠　法115、令42-Ⅸ、H21.4.30厚労告291号、292号　CH7 Sec5⑫

療養のあった月の標準報酬月額が53万円以上である70歳未満の被保険者が、慢性腎不全で人工腎臓を実施する療養を受けている場合には、当該療養に係る高額療養費算定基準額は「20,000円」とされている。

E　○　根拠　法35、S50.3.29保険発25号・庁保険発８号　CH7 Sec2⑦

なお、自宅待機の者の標準報酬月額の決定については、現に支払われる休業手当等に基づき決定され、その後、自宅待機の状況が解消したときは、随時改定の対象となる。

問5 正解 **E（エとオ）** 正解率 91%

ア ✕ 根拠 法3－Ⅶ、S27.6.23保文発3533号 CH7 Sec2⑩

被保険者が世帯主である必要もない。

イ ✕ 根拠 法37－Ⅰ CH7 Sec2⑧

保険者は、正当な理由があると認めるときは、この期間を経過した後の申出であっても、受理することができる。

なお、正当な理由とは、「天災地変の場合など、交通、通信関係にスト等によって法定期間内に届出ができなかった場合が考えられる（S24.8.11保文発1400号）」とされており、単に法律を知らなかった（法律の不知）というだけでは正当な理由として認められない。

ウ ✕ 根拠 法3－Ⅰ④ CH7 Sec2⑥

設問の場合、一般の被保険者とはならない。季節的業務に4か月以内の期間を限って使用される者は、一般の被保険者とはならず、継続して4か月を超えて使用されることになっても、一般の被保険者とはならない。なお、当初から継続して4か月を超える予定で使用される者は、初めから一般の被保険者となる。

エ ○ 根拠 法3－Ⅰ、35、36、S26.12.3保文発5255号 —

オ ○ 根拠 法161－Ⅱ、S2.2.18保理578号、S4.1.18事発125号 CH7 Sec7⑤

問6 正解 **A** 正解率 68%

A ✕ 根拠 法104、法附則3－ⅤⅥ CH7 Sec6⑧

資格喪失後の傷病手当金の継続給付の支給要件を満たしている者であっても、資格喪失後に特例退職被保険者の資格を取得した場合には、当該傷病手当金の継続給付を受けることはできない。

確認してみよう！

資格喪失後に任意継続被保険者の資格を取得した場合には、傷病手当金の継続給付を受けることができる。

B ○ 根拠 法120、S3.3.14保理483号 ―

なお、設問の不支給の決定は、偽りその他不正の行為があった日から１年を経過したときは、することができない。

C ○ 根拠 法57-Ⅰ、S31.11.7保文発9218号 CH7 Sec9③

なお、被保険者と第三者との間において示談が成立し、被保険者の有する損害賠償請求権を消滅させた場合であっても、その消滅の効力は、保険者が保険給付の価額の限度において既に取得している第三者に対する損害賠償請求権には及び得ない。

D ○ 根拠 法119、S26.5.9保発37号 CH7 Sec9①

保険者は、被保険者又は被保険者であった者が、正当な理由なしに療養に関する指示に従わないときは、保険給付の一部を行わないことができるが、「療養の指示に従わないとき」とは、①保険者又は療養担当者の療養の指示に関する明白な意思表示があったにもかかわらずこれに従わない場合、②診療担当者より受けた診断書、意見書等により一般に療養の指示と認められる事実があったにもかかわらずこれに従わないため、療養上の障害を生じ著しく給付費の増加をもたらすと認められる場合などが該当する。

E ○ 根拠 法116、S36.7.5保険発63号の２ CH7 Sec9①

死亡は最終的１回限りの絶対的な事故であるとともに、この死亡に対する保険給付としての埋葬料は、被保険者であった者に生計を依存していた者で埋葬を行う者に対して支給されるという性質のものであるから、設問の場合には、支給制限は行われない。

問７ 正解 E 正解率 38%

A ○ 根拠 法129-Ⅱ① CH7 Sec8⑦

B ○ 根拠 法７の31-ⅡⅢ ―

確認してみよう！

健康保険組合の一時借入金

健康保険組合は、支払上現金に不足を生じたときは、準備金に属する現金を繰替使用し、又は一時借入金をすることができる。また、繰替使用した金額及び一時借入金は、当該会計年度内に返還しなければならない。

C ○ 根拠 法150-Ⅵ、則154 CH7 Sec10①

D ○ 根拠 法218 CH7 Sec10③

E × 根拠 法165-ⅠⅡ、令49 CH7 Sec07⑤

設問の場合において前納すべき額は、前納に係る期間の各月の保険料の額の合計額から、その期間の各月の保険料の額を年４分の利率による複利現価法によって前納に係る期間の最初の月から当該各月までのそれぞれの期間に応じて割り引いた額の合計額を控除した額である。

問８ 正解 C 正解率 64%

A ○ 根拠 則25-Ⅲ CH7 Sec4④

設問の特定法人については、①報酬月額の届出（報酬月額算定基礎届）、②報酬月額変更の届出（報酬月額変更届）及び③賞与額の届出（賞与支払届）について、原則として、電子情報処理組織を使用して行うものとされている（電子申請の義務化）。

B ○ 根拠 法199-Ⅱ —

確認してみよう！

厚生労働大臣は、保険医療機関等の指定の申請があった場合において、保険医療機関等の指定の申請に係る病院若しくは診療所又は薬局の開設者又は管理者が、次に該当するときは、その指定をしないことができる。

また、厚生労働大臣は、指定訪問看護事業者の指定の申請があった場合において、指定訪問看護事業者の指定の申請者が、次に該当するときは、その指定をしてはならない。

・社会保険各法の定めるところにより納付義務を負う保険料、負担金又は掛金（「社会保険料」という。）について、当該申請をした日の前日までに、社会保険各法の規定に基づく滞納処分を受け、かつ、当該処分を受けた日から正当な理由なく３月以上の期間にわたり、当該処分を受けた日以降に納期限の到来した社会保険料のすべて（当該処分を受けた者が、当該処分に係る社会保険料の納付義務を負うことを定める法律によって納付義務を負う社会保険料に限る。）を引き続き滞納している者であるとき。

C　×　根拠 法30、令７－Ⅰ　　CH7 Sec1④

設問の「３分の２以上」を「３分の１以上」と、「30日以内」を「20日以内」と読み替えると、正しい記述となる。

確認してみよう！

★ 組合会の招集等

① 組合会の招集は、緊急を要する場合を除き、開会の日の前日から起算して前５日目に当たる日が終わるまでに、会議に付議すべき事項、日時及び場所を示し、規約で定める方法に従ってしなければならない。
② 理事長は、規約で定めるところにより、毎年度１回通常組合会を招集しなければならない。
③ 理事長は、必要があるときは、いつでも臨時組合会を招集することができる。
④ 理事長は、組合会が成立しないとき、又は理事長において緊急を要すると認めるときは、組合会の議決を経なければならない事項で緊急に行う必要があるものを処分することができる。
⑤ 理事長は、上記④による処置については、次の組合会においてこれを報告し、その承認を求めなければならない。

D　○　根拠 法75の２－Ⅰ②、則56の２　　CH7 Sec5②

設問の場合、一部負担金の支払を免除することができるほか、一部負担金を減額すること、又は保険医療機関若しくは保険薬局に対する支払に代えて、一部負担金を直接に徴収することとし、その徴収を猶予することができる。

E　○　根拠 法87－Ⅰ、則66、H11.3.30保険発39号・庁保険発７号　　―

問9 正解 C

正解率 44%

A ○ 根拠 法3-Ⅶ①、則37の2-②、R元.11.13保保発1113第1号 —

「外国に赴任する被保険者に同行する者」については、「日本国内に住所を有しないが、日本国内に生活の基礎があると認められる者」として、国内居住要件の例外として取り扱われる。設問はその確認方法に関する問題である。

B ○ 根拠 法41-Ⅰ、R4.9.5事務連絡 —

給与の締め日が変更になったため、支払基礎日数が暦日を超えて増加した場合は、通常受ける報酬以外の報酬を受けることとなるため、定時決定の際には、超過分の報酬を除外した上で、その他の月の報酬との平均を算出することとされている。

得点UP!

支払基礎日数が減少した場合

給与締め日の変更によって給与支給日数が減少した場合であっても、支払基礎日数が17日以上であれば、通常の定時決定の方法によって標準報酬月額を算定する。
また、給与締め日の変更によって給与支給日数が減少し、支払基礎日数が17日未満となった場合には、その月を除外した上で報酬の平均を算出し、標準報酬月額を算定する。

C × 根拠 法43-Ⅰ、R4.9.5事務連絡 —

設問の場合、実際に変動後の報酬を受けた月を起算月として随時改定の対象となる。

なお、昇給等による固定的賃金の変動後に、給与計算期間の途中で育児休業に入ったこと、又は給与計算期間の途中で育児休業から復帰したことにより、変動が反映された報酬が支払われているものの、継続した3月間のうちに支払基礎日数が17日未満となる月がある場合については、随時改定の対象とはならない。

D ○ 根拠 法42-Ⅰ、R4.9.5事務連絡 —

E ○ 根拠 法3-Ⅰ、35、S13.10.22社庶229号、S26.11.28保文発5177号

CH7 Sec2⑦

問10 正解 D

正解率 61%

A × 根拠 法99-ⅠⅡ、S33.7.8保険発95号 CH7 Sec6①

設問の場合、休業補償給付の額が傷病手当金の額を下回るときは、その差額が

令和2年度（第52回）
択一式

傷病手当金として支給される。

B ✕ 根拠 則26-Ⅰ、29-Ⅰ、H31.3.29年管管発0329第７号 —

設問の場合は、当該事実を確認できる書類の添付は必要ない。かつては、被保険者資格喪失届及び被保険者報酬月額変更届を届け出る際、届出の受付年月日より60日以上遡る場合又は既に届出済である標準報酬月額を大幅に引き下げる場合は、当該事実を確認できる書類を添付しなければならなかったが、現在は、行政手続コスト削減により、添付書類は廃止されている。

C ✕ 根拠 法33 CH7 Sec2②

設問の申出があった場合であっても、事業主に適用事業所でなくするための認可の申請をする義務は生じない。

D ○ 根拠 法159、則135-Ⅱ CH7 Sec7④

確認してみよう！

育児休業等をしている被保険者（産前産後休業期間中の保険料免除の規定を受けている被保険者を除く。）が使用される事業所の事業主が、保険者等に申出をしたときは、次の①、②に掲げる場合の区分に応じ、当該①、②に定める月の当該被保険者に関する保険料（その育児休業等の期間が１月以下である者については、標準報酬月額に係る保険料に限る。）は、徴収しない。

① その育児休業等を開始した日の属する月とその育児休業等が終了する日の翌日が属する月とが異なる場合･･･その育児休業等を開始した日の属する月からその育児休業等が終了する日の翌日が属する月の前月までの月

② その育児休業等を開始した日の属する月とその育児休業等が終了する日の翌日が属する月とが同一であり、かつ、当該月における育児休業等の日数として厚生労働省令で定めるところにより計算した日数が14日以上である場合･･･当該月

E ✕ 根拠 法99-Ⅰカッコ書、102-Ⅰ CH7 Sec6②

出産手当金は、労務に服さなかった期間に対して支給されるものであり、通常の労務に服している期間については支給されない。

厚生年金保険法

問1　正解　D　　正解率 89%

A　○　根拠　則63-Ⅰ　　CH9 Sec2⑩

B　○　根拠　法38の2-Ⅰただし書　　CH9 Sec8⑦

なお、設問の受給権者の申出があった場合において、その額の一部につき支給を停止されている年金たる保険給付について、その支給停止が解除されたときは、年金たる保険給付の全額の支給が停止されることとなる。

C　○　根拠　法58-Ⅰ④、59-Ⅰカッコ書　　—

確認してみよう！

失踪の宣告の場合の取扱い

・行方不明となった当時を基準に判断されるもの
　①生計維持関係、②被保険者等要件、③保険料納付要件
・死亡したとみなされた日を基準に判断されるもの
　①身分関係、②年齢、③障害の状態

D　×　根拠　法52-Ⅲ　　CH9 Sec5⑦

設問の場合、原則として、当該受給権者は実施機関の診査を受けた日から起算して1年を経過した日後でなければ改定の請求を行うことはできない。なお、障害厚生年金の受給権者の障害の程度が増進したことが明らかである場合として厚生労働省令で定める場合には、実施機関の診査を受けた日から起算して1年を経過した日後でなくても改定の請求を行うことができる。

E　○　根拠　法44-Ⅱ　　CH9 Sec3⑤

問2　正解　A　　正解率 78%

A　×　根拠　則1-ⅠⅡ　　CH9 Sec2⑨

設問の場合、2以上の事業所に使用されるに至った日から10日以内に、所定の事項を記載した届書を日本年金機構に提出しなければならない。

なお、第1号厚生年金被保険者は、同時に2以上の事業所に使用されるに至ったときは、当該2以上の事業所に係る日本年金機構の業務が同一の年金事務所の管轄である場合についても、10日以内に、所定の事項を記載した届書を、日本年

令和2年度（第52回）
択一式

金機構に提出しなければならない。

B ○ 根拠 法90-Ⅳ　CH9 Sec9⑦

C ○ 根拠 則15-Ⅰ　CH9 Sec2②

D ○ 根拠 則13の２-Ⅰ　CH9 Sec1⑤

E ○ 根拠 法63-Ⅲ　CH9 Sec6⑦

妻と子は同順位であるため、子が出生しても妻の有する遺族厚生年金の受給権は消滅しない。

問３ 正解 D（ウとエ）　正解率 78%

ア × 根拠 法19、81-Ⅱ　CH9 Sec2⑦、Sec9④

月末日で退職したときは、その翌月が資格喪失月となるため、退職した日が属する月の保険料は徴収される。

イ × 根拠 令３の12の14　―

設問の場合、当該特定被保険者が死亡した日の前日に３号分割標準報酬改定請求があったものとみなされる。

ウ ○ 根拠 法100の５-Ⅰ　CH9 Sec9⑥

なお、財務大臣は、設問の委任に基づき、滞納処分等その他の処分の権限の全部又は一部を行ったときは、滞納処分等その他の処分の執行の状況及びその結果を厚生労働大臣に報告するものとされている。

エ ○ 根拠 法100の６-Ⅰ　CH9 Sec9⑥

なお、日本年金機構は、滞納処分等実施規程を定め、厚生労働大臣の認可を受けなければならず、また、徴収職員は、滞納処分等に係る法令に関する知識並びに実務に必要な知識及び能力を有する日本年金機構の職員のうちから、厚生労働大臣の認可を受けて、日本年金機構の理事長が任命するものとされている。

オ × 根拠 法53-②③　CH9 Sec5⑨

支給停止された障害厚生年金の受給権者が65歳に達する日の前日までに障害等級３級に該当する程度の障害の状態となったときは、当該障害厚生年金の支給停止が解除され、支給が再開される。なお、障害厚生年金の受給権は、受給権者が、障害等級に該当する程度の障害の状態に該当しなくなった日から起算して障害等級に該当する程度の障害の状態に該当することなく３年を経過し、かつ、当該受給権者が65歳に達しているときは、消滅する。

問４　正解　A　　正解率 40%

A　○　根拠 令３の12の12　　—

得点UP!

合意分割に係る対象期間標準報酬総額を計算する場合における対象期間に係る被保険者期間については、厚生労働省令で定めるところにより、対象期間の初日の属する月が被保険者期間であるときはその月をこれに算入し、対象期間の末日の属する月が被保険者期間であるときはその月をこれに算入しない。ただし、対象期間の初日と末日が同一の月に属するときは、その月は、対象期間に係る被保険者期間に算入しない。

B　×　根拠 法47　　CH9 Sec5①

設問の場合、初診日要件、障害認定日における障害の程度要件及び原則的な保険料納付要件を満たしているため、障害厚生年金は支給される。なお、特例による保険料納付要件は、初診日において65歳以上の者には適用されない。

C　×　根拠 法52-Ⅶ、国年法36-Ⅱ　　CH9 Sec5⑦

設問の場合、障害基礎年金については支給停止が解除され、障害厚生年金については、障害等級３級から２級に改定されることになるため、障害等級２級の障害基礎年金及び障害厚生年金が支給される。なお、実施機関の職権による改定及び増進改定請求は、65歳以上の者であって、かつ、障害厚生年金の受給権者（当該障害厚生年金と同一の支給事由に基づく国民年金法による障害基礎年金の受給権を有しないものに限る。）については、行わない。

D　×　根拠 法50-Ⅲ　　CH9 Sec5⑥

障害等級３級の障害厚生年金の最低保障額は、障害等級２級の障害基礎年金の年金額の４分の３に相当する額である。

E　×　根拠 法47　　CH9 Sec5①

初診日において厚生年金保険の被保険者でなかった者には、障害厚生年金が支給されることはない。

問５　正解　E　　正解率 88%

A　○　根拠 法25　　CH9 Sec2⑫

B　○　根拠 法59-Ⅱ　　CH9 Sec6③

父母は、配偶者又は子が遺族厚生年金の受給権を取得したときは、遺族厚生年金を受けることができる遺族としない。

なお、孫は、配偶者、子又は父母が、祖父母は、配偶者、子、父母又は孫が遺族厚生年金の受給権を取得したときは、それぞれ遺族厚生年金を受けることができる遺族としない。

C　○　根拠 法78の22　　—

確認してみよう！

第１号厚生年金被保険者期間、第２号厚生年金被保険者期間、第３号厚生年金被保険者期間又は第４号厚生年金被保険者期間（「各号の厚生年金被保険者期間」という。）のうち２以上の被保険者の種別に係る被保険者であった期間を有する者に係る老齢厚生年金について、年金額を計算するに当たっては、各号の厚生年金被保険者期間に係る被保険者期間ごとに計算する。

D　○　根拠 法41-Ⅰ　　CH9 Sec8⑤

E　×　根拠 法41-Ⅱ　　CH9 Sec8⑤

老齢厚生年金については、保険給付として支給を受けた金銭を標準として、租税その他の公課を課することができる。

問６　正解　C　　正解率 23%

A　×　根拠 法２の５-②、令１-Ⅰ③ホ　　CH8 Sec3③

設問の事務は、国家公務員共済組合連合会が行う。

B　×　根拠 法６-Ⅳ、則13の３　　CH9 Sec1③

設問の場合、当該事業所に使用される者（適用除外の規定に該当する者及び特定４分の３未満短時間労働者を除く。）の２分の１以上の同意を得たことを証する書類を添えることを要する。

確認してみよう！

任意適用取消の認可を受けようとする事業主は、当該事業所に使用される者（適用除外の規定に該当する者及び特定４分の３未満短時間労働者を除く。）の４分の３以上の同意を得たことを証する書類を添えて、厚生年金保険任意適用取消申請書を日本年金機構に提出しなければならない。

C ○ 根拠 則15-Ⅲ、29の２ —

D × 根拠 則13の２-Ⅳ CH9 Sec1⑤

設問の場合、当該事実があった日から10日以内に、所定の事項を記載した届書を提出しなければならない。

E × 根拠 法９、S24.7.28保発74号 CH9 Sec2①

株式会社の代表取締役及び代表取締役以外の取締役は、いずれも被保険者となることがある。

問７ 正解 ア:○、イ:×、ウ:○、エ:×、オ:×　正解率 73%

ア ○ 根拠 法12-⑤ロ CH9 Sec2①

確認してみよう！

特定適用事業所に使用される者であって、その１週間の所定労働時間が同一の事業所に使用される通常の労働者の１週間の所定労働時間の４分の３未満である短時間労働者又はその１月間の所定労働日数が同一の事業所に使用される通常の労働者の１月間の所定労働日数の４分の３未満である短時間労働者に該当し、かつ、①～③までのいずれかの要件に該当するものは、厚生年金保険の被保険者とならない。

① １週間の所定労働時間が20時間未満であること。

② 報酬について、標準報酬月額に係る資格取得時決定の規定の例により算定した額が、88,000円未満であること。

③ 学校教育法に規定する高等学校の生徒、大学の学生その他の厚生労働省令で定める者であること。

イ × 根拠 法12-⑤、(24)法附則17-Ⅰ CH9 Sec2①

いわゆる４分の３基準を満たさない短時間労働者について、「当該事業所に継続して１年以上使用されることが見込まれないこと」は、適用除外の対象とされていないため、他の適用除外の事由に該当しない場合は、厚生年金保険の被保険者となる。**ア**の 確認してみよう！ 参照。

※　出題当時は、いわゆる４分の３基準を満たさない短時間労働者について、「当該

事業所に継続して１年以上使用されることが見込まれないこと」は、適用除外の対象とされていたため、正しい（○）内容であった。

ウ　○　根拠 (24)法附則17－Ⅴ　CH9 Sec2①

※　厳密には、国又は地方公共団体の適用事業所に使用される特定４分の３未満短時間労働者については、当該適用事業所が特定適用事業所でなくても、被保険者となることとされている。

確認してみよう！

特定適用事業所（特定適用事業所に該当しなくなった適用事業所に使用される厚生年金保険の被保険者である特定４分の３未満短時間労働者を使用する適用事業所を含む。）以外の適用事業所の事業主は、次の①②に掲げる場合に応じ、当該①②に定める同意を得て、実施機関に当該事業主の１又は２以上の適用事業所に使用される特定４分の３未満短時間労働者について「厚生年金保険の被保険者としない」とする規定の適用を受けない旨の申出をすることができる（厚生年金保険の被保険者とする旨の申出をすることができる。）。

①　当該事業主の１又は２以上の適用事業所に使用される厚生年金保険の被保険者、70歳以上の使用される者及び特定４分の３未満短時間労働者（「２分の１以上同意対象者」という。）の過半数で組織する労働組合があるとき・・・当該労働組合の同意

②　上記①の労働組合がないとき・・・ⓐ又はⓑに掲げる同意

ⓐ　当該事業主の１又は２以上の適用事業所に使用される２分の１以上同意対象者の過半数を代表する者の同意

ⓑ　当該事業主の１又は２以上の適用事業所に使用される２分の１以上同意対象者の２分の１以上の同意

エ　×　根拠 (24)法附則17－Ⅱ　CH9 Sec2①

特定適用事業所に該当しなくなった適用事業所に使用される特定４分の３未満短時間労働者は、事業主が実施機関に所定の申出をしない限り、厚生年金保険の被保険者となる。

確認してみよう！

特定適用事業所に該当しなくなった適用事業所に使用される特定4分の3未満短時間労働者については、「厚生年金保険の被保険者としない」とする規定は、適用しない（厚生年金保険の被保険者となる。）。ただし、当該適用事業所の事業主が、次の①②に掲げる場合に応じ、当該①②に定める同意を得て、実施機関（厚生労働大臣及び日本私立学校振興・共済事業団に限る。）に当該特定4分の3未満短時間労働者について「厚生年金保険の被保険者としない」とする規定の適用を受ける旨の申出をした場合は、この限りでない（厚生年金保険の被保険者としない。）。

① 当該事業主の1又は2以上の適用事業所に使用される厚生年金保険の被保険者及び70歳以上の使用される者（「4分の3以上同意対象者」という。）の4分の3以上で組織する労働組合があるとき・・・当該労働組合の同意

② 上記①の労働組合がないとき・・・ⓐ又はⓑに掲げる同意
  ⓐ 当該事業主の1又は2以上の適用事業所に使用される4分の3以上同意対象者の4分の3以上を代表する者の同意
  ⓑ 当該事業主の1又は2以上の適用事業所に使用される4分の3以上同意対象者の4分の3以上の同意

オ ✕ 根拠 (24)法附則17の3 —

当分の間、適用事業所以外の事業所に使用される特定4分の3未満短時間労働者については、法10条1項（任意単独被保険者）の規定にかかわらず、厚生年金保険の被保険者としないこととされている。

問8 正解 C　正解率 32%

A ○ 根拠 則35-ⅠⅢ　CH9 Sec2⑩

確認してみよう！

現況届

厚生労働大臣は、住民基本台帳法30条の9の規定による老齢厚生年金の受給権者に係る機構保存本人確認情報の提供を受けることができない場合には、当該受給権者に対し、所定の事項を記載し、かつ、自ら署名した届書（自ら署名することが困難な受給権者にあっては、当該受給権者の代理人が署名した届書）を毎年厚生労働大臣が指定する日（指定日）までに提出することを求めることができる。

B ○ 根拠 法68-ⅠⅡ　CH9 Sec6⑥

C ✕ 根拠 法10-Ⅰ、29 —

設問の場合、その旨を当該事業所の事業主に通知しなければならない。

なお、事業主は、任意単独被保険者に係る認可の通知があったときは、すみやかに、これを被保険者に通知しなければならない。

D ○ 根拠 法61-Ⅰ CH9 Sec6④

E ○ 根拠 法77-①、96-Ⅰ CH9 Sec8⑨

確認してみよう！

支給停止

次に掲げる者に支給する年金たる保険給付は、それぞれ次に該当する場合には、その額の全部又は一部につき、その支給を停止することができる。

① 受給権者・・・正当な理由がなくて、実施機関が必要があると認めて行ったその者の身分関係、障害の状態その他受給権の消滅、年金額の改定若しくは支給の停止に係る事項に関する書類その他の物件の提出の命令に従わず、又は当該職員をしてこれらの事項に関して行った質問に応じなかったとき。

② 障害等級に該当する程度の障害の状態にあることにより、年金たる保険給付の受給権を有し、又はその者について加算が行われている子

ⓐ 正当な理由がなくて、実施機関が必要があると認めて行ったその指定する医師の診断を受けるべき旨の命令に従わず、又は当該職員をして行ったこれらの者の障害の状態の診断を拒んだとき。

ⓑ 故意若しくは重大な過失により、又は正当な理由がなくて療養に関する指示に従わないことにより、その障害の回復を妨げたとき。

一時差止め

受給権者が、正当な理由がなくて、厚生労働大臣に対して行うべき厚生労働省令の定める事項の届出をせず、又は厚生労働省令の定める書類その他の物件を提出しないときは、保険給付の支払を一時差し止めることができる。

問9 正解 B

正解率 56%

A × 根拠 法43-Ⅲ CH9 Sec3⑦

設問の場合、資格喪失日である令和２年６月30日（70歳到達日）から起算して１月を経過した日が属する月である令和２年７月分から年金額が改定される。

確認してみよう！

被保険者である受給権者がその被保険者の資格を喪失し、かつ、被保険者となることなくして被保険者の資格を喪失した日から起算して１月を経過したときは、その被保険者の資格を喪失した月前における被保険者であった期間を老齢厚生年金の額の計算の基礎とするものとし、資格を喪失した日（①その事業所又は船舶に使用されなくなったとき、②任意適用事業所の取消又は任意単独被保険者の資格喪失の認可があったとき、又は③適用除外の規定に該当するに至ったときのいずれかに該当するに至った日にあっては、その日）から起算して１月を経過した日の属する月から、年金の額を改定する。

B ○ 根拠 則15の２－Ⅰ、22－Ⅰ④ CH9 Sec2②③

C × 根拠 法10 CH9 Sec2④

任意単独被保険者となるための認可の申請をするに当たっては、必ず事業主の同意を得なければならない。設問のような例外規定は設けられていない。

D × 根拠 H28.5.13年管管発0513第１号 —

事業主等に対する事情の聴取やタイムカード等の書類の確認を行った結果、実際の労働時間又は労働日数が直近の２か月において４分の３基準を満たしている場合で、今後も同様の状態が続くことが見込まれるときは、４分の３基準を満たしているものとして取り扱うこととされている。

なお、設問の４分の３基準に係る「１週間の所定労働時間及び１月間の所定労働日数」とは、就業規則、雇用契約書等により、その者が通常の週及び月に勤務すべきこととされている時間及び日数をいい、所定労働時間又は所定労働日数が、就業規則、雇用契約書等から明示的に確認できない場合は、実際の労働時間又は労働日数を事業主等から事情を聴取した上で、個別に判断するものとされている。

E × 根拠 法附29－Ⅰ② CH9 Sec6⑧

障害厚生年金の受給権を有したことがある者は、脱退一時金の支給を請求することはできない。

問10 正解 E（オのみ） 正解率 82%

ア ○ 根拠 法58－Ⅰ② CH9 Sec6①

イ ○ 根拠 法附則８、20 CH9 Sec8①

２以上の種別の被保険者であった期間を有する者については、特別支給の老齢厚生年金の要件である「１年以上の被保険者期間を有すること」に該当するか否かは、その者の２以上の被保険者の種別に係る被保険者であった期間に係る被保険者期間を合算し、一の期間に係る被保険者期間のみを有するものとみなして判断する。

ウ （改正により削除）

エ ○ 根拠 法55 CH9 Sec5⑩

障害手当金は、その傷病が治っていない場合には、支給されることはない。

オ ✕ 根拠 法59-Ⅰ　CH9 Sec6③

子がいることは、夫が遺族厚生年金を受けることができる遺族となるための要件とされていない。

※　本問**問10**の**A**及び**E**は、本試験ではそれぞれ（アとウ）、（ウとオ）とされていたが、改正によりウを削除したため、**A**及び**E**をそれぞれ（アのみ）、（オのみ）と改題している。

国民年金法

問1 正解 **B（アとエ）** 正解率 83%

ア ○ 根拠 法21-Ⅱ CH8 Sec9③

イ × 根拠 法30-Ⅰ CH8 Sec5②

障害基礎年金の支給に係る保険料納付要件は、初診日の前日において、当該初診日の属する月の前々月までに被保険者期間があるときに問われるものであり、当該初診日の属する月の前々月までに被保険者期間がないものについては、保険料納付要件は問われない。したがって、障害認定日において障害等級に該当する程度の障害の状態にある設問の者には、障害基礎年金が支給される。

ウ × 根拠 H26.3.31年発0331第７号 CH8 Sec6⑤

認定対象者の収入について、前年の収入が年額850万円以上であっても、定年退職等の事情により近い将来の年収が年額850万円未満となると認められるのであれば、収入に関する認定要件に該当するものとされる。

確認してみよう！

収入に関する認定要件

① 生計維持認定対象者（障害厚生年金及び障害基礎年金の生計維持認定対象者は除く。）に係る収入に関する認定に当たっては、次のいずれかに該当する者は、厚生労働大臣の定める金額（年額850万円）以上の収入を将来にわたって有すると認められる者以外の者に該当するものとする。

ⓐ 前年の収入（前年の収入が確定しない場合にあっては、前々年の収入）が年額850万円未満であること。

ⓑ 前年の所得（前年の所得が確定しない場合にあっては、前々年の所得）が年額655.5万円未満であること。

ⓒ 一時的な所得があるときは、これを除いた後、上記ⓐ又はⓑに該当すること。

ⓓ 上記のⓐ、ⓑ又はⓒに該当しないが、定年退職等の事情により近い将来（おおむね５年以内）収入が年額850万円未満又は所得が年額655.5万円未満となると認められること。

② 障害厚生年金及び障害基礎年金の生計維持認定対象者に係る収入に関する認定に当たっては、次のいずれかに該当する者は、厚生労働大臣の定める金額（年額850万円）以上の収入を有すると認められる者以外の者に該当するものとする。

ⓐ 前年の収入（前年の収入が確定しない場合にあっては、前々年の収入）が年額850万円未満であること。

ⓑ 前年の所得（前年の所得が確定しない場合にあっては、前々年の所得）が年額655.5万円未満であること。

ⓒ 一時的な所得があるときは、これを除いた後、上記ⓐ又はⓑに該当すること。

ⓓ 上記のⓐ、ⓑ又はⓒに該当しないが、定年退職等の事情により現に収入が年額850万円未満又は所得が年額655.5万円未満となると認められること。

エ ○ 根拠 法34-Ⅲ、則33の２の２-Ⅰ⑨ CH8 Sec5⑨

障害基礎年金の額の改定請求は、原則として、障害基礎年金の受給権を取得した日又は厚生労働大臣の診査を受けた日から起算して１年を経過した日後でなければ行うことができないが、障害基礎年金の受給権者の障害の程度が増進したことが明らかである場合として厚生労働省令で定める場合は、１年を経過していなくとも行うことができる。設問の場合は、これに該当する。

得点UP!

障害の程度が増進したことが明らかである場合として厚生労働省令で定める場合

「障害の程度が増進したことが明らかである場合として厚生労働省令で定める場合」は、障害基礎年金の受給権を取得した日又は厚生労働大臣による障害の程度の診査を受けた日のいずれか遅い日以後、次の①～⑪に掲げるいずれかの状態に至った場合（⑧に掲げる状態については、当該状態に係る障害の範囲が拡大した場合を含む。）である。

① 両眼の視力がそれぞれ0.03以下のもの
② 一眼の視力が0.04、他眼の視力が手動弁以下のもの
③ ゴールドマン型視野計による測定の結果、両眼のⅠ／四視標による周辺視野角度の和がそれぞれ80度以下かつⅠ／二視標による両眼中心視野角度が28度以下のもの
④ 自動視野計による測定の結果、両眼開放視認点数が70点以下かつ両眼中心視野視認点数が20点以下のもの
⑤ 両耳の聴力レベルが100デシベル以上のもの
⑥ 両上肢の全ての指を欠くもの
⑦ 両下肢を足関節以上で欠くもの
⑧ 四肢又は手指若しくは足指が完全麻痺したもの（脳血管障害又は脊髄の器質的な障害によるものについては、当該状態が6月を超えて継続している場合に限る。）
⑨ 心臓を移植したもの又は人工心臓（補助人工心臓を含む。）を装着したもの
⑩ 脳死状態又は遷延性植物状態（当該状態が3月を超えて継続している場合に限る。）となったもの
⑪ 人工呼吸器を装着したもの（1月を超えて常時装着している場合に限る。）

オ ✕ 根拠 法52の2-Ⅱ　CH8 Sec7③

死亡した者の死亡日においてその者の死亡により遺族基礎年金を受けることができる者があるときであっても、当該死亡日の属する月に当該遺族基礎年金の受給権が消滅した場合には、死亡一時金が支給される。

問2 正解 **D**　正解率 48%

A ○ 根拠 法52の4　CH8 Sec7③

死亡日の属する月の前月までの第1号被保険者としての被保険者期間に係る死亡日の前日における付加保険料に係る保険料納付済期間が3年以上（36月以上）である者の遺族に支給する死亡一時金の額は、8,500円を加算した額とされる。

B ○ 根拠 法11-Ⅰ、87-Ⅱ　CH8 Sec2③⑤、Sec3⑤

設問の者は、令和元年12月31日に20歳に達するため、同日に被保険者の資格を

令和2年度（第52回）
択一式

取得し、同月分の保険料から納付する義務を負うこととなる。

C ○ 根拠 法附則5-XII　CH8 Sec10②

D × 根拠 法93-I　CH8 Sec3⑤

保険料4分の3免除期間、保険料半額免除期間又は保険料4分の1免除期間に係る納付すべき保険料についても、前納は可能である。

E ○ 根拠 法39-I　CH8 Sec6⑥

配偶者に支給する遺族基礎年金の額は、必ず子に係る加算額が加算された額となる。

問3 正解 E　正解率 59%

A × 根拠 法30の3-II　CH8 Sec5④

初診日における被保険者等要件は、基準傷病について問われ、基準傷病以外の傷病については問われない。

B × 根拠 則1の4-II　CH8 Sec2⑥

第3号被保険者がその資格を取得した場合、それが20歳に達したことによるものであり、機構保存本人確認情報の提供を受けることにより20歳に達した事実を確認できるときであっても、資格取得の届出を要する。

なお、20歳に達したことにより第1号被保険者の資格を取得する場合であって、厚生労働大臣が住民基本台帳法の規定により当該第1号被保険者に係る機構保存本人確認情報の提供を受けることにより20歳に達した事実を確認できるときは、資格取得の届出を要しない。

C × 根拠 法109の3-IV V　—

保険料納付確認団体が設問の命令に違反したときは、厚生労働大臣は、当該保険料納付確認団体の指定を取り消すことができる。

D × 根拠 法52の2-I　CH8 Sec7③

設問の死亡者の場合、死亡日の前日において死亡日の属する月の前月までの第1号被保険者としての被保険者期間に係る保険料納付済期間の月数（18か月）及び保険料半額免除期間の月数（24か月）の2分の1に相当する月数（12か月）を合算した月数が30か月であり、「36か月以上」を満たさないため、死亡一時金は支給されない。

E ○ 根拠 法87の２、法附則５-Ⅸ　CH8 Sec3⑧

20歳以上65歳未満の任意加入被保険者は、付加保険料を納付する者となることができる。なお、65歳以上70歳未満の特例による任意加入被保険者は、付加保険料を納付する者となることはできない。

問４ 正解 B　正解率 84%

A × 根拠 法114-④　CH8 Sec9⑧

設問の戸籍法の規定による死亡の届出義務者は、「10万円以下」の過料に処せられる。

B ○ 根拠 法附則９の３の２-Ⅰ①　CH8 Sec7④

脱退一時金は、①日本国内に住所を有するとき、②障害基礎年金その他政令で定める給付の受給権を有したことがあるとき、又は③最後に被保険者の資格を喪失した日（同日において日本国内に住所を有していた者にあっては、同日後初めて、日本国内に住所を有しなくなった日）から起算して２年を経過しているときは、その支給を請求することができない。

C × 根拠 法19-Ⅰ　CH8 Sec9①

従姉弟は、４親等の親族であり、未支給年金を請求することができる遺族の範囲に含まれない。

D × 根拠 法43　CH8 Sec7①

付加年金は、付加保険料納付済期間を有する者が老齢基礎年金の受給権を取得したときに限り、老齢基礎年金と併せて支給される。

E × 根拠 法18-Ⅰ、29、49-Ⅰ　CH8 Sec7②

設問の夫は老齢基礎年金の支給を受けたことがない（年金を支給すべき事由が生じた日の属する月にその権利が消滅した場合、年金は支給されない）ため、設問の妻には、寡婦年金が支給される。

問５ 正解 D　正解率 35%

A × 根拠 法28-Ⅰ　CH8 Sec4⑪

60歳以上65歳未満の期間に任意加入被保険者であったことは、老齢基礎年金の支給繰下げの申出に影響しない。

B ✕ 根拠 法５－ⅠⅢ、(16)法附則19－Ⅳ、(26)法附則14－Ⅲ　CH8 Sec4⑤⑥

国民年金法における保険料全額免除期間に「産前産後期間の保険料免除」の規定により保険料を免除された期間は含まれない。産前産後期間の保険料免除に係る被保険者期間は、国民年金法において保険料納付済期間とされる。

C ✕ 根拠 法18の４、37　CH8 Sec6④

失踪の宣告を受けたことにより死亡したとみなされた者に係る法37条（遺族基礎年金の支給要件）の規定については、「死亡日」を「行方不明となった日」と読み替えて適用される。したがって、死亡日の前日において判断される保険料納付要件については、行方不明となった日の前日において判断されることとなる。

確認してみよう！

失踪の宣告の場合の取扱い

・行方不明となった当時を基準に判断されるもの
①生計維持関係、②被保険者等要件、③保険料納付要件
・死亡したとみなされた日を基準に判断されるもの
①身分関係、②年齢、③障害の状態

D ○ 根拠 法28－Ⅱ　CH8 Sec4⑪

確認してみよう！

66歳に達した日後に次に掲げる者が老齢基礎年金の支給繰下げの申出をしたときは、それぞれ次に定める日において、その申出があったものとみなされる。

①　75歳に達する日前に他の年金たる給付〔他の年金給付（付加年金を除く。）又は厚生年金保険法による年金たる保険給付（老齢を支給事由とするものを除く。）をいう。〕の受給権者となった者
→　他の年金たる給付を支給すべき事由が生じた日

②　75歳に達した日後にある者（上記①に該当する者を除く。）
→　75歳に達した日

E ✕ 根拠 法12の２－Ⅰ、則６の２の２－Ⅰ、H26.11.1年管管発1101第１号　CH8 Sec2⑥

配偶者である第２号被保険者が退職等により第２号被保険者でなくなったことにより、第３号被保険者であった者が第１号被保険者に該当することとなる場合

等は、その事実を日本年金機構において確認できるため、設問の「被扶養配偶者でなくなった旨の届書（被扶養配偶者非該当届）」の提出は不要とされる。

なお、第３号被保険者が、厚生年金保険の被保険者の資格を取得したことにより、又は死亡したことにより被扶養配偶者でなくなった場合についても、被扶養配偶者非該当届の提出を要しない。

得点UP！

第３号被保険者であった者の配偶者である第２号被保険者が、健康保険（全国健康保険協会管掌健康保険）の被扶養者でなくなったことの届出（当該第３号被保険者であった者が被扶養者でなくなったことの届出）を事業主を経由して日本年金機構に提出したときは、被扶養配偶者非該当届の提出があったものとみなされる。

問６　正解　D　　正解率 80%

A　×　根拠　法27の２－Ⅱ、27の３－Ⅰ　　CH8 Sec8①

年金額の改定は、受給権者が68歳に到達する年度よりも前の年度では、原則として「名目手取り賃金変動率」を基準として、68歳に到達した年度以後は、原則として「物価変動率」を基準として行われる。

B　×　根拠　法12－Ⅴ、則１の４－Ⅱ　　CH8 Sec2⑥

法12条５項の規定による第３号被保険者の資格の取得の届出は、「日本年金機構」に提出することによって行わなければならない。

C　×　根拠　則36の４－Ⅰ　　CH8 Sec2⑥

その障害の程度の審査が必要であると認めて厚生労働大臣が指定した障害基礎年金の受給権者は、厚生労働大臣が指定した年において、指定日までに、指定日前「３月以内」に作成されたその障害の現状に関する医師又は歯科医師の診断書を日本年金機構に提出しなければならない。

D　〇　根拠　法14、法附則７の５－Ⅰ　　CH8 Sec2⑥

第２号厚生年金被保険者、第３号厚生年金被保険者又は第４号厚生年金被保険者は、当分の間、国民年金原簿の記録の対象とされていない。

確認してみよう！

国民年金原簿の記載事項

① 被保険者の氏名
② 資格の取得及び喪失、種別の変更に関する事項
③ 保険料の納付状況
④ 被保険者の基礎年金番号
⑤ 被保険者の性別、生年月日及び住所
⑥ 給付に関する事項
⑦ 法定免除、保険料全額免除、保険料４分の３免除、保険料半額免除、保険料４分の１免除、学生納付特例又は納付猶予に係る保険料に関する事項
⑧ 被保険者が国民年金基金の加入員であるときは当該基金の加入年月日

E × 根拠 法15、法附則９の３の２、(60)法附則94-Ⅰ　CH8 Sec4①、Sec7④

国民年金法において、第１号被保険者としての加入期間に基づき支給されるものとして、付加年金、寡婦年金及び「死亡一時金」があり、そのほかに国民年金法附則上の給付として、特別一時金及び「脱退一時金」がある。

問７ 正解 C　正解率 61%

A ○ 根拠 法109の８-Ⅰ　―

B ○ 根拠 H23.3.23年発0323第１号　CH8 Sec4⑨

なお、設問の生計維持認定対象者に係る収入に関する認定の要件については、問１ウの 確認してみよう！ 参照。

C × 根拠 法73、105-Ⅲ、則51の３-Ⅰ　CH8 Sec9⑥

設問の配偶者が、正当な理由がなくて、設問の届書を提出しないときは、遺族基礎年金の支払を一時差し止めることができるとされている。

D ○ 根拠 法102-Ⅰ　CH8 Sec9⑧

E ○ 根拠 法128-Ⅴ　CH8 Sec10①

問８ 正解 D（ウとオ）　正解率 43%

ア ○ 根拠 法92の２、109条の４-Ⅰ⑰　―

イ ○ 根拠 法106-Ⅰ、109条の４-Ⅰ㉘　―

ウ ✕ 根拠 法107-Ⅰ、109条の4-Ⅰ㉙ —

設問の権限に係る事務は、厚生労働大臣が自ら行うことができる。

エ ○ 根拠 法108の3-ⅠⅡ —

オ ✕ 根拠 法14の3-Ⅱ —

厚生労働大臣は、設問の方針を定め、又は変更しようとするときは、あらかじめ、「社会保障審議会」に諮問しなければならない。

問9 正解 C 正解率 49%

A ✕ 根拠 法18-Ⅰ、49、(6)法附則11-Ⅸ、(16)法附則23-Ⅸ

CH8 Sec2②、Sec7②

特例による任意加入被保険者としての国民年金の被保険者期間は、寡婦年金の規定の適用については第1号被保険者としての国民年金の被保険者期間とみなされず、設問の死亡した夫は、寡婦年金の支給に係る「10年以上」の要件を満たしていないため、設問の妻に寡婦年金は支給されない。また、設問では夫の死亡時期が明記されていないが、設問の夫が令和2年5月以後まで生存していた場合、裁定請求の手続きの有無にかかわらず、原則として、夫は老齢基礎年金の支給を受けたこととされるため、この点においても、設問の妻に寡婦年金は支給されない。

B ✕ 根拠 法附則5-Ⅰ③Ⅴ CH8 Sec2②

満額の老齢基礎年金の支給を受けるための納付実績を有していない設問の在外邦人は、任意加入被保険者となるための申出をすることができる。

C ○ 根拠 法附則5-Ⅰ②Ⅴ CH8 Sec2②

満額の老齢基礎年金の支給を受けるための納付実績を有していない設問の日本国内に住所を有する者は、任意加入被保険者となるための申出をすることができる。

D ✕ 根拠 法26、(60)法附則47-Ⅱ～Ⅳ、(6)法附則11-Ⅰ、(16)法附則23-Ⅰ、旧厚年法19-Ⅲ CH8 Sec4⑤

設問の者は、受給資格期間として認められる期間を10年4か月※有し、老齢基礎年金の受給資格を満たしているため、特例による任意加入被保険者となることはできない。

※　12か月（昭和60年４月～昭和61年３月）×4/3＋60か月（昭和61年４月～平成３年３月）×6/5＋36か月（平成３年４月～平成６年３月）＝124月（10年４か月）

E　×　根拠（６）法附則11-Ⅲ Ⅸ、（16）法附則23-Ⅲ Ⅸ　CH8 Sec2②④、Sec3⑧

特例による任意加入被保険者は、付加保険料を納付することができない。

なお、「65歳に達した日に特例による任意加入被保険者の加入申出があったものとみなされる」とする記述は正しい。

問10　正解　A（アとウ）　正解率 73%

ア　×　根拠 法附則９の２-Ⅵ、46、令４の５-Ⅱ、12-Ⅱ　CH8 Sec4⑪、Sec7①

設問の者の付加年金及び老齢基礎年金の増額率は、「25.2%※」となる。

※　7/1000×36か月〔平成29年４月（65歳到達月）～令和２年３月（繰下げ申出月の前月）〕＝25.2%

イ　○　法89　CH8 Sec3⑥

ウ　×　法26、法附則９の３の２-Ⅳ　CH8 Sec7④

設問の者の平成７年４月から平成９年３月までの２年間は、当該期間に係る脱退一時金の支給を受けたことにより被保険者でなかったものとみなされ、また、合算対象期間ともされず、国民年金の保険料納付済期間を８年しか有しない設問の者は、老齢基礎年金の受給資格期間を満たさない。

エ　○　法94-Ⅰ　CH8 Sec3⑦

なお、追納が行われたときは、追納が行われた日に、追納に係る月の保険料が納付されたものとみなされる。

オ　○　則75　CH8 Sec3⑥

令和元年度
(2019年度・第51回)
解答・解説

合格基準点

選択式

総得点**26点**以上、かつ、
各科目**3点**以上
(ただし、社一は**2点**可)

択一式

総得点**43点**以上、かつ、
各科目**4点**以上

受験者データ

受験申込者数	49,570人
受験者数	38,428人
合格者数	2,525人
合格率	6.6%

繰り返し記録シート（令和元年度）

解いた回数	科目	問題No.	点数	解いた回数	科目	点数
選択式1回目	労基安衛	問1	／5	択一式1回目	労基安衛	／10
	労災	問2	／5		労災徴収	／10
	雇用	問3	／5		雇用徴収	／10
	労一	問4	／5		労一社一	／10
	社一	問5	／5		健保	／10
	健保	問6	／5		厚年	／10
	厚年	問7	／5		国年	／10
	国年	問8	／5		合計	／70
		合計	／40			

解いた回数	科目	問題No.	点数	解いた回数	科目	点数
選択式2回目	労基安衛	問1	／5	択一式2回目	労基安衛	／10
	労災	問2	／5		労災徴収	／10
	雇用	問3	／5		雇用徴収	／10
	労一	問4	／5		労一社一	／10
	社一	問5	／5		健保	／10
	健保	問6	／5		厚年	／10
	厚年	問7	／5		国年	／10
	国年	問8	／5		合計	／70
		合計	／40			

解いた回数	科目	問題No.	点数	解いた回数	科目	点数
選択式3回目	労基安衛	問1	／5	択一式3回目	労基安衛	／10
	労災	問2	／5		労災徴収	／10
	雇用	問3	／5		雇用徴収	／10
	労一	問4	／5		労一社一	／10
	社一	問5	／5		健保	／10
	健保	問6	／5		厚年	／10
	厚年	問7	／5		国年	／10
	国年	問8	／5		合計	／70
		合計	／40			

令和元年度
(2019年度・第51回)
解答・解説
選択式

正解一覧

問		番号	正解
問1	A	⑰	平均賃金
	B	⑫	支給対象期間と時期的に対応する期間
	C	⑲	労働時間
	D	④	快適な職場環境
	E	⑱	労働衛生コンサルタント
問2	A	②	労働基準
	B	④	二次健康診断等
	C	③	傷　病
	D	④	10　日
	E	④	1　年
問3	A	⑤	疾病又は負傷
	B	⑦	通算して7日
	C	②	育児休業を開始した日
	D	⑯	引き続き30日
	E	⑫	通算して12箇月
問4	A	⑮	技能士
	B	⑦	35
	C	⑫	えるぼし
	D	⑱	すべての年齢階級で上昇
	E	②	2
問5	A	⑯	その資格を喪失した後3か月以内
	B	②	50,000円
	C	⑱	その保健医療の向上及び福祉の増進
	D	⑤	安定的な財政運営
	E	⑪	障害認定日から75歳に達する日の前日
問6	A	⑧	9月30日における当該任意継続被保険者の属する保険者が管掌する
	B	⑥	4月5日から
	C	⑰	日
	D	⑬	当該事業年度及びその直前の2事業年度内
	E	⑨	12分の1
問7	A	⑰	発する日から起算して10日
	B	⑧	24か月分以上及び5千万円以上
	C	⑲	保険給付の額
	D	②	3月から翌年2月
	E	⑮	当該2月の支払期月
問8	A	⑧	将来の給付の貴重な財源
	B	①	国民年金事業の運営の安定
	C	⑳	保険料の徴収上有利
	D	⑰	納期限の翌日から徴収金完納又は財産差押の日の前日
	E	⑯	納期限の翌日から3月

問1 労働基準法及び労働安全衛生法

根拠 労基法26、27、最一小S62.4.2あけぼのタクシー事件、安衛法1、12-Ⅰ、則10-③

A	⑰	平均賃金	—	正解率 97%
B	⑫	支給対象期間と時期的に対応する期間	—	正解率 64%
C	⑲	労働時間	CH1 Sec3⑤	正解率 90%
D	④	快適な職場環境	CH2 Sec1①	正解率 97%
E	⑱	労働衛生コンサルタント	CH2 Sec2③	正解率 78%

解説

Aについて、最高裁判所の判例では、「賃金から控除し得る中間利益は、その利益の発生した期間が右賃金の支給の対象となる期間と時期的に対応するものであることを要し、ある期間を対象として支給される賃金からそれとは時期的に異なる期間内に得た利益を控除することは許されないものと解すべきである。」とし、また、「中間利益の控除が許されるのは平均賃金算定の基礎になる賃金のみであり平均賃金算定の基礎に算入されない本件一時金は利益控除の対象にならないものとした原判決には、法律の解釈適用を誤った違法があるものといわざるを得」ない、としている。

問2 労働者災害補償保険法

根拠 法7-Ⅰ③、12の8-Ⅱ、21、31-Ⅰ①、H17.9.22基発0922001号

A	②	労働基準	CH3 Sec1②	正解率 97%
B	④	二次健康診断等	CH3 Sec4①	正解率 99%
C	③	傷　病	CH3 Sec4①	正解率 99%
D	④	10　日	CH3 Sec7⑨	正解率 85%
E	④	1　年	CH3 Sec7⑨	正解率 82%

解説

〈保険関係成立届未提出の場合における故意又は重大な過失の判断〉

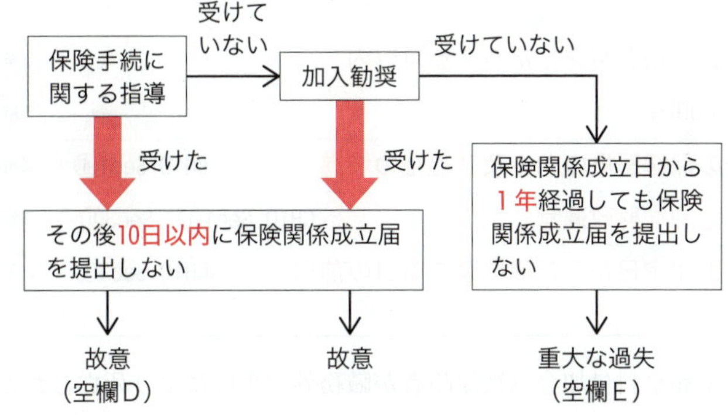

問3 雇用保険法

根拠 法21、61の7-I

A	⑤ 疾病又は負傷	CH4 Sec3⑥	正解率	98%
B	⑦ 通算して7日	CH4 Sec3⑥	正解率	85%
C	② 育児休業を開始した日	CH4 Sec9④	正解率	89%
D	⑯ 引き続き30日	CH4 Sec9④	正解率	90%
E	⑫ 通算して12箇月	CH4 Sec9④	正解率	90%

※ Cの「②育児休業を開始した日」は、当該子について2回以上の育児休業をした場合にあっては、初回の育児休業を開始した日とされる。

問4 労務管理その他の労働に関する一般常識

根拠 能開法50-I、令7、H29.4.28厚労告189号、女性活躍推進法9、10、平成29年版厚生労働白書P.136、「平成29年就業構造基本調査（総務省）」

A	⑮ 技能士	—	正解率	75%
B	⑦ 35	—	正解率	35%
C	⑫ えるぼし	CH6 Sec2⑧	正解率	72%
D	⑱ すべての年齢階級で上昇	—	正解率	88%
E	② 2	—	正解率	37%

問5 社会保険に関する一般常識

根拠 船保法30、72-Ⅰ②、令2-Ⅰ、6-Ⅰ、介保法115の46-Ⅰ、国保法4-Ⅱ、確拠法37-Ⅰ

				正解率
A	⑯	その資格を喪失した後3か月以内	—	58%
B	②	50,000円	—	91%
C	⑱	その保健医療の向上及び福祉の増進	CH10 Sec1④	4%
D	⑤	安定的な財政運営	CH10 Sec1①、Sec3⑧	69%
E	⑪	障害認定日から75歳に達する日の前日	CH10 Sec2①	9%

解説

Aについて葬祭料付加金（被保険者が職務外の事由により死亡したとき、又は被保険者であった者が、その資格を喪失した後3月以内に職務外の事由により死亡したときに支給される葬祭料付加金）の額は、「被保険者の資格喪失当時の標準報酬月額の2月分に相当する金額」から「葬祭料の額（5万円）」を控除した金額である。

問6 健康保険法

根拠 法47-Ⅰ、99-ⅠⅣ、108-Ⅰ、160-2、令46-Ⅰ、S26.1.24保文発162号

				正解率
A	⑧	9月30日における当該任意継続被保険者の属する保険者が管掌する	CH7 Sec4⑧	67%
B	⑥	4月5日から	CH7 Sec6①	81%
C	⑰	日	CH7 Sec6①	82%
D	⑬	当該事業年度及びその直前の2事業年度内	CH7 Sec1③	74%
E	⑨	12分の1	CH7 Sec1③	89%

問7 厚生年金保険法

根拠 法34-Ⅰ、36の2-Ⅱ、86-Ⅳ、令4の2の16-①③、則99、101

				正解率
A	⑰	発する日から起算して10日	CH9 Sec9⑥	95%
B	⑧	24か月分以上及び5千万円以上	—	72%
C	⑲	保険給付の額	CH9 Sec9①	78%
D	②	3月から翌年2月	CH8 Sec8②	84%
E	⑮	当該2月の支払期月	CH8 Sec8②	95%

解説

Cについて令和元年の財政の現況及び見通し（今回の財政検証）では、人口の前提を中位（出生中位：合計特殊出生率1.44／死亡中位：平均寿命：男84.95歳・女91.35歳）とし、経済の前提を幅広く設定（6ケース）した場合の所得代替率について、「経済成長と労働参加が進むケース」では、マクロ経済スライド終了時の所得代替率は50％を維持し、調整期間における新規裁定時の年金額は、モデル年金ベースでは物価上昇分を割り引いても増加する見通しとなった。

なお、法律上は、次期財政検証までの間に所得代替率が50％を下回る場合には、給付水準の調整を終了し、給付と費用負担の在り方について検討を行うこととされているが、5年後の令和6年度の所得代替率の見通しは、上記6ケースのいずれにおいても50％を下回ることは見込まれておらず、今回の財政検証は、この規定に該当していない。

得点UP！

今回の財政検証では、オプション試算（オプションＡ「被用者保険のさらなる適用拡大」とオプションＢ「保険料拠出期間の延長と受給開始時期の選択」）も実施しており、オプションＡの試算結果として、「被用者保険の適用拡大」が年金の給付水準を確保する上でプラス（特に、基礎年金にプラス）であることが確認され、オプションＢの試算結果として、「保険料拠出期間の延長」といった制度改正や「受給開始時期の繰下げ選択」が年金の給付水準を確保する上でプラスであることが確認された。

問8　国民年金法

根拠　法75、92の2の2－ⅠⅡ、97－Ⅰ

A	⑧ 将来の給付の貴重な財源	CH8 Sec3④	正解率	96%
B	① 国民年金事業の運営の安定	CH8 Sec3④	正解率	64%
C	⑳ 保険料の徴収上有利	CH8 Sec3⑤	正解率	94%
D	⑰ 納期限の翌日から徴収金完納又は財産差押の日の前日	CH8 Sec3⑩	正解率	91%
E	⑯ 納期限の翌日から3月	CH8 Sec3⑩	正解率	85%

令和元年度
(2019年度・第51回)
解答・解説
択一式

正解一覧

科目	問	正解
労基安衛	問1	A
	問2	C
	問3	C
	問4	C
	問5	B
	問6	D
	問7	B
	問8	D
	問9	E
	問10	C
労災徴収	問1	E
	問2	C
	問3	C
	問4	E
	問5	D
	問6	B
	問7	A
	問8	D
	問9	B
	問10	C

科目	問	正解
雇用徴収	問1	E
	問2	A
	問3	B
	問4	D
	問5	B
	問6	C
	問7	D
	問8	E
	問9	A
	問10	C
労一社一	問1	A
	問2	E
	問3	A
	問4	B
	問5	D
	問6	A
	問7	C
	問8	D
	問9	E
	問10	A

科目	問	正解
健保	問1	C
	問2	D
	問3	E
	問4	B
	問5	E
	問6	D
	問7	A
	問8	E
	問9	D
	問10	C
厚年	問1	E
	問2	C
	問3	A
	問4	D
	問5	E
	問6	E
	問7	D
	問8	B
	問9	A
	問10	ア:○ イ:× ウ:× エ:○ オ:○

科目	問	正解
国年	問1	C
	問2	C
	問3	B
	問4	E
	問5	C
	問6	A
	問7	D
	問8	D
	問9	E
	問10	A

労働基準法及び労働安全衛生法

問1 正解 **A** 正解率 **57%**

根拠 法12-ⅠⅡⅣ、S26.12.27基収5926号、S33.2.13基発90号 CH1 Sec3⑥

平均賃金は、原則として、これを算定すべき事由の発生した日以前3箇月間にその労働者に対し支払われた賃金の総額を、その期間の総日数で除した金額をいうが、平均賃金の算定に当たって、賃金締切日がある場合には、**直前の賃金締切日**から起算した3箇月間が計算期間となる。なお、賃金ごとに**賃金締切日が異なる**場合の「直前の賃金締切日」は、それぞれ**各賃金ごとの賃金締切日**とされる。また、設問の賃金は、いずれも平均賃金に算入すべき賃金である。以上を踏まえて設問をみると、設問は、7月20日に算定事由が発生しているため、毎月25日が賃金の締切日とされている基本給、通勤手当、職務手当については、その直前の6月25日から遡った3箇月間（3月26日から6月25日までの92日）が計算期間となり、毎月15日が賃金の締切日とされている時間外手当については、直前の7月15日から遡った3箇月間（4月16日から7月15日までの91日）が計算期間となる。よって、**A**が正しい記述となる。

確認してみよう！

平均賃金の計算の基礎となる「賃金の総額」には、**臨時**に支払われた賃金及び**3箇月を超える**期間ごとに支払われる賃金並びに**通貨以外**のもので支払われた賃金で一定の範囲に**属しない**ものは算入しない。

問2 正解 **C** 正解率 **37%**

A ✕ 根拠 法32の2-Ⅰ、則12の2 CH1 Sec5①

1か月単位の変形労働時間制の変形期間を「1か月」とする場合においては、必ずしも毎月1日から末日までの暦月によるものとする必要はなく、「1日」以外の日を起算日とすることもできる。

B ✕ 根拠 法60-Ⅰ、66-Ⅰ、則12の6 CH1 Sec9③

満18歳に満たない者について1か月単位の変形労働時間制を適用しない旨の記述は正しいが、「適用除外を請求した育児を行う者」について1か月単位の変形労働時間制を適用しない旨の規定はない。

確認してみよう！

・変形労働時間制、三六協定による時間外・休日労働、労働時間及び休憩の特例並びに高度プロフェッショナル制度の規定は、満18歳に満たない者については、これを適用しない。
・使用者は、妊産婦が請求した場合においては、１箇月単位の変形労働時間制、１年単位の変形労働時間制及び１週間単位の非定型的変形労働時間制の規定にかかわらず、１週間について、又は１日について法定労働時間を超えて労働させてはならない。
・使用者は、１箇月単位の変形労働時間制、１年単位の変形労働時間制又は１週間単位の非定型的変形労働時間制の規定により労働者に労働させる場合には、育児を行う者、老人等の介護を行う者、職業訓練又は教育を受ける者その他特別の配慮を要する者については、これらの者が育児等に必要な時間を確保できるような配慮をしなければならない。

C ○ 根拠 法32の２-Ⅰ、H6.3.31基発181号 CH1 Sec6①

１か月単位の変形労働時間制においては、１日については、労使協定又は就業規則等により１日の法定労働時間（８時間）を超える時間を定めた日はその時間、それ以外の日は１日の法定労働時間（８時間）を超えて労働した時間が時間外労働となる。また、１週間については、労使協定又は就業規則等により週法定労働時間を超える時間を定めた週はその時間、それ以外の週は週法定労働時間を超えて労働した時間（１日について時間外労働となる時間を除く。）が時間外労働となる。設問においては、１日６時間とされていた日について８時間労働させたが、上記の１日についての時間外労働となる時間に該当しないため、これにより時間外労働は発生するものではない。また、同一週内において２時間分労働時間を短縮しているため、１週間についても新たに時間外労働が発生するものではない。なお、使用者が業務の都合によって任意に労働時間を変更するような制度は、１か月単位の変形労働時間制に該当しないとされていることから、設問の制度が１か月単位の変形労働時間制として無効であることも考えられるが、その場合であっても、２時間の延長により法定労働時間（１日８時間、１週間40時間）を超えることはなく、時間外労働は発生しない。

D × 根拠 法32の２-Ⅰ、H11.1.29基発45号 CH1 Sec5①

１か月単位の変形労働時間制は、就業規則その他これに準ずるものに定めることによって採用することができる。また、労使協定により採用することもできるが、この場合においては、労使協定の締結により効力が発生するのであって、届

令和元年度（第51回）
択一式

出が効力発生要件となっているものではない。

E × 根拠 法32の2-Ⅰ、H9.3.25基発195号 CH1 Sec5①

1か月単位の変形労働時間制においては、1日の労働時間の限度は定められていない。また、変形期間として定められた期間を平均し1週間当たりの労働時間が法定労働時間を超えない範囲内において各労働日の労働時間を定めなければならない。

問3 正解 C（アとオ） 正解率 54%

ア × 根拠 法4、H9.9.25基発648号 CH1 Sec1②

当該事業場において女性労働者が平均的に勤続年数が短いことを理由として女性労働者の賃金に差別をつけることも、法4条の「女性であることを理由」とした差別に含まれる。

イ ○ 根拠 法5 CH1 Sec1②

確認してみよう！

法5条では、「使用者は、暴行、脅迫、監禁その他**精神**又は**身体の自由**を不当に拘束する手段によって、**労働者の意思に反して労働を強制**してはならない。」としているが、「労働者の意思に反して労働を強制」するとは、不当な手段を用いることにより労働者の意識ある意思を抑圧し、その自由な発現を妨げ、労働すべく強要することをいい、必ずしも現実に労働することを要しない。

ウ ○ 根拠 法7、S22.11.27基発399号 CH1 Sec1②

確認してみよう！

労基法7条

使用者は、労働者が労働時間中に、**選挙権**その他**公民としての権利**を行使し、又は**公の職務**を執行するために必要な時間を請求した場合においては、拒んではならない。但し、権利の行使又は公の職務の執行に妨げがない限り、請求された**時刻を変更**することができる。

エ ○ 根拠 法9、S63.7.30基収355号 CH1 Sec1④

オ × 根拠 法11、S63.3.14基発150号 CH1 Sec3①

設問のガソリン代は実費弁償であり、労働基準法にいう「賃金」には該当しない。「賃金」に該当するもの、しないものについては、令和3年度択一式労基問1 Eの 確認してみよう! 参照。

問4 正解 C

正解率 84%

A ✕ 根拠 法15-Ⅰ、則5-ⅠⅢⅣ、H11.1.29基発45号 CH1 Sec2②

期間の定めをしない労働契約の場合は、その旨を明示しなければならない。令和3年度択一式労基問2 Bの 確認してみよう! 参照。

B ✕ 根拠 法18-Ⅰ、S25.9.28基収2048号 CH1 Sec2③

設問の退職積立金制度については、労働者がその意思に反して加入せざるを得ないようになっている場合には、法18条の禁止する強制貯蓄に該当する。

C 〇 根拠 法19-Ⅰ、S25.6.16基収1526号 CH1 Sec2④

確認してみよう!

解雇制限期間

①	業務上傷病による休業期間＋その後30日間
②	法65条の産前産後休業期間＋その後30日間

D ✕ 根拠 法20-Ⅰ CH1 Sec2④

解雇予告の「30日」は暦日で計算されるので、その間の休業日は解雇予告期間に含まれる。

E ✕ 根拠 法22-Ⅰ CH1 Sec2⑤

設問の退職時の証明書は、「退職の場合」に請求することができるものであるが、当該「退職の場合」については、退職原因の如何を問わないので、労働者の自己の都合による退職の場合も含まれる。したがって、設問の場合には、使用者に退職時の証明書の交付義務が生ずる。

問5 正解 B

正解率 93%

A ✕ 根拠 法24-Ⅰ CH1 Sec3②

賃金は、法令若しくは労働協約に別段の定めがある場合又は厚生労働省令で定める賃金について確実な支払の方法で厚生労働省令で定めるものによる場合においては、通貨以外のもので支払うことができるものとされている。なお、設問の

「法令に別段の定めがある場合又は当該事業場の労働者の過半数で組織する労働組合があるときはその労働組合、労働者の過半数で組織する労働組合がないときは労働者の過半数を代表する者との書面による協定がある場合」には、賃金の一部を控除して支払うことができるものとされている。

確認してみよう！

賃金支払５原則とその例外のまとめ

原　則	例　外
通貨払	①　法令に別段の定めがある場合（現在のところなし） ②　労働協約がある場合 ③　一定の賃金について確実な支払の方法で一定のものによる場合
直接払	使者に支払う場合
全額払	①　法令に別段の定めがある場合 ②　労使協定がある場合
毎月１回以上一定期日払	①　臨時に支払われる賃金 ②　賞与 ③　臨時に支払われる賃金、賞与に準ずるもので１箇月を超える期間を算定の基礎とする一定の賃金

B　○　根拠　最二小S48.1.19シンガー・ソーイング・メシーン事件　—

なお、設問の判例では、「全額払の原則の趣旨とするところは、使用者が一方的に賃金を控除することを禁止し、もって労働者に賃金の全額を確実に受領させ、労働者の経済生活をおびやかすことのないようにしてその保護をはかろうとするものというべきであるから、本件のように、労働者たる上告人が退職に際しみずから賃金に該当する本件退職金債権を放棄する旨の意思表示をした場合に、右全額払の原則が右意思表示の効力を否定する趣旨のものであるとまで解することはできない」としている。

C　×　根拠　法24-Ⅱ　CH1 Sec3②

「毎月第２土曜日」のように、月７日の範囲で変動するような期日の定めをすることは許されないものと解されている。なお、設問の「『毎月15日』等と暦日を指定することは必ずしも必要ではなく」とする記述は正しい（「月の末日」等と定めることも認められる。）。

D ✕ 根拠 法25 CH1 Sec3③

設問の「疾病」には、業務外のいわゆる私傷病も含まれる。なお、非常時払を請求しうる事由については、令和3年度択一式労基問3オの確認してみよう！参照。

E ✕ 根拠 法26、S63.3.14基発150号 CH1 Sec3①

法26条の休業手当は賃金と解され、法24条（賃金支払5原則）の規定が適用される。

問6 正解 D

正解率 13%

A ○ 根拠 法32-Ⅱ、S63.1.1基発1号 CH1 Sec4②

確認してみよう！

法32条（法定労働時間）

1項 使用者は、労働者に、休憩時間を除き1週間について40時間を超えて、労働させてはならない。

2項 使用者は、1週間の各日については、労働者に、休憩時間を除き1日について8時間を超えて、労働させてはならない。

B ○ 根拠 法24-Ⅰ、32の3-Ⅱ、H30.12.28基発1228第15号 CH1 Sec6②

C ○ 根拠 法38の2-Ⅲ、則24の2-Ⅲ CH1 Sec7①

D ✕ 根拠 最一小H30.7.19日本ケミカル事件 —

設問は、雇用契約において時間外労働等の対価とされていた定額の手当の支払により労働基準法37条の割増賃金が支払われたということができるかを争った事件についての、原審の判断に関する記述であるが、最高裁判所の判決では、「労働基準法37条や他の労働関係法令が、当該手当の支払によって割増賃金の全部又は一部を支払ったものといえるために、前記（設問の記述）のとおり原審が判示するような事情が認められることを必須のものとしているとは解されない。」とした上で、「原審の判断には、割増賃金に関する法令の解釈適用を誤った違法がある」としている。

得点UP!

設問の判例では、法37条（割増賃金）の趣旨について「労働基準法37条が時間外労働等について割増賃金を支払うべきことを使用者に義務付けているのは、使用者に割増賃金を支払わせることによって、時間外労働等を抑制し、もって労働時間に関する同法の規定を遵守させるとともに、労働者への補償を行おうとする趣旨によるものであると解される」としている。

また、定額残業代の支払について「割増賃金の算定方法について労働基準法37条並びに政令及び厚生労働省令の関係規定（以下、これらの規定を「労働基準法37条等」という。）に具体的に定められているところ、同条（法37条）は、労働基準法37条等に定められた方法により算定された額を下回らない額の割増賃金を支払うことを義務付けるにとどまるものと解され、労働者に支払われる基本給や諸手当にあらかじめ含めることにより割増賃金を支払うという方法自体が直ちに同条に反するものではなく、使用者は、労働者に対し、雇用契約に基づき、時間外労働等に対する対価として定額の手当を支払うことにより、同条（法37条）の割増賃金の全部又は一部を支払うことができる。」としている。

さらに、「雇用契約においてある手当が時間外労働等に対する対価として支払われるものとされているか否かは、雇用契約に係る契約書等の記載内容のほか、具体的事案に応じ、使用者の労働者に対する当該手当や割増賃金に関する説明の内容、労働者の実際の労働時間等の勤務状況などの事情を考慮して判断すべきである。しかし、労働基準法37条や他の労働関係法令が、当該手当の支払によって割増賃金の全部又は一部を支払ったものといえるために、前記（設問の記述）のとおり原審が判示するような事情が認められることを必須のものとしているとは解されない。」としている。

E ○ 根拠 法39-Ⅰ、S63.3.14基発150号、H21.5.29基発0529001号 —

問7 正解 **B** 正解率 **89%**

A × 根拠 法9、89 CH1 Sec10①

設問のような、1週間の所定労働時間が20時間未満の労働者を0.5人として換算する規定はない。

確認してみよう!

常時10人以上の労働者を使用するとは、時としては10人未満になることはあっても、常態として10人以上の労働者を使用しているという意味である。

B ○ 根拠 法106-Ⅰ、則52の2 CH1 Sec10⑧

確認してみよう！

周知義務

使用者は、労働基準法及び労働基準法に基づく命令の要旨、就業規則、労働基準法に基づく労使協定並びに労使委員会の決議を、常時各作業場の見やすい場所へ掲示し、又は備え付けること、書面を交付することその他の厚生労働省令で定める方法によって、労働者に周知させなければならない。

※就業規則、労使協定及び労使委員会の決議は、要旨のみの周知では足りず、その全部を周知させる必要がある。

C ✕ 根拠 法90-Ⅰ、S25.3.15基収525号 CH1 Sec10②

就業規則の作成又は変更に当たっては、設問の労働組合等の意見を聴かなければならないのであり、労働組合等との協議決定を要求するものではない。

D ✕ 根拠 法91、S26.3.31基収938号 CH1 Sec10③

設問の就業規則の定めは、法91条の減給の制裁には該当せず、同条に違反しないものと解されている。

E ✕ 根拠 法89-①、H11.3.31基発168号 CH1 Sec10②

同一の事業場において、労働者の勤務態様、職種等によって始業及び終業の時刻が異なる場合は、就業規則に、勤務態様、職種等の別ごとに始業及び終業の時刻を規定しなければならない。

確認してみよう！

就業規則の絶対的必要記載事項

①	始業及び終業の時刻、休憩時間、休日、休暇並びに労働者を２組以上に分けて交替に就業させる場合においては就業時転換に関する事項
②	賃金（臨時の賃金等を除く。）の決定、計算及び支払の方法、賃金の締切り及び支払の時期並びに昇給に関する事項
③	退職に関する事項（解雇の事由を含む。）

令和元年度（第51回）
択一式

問８ 正解 D

正解率 61%

A ○ 根拠 法15-Ⅰ、30-Ⅰ①、則635 CH2 Sec4③

特定元方事業者は、特定元方事業者及びすべての関係請負人が参加する協議組織を設置しなければならない。また、関係請負人は、特定元方事業者が設置する協議組織に参加しなければならない。

B ○ 根拠 法15-Ⅰ、令7-Ⅱ② CH2 Sec3①

乙社は、建設業であり、同一の作業場所において関係請負人の労働者を含めて常時50人以上の労働者が作業に従事しているので、統括安全衛生責任者を選任しなければならない。

確認してみよう！

統括安全衛生責任者の選任

仕事の区分	従事労働者数
① ずい道等の建設の仕事 ② 橋梁の建設の仕事（安全な作業の遂行が損なわれるおそれのある場所での仕事に限る。） ③ 圧気工法による作業を行う仕事	常時30人以上
上記以外の建設業又は造船業の仕事	常時50人以上

C ○ 根拠 法16-Ⅰ CH2 Sec3③

統括安全衛生責任者が選任された場合において、統括安全衛生責任者を選任すべき事業者以外の請負人で、当該仕事を自ら行うものは、安全衛生責任者を選任しなければならない。

D × 根拠 法15-Ⅰ、29-Ⅱ CH2 Sec3①、Sec4②

設問の場合は、最も先次の請負契約における注文者である事業者（乙社）に義務が課せられている。

確認してみよう！

元方事業者は、業種の如何にかかわらず、関係請負人及び関係請負人の労働者が、当該仕事に関し、労働安全衛生法又は同法に基づく命令の規定に違反しないよう必要な指導を行わなければならず、これらの者が、当該仕事に関し、これらの規定に違反していると認めるときは、是正のため必要な指示を行わなければならない。

E ○ 根拠 法21-Ⅱ、24、31-Ⅰ、則563、567、655 CH2 Sec4⑤

確認してみよう！

・事業者は、労働者が墜落するおそれのある場所、土砂等が崩壊するおそれのある場所等に係る危険を防止するため必要な措置を講じなければならない（法21-Ⅱ）。
・特定事業の仕事を自ら行う注文者は、建設物、設備又は原材料（建設物等）を、当該仕事を行う場所においてその請負人（当該仕事が数次の請負契約によって行われるときは、当該請負人の請負契約の後次のすべての請負契約の当事者である請負人を含む。）の労働者に使用させるときは、当該建設物等について、当該労働者の労働災害を防止するため必要な措置を講じなければならない（法31-Ⅰ）。

問9　正解　E　　正解率 54%

A　○　根拠　法42、法別表第2,5号　—

B　○　根拠　法42、法別表第2,10号　—

C　○　根拠　法42、法別表第2,15号　—

D　○　根拠　法42、令13-Ⅲ㉘　—

E　×　根拠　法42、法別表第２、令13　—

天板の高さが１メートル以上の脚立は、法42条の機械等には含まれていない。

問10　正解　C　　正解率 55%

A　×　根拠　法66-Ⅰ、S47.9.18基発602号　—

設問のいわゆる定期健康診断の費用については、事業者が全額負担しなければならない。

B　×　根拠　法66-Ⅰ、則43　CH2 Sec8①

設問の「６か月を経過しない者」を「３か月を経過しない者」とすると、正しい記述となる。

C　○　根拠　法66-Ⅰ、H26.7.24基発0724第２号他　CH2 Sec8①

D　×　根拠　法66-Ⅰ、則14-Ⅰ①　—

設問の場合、健診機関に委託して実施して差し支えないものとされているのであって、委託しなければならないわけではない。なお、法13条（産業医等）の規定の趣旨から最後の判定は、産業医に行わせることが望ましいとされている。

E × 根拠 法66の３、66の６、則51の４ CH2 Sec8④

健康診断の受診の結果の通知は、受診したすべての労働者に行わなければならない。

労働者災害補償保険法（労働保険の保険料の徴収等に関する法律を含む。）

問1　正解　E　　正解率 91%

A　○　根拠 法9－I　　CH3 Se7①

年金たる保険給付の支給は、支給すべき事由が生じた月の翌月から始め、支給を受ける権利が消滅した月で終わるものとされている。

確認してみよう！
年金たる保険給付は、その支給を停止すべき事由が生じたときは、その事由が生じた月の翌月からその事由が消滅した月までの間は、支給しない。

B　○　根拠 則49－II　　—

なお、事業主は、労災保険に関する法令のうち、労働者に関係のある規定の要旨、労災保険に係る保険関係成立の年月日及び労働保険番号を常時事業場の見易い場所に掲示し、又は備え付ける等の方法によって、労働者に周知させなければならない。

C　○　根拠 則54　　—

D　○　根拠 法47の2　　CH3 Sec4①

得点UP！
設問のいわゆる受診命令は、所轄都道府県労働局長又は所轄労働基準監督署長が文書によって行うものとされている。

E　×　根拠 則51　　CH3 Sec10②

労災保険に係る保険関係が成立し、若しくは成立していた事業の事業主又は労働保険事務組合若しくは労働保険事務組合であった団体は、労災保険に関する書類（徴収法又は徴収法施行規則による書類を除く。）を、その完結の日から「3年間」保存しなければならない。

問2　正解　C（ア・イ・エの三つ）　　正解率 77%

ア　○　根拠 則20　　—

得点UP!

① 年金証書を交付された受給権者は、当該年金証書を亡失し若しくは著しく損傷し、又は受給権者の氏名に変更があったときは、年金証書の再交付を所轄労働基準監督署長に請求することができる。

なお、年金証書を損傷したことにより再交付の請求書を提出するときはその損傷した年金証書を遅滞なく廃棄し、受給権者の氏名に変更があったことにより再交付の請求書を提出するときは、氏名の変更前に交付を受けた年金証書を遅滞なく廃棄するとともに、再交付の請求書にその変更の事実を証明することができる戸籍の謄本又は抄本を添えなければならない。

② 年金証書の再交付を受けた受給権者は、その後において亡失した年金証書を発見したときは、遅滞なく、発見した年金証書を廃棄しなければならない。

③ 年金証書を交付された受給権者又はその遺族は、年金たる保険給付を受ける権利が消滅した場合には、遅滞なく、当該年金証書を廃棄しなければならない。

イ ○ 根拠 則22 CH3 Sec7⑩

ウ × 根拠 則23-Ⅰ —

保険給付を受けるべき者が、事故のため、みずから保険給付の請求その他の手続を行うことが困難である場合には、事業主は、その手続を行うことができるように助力しなければならないとされており、事業主には助力する義務がある。

エ ○ 根拠 則23-Ⅱ —

オ × 根拠 則23の2-Ⅰ —

事業主は、当該事業主の事業に係る業務災害、複数業務要因災害又は通勤災害に関する保険給付の請求について、所轄労働基準監督署長に意見を申し出ることができる。なお、事業主の意見の申出は、①労働保険番号、②事業主の氏名又は名称及び住所又は所在地、③業務災害、複数業務要因災害又は通勤災害を被った労働者の氏名及び生年月日、④労働者の負傷若しくは発病又は死亡の年月日及び⑤事業主の意見を記載した書面を所轄労働基準監督署長に提出することにより行うものとされている。

得点UP!

事業主の意見申出制度は、保険給付請求事案に関する処分が行われた後の不服申立制度ではなく、当該処分を行う際に保険給付請求事案に関する参考となるような客観的事実等を内容とする意見の申出があった場合に、これを参考資料として活用することとしたものである。

問3　正解　C

正解率 14%

A ○ 根拠 R3.9.14基発0914第１号 —

得点UP!

日常業務に就労する上で受ける負荷の影響は、血管病変等の自然経過の範囲にとどまるものである、とされている。

B ○ 根拠 R3.9.14基発0914第１号 CH3 Sec2①

確認してみよう!

血管病変等を著しく増悪させる業務による脳血管疾患及び虚血性心疾患等（負傷に起因するものを除く。以下「脳・心臓疾患」という。）の認定基準

次の①②又は③の業務による明らかな過重負荷を受けたことにより発症した脳・心臓疾患は、労基則別表１の2,8号に該当する疾病等として取り扱う。

① 発症前の長期間（発症前おおむね6か月）にわたって、著しい疲労の蓄積をもたらす特に過重な業務に就労したこと（長期間の過重業務）。

② 発症に近接した時期（発症前おおむね1週間）において、特に過重な業務に就労したこと（短期間の過重業務）。

③ 発症直前から前日までの間において、発生状態を時間的及び場所的に明確にし得る異常な出来事に遭遇したこと（異常な出来事）。

C × 根拠 R3.9.14基発0914第１号 —

「基礎疾患を有する者は含まない」とする部分が誤りである。同種労働者とは、当該労働者と職種、職場における立場や職責、年齢、経験等が類似する者をいい、基礎疾患を有していたとしても日常業務を支障なく遂行できる者を含む。

D ○ 根拠 R3.9.14基発0914第１号 —

E （改正により削除）

問4　正解　E

正解率 90%

A ○ 根拠 S61.6.30基発383号 —

B ○ 根拠 S61.6.30基発383号 —

C ○ 根拠 法３-Ⅰ、７-Ⅱ、S61.6.30基発383号 —

D ○ 根拠 S61.6.30基発383号 —

E × 根拠 S61.6.30基発383号 —

保険給付請求書の事業主の証明は派遣元事業主が行うこととされている。

得点UP!

当該証明の根拠を明らかにさせるため、死傷病報告書の写等災害の発生年月日、災害の原因及び災害の発生状況に関して派遣先事業主が作成した文書を療養（補償）等給付以外の保険給付の最初の請求を行う際に、保険給付請求書に添付させることとされており、また、療養（補償）等給付のみの請求がなされる場合にあっては、派遣先事業主に、当該請求書の記載事項のうち、事業主が証明する事項の記載内容が事実と相違ない旨、当該請求書の余白又は裏面に記載させることとされている。

問5 正解 D　正解率 77%

A ○ 根拠 則11-Ⅰ　CH3 Sec4②

B ○ 根拠 則12-Ⅲ、18の3の7、18の5-Ⅲ　—

C ○ 根拠 法13-Ⅱ、S25.10.6基発916号　CH3 Sec4②

なお、医師が直接の指導を行わない温泉療養については、療養補償給付の対象とならない。

D × 根拠 法13-Ⅱ⑥、S30.7.13基収841号　CH3 Sec4②

被災労働者が死亡に至るまでに要した搬送の費用は、療養のためのものと認められるので、療養補償給付の対象となる。

E ○ 根拠 法22の2-Ⅲ、31-ⅡⅢ、則44の2-Ⅲ　CH3 Sec4②

確認してみよう!

次の者からは、一部負担金を徴収しない。

①	第三者の行為によって生じた事故により療養給付を受ける者
②	療養の開始後3日以内に死亡した者その他休業給付を受けない者
③	同一の通勤災害に係る療養給付について既に一部負担金を納付した者
④	特別加入者

問6 正解 B（イ・ウの二つ）　正解率 48%

ア × 根拠 支給金則4-Ⅱ　CH3 Sec8②

既に身体障害のあった者が、負傷又は疾病により同一の部位について障害の程度を加重した場合における当該事由に係る障害特別支給金の額は、現在の身体障害の該当する障害等級に応ずる障害特別支給金の額から、既にあった身体障害の該当する障害等級に応ずる障害特別支給金の額を差し引いた額である。

イ ○ 根拠 支給金則5の2-Ⅰ、則別表第1の2　CH3 Sec8②

確認してみよう！

傷病特別支給金の額

傷病等級	額
第1級	114万円
第2級	107万円
第3級	100万円

ウ ○ 根拠 支給金則12　CH3 Sec8②

確認してみよう！

特別給与の総額の届出は、最初の休業特別支給金の支給の申請の際に行えば、以後は行わなくてもよいものとされている。また、当該届出を行った者が障害特別年金、障害特別一時金又は傷病特別年金の支給の申請を行う場合及び当該届出を行った者の遺族が遺族特別年金又は遺族特別一時金の支給の申請を行う場合には、申請書記載事項のうち、特別給与の総額については記載する必要がないものとして取り扱って差し支えないとされている。

エ（改正により削除）

オ × 根拠 支給金則20他　CH3 Sec8③

特別支給金については、保険給付と異なり、譲渡、差押えは禁止されていない。令和2年度択一式労災問7Cの確認してみよう！参照。

令和元年度（第51回）択一式

問7 正解 A　正解率 81%

A × 根拠 法29-Ⅰ　CH3 Sec4①、Sec8①

「葬祭料の給付」は、社会復帰促進等事業に含まれていない。

確認してみよう！

社会復帰促進等事業

① 社会復帰促進事業
療養に関する施設及びリハビリテーションに関する施設の設置及び運営その他業務災害、複数業務要因災害及び通勤災害を被った労働者（以下「被災労働者」という。）の円滑な社会復帰を促進するために必要な事業
② 被災労働者等援護事業
被災労働者の療養生活の援護、被災労働者の受ける介護の援護、その遺族の就学の援護、被災労働者及びその遺族が必要とする資金の貸付けによる援護その他被災労働者及びその遺族の援護を図るために必要な事業
③ 安全衛生確保等事業
業務災害の防止に関する活動に対する援助、健康診断に関する施設の設置及び運営その他労働者の安全及び衛生の確保、保険給付の適切な実施の確保並びに賃金の支払の確保を図るために必要な事業

B ○ 根拠 法29-Ⅰ② CH3 Sec8①

確認してみよう！

被災労働者の受ける介護の援護に関する事業として、労災特別介護施設の設置・運営等が行われている。

C ○ 根拠 法29-Ⅰ② CH3 Sec8①

確認してみよう！

被災労働者の遺族の就学の援護に関する事業として、労災就学等援護費の支給等が行われている。

D ○ 根拠 法29-Ⅰ② CH3 Sec8①

E ○ 根拠 法29-Ⅰ③ CH3 Sec8①

問8 正解 D 正解率 60%

A ✕ 根拠 法10-Ⅱ CH5 Sec3①

法10条において政府が徴収する労働保険料として定められているものは、設問の保険料のほか、「特例納付保険料」を加えた「計６種類」である。

B ✕ 根拠 法11-Ⅰ、12-Ⅰ① CH5 Sec3②

設問の事業の場合、一般保険料に係る保険料率（一般保険料率）は、「労災保険率と雇用保険率とを加えた率」とされており、「事務経費率」を加えるとする旨の規定はない。

C ✕ 根拠 法11-Ⅲ、則12-①、13-ⅠⅡ① CH5 Sec3③

「いわゆる請負代金の額そのものをいい、注文者等から支給又は貸与を受けた工事用物の価額等は含まれない」とする点が誤りである。設問の請負金額には、注文者等から支給又は貸与を受けた工事用物の価額等を請負代金の額に「加算する」こととされている。

確認してみよう！

機械装置の組立て又はすえ付けの事業の事業主が注文者等から当該組立て又はすえ付ける機械装置の支給を受けた場合には、当該機械装置の価額に相当する額は請負代金の額に加算せず、その機械装置の価額に相当する額が請負代金に含まれている場合には、その機械装置の価額に相当する額を請負代金の額から控除する。

D ○ 根拠 法15-Ⅰ①、則24-Ⅰ CH5 Sec4③

E ✕ 根拠 法18、則27-Ⅰ CH5 Sec4④

設問の場合、延納の対象から除かれるのは、当該保険年度において「9月1日」以降に保険関係が成立した事業ではなく、「10月1日」以降に保険関係が成立した事業である。

確認してみよう！

延納の要件（継続事業）

①	次のⓐ又はⓑのいずれかに該当していること ⓐ 納付すべき概算保険料の額が40万円（労災保険に係る保険関係又は雇用保険に係る保険関係のみが成立している事業については、20万円）以上の事業であること ⓑ 労働保険事務の処理が労働保険事務組合に委託されている事業であること
②	当該保険年度において10月1日以降に保険関係が成立した事業ではないこと

問9 正解 B 正解率 40%

A ✕ 根拠 法12-Ⅳ、H28.12.21厚労告427号 CH5 Sec3④

設問の事業のうち、「園芸サービスの事業」については、一般の事業に適用する料率が適用される。なお、建設の事業及び清酒製造の事業に関する記述は正しい。

確認してみよう！

雇用保険率（令和４年度）

事業の種類	雇用保険率	
	R4.4/1～R4.9/30	R4.10/1～R5.3/31
一般の事業	9.5/1000	13.5/1000
農林水産業※・清酒製造業	11.5/1000	15.5/1000
建設業	12.5/1000	16.5/1000

※農林水産業のうち、季節的に休業し、又は事業の規模が縮小することのない事業として厚生労働大臣が指定する事業（①牛馬育成、酪農、養鶏又は養豚の事業、②園芸サービスの事業、③内水面養殖の事業、④船員が雇用される事業）については、「一般の事業」と同率

B ○ 根拠 法19-Ⅰ CH5 Sec5①

C × 根拠 法19-Ⅵ、則36 CH5 Sec5③

労働保険料還付請求書は、「所轄都道府県労働局歳入徴収官」ではなく、「官署支出官」又は「所轄都道府県労働局労働保険特別会計資金前渡官吏（所轄都道府県労働局資金前渡官吏）」に提出しなければならない。

D × 根拠 則38-ⅠⅡ④⑦ CH5 Sec5①

事業主は、既に納付した概算保険料の額と確定保険料の額が同一であり過不足がない（納付すべき労働保険料がない）ときは、確定保険料申告書を所轄都道府県労働局歳入徴収官に提出するに当たって、「日本銀行」を経由することはできない。

E × 根拠 法19-ⅣⅤ、則38-Ⅴ、国税通則法10 CH5 Sec5④

設問の場合、事業主は、通知を受けた日の翌日から起算して「30日以内」ではなく、通知を受けた日から「15日以内」にその不足額を納付しなければならない。なお、この場合の「通知を受けた日から15日以内」は、通知を受けた日の翌日から起算するものとされている。

問10 正解 C（イとエ） 正解率 72%

ア ○ 根拠 法４の２、則１-Ⅰ③、４-Ⅱ CH5 Sec1③

確認してみよう！

保険関係成立届の提出先

所轄労働基準監督署長に提出する事業	
①	一元適用事業であって労働保険事務組合に労働保険事務の処理を委託しないもの（雇用保険に係る保険関係のみが成立している事業を除く）
②	労災保険に係る保険関係が成立している事業のうち二元適用事業

所轄公共職業安定所長に提出する事業	
①	一元適用事業であって労働保険事務組合に労働保険事務の処理を委託するもの
②	一元適用事業であって労働保険事務組合に労働保険事務の処理を委託しないもののうち雇用保険に係る保険関係のみが成立する事業
③	雇用保険に係る保険関係が成立している事業のうち二元適用事業

イ ✕ 根拠 則77 CH5 Sec1③

設問後半のような規定はない。なお、設問前半の記述は正しい。

ウ ○ 根拠 整備法５－Ⅰ CH5 Sec1③

労災保険暫定任意適用事業の事業主が労災保険の任意加入の申請を行うに当たり、当該事業に使用される労働者の同意を得る必要はないため、設問の申請は有効である。

確認してみよう！

雇用保険暫定任意適用事業の事業主が雇用保険の任意加入の申請を行うに当たっては、当該事業に使用される労働者の２分の１以上の同意を得なければならない。

エ ✕ 根拠 則附則３－Ⅰ、整備法８－ⅠⅡ①、整備省令３ CH5 Sec1④

設問の場合、保険関係消滅申請書に労働者の同意を得たことを証明することができる書類を添付しなければならない。

確認してみよう！

・労災保険暫定任意適用事業の事業主が労災保険に係る保険関係の消滅の申請を行うに当たっては、当該事業に使用されている労働者の過半数の同意を得なければならない。
・雇用保険暫定任意適用事業の事業主が雇用保険に係る保険関係の消滅の申請を行うに当たっては、当該事業に使用される労働者の４分の３以上の同意を得なければならない。

オ ○ 根拠 法4の2-Ⅰ、則4-Ⅰ⑤ CH5 Sec1③

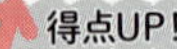

保険関係成立届の記載事項

①	保険関係が成立した日
②	事業主の氏名又は名称及び住所又は所在地
③	事業の種類、名称、概要
④	事業の行われる場所
⑤	事業に係る労働者数
⑥	有期事業にあっては、事業の予定される期間
⑦	建設の事業にあっては、当該事業に係る請負金額並びに発注者の氏名又は名称及び住所又は所在地
⑧	立木の伐採の事業にあっては、素材の見込生産量
⑨	事業主が法人番号を有する場合には、当該事業主の法人番号

雇用保険法（労働保険の保険料の徴収等に関する法律を含む。）

問1 正解 **E** 正解率 **91%**

A ✕ 根拠 法14-Ⅱ① CH4 Sec3②

最後に被保険者となった日前に、当該被保険者が特例受給資格を取得したことがある場合においては、当該特例受給資格に係る離職の日以前における被保険者であった期間は、被保険者期間に「含まれない」。

B ✕ 根拠 法14-Ⅰ、行政手引50103 —

家族手当、住宅手当等の支給が１月分ある場合でも、本給が11日分未満しか支給されないときは、その月は、原則として、被保険者期間に算入しない。

> **確認してみよう！**
> 賃金支払基礎日数が11日以上である期間を被保険者期間として計算した場合において、その被保険者期間が12か月（特例の場合は６か月）未満であって基本手当の受給資格を満たさない場合には、賃金支払基礎時間数が80時間以上である期間も被保険者期間として計算する。

C ✕ 根拠 法14-Ⅰ、行政手引50103 —

設問の場合、被保険者期間として計算する月は、「後の方」の離職の日に係る算定対象期間について算定する。

D ✕ 根拠 法14-Ⅰ、行政手引21454、50501 CH4 Sec3②

労働基準法26条の規定に基づく休業手当は賃金であり、現実に労働した日でなくても、「賃金支払基礎日数」には休業手当支払の対象となった日が含まれるため、当該離職の日以前１か月は被保険者期間として算入する。

E ○ 根拠 法14-Ⅱ② CH4 Sec3②

問2 正解 **A（イの一つ）** 正解率 **24%**

ア ○ 根拠 法17-Ⅲ、H26.9.17厚労告292号 CH4 Sec3④

確認してみよう！

事業主は、その雇用する一般被保険者がその対象家族を介護するための休業若しくは小学校就学の始期に達するまでの子を養育するための休業をした場合又はその雇用する被保険者のうち対象家族を介護する被保険者若しくは小学校就学の始期に達するまでの子を養育する被保険者に関して所定労働時間の短縮を行った場合であって、当該被保険者が離職し、特定理由離職者又は特定受給資格者として受給資格の決定を受けることとなるときは、当該被保険者が離職したことにより被保険者でなくなった日の翌日から起算して10日以内に、雇用保険被保険者休業・所定労働時間短縮開始時賃金証明書を所轄公共職業安定所の長に提出しなければならない。

イ ✕ 根拠 法17-Ⅰ　CH4 Sec3④

賃金日額の計算に当たり算入される賃金は、原則として、算定対象期間において被保険者期間として計算された最後の「3か月間」ではなく「6か月間」に支払われたものに限られる。

ウ ○ 根拠 法16-Ⅱ　CH4 Sec3④

エ ○ 根拠 法18-Ⅰ　CH4 Sec3④

オ ○ 根拠 法19-Ⅰ、行政手引51255　—

得点UP！

自己の労働による収入とは就職には該当しない短時間の就労等（短時間就労）による収入であり、原則として1日の労働時間が4時間未満のもの（被保険者となる場合を除く。）をいう（雇用関係の有無は問わない）。

問3　正解　B　正解率 77%

A ○ 根拠 則54-Ⅰ　—

B ✕ 根拠 則24-Ⅰ　CH4 Sec3③

公共職業安定所長の指示した公共職業訓練等を受ける受給資格者に係る失業の認定は、1月に1回直前の月に属する各日（既に失業の認定の対象となった日を除く。）について行うものとされている。

C ○ 根拠 法15-Ⅲ、則23-Ⅰ① 　CH4 Sec3③

得点UP!

認定日変更の申出は、原則として事前になされなければならない。ただし、変更理由が突然生じた場合、認定日前に就職した場合等であって、事前に認定日の変更の申出を行わなかったことについてやむを得ない理由があると認められるときは、次回の所定の認定日の前日までに申し出て、認定日の変更の取扱いを受けることができる。

D ○ 根拠 法15-Ⅳ④、則28-Ⅰ、行政手引51401 CH4 Sec3③

確認してみよう!

証明書による失業の認定

受給資格者は、次のいずれかに該当し、失業の認定日に出頭することができなかったときは、その理由がやんだ後における最初の失業の認定日に管轄公共職業安定所に出頭し（③の場合を除く。）、受給資格者証を添えて（受給資格通知の交付を受けた場合には、個人番号カードを提示して）、その理由を記載した証明書を提出することによって失業の認定を受けることができる。

①	疾病又は負傷のために公共職業安定所に出頭することができなかった期間が継続して15日未満である場合
②	公共職業安定所の紹介に応じて求人者に面接する場合又は求人者の行う採用試験を受験する場合
③	公共職業安定所長の指示した公共職業訓練等を受ける場合
④	天災その他やむを得ない理由があった場合

E ○ 根拠 法69-Ⅰ、労審法7-Ⅰ、8-Ⅰ CH4 Sec10⑩

設問の受給資格の否認は失業等給付等に関する処分に含まれ、これに不服のある者は、雇用保険審査官に対して審査請求をすることができる。

確認してみよう!

不服申立て

被保険者となったこと若しくは被保険者でなくなったことの確認、失業等給付等に関する処分又は不正受給による失業等給付等の返還命令若しくは納付命令の処分に不服のある者は、雇用保険審査官に対して審査請求をし、その決定に不服のある者は、労働保険審査会に対して再審査請求をすることができる。

問4 正解 D 正解率 87%

A ○ 根拠 則1-Ⅲ —

B ○ 根拠 則1－Ⅴ本文、101の19－Ⅰ CH4 Sec9③

なお、特例高年齢被保険者にあっては、介護休業給付関係手続は、管轄公共職業安定所において行う。

C ○ 根拠 則1－Ⅴ①、101の2の11－Ⅰ、101の2の11の2－Ⅰ、101の2の12－Ⅰ CH4 Sec8①

D × 根拠 法81－Ⅱ、則1－ⅠⅡⅤ、行政手引20951 ―

短期雇用特例被保険者に該当するかどうかの確認は、厚生労働大臣の委任を受けた「当該被保険者を雇用する適用事業の事業所の所在地を管轄する公共職業安定所の長」が行うこととされている。

E ○ 根拠 則1－Ⅴ⑤ ―

問5 正解 B 正解率 84%

A × 根拠 法56の3－Ⅰ①ロ CH4 Sec7①

設問の者は、「就業手当」ではなく「再就職手当」を受給することができる。就業手当を受給するためには、少なくとも、受給資格者が再就職手当の支給対象とならない職業に就き、又は事業を開始した場合であって、就職日の前日における基本手当の支給残日数が、所定給付日数の3分の1以上かつ45日以上であることを要する。

B ○ 根拠 法58－Ⅰ CH4 Sec7④

C × 根拠 法56の3－Ⅰ② CH4 Sec7②③

設問の受給資格者は、「再就職手当」ではなく「常用就職支度手当」を受けることができる。なお、常用就職支度手当を受けるためには、「厚生労働省令で定める安定した職業」に就くことが必要である。

D × 根拠 法56の3－Ⅲ② CH4 Sec7②

早期再就職者に係る再就職手当の額は、基本手当日額に支給残日数に相当する日数に「10分の6」ではなく「10分の7」を乗じて得た数を乗じて得た額である。

確認してみよう！

再就職手当の額

① 支給残日数が所定給付日数の3分の2未満の場合	再就職手当の額＝基本手当日額×（支給残日数×10分の6）
② 支給残日数が所定給付日数の3分の2以上の場合	再就職手当の額＝基本手当日額×（支給残日数×10分の7）

E ✕ 根拠 則100の3 CH4 Sec7⑤

短期訓練受講費の額は、教育訓練の受講のために支払った費用の額に「100分の40」ではなく「100分の20」を乗じて得た額（その額が10万円を超えるときは、10万円）である。

問6 正解 C 正解率 45%

A ○ 根拠 法61－Ⅰ本文、Ⅱ、行政手引59011、59012 CH4 Sec9①

B ○ 根拠 法61－Ⅴ本文、① CH4 Sec9①

確認してみよう！

高年齢雇用継続基本給付金の額

① 支給対象月の賃金額が、みなし賃金月額の61％未満であるとき
⇒支給対象月の賃金額の15％相当額
② 支給対象月の賃金額が、みなし賃金月額の61％以上75％未満であるとき
⇒支給対象月の賃金額に、15％から一定の割合で逓減する率を乗じて得た額
③ 上記①②により算定された給付金の額と支給対象月の賃金額との合算額が、支給限度額を超えるとき
⇒支給限度額から支給対象月の賃金額を減じて得た額

C ✕ 根拠 法61－Ⅰ本文、行政手引59023、59143 —

高年齢雇用継続基本給付金に係る「みなし賃金日額」とは、被保険者が60歳に達した日等を受給資格に係る離職の日とみなして算定されることとなる賃金日額に相当する額をいうが、設問の「みなし賃金日額」は、高年齢雇用継続基本給付金の「支給対象月に支払われた賃金の額」を指しているものと思われる。「支給対象月に支払われた賃金の額」は、冠婚葬祭等の私事により欠勤したことで賃金の減額が行われた場合には、法61条5項本文の規定（高年齢雇用継続基本給付金の額の算定）等の適用については、実際に支払われた賃金の額により算定された

額（当該私事による賃金の減額を行った額）となるが、同条１項の規定（高年齢雇用継続基本給付金の支給要件）、同条５項各号の規定（高年齢雇用継続基本給付金の支給率）等の適用については、当該私事による賃金の支払を受けたものとみなして算定された賃金の額（実際に支払われた賃金の額ではなく、当該私事による賃金の減額をしない額）となる。

D ○ 根拠 法61の２-Ⅳ　CH4 Sec7②

なお、雇用保険法56条の3,1項１号ロに定める就業促進手当とは、再就職手当のことである。

E ○ 根拠 法61の２-Ⅱ　CH4 Sec9②

高年齢再就職給付金に係る支給対象月は、その月の初日から末日まで引き続いて、被保険者であり、かつ、介護休業給付金又は育児休業給付金の支給を受けることができる休業をしなかった月に限られているので、再就職日が月の途中である場合は、その月の高年齢再就職給付金は支給されない。

問７　正解　D　　正解率 19%

A ○ 根拠 則102の３-Ⅰ②イ(4)　—

B ○ 根拠 則120　—

確認してみよう！

雇用安定事業として支給される助成金、給付金等は、国、地方公共団体、行政執行法人、特定地方独立行政法人に対しては支給されない。

C ○ 根拠 則120の２　—

D × 根拠 則110の３-Ⅱ①イ　—

一般トライアルコース助成金は、一定の安定した職業に就くことが困難な求職者を、公共職業安定所又は職業紹介事業者等の紹介により、期間の定めのない労働契約を締結する労働者であって、１週間の所定労働時間が同一の事業所に雇用される通常の労働者の１週間の所定労働時間と同一のものとして雇い入れることを目的に、「３か月以内」の期間を定めて試行的に雇用する労働者として雇い入れる事業主が対象となる。

E ○ 根拠 法66-Ⅵ　CH4 Sec10⑨

問8 正解 E　正解率 72%

A ○ 根拠 法27-Ⅰ、S55.6.5発労徴40号　CH5 Sec9①

確認してみよう！

督促・滞納処分

- 労働保険料その他徴収法の規定による徴収金を納付しない者があるときは、政府は、期限を指定して督促しなければならない。（法27-Ⅰ）
- 督促するときは、政府は、納付義務者に対して督促状を発する。この場合において、督促状により指定すべき期限は、督促状を発する日から起算して10日以上経過した日でなければならない。（法27-Ⅱ）
- 督促を受けた者が、その指定の期限までに、労働保険料その他徴収法の規定による徴収金を納付しないときは、政府は、国税滞納処分の例によって、これを処分する。（法27-Ⅲ）

B ○ 根拠 法27-Ⅲ、S55.6.5発労徴40号、S62.3.26労徴発19号　CH5 Sec9②

得点UP！

延滞金は、設問の法27条（督促）の規定に定める「労働保険料その他この法律の規定による徴収金」に含まれないが、法41条１項（時効）の規定に定める「労働保険料その他この法律の規定による徴収金」には含まれる。

C ○ 根拠 法27-Ⅱ　CH5 Sec9①

D ○ 根拠 法28-Ⅰただし書、Ⅴ③　CH5 Sec9③

確認してみよう！

延滞金が徴収されない場合

①	督促状に指定した期限までに徴収金を完納したとき
②	納付義務者の住所又は居所がわからないため、公示送達の方法によって督促したとき
③	労働保険料の額が1,000円未満であるとき
④	延滞金の額が100円未満であるとき
⑤	労働保険料について滞納処分の執行を停止し、又は猶予したとき（執行を停止し、又は猶予した期間に対応する部分の金額に限る。）
⑥	労働保険料を納付しないことについてやむを得ない理由があると認められるとき

令和元年度（第51回）
択一式

E ✕ 根拠 法28-Ⅰ CH5 Sec9③

設問の延滞金の計算の基礎となる期間の日数の起算日は、「督促状で指定した期限の翌日」ではなく、「**納期限の翌日**」である。

確認してみよう！

労働保険料に係る延滞金の割合は、当該納期限の翌日から**2月**を経過する日までの期間については、**年7.3%**とされている。

問9 正解 A 正解率 74%

A ○ 根拠 法33-Ⅰ、則62-Ⅱ CH5 Sec10①

確認してみよう！

労働保険事務組合に労働保険事務の処理を委託することができる事業主の規模

事業の種類	使用労働者数
金融業、保険業、不動産業、小売業	常時**50人以下**
卸売業、サービス業	常時**100人以下**
上記以外の事業	常時**300人以下**

B ✕ 根拠 則64-Ⅰ、78-Ⅲ CH5 Sec10③

設問の場合、「所轄労働基準監督署長」を経由して提出するものとされており、「所轄公共職業安定所長」を経由することはできない。

C ✕ 根拠 則65 —

設問の届書は、「厚生労働大臣」ではなく、「所轄都道府県労働局長」に提出しなければならない。

D ✕ 根拠 法33-Ⅰ CH5 Sec10①

「労災保険の保険給付に関する請求の事務」は、労働保険事務組合が処理することができる事務に含まれていない。

確認してみよう！

次の業務については、労働保険事務組合が処理することができる事務に含まれない。
① 印紙保険料に関する事務
② 労災保険の保険給付及び社会復帰促進等事業として行う特別支給金に関する請求書等に係る事務手続及びその代行
③ 雇用保険の失業等給付等に関する請求書等に係る事務手続及びその代行
④ 雇用保険の二事業に係る事務手続及びその代行…等

E ✕ 根拠 法28-Ⅰ、35-ⅡⅢ　CH5 Sec10③

追徴金を納付しなかったために延滞金が発生することはない。なお、政府が延滞金を徴収する場合において、その徴収について労働保険事務組合の責めに帰すべき理由があるときは、その限度で、労働保険事務組合は、政府に対して当該徴収金の納付の責めに任ずるものとされており、労働保険事務組合が納付すべき徴収金については、「当該労働保険事務組合に対して滞納処分をしてもなお徴収すべき残余がある場合に限り、その残余の額を当該事業主から徴収することができる」とされている。

問10 正解 C　正解率 48%

A ✕ 根拠 法32-Ⅰ、則60-Ⅰ　CH5 Sec9④

事業主は、日雇労働被保険者が負担すべき一般保険料の額のほか、印紙保険料に係る額についても、当該日雇労働被保険者の賃金から控除することができる。

B ✕ 根拠 法46-④　CH5 Sec9⑥

設問の場合、「６月以下の懲役又は30万円以下の罰金に処する」とされており、設問の事業主は、罰金刑に限られず、懲役刑に処せられることもある。

C ○ 根拠 法２-Ⅱ、則３　CH5 Sec3③

確認してみよう！

「賃金のうち通貨以外のもので支払われるものの評価に関し必要な事項」は、「厚生労働大臣」が定めることとされている。

D ✕ 根拠 法42　CH5 Sec9⑥

「行政庁は、厚生労働省令で定めるところにより、保険関係が成立し、若しくは成立していた事業の事業主又は労働保険事務組合若しくは労働保険事務組合であった団体に対して、この法律の施行に関し必要な報告、文書の提出又は出頭を命ずることができる。」とされている。

E ✕ 根拠 則73-Ⅰ　　CH5 Sec1③

「事業主は、あらかじめ代理人を選任した場合には、労働保険徴収法施行規則によって事業主が行わなければならない事項を、その代理人に行わせることができる。」とされている。

労務管理その他の労働及び社会保険に関する一般常識

問1　正解　A　　正解率 31%

A　✕　根拠「平成28年就労条件総合調査(厚生労働省)」　—

「労働費用総額」に占める「現金給与額」の割合は80.9%（約8割)、「現金給与以外の労働費用」の割合は19.1%（約2割）となっている。

B　○　根拠「平成28年就労条件総合調査(厚生労働省)」　—

C　○　根拠「平成28年就労条件総合調査(厚生労働省)」　—

D　○　根拠「平成28年就労条件総合調査(厚生労働省)」　—

E　○　根拠「平成28年就労条件総合調査(厚生労働省)」　—

問2　正解　E　　正解率 12%

A　○　根拠「平成29年労使間の交渉等に関する実態調査(厚生労働省)」　—

B　○　根拠「平成29年労使間の交渉等に関する実態調査(厚生労働省)」　—

C　○　根拠「平成29年労使間の交渉等に関する実態調査(厚生労働省)」　—

D　○　根拠「平成29年労使間の交渉等に関する実態調査(厚生労働省)」　—

E　✕　根拠「平成29年労使間の交渉等に関する実態調査(厚生労働省)」　—

安定的（「安定的に維持されている（42.7%)」と「おおむね安定的に維持されている（46.4%)」の合計）だとする割合は89.1%となっており、「約4分の3」（約75%）とはいえない。

問3　正解　A　　正解率 85%

A　✕　根拠　労契法4－Ⅰ、H24.8.10基発0810第2号　CH6 Sec2①

法4条1項は、労働契約の締結前において使用者が提示した労働条件について説明等をする場面をも含むものとされている。

確認してみよう！
労働契約法４条１項は、労働契約の締結前において使用者が提示した労働条件について説明等をする場面や、労働契約が締結又は変更されて継続している間の各場面が広く含まれ、労働基準法15条１項により労働条件の明示が義務付けられている労働契約の締結時より広いものである。

B ○ 根拠 労契法７、H24.8.10基発0810第２号 CH6 Sec2①

法７条は、労働契約において労働条件を詳細に定めずに労働者が就職した場合において、「合理的な労働条件が定められている就業規則」であること及び「就業規則を労働者に周知させていた」ことという要件を満たしている場合には、就業規則で定める労働条件が労働契約の内容を補充し、「労働契約の内容は、その就業規則で定める労働条件による」という法的効果が生じることを規定したものである。

得点UP！
労働契約法７条の「就業規則」とは、労働者が就業上遵守すべき規律及び労働条件に関する具体的細目について定めた規則類の総称をいい、労働基準法89条の「就業規則」と同様であるが、労働契約法７条の「就業規則」には、常時10人以上の労働者を使用する使用者以外の使用者が作成する労働基準法89条では作成が義務付けられていない就業規則も含まれる。

C ○ 根拠 労契法15、H24.8.10基発0810第２号 —

D ○ 根拠 労契法17-Ⅰ、H24.8.10基発0810第２号 CH6 Sec2①

なお、法17条１項は「解雇することができない」旨を規定したものであることから、使用者が有期労働契約の契約期間中に労働者を解雇しようとする場合の根拠規定になるものではなく、使用者が当該解雇をしようとする場合には、従来どおり、民法628条（当事者が雇用の期間を定めた場合であっても、やむを得ない事由があるときは、各当事者は、直ちに契約の解除をすることができる）が根拠規定となるものであり、「やむを得ない事由」があるという評価を基礎付ける事実についての主張立証責任は、使用者側が負う。

E ○ 根拠 労契法10、H24.8.10基発0810第２号 CH6 Sec2①

なお、法10条は、就業規則の変更による労働条件の変更が労働者の不利益となる場合に適用されるものであり、また、就業規則に定められている事項であっても、労働条件でないものについては、適用されない。

問4　正解　B　正解率 64%

A ○ 根拠 最賃法13　CH6 Sec2⑨

なお、派遣中の労働者について、その派遣先の事業と同種の事業又はその派遣先の事業の事業場で使用される同種の労働者の職業について特定最低賃金が適用されている場合には、当該特定最低賃金において定める最低賃金額が適用される。

B × 根拠 高齢法9-Ⅰ②、(24)法附則Ⅲ　CH6 Sec3④

平成25年4月1日前は、継続雇用制度の対象となる高年齢者につき事業主が労使協定に定める基準により限定することができたが、改正により当該仕組みは廃止されたため、平成25年4月1日以後新たに継続雇用制度を導入する場合には、労使協定に定める基準により対象者を限定することはできない。

C ○ 根拠 障雇法36の2　CH6 Sec3⑤

得点UP!

事業主は、障害者である労働者について、障害者でない労働者との均等な待遇の確保又は障害者である労働者の有する能力の有効な発揮の支障となっている事情を改善するため、事業主に対して過重な負担を及ぼすこととなるときを除いて、その雇用する障害者である労働者の障害の特性に配慮した職務の円滑な遂行に必要な施設の整備、援助を行う者の配置その他の必要な措置を講じなければならない（障雇法36の3）。

D ○ 根拠 最二小H6.4.22東京エグゼクティブ・サーチ事件　—

E ○ 根拠 職安法20-Ⅰ　CH6 Sec3②

得点UP!

職業安定法20条1項に規定する場合（設問の場合）の外、労働委員会が公共職業安定所に対し、事業所において、同盟罷業又は作業所閉鎖に至るおそれの多い争議が発生していること及び求職者を無制限に紹介することによって、当該争議の解決が妨げられることを通報した場合においては、公共職業安定所は当該事業所に対し、求職者を紹介してはならない。ただし、当該争議の発生前、通常使用されていた労働者の員数を維持するため必要な限度まで労働者を紹介する場合は、この限りでない。

問5　正解　D　正解率 73%

A × 根拠 社労士法25の33　CH10 Sec2③

懲戒処分を行う権限を有するのは**厚生労働大臣**であり、社会保険労務士会には懲戒処分を行う権限はない。

なお、社会保険労務士会は、設問の場合には、社会保険労務士又は社会保険労務士法人に対して、「注意を促し、又は必要な措置を講ずべきことを勧告することができる」とされている。

B ✕ 根拠 社労士法2-ⅡⅢ　CH10 Sec2③

設問の業務（紛争解決手続代理業務）は、特定社会保険労務士に限り、行うことができるとされている。

C ✕ 根拠 社労士法2の2-Ⅰ　CH10 Sec2③

社会保険労務士は、事業における労務管理その他の労働に関する事項及び労働社会保険諸法令に基づく社会保険に関する事項について、裁判所において、補佐人として、「弁護士である訴訟代理人に代わって」ではなく、「弁護士である訴訟代理人とともに」出頭し、陳述をすることができるとされている。

D ○ 根拠 社労士法25の3の2-Ⅱ　CH10 Sec2③

なお、社会保険労務士会又は全国社会保険労務士会連合会は、社会保険労務士会の会員について、社労士法25条の2又は25条の3に規定する行為又は事実があると認めたときは、厚生労働大臣に対し、当該会員の氏名及び事業所の所在地並びにその行為又は事実を通知しなければならないとされている。

E ✕ 根拠 社労士法25の9-Ⅰ①、則17の3-②　CH10 Sec2③

社会保険労務士法人は、労働者派遣法5条1項に規定する許可を受けて行う労働者派遣事業であって、当該社会保険労務士法人の使用人である社会保険労務士が労働者派遣の対象となり、かつ、派遣先が開業社会保険労務士又は社会保険労務士法人（一定のものを除く。）であるものに限り、同法2条3号に規定する労働者派遣事業を行うことができる。

問6 正解 A　正解率 53%

A ✕ 根拠 国保法54の3-Ⅰ　CH10 Sec1①

設問の場合には、「療養費」ではなく、「特別療養費」が支給される。

B ○ 根拠 国保法58-Ⅰ　CH10 Sec1①

なお、市町村及び組合は、設問の保険給付のほか、「条例又は規約の定めるところにより、傷病手当金の支給その他の保険給付を行うことができる」とされている。

C ○ 根拠 国保法83-Ⅰ　CH7 Sec5②

なお、市町村及び組合は、療養の給付に関する費用に係る審査及び支払に関する事務を都道府県の区域を区域とする国民健康保険団体連合会（加入している都道府県、市町村及び組合の数がその区域内の都道府県、市町村及び組合の総数の3分の2に達しないものを除く。）に委託することができる。

得点UP!

都道府県の区域を区域とする国民健康保険団体連合会に、その区域内の都道府県及び市町村並びに組合の3分の2以上が加入したときは、当該区域内のその他の都道府県及び市町村並びに組合は、全て当該国民健康保険団体連合会の会員となる。

D ○ 根拠 国保法84-Ⅰ　—

なお、国民健康保険団体連合会は、設立の認可を受けた時に成立する。

E ○ 根拠 国保法78、91-Ⅰ　CH10 Sec1①

なお、設問の処分〔保険給付に関する処分（被保険者証の交付の請求又は返還に関する処分を含む。）又は保険料その他国民健康保険法の規定による徴収金（療養給付費等拠出金及び事務費拠出金を除く。）に関する処分〕の取消しの訴えは、当該処分についての審査請求に対する国民健康保険審査会の裁決を経た後でなければ、提起することができない。

問7 正解 C　正解率 70%

A ○ 根拠 介保法27-Ⅷ　CH10 Sec1④

なお、要介護認定の申請は、原則として、申請書に被保険者証を添付して市町村に対して行う。

B ○ 根拠 介保法24-Ⅱ　—

なお、設問のほか、厚生労働大臣又は都道府県知事は、介護給付等（居宅介護住宅改修費の支給及び介護予防住宅改修費の支給を除く。）に関して必要があると認めるときは、居宅サービス等を行った者又はこれを使用する者に対し、その行った居宅サービス等に関し、報告若しくは当該居宅サービス等の提供の記録、帳簿書類その他の物件の提示を命じ、又は当該職員に質問させることができる。

C ✕ 根拠 介保法45-ⅡⅢ、49の2 CH10 Sec1④

居宅介護住宅改修費の額は、現に住宅改修に要した費用の額の「100分の75」ではなく、「100分の90（一定の場合には100分の80又は100分の70）」である。なお、その他の記述については正しい。

D ○ 根拠 介保法115の45-Ⅴ —

なお、市町村は、市町村介護保険事業計画において、各年度における地域支援事業の量の見込みに関する事項を定めるものとされている。

E ○ 根拠 介保法117-Ⅰ CH10 Sec1①

設問は、「市町村介護保険事業計画」に関するものである。なお、都道府県は、基本指針に即して、3年を1期とする介護保険事業に係る保険給付の円滑な実施の支援に関する計画（都道府県介護保険事業支援計画）を定めるものとされている。

問8 正解 D 正解率 62%

A ✕ 根拠 高医法75-Ⅲ —

設問の場合に生活療養標準負担額の改定を義務付けられているのは、「後期高齢者医療広域連合」ではなく、「厚生労働大臣」である。なお、後期高齢者医療における「生活療養標準負担額」は、平均的な家計における食費及び光熱水費の状況並びに病院及び診療所における生活療養に要する費用について介護保険法に規定する食費の基準費用額及び居住費の基準費用額に相当する費用の額を勘案して厚生労働大臣が定める額（所得の状況、病状の程度、治療の内容その他の事情をしん酌して厚生労働大臣が定める者については、別に定める額）である。

B ✕ 根拠 高医法79-Ⅲ —

設問の場合に意見を聴かなければならないとされているのは、「後期高齢者医療審査会」ではなく、「中央社会保険医療協議会」である。

C ✕ 根拠 高医法80 —

指定訪問看護事業者及び当該指定に係る事業所の看護師その他の従業者は、指定訪問看護に関し、「厚生労働大臣又は都道府県知事」の指導を受けなければならない。なお、健康保険法においては、指定訪問看護事業者及び当該指定に係る訪問看護事業所の看護師その他の従業者は、指定訪問看護に関し、厚生労働大臣の指導を受けなければならない、とされている。

D ○ 根拠 高医法83 —

なお、移送費の額は、最も経済的な通常の経路及び方法により移送された場合の費用により算定した額とされている。ただし、現に当該移送に要した費用の額を超えることができない。

得点UP!

後期高齢者医療広域連合は、被保険者が次の①～③のいずれにも該当すると認められる場合に移送費を支給する。
① 移送により高齢者医療確保法に基づく適切な療養を受けたこと。
② 移送の原因である疾病又は負傷により移動をすることが著しく困難であったこと。
③ 緊急その他やむを得なかったこと。

E × 根拠 高医法86-Ⅰ —

後期高齢者医療広域連合は、被保険者の死亡に関しては、「条例の定めるところにより」、葬祭費の支給又は葬祭の給付を行うものとされている。その他の記述については正しい。なお、後期高齢者医療広域連合は、葬祭費の支給又は葬祭の給付のほか、「後期高齢者医療広域連合の条例の定めるところにより、傷病手当金の支給その他の後期高齢者医療給付を行うことができる」とされている。

問9 正解 E 正解率 57%

A × 根拠 介保法13-Ⅰ —

設問の場合には、B県B市に住民票を異動させても、住所地特例の適用を受けることとなり、異動前（入院前）の住所地であるA県A市が当該被保険者に係る介護保険の保険者となる。

B × 根拠 国保法9-ⅢⅥ CH10 Sec1①

設問の場合において被保険者証を返還したときは、その世帯に属する被保険者全員に対して被保険者資格証明書が交付されるわけではなく、15歳の世帯主の子については、「18歳に達する日以後の最初の3月31日までの間にある者」に該当するため、有効期間を6月とする被保険者証が交付される。

C × 根拠 船保法2-Ⅱ、14-⑥ —

疾病任意継続被保険者は、75歳となった場合には、原則として後期高齢者医療の被保険者となり、当該被保険者となった日に疾病任意継続被保険者の資格を喪失する。

D ✕ 根拠 高医法55の2 —

設問の場合は、住民票の異動前（入院前）のＡ県の後期高齢者医療広域連合が行う後期高齢者医療の被保険者となるのであり、住民票上のＢ県の後期高齢者医療の被保険者となるのではない。入院等により国民健康保険の住所地特例の適用により住所を有するとみなされた市町村（「従前住所地市町村」という。設問の場合Ａ県Ａ市）の加入する後期高齢者医療広域連合以外の後期高齢者医療広域連合の区域内（設問の場合Ｂ県Ｂ市）に住所を有する者が、後期高齢者医療の被保険者の要件に該当するに至ったときは、従前住所地市町村の加入する後期高齢者医療広域連合（従前住所地後期高齢者医療広域連合）が行う後期高齢者医療の被保険者となる。

E ○ 根拠 介保法9 CH10 Sec1④

介護保険の被保険者には、①第１号被保険者（市町村の区域内に住所を有する65歳以上の者）及び②第２号被保険者（市町村の区域内に住所を有する40歳以上65歳未満の医療保険加入者）の２種類がある。設問前段部分の「Ａ県Ａ市に住所を有する医療保険加入者（介護保険法に規定する医療保険加入者をいう。以下同じ。）ではない60歳の者」は、60歳であるため第１号被保険者に該当せず、また、医療保険加入者ではないため第２号被保険者にも該当しない。設問後段の「Ａ県Ａ市に住所を有する医療保険加入者ではない65歳の者」は、医療保険加入者ではないが、「市町村（特別区）の区域内に住所を有する65歳以上の者」に該当するため、第１号被保険者となる。

得点UP!

Ｅの「介護保険法施行法に規定する適用除外に関する経過措置」とは、当分の間、40歳以上65歳未満の医療保険加入者又は65歳以上の者であって、障害者の日常生活及び社会生活を総合的に支援するための法律の規定による支給決定（一定のものに限る。）を受けて同法に規定する指定障害者支援施設に入所しているもの又は身体障害者福祉法の規定により障害者の日常生活及び社会生活を総合的に支援するための法律に規定する障害者支援施設（一定のものに限る。）に入所している者のうち厚生労働省令で定めるものその他特別の理由があるもので厚生労働省令で定めるものは、介護保険の被保険者としない、とするものなどである。

問10 正解 **A** 正解率 40%

① 根拠 H24.8.22法律63号（年金一元化法）附則１ —

設問の改正の施行日は、「平成27年10月１日」である。

② 根拠 (27)健保法附則１

設問の改正の施行日は、「平成28年４月１日」である。

③ 根拠 (28)確拠法附則１

設問の改正の施行日は、「平成29年１月１日」である。

④ 根拠 (30)国年則附則１、H30.2.27年管企発0227第２号

設問の改正の施行日は、「平成30年３月５日」である。

⑤ 根拠 (24)国年法附則１-③、H28.11.24法律50号（年金受給資格期間短縮法）

設問の改正の施行日は、「平成29年８月１日」である。なお、設問の老齢基礎年金の受給資格期間の短縮の改正は、当初は消費税率の10%への引上げと同時に行われることとされていたが、無年金者をできる限り救済すると同時に、納付した年金保険料を極力給付に結びつける観点から、年金受給資格期間短縮法により平成29年８月１日から施行されることとなった。

⑥ 根拠 (28)国年法附則１-⑤

設問の改正の施行日は、「平成31年４月１日」である。

これらの改正の施行日を古いものから並べると、①⇒②⇒③⇒⑤⇒④⇒⑥となるため、正解は**A**となる。

健康保険法

問1 正解 C　　正解率 51%

A ○ 根拠 法７の16　　—

なお、理事長に事故があるとき、又は理事長が欠けたときは、理事のうちから、あらかじめ理事長が指定する者がその職務を代理し、又はその職務を行う。

B ○ 根拠 法49-ⅠⅡ　　CH7 Sec2⑪

なお、被保険者が被保険者の資格を喪失した場合において、その者の所在が明らかでないため事業主が設問の通知をすることができないときは、事業主は、厚生労働大臣又は保険者等にその旨を届け出なければならない。

C × 根拠 法21-ⅡⅢ　　CH7 Sec1④

設問の前段は正しいが、設問の後段については、「事業主が選定する」のではなく、「理事が選挙する」。なお、健康保険組合が成立したときは、理事長が選任されるまでの間、健康保険組合の設立の認可の申請をした適用事業所の事業主が、理事長の職務を行う。

D ○ 根拠 法７の９、７の12-Ⅰ、７の18-Ⅲ　　—

なお、補欠の役員（理事長、理事及び監事）及び運営委員会の委員の任期は、前任者の残任期間とされている。また、役員及び運営委員会の委員は、再任されることができる。

E ○ 根拠 法７の28-Ⅱ、７の29-Ⅱ　　CH7 Sec1③

なお、協会は、毎事業年度の決算を翌事業年度の５月31日までに完結しなければならない。また、協会は、設問の厚生労働大臣の承認を受けたときは、遅滞なく、財務諸表を官報に公告し、かつ、財務諸表及び事業報告書等並びに監事及び会計監査人の意見を記載した書面を、各事務所に備えて置き、厚生労働省令で定める期間（５年間）、一般の閲覧に供しなければならない。

問2 正解 D　　正解率 47%

A × 根拠 法42-Ⅱ　　CH7 Sec4③

「翌年の９月まで」ではなく、「翌年の８月まで」である。なお、その年の１月１日から５月31日までの間に被保険者の資格を取得した者については、被保険者の資格を取得した際に決定された標準報酬月額は、その年の8月までの各月の標準報酬月額とする。

B ✕ 根拠 法85の2-Ⅰ、110-Ⅰ CH7 Sec5⑨

設問の場合は、「入院時生活療養費」ではなく、「家族療養費」が支給される。健康保険では被扶養者についても、療養の給付、入院時食事療養費、入院時生活療養費、保険外併用療養費、療養費に相当する給付が行われるが、これらはすべて家族療養費として支給される。

C ✕ 根拠 法87-Ⅰ CH7 Sec5⑥

設問の場合、療養費は支給されない。保険者は、療養の給付若しくは入院時食事療養費、入院時生活療養費若しくは保険外併用療養費の支給を行うことが困難であると認めるときは、療養費を支給することができる。

D ○ 根拠 法115、令41-Ⅳ、42-Ⅲ④、Ⅳ④、H20.12.12保険発1212003号 CH7 Sec5⑫

月の初日以外の日（2日～末日）で75歳に達し、後期高齢者医療の被保険者の資格を取得した場合には、それまで加入していた医療保険制度（設問の場合、健康保険）と、新たに加入した後期高齢者医療制度の両方の高額療養費算定基準額がそれぞれ2分の1を乗じて得た額となり、個人単位で適用される。

E ✕ 根拠 法100-Ⅰ、令35、S7.4.25保規129号 CH7 Sec6⑤

当該被保険者と同一世帯であったか否かは問わない。

問3 正解 E 正解率 56%

A ○ 根拠 法200 CH7 Sec2⑥

なお、共済組合の組合員であることにより保険給付を受けない者に関しては、健康保険の保険料は徴収されない。

B ○ 根拠 法3-ⅤⅥ、S27.12.4保文発7241号 CH7 Sec4①

6か月ごとに支給される通勤手当は、単に支払上の便宜によるものであり、支給の実態は原則として毎月の通勤に対し支給され、被保険者の通常の生計費の一部に充てられているため、3か月を超える期間ごとに支給されるものであっても、報酬の範囲に含まれる。

C ○ 根拠 法75の2-Ⅰ、H18.9.14保保発0914001号 CH7 Sec5②

D ○ 根拠 法86-Ⅰ、H28.3.4保医発0304第12号 CH7 Sec5⑤

E × 根拠 法115の2-Ⅰ CH7 Sec5⑬

介護保険から高額医療合算介護サービス費又は高額医療合算介護予防サービス費が支給される場合に、高額介護合算療養費が支給されないということはない。高額介護合算療養費は、8月1日から翌年の7月31日までの1年間において、健康保険による一部負担金等の額（高額療養費が支給される場合にあっては、その支給額を控除した額）と、介護保険による介護サービス利用者負担額及び介護予防サービス利用者負担額（それぞれ高額介護サービス費、高額介護予防サービス費が支給される場合にあっては、その支給額を控除した額）の合計額が、介護合算算定基準額に500円を加えた額を超える場合に支給されるが、その支給額については、当該超える金額が、健康保険に係る一部負担金等と介護保険に係る利用者負担額の比率に応じて按分され、健康保険からは高額介護合算療養費として支給され、介護保険からは高額医療合算介護（予防）サービス費として支給される。

問4 正解 B（アとウ） 正解率 49%

ア × 根拠 法3-Ⅲ②、S24.7.28保発74号 CH7 Sec2①⑥

常時1人以上の従業員を使用する法人の事業所は適用事業所となるが、法人の代表者であっても、法人から労働の対償として報酬を受けている場合には、その法人に使用される者として被保険者となるため、設問の事業所については適用事業所となり得る。

イ ○ 根拠 法83 —

厚生労働大臣は、次に掲げる処分を行うときは、医療機関若しくは薬局の開設者又は当該保険医若しくは保険薬剤師に対し、弁明の機会を与えなければならない。また、この場合においては、あらかじめ、書面で、弁明をすべき日時、場所及びその事由を通知しなければならない。

① 保険医療機関の指定をしないこととするとき
② 保険医療機関の申請に係る病床の全部又は一部を除いて指定（指定の変更を含む。）を行おうとするとき
③ 保険薬局の指定をしないこととするとき

④　保険医又は保険薬剤師の登録をしないこととするとき

ウ　×　根拠　法193-Ⅰ、S30.9.7保険発199号の２　CH7 Sec10③

出産手当金を受ける権利は、「労務に服さなかった日ごとに」その翌日から起算して２年を経過したときは、時効によって消滅する。

エ　〇　根拠　法119、S26.5.9保発37号　―

保険者は、被保険者又は被保険者であった者が、正当な理由なしに療養に関する指示に従わないときは、保険給付の一部を行わないことができるとされているが、設問は、この場合の傷病手当金の制限の取扱いに関するものである。

オ　〇　根拠　法附則８－Ⅰ　CH7 Sec7②

設問の厚生労働大臣の承認を受けた健康保険組合を「承認健康保険組合」といい、特別介護保険料額の算定方法は、政令で定める基準に従い、各年度における当該承認健康保険組合の特別介護保険料額の総額と当該承認健康保険組合が納付すべき介護納付金の額とが等しくなるように規約で定めるものとされている。

なお、原則の介護保険料額は、標準報酬月額及び標準賞与額に定率の介護保険料率を乗じて算定されるが、特別介護保険料額は、所得段階別の定額の介護保険料額とされる。

問５　正解　E　正解率　45%

A　〇　根拠　法55-Ⅰ、S48.12.1保険発105号・庁保険発24号　CH7 Sec9⑤

B　〇　根拠　法３－Ⅶ③　CH7 Sec2⑩

C　〇　根拠　法３－Ⅶ、H5.3.5保発15号・庁保発４号　CH7 Sec2⑩

収入がある者についての被扶養者の認定においては、認定対象者が被保険者と同一世帯に属している場合、原則として、年間収入が130万円（認定対象者が60歳以上又は概ね厚生年金保険法による障害厚生年金の受給要件に該当する程度の障害者である場合は180万円）未満であり、かつ、被保険者の年間収入の２分の１未満であることを要するが、この条件に該当しない場合であっても、その認定対象者の年間収入が130万円（180万円）未満であって、かつ、被保険者の年間収入を上回らない場合には、その世帯の生計の状況を総合的に勘案して、被保険者がその世帯の生計維持の中心的役割を果たしていると認められるときは、要件を満たしているものとされる。

D ○ 根拠 法99-Ⅰ、S26.7.13保文発2349号 ―

傷病手当金の支給期間が満了し、その後もなお疾病の療養のため労務不能である者について、他の疾病が発生し、この後に発生した疾病のみで労務不能と考えられる場合には、前の疾病についての療養継続中であっても、後の疾病について傷病手当金が支給される。

E × 根拠 法104、S26.5.1保文発1346号 ―

設問の場合、傷病手当金の支給は復活しない。資格喪失後の継続給付としての傷病手当金は、「継続して受けることができる」とされており、これはすなわち、断続しては受けることができないことを意味する。

問6 正解 D 正解率 56%

A × 根拠 法160-ⅩⅪ CH7 Sec7③

厚生労働大臣は、都道府県単位保険料率が、当該都道府県における健康保険事業の収支の均衡を図る上で不適当であり、全国健康保険協会が管掌する健康保険の事業の健全な運営に支障があると認める場合には、全国健康保険協会に対し、相当の期間を定めて、当該都道府県単位保険料率の変更の認可を申請すべきことを命ずることができるものとされており、全国健康保険協会が当該期間内に申請をしないときは、社会保障審議会の議を経て、当該都道府県単位保険料率を変更することができる。

B × 根拠 法182、183 CH7 Sec7⑦

保険料の先取特権の順位は、国税及び地方税に次ぐものとされている。その他の記述は正しい。

C × 根拠 法123-Ⅱ CH7 Sec8①

日雇特例被保険者の保険の保険者の業務のうち、設問の業務は、「厚生労働大臣」が行う。

D ○ 根拠 法181の3-Ⅰ CH7 Sec7②

なお、設問の規定により全国健康保険協会が保険料を徴収したときは、その徴収した額に相当する額については、政府から全国健康保険協会に対し、交付されたものとみなされる。

E ✕ 根拠 則139-Ⅱ —

「当該不足の生じる月の初日」ではなく、「当該不足の生じる月の10日」までに払い込まなければならない。なお、保険料が前納された後、前納に係る期間の経過前において任意継続被保険者に係る保険料の額の引下げが行われることとなった場合においては、前納された保険料の額のうち当該保険料の額の引下げが行われることとなった後の期間に係る額から当該期間の各月につき納付すべきこととなる保険料の額の合計額を控除した額は、当該前納に係る期間の後に引き続き保険料を前納することができる期間に係る前納されるべき保険料の額の一部とみなされる。ただし、当該被保険者の請求があったときは、当該控除した額を当該被保険者に還付するものとされている。

問7 正解 A（アとイ） 正解率 76%

ア ○ 根拠 法65-Ⅲ③ CH7 Sec3②

イ ○ 根拠 法88-ⅥⅦ CH7 Sec5⑦

ウ ✕ 根拠 法56 —

「傷病手当金及び出産手当金」の支給は、毎月一定の期日に行うことができる。

エ ✕ 根拠 法150-Ⅴ、S60.4.6庁保発７号 —

高額療養費支給見込額の「90％」ではなく、高額療養費支給見込額の「80％」である。

オ ✕ 根拠 法93 CH7 Sec3③

「20日以内」ではなく、「10日以内」に、その旨を厚生労働大臣に届け出なければならない。なお、指定訪問看護事業者以外の訪問看護事業を行う者について、介護保険法の規定による指定居宅サービス事業者（訪問看護事業を行う者のうち、厚生労働省令で定める基準に該当するものに限る。）の指定、指定地域密着型サービス事業者（訪問看護事業を行う者のうち、厚生労働省令で定める基準に該当するものに限る。）の指定又は指定介護予防サービス事業者（訪問看護事業を行う者のうち、厚生労働省令で定める基準に該当するものに限る。）の指定があったときは、その指定の際、当該訪問看護事業を行う者について、原則として、指定訪問看護事業者の指定があったものとみなされるが、介護保険法による指定居宅サービス事業者、指定地域密着型サービス事業者又は指定介護予防サービス事業者の廃止又は休止の届出は、都道府県知事に対して廃止又は休止の日の1月前までに行うものとされている（再開は10日以内）。

問8 正解 **E** 正解率 49%

A ○ 根拠 法3－ⅤⅥ、H15.10.1保保発1001002号・庁保険発1001001号

CH7 Sec4①

B ○ 根拠 法159の3 CH7 Sec7④

産前産後休業期間中の保険料の免除期間は、「産前産後休業を開始した日の属する月からその産前産後休業が終了する日の翌日が属する月の前月まで」であり、また、「産前産後休業」とは、出産の日（出産の日が出産の予定日後であるときは、出産の予定日）以前42日（多胎妊娠の場合においては、98日）から出産の日後56日までの間において労務に服さないこと（妊娠又は出産に関する事由を理由として労務に服さない場合に限る。）をいう。したがって、設問について、出産予定日が5月16日である場合は、出産予定日以前42日の4月5日が産前産後休業開始日となるため、4月分から保険料免除の対象となるが、実際の出産日が5月10日である場合は、実際の出産日以前42日の3月30日が産前産後休業開始日となるため、3月分から保険料免除の対象となる。

C ○ 根拠 則50－ⅠⅦ CH7 Sec2⑬

なお、保険者は、検認又は更新に係る被保険者証の提出があったときは、遅滞なく、これを検認し、又は更新して、事業主又は任意継続被保険者に交付しなければならない。

D ○ 根拠 法104、法附則3－Ⅵ CH7 Sec6⑧

E × 根拠 法99－Ⅰ、H15.2.25保保発0225007号・庁保険発4号 CH7 Sec6①

設問の後段が誤りである。本来の職場における労務に対する代替的性格をもたない副業ないし内職等の労務に従事したり、あるいは傷病手当金の支給があるまでの間、一時的に軽微な他の労務に服することにより、賃金を得るような場合その他これらに準ずる場合には、通常労務不能に該当するものとされる。

問9 正解 **D（ウとオ）** 正解率 **64%**

ア × 根拠 法3-Ⅳ CH7 Sec2⑧

設問のように適用除外に該当するに至ったため被保険者の資格を喪失した者であっても、所定の要件を満たし、資格喪失日から20日以内に保険者に申し出た場合は、任意継続被保険者となることができる。

イ × 根拠 法38 —

「被扶養者となる要件を満たした場合」は、任意継続被保険者の資格喪失事由に該当しない。

確認してみよう！

任意継続被保険者は、次の①～⑦のいずれかに該当するに至った日の翌日(④～⑥までのいずれかに該当するに至ったときは、その日)から、その資格を喪失する。

① 任意継続被保険者となった日から起算して２年を経過したとき。
② 死亡したとき。
③ 保険料（初めて納付すべき保険料を除く。）を納付期日までに納付しなかったとき（納付の遅延について正当な理由があると保険者が認めたときを除く。）。
④ 一般の被保険者となったとき。
⑤ 船員保険の被保険者となったとき。
⑥ 後期高齢者医療の被保険者等となったとき。
⑦ 任意継続被保険者でなくなることを希望する旨を、厚生労働省令で定めるところにより、保険者に申し出た場合において、その申出が受理された日の属する月の末日が到来したとき。

ウ ○ 根拠 法36、H25.1.25保保発0125第１号 CH7 Sec2⑦

同一の事業所において雇用契約上いったん退職した者が１日の空白もなく引き続き再雇用された場合は、退職金の支払の有無又は身分関係若しくは職務の変更の有無にかかわらず、その者の事実上の使用関係は中断することなく存続しているものであるから、被保険者の資格も継続するが、60歳以上の者で、退職後継続して再雇用されるものについては、使用関係がいったん中断したものとみなし、事業主から被保険者資格喪失届及び被保険者資格取得届を提出させる取扱いとして差し支えない。

エ × 根拠 法43-Ⅰ、H30.3.1保保発0301第２号 —

設問の「継続した12か月」を「継続した９か月」と読み替えると、正しい記述となる。設問は、随時改定において、報酬の３か月平均額と、年間の報酬の月平均額とが著しく乖離する場合に、年間の報酬の月平均額に基づいて保険者算定を行うこととなる基準に関するものである。なお、設問にある「業務の性質上例年発生することが見込まれる」とは、業種や職種の特性上、基本的に特定の3か月が繁忙期に当たるため、当該期間中の残業手当等が、他の期間と比べて多く支給されることなどを理由として、例年季節的な報酬変動の起こることが想定されることをいう。

オ ○ 根拠 法41-Ⅰ、R4.9.5事務連絡 CH7 Sec4④

7月1日の時点で一時帰休の状況が解消している場合の定時決定においては、9月以降に受けるべき報酬月額により標準報酬月額を決定することとされており、設問の場合は、4月及び5月の報酬月額の平均額を「9月以降に受けるべき報酬月額」として定時決定を行う。

問10 正解 C 正解率 62%

A ○ 根拠 法43-Ⅰ、R4.9.5事務連絡 —

B ○ 根拠 法36、161-ⅠⅡ、S26.3.9保文発619号 CH7 Sec7④

C × 根拠 法156-Ⅲ、167-Ⅰ CH7 Sec7②

前月から引き続き被保険者である者がその資格を喪失した場合においては、その月分の保険料は、算定しない。したがって、設問の場合、保険料は、資格喪失月の前月である「6月分」まで生じ、7月25日支払いの給与（6月16日から7月15日までの期間に係るもの）まで保険料を控除する。

D ○ 根拠 法45-Ⅰ、H18.8.18事務連絡 CH7 Sec4⑨

標準賞与額の累計は、保険者単位で行われる。

E ○ 根拠 H11.3.31保険発46号・庁保険発9号 CH7 Sec4④

厚生年金保険法

問1 正解 **E** 　　正解率 80%

A ○ 根拠 法附則8の2-Ⅳ 　　—

なお、特定警察職員等とは、警察官若しくは皇宮護衛官又は消防吏員若しくは常勤の消防団員〔これらの者のうち政令で定める階級（警察官にあっては警部、皇宮護衛官にあっては皇宮警部、消防吏員にあっては消防司令、常勤の消防団員にあっては副団長）以下の階級である者に限る。〕である被保険者又は被保険者であった者のうち、特別支給の老齢厚生年金の受給権を取得するに至ったとき（そのときにおいて既に被保険者の資格を喪失している者にあっては、当該被保険者の資格を喪失した日の前日）において、引き続き20年以上警察官若しくは皇宮護衛官又は消防吏員若しくは常勤の消防団員として在職していた者その他これらに準ずる者として政令で定める者をいう。

得点UP!

【特定警察職員等の支給開始年齢】

生年月日	定額部分	報酬比例部分
昭和22年4月1日以前	60歳	60歳
昭和22年4月2日～昭和24年4月1日	61歳	
昭和24年4月2日～昭和26年4月1日	62歳	
昭和26年4月2日～昭和28年4月1日	63歳	
昭和28年4月2日～昭和30年4月1日	64歳	
昭和30年4月2日～昭和34年4月1日	65歳	
昭和34年4月2日～昭和36年4月1日		61歳
昭和36年4月2日～昭和38年4月1日		62歳
昭和38年4月2日～昭和40年4月1日		63歳
昭和40年4月2日～昭和42年4月1日		64歳
昭和42年4月2日～		65歳

B ○ 根拠 法87-Ⅰ①、Ⅳ 　　CH9 Sec9⑥

なお、次に掲げる場合についても、延滞金は徴収されない。

① 納期を繰り上げて徴収するとき。

② 納付義務者の住所若しくは居所が国内にないため、又はその住所及び居所がともに明らかでないため、公示送達の方法によって督促したとき。

③　督促状に指定した期限までに保険料を完納したとき。

C　〇　根拠 法43-Ⅲ　CH9 Sec3⑦

なお、設問の場合には、資格を喪失した日（①その事業所又は船舶に使用されなくなったとき、②任意適用事業所の取消の認可又は任意単独被保険者の資格喪失の認可があったとき、又は③適用除外の規定に該当するに至ったときにあっては、その日）から起算して１月を経過した日の属する月から、年金の額が改定される。

D　〇　根拠 法附則８　CH9 Sec4①

E　×　根拠 法65の２　CH9 Sec6⑥

夫に対する遺族厚生年金は、当該被保険者又は被保険者であった者の死亡について、当該夫が国民年金法の規定による遺族基礎年金の受給権を有する場合には、60歳に到達するまでの間であっても、その支給は停止されない。

問２　正解　C　正解率 82%

A　×　根拠 法20-Ⅱ、厚生年金保険法の標準報酬月額の等級区分の改定等に関する政令１　CH9 Sec2⑬

設問の場合、その年の９月１日から、政令で、当該最高等級の上に更に等級を加える標準報酬月額の等級区分の改定を行うことができる。

確認してみよう！

【健康保険の標準報酬月額等級の改定】

毎年３月31日における標準報酬月額等級の最高等級に該当する被保険者数の被保険者総数に占める割合が100分の1.5を超える場合において、その状態が継続すると認められるときは、その年の９月１日から、政令で、当該最高等級の上に更に等級を加える標準報酬月額の等級区分の改定を行うことができる。ただし、その年の３月31日において、改定後の標準報酬月額等級の最高等級に該当する被保険者数の同日における被保険者総数に占める割合が100分の0.5を下回ってはならない。

B　×　根拠 法85-④他　—

設問の場合に、事業主が保険料の免除の申請を行うことができる旨の規定はない。

確認してみよう！

第１号厚生年金被保険者に係る保険料は、被保険者の使用される船舶について、当該船舶が滅失し、沈没し、又は全く運航に堪えなくなるに至った場合には、納期前であっても、すべて徴収することができる。

C ○ 根拠 法81-Ⅳ、(24)法附則83～85 CH9 Sec9④

第４号厚生年金被保険者の保険料率は、令和９年４月から、1000分の183.00（上限）となる。

D × 根拠 法59-Ⅰ CH9 Sec6③

設問の夫及び子は、いずれも遺族厚生年金を受けることができる遺族とされない。

E × 根拠 法81の２-Ⅰ CH9 Sec9⑤

任意単独被保険者及び高齢任意加入被保険者は、いずれも育児休業期間中の第１号厚生年金被保険者に係る保険料の免除の規定の対象となる。

問３ 正解 A 正解率 45%

A × 根拠 法47-Ⅰただし書、47の２-ⅠⅡ CH9 Sec5②

いわゆる事後重症による障害厚生年金は、障害認定日後から「65歳に達する日の前日」までの間において、障害等級に該当する程度の障害の状態に該当するに至った場合に、その期間内に請求することができることとされている。

B ○ 根拠 法附則16の３-Ⅰ CH9 Sec5②

確認してみよう！

繰上げ支給の老齢基礎年金の受給権者には、法47条の２（事後重症による障害厚生年金）、法47条の３（基準障害による障害厚生年金）、法52条４項（その他障害による障害厚生年金の額の改定）、法52条の2,2項（障害基礎年金の額の改定に伴う障害厚生年金の額の改定）及び法54条２項ただし書（その他障害による障害厚生年金の支給停止解除）の規定は、当分の間、適用されない。

C ○ 根拠 法50-ⅠⅡ CH9 Sec5⑥

なお、障害厚生年金の給付事由となった障害について国民年金法による障害基礎年金を受けることができない場合において、障害厚生年金の額が国民年金法33

令和元年度（第51回）
択一式

条1項に規定する障害基礎年金の額に4分の3を乗じて得た額（その額に50円未満の端数が生じたときは、これを切り捨て、50円以上100円未満の端数が生じたときは、これを100円に切り上げるものとする。）に満たないときは、当該額が障害厚生年金の額となる。

D ○ 根拠 法58-Ⅰ② CH9 Sec6①

E ○ 根拠 令3の12の11 CH9 Sec7②

確認してみよう！

合意分割に係る標準報酬改定請求については、対象期間に障害厚生年金の額の計算の基礎となる被保険者期間がある場合であっても、当該被保険者期間を含めて行うことができる。

問4 正解 D 正解率 70%

A × 根拠 法6-ⅠⅢ CH9 Sec1②

常時5人以上の従業員を使用する個人経営の畜産業者である事業主の事業所は、強制適用事業所とならないので、適用事業所となるためには、厚生労働大臣から任意適用事業所の認可を受ける必要がある。

B × 根拠 法6-Ⅰ①、7 CH9 Sec1③

設問の場合、任意適用事業所の認可があったものとみなされ、引き続き適用事業所となるため、任意適用事業所の認可申請を行う必要はない。

C × 根拠 法6-Ⅰ① CH9 Sec1②

常時5人以上の従業員を使用する個人経営のと殺業者である事業主の事業所は、強制適用事業所である。

D ○ 根拠 則13-Ⅲ CH9 Sec1⑤

E × 根拠 則23-ⅠⅢ CH9 Sec1⑤

住所に変更があった船舶所有者は、**速やかに**、所定の事項を記載した届書を日本年金機構に提出しなければならない。なお、設問の船舶所有者以外の事業主に関する記述については正しい。

問5　正解　E（エとオ）

正解率　45%

ア　×　根拠　則78他　　CH9 Sec7①

設問の場合には、いわゆる合意分割の請求はできない。

確認してみよう！

合意分割に係る離婚等には、婚姻の届出をしていないが事実上婚姻関係と同様の事情にあった当事者について、当該当事者の一方の被扶養配偶者（国民年金法7条1項3号に規定する被扶養配偶者をいう。）である第3号被保険者であった当該当事者の他方が当該第3号被保険者としての国民年金の被保険者の資格を喪失し、当該事情が解消したと認められる場合（当該当事者が婚姻の届出をしたことにより当該事情が解消した場合を除く。）が含まれる。

イ　×　根拠　則78の14-②ロ　　CH9 Sec7①②

設問の場合には、いわゆる3号分割の請求ができ得る。

得点UP！

3号分割に係る離婚又は婚姻の取消しに準ずるものとして厚生労働省令で定めるときは、次に掲げる場合である。

(1)　婚姻の届出をしていないが事実上婚姻関係と同様の事情にあった特定被保険者及び被扶養配偶者について、当該被扶養配偶者が第3号被保険者としての国民年金の被保険者の資格（当該特定被保険者の配偶者としての当該資格に限る。）を喪失し、当該事情が解消したと認められる場合（当該特定被保険者及び被扶養配偶者が婚姻の届出をしたことにより当該事情が解消した場合を除く。）

(2)　3号分割標準報酬改定請求のあった日に、次の①又は②に掲げる場合に該当し、かつ、特定被保険者の被扶養配偶者が第3号被保険者としての国民年金の被保険者の資格（当該特定被保険者の配偶者としての当該資格に限る。）を喪失している場合

① 特定被保険者が行方不明となって3年が経過していると認められる場合（離婚の届出をしていない場合に限る。）

② 離婚の届出をしていないが、夫婦としての共同生活が営まれておらず、事実上離婚したと同様の事情にあると認められる場合であって、かつ、3号分割標準報酬改定請求をするにつき特定被保険者及び被扶養配偶者がともに当該事情にあると認めている場合

ウ　×　根拠　法14-Ⅴ　　CH9 Sec2④

適用事業所に使用される70歳未満の被保険者が70歳に達したときは、それに該当するに至った日に、被保険者の資格を喪失する。

エ　○　根拠　法附則4の3-Ⅱ　　CH9 Sec2⑤

オ ○ 根拠 法13-Ⅱ、法附則4の5-Ⅰ　CH9 Sec2⑤

問6 正解 E　正解率 78%

A × 根拠 法59の2　CH9 Sec6②

設問の場合における遺族厚生年金の支給に関する規定の適用については、当該航空機が行方不明となった日に、当該被保険者が死亡したものと推定される。

B × 根拠 則40の2-Ⅰ　CH9 Sec2⑩

老齢厚生年金の受給権者の属する世帯の世帯主その他その世帯に属する者は、当該受給権者の所在が1か月以上明らかでないときは、速やかに、所定の事項を記載した届書を日本年金機構に提出しなければならない。

C × 根拠 則32の3-Ⅰ　—

設問の届書は、老齢厚生年金の受給権者が国会議員となったときに提出するものである。

D × 根拠 則46　CH9 Sec2⑩

加給年金額対象者の不該当の事由が、「配偶者が65歳に達したとき」である場合には、設問の届書を提出する必要はない。

E ○ 根拠 法73、73の2　CH9 Sec8⑨

問7 正解 D　正解率 80%

A ○ 根拠 法23の3-Ⅰただし書　CH9 Sec2⑬

B ○ 根拠 法23-Ⅰ　CH9 Sec2⑬

C ○ 根拠 法24-Ⅰ　CH9 Sec2⑬

D × 根拠 法67-Ⅰ　CH9 Sec6⑥

配偶者に対する遺族厚生年金は、その配偶者の所在が1年以上明らかでないときは、遺族厚生年金の受給権を有する子の申請によって、その所在が明らかでなくなった時にさかのぼって、その支給を停止する。

E ○ 根拠 法64　CH9 Sec6⑥

問8　正解　B　　正解率 51%

A ○ 根拠 則68の2－I　　CH9 Sec2⑩

B × 根拠 法23の2－I　　CH9 Sec2⑬

育児休業等終了時改定は、育児休業等を終了した日の翌日が属する月以後の3月間に受けた報酬（原則として、報酬支払の基礎となった日数が17日未満である月があるときは、その月を除く。）の平均により判断する。なお、設問の者が、仮に育児休業をした日数分給与が差し引かれる場合には、4月は給与の支払いがなく、5月については報酬支払の基礎となった日数が17日未満であるため、6月10日に支払った給与により判断することとなる。

C ○ 根拠 則14の3－I　　―

なお、設問の届出は、日本年金機構に健康保険法施行規則の規定によって特定適用事業所の該当の届出に係る届書を提出するときは、これに併記して行うものとされている。

D ○ 根拠 (24)法附則17－II①、則14の4－I　　CH9 Sec2①

なお、設問の厚生年金保険の被保険者及び70歳以上の使用される者（4分の3以上同意対象者）の4分の3以上で組織する労働組合がない場合には、4分の3以上同意対象者の4分の3以上を代表する者の同意又は4分の3以上同意対象者の4分の3以上の同意を得たことを証明する書類を添付しなければならない。また、当該申出は、日本年金機構に健康保険法施行規則の規定によって特定適用事業所の不該当の申出に係る申出書を提出するときは、これに併記して行うものとされている。

E ○ 根拠 法44－IV④、50の2－IV　　CH9 Sec5⑥

問9　正解　A　　正解率 74%

A ○ 根拠 法37－II III　　CH9 Sec8④

B × 根拠 法63－II　　CH9 Sec6⑦

障害等級2級に該当する障害の状態にある子に遺族厚生年金の受給権が発生し、19歳のときに障害等級3級に該当する障害の状態になった場合には、障害等級3級に該当する障害の状態になったときに、当該受給権は消滅する。なお、設問文前段の記述については正しい。

C ✕ 根拠 法附則７の４－Ⅰ、７の５－Ⅰ、11の５、11の６－Ⅰ他 CH9 Sec4⑨

老齢厚生年金と雇用保険法に基づく給付の調整は、特別支給の老齢厚生年金又は繰上げ支給の老齢厚生年金と基本手当又は高年齢雇用継続給付との間で行われ、高年齢求職者給付金との調整は行われない。

D ✕ 根拠 法附則29－Ⅰ CH9 Sec6⑧

かつて脱退一時金を受給した者であっても、所定の要件を満たした場合には、再度脱退一時金の支給を請求することができる。

E ✕ 根拠 法60他 —

遺族厚生年金に加給年金額は加算されない。

問10 正解 ア：○、イ：×、ウ：×、エ：○、オ：○

ア ○ 根拠 則１－Ⅰ CH9 Sec2⑨

なお、設問の選択は、２以上の事業所に使用されるに至った日から10日以内に、所定の事項を記載した届書を、日本年金機構に提出することによって行うものとされている。

イ ✕ 根拠 法附則８の２－Ⅲ、９の４－Ⅰ CH9 Sec4③

設問の場合には、62歳から定額部分と報酬比例部分を受給することができる。

ウ ✕ 根拠 法56－① CH9 Sec5⑩

障害手当金に係る障害の程度を定めるべき日において障害厚生年金の受給権者〔最後に障害等級に該当する程度の障害の状態に該当しなくなった日から起算して当該障害状態に該当することなく３年を経過した障害厚生年金の受給権者（現に障害状態に該当しない者に限る。）を除く。〕である者には、障害手当金は支給されない。

エ ○ 根拠 法附則11－Ⅰ他 —

※　出題当時は、「64歳である特別支給の老齢厚生年金の受給権者が、被保険者である日が属する月において、総報酬月額相当額及び基本月額との合計額が28万円を超えるときは、その月の分の当該特別支給の老齢厚生年金について、原則として、当該合計額から28万円を控除して得た額の２分の１に相当する額に12を乗じて得た額

が支給停止される。」こととされていたため誤りの内容（×）であったが、改正により、低在老について、高在老の仕組みと同じものとされたため、現行の規定に照らすと正しい内容（○）となる。

オ ○ 根拠 法27、則19の5－Ⅰ CH9 Sec2⑭

国民年金法

問1 正解 **C（イとエ）** 正解率 **70%**

ア ✕ 根拠 法86 CH8 Sec3②

政府は、政令の定めるところにより、市町村（特別区を含む。）に対し、市町村長（特別区の区長を含む。）が国民年金法又は同法に基づく政令の規定によって行う「事務の処理に必要な費用」を交付する。

イ ○ 根拠 法142の2 CH8 Sec1②

ウ ✕ 根拠 法109の3－ⅠⅡ CH8 Sec3⑤

保険料納付確認団体は、当該団体の構成員その他これに類する者である被保険者からの委託により、当該被保険者に係る保険料が納期限までに納付されていない事実（「保険料滞納事実」という。）の有無について確認し、その結果を当該被保険者に通知する業務を行うものとされており、設問のような義務を負うこととはされていない。なお、「被保険者の保険料納付の実績及び将来の給付に関する必要な情報」については、法14条の5において、厚生労働大臣が被保険者に対して通知することとされている。

エ ○ 根拠 則15－④ CH8 Sec2⑥

なお、第2号厚生年金被保険者、第3号厚生年金被保険者又は第4号厚生年金被保険者は、当分の間、国民年金原簿の記録の対象とされていない。

確認してみよう！

≪国民年金原簿の記載事項≫
① 被保険者の氏名
② 資格の取得及び喪失、種別の変更に関する事項
③ 保険料の納付状況
④ 被保険者の基礎年金番号
⑤ 被保険者の性別、生年月日及び住所
⑥ 給付に関する事項
⑦ 法定免除、保険料全額免除、保険料4分の3免除、保険料半額免除、保険料4分の1免除、学生納付特例又は納付猶予に係る保険料に関する事項
⑧ 被保険者が国民年金基金の加入員であるときは当該基金の加入年月日

オ ✕ 根拠 法92の3－Ⅰ CH8 Sec3⑤

国民年金基金に納付事務を委託することができるのは、国民年金基金の加入員

に限られる。

問2 正解 C 正解率 75%

A ✕ 根拠 法30-Ⅰ CH8 Sec5②

設問のような規定はない。初診日において被保険者であれば、その者が同日において保険料の納付猶予の適用を受けていたとしても、他の要件を満たす限り、その者に障害基礎年金は支給される。

B ✕ 根拠 法40-Ⅰ③ CH8 Sec6⑨

死亡した被保険者の兄は、子の伯父（傍系血族）であり、子が当該伯父（直系血族又は直系姻族以外の者）の養子となったときは、当該子の遺族基礎年金の受給権は消滅する。

C ○ 根拠 法37の2-Ⅰ CH8 Sec6⑤

D ✕ 根拠 法18-Ⅱ CH8 Sec4②

年金給付は、その支給を停止すべき事由が生じたときは、その事由が生じた日の属する月の翌月からその事由が消滅した日の属する月までの分の支給を停止する。設問の場合は、支給を停止すべき事由が消滅した月について、その支給が停止される。なお、年金給付は、その支給を停止すべき事由が生じた日とその事由が消滅した日が同じ月に属する場合は、支給を停止しない。

E ✕ 根拠 法131 CH8 Sec10③

設問の「400円」を「200円」と読み替えると、正しい記述となる。

問3 正解 B 正解率 81%

A ✕ 根拠 法137の3、137の3の3 CH8 Sec10①

設問の「4分の3以上」を「3分の2以上」と読み替えると、正しい記述となる。

B ○ 根拠 法52の2-ⅠⅡ CH8 Sec7③

設問の死亡者は、死亡日の前日において死亡日の属する月の前月までの第1号被保険者としての被保険者期間に係る保険料4分の1免除期間の月数（48月）の4分の3に相当する月数を36月有しており、死亡一時金の支給に必要な保険料の納付の要件を満たしている。

C ✕ 根拠 法90の3－Ⅰ CH8 Sec3⑥

学生納付特例に、設問のような年齢制限はない。なお、納付猶予による保険料免除の対象となる期間は、被保険者が50歳に達する日の属する月の前月までの期間に限られる。

D ✕ 根拠 法87の2－Ⅱ CH8 Sec3⑧

付加保険料の納付は、産前産後期間の保険料免除の規定により納付することを要しないものとされた保険料に係る期間の各月について行うことができる。

E ✕ 根拠 法11－Ⅰ CH8 Sec2⑤

設問の場合、「平成31年３月」から、被保険者期間に算入される。

問４ 正解 E 正解率 47%

A 〇 根拠 法89－Ⅰ CH8 Sec3⑥

なお、法定免除の規定により納付することを要しないものとされた保険料について、被保険者又は被保険者であった者から当該保険料に係る期間の各月につき、保険料を納付する旨の申出があったときは、当該申出のあった期間に係る保険料に限り、法定免除の規定は適用されない。

B 〇 根拠 法52の3－ⅠⅡ CH8 Sec7③

死亡一時金を受けるべき者の順位は、死亡した者の配偶者、子、父母、孫、祖父母又は兄弟姉妹の順序である。

C 〇 根拠 法28－Ⅰ CH8 Sec4⑪

老齢基礎年金の受給権者が65歳に達したときに、他の年金たる給付〔他の年金給付（付加年金を除く。）又は厚生年金保険法による年金たる保険給付（老齢を支給事由とするものを除く。）をいう。以下本解説において同じ。〕の受給権者であったとき、又は65歳に達した日から66歳に達した日までの間において他の年金たる給付の受給権者となったときは、当該老齢基礎年金の支給繰下げの申出をすることはできない。

D 〇 根拠 法附則9の2－Ⅳ、令12－Ⅰ他 CH8 Sec4⑩

設問の者※が老齢基礎年金の支給繰上げを請求した場合の減額率は、1000分の

5※に老齢基礎年金の支給繰上げを請求した日の属する月から65歳に達する日の属する月の前月までの月数を乗じて得た率とされる。設問の者は、63歳に達した月に老齢基礎年金の支給繰上げの請求をしていることから、老齢基礎年金の額の計算に係る減額率は、12％（＝1000分の5※×24月）となる。

※　上記の「1000分の5」は、令和4年3月31日において60歳に達していない者（昭和37年4月2日以後生まれの者）を対象に、令和4年4月1日以降、「1000分の4」とされる。設問の昭和31年4月20日生まれの者の場合、支給繰上げによる老齢基礎年金の額の計算に係る減額率は、「1000分の5」を用いる。

E　×　根拠　法49-Ⅰ　CH8 Sec7②

設問の死亡した夫は、第1号被保険者としての被保険者期間に係る保険料納付済期間と保険料免除期間とを合算した期間を10年以上有さないため、妻に寡婦年金は支給されない。

問5　正解　C　正解率 53%

A　×　根拠　法7-Ⅰ　CH8 Sec2①

第1号被保険者について、国籍要件は問われない。また、第2号被保険者は国内居住要件を問われず、原則として、年齢要件も問われない。

確認してみよう！

第3号被保険者の対象とされるのは、原則として日本国内に住所を有するものとされているが、外国において留学をする学生その他の日本国内に住所を有しないが渡航目的その他の事情を考慮して日本国内に生活の基礎があると認められる者として厚生労働省令で定める者（次に掲げる者）は、第3号被保険者の対象とされる。

①　外国において留学をする学生
②　外国に赴任する第2号被保険者に同行する者
③　観光、保養又はボランティア活動その他就労以外の目的で一時的に海外に渡航する者
④　第2号被保険者が外国に赴任している間に当該第2号被保険者との身分関係が生じた者であって、上記②に掲げる者と同等と認められるもの
⑤　上記①～④に掲げる者のほか、渡航目的その他の事情を考慮して日本国内に生活の基礎があると認められる者

B　×　根拠　法28、法附則9の2　—

老齢基礎年金の支給の繰上げについては、法附則において当分の間の措置として規定されている。また、老齢基礎年金の支給の繰下げについては、法28条（法

本則）において規定されている。

C ○ 根拠 (60)法附則15-Ⅳ　—

D × 根拠 令11の3　CH8 Sec3③

基礎年金拠出金の額の算定対象となる被保険者について、第2号被保険者にあっては、「20歳以上60歳未満の者」とされている。

E × 根拠 法72-①　CH8 Sec9⑥

設問の場合、年金給付の額の全部又は一部につき、その支給を停止することができるとされている。

問6 正解 A　正解率 78%

A × 根拠 法101-Ⅲ、法附則9の3の2-Ⅴ　CH8 Sec9⑦

脱退一時金に関する処分に不服がある者は、「社会保険審査会」に対して審査請求をすることができる。なお、後半の記述については正しい。

B ○ 根拠 法31　CH8 Sec5⑦

いわゆる併合認定に関する記述である。

確認してみよう！

① 期間を定めて支給を停止されている障害基礎年金の受給権者に対して更に障害基礎年金を支給すべき事由が生じたときは、併合認定の規定により支給する前後の障害を併合した障害の程度による障害基礎年金は、従前の障害基礎年金の支給を停止すべきであった期間、その支給が停止され、その間、その者に従前の障害を併合しない障害の程度による障害基礎年金が支給される。

② 障害基礎年金の受給権者が更に障害基礎年金の受給権を取得した場合において、新たに取得した障害基礎年金が法36条1項（労働基準法の障害補償を受けることができることによる支給停止）の規定によりその支給が停止されるべきものであるときは、その停止すべき期間、その者に対して従前の障害基礎年金が支給される。

C ○ 根拠 法71-Ⅰ　CH8 Sec9⑥

D ○ 根拠 法71-Ⅱ　CH8 Sec9⑥

E ○ 根拠 法30-Ⅰ、30の2-ⅠⅢ　CH8 Sec5③

問7 正解 D 正解率 50%

A ○ 根拠 法74-ⅡⅢ CH8 Sec1②

確認してみよう！

設問の電子情報処理組織の運用のほか、政府は、国民年金事業の円滑な実施を図るため、国民年金に関し、次に掲げる事業を行うことができるものとされており、当該事業の全部又は一部を日本年金機構に行わせることができるものとされている。

① 教育及び広報を行うこと。

② 被保険者、受給権者その他の関係者（被保険者等）に対し、相談その他の援助を行うこと。

③ 被保険者等に対し、被保険者等が行う手続に関する情報その他の被保険者等の利便の向上に資する情報を提供すること。

B ○ 根拠 則40-ⅠⅡ ―

C ○ 根拠 法19-Ⅳ、令4の3の2 CH8 Sec9①

なお、死亡した者が遺族基礎年金の受給権者であったときは、その者の死亡の当時当該遺族基礎年金の支給の要件となり、又はその額の加算の対象となっていた被保険者又は被保険者であった者の子は、未支給の年金の支給を請求することができる子とみなされる。

D × 根拠 (60)法附則22 CH8 Sec5③

事後重症による障害基礎年金は、同一の傷病による障害について、旧国民年金法による障害年金、旧厚生年金保険法による障害年金又は共済組合若しくは日本私立学校振興・共済事業団が支給する障害年金の受給権を有していたことがある者については、支給されない。

E ○ 根拠 法12-Ⅸ CH8 Sec2⑥

確認してみよう！

第3号被保険者の資格の取得及び喪失並びに種別の変更に関する事項等に関する届出は、厚生労働省令で定める場合を除き、第1号厚生年金被保険者である第2号被保険者の被扶養配偶者である第3号被保険者にあっては、その配偶者である第2号被保険者を使用する事業主を経由して行うものとされ、第2号厚生年金被保険者、第3号厚生年金被保険者又は第4号厚生年金被保険者である第2号被保険者の被扶養配偶者である第3号被保険者にあっては、その配偶者である第2号被保険者を組合員又は加入者とする国家公務員共済組合、地方公務員共済組合又は日本私立学校振興・共済事業団を経由して行うものとされている。

問8　正解　D　　正解率 55%

A ○ 根拠 法26、法附則9－Ⅰ、(16)法附則19－Ⅳ、(26)法附則14－Ⅲ

CH8 Sec4④

B ○ 根拠 法26、法附則9－Ⅰ、(60)法附則8－ⅣⅤ⑥⑨他　CH8 Sec4④⑤⑦

設問の者は合算対象期間以外の期間を有さないことから、この者に老齢基礎年金は支給されない。

C ○ 根拠 法28－Ⅰ他　—

D × 根拠 (6)法附則11－Ⅰ、(16)法附則23－Ⅰ　CH8 Sec2②④

設問の男性は、すでに8年間の保険料納付済期間を有しているため、いわゆる特例の任意加入被保険者となることができる期間は「2年間」である。

E ○ 根拠 (60)法附則14－Ⅰ、16－Ⅰ　CH8 Sec4⑩

設問の女性は、大正15年4月2日から昭和41年4月1日までの間に生まれた老齢基礎年金の受給権者であり、65歳に達した日において、この者の配偶者の老齢厚生年金に係る加給年金額の加算対象者となっていたことから、振替加算の要件を満たすことになる。障害基礎年金はその全額が支給停止されており、この女性が受給する老齢基礎年金には、振替加算が行われる。

問9　正解　E　　正解率 69%

A × 根拠 (6)法附則4－Ⅰ　CH8 Sec5⑥

設問の障害基礎年金の請求（平成6年11月9日前に受給権が消滅した障害基礎年金に係る経過措置による請求）は、65歳に達する日の前日までの間に行わなければならない（いつでも請求することができるわけではない。）。

B × 根拠 法37、法附則9－Ⅰ　CH8 Sec6②

合算対象期間のみを25年有している者の死亡について、遺族基礎年金は支給されない。

C × 根拠 (60)法附則26　CH8 Sec5⑦

昭和61年4月前に旧法による障害年金の受給権を取得した者に対して更に新法の障害基礎年金の受給権が発生したときは、前後の障害を併合した障害の程度による障害基礎年金が支給される（つまり、併合は行われる。）。なお、この場合には、従前の旧法の障害年金の受給権は消滅せず、旧法の障害年金か、併合認定による障害基礎年金か、いずれを受けるかを選択することとなる。

D ✕ 根拠 法5-Ⅶ、37の2-Ⅰ CH8 Sec6⑤

国民年金法において、「配偶者」、「夫」及び「妻」には、婚姻の届出をしていないが、事実上婚姻関係と同様の事情にある者を含むものとされている。設問の事実婚の男性も遺族基礎年金の受給権者となり得る。

E ○ 根拠 法36の2-Ⅰ①Ⅱ CH8 Sec5⑩

問10 正解 A 正解率 19%

A ○ 根拠 法90-Ⅰ、則77の2、H26.3.31厚労告191号他 CH8 Sec3⑥

免除申請のあった日の属する月の2年1月前の月（原則）から当該申請のあった日の属する年の翌年6月（当該申請のあった日の属する月が1月から6月までである場合にあっては、当該申請のあった日の属する年の6月）までの期間のうち必要と認める期間とされるため、令和元年8月に保険料の免除を申請する場合は、平成29年7月分から令和2年6月分までが、免除の対象期間となり得る。また、設問の所定の所得基準以下に該当しているかについては、当該保険料を納付することを要しないものとすべき月の属する年の前年の所得（1月から6月までの月分の保険料については、前々年の所得とする。）で判断されることとなるため、後半の記述についても正しい。

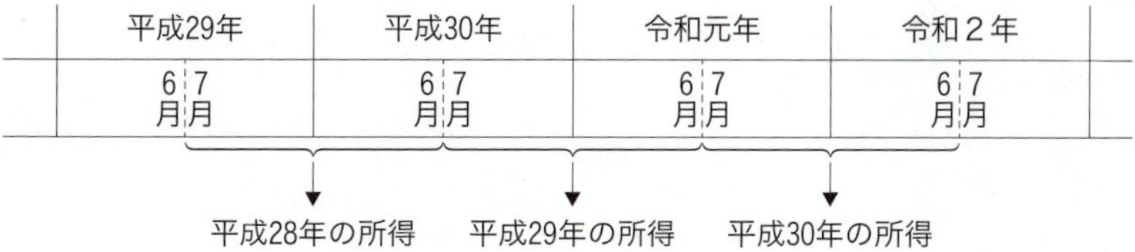

平成29年	平成30年	令和元年	令和2年
6月¦7月	6月¦7月	6月¦7月	6月¦7月

平成28年の所得（平成29年7月～平成30年6月）　平成29年の所得（平成30年7月～令和元年6月）　平成30年の所得（令和元年7月～令和2年6月）

B ✕ 根拠 令7、H31.2.28厚労告47号 —

保険料の前納は、厚生労働大臣が定める期間のすべての保険料をまとめて前納する場合においては、6月又は年を単位として行うことを要しない。設問の者は、令和元年8月に60歳に到達し第1号被保険者の資格を喪失するため、厚生労働大臣が指定する期間として、平成31年4月から令和元年7月までの4か月分を、まとめて前納することが可能である。

C ✕ 根拠 法87の2－Ⅲ　—

設問の者は、前納した後に国民年金基金の加入員となったため、加入員となった令和元年8月以後の各月に係る付加保険料が、請求により還付されることとなり、7月分の付加保険料は還付されない。

D ✕ 根拠 法88の2、則73の6　CH8 Sec3⑥

設問の第1号被保険者は、産前産後の保険料免除の届出後に出産しているため、実際の出産日にかかわらず、出産予定日の属する月の前月である「令和元年9月分」から当該出産予定日の属する月の翌々月である「令和元年12月分」までが、保険料免除の対象となる。

E ✕ 根拠 法94－Ⅱ、(16)法附則19－Ⅳ、(26)法附則14－Ⅲ　CH8 Sec3⑦

設問の免除期間の一部について追納を行う場合、原則としては学生納付特例の期間の保険料を優先するが、当該学生納付特例の期間の保険料より前に納付義務が生じた保険料全額免除期間（学生納付特例の期間及び納付猶予の期間を除く。）の保険料があるときは、当該保険料について、先に経過した月の分の保険料から追納をすることもできる。

平成30年度
（2018年度・第50回）
解答・解説

合格基準点

選択式	総得点**23点**以上、かつ、 各科目**3点**以上 （ただし、社一、国年は**2点**可）
択一式	総得点**45点**以上、かつ、 各科目**4点**以上

受験者データ

受験申込者数	49,582人
受験者数	38,427人
合格者数	2,413人
合格率	6.3%

繰り返し記録シート（平成30年度）

解いた回数	科目	問題No.	点数	解いた回数	科目	点数
選択式1回目	労基安衛	問1	／5	択一式1回目	労基安衛	／10
	労災	問2	／5		労災徴収	／10
	雇用	問3	／5		雇用徴収	／10
	労一	問4	／5		労一社一	／10
	社一	問5	／5		健保	／10
	健保	問6	／5		厚年	／10
	厚年	問7	／5		国年	／10
	国年	問8	／5		合計	／70
		合計	／40			
選択式2回目	労基安衛	問1	／5	択一式2回目	労基安衛	／10
	労災	問2	／5		労災徴収	／10
	雇用	問3	／5		雇用徴収	／10
	労一	問4	／5		労一社一	／10
	社一	問5	／5		健保	／10
	健保	問6	／5		厚年	／10
	厚年	問7	／5		国年	／10
	国年	問8	／5		合計	／70
		合計	／40			
選択式3回目	労基安衛	問1	／5	択一式3回目	労基安衛	／10
	労災	問2	／5		労災徴収	／10
	雇用	問3	／5		雇用徴収	／10
	労一	問4	／5		労一社一	／10
	社一	問5	／5		健保	／10
	健保	問6	／5		厚年	／10
	厚年	問7	／5		国年	／10
	国年	問8	／5		合計	／70
		合計	／40			

平成30年度
(2018年度・第50回)
解答・解説
選択式

正解一覧

問	記号	番号	正解
問1	A	⑦	１か月
	B	②	30　分
	C	⑪	功労報償
	D	⑯	デザイン
	E	⑳	ろ過材及び面体を有する防じんマスク
問2	A	④	労働保険事務組合
	B	②	サービス業
	C	④	25,000円
	D	④	林　業
	E	③	個人タクシー事業者
問3	A	⑤	15　日
	B	④	11　日
	C	⑮	２分の１箇月
	D	⑲	５　年
	E	⑪	100 日
問4	A	②	1.26
	B	⑯	東京都
	C	⑫	次世代育成支援対策推進法
	D	⑤	101人
	E	⑭	生産年齢人口
問5	A	②	３　年
	B	⑭	35,000円
	C	⑲	脱退一時金
	D	⑩	60歳以上70歳以下
	E	⑦	50歳未満
問6	A	⑭	疾病構造の変化
	B	⑦	運営の効率化
	C	⑬	質の向上
	D	③	以前42日
	E	⑩	後56日
問7	A	⑭	納入の告知又は納付の日の翌日から６か月
	B	⑮	被保険者から徴収された保険料
	C	⑲	専ら厚生年金保険の被保険者
	D	⑧	至った日の翌日の属する月の前月
	E	①	１年以内
問8	A	⑰	毎　月
	B	⑲	老齢基礎年金の受給権者に対し、当該受給権者に係る個人番号の報告
	C	⑯	納付猶予
	D	⑤	1000分の７
	E	⑬	取得した日の属する月から当該年金の支給の繰下げの申出をした日の属する月の前月までの月数（当該月数が120を超えるときは、120）

問1 労働基準法及び労働安全衛生法

根拠 労基法21-①、67-Ⅰ、最二小S52.8.9三晃社事件、安衛法2-④、44の2-Ⅰ、令14の2-⑤

	解答	参照	正解率
A	⑦ 1か月	CH1 Sec2④	64%
B	② 30 分	CH1 Sec9④	94%
C	⑪ 功労報償	—	88%
D	⑯ デザイン	CH2 Sec1③	37%
E	⑳ ろ過材及び面体を有する防じんマスク	CH2 Sec5②	50%

解説

なお、選択肢⑮の「墜落災害防止用安全帯」（安全帯）は、平成31年2月1日から、「墜落制止用器具」と名称等が改められている。

問2 労働者災害補償保険法

根拠 法33-①③、34-Ⅰ③、35-Ⅰ、則46の16、46の17-①④、46の20-Ⅰ、46の22の2

	解答	参照	正解率
A	④ 労働保険事務組合	CH3 Sec9①	99%
B	② サービス業	CH3 Sec9①	88%
C	④ 25,000円	CH3 Sec9②	80%
D	④ 林 業	CH3 Sec9①	35%
E	③ 個人タクシー事業者	CH3 Sec9②	98%

解説

労働保険事務組合に労働保険事務の処理を委託することができる事業主（中小事業主）は、以下のとおりである。

	主たる事業	常時使用労働者数
①	金融業・保険業・不動産業・小売業	50人以下
②	卸売業・サービス業	100人以下
③	①②以外の事業	300人以下

※労働者の数は、個々の事業場ごとではなく、企業全体の労働者数である。

問3 雇用保険法

根拠 法14-Ⅰ、61の2-Ⅰ

	解答	参照	正解率
A	⑤ 15 日	CH4 Sec3②	89%
B	④ 11 日	CH4 Sec3②	91%
C	⑮ 2分の1箇月	CH4 Sec3②	97%
D	⑲ 5 年	CH4 Sec9②	86%
E	⑪ 100 日	CH4 Sec9②	75%

問4 労務管理その他の労働に関する一般常識

根拠 次世代法12-Ⅰ、「平成27年人口動態統計（厚生労働省）」、「社会・人口統計体系（総務省統計局）」

	解答	参照	正解率
A	② 1.26	—	48%
B	⑯ 東京都	—	59%
C	⑫ 次世代育成支援対策推進法	CH6 Sec2⑦	77%
D	⑤ 101人	CH6 Sec2⑦	65%
E	⑭ 生産年齢人口	—	49%

問5 社会保険に関する一般常識

根拠 介保法129-Ⅰ～Ⅲ、児手法6-Ⅰ、確給法29-Ⅰ、36-Ⅰ～Ⅲ

	解答	参照	正解率
A	② 3 年	CH10 Sec1④	55%
B	⑭ 35,000円	CH10 Sec1⑤	80%
C	⑲ 脱退一時金	CH10 Sec2②	81%
D	⑩ 60歳以上70歳以下	CH10 Sec2②	67%
E	⑦ 50歳未満	CH10 Sec2②	21%

平成30年度（第50回）
選択式

解説

Bについては、支給要件児童の３人がいずれも「３歳以上小学校修了前」に該当するので、１人当たりの月額は、「10,000円（第３子以降15,000円）」である。したがって、Bの支給額は、

10,000円（第１子）＋10,000円（第２子）＋15,000円（第３子）＝35,000円

となる。

問6 健康保険法

根拠 法2、102-Ⅰ

A	⑭	疾病構造の変化	CH7 Sec1①	正解率	88%
B	⑦	運営の効率化	CH7 Sec1①	正解率	68%
C	⑬	質の向上	CH7 Sec1①	正解率	88%
D	③	以前42日	CH7 Sec6②	正解率	73%
E	⑩	後56日	CH7 Sec6②	正解率	78%

問7 厚生年金保険法

根拠 法26-Ⅰ、79の2、83-Ⅱ

A	⑭	納入の告知又は納付の日の翌日から6か月	CH9 Sec9⑤	正解率	54%
B	⑮	被保険者から徴収された保険料	CH9 Sec9③	正解率	86%
C	⑲	専ら厚生年金保険の被保険者	CH9 Sec9③	正解率	74%
D	⑧	至った日の翌日の属する月の前月	CH9 Sec2⑬	正解率	59%
E	①	1年以内	CH9 Sec2⑬	正解率	67%

問8 国民年金法

根拠 法28-Ⅳ、109の2-Ⅰ、(16)法附則19の2-Ⅰ、(26)法附則15-Ⅰ、令4の5-Ⅰ、則18条-ⅠⅡ

A	⑰	毎 月	CH8 Sec2⑥	正解率	69%
B	⑲	老齢基礎年金の受給権者に対し、当該受給権者に係る個人番号の報告	—	正解率	44%
C	⑯	納付猶予	—	正解率	34%
D	⑤	1000分の7	CH8 Sec4⑪	正解率	69%
E	⑬	取得した日の属する月から当該年金の支給の繰下げの申出[※1]をした日の属する月の前月までの月数（当該月数が120を超えるときは、120）[※2]	CH8 Sec4⑪	正解率	62%

※1 「繰下げの申出」には、国民年金法28条5項の規定により同条1項の申出があったものとみなされた場合における当該申出を含む。

※2 Eについて、当該月数の上限が120となるのは、昭和16年4月2日以後生まれの者のうち、令和4年3月31日において70歳に達していない者（昭和27年4月2日以後生まれの者）である（昭和27年4月1日以前生まれの者の場合、当該月数の上限は60となる。）。

平成30年度
（2018年度・第50回）
解答・解説
択一式

正解一覧

	労基安衛	雇用徴収	健保	国年
問1	B	E	D	A
問2	C	D	D	E
問3	C	B	B	D
問4	D	A	B	C
問5	A	C	D	C
問6	E	E	A	B
問7	B	A	C	C
問8	C	D	E	D
問9	D	B	B	A
問10	E	C	A	E

	労災徴収	労一社一	厚年
問1	A	A	D
問2	C	E	B
問3	E	D	B
問4	A	C	D
問5	D	B	C
問6	E	E	B
問7	B	B	A
問8	C	A	D
問9	C	D	E
問10	E	D	C

労働基準法及び労働安全衛生法

問1 正解 **B（ア・イの二つ）** 正解率 52%

ア ✕ 根拠 法32の3、S63.1.1基発1号 —

設問のように充当することは、その清算期間内における労働の対価の一部がその期間の賃金支払日に支払われないことになり、法24条の賃金全額払の原則に違反し、許されないものであるとされている。

確認してみよう！
前月分の過払賃金を当月分で精算する程度は、賃金それ自体の計算に関するものであるから、賃金全額払の原則に反しない。

イ ✕ 根拠 法32、S33.10.11基収6286号 CH1 Sec4①

設問の時間は労働時間と解すべきものとされている。労働時間は、労働者に自由利用が保障されていない時間で、業務と関連性があるものをいう。一方、労働者に自由利用が保障されている時間は、一般に休憩時間となる。

確認してみよう！
労働時間に該当するかどうかは、労働者の行為が使用者の指揮命令下に置かれたものと評価することができるかどうかによって客観的に定まるものであって、労働契約、就業規則、労働協約等の定めのいかんにより決定されるものではない。

ウ ○ 根拠 法40、則25の2-Ⅰ CH1 Sec4②

確認してみよう！
商業、映画・演劇業（映画の製作の事業を除く。）、保健衛生業及び接客娯楽業のうち常時10人未満の労働者を使用するものについては、特例として1週間の法定労働時間が44時間とされる。

エ ○ 根拠 法60-Ⅰ、H11.3.31基発168号 CH1 Sec9③

年少者については、三六協定による時間外・休日労働をさせることができず、また、深夜業をさせることはできないが、「災害等による臨時の必要がある場合」には、時間外・休日労働、深夜業をさせることができる。なお、「公務のために臨時の必要がある場合」には、年少者に時間外・休日労働をさせることはできるが、深夜業をさせることはできない。

オ ○ 根拠 法32、S63.1.1基発1号 CH1 Sec4②

なお、就業規則に別段の定めがない場合においては、法32条1項にいう「1週間」は日曜から土曜までの暦週をいうものと解される。

問2 正解 C（イとエ） 正解率 81%

ア ○ 根拠 法32の3-Ⅰ、S22.9.13発基17号 CH1 Sec5③

法32条の3,1項においては「就業規則その他これに準ずるもの」により「その労働者に係る始業及び終業の時刻をその労働者の決定に委ねること」を定めることとされているが、常時10人以上の労働者を使用する使用者は、法89条で就業規則の作成義務があるので、「就業規則に準ずるもの」により当該事項を定めることはできず、必ず「就業規則」により定めなければならない。

イ × 根拠 法32の4-ⅠⅢ、則12の4-Ⅳ、H11.3.31基発168号 CH1 Sec5②

いわゆる1年単位の変形労働時間制における1週間の労働時間の限度は「52時間」である。なお、1日の労働時間の限度に関する記述は正しい。

確認してみよう！

対象期間が3箇月を超えるときは、次のいずれにも適合しなければならない。

①	対象期間において、その労働時間が48時間を超える週が連続する場合の週数が3以下であること
②	対象期間をその初日から3箇月ごとに区分した各期間（3箇月未満の期間が生じたときは、その期間）において、その労働時間が48時間を超える週の初日の数が3以下であること

ウ ○ 根拠 法32の4、H6.5.31基発330号 CH1 Sec5②

「最初の期間」における労働日及びその労働日ごとの労働時間については、労使協定に定めなければならない（休日もあらかじめ特定しなければならない。）。なお、最初の期間を除くその後の各期間については、総枠（労働日数と総労働時間）を定めておくことで足り、労働日及びその労働日ごとの労働時間については、各期間の初日の少なくとも30日前に、過半数労働組合等の同意を得て、書面で定めることとなる。

エ × 根拠 法19、S26.6.25基収2609号 CH1 Sec2④

解雇予告期間中に法19条の解雇制限事由が生じた場合にも、同条の適用がある

（解雇制限期間中は解雇してはならない。）。

オ ○ 根拠 法20、S27.5.17基収1906号 CH1 Sec2④

得点UP!

解雇予告手当の支払は、単にその限度で解雇の予告義務を免除するにとどまるものであり、解雇予告手当の支払について、使用者と労働者との間に債権債務の関係が発生することはない。

問3 正解 C 正解率 67%

日	月	火	水	木	金	土
休	6	6	6	6	6	6

A × 根拠 法37-Ⅰ、H11.3.31基発168号 CH1 Sec6④

法定休日の労働時間が8時間を超えても、休日労働に対する割増率と時間外労働に対する割増率を加算する必要はなく、設問の場合には、深夜業（午後10時から午前5時までの労働）に該当しない限り、休日労働に対する割増賃金のみ支払うことで足りる。

B × 根拠 法37-Ⅰ、H6.5.31基発331号 —

法定休日の勤務が延長されて翌日に及んだ場合は、法定休日である日の午前0時から午後12時までの時間帯に労働した部分が休日労働時間となる。したがって、設問の場合は日曜日の午後8時から同日の午後12時までが休日割増賃金対象の労働となる。

C ○ 根拠 法37-Ⅰ、S63.1.1基発1号 CH1 Sec6④

D × 根拠 法37-Ⅰ、H6.5.31基発331号 CH1 Sec6④

法定休日の前日の勤務が延長されて法定休日に及んだ場合は、法定休日である日の午前0時から午後12時までの時間帯に労働した部分は休日労働時間となる。したがって、設問の場合、日曜日の午前0時から同日の午前3時までは休日労働時間となる。

E × 根拠 法32 —

設問の場合には、木曜及び金曜については、1日の法定労働時間（8時間）を超える部分（2時間）が時間外労働時間となる。また、金曜日の業務が終了した時点で当該週の労働時間の合計は、上記1日の法定労働時間を超える時間として計算した時間を除いて34時間（日0h＋月6h＋火6h＋水6h＋木8h＋金8h＝34h）であるため、土曜の労働のうち6時間（40時間−34時間）を超える時間（4時間）が時間外労働時間となる。

問4 正解 **D（ウとオ）** 正解率 **81%**

ア × 根拠 法1、S22.9.13発基17号、S22.11.27基発401号 —

標準家族の範囲は、その時その社会の一般通念によって理解されるべきものであるとされている。

確認してみよう！

労基法1条1項

労働条件は、労働者が人たるに値する生活を営むための必要を充たすべきものでなければならない。

イ × 根拠 法3、S63.3.14基発150号 CH1 Sec1②

法3条の「労働条件」には、解雇に関する条件も含まれる。したがって、解雇の意思表示そのものは労働条件とはいえないが、労働協約、就業規則等で解雇の基準又は理由が規定されていれば、それは労働するに当たっての条件として同条の「労働条件」となる。

ウ ○ 根拠 法4、H9.9.25基発648号 CH1 Sec1②

確認してみよう！

労基法4条

使用者は、労働者が女性であることを理由として、賃金について、男性と差別的取扱いをしてはならない。

エ × 根拠 法9、H9.9.18基発636号 —

いわゆるインターンシップについては、直接生産活動に従事するなど当該作業による利益・効果が当該事業場に帰属し、かつ、事業場と学生との間に使用従属関係が認められる場合には、当該学生は労基法9条の労働者に該当するものと考えられるとされている。したがって、設問のように、「使用従属関係が認められない場合」には、労基法9条に規定される労働者に該当しない。

オ ○ 根拠 法11、H9.6.1基発412号 CH1 Sec3①

問5 正解 A　　正解率 64%

A ○ 根拠 法23、S23.3.17基発464号　　—

解雇予告手当は、労働者が使用者に対して有する債権とは解されないため、法23条に定める労働者の退職の際その請求に応じて7日以内に支払うべき労働者の権利に属する金品には含まれない。

確認してみよう！

労基法23条

使用者は、労働者の**死亡**又は**退職**の場合において、権利者の請求があった場合においては、**7日以内**に賃金を支払い、積立金、保証金、貯蓄金その他名称の如何を問わず、**労働者の権利に属する金品**を返還しなければならない。これらの賃金又は金品に関して争がある場合においては、使用者は、**異議のない部分**を、**7日以内**に支払い、又は返還しなければならない。

B × 根拠 法16、S22.9.13発基17号　　CH1 Sec2③

法16条は現実に生じた損害について賠償を請求することを禁止する趣旨ではなく、設問の約定をすることも同条により禁止されていない。

確認してみよう！

労基法16条

使用者は、労働契約の不履行について**違約金**を定め、又は**損害賠償額**を予定する契約をしてはならない。

C × 根拠 法19-Ⅰ、S63.3.14基発150号　　CH1 Sec2④

設問のように税金の滞納処分を受け事業廃止に至った場合は、法19条1項ただし書にいう「天災事変その他やむを得ない事由のために事業の継続が不可能となった場合」には該当しないため、設問の労働者は同項本文により解雇が制限される。

確認してみよう！

解雇制限期間

業務上傷病の療養休業期間	＋30日間
産前産後の休業期間	

解雇制限の解除

打切補償	
事業継続不能	} 所轄労働基準監督署長の認定が必要

D ✕ 根拠 法14-Ⅰ、H15.10.22基発1022001号 CH1 Sec2③

設問の場合、労働契約の期間は5年となる。法14条1項に規定する期間を超える期間を定めた労働契約を締結した場合は、同条違反となり、当該労働契約の期間は、法13条により、法14条1項1号及び2号に掲げるもの（労働契約の期間の上限が5年とされている労働者に係るもの）については5年、その他のもの（期間の定めのないもの及び一定の事業の完了に必要な期間を定めるものを除く。）については3年となる。契約期間の上限については、令和3年度択一式労基問2Aの 確認してみよう！ 参照。

E ✕ 根拠 法22-Ⅳ、H15.12.26基発1226002号 CH1 Sec2⑤

法22条4項により禁じられている通信の内容として掲げられている事項（労働者の国籍、信条、社会的身分若しくは労働組合運動）は、制限列挙である。

問6 正解 E 正解率 78%

A ○ 根拠 法24-Ⅰ、S61.6.6基発333号 CH1 Sec3②

B ○ 根拠 法24-Ⅰ、最二小H2.11.26日新製鋼事件 —

C ○ 根拠 法11、24-Ⅱ CH1 Sec3②

D ○ 根拠 法24-Ⅰ、最二小S56.9.18三菱重工業長崎造船所事件 —

E ✕ 根拠 法26、S63.3.14基発150号 CH1 Sec3④

労働安全衛生法66条の規定による健康診断の結果に基づく休業期間については、使用者は、労務の提供のなかった限度において賃金を支払わなくて差し支えないものとされており、当該休業期間中に休業手当を支払うことを要しない。

問7 正解 B 正解率 58%

A ✕ 根拠 法89、90、S63.3.14基発150号 CH1 Sec10①

同一の事業場において一部の労働者についてのみ適用される就業規則を別に作成する場合には、一部の労働者に適用される就業規則は単独では法89条の就業規則とはならず、その事業場の就業規則の一部であるから、その作成に際しての法90条の意見聴取については、当該事業場の全労働者の過半数代表者等の意見を聴くことが必要である。

B ○ 根拠 法89-①、H11.3.31基発168号 —

なお、就業規則の絶対的必要記載事項については、令和元年度択一式労基問7 Eの 確認してみよう! 参照。

C × 根拠 法89-⑨ CH1 Sec10②

設問の「制裁」に関する事項は、いわゆる就業規則の相対的必要記載事項であるため、その定めをしない場合には、定めをしない旨を就業規則に記載する必要はない。

確認してみよう!

就業規則の相対的必要記載事項

①	退職手当の定めをする場合においては、適用される労働者の範囲、退職手当の決定、計算及び支払の方法並びに退職手当の支払の時期に関する事項
②	臨時の賃金等（退職手当を除く。）及び最低賃金額の定めをする場合においては、これに関する事項
③	労働者に食費、作業用品その他の負担をさせる定めをする場合においては、これに関する事項
④	安全及び衛生に関する定めをする場合においては、これに関する事項
⑤	職業訓練に関する定めをする場合においては、これに関する事項
⑥	災害補償及び業務外の傷病扶助に関する定めをする場合においては、これに関する事項
⑦	表彰及び制裁の定めをする場合においては、その種類及び程度に関する事項
⑧	①～⑦に掲げるもののほか、当該事業場の労働者のすべてに適用される定めをする場合においては、これに関する事項

D × 根拠 法12-Ⅰ、91、S30.7.19 29基収5875号 CH1 Sec3⑥

法91条（制裁規定の制限）の規定における平均賃金は、減給の制裁の意思表示が相手方に到達した日をもって、これを算定すべき事由の発生した日とされる。

確認してみよう！

算定事由発生日

解雇予告手当	解雇通告日
休業手当	休業日（休業が２日以上の期間にわたる場合は、その最初の日）
年次有給休暇中の賃金	年次有給休暇を与えた日（年次有給休暇が２日以上の期間にわたる場合は、その最初の日）
災害補償	事故発生の日又は診断により疾病の発生が確定した日
減給の制裁	減給の制裁の意思表示が相手方に到達した日

E ✕ 根拠 法101等 CH1 Sec10④

都道府県労働局長には、設問の場合に「助言、指導、勧告、公表」を行う権限はない。

確認してみよう！

就業規則は、法令又は当該事業場について適用される労働協約に反してはならない。行政官庁（所轄労働基準監督署長）は、法令又は労働協約に牴触する就業規則の変更を命ずることができる（法92、則50）。

問８ 正解 C 正解率 81%

A ○ 根拠 法10-Ⅰ、12-Ⅰ、13-Ⅰ、18-Ⅰ、派遣法45-Ⅰ、令６-Ⅲ、H27.9.30基発0930第５号 CH2 Sec2①

確認してみよう！

派遣労働者がいる場合の常時使用する労働者数の算定

総括安全衛生管理者、衛生管理者、安全衛生推進者、衛生推進者、産業医の選任 衛生委員会の設置	派遣先及び派遣元の両方の事業場について、それぞれ派遣中の労働者を含めて算定する。
安全管理者の選任 安全委員会の設置	派遣元の事業場においては派遣中の労働者を除き、派遣先の事業場においては派遣中の労働者を含めて算定する。

B ○ 根拠 法66-Ⅱ、66の３、派遣法45-ⅢⅩⅪ、H27.9.30基発0930第５号 CH2 Sec8②

なお、派遣元事業主は、派遣先が行った特殊健康診断の結果に基づく就業上の措置の内容に関する情報の提供を求めることとされている。

確認してみよう!

派遣労働者の健康診断の実施

一般健康診断	派遣元の事業者
特殊健康診断	派遣先の事業者

C ✕ 根拠 法59-Ⅰ、派遣法45 CH2 Sec6②

雇入れ時の安全衛生教育の実施義務は、派遣元の事業者に課せられている。

確認してみよう!

派遣労働者の安全衛生教育の実施

雇入れ時の教育	派遣元の事業者
作業内容変更時の教育	派遣元及び派遣先の事業者
特別教育及び職長教育	派遣先の事業者

D ○ 根拠 法20-①、22-①、派遣法45-ⅢⅤ —

E ○ 根拠 法100、則97-Ⅰ、派遣法45-ⅩⅤ、則42、H27.9.30基発0930第5号

CH2 Sec10④

労働者死傷病報告書は、派遣元及び派遣先の事業者双方に提出義務がある。

問9 正解 D 正解率 35%

A ✕ 根拠 法45-ⅠⅡ、則134の3、135の3-Ⅰ —

動力プレスの自主検査について、「加工材料に加える圧力が3トン未満の動力プレスは除く」という規定はない。

確認してみよう!

機械等の安全を確保するためには、様々な規制に加えて、事業者が当該機械等の使用過程において一定の期間ごとに自主的にその機能をチェックし、異常の早期発見と補修に努める必要がある。このような趣旨から定期自主検査及びその結果の記録が義務付けられている。

B ✕ 根拠 法45-ⅠⅡ、則151の21、151の24-Ⅰ —

フォークリフトの自主検査について、「最大荷重が1トン未満のフォークリフ

トは除く」という規定はない。

C ✕ 根拠 法45-Ⅱ、令15-Ⅱ ―

設問の作業床の高さが２メートル以上の高所作業車は、特定自主検査の対象となるが、当該特定自主検査は、検査業者のみならず、その使用する労働者で一定の資格を有する者にも実施させることができる。

D ○ 根拠 法45-Ⅰ、有機則５、20 ―

E ✕ 根拠 法45-Ⅰ、則135の２他 CH2 Sec5③

定期自主検査を行ったときの記録の保存期間は「５年間」ではなく「３年間」である。

問10 正解 E

正解率 70%

A ○ 根拠 法66の10-Ⅰ、法附則４、則52の９ CH2 Sec9②

ストレスチェックの実施は義務とされているが、産業医の選任が義務付けられていない事業場（常用労働者50人未満の事業場）については、当分の間、努力義務（行うよう努めなければならない。）とされている。

確認してみよう！

ストレスチェックの実施者は、医師、保健師のほか、検査を行うために必要な知識についての研修であって厚生労働大臣が定めるものを修了した歯科医師、看護師、精神保健福祉士又は公認心理師とされている。

B ○ 根拠 法66の10-Ⅰ、則52の９-① CH2 Sec9②

確認してみよう！

ストレスチェックの項目

①	職場における当該労働者の心理的な負担の原因に関する項目
②	当該労働者の心理的な負担による心身の自覚症状に関する項目
③	職場における他の労働者による当該労働者への支援に関する項目

C ○ 根拠 法66の10-Ⅰ、則52の９-③ CH2 Sec9②

Bの 確認してみよう！ 参照。

D ○ 根拠 法66の10-Ⅰ、則52の９-② CH2 Sec9②

Bの 確認してみよう! 参照。

E ✕ 根拠 法66の10-Ⅰ、則52の10-Ⅱ、H27.5.1基発0501第３号 ─

ストレスチェックを受ける労働者について解雇、昇進又は異動に関して直接の権限を持つ監督的地位にある者は、検査の実施の事務に従事してはならないとする記述は正しいが、ストレスチェックを受けていない労働者に対する受検の勧奨については、監督的地位にある者が行っても差し支えないとされている。

労働者災害補償保険法（労働保険の保険料の徴収等に関する法律を含む。）

問１ 正解 **A** 正解率 **83%**

A ○ 根拠 H23.12.26基発1226第１号 CH3 Sec2①

設問の①～③のいずれの要件も満たす対象疾病は、労働基準法施行規則別表第１の２第９号に規定する「人の生命にかかわる事故への遭遇その他心理的に過度の負担を与える事象を伴う業務による精神及び行動の障害又はこれに付随する疾病」に該当する業務上の疾病として取り扱われる。

B × 根拠 H23.12.26基発1226第１号 —

認定基準において、業務による強い心理的負荷とは、精神障害を発病した労働者がその出来事及び出来事後の状況が持続する程度を主観的にどう受け止めたかではなく、**同種の労働者**（職種、職場における立場や職責、年齢、経験等が類似する者）が**一般的に**どう受け止めるかという観点から評価されるものである、としている。

C × 根拠 H23.12.26基発1226第１号 —

業務による心理的負荷の強度の判断に当たっては、「業務による心理的負荷評価表」を指標として「強」、「中」、「弱」の**３段階**に区分することとされている。

得点UP!

業務による心理的負荷の強度の判断に当たっては、精神障害発病前おおむね６か月の間に、対象疾病の発病に関与したと考えられる業務によるどのような「出来事」があり、また、その後の状況がどのようなものであったのかを具体的に把握し、それらによる心理的負荷の強度はどの程度であるかについて、認定基準の「業務による心理的負荷評価表」を指標として「強」、「中」、「弱」の３段階に区分する（総合評価が「強」と判断される場合には、問題文Ａの②の要件「対象疾病の発病前おおむね６か月の間に、業務による強い心理的負荷が認められること」に該当することとなる。）。

D × 根拠 H23.12.26基発1226第１号 —

設問の「120時間」を「160時間」とすると、正しい記述となる。

E × 根拠 H23.12.26基発1226第１号 —

認定基準においては、「いじめやセクシュアルハラスメントのように、出来事が繰り返されるものについては、発病の６か月よりも前にそれが開始されている場合でも、発病前6か月以内の期間にも継続しているときは、**開始時からのすべての行為**を評価の対象とする。」としており、この場合には、発病の6か月よりも前の行為についても評価の対象となる。

なお、「いじめやセクシュアルハラスメントのように、出来事が繰り返されるもの」には、パワーハラスメントが含まれる。

問2 正解 **C** 正解率 79%

A ✕ 根拠 法12の8-Ⅲ CH3 Sec4④

設問の「1年」を「1年6箇月」とすると、正しい記述となる。

B ✕ 根拠 法12の8-Ⅳ CH3 Sec5④

介護補償給付は、病院又は診療所に入院している間は行われない。なお、その他の記述は正しい。

確認してみよう！

介護（補償）等給付は、次に掲げる期間については行われない。

①	**障害者支援施設**に入所している間（生活介護を受けている場合に限る。）
②	障害者支援施設（生活介護を行うものに限る。）に準ずる施設として厚生労働大臣が定めるものに入所している間
③	**病院**又は**診療所**に入院している間

C ○ 根拠 法19の2 CH3 Sec5④

なお、介護（補償）等給付の額については、令和2年度択一式労災**問6**Eの確認してみよう！参照。

D ✕ 根拠 法13-Ⅱ CH3 Sec4②

療養補償給付としての療養の給付の範囲には、居宅における療養に伴う世話その他の看護のうち、政府が必要と認めるものが含まれる。

確認してみよう！

療養（補償）等給付としての療養の給付の範囲は、次の①～⑥（政府が必要と認めるものに限る。）による。

①	診察
②	薬剤又は治療材料の支給
③	処置、手術その他の治療
④	居宅における療養上の管理及びその療養に伴う世話その他の看護
⑤	病院又は診療所への入院及びその療養に伴う世話その他の看護
⑥	移送

E ✕ 根拠 則12の2－ⅠⅡ　CH3 Sec4②

設問の①～⑧の事項のうち、事業主（非災害発生事業場の事業主を除く。）の証明を受けなければならないものは、「③負傷又は発病の年月日」及び「④災害の原因及び発生状況」であり、「⑥療養に要した費用の額」については事業主の証明を受ける必要はない。なお、設問の①～⑧の事項のうち、「⑤傷病名及び療養の内容」及び「⑥療養に要した費用の額」については、原則として、診療担当者（医師その他の診療、薬剤の支給、手当又は訪問看護を担当した者）の証明を受けなければならない。

問3　正解　E　正解率 88%

A ○ 根拠 法45　—

設問の規定（市町村長による戸籍事項の無料証明の規定）は、労災保険給付の円滑な実施と受給者の便益のため、労災保険の保険給付の請求の際に用いる戸籍に関する証明は、地方公共団体の制定する条例によって無料にすることができる旨定めたものである。

B ○ 根拠 法47　—

なお、行政庁は、保険給付の原因である事故を発生させた第三者（派遣先の事業主及び船員派遣の役務の提供を受ける者※を除く。）に対して、労災保険法の施行に関し必要な報告、届出、文書その他の物件の提出を命ずることができる(出頭を命ずることはできない。)。

※ 「派遣先の事業主及び船員派遣の役務の提供を受ける者」については、法46条において、「労災保険法の施行に関し必要な報告、文書の提出又は出頭を命ずること

ができる」とされている（Cの 確認してみよう! を参照）。

C ○ 根拠 法46 —

確認してみよう！

行政庁は、労働者を使用する者、労働保険事務組合、一人親方等の団体、派遣先の事業主又は船員派遣の役務の提供を受ける者に対して、労災保険法の施行に関し必要な報告、文書の提出又は出頭を命ずることができるものとされており、この命令は、所轄都道府県労働局長又は所轄労働基準監督署長が文書によって行うものとされている。

D ○ 根拠 法48-ⅠⅡ —

得点UP！

設問の規定（法48条の規定）による立入検査の権限は、政府が適正に保険給付を行うために設けられた行政上の強制権であり、「犯罪捜査のために認められたものと解釈してはならない（同条3項）」とされている。

E × 根拠 法49-Ⅰ CH3 Sec4①

「報告を命ずることはできない」とする部分が誤りである。「行政庁は、保険給付に関して必要があると認めるときは、厚生労働省令で定めるところによって、保険給付を受け、又は受けようとする者〔遺族（補償）等年金の額の算定の基礎となる者を含む。〕の診療を担当した医師その他の者に対して、その行った診療に関する事項について、報告若しくは診療録、帳簿書類その他の物件の提示を命じ、又は当該職員に、これらの物件を検査させることができる。」とされている。

問4 正解 A（エの一つ） 正解率 62%

ア ○ 根拠 法11-Ⅰ CH3 Sec7③

未支給の遺族（補償）等年金については、当該遺族（補償）等年金を受けることができる他の遺族が、その未支給の遺族（補償）等年金の請求権者となる。

確認してみよう！

保険給付の受給権者が死亡した場合において、その死亡した者に支給すべき保険給付でまだその者に支給しなかったものがあるときは、死亡した受給権者の配偶者（婚姻の届出をしていないが、事実上婚姻関係と同様の事情にあった者を含む。）、子、父母、孫、祖父母又は兄弟姉妹であって、その者の死亡の当時その者と生計を同じくしていたもの〔遺族（補償）等年金については遺族（補償）等年金を受けることができる他の遺族〕は、自己の名で、その未支給の保険給付の支給を請求することができる。

イ ○ 根拠 法11-Ⅱ　CH3 Sec7③

なお、未支給の保険給付とは、①請求があったがまだ支給決定がないもの及び支給決定はあったがまだ支払われていないもの、②支給事由が生じた保険給付であって、請求されていないものをいい、**ア**は①に関する記述、本設問は②に関する記述である。

ウ ○ 根拠 法11-Ⅳ　CH3 Sec7③

エ × 根拠 法43　―

労災保険法又は同法に基づく政令及び厚生労働省令に規定する期間の計算については、民法の期間の計算に関する規定を準用することとされている。

オ ○ 根拠 法3-Ⅰ、12の8-Ⅱ　CH3 Sec1②

労災保険法における「労働者」は、基本的に労働基準法に規定する「労働者」と同一のものをいうと解されている。したがって、試みの使用期間中の者（労働基準法上の労働者）には労災保険法が適用される。

問5 正解 **D**　正解率 69%

A ○ 根拠 労基法76、法12の8-Ⅱ、14-Ⅰ　CH3 Sec4③

確認してみよう！

複数事業労働者休業給付及び休業給付に係る休業の最初の3日間については、事業主に休業補償を行う義務はない。

B ○ 根拠 法14-Ⅰ、S40.9.15基災発14号他　CH3 Sec4③

休業補償給付は、労働者が業務上の傷病による療養のため労働することができないために「賃金を受けない日」の第4日目から支給するものとされているが、設問の場合（所定労働時間の全部労働不能で平均賃金の6割以上の金額を受けている場合）の休業日は、「賃金を受けない日」に該当せず、休業補償給付は支給されない。なお、設問の場合（所定労働時間の全部労働不能で平均賃金の6割以上の金額を受けている場合）の休業日のうち、休業当初の3日間については、労働基準法上の災害補償が行われたものとして取り扱われ、待期期間に算入される。

C ○ 根拠 法18-Ⅱ　CH3 Sec4④

D × 根拠 法14-Ⅰ　CH3 Sec4③

労働契約上賃金請求権が生じない所定休日についても、支給要件を満たしていれば、休業補償給付は支給される。

E ○ 根拠 法8の2-Ⅱ、14-Ⅰ　CH3 Sec4③

なお、部分算定日又は複数事業労働者の部分算定日の休業補償給付の額は、療養開始後1年6か月経過日以後に年齢階層別の最高限度額の規定が適用される場合には、年齢階層別の最高限度額の規定の適用がないものとした場合における給付基礎日額から部分算定日に対して支払われる賃金の額を控除して得た額（当該控除して得た額が年齢階層別の最高限度額を超える場合にあっては、最高限度額に相当する額）の100分の60に相当する額である。

確認してみよう！

最高限度額の適用

部分算定日における休業（補償）等給付の額は、最高限度額の適用がないものとした休業給付基礎日額から部分算定日に対して支払われる賃金の額を控除して得た額（差額）の100分の60に相当する額であり、最高限度額はこの差額に適用される。

最高限度額の適用がないものとした休業給付基礎日額 － 部分算定日の賃金 × 60%

差額に最高限度額を適用

問6 正解 E　正解率 80%

A ○ 根拠 法15-Ⅰ、則14-Ⅳ　―

確認してみよう！

障害等級表は、労働能力の喪失の程度に応じて第１級から第14級までの14段階に区分されている。

B ○ 根拠 法15の２、則14の３－Ⅰ　CH3 Sec5①

障害補償給付の変更（自然的経過による障害補償年金の改定）は、障害補償年金を受ける労働者の当該障害の程度に変更があったため、新たに他の障害等級に該当するに至った場合に行われるものであり、障害補償一時金については行われることはない。

確認してみよう！

★ 自然的経過による障害（補償）等年金の改定（障害等級の変更）

障害（補償）等年金を受ける労働者の当該障害の程度が自然的経過により変更し、新たに他の障害等級の障害（補償）等年金を受けることとなった場合には、加重の場合と異なり、従前の障害（補償）等年金の障害等級を変更して年金額の改定を行うこととなる。また、新たに障害（補償）等一時金を受けることとなった場合には、障害（補償）等年金の受給権は消滅する。

C ○ 根拠 則14－Ⅴ　CH3 Sec5①

設問のように、既存の障害について障害補償年金を受けている場合には、加重による差額の年金に加え、従前の障害補償年金が併給されることとなる。

例：既存障害が労災で第６級の障害補償年金を受けている者が、加重により障害等級第４級に該当した場合

障害等級第４級－第６級の障害補償年金　→ 差額を支給

障害等級第６級の障害補償年金　→ 継続して支給

D ○ 根拠 法12の８－Ⅱ、労基法77、船員法92、H27.12.12基補発1222第１号

CH3 Sec5①

障害補償年金（障害補償給付）は、労基法又は船員法の災害補償（障害補償又

は障害手当）の事由が生じた場合に行われるものであり、傷病が再発した場合には、障害補償年金の受給権は消滅する（労基法又は船員法の障害補償又は障害手当は、「傷病が治ったこと」を要件として行われる。）。

E ✕ 根拠 法15-Ⅰ、則14-Ⅲ CH3 Sec5①

設問文②の場合には、障害等級「第２級」ではなく、「第１級」となる。なお、その他の記述は正しい。

確認してみよう！

★ 併合繰上げ

障害	併合繰上げ
第13級以上の障害が２以上あるとき	重い方を１級繰上げ
第８級以上の障害が２以上あるとき	重い方を２級繰上げ
第５級以上の障害が２以上あるとき	重い方を３級繰上げ

問７ 正解 B 正解率 71%

A ○ 根拠 法26-Ⅰ CH3 Sec6⑤

なお、一次健康診断の結果その他の事情により既に脳血管疾患又は心臓疾患の症状を有すると認められる労働者については、健康保険の保険給付（業務災害等以外の場合）や労災保険の療養補償給付等（業務災害等の場合）が支給されることになる。

B ✕ 根拠 法26-Ⅱ② CH3 Sec6⑤

特定保健指導は、医師又は保健師による面接によって行われるものであり、歯科医師は特定保健指導の実施者とされていない。なお、特定保健指導では、①栄養指導、②運動指導及び③生活指導のすべてを行うこととされている。

C ○ 根拠 法26-Ⅲ CH3 Sec6⑤

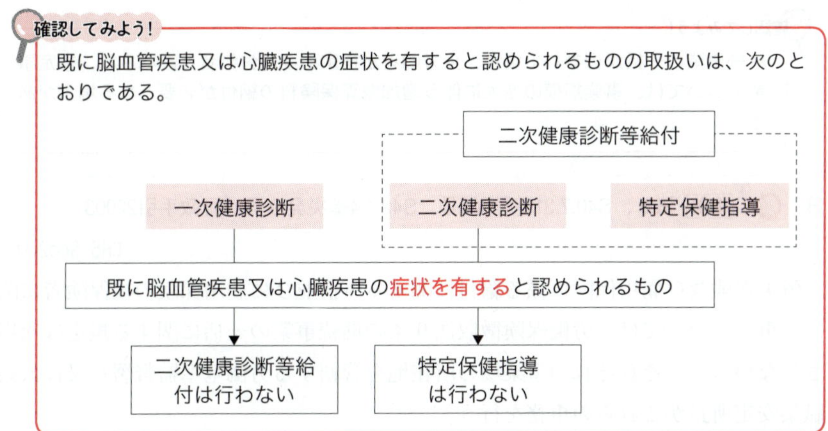

D ○ 根拠 法27、則18の17、18の18 CH3 Sec6⑤

なお、二次健康診断の結果に基づく医師からの意見聴取は、当該二次健康診断の結果を証明する書面が事業者に提出された日から２月以内に行うこととされている。

E ○ 根拠 則18の19-Ⅰ CH3 Sec6⑤

なお、二次健康診断等給付の請求は、天災その他請求をしなかったことについてやむを得ない理由があるときを除き、一次健康診断を受けた日から３箇月以内に行わなければならない。

得点UP！

二次健康診断等給付の請求書には、一次健康診断において所定の検査のいずれの項目にも異常の所見があると診断されたことを証明することができる書類を添えなければならない。

問８ 正解 C 正解率 29%

平成30年度（第50回） 択一式

A ○ 根拠 法９、45、則76-② CH5 Sec2④

継続事業の一括の認可及び指定事業の指定に関する厚生労働大臣の権限は、都道府県労働局長に委任されている。

確認してみよう！

継続事業の一括が行われた場合、全労働者が指定事業の労働者とみなされ、指定事業については、事業規模の拡大に伴う増加概算保険料の納付が必要となる場合がある。

B ○ 根拠 法９、S40.7.31基発901号、S42.4.4基災発９号、行政手引22003

CH5 Sec2④

労災保険及び雇用保険に係る給付に関する事務並びに雇用保険の被保険者に関する事務については、労働保険徴収法９条の継続事業の一括に関する規定は適用されないので、それぞれの事業場の所在地を管轄する労働基準監督署長又は公共職業安定所長がこれらの事務を行う。

C × 根拠 法９、則10-Ⅱ、S40.7.31基発901号

—

設問の場合の継続事業の一括扱いの申請は、「当該事業」（新たに開始した事業）ではなく、「指定事業」に係る所轄都道府県労働局長に対して行う。

D ○ 根拠 法７、S40.7.31基発901号

CH5 Sec2①

なお、継続事業として取り扱われることになると、それぞれの事業ごとの保険関係の成立及び消滅、労働保険料の納付及び精算手続が不要となり、保険料の申告・納付が保険年度単位で行われることとなる。

E ○ 根拠 法９、S40.7.31基発901号

—

継続事業の一括の要件としては、「労災保険率表に掲げる事業の種類を同じくすること」が挙げられている。したがって、事業の種類が変更された事業については一括の対象から外れ、保険関係成立の手続が必要となる。

問９ 正解 C（イ・エ・オの三つ）

正解率 57%

ア ○ 根拠 法17-Ⅰ

CH5 Sec4⑥

確認してみよう！

追加徴収される概算保険料の納期限は、通知を発する日から起算して30日を経過した日となる。

イ × 根拠 法17

CH5 Sec4⑥

設問の場合に還付を行うとする規定はない。

ウ　○　根拠 法17-Ⅱ、則26、38-Ⅳ　CH5 Sec4⑥

納入告知書に係る労働保険料等以外の納付については、納付書によって行わなければならない。

確認してみよう！

納入告知書によって通知するもの

①	認定決定に係る確定保険料・追徴金の額
②	有期事業のメリット制の適用により徴収する差額
③	認定決定に係る印紙保険料・追徴金の額
④	対象事業主の申出に係る特例納付保険料の額

※上記以外については、納付書によって行う。

エ　×　根拠 法18、則31　CH5 Sec4⑥

概算保険料について延納が認められている事業主は、通知により指定された納期限までに延納の申請をすることにより、追加徴収される概算保険料についても延納することができる。

オ　×　根拠 法16　CH5 Sec4⑦

追加で徴収される増加概算保険料については、認定決定は行われない。

問10　正解　E　正解率 83%

A　×　根拠 法21の2-Ⅰ、則38の4　CH5 Sec5⑤

設問のカッコ書が誤りである。延納する場合の概算保険料も口座振替により納付することができる。

確認してみよう！

口座振替の対象となる労働保険料

①	概算保険料（延納する場合を含む。）
②	確定保険料

B　×　根拠 法21の2-Ⅰ、則38-ⅠⅡ⑦　CH5 Sec4②

設問の労働保険料を口座振替により納付する場合の概算保険料申告書及び確定保険料申告書は、所轄労働基準監督署長を経由して所轄都道府県労働局歳入徴収官に提出することができる。

C ✕ 根拠 法21の2-Ⅰ、則38の4 CH5 Sec5⑤

増加概算保険料の納付については、口座振替による納付の対象とならない。Aの確認してみよう！参照。

D ✕ 根拠 法21の2-Ⅰ CH5 Sec5⑤

労働保険料の口座振替の承認は、労働保険料の納付が確実と認められ、かつ、「その申出を承認することが労働保険料の徴収上有利と認められるとき」に限り、行うことができるとされている。

E ○ 根拠 法21の2-Ⅰ、則38の4 CH5 Sec5⑤

Aの確認してみよう！参照。

雇用保険法（労働保険の保険料の徴収等に関する法律を含む。）

問1 正解 **E（エとオ）** 正解率 **80%**

ア ○ 根拠 法56の3-Ⅰ、則82-Ⅰ①、Ⅱ② CH4 Sec7②

イ ○ 根拠 法58-Ⅰ、則86-② CH4 Sec7④

なお、就職先の事業主等から就職支度費が支給される場合にあっては、その支給額が移転費の額として計算した額に満たないときは、その差額に相当する額が移転費として支給される。

確認してみよう！

移転費は、受給資格者等が公共職業安定所、特定地方公共団体若しくは職業紹介事業者（一定の者を除く。）の紹介した職業に就くため、又は公共職業安定所長の指示した公共職業訓練等を受けるため、その住所又は居所を変更する場合であって、次のいずれにも該当するときに支給される。ただし、その者の雇用期間が1年未満であることその他特別の事情がある場合は、この限りでない。

①	待期及び給付制限（職業紹介拒否、受講拒否、職業指導拒否による給付制限）の期間が経過した後に就職し、又は公共職業訓練等を受けることになった場合であって、管轄公共職業安定所の長が住所又は居所の変更を必要と認めたとき。
②	当該就職又は公共職業訓練等の受講について、就職準備金その他移転に要する費用（就職支度費）が就職先の事業主、訓練等施設の長その他の者から支給されないとき、又はその支給額が移転費の額に満たないとき。

ウ ○ 根拠 法56の3-②、則83の2 CH4 Sec7②

確認してみよう！

★ 就業促進定着手当の支給要件

再就職手当の支給を受けた者が当該再就職手当の支給に係る**同一事業主**の適用事業にその職業に就いた日から引き続いて**6箇月以上**雇用された場合であって、みなし賃金日額が算定基礎賃金日額を**下回った**ときに支給される。

★ 就業促進定着手当の額

（算定基礎日額－みなし賃金日額）×再就職後6箇月間の賃金支払基礎日数

※再就職手当に係る基本手当日額に就職日前日における支給残日数に相当する日数に**10分の4**（早期再就職者にあっては、**10分の3**）を乗じて得た数を乗じて得た額を限度とする。

エ ✕ 根拠 則82-Ⅰ②、行政手引57052 CH4 Sec7②

事業を開始した基本手当の受給資格者は、当該事業が当該受給資格者の自立に資するもので他の要件を満たす場合には、再就職手当を受給することができる。

確認してみよう!

再就職手当の支給要件

①	就職日の前日における基本手当の支給残日数が所定給付日数の3分の1以上であること
②	受給資格に係る離職について離職理由による給付制限を受けた場合において、待期期間の満了後1箇月の期間内については、公共職業安定所又は職業紹介事業者等の紹介により職業に就いたこと
③	受給資格の決定に係る求職の申込みをした日前に雇入れすることを約した事業主に雇用されたものでないこと
④	離職前の事業主（関連事業主を含む。）に再び雇用されたものでないこと
⑤	待期期間の経過後に職業に就き、又は事業を開始したこと
⑥	就職日前3年以内の就職について就業促進手当（就業手当を除く。）の支給を受けていないこと
⑦	同一の就職について高年齢再就職給付金の支給を受けていないこと

オ ✕ 根拠 則100の6 CH4 Sec7⑤

設問の受給資格者は、所定の要件を満たせば求職活動関係役務利用費を受給することができる。求職活動関係役務利用費は、受給資格者等が求人者と面接等をし、又は求職活動関係役務利用費対象訓練を受講するため、その子に関して、保育等サービスを利用する場合（待期期間経過後に保育等サービスを利用する場合に限る。）に支給されるものであるが、「求職活動関係役務利用費対象訓練」とは、教育訓練給付金の支給に係る教育訓練又は短期訓練受講費の支給に係る教育訓練、公共職業訓練等又は職業訓練の実施等による特定求職者の就職の支援に関する法律（求職者支援法）に規定する認定職業訓練のことをいう。

問2 正解 D 正解率 89%

A ○ 根拠 法4-Ⅰ、行政手引20351 —

得点UP！

設問の「事業所勤務労働者との同一性」とは、所属事業所において勤務する他の労働者と同一の就業規則等の諸規定（その性質上在宅勤務者に適用できない条項を除く。）が適用されること〔在宅勤務者に関する特別の就業規則等（労働条件、福利厚生が他の労働者とおおむね同等以上であるものに限る。）が適用される場合を含む。〕をいう。

B ○ 根拠 法４－Ⅰ、行政手引20352 CH4 Sec2②

C ○ 根拠 法４－Ⅰ、行政手引20351 CH4 Sec2②

D × 根拠 法４－Ⅰ、行政手引20351 CH4 Sec2②

特定非営利活動法人（NPO法人）の役員は、雇用関係が明らかな場合であれば被保険者となりうる。

E ○ 根拠 法４－Ⅰ、行政手引20351 —

なお、授産施設の作業員（職員は除く。）は、原則として、被保険者とならない。

問３ 正解 B 正解率 75％

A × 根拠 法４－Ⅳ、行政手引50502 —

傷病手当金に付加して事業主から支給される給付額は、恩恵的給付と認められるので賃金と認められない。なお、健康保険法99条の規定に基づく傷病手当金は、健康保険の給付金であって、賃金とは認められない。

B ○ 根拠 法４－Ⅳ、行政手引50502 —

チップは接客係等が、客からもらうものであって賃金とは認められないが、「一度事業主の手を経て再分配されるもの」は賃金と認められる。

C × 根拠 法17－Ⅰ、行政手引50503 —

設問の場合、退職日の翌日以後の分に相当する金額は賃金日額の算定の基礎に算入されない。

D × 根拠 法17－Ⅱ① CH4 Sec3④

賃金が出来高制払によって定められている場合の賃金日額は、次の①又は②のいずれか高い方の額とされている。

①	算定対象期間において被保険者期間として計算された最後の６か月間に支払われた賃金（臨時に支払われる賃金及び３か月を超える期間ごとに支払われる賃金を除く。）の総額を180で除して得た額
②	上記①に規定する最後の６か月間に支払われた賃金の総額を当該最後の６か月間に労働した日数で除して得た額の100分の70に相当する額

E ✕ 根拠 法17-Ⅰ、行政手引50451、50609

支払義務の確定した賃金が所定の支払日を過ぎてもなお支払われない未払賃金のある月については、未払額を含めて賃金額を算定する。

問４ 正解 **A（アの一つ）** 正解率 13%

ア ✕ 根拠 法22-Ⅱ、則32-①～③ CH4 Sec3⑤

就職が困難な者には、障害者の雇用の促進等に関する法律に規定する精神障害者も含まれる。

確認してみよう！

「就職が困難な者」とは、障害者の雇用の促進等に関する法律に規定する障害者、刑余者（保護観察に付された者等でその者の職業のあっせんに関し保護観察所長から公共職業安定所長に連絡のあったもの）、社会的事情により就職が著しく阻害されている者をいう（則32）。

イ ○ 根拠 法22-Ⅱ CH4 Sec3⑤

確認してみよう！

就職困難者の所定給付日数

年齢＼算定基礎期間	１年未満	１年以上
45歳未満	150日	300日
45歳以上65歳未満		360日

ウ ○ 根拠 法22-Ⅱ、則32-④ CH4 Sec3⑤

アの 確認してみよう！ 参照。

エ ○ 根拠 行政手引50304 —

オ ○ 根拠 行政手引50304 —

得点UP!

受給資格決定に際して就職が困難な者であるか否かの確認を行う場合に、管轄公共職業安定所の長が必要であると認めるときには、その者が身体障害者等に該当する者であることの事実を証明する書類の提出を命ずることができるとされている（則19-Ⅱ）。

問5 正解 C 正解率 60%

A ○ 根拠 法23-Ⅱ②、則36-⑤ホ CH4 Sec3②

設問の者は特定受給資格者に該当する。

B ○ 根拠 法23-Ⅱ②、則36-⑥ CH4 Sec3②

設問の者は特定受給資格者に該当する。

C × 根拠 法23-Ⅱ②、則36-⑤ロ、ハ CH4 Sec3②

設問の者は特定受給資格者に該当しない。次の①②に掲げる時間外労働が行われたこと等により離職した者が、特定受給資格者に該当する。

①	離職の日の属する月の前６月のうちいずれかの月において１月当たり100時間以上、時間外労働及び休日労働が行われたこと
②	離職の日の属する月の前６月のうちいずれか連続した２か月以上の期間の時間外労働時間及び休日労働時間を平均し１月当たり80時間を超えて、時間外労働及び休日労働が行われたこと

D ○ 根拠 法23-Ⅱ①、則35-② CH4 Sec3②

設問の者は特定受給資格者に該当する。

E ○ 根拠 法23-Ⅱ②、則36-⑦ CH4 Sec3②

設問の者は特定受給資格者に該当する。

問6 正解 E 正解率 81%

A × 根拠 法61の４-Ⅵ① CH4 Sec9③

設問の「３回」を「４回」とすると、正しい記述となる。

確認してみよう！

被保険者（短期雇用特例被保険者及び日雇労働被保険者を除く。）が介護休業給付金の支給を受けたことがある場合において、当該被保険者が①、②のいずれかに該当する介護休業をしたときは、介護休業給付金は、支給しない。

①	同一の対象家族について当該被保険者が４回以上の介護休業をした場合における４回目以後の介護休業
②	同一の対象家族について当該被保険者がした介護休業ごとに、当該介護休業を開始した日から当該介護休業を終了した日までの日数を合算して得た日数が93日に達した日後の介護休業

B ✕ 根拠 法61の４－Ⅰ、行政手引59802　CH4 Sec9③

介護休業給付の対象家族たる父母には養父母も含まれる。

確認してみよう！

対象家族とは、次の者をいう。

①	被保険者の配偶者（婚姻の届出をしていないが、事実上婚姻関係と同様の事情にある者を含む。）、父母、子及び配偶者の父母
②	当該被保険者の祖父母、兄弟姉妹及び孫

C ✕ 根拠 法61の４－Ⅵ②　CH4 Sec9③

設問の「60日」を「93日」とすると、正しい記述となる。Ａの 確認してみよう！ 参照。

D （改正により削除）

E ○ 根拠 法60の４－Ⅵ、行政手引59861　―

問７ 正解 Ａ（アの一つ） 正解率 57%

ア ○ 根拠 則３、行政手引22001　―

イ ✕ 根拠 行政手引20106　CH4 Sec1②

設問の場合、それぞれの部門が独立した事業と認められるときは、適用事業に該当する部門のみが適用事業となる。

ウ ✕ 根拠 法５－Ⅰ、法附則２－Ⅰ、令附則２、行政手引20105　CH4 Sec1③

任意適用事業（暫定任意適用事業）となるのは、常時５人未満の労働者を雇用する個人経営の農林水産の事業（船員が雇用される事業を除く。）である。また、雇用保険法においては、労働者が雇用される事業を適用事業とするとされており、雇用保険法の適用を受けない労働者のみを雇用する事業主の事業については、その数のいかんにかかわらず、適用事業として取り扱う必要はないとされている。

エ ✕ 根拠 法69-ⅠⅢ CH4 Sec10⑩

失業等給付に関する審査請求は、時効の完成猶予及び更新に関しては、裁判上の請求とみなされる。なお、育児休業給付についても同様である。

オ ✕ 根拠 法69-Ⅰ CH4 Sec10⑩

雇用安定事業についての不服は、審査請求の対象事項となっていない。

確認してみよう！

労審法による不服申立て

被保険者となったこと若しくは被保険者でなくなったことの**確認**、**失業等給付等**に関する処分又は不正受給による失業等給付等の**返還命令**若しくは**納付命令**の処分に不服のある者は、**雇用保険審査官**に対して審査請求をし、その決定に不服のある者は、**労働保険審査会**に対して再審査請求をすることができる。

行政不服審査法による不服申立て

「被保険者となったこと又は被保険者でなくなったことの確認、失業等給付等に関する処分及び不正受給による失業等給付等の返還命令又は納付命令」以外の処分について不服がある場合には、厚生労働大臣に対して審査請求をすることができる。

問8 正解 D

正解率 81%

A ✕ 根拠 法22-Ⅰ① CH5 Sec3⑥

設問の日雇労働被保険者に係る印紙保険料の額は、「176円」である。

確認してみよう！

印紙保険料の額

賃金の日額	等級区分	額
11,300円以上	第１級保険料日額	176円
8,200円以上11,300円未満	第２級保険料日額	146円
8,200円未満	第３級保険料日額	96円

B ✕ 根拠 整備省令17-Ⅰ CH5 Sec3②

平成30年度（第50回） 択一式

一元適用事業であっても、雇用保険法の適用を受けない者を使用するものについては、当該事業を労災保険に係る保険関係及び雇用保険に係る保険関係ごとに別個の事業とみなして一般保険料の額を算定するものとされている。

C ✕ 根拠 法11-Ⅲ、則12-①、13-Ⅰ CH5 Sec3③

請負による建設の事業については、常に厚生労働省令で定めるところにより算定した額（事業の種類に従い、請負金額に労務費率を乗じて得た額）を当該事業の賃金総額とするのではなく、賃金総額を正確に算定することが困難なものについては、厚生労働省令で定めるところにより算定した額を当該事業の賃金総額とする。

確認してみよう！

賃金総額の特例

請負による建設の事業	賃金総額＝請負金額×労務費率
立木の伐採の事業	賃金総額＝素材１立方メートル当たりの労務費の額×生産する素材の材積
立木の伐採の事業以外の林業水産業	賃金総額＝（厚生労働大臣が定める平均賃金相当額×各労働者の使用期間の総日数）の合計額

D ○ 根拠 R2.3.31厚労告164号、R3.2.12厚労告40号 CH5 Sec3④

なお、建設の事業における令和４年度の雇用保険率は、令和３年度の雇用保険率とは異なり、令和４年４月１日から９月30日までの期間は1000分の12.5、令和４年10月１日から令和５年３月31日までの期間は1000分の16.5である。

確認してみよう！

雇用保険率（令和４年度）

事業の種類	雇用保険率	
	R4.4/1～R4.9/30	R4.10/1～R5.3/31
一般の事業	9.5/1000	13.5/1000
農林水産業※・清酒製造業	11.5/1000	15.5/1000
建設業	12.5/1000	16.5/1000

※農林水産業のうち、季節的に休業し、又は事業の規模が縮小することのない事業として厚生労働大臣が指定する事業（①牛馬育成、酪農、養鶏又は養豚の事業、②園芸サービスの事業、③内水面養殖の事業、④船員が雇用される事業）については、「一般の事業」と同率

E ✕ 根拠 法12-Ⅱ CH5 Sec3④

設問の「過去５年間」を「過去３年間」とすると、正しい記述となる。

確認してみよう！

労災保険率は、最低1000分の2.5（「金融業、保険業又は不動産業」等）から最高1000分の88〔金属鉱業、非金属鉱業（石灰石鉱業又はドロマイト鉱業を除く）又は石炭鉱業〕の範囲で定められている。

問９　正解　B（アとエ）　正解率 67%

ア　×　根拠 法11-ⅠⅡ　—

設問後半のような規定はない。

イ　○　根拠 則38-ⅠⅡ④⑦　CH5 Sec5①

ウ　○　根拠 法15-Ⅰ　CH5 Sec4①

確認してみよう！

★ 概算保険料の申告・納期限

継続事業	前保険年度より保険関係が引き続く事業	保険年度の６月１日から起算して40日以内
	保険年度の中途に保険関係が成立した事業	保険関係が成立した日から50日以内(翌日起算)
有期事業		保険関係が成立した日から20日以内(翌日起算)

エ　×　根拠 則38-ⅠⅡ⑦　CH5 Sec4②

設問の場合（労働保険料の納付を金融機関に委託している場合）、特別加入保険料に係る概算保険料申告書は日本銀行を経由して提出することはできない。

オ　○　根拠 則１-Ⅲ、38-Ⅲ　CH5 Sec4②

公共職業安定所は、一般保険料の納付に関する事務を行うことはできない。なお、一般保険料に係る概算保険料申告書の提出は、一定の場合には、所轄公共職業安定所長を経由して行うことができる。

問10　正解　C　正解率 35%

A　×　根拠 報奨金政令１-Ⅰ①カッコ書、②　—

設問のカッコ書が誤りである。前年度の労働保険料には延滞金を含む。

平成30年度（第50回）
択一式

確認してみよう!

報奨金の交付要件

①	7月10日において、前年度の労働保険料（当該労働保険料に係る追徴金及び延滞金を含む。）であって、常時15人以下の労働者を使用する事業の事業主の委託に係るものにつき、その確定保険料の額（労働保険料に係る追徴金又は延滞金を納付すべき場合にあっては、確定保険料の額と当該追徴金又は延滞金の額との合計額）の合計額の100分の95以上の額が納付されていること。
②	前年度の労働保険料等について、国税滞納処分の例による処分（財産差押えなどの滞納処分）を受けたことがないこと。
③	偽りその他不正の行為により、前年度の労働保険料等の徴収を免れ、又はその還付を受けたことがないこと。

B ✕ 根拠 整備法23、報奨金政令1－Ⅰ① CH5 Sec10④

納付すべき労働保険料を完納した場合だけでなく、その納付の状況が著しく良好であると認められるときも報奨金が交付されることがある。Aの確認してみよう!参照。

C ○ 根拠 報奨金政令1－Ⅰ① —

D ✕ 根拠 報奨金省令2－Ⅰ CH5 Sec10④

労働保険事務組合報奨金交付申請書は、所轄都道府県労働局長に提出しなければならない。

確認してみよう!

労働保険事務組合報奨金交付申請書は、10月15日までに提出するものとされている。

E ✕ 根拠 報奨金政令2－Ⅰ CH5 Sec10④

労働保険料に係る報奨金の額は、現在、労働保険事務組合ごとに、1,000万円又は常時15人以下の労働者を使用する事業の事業主の委託を受けて納付した前年度の労働保険料（督促を受けて納付した労働保険料を除く。）の額（その額が確定保険料の額を超えるときは、当該確定保険料の額）に100分の2を乗じて得た額に厚生労働省令で定める額を加えた額のいずれか低い額以内とされている。

労務管理その他の労働及び社会保険に関する一般常識

問1 正解 A 正解率 20%

A ○ 根拠「平成28年労働災害発生状況の分析等(厚生労働省)」 —

B × 根拠「平成28年労働災害発生状況の分析等(厚生労働省)」 —

平成28年の死傷災害（休業４日以上）は平成27年を上回っている。死亡災害と同様の災害減少目標を掲げている死傷災害（休業４日以上）では、第三次産業の一部の業種で増加傾向が見られるなど、十分な減少傾向にあるとは言えない現状にある。

C × 根拠「平成28年労働災害発生状況の分析等(厚生労働省)」 —

陸上貨物運送事業における死傷災害（休業４日以上）の事故の型別では、「墜落・転落」が最も多い。

D × 根拠「平成28年労働災害発生状況の分析等(厚生労働省)」 —

製造業における死傷災害（休業４日以上）の事故の型別では、機械などによる「はさまれ・巻き込まれ」が最も多く、「転倒」がそれに続いている。

E × 根拠「平成28年労働災害発生状況の分析等(厚生労働省)」 —

第三次産業に属する小売業、社会福祉施設、飲食店の死傷災害（休業４日以上）の事故の型別では、小売業、飲食店については「転倒」が最も多くなっているのに対して、社会福祉施設については「動作の反動・無理な動作」が最も多くなっている（いずれの業種においても「転倒」が最も多くなっているわけではない。）。

問2 正解 E 正解率 23%

A ○ 根拠「平成29年版厚生労働白書(厚生労働省)」P.38 —

B ○ 根拠「平成29年版厚生労働白書(厚生労働省)」P.61 —

C ○ 根拠「平成29年版厚生労働白書(厚生労働省)」P.65 —

D ○ 根拠「平成29年版厚生労働白書(厚生労働省)」P.74 —

E × 根拠「平成29年版厚生労働白書(厚生労働省)」P.63、72 —

白書によれば、パートタイム労働者の月額賃金（現金給与総額）は、1993（平成５）年の調査開始以降わずかながら増加が続いているが、長期的に見るとおおむね横ばいで推移しており、パートタイム労働者の時給が上昇しているにもかかわらず、パートタイム労働者の月額ベースでの賃金は、あまり上昇していない、としている。

問３ 正解 **D（アとエ）** 正解率 75%

ア × 根拠 最二小S54.7.20大日本印刷事件 ―

最高裁判所の判例では、「企業が大学の新規卒業者を採用するについて、早期に採用試験を実施して採用を内定する、いわゆる採用内定の制度は、従来わが国において広く行われているところであるが、その実態は多様であるため、採用内定の法的性質について一義的に論断することは困難というべきである。したがって、具体的事案につき、採用内定の法的性質を判断するにあたっては、当該企業の当該年度における採用内定の事実関係に即してこれを検討する必要がある。」としている。

イ ○ 根拠 労契法５、H24.8.10基発0810第２号 CH6 Sec2①

労働契約法５条は「使用者は、労働契約に伴い、労働者がその生命、身体等の安全を確保しつつ労働することができるよう、必要な配慮をするものとする。」と使用者の安全配慮義務を定めており、設問は同条の「労働契約に伴い」の意味を述べたものである。なお、労働安全衛生法をはじめとする労働安全衛生関係法令においては、事業主の講ずべき具体的な措置が規定されているところであり、これらは当然に遵守されなければならないものである。

ウ ○ 根拠 労契法10、H24.8.10基発0810第２号 CH6 Sec2①

エ × 根拠 最二小H15.10.10フジ興産事件 CH6 Sec2①

最高裁判所の判例では、「使用者が労働者を懲戒するには、あらかじめ就業規則において懲戒の種別及び事由を定めておくことを要する。」とした上で、「そして、就業規則が法的規範としての性質を有するものとして、拘束力を生ずるためには、その内容を適用を受ける事業場の労働者に周知させる手続が採られていることを要するものというべきである。」としている。

オ ○ 根拠 労契法18-Ⅰ、H24.8.10基発0810第２号 —

設問は、労働契約法18条１項（有期労働契約の無期労働契約への転換）における「同一の使用者」についての考え方を述べたものである。なお、労働契約法において「使用者」とは、「労働者」と相対する労働契約の締結当事者であり、「その使用する労働者に対して賃金を支払う者」をいい、個人企業の場合はその企業主個人を、会社その他の法人組織の場合はその法人そのものをいう。

得点UP!

使用者が、就業実態が変わらないにもかかわらず、無期転換申込権の発生を免れる意図をもって、派遣形態や請負形態を偽装し、労働契約の当事者を形式的に他の使用者に切り替えた場合には、法を潜脱するものとして、通算契約期間の計算上「同一の使用者」との労働契約が継続していると解される。

問４ 正解 C

正解率 26%

A ○ 根拠 労組法17、S29.4.7労発111号 CH6 Sec1①

労働組合法17条（一般的拘束力）では、「一の工場事業場に常時使用される同種の労働者の４分の３以上の数の労働者が一の労働協約の適用を受けるに至ったときは、当該工場事業場に使用される他の同種の労働者に関しても、当該労働協約が適用されるものとする。」としているが、ここにいう「一の工場事業場」とは、一企業が数個の工場等を有する場合には、それら個々の工場等の各々をいい、したがってそれらのうち、ある工場において法17条の要件を満たさないものがあれば、当該工場については一般的拘束力は及ばない。

B ○ 根拠 派遣法40の５-Ⅰ CH6 Sec3③

なお、設問の募集情報の周知は、当該募集に係る事業所その他派遣就業の場所に掲示することその他の措置を講ずることにより行うものとされている。

C × 根拠 過労死等防止対策推進法 —

設問のような規定（事業主に対して報告書の提出を義務付ける規定）はない。なお、同法６条において、政府は、毎年、国会に、我が国における過労死等の概要及び政府が過労死等の防止のために講じた施策の状況に関する報告書を提出しなければならないとされている。

D ○ 根拠 労組法22-Ⅰ —

確認してみよう！

設問の規定に違反して報告をせず、若しくは虚偽の報告をし、若しくは帳簿書類の提出をせず、又は出頭せず、若しくは検査を拒み、妨げ、若しくは忌避した者は、30万円以下の罰金に処せられる。

E ○ 根拠 均等法13-Ⅰ　CH6 Sec2⑤

なお、事業主は、その雇用する女性労働者が母子保健法の規定による保健指導又は健康診査を受けるために必要な時間を確保することができるようにしなければならないとされている。

問5 正解 B　正解率 39%

A × 根拠 社労士法14の3　CH10 Sec2③

社会保険労務士名簿は、全国社会保険労務士会連合会（以下本問解説において「連合会」という。）に備えるものとされており、その名簿の登録は、連合会が行う。

B ○ 根拠 社労士法14の8－Ⅱ　—

なお、設問の場合には、審査請求のあった日に、連合会が当該登録を拒否したものとみなされる。

C × 根拠 社労士法25の3　—

厚生労働大臣は、社会保険労務士が、社会保険労務士たるにふさわしくない重大な非行があったときは、懲戒処分（戒告、1年以内の業務停止又は失格処分）をすることができるとされている（3月以内に失格処分をしなければならないのではない。）。

D × 根拠 社労士法25の14－Ⅰ　—

社会保険労務士法人は、「定款に別段の定めがある場合を除き」、総社員の同意によって、定款の変更をすることができる。

E × 根拠 社労士法25の9の2　CH10 Sec2③

社会保険労務士法人は、法2条の2，1項の規定により社会保険労務士が処理することができる事務を当該社会保険労務士法人の社員又は使用人である社会保険労務士（「社員等」という。）に行わせる事務の委託を受けることができるが、この場合には、当該社会保険労務士法人は、「委託者」に、当該社会保険労務士法人の社員等のうちからその補佐人を選任させなければならない。

問6 正解 **E** 正解率 **75%**

A ○ 根拠 健保法7の2-Ⅰ、7の4-Ⅰ CH7 Sec1③

なお、「協会の住所は、その主たる事務所の所在地（東京都）にあるものとする」と規定されている。

B ○ 根拠 船保法4-Ⅰ、6-Ⅰ CH10 Sec1②

なお、船員保険協議会の委員（任期：2年）は、12人以内とされ、船舶所有者、被保険者及び船員保険事業の円滑かつ適正な運営に必要な学識経験を有する者のうちから、厚生労働大臣が任命するものとされている。

C ○ 根拠 介保法8-Ⅳ —

なお、訪問看護を行う「看護師その他厚生労働省令で定める者」とは、看護師のほか、保健師、准看護師、理学療法士、作業療法士及び言語聴覚士とされている。

D ○ 根拠 高医法141-Ⅰ —

なお、高齢者医療制度関係業務に関する業務方法書に記載すべき事項は、次に掲げる事項とされている。

①	保険者からの前期高齢者納付金等（前期高齢者納付金及び前期高齢者関係事務費拠出金）の徴収及び保険者に対する前期高齢者交付金の交付に関する事項
②	保険者からの後期高齢者支援金等（後期高齢者支援金及び後期高齢者関係事務費拠出金）の徴収及び後期高齢者医療広域連合に対して交付する後期高齢者交付金の交付に関する事項
③	厚生労働大臣の認可を受けて、上記①及び②の業務に支障のない限りにおいて行う高齢者の医療の確保に関する法律1条に規定する目的の達成に資する事業に関する事項
④	その他社会保険診療報酬支払基金の高齢者医療制度関係業務（上記①～③の業務）に関し必要な事項

E × 根拠 児手法9-Ⅰ —

児童手当の額が減額することとなるに至った場合における児童手当の額の改定

は、その事由が生じた日の属する「月の翌月」から行われる。なお、児童手当の額が増額することとなるに至った場合における児童手当の額の改定は、その者がその改定後の額につき認定の請求をした日の属する月の翌月から行われる。

問7　正解　B　正解率 62%

A ✕ 根拠 高医法9-Ⅰ　CH10 Sec1③

都道府県医療費適正化計画は「6年ごとに、6年を1期として」定めるものとされている。なお、都道府県医療費適正化計画は、医療法に規定する医療計画、介護保険法に規定する都道府県介護保険事業支援計画及び健康増進法に規定する都道府県健康増進計画と調和が保たれたものでなければならない。

B ○ 根拠 高医法9-Ⅷ　CH10 Sec1③

なお、都道府県は、都道府県医療費適正化計画の作成及び都道府県医療費適正化計画に基づく施策の実施に関して必要があると認めるときは、保険者、後期高齢者医療広域連合、医療機関その他の関係者に対して必要な協力を求めることができる。

C ✕ 根拠 高医法59-Ⅰ　―

設問の不正利得者からの徴収は、「都道府県」ではなく「後期高齢者医療広域連合」が行う。

D ✕ 根拠 高医法66-Ⅰ　―

保険医療機関等は療養の給付に関し、保険医等は後期高齢者医療の診療又は調剤に関し、厚生労働大臣又は都道府県知事の指導を受けなければならない。なお、指定訪問看護事業者及び当該指定に係る事業所の看護師その他の従業者についても、指定訪問看護に関し、厚生労働大臣又は都道府県知事の指導を受けなければならないとされている。

E ✕ 根拠 高医法71-Ⅰ　―

設問の基準については、厚生労働大臣が、「後期高齢者医療広域連合」ではなく「中央社会保険医療協議会」の意見を聴いて定めるものとされている。

問8　正解　A　正解率 64%

A ○ 根拠 船保法13-Ⅰ　CH10 Sec1②

確認してみよう！

健康保険法に規定する任意継続被保険者となるための申出は、被保険者の資格を喪失した日から20日以内にしなければならない。ただし、保険者は、正当な理由があると認めるときは、この期間を経過した後の申出であっても、受理することができる。

B ✕ 根拠 船保法16-Ⅰ —

船員保険の標準報酬月額等級は、被保険者の報酬月額に基づき、第1級から「第50級」までの等級区分に応じた額によって定めることとされている。

C ✕ 根拠 船保法120-Ⅰ CH10 Sec1②

船員保険の一般保険料率は、疾病保険料率と災害保健福祉保険料率とを合算して得た率とされている（介護保険料率は合算しない。）。その他の記述は正しい。なお、「独立行政法人等職員被保険者」とは、国家公務員共済組合法に基づく共済組合の組合員のうち船員保険の被保険者（疾病任意継続被保険者を除く。）である者をいうが、独立行政法人等職員被保険者には、船員保険の職務上疾病・年金部門のみ適用され（労災保険に加え船員保険から上乗せ給付がなされる）、船員保険の職務外疾病部門は適用されない（国家公務員共済組合法が適用される。）。したがって、一般保険料率は災害保健福祉保険料率のみとされている。また、後期高齢者医療の被保険者等である船員保険の被保険者についても、船員保険の職務外疾病部門は適用されず（後期高齢者医療制度の給付を受ける）、職務上疾病・年金部門は適用されるため、一般保険料率は災害保健福祉保険料率のみとされている。

確認してみよう！

「疾病保険料率」は、職務外疾病部門に係る率（健康保険の一般保険料率に相当する部分）であり、「災害保健福祉保険料率」は、職務上疾病・年金部門に係る率（労災保険の上乗せ給付に相当する部分）である。

D ✕ 根拠 船保法121-Ⅰ CH10 Sec1②

疾病保険料率は、「1000分の10から1000分の35」ではなく、「1000分の40から1000分の130」までの範囲内において協会が決定する。

E ✕ 根拠 船保法122-Ⅰ CH10 Sec1②

災害保健福祉保険料率は、「1000分の40から1000分の130」ではなく、「1000分の10から1000分の35」までの範囲内において協会が決定する。

問9　正解　D　　正解率 80%

A　✕　根拠 国保法76-Ⅰ、令29の7-Ⅰ　　―

市町村が徴収する世帯主に対する国民健康保険料の賦課額は、世帯主の世帯に属する被保険者につき算定した基礎賦課額及び後期高齢者支援金等賦課額並びに介護納付金賦課額の合算額とされている（「前期高齢者納付金等賦課額」というものは存在せず、前期高齢者納付金等及び前期高齢者交付金の加減は基礎賦課額に含めて行われる。）。なお、「基礎賦課額」とは、国民健康保険料の賦課額のうち、国民健康保険事業に要する費用（後期高齢者支援金等及び介護納付金の納付に要する費用を除く。）に充てるための賦課額（医療分）をいい、「後期高齢者支援金等賦課額」とは、後期高齢者支援金等を納付する費用に充てるための賦課額（後期高齢者支援分）をいい、「介護納付金賦課額」とは、介護納付金の納付に要する費用に充てるための賦課額（介護分）をいう。賦課額は、上記の基礎賦課額（医療分）、後期高齢者支援金等賦課額（後期高齢者支援分）、介護納付金賦課額（介護分）の3つに大別される。

B　✕　根拠 厚年法81-Ⅳ、(16)法附則33　　CH9 Sec9④ / CH10 Sec3④

第1号厚生年金被保険者に係る保険料率は、平成16年10月分から平成29年9月分まで毎年0.354%（平成29年は0.118%）※ずつ引き上げられ、同月分以後は「18.3%」で固定されている。

※　第3種被保険者については0.248%（平成29年は0.116%）

C　✕　根拠 高医法110、令21～23、則94　　CH10 Sec1③

「口座振替の方法により保険料を納付することは一切できない」とする部分が誤りである。老齢基礎年金の年間の給付額が18万円以上であっても、同一の月に徴収されると見込まれる後期高齢者医療の保険料額と介護保険の保険料額の合算額が、老齢等年金給付の額の2分の1に相当する額を超える場合等においては、特別徴収の対象とならず、普通徴収（口座振替等の方法による納付）の対象となる。

D　〇　根拠 健保法附則7-Ⅰ　　―

E × 根拠 国年法88-Ⅰ、93-Ⅰ、健保法161-Ⅲ、165-Ⅰ、厚年法附則4の3-Ⅶ、船保法126-Ⅱ、128-Ⅰ CH7 Sec7⑤ / CH8 Sec3⑤

厚生年金保険法に規定する適用事業所に使用される高齢任意加入被保険者については、保険料の前納に係る規定はない（保険料を前納することはできない。）。また、適用事業所に使用される高齢任意加入被保険者について事業主の同意（保険料の半額負担及び全額納付に係る同意）がある場合には、事業主が保険料を全額納付する義務を負う。なお、国民年金第1号被保険者、健康保険法に規定する任意継続被保険者及び船員保険法に規定する疾病任意継続被保険者に関する記述は正しい。

問10 正解 D 正解率 55%

A ○ 根拠「平成29年版厚生労働白書（厚生労働省）」P.12 —

B ○ 根拠「平成29年版厚生労働白書（厚生労働省）」P.289 —

C ○ 根拠「平成29年版厚生労働白書（厚生労働省）」P.285 CH10 Sec3④

D × 根拠「平成29年版厚生労働白書（厚生労働省）」P.287、288 —

年金積立金の運用状況については、年金積立金管理運用独立行政法人が「四半期」に1度公表を行っている。また、厚生労働大臣が年金積立金の自主運用を開始した「平成13年度」から平成27年度までの運用実績の累積収益額は、約56.5兆円となっており、収益率でみると名目賃金上昇率を平均で約3.1％「上回って」いる。

E ○ 根拠「平成29年版厚生労働白書（厚生労働省）」P.331 CH10 Sec3②⑧

健康保険法

問1 正解 **D（ウとエ）** 正解率 30%

ア ○ 根拠 法7の18-Ⅱ、則2の4-Ⅴ —

なお、運営委員会は、全国健康保険協会の理事長が招集することとされており、全国健康保険協会の理事長は、運営委員会の委員の総数の3分の1以上の委員が審議すべき事項を示して運営委員会の招集を請求したときは、運営委員会を招集しなければならない。

得点UP!

次の①～⑥に掲げる事項については、理事長は、あらかじめ、運営委員会の議を経なければならない。

①	定款の変更
②	運営規則の変更
③	全国健康保険協会の毎事業年度の事業計画並びに予算及び決算
④	重要な財産の処分又は重大な債務の負担
⑤	全国健康保険協会の役員に対する報酬及び退職手当の支給の基準の変更
⑥	その他全国健康保険協会の組織及び業務に関する重要事項として厚生労働省令で定めるもの

イ ○ 根拠 法10-Ⅱ、220 —

得点UP!

全国健康保険協会でない者が全国健康保険協会という名称を用いたとき、又は健康保険組合連合会でない者が健康保険組合連合会という名称を用いたときは、10万円以下の過料に処せられる。

ウ × 根拠 法7の33、令1の2-① —

全国健康保険協会が業務上の余裕金で国債、地方債を購入し、運用を行うことはできるとされている。

得点UP!

全国健康保険協会の業務上の余裕金の運用は、政令で定めるところにより、事業の目的及び資金の性質に応じ、安全かつ効率的にしなければならないとされており、政令においては、次の①～③の方法による場合を除くほか、業務上の余裕金を運用してはならないとされている。

①	国債、地方債、政府保証債（その元本の償還及び利息の支払について政府が保証する債券）その他厚生労働大臣の指定する有価証券の取得
②	銀行その他厚生労働大臣の指定する金融機関への預金
③	信託業務を営む金融機関（金融機関の信託業務の兼営等に関する法律に規定する認可を受けた金融機関）への金銭信託

エ ✕ 根拠 法24-Ⅰ　CH7 Sec1④

健康保険組合は、分割しようとするときは、「当該健康保険組合に係る適用事業所に使用される被保険者の４分の３以上」ではなく、「組合会において組合会議員の定数の４分の３以上」の多数により議決し、厚生労働大臣の認可を受けなければならない。

オ ○ 根拠 法７の30　CH7 Sec1③

問２ 正解 D　正解率 75%

A ✕ 根拠 法63-Ⅲ③、S32.9.2保険発123号　CH7 Sec3①

保険医療機関として指定を受けた病院は、健康保険組合が開設した病院であっても、診療の対象者をその組合員である被保険者及び被扶養者のみに限定することはできない。

B ✕ 根拠 法115、令41　CH7 Sec5⑫

世帯合算は、被保険者及び被扶養者を単位として行われるものであり、夫婦がともに被保険者である場合は、その夫婦がともに70歳以上であっても世帯合算は行われない。

C ✕ 根拠 法39-Ⅰ、法附則３-Ⅵ　CH7 Sec2⑪

任意適用事業所の適用の取消しによる資格喪失並びに任意継続被保険者及び特例退職被保険者の資格喪失については、保険者等による確認は行われず、資格喪失の関係が生ずれば、そのままで資格喪失の効力が生ずる。

D ○ 根拠 法43-Ⅰ、H28.3.14保発0314第1号 CH7 Sec4⑤

E × 根拠 法55-Ⅰ、100-Ⅰ CH7 Sec9⑤

被保険者の死亡について、労災保険法に基づく給付が行われる場合には、埋葬料は支給されない。

確認してみよう！

被保険者に係る療養の給付又は入院時食事療養費、入院時生活療養費、保険外併用療養費、療養費、訪問看護療養費、移送費、傷病手当金、埋葬料、家族療養費、家族訪問看護療養費、家族移送費若しくは家族埋葬料の支給は、同一の疾病、負傷又は死亡について、労働者災害補償保険法、国家公務員災害補償法（他の法律において準用し、又は例による場合を含む。）又は地方公務員災害補償法若しくは同法に基づく条例の規定によりこれらに相当する給付を受けることができる場合には、行わない。

問3 正解 B 正解率 68%

A ○ 根拠 法55-Ⅳ CH7 Sec9⑤

確認してみよう！

被保険者に係る療養の給付又は入院時食事療養費、入院時生活療養費、保険外併用療養費、療養費、訪問看護療養費、移送費、家族療養費、家族訪問看護療養費若しくは家族移送費の支給は、同一の疾病又は負傷について、他の法令（災害救助法、自衛隊法等）の規定により国又は地方公共団体の負担で療養又は療養費の支給を受けたときは、その限度において、行わない。

B × 根拠 法115の2-Ⅰ CH7 Sec5⑬

健康保険法に基づく高額療養費が支給されていることは、高額介護合算療養費の支給要件の1つとされていない。健康保険法に基づく高額療養費の支給を受けていない場合であっても、一部負担金等の額並びに介護サービス利用者負担額及び介護予防サービス利用者負担額の合計額が著しく高額であるとき（介護合算算定基準額に支給基準額を加えた額を超えるとき）は、高額介護合算療養費が支給される。

確認してみよう！

・介護保険法に基づく高額介護サービス費又は高額介護予防サービス費の支給を受けていることは、高額介護合算療養費の支給要件ではない。
・健康保険の保険給付又は介護保険の保険給付を受けていない場合（健康保険に係る一部負担金等の額又は介護保険に係る利用者負担額のいずれかが0円である場合）は、高額介護合算療養費は支給されない。

C ○ 根拠 則27-Ⅰ　CH7 Sec4⑨

D ○ 根拠 法41-Ⅰ、44-Ⅰ、S37.6.28保険発71号　CH7 Sec4④

なお、「休職給」とは、通常受ける報酬とは別個に休職という事由に対して設定された給与として支給されるものをさし、日、時間、稼高等稼働実績に比例して報酬が定められている場合において、病気休業中稼働が減じたため給与が減じた場合におけるその給与は、休職給に該当しない。

E ○ 根拠 法3-Ⅶ③④　CH7 Sec2⑩

問4　正解　B　正解率 87%

A × 根拠 法28　CH7 Sec1④

「この計画に従わない場合は、厚生労働大臣は当該健康保険組合と地域型健康保険組合との合併を命ずることができる」という規定はない。前段の記述（指定健康保険組合による健全化計画の作成）は正しい。なお、指定健康保険組合は、その承認に係る健全化計画に従い、その事業を行わなければならず、厚生労働大臣は、これに違反した指定健康保険組合の事業又は財産の状況によりその事業の継続が困難であると認めるときは、当該指定健康保険組合の解散を命ずることができる。

B ○ 根拠 法3-Ⅴ、R4.9.5事務連絡　CH7 Sec4①

C × 根拠 則38-Ⅴ　CH7 Sec2⑫

任意継続被保険者に係る設問の届出は、事業主を経由せず、任意継続被保険者本人が直接全国健康保険協会に提出しなければならない。

D × 根拠 法154の2　CH7 Sec7①

国庫は、予算の範囲内において、健康保険事業の執行に要する費用のうち、高齢者医療確保法の規定による特定健康診査及び特定保健指導の実施に要する費用の「一部」を補助することができる。

E ✕ 根拠 法31、204-Ⅰ③カッコ書　CH7 Sec1①

健康保険組合管掌健康保険について、適用事業所以外の事業所の任意適用の申請に対する厚生労働大臣の認可（任意適用事業所の認可）の権限は、日本年金機構に委任されていない。なお、全国健康保険協会管掌健康保険に係る厚生労働大臣の任意適用事業所の認可の権限は、日本年金機構に委任されている。

問5 正解 D（ウとエ） 正解率 85%

ア ○ 根拠 法30、令22　—

得点UP!

組合債に係る厚生労働大臣の認可を要しない事項（軽微な変更に該当する事項）は、次のとおりである。

①	組合債の金額（減少に係る場合に限る。）
②	組合債の利息の定率（低減に係る場合に限る。）

イ ○ 根拠 法30、令18　—

ウ ✕ 根拠 法180-Ⅰ～Ⅲ　CH7 Sec7⑦

督促状により指定する期限は、督促状を発する日から起算して「10日」以上を経過した日でなければならない。

確認してみよう!

督促の効果

①	時効の更新
②	延滞金徴収の前提
③	滞納処分の前提

エ ✕ 根拠 法164-Ⅰ　CH7 Sec7⑤

任意継続被保険者に関する毎月の保険料のうち初めて納付すべき保険料については、「保険者が指定する日」までに納付しなければならない。その他の記述は正しい。

オ ○ 根拠 法162 CH7 Sec7④

確認してみよう！
・全国健康保険協会は、事業主の負担すべき一般保険料額又は介護保険料額の負担の割合を増加することはできない。
・被保険者の負担すべき一般保険料額又は介護保険料額の負担の割合を増加することはできない。

問6 正解 A 正解率 77%

A ○ 根拠 法87-Ⅰ、H29.12.22保保発1222第２号 ―

被保険者等が次の①及び②の状態のいずれも満たす場合には、海外療養費の支給が認められる「やむを得ない」に該当する場合と判断できることとされている。

①	臓器移植を必要とする被保険者等がレシピエント適応基準に該当し、海外渡航時に日本臓器移植ネットワーク※に登録している状態であること
②	当該被保険者等が移植を必要とする臓器に係る、国内における待機状況を考慮すると、海外で移植を受けない限りは生命の維持が不可能となる恐れが高いこと

※ 臓器の移植に関する法律の規定に基づく臓器等あっせん機関

B × 根拠 法172-③、S5.11.5保理513号 CH7 Sec7⑦

被保険者の使用される事業所が廃止された場合は、保険料の繰上徴収が認められるが、工場の事業譲渡によって、被保険者を使用している事業主が変更した場合は、事業所廃止に含まれる。

C × 根拠 法165-Ⅰ、令48 CH7 Sec7⑤

任意継続被保険者が保険料を前納する場合、設問の６月間の単位だけではなく、「４月から翌年３月までの12月間」を単位とすることもできる。

確認してみよう！
６月（４月から９月まで又は10月から翌年３月までの６月間）又は12月（４月から翌年３月までの12月間）の間において、任意継続被保険者の資格を取得した者又はその資格を喪失することが明らかである者については、当該６月間又は12月間のうち、その資格を取得した日の属する月の翌月以降の期間又はその資格を喪失する日の属する月の前月までの期間の保険料について前納を行うことができる。

D ✕ 根拠 法120 CH7 Sec9①

保険者は、偽りその他不正の行為により保険給付を受け、又は受けようとした者に対して、6か月以内の期間を定め、その者に支給すべき「傷病手当金又は出産手当金」の全部又は一部を支給しない旨の決定をすることができるが、偽りその他不正の行為があった日から「1年」を経過したときは、この限りでない。

E ✕ 根拠 法137 CH7 Sec8⑨

設問の「30日分以上」を「26日分以上」と読み替えると、正しい記述となる。

問7 正解 C 正解率 65%

A ✕ 根拠 法119、122 CH7 Sec9①

設問の場合は、当該被扶養者に係る保険給付の「一部」を行わないことができる。

B ✕ 根拠 法30、令21 CH7 Sec1④

繰替使用した金額及び一時借入金は、「当該会計年度内」に返還しなければならない。

C ○ 根拠 法87-Ⅰ、97-Ⅰ、H6.9.9保険発119号・庁保険発9号 CH7 Sec5⑧

D ✕ 根拠 法193-Ⅰ、S31.3.13保文発1903号 CH7 Sec10③

設問の場合は、「コルセットの代金を支払った日」(=療養費の請求権が発生し、かつ、これを行使し得るに至った日)の翌日から消滅時効が起算される。

E ✕ 根拠 法36①、110 CH7 Sec6⑧

家族療養費は被保険者に対して支給されるものであるため、被保険者が死亡した場合は、死亡日の翌日から支給されなくなる。また、被保険者の被扶養者は、被保険者の死亡日の翌日に当該被保険者の被扶養者でなくなる。

問8 正解 E(ウとエ) 正解率 78%

ア ○ 根拠 法3-Ⅰ⑨イ、(24)法附則46-Ⅰ、H28.5.13保保発0513第1号 —

得点UP！

「１週間の所定労働時間が20時間以上であること」の要件に係る所定労働時間は、次のように判断される。

①	１週間の所定労働時間が短期的かつ周期的に変動し、通常の週の所定労働時間が一通りでない場合は、当該周期における１週間の所定労働時間の平均により算定された時間を１週間の所定労働時間とする。
②	所定労働時間が１か月の単位で定められている場合は、当該所定労働時間を12分の52で除して得た時間を１週間の所定労働時間とする。
③	所定労働時間が１か月の単位で定められている場合で、特定の月の所定労働時間が例外的に長く又は短く定められているときは、当該特定の月以外の通常の月の所定労働時間を12分の52で除して得た時間を１週間の所定労働時間とする。
④	所定労働時間が１年の単位で定められている場合は、当該所定労働時間を52で除して得た時間を１週間の所定労働時間とする。
⑤	所定労働時間は週20時間未満であるものの、事業主等に対する事情の聴取やタイムカード等の書類の確認を行った結果、実際の労働時間が直近２月において週20時間以上である場合で、今後も同様の状態が続くことが見込まれるときは、当該所定労働時間は週20時間以上であることとして取り扱う。
⑥	所定労働時間が、就業規則、雇用契約書等から明示的に確認できない場合は、実際の労働時間を事業主等から事情を聴取した上で、個別に判断する。

イ ○ 根拠 法３－Ⅰ⑨、(24)法附則46－ⅠⅡⅫ　CH7 Sec2⑥

ウ × 根拠 法３－Ⅰ⑨、７、(24)法附則46－Ⅰ、則１の２－Ⅰ　—

設問の場合は、被保険者が、当該被保険者の保険を管掌する保険者を選択する。

エ × 根拠 法３－Ⅰ⑨ロ、(24)法附則46－Ⅰ、則23の４－⑥、R4.3.18保保発0318第１号　CH7 Sec2⑥

報酬の算定において、「最低賃金において算入しないことを定める賃金は、含めない」こととされているので、通勤手当は報酬に含めない。

確認してみよう！

報酬の算定に含めないもの（最低賃金法で賃金に算入しないものに相当するもの）は、次の①～⑥までに掲げるものである。

①	臨時に支払われる賃金（結婚手当等）
②	1月を超える期間ごとに支払われる賃金（賞与等）
③	所定労働時間を超える時間の労働に対して支払われる賃金（割増賃金等）
④	所定労働日以外の日の労働に対して支払われる賃金
⑤	深夜労働に対して支払われる賃金のうち、通常の労働時間の賃金の計算額を超える部分
⑥	最低賃金において算入しないことを定める賃金（精皆勤手当、通勤手当及び家族手当）

オ ○ 根拠 法41-Ⅰ、R4.9.5事務連絡 —

問9 正解 B 正解率 65%

A × 根拠 法104 CH7 Sec6⑧

設問の場合は、被保険者の資格喪失日前後を通算し、被保険者として受けることができるはずであった期間、継続して同一の保険者から当該傷病手当金を受給することができる。

B ○ 根拠 法43-Ⅰ、R4.9.5事務連絡 —

C × 根拠 法107 CH7 Sec6⑧

設問の場合は、健康保険法に基づく出産育児一時金は支給されない。被保険者であった者が船員保険の被保険者となったときは、①資格喪失後の傷病手当金又は出産手当金の継続給付、②資格喪失後の死亡に関する給付、③資格喪失後の出産育児一時金の給付は、行われない。

D × 根拠 法99-Ⅰ、S2.4.27保発345号 CH7 Sec6①

歯科医師による診療を受けた場合も支給対象となる。なお、医師又は歯科医師について療養を受けない場合でも支給されることがあり、これには、病後療養した期間、疾病にかかり医師について診療を受けるべく中途に費やした期間等が含まれる。

E × 根拠 法103-Ⅰ CH7 Sec6①

出産手当金の支給する場合においては、原則として、その期間、傷病手当金は支給されない。出産手当金と傷病手当金は、その性格はともに生活保障であり、両者が競合するときは、出産手当金の支給が優先する。

確認してみよう！
出産手当金を支給すべき場合において傷病手当金が支払われたときは、その支払われた傷病手当金（出産手当金の額が傷病手当金の額として算定される額より少ないときに、その差額として支払われたものを除く。）は、出産手当金の内払とみなす。

問10　正解　A　　正解率 64%

A　○　根拠　法53の２、則52の２　　CH7 Sec1①

B　×　根拠　法３-Ⅶ②、H5.3.5保発15号・庁保発４号　　CH7 Sec2⑩

被保険者の配偶者の母は、３親等内の親族に該当するため、被扶養者として認められるには、国内居住等の要件、生計維持関係及び同一世帯要件を満たしていなければならず、被保険者と別居している場合には、被扶養者に該当しない。

C　×　根拠　法35、S5.11.6保規522号　　CH7 Sec2⑦

設問の場合であっても、事実上の使用関係の発生した日に遡って資格取得させるべきものとされている。

D　×　根拠　法110-Ⅱ①ロ　　CH7 Sec5⑨

設問の場合（被扶養者が６歳に達する日以後の最初の３月31日以前である場合）、家族療養費の給付割合は、「100分の80」である。

E　×　根拠　法38-⑥　　CH7 Sec2⑧

任意継続被保険者が75歳に達して後期高齢者医療の被保険者になる要件を満たした場合は、任意継続被保険者の資格を喪失し、後期高齢者医療の被保険者となる。

厚生年金保険法

問1 正解 D　　正解率 71%

A × 根拠 法8の3　　CH9 Sec1④

2以上の船舶の船舶所有者が同一である場合には、当該2以上の船舶は、法律上当然に1つの適用事業所とされるため、1つの適用事業所とするために厚生労働大臣の承認を受ける必要はない。

B × 根拠 法12-①　　CH9 Sec2①

船舶所有者に使用される船員は、適用除外の対象となる設問の「臨時に使用される者」から除かれているため、当該期間を超えて使用されないときであっても、当初から被保険者となる。

C × 根拠 (60)法附則60-Ⅱ　　CH9 Sec3⑤

特別加算の額は、受給権者の生年月日が遅いほど大きくなる。

確認してみよう！

特別加算の額

受給権者の生年月日	特別加算の額
昭和9年4月2日から昭和15年4月1日まで	33,200円×改定率
昭和15年4月2日から昭和16年4月1日まで	66,300円×改定率
昭和16年4月2日から昭和17年4月1日まで	99,500円×改定率
昭和17年4月2日から昭和18年4月1日まで	132,600円×改定率
昭和18年4月2日以後	165,800円×改定率

D ○ 根拠 則51の3　　CH8 Sec2⑥

なお、障害厚生年金の額の全部につき支給が停止されているときは、設問の届書（加給年金額の対象者がある障害厚生年金の受給権者の届出）の提出を要しない。

E × 根拠 法66-Ⅰ　　CH9 Sec6⑥

設問の場合、妻が自己の意思で妻に対する遺族厚生年金の全額支給停止の申出をしたときであっても、子に対する遺族厚生年金の支給停止は解除されない。

問2　正解　B（ウ・エの二つ）　正解率 39%

ア　×　根拠　法19-Ⅱ、42　CH9 Sec3④

設問の場合、老齢厚生年金が支給される。設問の者は、いわゆる同月得喪の規定により厚生年金保険の被保険者期間を1月有することとなるため、それにより老齢厚生年金の支給要件（①被保険者期間を1月以上有すること、②65歳以上であること、③老齢基礎年金の受給資格期間を満たしていること）を満たすこととなる。

イ　×　根拠　法56-①　CH9 Sec5⑩

障害の程度を定めるべき日において老齢厚生年金の受給権者である者には、障害手当金は支給されない。

確認してみよう！

障害の程度を定めるべき日において次の①～③のいずれかに該当する者には、障害手当金は支給されない。

①	年金たる保険給付の受給権者〔最後に障害等級に該当する程度の障害の状態（以下本解説において「障害状態」という。）に該当しなくなった日から起算して障害状態に該当することなく3年を経過した障害厚生年金の受給権者（現に障害状態に該当しない者に限る。）を除く。〕
②	国民年金法による年金たる給付の受給権者〔最後に障害状態に該当しなくなった日から起算して障害状態に該当することなく3年を経過した障害基礎年金の受給権者（現に障害状態に該当しない者に限る。）その他の政令で定める者を除く。〕
③	当該傷病について国家公務員災害補償法、地方公務員災害補償法若しくは同法に基づく条例、公立学校の学校医、学校歯科医及び学校薬剤師の公務災害補償に関する法律若しくは労働基準法77条の規定による障害補償、労働者災害補償保険法の規定による障害補償給付、複数事業労働者障害給付若しくは障害給付又は船員保険法による障害を支給事由とする給付を受ける権利を有する者

ウ　○　根拠　則30の2－Ⅰ　CH9 Sec3④

エ　○　根拠　法88　CH9 Sec9⑥

オ　×　根拠　法54他　—

設問のような規定はない。障害厚生年金は、その受給権者が20歳に達していないことを理由に支給停止されることはない。

平成30年度（第50回）　択一式

問3　正解　B（アとウ）　正解率 71%

ア　✕　根拠 法75　CH9 Sec8⑨

法31条1項の規定による確認の請求があった後に、保険料を徴収する権利が時効によって消滅したものであるときは、当該保険料に係る被保険者であった期間に基づく保険給付は行われる。

確認してみよう！

保険料を徴収する権利が時効によって消滅したときは、当該保険料に係る被保険者であった期間に基づく保険給付は、行わない。ただし、当該被保険者であった期間に係る被保険者の資格の取得について法27条（事業主の届出）の規定による届出若しくは法31条1項の規定による確認の請求又は法28条の2,1項（同条2項及び3項において準用する場合を含む。）の規定による（厚生年金保険原簿の）訂正の請求があった後に、保険料を徴収する権利が時効によって消滅したものであるときは、この限りでない。

イ　○　根拠 年金時効特例法1　CH9 Sec9⑧

ウ　✕　根拠 法92-Ⅱ　CH9 Sec9⑧

年金たる保険給付を受ける権利の時効は、当該年金たる保険給付がその全額につき支給を停止されている間は、進行しない。

エ　○　根拠 法86-Ⅴ①、Ⅵ　CH9 Sec9⑥

オ　○　根拠 法附則29-Ⅰ③　CH9 Sec6⑧

問4　正解　D（ウとオ）　正解率 85%

ア　✕　根拠 法附則11の6-Ⅰ他　CH9 Sec4⑨

高年齢雇用継続基本給付金との調整により支給停止される特別支給の老齢厚生年金の額は、最大で、当該受給権者に係る標準報酬月額の6％相当額である。

イ　✕　根拠 法78-Ⅰ、則35の3-Ⅰ、36　CH9 Sec8⑨

正当な理由がなくて、設問の届書を提出しないときは、老齢厚生年金の支払を一時差し止めることができることとされている。

ウ　○　根拠 法53-②　CH9 Sec5⑨

障害厚生年金の受給権者が65歳に達した日において、障害等級に該当する程度の障害の状態に該当しなくなった日から起算して障害等級に該当する程度の障害の状態に該当することなく3年を経過していないときは、当該障害厚生年金の受給権は消滅しない。

エ ✕ 根拠 法78の27、令3の13-Ⅱ　　CH9 Sec8①

2以上の種別の被保険者であった期間を有する者に係る老齢厚生年金について加給年金額が加算される場合は、原則として、最も早い日において受給権を取得した種別に係る老齢厚生年金について加給年金額が加算される。

オ ○ 根拠 法附則7の3-Ⅴ　　―

問5 正解 **C**　　正解率 56%

A ✕ 根拠 法8、(24)法附則17の2　　CH9 Sec1③

任意適用事業所を適用事業所でなくするための認可を受けようとするときは、当該事業所に使用される者の4分の3以上の同意を得て、厚生労働大臣に申請することとされている。

B ✕ 根拠 則78の14-②イ　　CH9 Sec7②

設問の「2年」を「3年」と読み替えると、正しい記述となる。

得点UP!

3号分割標準報酬改定請求の事由の一である「特定被保険者の被扶養配偶者が当該特定被保険者と離婚又は婚姻の取消しをしたときその他これに準ずるものとして厚生労働省令で定めるとき」として、厚生労働省に次に掲げる事項が挙げられている。

①	婚姻の届出をしていないが事実上婚姻関係と同様の事情にあった特定被保険者及び被扶養配偶者について、当該被扶養配偶者が第3号被保険者としての国民年金の被保険者の資格（当該特定被保険者の配偶者としての当該資格に限る。）を喪失し、当該事情が解消したと認められる場合（当該特定被保険者及び被扶養配偶者が婚姻の届出をしたことにより当該事情が解消した場合を除く。）
②	3号分割標準報酬改定請求のあった日に、次のⓐ又はⓑに掲げる場合に該当し、かつ、特定被保険者の被扶養配偶者が第3号被保険者としての国民年金の被保険者の資格（当該特定被保険者の配偶者としての当該資格に限る。）を喪失している場合 ⓐ　特定被保険者が行方不明となって3年が経過していると認められる場合（離婚の届出をしていない場合に限る。） ⓑ　離婚の届出をしていないが、夫婦としての共同生活が営まれておらず、事実上離婚したと同様の事情にあると認められる場合であって、かつ、3号分割標準報酬改定請求をするにつき特定被保険者及び被扶養配偶者がともに当該事情にあると認めている場合

C ○ 根拠 法14-①、36-Ⅰ、58-Ⅰ CH9 Sec3②

D × 根拠 法38-Ⅰ、法附則17 CH9 Sec8⑧

障害基礎年金と特別支給の老齢厚生年金は、併給されない。なお、受給権者が65歳に達している場合には、障害厚生年金又は老齢厚生年金のいずれを選択しても、障害基礎年金は併給される。

E × 根拠 法49-Ⅱ CH9 Sec5⑤

障害等級２級に該当する障害厚生年金の受給権者が更に障害等級１級又は２級の障害厚生年金の受給権を取得した場合において、新たに取得した障害厚生年金が労働基準法の規定による障害補償を受ける権利を取得したことによりその支給を停止すべきものであるときは、その停止すべき期間（６年間）、その者に対して従前の障害厚生年金を支給する。

確認してみよう！

期間を定めて支給を停止されている障害厚生年金（その権利を取得した当時から引き続き障害等級の１級又は２級に該当しない程度の障害の状態にある受給権者に係るものを除く。以下同じ。）の受給権者に対して更に障害厚生年金を支給すべき事由が生じたときは、法48条１項（併合認定）の規定により支給する前後の障害を併合した障害の程度による障害厚生年金は、従前の障害厚生年金の支給を停止すべきであった期間、その支給を停止するものとし、その間、その者に従前の障害を併合しない障害の程度による障害厚生年金を支給する。

問６ 正解 B 正解率 65%

A ○ 根拠 法28の２-Ⅰ CH9 Sec2⑪

B × 根拠 法28の２-Ⅱ —

第１号厚生年金被保険者であった老齢厚生年金の受給権者が死亡した場合、その者の死亡により未支給の保険給付の支給を請求することができる者は、その死亡した者の厚生年金保険原簿の訂正の請求をすることができる。

C ○ 根拠 法28の３ —

D ○ 根拠 法90-Ⅰ、行審法２、４-Ⅰ CH9 Sec9⑦

E ○ 根拠 法28の２-Ⅰ CH9 Sec2⑪

問7　正解　A　　正解率 78%

A　○　根拠 法2の4-Ⅱ　　CH9 Sec9①

B　×　根拠 法2の2他　　CH9 Sec8②

保険料率について、設問のような規定は設けられていない。なお、厚生年金保険法による年金たる保険給付の額は、国民の生活水準、賃金その他の諸事情に著しい変動が生じた場合には、変動後の諸事情に応ずるため、速やかに改定の措置が講ぜられなければならないこととされている。

C　×　根拠 令4の7　　—

日本年金機構において国の毎会計年度所属の保険料等を収納するのは、翌年度の4月30日限りとされている。

D　×　根拠 法1　　CH9 Sec1①

設問の記述は、国民年金法の目的条文（同法1条）である。なお、厚生年金保険法は、労働者の老齢、障害又は死亡について保険給付を行い、労働者及びその遺族の生活の安定と福祉の向上に寄与することを目的としている。

E　×　根拠 法2　　CH9 Sec1①

厚生年金保険は、政府が、管掌する。

問8　正解　D　　正解率 32%

A　○　根拠 法26-Ⅰ　　CH9 Sec2⑬

設問の特例の対象となる者は、3歳に満たない子を養育する被保険者等であり、当該子を出産した者に限られていない。

B　○　根拠 法81の2の2-Ⅰ　　—

C　○　根拠 H25.2.4年管管発0204第1号　　—

得点UP!

現物給与の価額の適用に係る取扱い

①	現物給与の価額の適用に当たっては、被保険者の勤務地（被保険者が常時勤務する場所）が所在する都道府県の現物給与の価額を適用することを原則とする。
②	派遣労働者については、派遣元事業所において社会保険の適用を受けるが、派遣元と派遣先の事業所が所在する都道府県が異なる場合は、派遣元事業所が所在する都道府県の現物給与の価額を適用する。
③	在籍出向、在宅勤務等により適用事業所以外の場所で常時勤務する者については、適用事業所と常時勤務する場所が所在する都道府県が異なる場合は、その者の勤務地ではなく、その者が使用される事業所が所在する都道府県の現物給与の価額を適用する。
④	トラックの運転手や船員等の常時勤務する場所の特定が困難な者については、その者が使用される事業所が所在する都道府県（船員については当該船員が乗り組む船舶の船舶所有者の住所が属する都道府県）の現物給与の価額を適用する。

D ✕ 根拠 H30.7.30年管管発0730第１号・保保発0730第１号 —

設問のように賞与を報酬として取り扱うこととなったときは、賞与の支給回数が、当該年の７月２日以降新たに年間を通じて４回未満に変更された場合においても、次期標準報酬月額の定時決定等による標準報酬月額が適用されるまでの間は、報酬に係る当該賞与の取扱いは変らないものとされている。したがって、設問の当該年の８月１日以降に支給される賞与は、引き続き報酬として取り扱われるため、賞与支払届を提出する必要はない。

E ○ 根拠 法85-①ハ CH9 Sec9⑥

問９ 正解 E 正解率 54%

A ○ 根拠 令４-Ⅳ CH9 Sec9⑤

B ○ 根拠 法19-Ⅰ CH9 Sec2⑦

被保険者期間を計算する場合には、月によるものとし、被保険者の資格を取得した月からその資格を喪失した月の前月までをこれに算入する。

C ○ 根拠 法37-Ⅰ CH9 Sec8④

D ○ 根拠 法97-Ⅰ —

E × 根拠 法附則7の4-Ⅱ①、Ⅲ、11の5、則34の3 CH9 Sec4⑨

1日も基本手当の支給を受けなかった月（基本手当の支給を受けた日とみなされる日がなかった月）が1か月あった場合は、その月の分の老齢厚生年金については、支給停止の調整は行わないこととされている。

問10 正解 C 正解率 81%

A ○ 根拠 法78の32-Ⅰ、令3の13の6-Ⅰ —

B ○ 根拠 法78の28 —

C × 根拠 法44-Ⅰ CH9 Sec3⑤

老齢厚生年金の額の計算の基礎となる被保険者期間の月数が、いわゆる退職改定の規定により240以上となるに至った当時加給年金額の対象となる配偶者（その者によって生計を維持していたその者の65歳未満の配偶者）がいるときは、当該老齢厚生年金に加給年金額が加算される。なお、被保険者期間の月数が、在職定時改定の規定により240以上となるに至った場合についても、同様である。

確認してみよう！

在職定時改定

受給権者が毎年9月1日（以下「基準日」という。）において被保険者である場合（基準日に被保険者の資格を取得した場合を除く。）の老齢厚生年金の額は、基準日の属する月前の被保険者であった期間をその計算の基礎とするものとし、基準日の属する月の翌月から、年金の額を改定する。

D ○ 根拠 法22-Ⅰ②、Ⅱ CH9 Sec2⑬

E ○ 根拠 法84-ⅠⅢ CH9 Sec9⑤

国民年金法

問1　正解　A　　正解率 32%

A ○ 根拠 法108の4、住民基本台帳法30の37-Ⅱ、令11の6の2　—

B × 根拠 法137の17-Ⅰ、基金令45　CH8 Sec10④

「当該基金の加入員期間の年数にかかわらず」とする部分が誤りである。設問の「中途脱退者」とは、当該基金の加入員の資格を喪失した者（当該加入員の資格を喪失した日において当該基金が支給する年金の受給権を有する者を除く。）であって、政令の定めるところにより計算したその者の当該基金の加入員期間が15年に満たないものをいう。

C × 根拠 法109の3-Ⅲ　—

「保険料納付猶予及び」、「提供しなければならない」とする部分が誤りである。厚生労働大臣は、保険料納付確認団体の求めに応じ、保険料納付確認団体が行うことができるとされている業務を適正に行うために必要な限度において、「保険料滞納事実」に関する情報を提供することができると規定されている。

D × 根拠 法94の3-ⅠⅡ、令11の3　CH8 Sec3③

基礎年金拠出金の額の算定基礎となる第1号被保険者数は、保険料納付済期間、保険料4分の1免除期間、保険料半額免除期間又は保険料4分の3免除期間を有する者の総数とされている。

E × 根拠 法92の5-Ⅰ、則72の7　CH8 Sec3⑤

設問の「5年間」を「3年間」と読み替えると、正しい記述となる。

問2　正解　E　　正解率 77%

A ○ 根拠 H26.3.27年管管発0327第2号　—

B ○ 根拠 法29　CH8 Se4⑫

老齢基礎年金の受給権は、死亡以外の事由によって消滅することはない。

C ○ 根拠 法40-ⅠⅢ　CH8 Sec6⑨

D ○ 根拠 法43、(60)法附則8-Ⅰ　CH8 Sec7①

E ✕ 根拠 法52の4-Ⅰ CH8 Sec7③

死亡一時金の額は、死亡日の属する月の前月までの第1号被保険者としての被保険者期間に係る死亡日の前日における保険料納付済期間の月数、保険料4分の1免除期間の月数の4分の3に相当する月数、保険料半額免除期間の月数の2分の1に相当する月数及び保険料4分の3免除期間の月数の4分の1に相当する月数を合算した月数に応じて、「12万円」から「32万円」の範囲で定められた額である。

問3 正解 D 正解率 64%

A ○ 根拠 (60)法附則20-Ⅱ CH8 Sec6②

令和8年4月1日前（設問の場合、平成30年4月2日）に死亡した者について、当該死亡日の前日において当該死亡日の属する月の前々月までの1年間（設問の場合、平成29年3月から平成30年2月までの1年間）のうちに保険料納付済期間及び保険料免除期間以外の被保険者期間がないときは、当該死亡に係る者が当該死亡日において65歳以上（設問の場合、第1号被保険者であるため60歳未満）であるときを除き、遺族基礎年金の保険料納付要件を満たす。

B ○ 根拠 法94-Ⅰ CH8 Sec3⑦

なお、追納が行われたときは、追納が行われた日に、追納に係る月の保険料が納付されたものとみなされる。

C ○ 根拠 法87-Ⅲ、改定率改定令2 CH8 Sec3⑤

令和4年度の保険料額は、17,000円（平成16年価格）に、保険料改定率（0.976）を乗じた額を10円未満で端数処理した額（16,590円）である。

D ✕ 根拠 法93-Ⅲ CH8 Sec3⑤

前納された保険料について保険料納付済期間又は保険料4分の3免除期間、保険料半額免除期間若しくは保険料4分の1免除期間を計算する場合においては、前納に係る期間の各月が経過した際に、それぞれその月の保険料が納付されたものとみなされる。

E ○ 根拠 法3-Ⅱ CH8 Sec1②

問4 正解 C 正解率 78%

A ○ 根拠 法101-ⅠⅡ CH8 Sec9⑦

B ○ 根拠 法109の6-Ⅰ CH8 Sec3⑩

なお、滞納処分等を行う徴収職員は、滞納処分等に係る法令に関する知識並びに実務に必要な知識及び能力を有する日本年金機構の職員のうちから、厚生労働大臣の認可を受けて、日本年金機構の理事長が任命することとされており、日本年金機構は、滞納処分等をしたときは、速やかに、その結果を厚生労働大臣に報告しなければならないとされている。

C × 根拠 (60)法附則18-Ⅴ CH8 Sec4⑪

65歳に達した日後に老齢基礎年金の受給権を取得した場合であっても、その受給権を取得した日から起算して1年を経過した日前に当該老齢基礎年金を請求しておらず、当該老齢基礎年金の受給権を取得したときに他の年金たる給付の受給権者でなく、かつ、当該老齢基礎年金の受給権を取得した日から1年を経過した日までの間においても他の年金たる給付の受給権者となっていないのであれば、厚生労働大臣に当該老齢基礎年金の支給繰下げの申出をすることができる。

D ○ 根拠 (60)法附則14-Ⅰただし書、Ⅱただし書 CH8 Sec4⑨

E ○ 根拠 令5の4、6 CH8 Sec5⑩

問5 正解 C(イ・ウ・エの三つ) 正解率 47%

ア × 根拠 法42-Ⅰ CH8 Sec6⑧

設問の場合は、その所在が明らかでなくなった時にさかのぼって(所在不明となった日の属する月の翌月から)、その支給を停止する。

イ ○ 根拠 (60)法附則16-Ⅰ CH8 Sec4⑨

ウ ○ 根拠 法22-Ⅰ CH8 Sec9⑥

エ ○ 根拠 法40 CH8 Sec6⑨

オ × 根拠 (60)法附則14-Ⅳ CH8 Sec4⑩⑪

老齢基礎年金の支給繰上げの請求をした場合は、振替加算は、老齢基礎年金の受給権者が65歳に達した日の属する月の翌月から行われる。なお、設問後段の記述は正しい。

問6　正解　B　正解率 54%

A　×　根拠 法11の2　CH8 Sec2⑤

設問の場合、当該月は「第3号被保険者」であった月とみなす。

B　○　根拠 法52　CH8 Sec7②

C　×　根拠 法90-Ⅰ①、令6の7　CH8 Sec3⑥

設問の場合、当該夫婦の保険料は全額免除とはならない。設問の場合（扶養親族等が4人の場合）、保険料が全額免除となるためには、夫の前年の所得（1月から6月までの月分の保険料については前々年の所得とする）が207万円〔(4＋1）×35万円＋32万円〕以下でなければならない。

D　×　根拠 法附則9-Ⅰ　CH8 Sec4④

設問の場合、保険料納付済期間、保険料免除期間（学生納付特例期間及び納付猶予期間を除く。）及び合算対象期間を合算した期間が10年以上あるので、受給資格期間を満たしており、老齢基礎年金の受給権が発生する。

E　×　根拠 法87-Ⅲ　CH8 Sec3⑧

設問の申出をした場合は、その申出をした日の属する月の前月以後の各月に係る保険料〔既に納付されたもの及び前納されたもの（国民年金基金の加入員となった日の属する月以後の各月に係るものを除く。）を除く。〕につき付加保険料を納付する者でなくなることができる。

問7　正解　C　正解率 69%

A　○　根拠 法137の3-Ⅰ　CH8 Sec10①

B　○　根拠 法95の2　CH8 Sec10④

C　×　根拠 法94の6　CH8 Sec3⑤

第2号被保険者としての被保険者期間については、保険料を納付することを要しない。

D　○　根拠 法9-③　CH8 Sec2③

E ○ 根拠 法14の2 —

問8 正解 D 正解率 61%

A × 根拠 法37-③、法附則9-Ⅰ CH8 Sec6②

設問の場合、子に遺族基礎年金は支給されない。「老齢基礎年金の受給権者の死亡」により遺族基礎年金が支給されるためには、当該老齢基礎年金の受給権者が、「保険料納付済期間と保険料免除期間とを合算した期間が25年以上である者」であることを要する。

B × 根拠 法40-ⅠⅢ、41-Ⅱ CH8 Sec6⑧⑨

設問の妻が設問の子の母であった場合、当該妻と引き続き生計を同じくしているとき（生計を同じくするその子の母があるとき）は、当該子の遺族基礎年金は、その支給が停止されることとなる。

C × 根拠 法37の2-Ⅱ CH8 Sec6⑤

設問の場合、遺族基礎年金の受給権の発生は、夫の死亡当時に遡らない。被保険者又は被保険者であった者の死亡の当時胎児であった子が生まれたときは、法37条の2，1項（遺族の範囲）の規定の適用については、将来に向かって、その子は、被保険者又は被保険者であった者の死亡の当時その者によって生計を維持していたものとみなされ、配偶者は、その者の死亡の当時その子と生計を同じくしていたものとみなされる（遺族基礎年金の受給権の発生は、胎児であった子が生まれた時である。）。

D ○ 根拠 法39-Ⅲ⑤、40 CH8 Sec6⑨

E × 根拠 法41-Ⅱ CH8 Sec6⑧

設問の場合、子の遺族基礎年金は、夫が遺族基礎年金の受給権を有する間、その支給が停止され、夫の遺族基礎年金は支給停止されない。子には遺族厚生年金のみが支給される。

問9 正解 A 正解率 38%

A × 根拠 法35-②③、36-Ⅱ —

設問の場合、障害基礎年金の支給停止は解除される。障害基礎年金は、受給権者が障害等級に該当する程度の障害の状態に該当しなくなったときは、その障害の状態に該当しない間、その支給を停止するが、厚生年金保険の障害等級（3級以上）に該当する間は失権することはなく、その後、再び障害等級に該当した場合は、支給停止は解除される。

B ○ 根拠 (60)法附則12-Ⅰ④、(60)法附則別表第3、(60)法附則14-Ⅰ

CH8 Sec4⑨

設問の妻は、その夫が40歳以後の第1号厚生年金被保険者としての被保険者期間を19年有している（厚生年金保険の中高齢者の特例に該当する）ことから夫の老齢厚生年金の加給年金額の加算対象とされており、夫の老齢厚生年金に当該妻を対象とする加給年金額が加算されていた（妻が加給年金額の支給停止事由等に該当していない）のであれば、妻の老齢基礎年金には振替加算額が加算される。

C ○ 根拠 法附則5-Ⅸ、(60)法附則8-Ⅳ CH8 Sec4⑤

60歳から64歳まで第1号厚生年金被保険者であった期間は、老齢基礎年金の合算対象期間とされる。

D ○ 根拠 法20-Ⅰ、法附則9の2の4 CH8 Sec9⑤

E ○ 根拠 法27の4-Ⅱ③、27の5-Ⅱ②、改定率改定令1 —

平成30年度の年金額は、年金額改定に用いる名目手取り賃金変動率がマイナス（△0.4%）で物価変動率がプラス（+0.5%）となったことから、新規裁定年金・既裁定年金ともにスライドなしとなり、マクロ経済スライドによる調整は行われず、平成29年度と同額である。なお、マクロ経済スライドに係る未調整分（△0.3%）は繰り越される。

問10 正解 E 正解率 72%

A × 根拠 法30-Ⅰただし書、30の4-Ⅰ CH8 Sec5②⑤

設問の者が、初診日において被保険者でなかった場合は、法30条の4の規定による20歳前傷病による障害基礎年金の受給権が発生することとなる（この場合、第1号被保険者期間の保険料納付状況は支給の可否に影響しない。）。したがって、本肢は誤りである。

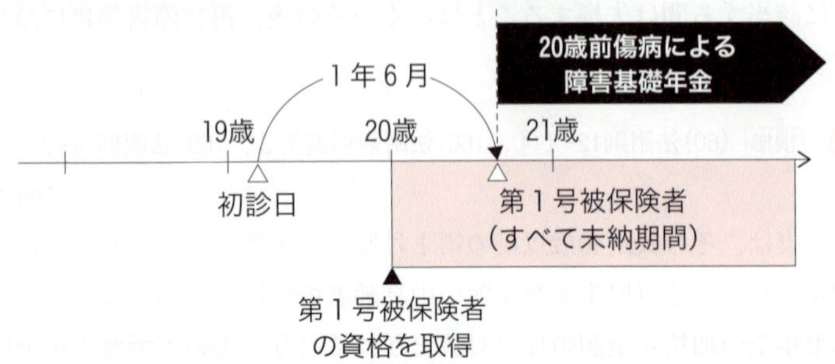

B ✕ 根拠 法附則9の3の2-Ⅰ② CH8 Sec7④

障害基礎年金の受給権を有したことがあるときは、脱退一時金の支給を請求することができない。

C ✕ 根拠 法33、改定率改定令1 CH8 Sec5⑧

設問の「100分の150」を「100分の125」と読み替えると、正しい記述となる。

D ✕ 根拠 法30の2-Ⅳ CH8 Sec5③

設問の場合、障害厚生年金の額の改定に伴い、(事後重症による)障害基礎年金の請求があったものとみなされる。したがって、実際に請求をしなくても、障害基礎年金の受給権が発生する。

E ◯ 根拠 法36の2-Ⅰ③、則34の4-② CH8 Sec5⑩

MEMO